CONTRATOS PÚBLICOS E DIREITO ADMINISTRATIVO

*Livros publicados nesta Coleção sob os auspícios da
Sociedade Brasileira de Direito Público – sbdp*

Comentários à Lei de PPP – Fundamentos Econômico-Jurídicos (sbdp/Malheiros Editores, 1ª ed., 2ª tir., São Paulo, 2010) – Maurício Portugal Ribeiro e Lucas Navarro Prado

Concessão (sbdp/Malheiros Editores, São Paulo, 2010) – Vera Monteiro

Contratações Públicas e seu Controle (sbdp/Direito GV/Malheiros Editores, São Paulo, 2013) – Org. Carlos Ari Sundfeld

Contratos Públicos e Direito Administrativo (sbdp/Malheiros Editores, 2014) – Orgs. Carlos Ari Sundfeld e Guilherme Jardim Jurksaitis

Direito Administrativo Econômico (sbdp/Malheiros Editores, 1ª ed., 3ª tir., São Paulo, 2006) – Coord. Carlos Ari Sundfeld

Direito Administrativo para Céticos (sbdp/Direito GV/Malheiros Editores, 2ª ed., São Paulo, 2014) – Carlos Ari Sundfeld

Direito da Regulação e Políticas Públicas (sbdp/Direito GV/Malheiros Editores, São Paulo, 2014) – Orgs. Carlos Ari Sundfeld e André Rosilho

Direito das Concessões de Serviço Público – Inteligência da Lei 8.987/1995 (Parte Geral) (sbdp/Malheiros Editores, São Paulo, 2010) – Egon Bockmann Moreira

Direito Processual Público – A Fazenda Pública em Juízo (sbdp/Malheiros Editores, 1ª ed., 2ª tir., São Paulo, 2003) – Coords. Carlos Ari Sundfeld e Cássio Scarpinella Bueno

Estatuto da Cidade (sbdp/Malheiros Editores, 3ª ed., São Paulo, 2010) – Coords. Adilson Abreu Abreu Dallari e Sérgio Ferraz

Improbidade Administrativa – Questões Polêmicas e Atuais (sbdp/Malheiros Editores, 2ª ed., São Paulo, 2003) – Coords. Cássio Scarpinella Bueno e Pedro Paulo de Rezende Porto Filho

Jurisdição Constitucional no Brasil (sbdp/Direito GV/Malheiros Editores, São Paulo, 2012) – Orgs. Adriana Vojvodic, Henrique Motta Pinto, Paula Gorzoni e Rodrigo Pagani de Souza

Jurisprudência Constitucional: como Decide o STF? (sbdp/Malheiros Editores, São Paulo, 2009) – Coords. Diogo R. Coutinho e Adriana Vojvodic

As Leis de Processo Administrativo – Lei Federal 9.784/1999 e Lei Paulista 10.177/1998 (sbdp/Malheiros Editores, 1ª ed., 2ª tir., São Paulo, 2006) – Coords. Carlos Ari Sundfeld e Guillermo André Muñoz

Licitação no Brasil (sbdp/Malheiros Editores, São Paulo, 2013) – André Rosilho

Parcerias Público-Privadas (sbdp/Direito GV/Malheiros Editores, 2ª ed., São Paulo, 2011) – Coord. Carlos Ari Sundfeld

Regras na Teoria dos Princípios (sbdp/Malheiros Editores, São Paulo, 2014) – Rafael Bellem de Lima

Comunidades Quilombolas: Direito à Terra (Artigo 68 do ADCT) (sbdp/Centro de Pesquisas Aplicadas/Fundação Cultural Palmares/Ministério da Cultura/Editora Abaré, Brasília, 2002) – Coord. Carlos Ari Sundfeld

Direito Global (sbdp/School of Global Law/Max Limonad, São Paulo, 1999) – Coords. Carlos Ari Sundfeld e Oscar Vilhena Vieira

CARLOS ARI SUNDFELD
GUILHERME JARDIM JURKSAITIS
(organizadores)

CONTRATOS PÚBLICOS E DIREITO ADMINISTRATIVO

André Castro Carvalho
André Rosilho
Benedicto Porto Neto
Carlos Ari Sundfeld
Cristiana Maria Melhado Araujo Lima
Dinorá Adelaide Musetti Grotti
Diogo R. Coutinho
Floriano de Azevedo Marques Neto
Frederico A. Turolla
Guilherme Antonio Fernandes
Guilherme Jardim Jurksaitis
Gustavo Andrey Fernandes
Jacintho Arruda Câmara
Juliana Bonacorsi de Palma
Maria Sylvia Zanella Di Pietro
Rodrigo Pagani de Souza
Thiago Marrara
Tomas Anker
Vitor Rhein Schirato

CONTRATOS PÚBLICOS E DIREITO ADMINISTRATIVO
© SBDP, 2015

ISBN: 978-85-392-0290-4

Direitos reservados desta edição por
MALHEIROS EDITORES LTDA.
Rua Paes de Araújo, 29, conjunto 171
CEP 04531-940 – São Paulo – SP
Tel.: (11) 3078-7205
Fax: (11) 3168-5495
URL: www.malheiroseditores.com.br
e-mail: malheiroseditores@terra.com.br

Composição
Acqua Estúdio Gráfico Ltda.

Capa
Criação: Vânia Lúcia Amato
Arte: PC Editorial Ltda.

Impresso no Brasil
Printed in Brazil
03.2015

SUMÁRIO

Apresentação.. 13
– CARLOS ARI SUNDFELD e GUILHERME JARDIM JURKSAITIS

PARTE I – MODELAGEM E LICITAÇÃO DOS CONTRATOS PÚBLICOS

Capítulo 1 — **Onde Está o Princípio Universal da Licitação?**... 19
– CARLOS ARI SUNDFELD e ANDRÉ ROSILHO

Capítulo 2 — **Apontamentos sobre o Regime Diferenciado das Contratações Públicas/RDC**.. 39
– BENEDICTO PORTO NETO

Capítulo 3 — **Desafios na Modelagem Jurídica da Contratação Integrada**.. 57
– ANDRÉ ROSILHO

Capítulo 4 — **Contratações Públicas Sustentáveis**................ 80
– JULIANA BONACORSI DE PALMA

Capítulo 5 — **O Regime das Licitações para os Contratos de Concessão**... 114
– MARIA SYLVIA ZANELLA DI PIETRO

Capítulo 6 — **Concessões de Serviços Públicos e Investimentos em Infraestrutura no Brasil: Espetáculo ou Realidade?**..... 142
– VITOR RHEIN SCHIRATO

Capítulo 7 — **A Participação Proativa e Reativa da Iniciativa Privada em Projetos de Infraestrutura no Brasil: um**

*Estudo sobre as Manifestações de Interesse da Iniciativa
Privada/MIPs e os Procedimentos de Manifestação de
Interesse/PMIs* 170

– André Castro Carvalho

*Capítulo 8 — A Proibição de Contratar com o Poder Público
e seus Efeitos sobre os Grupos Empresariais*..................... 183

– Carlos Ari Sundfeld e Jacintho Arruda Câmara

Parte II – EQUILÍBRIO E ALTERAÇÃO DOS CONTRATOS PÚBLICOS

*Capítulo 9 — As Cláusulas de Reajuste nos Contratos
Públicos e a Segurança Jurídica* 215

– Carlos Ari Sundfeld, Rodrigo Pagani de Souza e André Rosilho

*Capítulo 10 — Desequilíbrio Econômico-Financeiro em
Contratos de Participação Privada de Longo Prazo* 237

– Tomas Anker e Frederico A. Turolla

*Capítulo 11 — O Equilíbrio Econômico-Financeiro nos
Contratos Administrativos: o Caso da Análise das Taxas
Internas de Retorno/TIRs das Concessões Rodoviárias* 256

– Gustavo Andrey Fernandes e Guilherme Antonio Fernandes

*Capítulo 12 — Uma Proposta para Melhorar os Aditamentos
a Contratos Públicos* 277

– Guilherme Jardim Jurksaitis

*Capítulo 13 — As Modificações no Setor de Energia Elétrica
e os Contratos de Concessão* 295

– Dinorá Adelaide Musetti Grotti e
Cristiana Maria Melhado Araujo Lima

Parte III – PÚBLICO E PRIVADO NO DIREITO ADMINISTRATIVO

*Capítulo 14 — A Bipolaridade do Direito Administrativo e sua
Superação* 353

– Floriano de Azevedo Marques Neto

Capítulo 15 — **A Experiência do Direito Administrativo Alemão: o que os Brasileiros Devem Saber?** 426
– THIAGO MARRARA

Capítulo 16 — **O Direito nas Políticas Públicas**...................... 447
– DIOGO R. COUTINHO

COLABORADORES

ANDRÉ CASTRO CARVALHO
  Doutor e Mestre em Direito Econômico e Financeiro pela USP — Advogado em São Paulo

ANDRÉ ROSILHO
  Mestre em Direito e Desenvolvimento pela Escola de Direito de São Paulo da FGV/Direito GV — Doutorando em Direito do Estado pela USP — Foi *Visiting Student* no *Master Affaires Publiques* no *Institut d'Études Politiques de Paris* (*Sciences Po*) — Coordenador e Professor do Curso de Direito Constitucional da *sbdp* — Foi aluno da Escola de Formação da *sbdp* (2007) — Advogado em São Paulo

BENEDICTO PORTO NETO
  Mestre em Direito Administrativo pela PUC/SP — Advogado em São Paulo

CARLOS ARI SUNDFELD
  Professor do Mestrado Acadêmico da Pós *Lato Sensu* e da Graduação da Escola de Direito de São Paulo da FGV/Direito GV — Presidente da *sbdp* e Coordenador de seus Cursos de Direito Administrativo e Direito Constitucional — Doutor, Mestre e Bacharel em Direito pela PUC/SP, da qual foi professor no Doutorado, Mestrado e Graduação (1983-2013) — Consultor Jurídico em Direito Público e Regulação

CRISTIANA MARIA MELHADO ARAUJO LIMA
  Mestre em Direito Administrativo pela PUC/SP — Advogada

DINORÁ ADELAIDE MUSETTI GROTTI
  Professora Doutora de Direito Administrativo da PUC/SP — Doutora em Direito Administrativo e Mestre em Direito Constitucional pela PUC/SP — Advogada em São Paulo

DIOGO R. COUTINHO
 Professor Associado de Direito Econômico e Financeiro da Faculdade de Direito da USP — Livre-Docente e Doutor em Direito Econômico e Financeiro pela USP — *MSc Regulation* pela *London School of Economics and Political Science/LSE* (Londres) — Pesquisador do Centro Brasileiro de Análise e Planejamento/CEBRAP

FLORIANO DE AZEVEDO MARQUES NETO
 Professor Titular de Direito Administrativo da Faculdade de Direito da USP — Livre-Docente e Doutor em Direito do Estado pela USP — Presidente da Associação Ibero-Americana de Estudos da Regulação/ASIER — Vice-Presidente da *sbdp* — Professor do Curso de Direito Administrativo da *sbdp* — Advogado em São Paulo

FREDERICO A. TUROLLA
 Professor Titular e Vice-Coordenador do Programa de Mestrado e Doutorado em Gestão Internacional da Escola Superior de Propaganda e *Marketing*/ESPM/PMDGI — Doutor e Mestre em Economia de Empresas pela FGV/SP — Pesquisador Associado do Núcleo de Economia dos Transportes do Instituto Tecnológico da Aeronáutica/NECTAR/ITA — Consultor Econômico

GUILHERME ANTONIO FERNANDES
 Professor dos Cursos de Direito e Relações Internacionais das Faculdades Metropolitanas Unidas/FMU — Mestre em Ciências no Programa de Integração da América Latina da USP/PROLAM USP — Advogado em São Paulo

GUILHERME JARDIM JURKSAITIS
 Mestre em Direito do Estado pela USP — Coordenador e Professor do Curso de Direito Administrativo da *sbdp* — Foi aluno da Escola de Formação da *sbdp* (2004) — Advogado em São Paulo

GUSTAVO ANDREY FERNANDES
 Professor do Departamento de Gestão Pública da Escola de Administração de Empresas – EAESP/FGV – Doutor e Mestre em Economia pela USP — Pesquisador na área de Políticas Públicas — Assessor Econômico do Tribunal de Contas do Estado de São Paulo

JACINTHO ARRUDA CÂMARA
 Professor Doutor de Direito Administrativo da PUC/SP — Professor do Programa de Pós-Graduação *Lato Sensu* da Escola de Direito de São

Paulo da FGV/Direito GV — Doutor e Mestre em Direito Administrativo pela PUC/SP — Vice-Presidente da *sbdp* — Advogado em São Paulo, especializado em Consultoria em Direito Público e Regulação

JULIANA BONACORSI DE PALMA
Professora de Direito Administrativo da Faculdade de Direito da Universidade São Judas Tadeu — Mestre e Doutoranda em Direito do Estado pela USP — Foi aluna da Escola de Formação da *sbdp* (2004)

MARIA SYLVIA ZANELLA DI PIETRO
Professora Titular de Direito Administrativo da Faculdade de Direito da USP

RODRIGO PAGANI DE SOUZA
Professor Doutor de Direito Administrativo da Faculdade de Direito da USP — Doutor e Mestre em Direito do Estado pela USP — *Master of Laws (LL.M.)* pela Faculdade de Direito da Universidade de Yale (EUA) — Foi aluno da Escola de Formação da *sbdp* (1998) — Advogado em São Paulo

THIAGO MARRARA
Professor Doutor de Direito Administrativo, Urbanístico e Ambiental da Nova Faculdade de Direito da USP — Doutor em Direito Público pela *Ludwig Maximilians Universität/LMU* de Munique (Alemanha) — Mestre em Direito do Estado pela USP

TOMAS ANKER
Mestre em Economia de Empresas pela FGV/SP — Bacharel em Economia pela USP — *Associate Investment Officer* do *International Finance Corporation/IFC* — Banco Mundial — Consultor Econômico

VITOR RHEIN SCHIRATO
Professor Doutor de Direito Administrativo da Faculdade de Direito da USP — Doutor em Direito do Estado pela USP — *Master of Laws (LL.M.)* em Direito Administrativo Econômico pela Faculdade de Direito da Universidade de Osnabrück (Alemanha) — Vice-Presidente e Secretário Acadêmico do Centro de Estudos de Direito Administrativo, Ambiental e Urbanístico/CEDAU — Advogado em São Paulo

APRESENTAÇÃO

Os contratos do Estado com o setor privado são hoje decisivos para desenvolver a infraestrutura e implantar políticas públicas. Na Administração Pública atual, *administrar* é, sobretudo, contratar. Mas como contratar bem? Como gerenciar os contratos? Como entendê-los?

Este livro, na parte inicial, cuida da criação dos contratos públicos — o que envolve sua modelagem e celebração, com ou sem licitação. Um debate que precisa renovar-se a respeito disso é sobre a extensão do dever constitucional de licitar (Capítulo 1). Ademais, novas regras e experiências surgiram: sobre Regime Diferenciado de Contratações/RDC (Capítulos 2 e 3), sobre contratações sustentáveis (Capítulo 4) e sobre proibição de contratar com o Poder Público (Capítulo 8). As concessões para projetos de infraestrutura, já bastante numerosas, têm se tornado mais complexas, e propõem desafios diferentes (Capítulos 5, 6 e 7).

Na segunda parte o livro foca na fase de execução dos contratos. Ali, discute-se o problema do equilíbrio e do desequilíbrio dos contratos ao longo do tempo, especialmente no caso das concessões, e as soluções adotadas pelas cláusulas de reajuste e revisão (Capítulos 9, 10 e 11). Também são examinadas as alterações das concessões, seja pela inclusão de novas obrigações, seja pela extensão ou prorrogação do prazo de vigência, em virtude de opções regulatórias (Capítulos 12 e 13).

Na terceira parte o livro procura entender as contratações públicas em profundidade, por meio de sua conexão com a experiência administrativa mais geral. *Contratar* é aplicar normas jurídicas — constitucionais, legais e regulamentares — criando novas normas: as contratuais. *Gerenciar contratos*, por sua vez, é não só executar essas normas, mas também alterá-las e ampliá-las. Portanto, entender contratos públicos é considerá-los dentro da ampla dinâmica do direito administrativo, com suas características, problemas e tendências (Capítulos 14, 15 e 16).

O livro é fruto de um projeto coletivo que, mais uma vez, reuniu na Sociedade Brasileira de Direito Público/*sbdp* professores, pesquisadores e profissionais de várias instituições importantes. Eles têm sido parceiros constantes da *sbdp*, inclusive no Curso de Direito Administrativo, que é um programa permanente para discussão das novidades e dificuldades dessa área jurídica, sob a coordenação dos organizadores deste livro.

O livro comemora os 15 anos de sucesso da coleção editorial *sbdp*/Malheiros Editores, em seu compromisso de renovar com consistência o direito público brasileiro. O tema das contratações do Estado, em suas muitas facetas (licitação, contratação direta, contratos administrativos, concessões comuns, PPPs etc.) tem sido recorrente na coleção. Não é por acaso. Já há muitos anos este é o principal foco de pesquisa e debate do Núcleo de Direito Administrativo da *sbdp*, criada em 1993.

O livro *Contratações Públicas e seu Controle*, Carlos Ari Sundfeld (org.), além de esmiuçar os problemas mais atuais do controle, sobretudo pelos Tribunais de Contas, cuidou dos mecanismos de formação (contratações diretas e modalidades de licitação, inclusive no RDC) e dos parceiros diferenciados (Terceiro Setor e empresas semiestatais). Outro trabalho, *Licitação no Brasil*, de André Rosilho, fornece visão realista do direito das licitações em seu conjunto.

Anteriormente, a obra *Concessão*, de Vera Monteiro (2010), traçara um panorama dessa espécie de contratos, a cada dia mais relevantes na prática administrativa. *Direito das Concessões de Serviço Público — Inteligência da Lei 8.987/1995 (Parte Geral)*, de Egon Bockmann Moreira, mergulhou com profundidade na Lei de Concessões comuns. As parcerias público-privadas/PPPs e sua lei foram tratadas nestas duas obras: *Parcerias Público-Privadas*, Carlos Ari Sundfeld (coord.), que apresenta e discute as variadas experiências com contratos de parceria, e *Comentários à Lei de PPP — Fundamentos Econômico-Jurídicos*, de Maurício Portugal Ribeiro e Lucas Navarro Prado, com leitura e discussão multidisciplinar das normas desta lei, que mudou o conceito e o uso das concessões no Brasil.

O programa de cursos, seminários, pesquisas e publicações, que se desenvolve sem parar na *sbdp*, e sempre se renova, é fruto do trabalho generoso e da liderança inspiradora de Roberta Alexandr Sundfeld. Sem ela o direito público brasileiro seria hoje mais triste, e este livro não teria nascido. Sem Álvaro e Suzana Malheiros, que criaram e dirigem essa verdadeira instituição nacional que é a Malheiros Editores, o direito público brasileiro teria bem menos brilho e calor. Para Roberta, Álvaro e Suzana nossa dívida, nosso agradecimento e nossa homenagem.

CARLOS ARI SUNDFELD
GUILHERME JARDIM JURKSAITIS

PARTE I
MODELAGEM E LICITAÇÃO DOS CONTRATOS PÚBLICOS

- *Capítulo 1* — **Onde Está o Princípio Universal da Licitação?**
- *Capítulo 2* — **Apontamentos sobre o Regime Diferenciado das Contratações Públicas/RDC**
- *Capítulo 3* — **Desafios na Modelagem Jurídica da Contratação Integrada**
- *Capítulo 4* — **Contratações Públicas Sustentáveis**
- *Capítulo 5* — **O Regime das Licitações para os Contratos de Concessão**
- *Capítulo 6* — **Concessões de Serviços Públicos e Investimentos em Infraestrutura no Brasil: Espetáculo ou Realidade?**
- *Capítulo 7* — **A Participação Proativa e Reativa da Iniciativa Privada em Projetos de Infraestrutura no Brasil: um Estudo sobre as Manifestações de Interesse da Iniciativa Privada/MIPs e os Procedimentos de Manifestação de Interesse/PMIs**
- *Capítulo 8* — **A Proibição de Contratar com o Poder Público e seus Efeitos sobre os Grupos Empresariais**

Capítulo 1
ONDE ESTÁ O PRINCÍPIO UNIVERSAL DA LICITAÇÃO?

Carlos Ari Sundfeld

André Rosilho

1.1 Introdução. 1.2 A Constituição Federal não consagrou o princípio universal da licitação. 1.3 A Constituição, quando quis exigir licitação, o fez expressamente. 1.4 O dever de licitar não decorre diretamente de princípios constitucionais. 1.5 Conclusão.

1.1 Introdução

É bastante curioso observar que o direito administrativo nacional dedica boa parte de sua energia ao tema das licitações públicas – peculiaridade nossa, de um modo geral sem paralelo no direito administrativo estrangeiro. Rápido olhar para a jurisprudência – do Judiciário e de outros órgãos de controle – ajuda a compreender o porquê: boa parte dos conflitos jurídico-administrativos envolve os tais procedimentos prévios às contratações públicas; no Brasil é a licitação que inspira os grandes debates e embates.

Por que razão as licitações teriam ganhado tamanha dimensão? Quais fatores contribuiriam para a avalanche de conflitos e tensões existentes ao seu redor? Em suma: por que as licitações teriam se transformado na estrela do direito administrativo brasileiro?

Na opinião deste ensaio, o fenômeno estaria de algum modo atrelado ao fato de a comunidade jurídica em geral – com especial destaque para os órgãos de controle – paulatinamente ter passado a ver na Constituição a suposta existência do *princípio universal da licitação*, em tese aplicável à generalidade dos contratos firmados por órgãos e entes de toda a Administração Pública. Trata-se de movimento relativamente recente, apoiado por parcela significativa da doutrina administrativista.

O que se vê é que o tema da licitação, de algum tempo para cá, foi elevado a *status* de "quase dogma". Por aqui, no Brasil, não licitar – ainda que em casos específicos expressamente autorizados pela legislação ou em situações nas quais licitar seria absolutamente impertinente – levanta forte suspeitas ("houve violação ao princípio constitucional da licitação", "o princípio da impessoalidade foi desrespeitado", "o princípio da moralidade não foi observado"); soa quase como pecado.

A origem desta desconfiança está em um tipo de leitura do texto constitucional. É que a Constituição, para o senso comum, ao prever o dever de licitar, teria instituído a *presunção da licitação* – praticamente incontrastável, diga-se; um dever geral do Estado de tudo licitar. Para esta linha de pensamento a ausência de licitação seria indício forte de imoralidades e desvios.

Trata-se, pois, de ambiente evidentemente fértil para as disputas e conflitos. Afinal, a realidade cotidiana da Administração nem sempre é compatível com os procedimentos licitatórios. Mas como justificar a exceção – a contratação direta é amplamente tida como tal – quando a regra não é propriamente uma regra, mas um princípio – o da licitação universal –, de conteúdo fluido e impossível de ser definido *a priori*? O que significa, exatamente, violar esse suposto princípio? Por quais critérios a Administração deve se pautar para evitar reprimendas dos órgãos de controle?

Não se quer, aqui, discutir a pertinência ou a impertinência da licitação em face das atividades cotidianas da Administração; analisá--la seria outra história.

O objetivo deste ensaio é bem outro. Ele se propõe a combater a visão segundo a qual a Constituição Federal de 1988 teria instituído o princípio universal da licitação. Busca, assim, desconstruir a tese de que o texto constitucional teria instituído uma presunção da licitação e demonstrar que ele, ao contrário do que o senso comum preconiza, quando quis criar o dever de licitar o fez de maneira expressa, para sujeitos e objetos específicos.

1.2 A Constituição Federal não consagrou o princípio universal da licitação

A Constituição Federal de 1988, pela primeira vez na história das Constituições brasileiras, expressamente previu o dever da Administração Pública de licitar. O tema, até então, vinha sendo exclusivamente disciplinado pela legislação infraconstitucional – de início, pelo Regulamento Geral de Contabilidade Pública da União (Decreto 15.783, de 8.11.1922),[1] posteriormente pelo Decreto-lei 200, de 25.2.1967,[2] e, mais adiante, pelo Decreto-lei 2.300, de 21.11.1986.[3] O dever de licitar, portanto, não era decorrência direta de comandos constitucionais expressos; derivava da lei – ou de diploma normativo equivalente, como os decretos-leis –, e era exclusivamente por ela conformado.

O curioso é notar que a regulação das licitações, muito branda e pouco restritiva até meados do século XX – para isso, basta dizer que até 1968 apenas a União estava obrigada por lei nacional a licitar compras, obras, serviços e alienações[4] –, foi, com o tempo, ganhando corpo, tornando-se mais abrangente. A sucessão de diplomas normativos sobre o tema seguiu uma tendência quase unidirecional: de ampliar o dever de licitar para novos órgãos, entes e objetos e de tornar a disciplina das licitações mais densa e complexa.[5]

1. O Regulamento Geral de Contabilidade Pública da União, para além de fixar regras contábeis, estabeleceu normas sobre concorrências públicas (tidas pelo diploma normativo como tema indissociavelmente atrelado às finanças do Estado). As concorrências foram disciplinadas pelos seguintes dispositivos: arts. 244 a 246 e arts. 736 a 763.
2. O Decreto-lei 200/1967 foi editado com o objetivo de organizar a Administração Pública Federal e estabelecer diretrizes para uma reforma administrativa. Uma pequena parcela do diploma normativo (arts. 125 a 144) voltou-se à disciplina das licitações. O tema, apesar de pouco regulado no plano legal, foi intensamente normatizado no plano infralegal, pelo Decreto 73.140, de 9.11.1973.
3. Tratou-se do primeiro diploma normativo integralmente voltado à disciplina das contratações públicas.
4. A imposição do dever de Estados e Municípios realizarem compras, obras, serviços e alienações mediante licitação veio apenas com a edição da Lei 5.456, de 20.6.1968, que dispunha sobre a "aplicação aos Estados e Municípios das normas relativas às licitações previstas no Decreto-lei n. 200, de 25 de fevereiro de 1967". Ou seja: a referida lei estendeu as regras do Decreto-lei 200/1967 aos demais entes federativos, unificando o tratamento normativo conferido ao tema das licitações no Brasil.
5. Para uma reconstrução mais abrangente das mudanças ligadas ao dever de licitar no Brasil, v.: André Rosilho, *Licitação no Brasil*, São Paulo, Malheiros Editores, 2013.

A Constituição Federal de 1988 não fugiu completamente a essa regra. Apesar de, por óbvio, não ser diploma exclusivamente voltado a regular as contratações públicas, ao constitucionalizar a licitação acabou lhe conferindo outra dimensão, repercutindo significativamente no universo infralegal das licitações e contratos. Muito em função do texto constitucional, interpretações já consolidadas à luz da legislação vigente foram revisitadas, e novos diplomas normativos foram editados – a Lei 8.666, de 21.6.1993, talvez seja a que melhor simboliza esse movimento.

Nada mais natural, já que o debate sobre características, contornos, extensão e limites do dever de licitar deixou de se centrar estritamente no conteúdo legal, passando, evidentemente, a também levar em conta o que dispunha a própria Constituição – que, longe de se ter limitado a estabelecer um dever genérico de o Poder Público licitar, preocupou-se em fixar balizas, diretrizes e condições relativamente precisas quanto à implementação dessa diretriz, tanto no plano abstrato (das normas infraconstitucionais) como no plano concreto (das práticas administrativas).

Ao fazê-lo, a Constituição deu seguimento a tendência que, como visto, já vinha se manifestando na legislação ordinária: procurou regular o tema com o fito de fortalecer e de consolidar o instituto da licitação, bem como de impulsionar a ampliação do dever de licitar na Administração Pública – direta e indireta da União, dos Estados, do Distrito Federal e dos Municípios.

Este diagnóstico – o de que a Constituição foi responsável por dar novo estímulo à expansão da licitação – é bastante consensual; dificilmente dele se discordaria. O mesmo não se pode dizer quando esse fenômeno é enfocado por outro ângulo: se é verdade que a Constituição teve o intuito de ampliar o dever de licitar, até onde ela o teria efetivamente estendido? Quais sujeitos e objetos estariam, por determinação do texto constitucional, obrigatoriamente abarcados pela licitação? Teria a Constituição fixado para o Poder Público um dever de licitar amplo, geral e irrestrito? Ou, melhor: teria o texto constitucional, explícita ou implicitamente, consagrado o princípio universal da licitação?[6]

6. Como já se afirmou em obra doutrinária: "Há dois sentidos para 'princípio' no Direito: o de norma inicial (da dicotomia princípio x fim) e o de norma principal

Há muita polêmica ao redor destas questões. Responder a elas demanda cuidadoso e atento exercício de reflexão, com foco na realidade e no conteúdo das normas jurídicas. O perigo, aqui, é se deixar levar por armadilhas e supostos atalhos interpretativos, normalmente travestidos de sedutoras ideias abstratas – "a licitação atende ao interesse público" – e de máximas das quais pessoa alguma seria capaz de discordar – "a licitação coaduna-se com o princípio da impessoalidade!". Que o intérprete não se engane: extrair efeitos concretos e bem delimitados de abstrações e generalidades é tanto simples quanto equivocado.

A verdade é que o debate sobre o dever de licitar – e, consequentemente, sobre sua extensão – normalmente está baralhado por ideologias, preconceitos, teses ou ideias fixas que, não raro, tornam o discurso jurídico refém de paixões. É preciso apartá-los. Veja-se um caso hipotético, útil para ilustrar esta afirmação.

O combativo promotor de justiça que estivesse lendo estas linhas e que sabidamente militasse em prol da máxima ampliação do dever de licitar – por acreditar na licitação como único instrumento jurídico apto a combater o patrimonialismo no Brasil, por exemplo – poderia, ainda que de boa-fé, sacar das informações há pouco expostas a seguinte interpretação: "Ora, partindo-se da premissa de que a Constituição Federal de 1988 foi a primeira na história das Constituições brasileiras a expressamente aludir ao dever de licitar, infere-se, por óbvio, que o constituinte pretendeu condicionar a Administração Pública a esse valor maior, a esse princípio; logo, e com a finalidade de dar máxima efetividade a esse importante princípio constitucional, *deve* a Administração Pública, *obrigatoriamente e em todos os casos*, contratar mediante licitação".

"Alto lá!" – diríamos.

O que se observa é que o intérprete hipotético, tomado por louváveis convicções pessoais – combater a promiscuidade entre o público e o privado –, enxergou o relato com as cores que lhe convinham, preenchendo lacunas por conta própria, de modo que a estória melhor

(da dicotomia principal *x* secundário)" (Carlos Ari Sundfeld, *Direito Administrativo para Céticos*, São Paulo, Malheiros Editores, 2012, p. 63). Licitação, se compreendida como um princípio, estaria enquadrada no segundo tipo de princípio (norma principal, prevalente).

servisse aos fins da sua luta. Ansioso por encontrar subsídios que lhe permitissem alcançar seus objetivos, apressou-se em extrair conclusões cabais de fragmentos inconclusivos; tornou-se cego para o mundo real e para as normas jurídicas. Para ele, bastava saber que a Constituição quis valorizar a licitação – informação mais do que suficiente para transmutar a licitação em um "princípio", em um valor prevalente a ser obrigatoriamente preservado. Pouco importava à sua causa conhecer, no detalhe, os contornos e nuanças que as normas constitucionais haviam conferido ao dever de licitar.[7]

O exemplo acima, claro, é uma caricatura. No entanto, apesar de deformar traços da realidade, serve para demonstrar algo relevante: o debate sobre a extensão do dever constitucional de licitar pode facilmente ser capturado por "visões de mundo", de modo que a adequada compreensão do tema passa, necessariamente, pela acurada avaliação das *normas constitucionais*.

O intérprete comprometido com o rigor e com a precisão deve, a todo custo, afastar-se das generalidades e abstrações, dos fragmentos de informação; tem de ser ambicioso, e precisa duvidar das ideias preconcebidas, das primeiras impressões e do senso-comum, sob o risco de incorrer em graves equívocos, distorcendo o texto constitucional. A lupa deve ser o instrumento de trabalho do jurista que se põe a interpretar normas.

Indo direto ao ponto: afinal, a Constituição efetivamente transformou a licitação em um princípio universal? A resposta, extraída do próprio texto constitucional e da realidade, é, definitivamente, "não". A Constituição não transformou – nem sequer cogitou transformar – a licitação em princípio, muito menos em princípio universal.[8]

---

7. Há também quem procure alçar a licitação à qualidade de princípio (norma principal, prevalente) não por ingenuidade – como no caso do hipotético promotor de justiça –, mas por estratégia. Como se afirmou em obra doutrinária: "Criou-se certo hábito, sobretudo entre órgãos de controle da Administração Pública, de chamar de 'princípio' a própria licitação, isso para legitimar uma interpretação redutora de todas as regras que autorizam a contratação sem licitação. Nesse argumento, 'princípio' tem claro sentido de 'norma principal'. É um exemplo poderoso do jogo de interesses que pode estar por trás da identificação de princípios. Órgãos de controle tiram seu poder e influência do valor que se dê às exigências que lhes caiba controlar; é compreensível que, para crescerem institucionalmente, eles procurem ampliar sempre mais esse valor. Pregar o caráter principiológico da licitação é retórica útil a um projeto de poder" (Carlos Ari Sundfeld, *Direito Administrativo para Céticos*, cit., p. 64).

8. É evidente que há quem discorde desta afirmação. O professor José Afonso da Silva, por exemplo, ao interpretar o art. 37, XXI, da CF, afirmou: "(...). O *princípio*

A Constituição Federal de 1988 de fato foi a primeira a prever o dever de licitar; não é menos verdade que elegeu a licitação como um valor a pautar certas relações entre a Administração Pública e particulares. Esta iniciativa do constituinte – a de valorizar a ideia de que a Administração Pública deva contratar com particulares mediante a instauração de procedimentos competitivos que garantam isonomia e que permitam a seleção da proposta mais vantajosa – soma-se a diversas outras que também procuraram evitar a confusão entre o público e o privado – tais como, por exemplo, a instituição do dever da Administração de contratar pessoal por meio de concursos públicos (art. 37, II).

A licitação, assim, não apenas se coaduna com o princípio republicano e com a Constituição, como também foi por ela laureada. Afirmar isso é uma coisa. Outra, completamente diversa, é dizer que o texto constitucional fez da licitação um princípio, um valor maior e universal incidente sobre toda e qualquer situação em que a Administração estabeleça relações com privados nas quais a competição em tese fosse viável. Esta tese, quando deixa o plano da abstração e é confrontada com as normas, mostra-se absolutamente falha.

1.3 A Constituição, quando quis exigir licitação, o fez expressamente

A Constituição cravou com clareza em suas normas as situações específicas – de resto, bastante abrangentes – em que a licitação seria mandatória. O constituinte, portanto, não optou pelo laconismo; tampouco por ser exemplificativo. Foi, ao contrário, indiscutivelmente claro e taxativo, não deixando margem a dúvidas.

As hipóteses em que há inequívoco dever de licitar, apesar de bastante amplas, foram bem delimitadas pelo texto constitucional. Afora elas não se pode *presumir* a imposição do dever de licitar pela Constituição.

da licitação significa que essas contratações ficam sujeitas, como regra, ao procedimento de seleção de propostas mais vantajosas para a Administração Pública. Constitui um princípio instrumental da realização dos princípios da moralidade administrativa e do tratamento isonômico dos eventuais contratantes com o Poder Público" (*Comentário Contextual à Constituição*, 8ª ed., São Paulo, Malheiros Editores, 2012, p. 350).

Na voz dos clássicos da Hermenêutica, a Constituição não contém palavras inúteis. Ao cânone interpretativo agregaríamos: a Constituição tampouco silencia por acaso, em vão.

Como na Música, em que as pausas (ausência de som) são tão importantes como as próprias notas musicais – são elas que garantem cadência e ritmo à melodia –, no Direito a opção do legislador por deixar de inscrever palavras nas normas jurídicas carrega consigo tanto significado quanto a escolha por inscrevê-las. Trata-se, em ambos os casos, de uma deliberação – logo, de algo intencional. Não é dado ao intérprete presumir que o silêncio da norma seja fruto de esquecimento, descuido ou imperícia. Isso seria um equívoco, e fatalmente importaria substituição ao legislador.

Ressalte-se: a Constituição, quando quis, impôs expressamente o dever de licitar a órgãos, entes e objetos. Presumir a obrigatoriedade de licitar no silêncio da Constituição é – para dizer o mínimo – distorcê-la.

Com isso não queremos dizer que seja vedado ao legislador instituir, por meio de lei, dever de licitar para os casos não expressamente aludidos pelo texto constitucional. Nessa hipótese ele nada mais faria do que desempenhar sua regular competência normativa, dentro do espaço de discricionariedade conferido pela Constituição. Ocorre que, ao fazê-lo, ele não estaria se limitando a colocar em evidência obrigação explícita ou implícita no texto constitucional. Ao revés, instituiria obrigação *nova*, eventualmente compatível com a Constituição – a depender do conteúdo da lei, claro –, mas, definitivamente, não por ela *imposta*.

Vamos ao que diz o texto constitucional sobre o dever da Administração Pública de licitar.

> Art. 37. A Administração Pública direta e indireta de qualquer dos Poderes da União, dos Estados, do Distrito Federal e dos Municípios obedecerá aos princípios de legalidade, impessoalidade, moralidade, publicidade e eficiência e, também, ao seguinte: (...); XXI – ressalvados os casos especificados na legislação, as *obras*, *serviços*, *compras* e *alienações* serão contratados mediante processo de licitação pública que assegure igualdade de condições a todos os concorrentes, com cláusulas que estabeleçam obrigações de pagamento, mantidas as condições efetivas da proposta, nos termos da lei, o qual somente permitirá as exigências de qualificação técnica e econômica indispensáveis à garantia do cumprimento das obrigações; (...).
> [*Grifos acrescentados*]

Art. 173. Ressalvados os casos previstos nesta Constituição, a exploração direta de atividade econômica pelo Estado só será permitida quando necessária aos imperativos da segurança nacional ou a relevante interesse coletivo, conforme definidos em lei.

§ 1º. A lei estabelecerá o estatuto jurídico da empresa pública, da sociedade de economia mista e de suas subsidiárias que explorem atividade econômica de produção ou comercialização de bens ou de prestação de serviços, dispondo sobre: (...); II – a sujeição ao regime jurídico próprio das empresas privadas, inclusive quanto aos direitos e obrigações civis, comerciais, trabalhistas e tributários; III – licitação e contratação de *obras*, *serviços*, *compras* e *alienações*, observados os princípios da Administração Pública; (...). [*Grifos acrescentados*]

Art. 175. Incumbe ao Poder Público, na forma da lei, diretamente ou sob regime de concessão ou permissão, sempre através de licitação, a *prestação de serviços públicos*.

Estes são os dispositivos da Constituição que criam para a Administração o dever de licitar (art. 37, XXI; art. 173, § 1º, III; e art. 175, *caput*). Teriam eles consagrado o tal princípio universal da licitação?

Opomo-nos a parcela da doutrina, aqui exemplificada pelo professor José Afonso da Silva, para quem "o art. 37, XXI, como nele se lê, alberga o princípio [*da licitação*], 'ressalvados os casos especificados na legislação'".[9] Ainda segundo o professor: "O texto é importante, porque, ao mesmo tempo em que firma o princípio da licitação, prevê a possibilidade legal de exceções, ou seja, autoriza que a legislação especifique casos para os quais o princípio fica afastado, (...)".[10]

Segundo esta corrente, o art. 37, XXI, da CF teria instituído um dever geral de licitar para a Administração Pública, passível de ser pontualmente excepcionado pela legislação infraconstitucional.

De fato, o art. 37, XXI, revela que a CF pretendeu obrigar a Administração Pública da União, dos Estados, do Distrito Federal e dos Municípios a licitar. Mas em que casos? Todos? Não. A lei diz que *obras*, *serviços*, *compras* e *alienações* serão contratados mediante processo de licitação pública a ser estabelecido em lei, admitindo-se a criação, também por lei, de hipóteses de dispensa.

---

9. José Afonso da Silva, *Comentário Contextual à Constituição*, cit., 8ª ed., p. 351.
10. Idem, ibidem.

Percebe-se, assim, que a Constituição estabeleceu, em relação ao objeto, *patamar mínimo* – e não máximo – ao grau de abrangência do dever de licitar, e forneceu parâmetros vinculantes a serem observados pelo legislador infraconstitucional quando da edição de diplomas normativos voltados a regular o tema. Não disse que todo e qualquer contrato firmado pelo Poder Público precisaria ser licitado, mas exclusivamente os que envolvessem obras, serviços, compras e alienações em geral.

Estes objetos – obras, serviços, compras e alienações – não abarcam pouca coisa; compõem, ao revés, o que se poderia denominar de grande mercado público; e, *especificamente em relação a ele*, seria correto dizer que o texto constitucional teria fixado como regra a licitação e atribuído à legislação infraconstitucional o papel de discipliná-la e de excepcioná-la quando ela se mostrar impossível ou inconveniente. Apesar de amplo, o universo a que a Constituição alude não é infinito. Muitos objetos dele escapam.

O art. 173, por sua vez, regula a exploração direta de atividade econômica pelo Estado por meio de empresas estatais – gênero que abrange as espécies empresa pública e sociedade de economia mista. O dispositivo na sua redação original limitava-se a dizer que as empresas estatais – e outras entidades que explorassem atividade econômica – se sujeitariam ao regime jurídico próprio das empresas privadas. Muitos viam na Constituição uma incongruência: como poderiam as empresas estatais ser integralmente regidas pelo direito privado – que, por óbvio, não exige que empresa alguma contrate mediante licitação –, sendo que o art. 37, *caput* e inciso XXI, da CF – que institui para a Administração o dever de licitar – também é a elas aplicável? Afinal de contas, a empresa estatal a que se refere o art. 173 do texto constitucional estaria, ou não, obrigada a contratar certos objetos por licitação?

O constituinte derivado, com o escopo de afastar interpretação que levasse as empresas estatais a licitar da mesma maneira que órgãos da Administração direta, por exemplo, editou a Emenda Constitucional 19, de 4.6.1998, que modificou o dispositivo para explicitar que a contratação de obras, serviços, compras e alienações por empresas estatais deveria, sim, ser precedida de licitação – que, como consta do art. 37, XXI, garantisse igualdade de condições a todos os concorrentes, com cláusulas que estabelecessem obrigações de pagamento, mantidas as condições da proposta –, mas de licitação peculiar, adaptada à natureza empresarial desses entes.

Vê-se que o art. 173, § 1º, III, não estendeu o dever de licitar a novos órgãos, entes ou objetos distintos daqueles a que aludem o art. 37, *caput* e inciso XXI. Ele se limitou a fazer uma ressalva, procurando desconstruir um tipo de interpretação que se passou a fazer a partir do texto original da Constituição – a de que todos os órgãos e entes da Administração Pública (incluindo as empresas estatais) deveriam se sujeitar a um único regime licitatório.

O art. 175, *caput*, da CF, diferentemente do art. 173, estendeu o dever de licitar a objeto distinto daqueles mencionados no art. 37, XXI. Determinou o dispositivo que, na hipótese de o Estado optar por se valer da concessão ou da permissão para delegar a prestação de serviços públicos a terceiros, seria obrigado a fazê-lo "sempre através de licitação". Ou seja: o texto constitucional, para além de ter instituído o dever de licitar para a contratação de obras, serviços, compras e alienações em geral (art. 37, XXI), também o fez para a concessão ou permissão da prestação de serviços públicos de titularidade estatal (art. 175).

A primeira observação que fazemos é a de que a CF, no art. 175, não criou o dever de licitar concessões e permissões em geral, mas única e exclusivamente aquelas que envolvessem a prestação de *serviços públicos*. Para ficar em apenas um exemplo, não se extrai do texto constitucional o mandamento de que concessões de direito real de uso serão em regra outorgadas por meio de licitação. A Constituição silenciou a esse respeito. Nada impediria, portanto, que o legislador infraconstitucional delineasse para esta espécie de concessão procedimentos de outorga distintos da licitação prevista no art. 37, XXI, inspirados, inclusive, em valores diversos ou mais abrangentes.

A segunda observação é a de que, a despeito de haver certa indefinição quanto ao significado da expressão "serviços públicos", uma coisa é certa: a concessão e a permissão a que se refere o art. 175 da CF não dizem respeito à delegação da prestação de qualquer tipo de serviço. Isso porque o próprio art. 175 (*caput* e incisos do seu parágrafo único) elenca algumas das características típicas dessa espécie de contrato. Destacamos o envolvimento da delegação de *serviço de titularidade estatal* (*caput*), a previsão de *direitos dos usuários* (inciso

II), de *política tarifária* (inciso III) e da obrigatoriedade do concessionário ou permissionário de *manter o serviço adequado* (inciso IV).

Vale dizer, por fim, que, mesmo tratando-se, inequivocamente, de concessões ou permissões de serviços públicos, seria inadequado falar na existência de um dever *absoluto* de licitar. Isto porque, a depender das peculiaridades do caso concreto, a licitação eventualmente poderá se mostrar inócua, ineficaz ou, simplesmente, desnecessária.

Este cenário se materializaria, por exemplo, havendo impossibilidade fática de se configurar escassez de usuários de um serviço público qualquer. Nesse caso, por se tratar de mercado em tese infinito – capaz, portanto, de acomodar todos os prestadores de serviço interessados –, não faria sentido que a concessão ou permissão *obrigatoriamente* tivessem que ser precedidas de licitação. Afinal de contas, não haveria necessidade de disputa ou de competição, pelo simples fato de o mercado ser naturalmente capaz de absorver todos os potenciais interessados.

A avaliação detida das normas constitucionais que expressamente aludiram ao dever de licitar revela que é incorreto afirmar que a Constituição teria indistintamente imposto a licitação a todas as contratações levadas a cabo pelo Poder Público. O texto constitucional, quando quis exigir que a Administração licitasse, o fez de maneira expressa; escolheu com cuidado sujeitos e objetos, apontando-os de forma inequívoca.

A despeito disso, caberia indagar: teria a Constituição implicitamente consagrado o princípio universal da licitação? Teria o texto constitucional, ainda que nas suas entrelinhas, sujeitado a Administração a um dever geral de licitar? Poderia este suposto dever geral de licitar ser extraído dos princípios constitucionais?

O raciocínio daqueles que responderiam afirmativamente às questões acima aduzidas costuma ser o seguinte: é irrelevante o fato de a Constituição não ter dito com todas as letras que a licitação é genericamente aplicável a toda a Administração Pública e a todos seus contratos, pois o dever universal de licitar decorreria diretamente de princípios constitucionais – ou, ainda, das noções de Estado de Direito, de Estado Republicano etc. O princípio universal da licitação, nessa perspectiva, seria mero desdobramento de outros princípios jurídicos a que a Administração claramente deve obediência – tais como, por exemplo, o da impessoalidade e o da moralidade; estaria neles contido.

Esta visão, como se verá, parte de premissas equivocadas e chega a resultado insubsistente.

1.4 O dever de licitar não decorre diretamente de princípios constitucionais

É verdade: no passado, um dos autores deste ensaio sustentou, equivocadamente, que:

"(...), ainda que silente a Constituição a respeito [*do dever da Administração Pública de licitar*], ele existiria, em decorrência de princípios jurídicos mais abrangentes, especialmente os da igualdade e da boa administração. O primeiro interdita os privilégios a particulares e, em consequência, obriga a Administração a tratá-los sem discriminações quando sai à procura de parceiros contratuais ou quando edita atos singulares outorgando benefícios insuscetíveis de generalização. O segundo exige que os negócios estatais sejam travados com quem se mostre efetivamente mais apto a concorrer para a realização do interesse público.

"Não há como, em regra, atender a esses princípios sem um procedimento administrativo do tipo licitatório. (...)."[11]

O já aludido professor José Afonso da Silva, em seu *Comentário Contextual à Constituição*, seguiu caminho semelhante ao afirmar que a licitação "constitui um princípio instrumental de realização dos princípios da moralidade administrativa e do tratamento isonômico dos eventuais contratantes com o Poder Público". Segundo o autor, o fato de a licitação ser um princípio "significa que essas contratações [*públicas*] ficam sujeitas, como regra, ao procedimento de seleção de propostas mais vantajosas para a Administração Pública".[12]

De fato, do texto constitucional podem ser extraídos princípios jurídicos mais abrangentes, especialmente os da igualdade e da boa administração. O equívoco está em extrair efeitos bastante concretos

---

11. Carlos Ari Sundfeld, *Licitação e Contrato Administrativo – De Acordo com as Leis 8.666/1993 e 8.883/1994*, 2ª ed., São Paulo, Malheiros Editores, 1995, p. 18.
12. José Afonso da Silva, *Comentário Contextual à Constituição*, cit., 8ª ed., p. 350.

destes princípios genéricos e abstratos – como, por exemplo, o de que "não há como, em regra, atender a esses princípios sem um procedimento administrativo do tipo licitatório" – ou, então, imaginar que certos princípios pressuponham, contenham em si, o dever de licitar.

Esta visão equivoca-se ao partir de premissas falsas e ao ignorar a realidade fática e normativa.

O primeiro engano está em imaginar que a ausência de licitação necessariamente dê lugar à barbárie. Para esta linha de pensamento, não licitar seria o mesmo que autorizar pessoas privadas a se apropriarem indevidamente do Estado e de suas riquezas, subjugando o interesse público ao privado. Eventual opção legislativa por não licitar seria vista por esta ótica com grande desconfiança, como a pura e simples institucionalização da corrupção ou de favoritismos injustificados; como chancela legal à realização de negócios espúrios entre o público e o privado.

Não é bem assim. A realidade é significativamente mais complexa do que este raciocínio, baseado em meras ilações.[13]

É impossível, em abstrato, dizer que licitar seja melhor – ou mais justo, isonômico, correto, eficiente, adequado etc. – do que não licitar. A comparação entre estes tipos jurídicos ideais e opostos é impertinente, pois são necessários ou úteis em *situações diferentes*. Não há que se falar, portanto, em preferência de um em detrimento do outro; ambos são em tese constitucionais, legítimos e talhados para promover o interesse público – em circunstâncias diversas, é verdade.

Não licitar, assim, eventualmente pode, em face das normas e dos fatos, se mostrar a solução juridicamente mais adequada. Por exemplo: ainda que não existisse a norma do art. 24, VI, da Lei 8.666/1993 – que autoriza a contratação direta "nos casos de emergência ou de calamidade pública" –, o mais correto em situações emergenciais de fato seria que órgãos e entes, ainda que genericamente obrigados a licitar "obras, serviços, compras e alienações" (art. 37, XXI, da CF), contra-

---

13. A prevalecer a ótica de que a ausência de licitação necessariamente dê lugar à barbárie, chegar-se-ia à conclusão – um tanto quanto absurda e irreal – de que no período que compreende os meses de janeiro e outubro/2012 mais da metade dos gastos da União Federal potencialmente envolveu práticas ilícitas. Isso porque, segundo o sítio eletrônico *CompraNet*, 51% dos gastos da União Federal nesse período foram realizados mediante dispensa ou inexigibilidade de licitação.

tassem estes objetos diretamente, sem licitação. Licitar, nessa hipótese, seria, evidentemente, contrário ao interesse público, pois poderia colocar em risco a própria atividade administrativa e seus destinatários.

O segundo engano está em pressupor que a *única* maneira de atender aos princípios constitucionais que preconizam, exemplificativamente, a separação entre o público e o privado, a isonomia entre interessados e a busca do negócio mais vantajoso para a Administração Pública seja por meio da licitação.

Será, mesmo, que a *única* maneira de promover os princípios da Administração Pública – legalidade, impessoalidade, moralidade, publicidade e eficiência – seja por meio da licitação, isto é, de um processo formal de disputa, aberto a todos? Não seria esta apenas uma das maneiras de promovê-los – mandatória apenas em certos casos, por previsão expressa do texto constitucional e, noutros casos, por previsão expressa da legislação infraconstitucional?

A verdade é que não há um único modelo ou forma juridicamente adequados. Não só por meio da licitação são cumpridos os mandamentos constitucionais e realizados valores públicos. Há outros mecanismos, procedimentos e soluções, para além dos licitatórios, que se ajustam ao texto constitucional.[14]

Aliás, por isso mesmo a Lei Geral de Telecomunicações (n. 9.472/1997) previu outro procedimento, o de "chamamento público", para identificar e, eventualmente, harmonizar potenciais interesses e conflitos quanto à ocupação de órbita brasileira para exploração de satélite (arts. 91 e 172). Segundo a lei, se os interesses puderem ser harmonizados no procedimento de chamamento, não será feita licitação. Portanto, não é verdade que o processo público de disputa objetiva seja o único meio legítimo para o Estado chegar a decisões adequa-

---

14. Sobre o assunto, consultar: Carlos Ari Sundfeld, "Procedimentos administrativos de competição", in Maria Sylvia Zanella Di Pietro e Carlos Ari Sundfeld (orgs.), *Doutrinas Essenciais – Direito Administrativo*, São Paulo, Ed. RT, 2012, pp. 41-49. Nesse artigo afirmou-se que "as hipóteses às quais se aplica o procedimento da licitação não esgotam todos os casos em que, por criar-se para um particular um benefício pessoal direto não generalizável a todos os pretendentes, exige-se um procedimento" (pp. 43-44). O fato de a decisão da autoridade pressupor uma comparação entre qualidades dos sujeitos, para a escolha da opção melhor, impõe a necessidade de instauração de "procedimento administrativo, que chamamos 'procedimento de competição'", gênero que abarcaria a espécie licitação (p. 46).

das quanto à outorga de serviços. O chamamento público, no interior do qual os interessados podem ser estimulados a negociar e a se compor, é a prova de que, dependendo dos casos, a solução melhor não é um processo de disputa baseado na "igualdade de condições a todos os concorrentes", como diz o art. 37, XXI, da CF, ao falar da licitação.

Veja-se que para a outorga de serviços de radiodifusão a particulares a Constituição não falou em processo de licitação, limitando-se a exigir o concurso de vontades políticas do Poder Executivo e do Congresso Nacional (art. 223, *caput* e § 3º). É verdade que, nos últimos tempos, licitações têm sido feitas por decisão regulamentar, mas elas não são vinculantes, pois o Congresso Nacional tem plena competência política para recusar a outorga. As principais outorgas, que vêm sendo renovadas com estímulo da Constituição (art. 223, § 2º), foram feitas no passado por deliberação exclusivamente política, sem disputa prévia em processo de licitação.

O fato é que, em matéria de radiodifusão, a Constituição – gostemos ou não dela – deu valor, como fator de decisão, não à disputa formal na licitação entre interessados, mas à discricionariedade política conjunta de dois Poderes da República. Foi a Constituição – repita-se a escolher como determinante o caminho do processo político, sequer mencionando o processo de licitação. Portanto, ela reconheceu que o jogo da política pode ser, ao menos nesse caso, fundamental para uma boa decisão.

Outra prova de que a Constituição não sobrevalorizou a licitação, mesmo na escolha de quem vai prestar serviço público, está em seu art. 175, parágrafo único, I. Terminado o prazo de vigência de uma concessão, cabe à lei e à Administração decidirem se, para um novo período, será aberta uma disputa por meio de licitação entre potenciais interessados ou se será mantido o concessionário anterior, por meio de prorrogação de seu contrato. É uma decisão política, evidentemente informada por elementos técnicos, mas em que o princípio de igualdade entre potenciais interessados não é o determinante. E a experiência histórica mostra que a opção de prorrogar é não só muito frequente como conveniente, inclusive para evitar os conflitos que o antigo concessionário tem todo interesse e a possibilidade de criar, na tentativa de se manter no negócio.[15]

---

15. A propósito: Carlos Ari Sundfeld (org.), *Contratações Públicas e seu Controle*, São Paulo, Malheiros Editores, 2013, pp. 32-34. V. também: Carlos Ari Sund-

De outro lado, o aditamento de concessões existentes, para ampliação de seu escopo (a inclusão de novas obras ou trechos em concessão rodoviária, por exemplo), é solução admitida em lei e adotada com normalidade na prática, pelas vantagens que propicia. É uma opção administrativa – opção inspirada em razões técnicas, mas ainda assim discricionária – atribuir certa obra a concessionário já existente, para ser paga pela exploração da concessão, ao invés de celebrar contrato administrativo por meio de licitação.[16]

Tome-se outro exemplo: os procedimentos previstos pelo Decreto-lei 227, de 28.2.1967 (Código de Minas) para a outorga de autorizações e de concessões necessárias à exploração de minério no Brasil.

Diz o Código de Minas que o interessado em pesquisar determinada área poderá solicitar autorização de pesquisa (art. 16), sendo que "a área objetivada em requerimento de autorização e pesquisa ou de registro de licença será considerada livre" desde que não esteja vinculada a anterior "autorização de pesquisa, registro de licença, concessão de lavra, manifesto de mina ou permissão para reconhecimento geológico" (inciso I) e que não seja "objeto de pedido anterior de autorização de pesquisa" (inciso II). O diploma normativo diz, ainda, que o autorizado a pesquisar determinada área terá o direito de, cumpridos certos requisitos, requerer a concessão de lavra (art. 31).

Ou seja: o Código de Minas previu como procedimento de outorga da autorização de pesquisa e da concessão de lavra o *critério da prioridade*: aquele que primeiro tiver solicitado a autorização de pesquisa de determinada área terá o direito de, comprovada a viabilidade técnica da criação de uma mina, requerer a concessão de lavra – e, portanto, de explorá-la.

Seria o critério da prioridade incompatível com os princípios listados no *caput* do art. 37 da CF? Seria inconstitucional o dispositivo? Em caso de resposta positiva, ele violaria qual dispositivo da Constituição? Violaria um princípio? Por qual razão?

A verdade é que o critério de outorga traçado pelo Código de Minas, apesar de distinto da licitação, não colide com qualquer dispo-

---

feld e Olívia do Amaral Mesquita, "O paradoxo da licitação: o caso das franquias postais", *Revista Síntese – Licitações, Contratos e Convênios* 8/22-37, 2012.

16. Sobre as condições para fazê-lo licitamente, v.: Carlos Ari Sundfeld, *Direito Administrativo Contratual – Pareceres*, vol. II, São Paulo, Ed. RT, 2013, pp. 129-153.

sitivo constitucional; nem mesmo com os supostos princípios constitucionais implícitos. É um critério de escolha dos parceiros da Administração tão legítimo quanto a licitação.

Ademais, nos variados setores em que os serviços são de titularidade estatal – telecomunicações, portos, transportes coletivos etc. – tem-se reconhecido que o Estado tanto pode optar por promover uma disputa pelo mercado por meio de licitação, caso em que fará a outorga de uma concessão ao vencedor desse processo, como pode deixar os agentes livres para entrarem no mercado sem disputar a outorga (que em geral é feita por "autorização"), mas ficando sujeitos em seguida à concorrência pelos clientes no mercado livre. A chamada liberalização dos serviços públicos, com a implantação da plena concorrência entre os prestadores, nada mais é que a troca, decidida pela regulação, do tradicional processo público de licitação por outro meio de organização da disputa, que deixa de ocorrer em processos públicos formais e passa a se travar por mecanismos de mercado.[17]

O terceiro e último engano está em atribuir excessivo peso e importância à palavra "licitação" quando, hoje, ela não mais possui sentido unívoco. Licitação, quando da aprovação do texto constitucional, era genericamente regulada pelo Decreto-lei 2.300/1986, posteriormente substituído pela Lei 8.666/1993. Ocorre que se viu nos últimos anos uma profusão de normas sobre licitações e contratos, ocasionando o rompimento do monopólio da regulação das licitações por um único diploma normativo.

Há, hoje, diversas leis que contêm normas próprias de licitação, peculiares e distintas em relação ao regime geral – tais como, por exemplo, a Lei Geral de Telecomunicações, a Lei do Pregão e a Lei de Parcerias Público-Privadas/PPPs. Licitar, portanto, pode significar, hoje, coisas muito distintas.

1.5 Conclusão

Este ensaio teve por meta desfazer a ideia que, consciente ou inconscientemente, povoa o imaginário dos administrativistas em geral.

---

17. A propósito: Carlos Ari Sundfeld (org.), *Contratações Públicas e seu Controle*, cit., pp. 34-37. V. também: Carlos Ari Sundfeld, "Meu depoimento e avaliação sobre a Lei Geral de Telecomunicações", *Revista de Direito do Estado/RDE* 9/173-196, Ano 3, Rio de Janeiro, Renovar, janeiro-março/2008.

A crença – infundada, reafirme-se – de que a Constituição Federal de 1988 teria instituído o princípio universal da licitação inequivocamente gera distorções e traz à Administração consequências negativas – entre elas a de limitar sobremaneira os instrumentos de gestão pública de que em tese poderia dispor.

A retomada do texto da Constituição não deixa margem para dúvidas: a Constituição não criou – nem sequer cogitou criar – o princípio universal da licitação. Suas normas revelam quão implausível é falar na existência de tal princípio. Interpretação em sentido contrário importaria, necessariamente, distorcer o texto constitucional, ignorar os comandos normativos existentes e pressupor a existência de outros que não existem.

A afirmação de que a presunção da licitação estaria contida nos princípios constitucionais não é menos exagerada. Extrair dever geral de licitar – algo bastante concreto, palatável – de princípios constitucionais abstratos e de baixa densidade normativa é um equívoco. Fazê-lo também importaria substituição ao constituinte. O texto constitucional, quando quis, impôs, de maneira expressa o dever de licitar, identificando com clareza seus sujeitos e objetos.

Não custa reafirmar: a Constituição deve ser interpretada a partir de suas *normas*, do *direito positivo*, sob pena de se distorcer seu conteúdo.

Bibliografia

DI PIETRO, Maria Sylvia Zanella, e SUNDFELD, Carlos Ari (orgs.). *Doutrinas Essenciais – Direito Administrativo*. São Paulo, Ed. RT, 2012.

MESQUITA, Olívia do Amaral, e SUNDFELD, Carlos Ari. "O paradoxo da licitação: o caso das franquias postais". *Revista Síntese – Licitações, Contratos e Convênios* 8/22-37. 2012.

ROSILHO, André. *Licitação no Brasil*. São Paulo, Malheiros Editores, 2013.

SILVA, José Afonso da. *Comentário Contextual à Constituição*. 8ª ed. São Paulo, Malheiros Editores, 2012.

SUNDFELD, Carlos Ari. *Direito Administrativo Contratual – Pareceres*. vol. II. São Paulo, Ed. RT, 2013.

—————. *Direito Administrativo para Céticos*. São Paulo, Malheiros Editores, 2012.

──────. *Licitação e Contrato Administrativo – De Acordo com as Leis 8.666/1993 e 8.883/1994*. 2ª ed. São Paulo, Malheiros Editores, 1995.

──────. "Meu depoimento e avaliação sobre a Lei Geral de Telecomunicações". *Revista de Direito do Estado/RDE* 9/173-196. Ano 3. Rio de Janeiro, Renovar, janeiro-março/2008.

──────. "Procedimentos administrativos de competição". In: DI PIETRO, Maria Sylvia Zanella, e SUNDFELD, Carlos Ari (orgs.). *Doutrinas Essenciais – Direito Administrativo*. São Paulo, Ed. RT, 2012.

────── (org.). *Contratações Públicas e seu Controle*. São Paulo, Malheiros Editores, 2013.

SUNDFELD, Carlos Ari, e DI PIETRO, Maria Sylvia Zanella (orgs.). *Doutrinas Essenciais – Direito Administrativo*. São Paulo, Ed. RT, 2012.

SUNDFELD, Carlos Ari, e MESQUITA, Olívia do Amaral. "O paradoxo da licitação: o caso das franquias postais". *Revista Síntese - Licitações, Contratos e Convênios* 8/22-37. 2012.

Capítulo 2
APONTAMENTOS SOBRE O REGIME DIFERENCIADO DAS CONTRATAÇÕES PÚBLICAS/RDC

BENEDICTO PORTO NETO

2.1 RDC e a preocupação com a eficiência nas contratações públicas. 2.2 Inversão das fases de habilitação e classificação e disputa aberta. 2.3 Contratação integrada. 2.4 Licitação e controle de resultado. 2.5 Conclusão.

2.1 RDC e a preocupação com a eficiência nas contratações públicas

O RDC foi editado originariamente para disciplinar apenas as contratações de obras e serviços relacionados à Copa do Mundo de 2014 e às Olimpíadas do Rio de Janeiro, incluindo as obras e serviços relativos à Copa das Confederações e aos jogos paraolímpicos e as obras de infraestrutura em aeroportos situados a até 350km das cidades-sede dos eventos esportivos. O declarado objetivo do Governo Federal com a criação do novo regime jurídico foi conferir agilidade aos procedimentos de contratação. A Administração Pública, contudo, sequer chegou a instaurar licitações no regime da Lei 8.666/1993, com a antecedência que ele exige, para contratações relacionadas aos jogos, cujo fracasso ou excessiva demora pudesse justificar legitimamente a adoção de regime especial por meio de medida provisória. A criação do RDC, pelo menos aparentemente, é muito mais fruto de antiga insatisfação do Governo com o regime geral das licitações, de sua avaliação de que ele é anacrônico, entrave burocrático à eficiente atuação administrativa contratada. Em certa medida, a realização dos eventos esportivos serviu apenas como oportunidade ou pretexto para adoção de novo regime jurídico para as licitações por meio de medida provisória. Dois fatos reforçam a minha convicção: o primeiro é o de o Governo Federal, por ocasião do lançamento do Programa de Aceleração do Crescimento/PAC, em 2007, ter encaminhado ao Congresso Nacional, em regime de urgência, projeto de lei para reforma da Lei 8.666/1993, já sob o mesmo fundamento de necessidade de tornar mais céleres e eficientes as contratações públicas, iniciativa que se frustrou; o segundo é o fato de o Governo Federal vir ampliando, gradativamente, as hipóteses de aplicação do RDC, sempre por meio de medida provisória, mesmo sem grande experiência com o novo regime: primeiro para os contratos vinculados ao PAC, depois para as contratações de obras e serviços de engenharia pertinentes ao Sistema Único de Saúde/SUS; em seguida, para as obras e serviços dos sistemas públicos de ensino – o que é indício de sua intenção de, aos poucos, abandonar o regime da Lei 8.666/1993.

Conferir eficiência às contratações públicas não é preocupação recente das autoridades envolvidas com o tema.

O projeto de lei que deu origem à Lei 8.666/1993 foi de iniciativa parlamentar, elaborado e apresentado no auge dos escândalos do Governo Collor. Era natural, assim, que as discussões no Congresso Nacional e sua aprovação fossem envolvidas quase que exclusivamente pela preocupação de controlar a atuação contratual da Administração Pública. O legislador optou por disciplinar o procedimento de forma rigorosa e detalhista e, principalmente, por diminuir ao máximo as decisões discricionárias dos agentes públicos, com vistas à criação de barreiras a possíveis desvios. E a lei cumpriu seu papel: ao lado da atuação mais rigorosa do Ministério Público e dos Tribunais de Contas, ela contribuiu significativamente para o controle das licitações.[1]

1. Embora Carlos Ari Sundfeld tenha alguma razão ao dizer que o regime da Lei 8.666/1993 favoreça as médias empresas com experiência em contratações públicas (cf. "Contratações públicas e o princípio da concorrência", in Carlos Ari Sundfeld (org.), *Contratações Públicas e seu Controle*, São Paulo, Malheiros Editores, 2013, pp. 15-41), é certo que entre as pessoas aptas a participar da disputa ficou muito mais difícil dirigir o resultado das licitações.

Acontece, porém, que o excessivo rigor e o forte formalismo da Lei Geral de Licitações acabaram sacrificando a eficiência da Administração nas contratações.

A primeira grande inovação para conferir mais eficiência aos procedimentos de contratação veio com a Lei Geral das Telecomunicações, que, junto com regime especial para as licitações de outorga de concessão e autorização de serviços de telecomunicações (que afasta a aplicação da Lei 8.666/1993), criou modalidade de licitação exclusivamente para a ANATEL, o pregão, destinado à aquisição de bens e serviços comuns, cujo regime é muito conhecido atualmente. Os bons resultados alcançados pelo pregão no âmbito da ANATEL fizeram com que a nova modalidade fosse estendida, primeiro, para todos os entes da Administração Pública Federal, por meio de medida provisória,[2] e depois, com sua conversão em lei,[3] para as demais esferas político-administrativas.

O pregão, contudo, não resolve todos os problemas relacionados às contratações públicas, porquanto restrito à aquisição de bens e serviços comuns. O anseio pela adoção de procedimentos mais céleres fez, inclusive, com que a Administração procurasse alargar – com certo abuso em alguns casos – o conceito de *bens e serviços comuns*, com emprego do pregão até para contratação de obras.

Foi por essa razão que o Governo Federal, por meio do Ministério do Planejamento, elaborou e submeteu a consulta pública, em 2002, o Anteprojeto de Lei Geral de Contratações da Administração Pública. A proposta procurava conferir maior eficiência a todos os procedimentos de contratação. E dela já constavam, para todos os procedimentos, os dois importantes instrumentos do pregão, agora incorporados no RDC: inversão das fases de habilitação e de classificação de propostas (simplificação do procedimento); possibilidade de formulação de novos e sucessivos lances de preço no curso do procedimento (ampliação da competição entre os participantes do certame). O Anteprojeto contemplava, ainda, a fase de saneamento – destinada à correção de falhas em documentos e propostas no curso do procedimento, medida voltada a evitar eliminações desnecessárias de licitantes ou propostas, com o fim do formalismo exacerbado –, a qual veio a ser

---

2. Cf. Medida Provisória 2.026, de 4.5.2000.
3. Cf. Lei 10.520, de 17.7.2002.

adotada nas licitações para parcerias público-privadas/PPPs.[4] Por outro lado, no lugar de eliminar ou restringir as decisões discricionárias da Administração nas licitações, o Anteprojeto procurava controlar a formação de sua "vontade".[5]

O Anteprojeto, contudo, não foi adiante; com a eleição de Luís Inácio Lula da Silva para a Presidência da República em 2002, candidato da Oposição, o Governo Federal desistiu de encaminhar a proposta ao Congresso Nacional.

Mas o assunto não saiu da ordem do dia, e muitas propostas foram discutidas deste então. No momento está em elaboração no Senado Federal, em comissão sob a relatoria da senadora Kátia Abreu, nova proposta de Projeto de Lei Geral de Licitações e Contratos da Administração.

2.2 Inversão das fases de habilitação e classificação e disputa aberta

Dois importantes instrumentos adotados no RDC são: (a) a inversão das fases de classificação e de habilitação, para que aquela seja realizada antes desta, com fase recursal única; (b) possibilidade de formulação de novos lances de preço no curso do procedimento, a chamada *disputa aberta*.

A inversão das fases de classificação e de habilitação não é novidade; ela já é adotada há muito tempo no pregão e em licitações financiadas pelo Banco Mundial.

As vantagens decorrentes da inversão para a agilidade do procedimento são muito claras: a Administração não precisa examinar a documentação de habilitação de todos os licitantes, mas apenas a do autor da melhor proposta; são eliminadas discussões desnecessárias e irrelevantes na fase de habilitação, na esfera administrativa ou judicial, aquelas relativas à habilitação ou inabilitação de licitantes que

---

4. Cf. art. 12, IV, da Lei 11.079/2004.
5. Sobre o Anteprojeto de Lei Geral de Contratações da Administração Pública, cf. artigo de minha autoria, "Anteprojeto de procedimentos de contratação da Administração Pública", in Marcelo Figueiredo e Valmir Pontes Filho (orgs.), *Estudos de Direito Público em Homenagem a Celso Antônio Bandeira de Mello*, São Paulo, Malheiros Editores, 2006, p. 103-116.

não tenham propostas de preço competitivas, propostas sem chances de vitória na disputa.[6] Por esses dois motivos, portanto, se ganha tempo na realização do procedimento.

A inversão de fases, contudo, também desempenha papel importante no controle dos atos da Administração Pública: com a divulgação dos preços de todos os licitantes, provavelmente os agentes públicos somente venham a inabilitar o autor de melhor proposta, daquela economicamente mais vantajosa aos cofres públicos, quando puderem demonstrar, para além de qualquer dúvida razoável, que o licitante realmente não atendeu a requisito de habilitação fixado no edital. E é assim mesmo que deve ser.

A realização da fase de habilitação antes do conhecimento das propostas de preço foi concebida para garantir isenção dos agentes públicos na aferição dos atributos subjetivos dos licitantes. Pretendia-se, com tal sequência, garantir que a análise dos agentes na aferição do atendimento, pelos licitantes, dos requisitos de habilitação não fosse contaminada pelas vantagens das propostas apresentadas; que eles não fossem mais ou menos rigorosos em suas análises, na dependência do que isso pudesse influenciar no resultado da disputa. A regra, contudo, acabou sendo desvirtuada: muitas vezes ela serve para que os agentes se sintam mais seguros e confortáveis na inabilitação de licitantes por questões subalternas, desprovidas de finalidade substancial, já que permanecerão em sigilo os prejuízos econômicos decorrentes dessa postura.

Por isso, volto atrás em minha opinião de que, pelo menos nas licitações de obras e serviços de engenharia, a fase de habilitação deveria anteceder a de classificação de propostas. Afirmei isso no passado porque a Lei 8.666/1993 admite a demonstração de capacidade técnica dos licitantes por meio da comprovação de execução anterior de obra com complexidade técnica e operacional *equivalente* à da obra licitada (art. 30, § 3º).[7] A decisão sobre a *relação de equivalência*

---

6. É bem verdade que em caso de inabilitação do autor da melhor proposta a chance de a discussão sobre a validade do ato ir parar no Poder Judiciário é muito grande. Nesta hipótese, o licitante, com a impugnação do ato de sua inabilitação, não estará perseguindo apenas a continuidade no certame, como acontece no regime da Lei 8.666/1993: estará perseguindo a celebração do contrato.
7. A norma não se restringe às licitações de obras e serviços de engenharia, mas, salvo engano ou alguma exceção, ela tem aplicação somente nas licitações com esse objeto.

entre a obra anteriormente executada e a licitada pode, em alguns casos, comportar margem de discricionariedade. Hoje, reconheço que a divulgação prévia dos preços reforça o dever da Administração de tomar uma decisão séria, responsável e muito bem fundamentada sobre habilitação e inabilitação de licitantes, com exposição, clara, das consequências econômicas da decisão.[8]

O RDC admite que, mediante ato justificado, e desde que previsto em edital, a fase de habilitação anteceda a de classificação de propostas (parágrafo único do art. 12). Nesta hipótese, haverá duas fases de recurso: a primeira para recursos contra as decisões proferidas na fase de habilitação; a segunda para recursos contra o ato de classificação de propostas (art. 27 da Lei 12.462/2011 e art. 58 do Decreto 7.581/2011). Embora a lei não diga expressamente, os recursos da fase de habilitação devem ter efeito suspensivo, sendo vedada a abertura de propostas comerciais antes de seu julgamento. Se a justificativa para adoção dessa sequência é impedir que a Administração tome conhecimento dos preços ofertados antes da decisão quanto à habilitação de licitantes, é claro que a fase habilitatória deve ser exaurida na esfera administrativa antes da abertura das propostas de preço. Do contrário não teria sentido a inversão: a autoridade competente para apreciar os recursos, que tem a última palavra na esfera administrativa sobre habilitação e inabilitação de licitantes, teria conhecimento das propostas de preço antes de proferir sua decisão.

A possibilidade de formulação de novos lances de preços no curso da licitação – boa experiência adquirida com o pregão – amplia a competição entre aqueles que já participam do certame, propiciando oportunidade para que a Administração Pública obtenha condições mais vantajosas nas contratações.

A Lei do RDC, contudo, se omite em aspecto fundamental para sua adoção: criação de instrumentos para garantir a segurança na con-

---

8. Isso não significa, claro, que a Administração possa desprezar exigência de habilitação fixada no edital apenas para acolher proposta economicamente mais vantajosa. Não é nada disso. O que quero dizer é que, com a inversão de fases, a decisão de inabilitação do autor da melhor proposta provavelmente será sempre muito bem fundamentada, com demonstração inequívoca do desatendimento de requisito habilitatório. Aliás, deveria ser sempre assim, mesmo no regime da Lei 8.666/1993; mas infelizmente não é.

tratação, para garantir que as obrigações assumidas venham a ser fielmente cumpridas pelo contratado.

Embora o declarado objetivo do RDC tenha sido assegurar a execução das obras e serviços necessários à realização da Copa do Mundo e dos Jogos Olímpicos, com prazos exíguos que não admitem falhas ou atrasos no cumprimento das obrigações assumidas pelo contratado, curiosamente, ele não cuida das garantias de cumprimento dos contratos. Com base na previsão genérica de que, nos contratos regidos pela lei, deverão ser observadas "condições de aquisição, de seguros, de garantias e de pagamento compatíveis com as do setor privado" (art. 4º, IV, com a nova redação conferida pela Lei 12.980, de 28.5.2014), alguns entes da Administração têm exigido dos contratados garantia de cumprimento de contrato em valor correspondente a 30% do preço total pactuado, que é superior aos limites definidos na Lei 8.666/1993 (de 5%, como regra geral, e de 10%, para casos especiais). Mas a medida ainda é insuficiente para garantir o fiel cumprimento do contrato ou para afastar as graves consequências que podem decorrer de eventual inadimplência.

A possibilidade de formulação de novos lances de preço pode conduzir à vitória de proposta inexequível ou de duvidosa exequibilidade, situação que representa risco ao atendimento do interesse público. No afã de garantir vitória em disputa acirrada, algum licitante pode ir além do limite de segurança na formulação de lances. Daí por que a garantia de cumprimento de contrato oferecida pelo contratado é tema fundamental nas licitações com disputa aberta.[9]

9. O RDC – assim como a Lei 8.666/1993 – contempla a desclassificação de propostas inexequíveis (art. 24, III). Ele contempla, ainda, a desclassificação de proposta cuja exequibilidade não seja demonstrada por seu autor (art. 24, IV). O tema, contudo, permanece sensível. Em primeiro lugar, nem sempre é fácil identificar previamente a inexequibilidade de uma proposta ou, mesmo, avaliar, com segurança, se sua exequibilidade foi, ou não, satisfatoriamente demonstrada. Em segundo lugar, porque uma proposta pode ser, em princípio, exequível mas muito apertada economicamente, e, diante da menor dificuldade enfrentada pelo contratado (aumento, dentro da normalidade, dos preços dos insumos, dificuldade de arregimentação de mão de obra, que force o aumento de salários, etc.), colocar em risco o cumprimento do contrato. Para garantir a vitória, o licitante pode abrir mão de parcela do preço destinada a *contingências normais* na execução de obras. É importante, portanto, a criação de mecanismos que permitam à Administração receber o objeto contratado pelas condições pactuadas; quando menos, é preciso evitar que a Administração aplique recursos públicos em obras e serviços que não sejam concluídos, que venham a ser abandonados: "Obra que em meio ficou não precisa envelhecer para ser ruína" (Saramago).

No pregão, na concessão comum e nas PPPs, em cujas licitações também se admitem novos e sucessivos lances, o problema está bem resolvido. No pregão, por se tratar de fornecimento de bens e serviços comuns, a Administração não faz pagamentos antes da correspondente contraprestação; na concessão comum e nas PPPs o concessionário fica responsável pelos investimentos, para posterior exploração econômica dos serviços. Em todos esses casos, portanto, a eventual inadimplência do contratado não representa risco de inúteis dispêndios de recursos por parte da Administração.

De qualquer forma, o RDC não impõe a disputa aberta, admitindo a realização de licitação com propostas de preços fechadas e imutáveis (disputa fechada). Embora a lei não preveja expressamente, não há dúvida de que o modo de disputa, se fechado ou aberto, deve estar definido no edital, já que na licitação são inadmissíveis a alteração ou a definição de regras no curso do procedimento.

2.3 Contratação integrada

O RDC criou nova modalidade de contrato, denominada de *contratação integrada*, cujo objeto "compreende a elaboração e o desenvolvimento dos projetos básico e executivo, a execução de obras e serviços de engenharia, a montagem, a realização de testes, a pré-operação e todas as demais operações necessárias e suficientes para a entrega final do objeto" (art. 9º, § 1º).

A nova modalidade pode ser adotada quando técnica e economicamente justificada pela autoridade competente e desde que atendida uma das seguintes condições: a) a execução do objeto contratual envolva o emprego de inovação tecnológica ou técnica; b) as licitantes possam contemplar em suas propostas a execução do objeto contratual com metodologias distintas da definida pela Administração Pública; c) a execução do objeto contratual contemple a utilização de tecnologias de domínio restrito no mercado (*caput* do art. 9º e seus incisos, com a redação conferida pela Lei 12.980/2014).

Enquanto a Lei 8.666/1993 exige que as obras e serviços de engenharia sejam licitados com projeto básico, de responsabilidade da Administração Pública e com o altíssimo grau de precisão definido em seu art. 6º, IX, na contratação integrada a licitação pode ser promovida com base apenas em anteprojeto (art. 9º, § 2º, I), ficando a cargo do próprio contratado a concepção de soluções técnicas e a elaboração de todos os projetos das obras e serviços.

Trata-se de uma guinada de 180 graus em relação à proposta que vinha sendo debatida até recentemente.

Diante de frequentes falhas ou insuficiências de projetos em contratos celebrados pela Administração, constatadas durante o desenvolvimento das obras e com impactos nos preços pactuados, muitas pessoas propunham que obras e serviços de engenharia fossem licitados – e contratados – com base em projetos executivos, projetos completos que definissem precisamente o objeto licitado, de modo a afastar ou mitigar a necessidade de posteriores alterações.

O caminho agora definido pelo RDC é justamente o inverso: a eliminação da necessidade de projeto básico para fins de licitação de obras e serviços de engenharia – se a Administração optar pela contratação integrada –, com transferência ao contratado da responsabilidade pela elaboração de todos os projetos necessários, que, bem por isso, deve arcar com os ônus decorrentes de eventuais falhas ou insuficiências neles existentes (art. 9º, § 4º, II).

A ideia é interessante, mas ainda precisa ser desenvolvida, para evitar desvios e para não comprometer a competição nos certames licitatórios.

A ideia é interessante porque permite que a iniciativa privada contribua com sua capacidade e experiência no desenvolvimento de soluções adequadas ao atendimento do interesse da Administração; permite que ela exerça de forma mais plena a atividade de engenharia, prestigia sua função mais nobre: a criação e o desenvolvimento de tais soluções.

Ela também resolve outros problemas atualmente enfrentados pela Administração: o de carência de projetos,[10] cuja elaboração pela

---

10. O engenheiro José Roberto Bernasconi, Presidente da Seção de São Paulo do Sindicato Nacional da Arquitetura e da Engenharia/SINAENCO, cunhou a expressão "apagão de projetos" para ilustrar a falta de estoque de projetos no âmbito da Administração, situação que inviabiliza a rápida realização de contratações públicas no regime da Lei 8.666/1993. Para que possa ser avaliada a isenção de sua análise, é bom deixar claro que o engenheiro e a entidade são contra o regime de contratação integrada. A Ministra do Planejamento, Mirian Belchior, durante a divulgação do úl-

própria Administração demanda tempo, razão pela qual no regime da Lei 8.666/1993 as licitações para as obras e serviços relacionados aos eventos esportivos só poderiam ser instauradas muito mais tarde; evita as indesejáveis e complexas revisões de preços contratuais decorrentes da necessidade, muito frequente, de alterações em projetos adotados em licitações e contratos.

Mas há sérios e complexos problemas na adoção da nova modalidade, que ainda precisam ser resolvidos.

Se os licitantes devem, na fase de licitação, definir, eles próprios, as soluções técnicas necessárias ao atendimento dos objetivos da Administração (fixados por meio de simples anteprojeto) e apresentar propostas de preço para sua implantação, sem possibilidade de futuras revisões em razão de eventuais alterações nesses projetos, é claro que, para simplesmente participar do certame, eles deverão: (a) desenvolver estudos e definir as soluções técnicas que reputarem adequadas; (b) fazer todos os levantamentos necessários para sua implantação (estudos de viabilidade técnica e econômica, levantamento topográficos, sondagens de solo etc.); (c) elaborar os projetos com precisão suficiente para evitar futuras alterações; (d) elaborar o correspondente orçamento, com base nos projetos desenvolvidos.

Em primeiro lugar, a formulação de proposta nessas condições demanda muito tempo, e o RDC fixa a obrigatoriedade de observância do prazo mínimo de apenas 30 dias úteis entre a abertura de licitação na modalidade de contratação integrada e a data para apresentação de propostas.[11] É claro que o prazo legal é o mínimo a ser observado, que ele deve ser, sobretudo, adequado e suficiente para a formulação de propostas. Acontece que, segundo especialistas, o prazo mínimo necessário para elaboração de projetos de obras de *médio porte*, com precisão suficiente para evitar futuras alterações, é de pelo menos seis meses. Isso significa que, em tese, a Administração pode fixar prazo

timo balanço quadrimestral do Programa de Aceleração do Crescimento/PAC, declarou que o plano anunciado pela Presidente Dilma Rousseff, após as manifestações populares de junho/2013, de investir 50 bilhões de Reais em mobilidade urbana não teria condições de ser cumprido na íntegra, "por falta de projetos na prateleira".

11. Na licitação de contratação integrada o critério de julgamento deve ser o de melhor técnica e preço (art. 9º, § 2º, III), e nas licitações com esse critério de julgamento o prazo mínimo entre a convocação de interessados e recebimento de propostas é de 30 dias úteis (art. 15, IV).

para apresentação de propostas muito superior ao limite mínimo legal, mas ainda assim apertado para a elaboração de propostas seguras. Nesse quadro, duas indesejáveis situações podem ocorrer: (a) que todas as propostas apresentadas na licitação sejam temerárias; (b) indevida vantagem para licitante que tenha informação privilegiada, que tenha conhecimento prévio da abertura da licitação, quando terá oportunidade de desenvolver e formular sua proposta em prazo superior ao dos demais licitantes.

Em segundo lugar, a formulação de proposta nas condições acima indicadas exige pesados investimentos. São recursos financeiros a serem aplicados por interessados apenas para *participar da licitação*, investimentos que serão perdidos em caso de derrota na disputa. São poucas as empresas com capacidade econômica de participar de licitação nessas condições, o que restringirá a competição no certame (disputa restrita a poucas empresas aptas ou dispostas a fazer os investimentos necessários). Daí por que, em princípio, a Administração deve restringir a adoção da contratação integrada à execução de obras de grande vulto, àquelas que naturalmente são destinadas às poucas empresas de grande porte.

É certo que, além da presença dos requisitos fixados nos incisos do *caput* do art. 9º, a Lei impõe que a adoção da contratação integrada seja técnica e economicamente justificada pela autoridade competente. Isso significa que a nova modalidade não pode ser usada indiscriminadamente, sem justificativas legítimas. Mas ainda assim é pouco. A adoção de licitação para contratação integrada deveria ser obrigatoriamente antecedida de audiência pública, na qual a Administração justificasse a impossibilidade, sem prejuízo ao interesse público, de realizar licitação com projeto básico por ela fornecido, e apresentadas informações relativas ao prazo e ao custo estimados para elaboração dos correspondentes projetos, de acordo com pesquisas de mercado, para que fosse possível avaliar a adequação do prazo fixado para apresentação de propostas e eventual risco à competitividade no certame em razão dos investimentos necessários para participação no certame.

Em relação à contratação integrada, vale examinar, ainda, as hipóteses em que são permitidas alterações no contrato.

Segundo o § 4º do art. 9º da lei, é vedada a alteração do contrato no regime de contratação integrada, salvo nas seguintes hipóteses: (a) para recomposição do equilíbrio econômico-financeiro decorrente de caso fortuito ou força maior (inciso I); (b) por necessidade de alteração do projeto ou das especificações para melhor adequação técnica aos objetivos da contratação, a pedido da Administração Pública, desde que não decorrentes de erros ou omissões por parte do contratado e observado o limite de 25% do valor originário do contrato, como regra geral, e de 50%, no caso de reformas de prédios ou de equipamentos, por expressa remissão à norma do § 1º do art. 65 da Lei 8.666/1993 (inciso II).

Em primeiro lugar, é preciso compreender o exato sentido da norma que proíbe alteração de projetos ou de especificações técnicas em razão de falhas ou omissões neles existentes de responsabilidade do contratado. É claro que, se falha ou omissão de responsabilidade do contrato inviabilizar a execução do objeto contratual nas condições originariamente definidas – ou comprometer sua qualidade –, as alterações necessárias devem ser promovidas. O que a lei proíbe, na verdade, é a revisão dos preços contratuais em razão de tais alterações; o contratado deve suportar os ônus extraordinários decorrentes das modificações técnicas necessárias.

O art. 42 do Decreto 7.581/2011, que define em seu § 4º normas para licitações na modalidade de empreitada por preço global e na de *contratação integrada*, prescreve que "as alterações contratuais sob alegação de falhas ou omissões em qualquer das peças, orçamentos, plantas, especificações, memoriais ou estudos técnicos preliminares do projeto básico não poderão ultrapassar, no seu conjunto, 10% (dez por cento) do valor total do contrato" (inciso III). A regra aplica-se à contratação integrada apenas em relação a eventuais falhas ou omissões *constantes de elementos fornecidos pela Administração* com base nos quais os licitantes venham a desenvolver seus projetos e elaborar suas propostas.[12]

12. O art. 74, § 1º, do Decreto 7.581/2011, prevê que, "quando couber", do instrumento convocatório devem constar: "I – concepção da obra ou serviço de engenharia; II – projetos anteriores ou estudos preliminares que embasaram a concepção adotada; III – levantamento topográfico e cadastral; IV – pareceres de sondagem; e V – memorial descritivo dos elementos da edificação, dos componentes construtivos e dos materiais de construção, de forma a estabelecer padrões mínimos para a contratação". Eventuais falhas nos elementos *fornecidos pela Administração* permitem a revisão técnica dos projetos, até o limite de 10% do valor total da contratação. A questão

Em segundo lugar, a lei afasta a possibilidade de ampliação *quantitativa* do objeto do contrato, que é comportada no regime da Lei 8.666/1993, dentro dos limites nela definidos. A ampliação quantitativa do objeto contratual é verdadeira hipótese de dispensa de licitação. Embora seja possível o cumprimento do contrato originariamente celebrado, embora seja possível nova contratação, por meio de licitação, o legislador reputou mais eficiente admitir a ampliação do objeto de contrato já celebrado, dentro dos limites definidos na lei. A norma, contudo, não foi acolhida no RDC.

Em terceiro lugar, parece-me que a modificação do contrato para alteração do projeto ou de especificações técnicas para melhor adequação aos objetivos da contratação depende de acordo entre as partes. É que o preceito legal diz que ela deve ser proveniente de "pedido" da Administração. Se a Administração deve pedir, a modificação contratual depende de aceitação do pedido pelo contratado; caso contrário não se trataria de pedido, mas de imposição da modificação por ato unilateral.

Tarefa mais complexa é definir o tratamento dispensado pela lei às *sujeições técnicas imprevisíveis*, fatos da Natureza que afetam a execução da obra ou serviço nas condições técnicas originariamente definidas. É o caso, por exemplo, da execução de obra para implantação de rede de esgoto sanitário em que o projeto contemple a escavação mecânica em rocha branda (de baixa resistência) mas em que, iniciados os trabalhados, se verifica a existência de determinadas áreas de sua implantação formadas por subsolo com rochas de alta resistência – característica geológica que exige escavação com emprego de explosivos, cuja adoção reclama a modificação do preço contratual, para manutenção do equilíbrio econômico-financeiro da avença.

É comum ouvir que na contratação integrada o contratado assume a responsabilidade pelos riscos decorrentes de sujeições técnicas imprevisíveis, que ele deve arcar com os ônus extraordinários delas decorrentes.

Entendo que não seja assim.

que se põe é a seguinte: e se falhas ou omissões em elementos fornecidos pela Administração exigirem alterações técnicas de projetos que resultem em acréscimo de preço superior ao limite definido no decreto? A solução só pode ser uma: rescisão do contrato, sem culpa do contratado, com todas as consequências dela decorrentes.

As sujeições técnicas imprevisíveis podem ser elementos *impeditivos* da execução das obras e serviços *nas condições técnicas inicialmente definidas*. Nessa hipótese, *se elas não decorrem de falha de responsabilidade do contratado*, as sujeições técnicas imprevisíveis são motivo de força maior, a impor a modificação das especificações técnicas pactuadas, sob pena de restar inviabilizada a consecução do objeto da avença – hipótese em que a lei admite a alteração contratual (art. 9º, § 4º, I).

Por outro lado, a doutrina sempre tratou as alterações decorrentes de sujeições técnicas imprevisíveis como modificação *qualitativa* do objeto, que é admitida pelo inciso II do § 4º do art. 9º da lei *quando sua necessidade não decorra de erros ou omissões por parte do contratado*. Mesmo com observância das melhores normas técnicas de engenharia na elaboração de projetos, é possível o surgimento, durante a execução das obras, de sujeições técnicas imprevisíveis. Sem culpa do contratado, a mudança qualitativa é comportada.

A questão é definir em qual dispositivo legal deve ser enquadrada a modificação de contrato decorrente de sujeição técnica imprevisível, dentre as duas hipóteses previstas no art. 9º, § 4º: no inciso I, como motivo de força maior, ou no inciso II, como mudança qualitativa do objeto?

A resposta acarreta importante consequência: na hipótese do inciso I a lei não impõe limites para a mudança do contrato; na do inciso II, as alterações devem observar os limites de 25% ou de 50% do valor originário do contrato, na dependência de se tratar da execução de obra ou da realização de reforma em prédio ou equipamento.

Em minha opinião, a resposta depende dos reflexos da sujeição técnica imprevisível sobre o objeto do contrato. Se ela *inviabilizar* sua execução de acordo com as condições originariamente pactuadas, a hipótese é de motivo de força maior a impor a modificação. Neste caso, podem ser adotadas todas as soluções necessárias à viabilização do objeto contratual, sem a imposição de limites ao valor provocado por elas. Agora, se a sujeição técnica imprevisível apenas *recomendar* a alteração do projeto ou das especificações, para melhor adequação aos objetivos da contratação, *sem, contudo, inviabilizar a consecução de seu objeto nas condições inicialmente definidas*, a mudança contratual pode ser promovida mas deve respeitar os limites de 25% ou de 50% do valor do contrato, conforme o caso.

Um ponto que ainda precisa ser resolvido em relação à contratação integrada é o referente ao orçamento oculto. Se o orçamento oculto pode funcionar nas licitações em que a Administração defina precisamente o objeto que deseja – quando cabe aos licitantes apenas a elaboração dos respectivos orçamentos –, a situação é bem diferente quando seja dos licitantes a tarefa de definir precisamente o objeto. Pelo menos em tese é possível, para atender aos objetivos da Administração, desenvolver desde projetos muito simples até os mais sofisticados, com significativos reflexos nos preços ofertados. Daí por que é fundamental que a Administração ao menos sinalize o volume de recursos que pretende aplicar no objeto do futuro contrato, para que os interessados possam elaborar propostas adequadas à verba disponível. A licitação na modalidade de contratação integrada não pode se transformar num "jogo de quente ou frio", em que os licitantes, por meio de erros e acertos, devam ir compatibilizando seus projetos, até que um seja adequado ao orçamento da Administração. Isso para não falar na possibilidade de licitante com informação privilegiada apresentar desde logo projeto compatível com o orçamento oculto, tirando indevido proveito da informação.

Finalmente, vale a pena destacar que a contratação integrada trouxe importante avanço nas relações contratuais da Administração Pública. O Departamento Nacional de Infraestrutura de Transportes/DNIT, nas licitações pela modalidade de contratação integrada, tem feito constar dos respectivos editais a denominada "matriz de riscos", por meio da qual são definidos os riscos de cada parte contratante na avença. O contrato deixa de fixar de forma apenas genérica as obrigações das partes, para definir de forma clara e objetiva os riscos assumidos por cada qual. A solução poderia – e deveria – ser adotada também no regime da Lei 8.666/1993, mas foi preciso a criação da contratação integrada para que ela fosse adotada.

2.4 Licitação e controle de resultado

Historicamente, o controle das contratações públicas era feito *exclusivamente* por meio da licitação. A realização de procedimento definido em lei, com regras que garantissem ampla competição entre interessados aptos a cumprir o contrato e tratamento isonômico entre eles, era suficiente para validade das contratações realizadas pela Administração. O controle das contratações públicas concentrava-se exclusivamente no procedimento para seleção de propostas. A melhor proposta, decorrente de disputa entre interessados de acordo com as regras previamente definidas em lei e edital, era automaticamente considerada satisfatória e legítima para celebração do contrato.

Esse quadro vem se alterando nos últimos anos, especialmente por iniciativa do Tribunal de Contas da União/TCU, no exercício de sua função fiscalizadora.

Não basta mais, para aceitação de propostas em contratações públicas, que elas sejam as vencedoras de licitação. É preciso mais.

Já há algum tempo o TCU, na fiscalização de contratações, tem exigido: (a) que os preços ofertados em propostas vencedoras de licitações sejam compatíveis com os de mercado – mercado que não é mais representado pelo conjunto de propostas apresentadas nos respectivos certames, mas por meio de pesquisas gerais amplas, com resultados fixados em tabelas gerais de preços (tabelamento de preços máximos); (b) que, além da adequação do preço global do objeto do contrato, os preços unitários que o compõem também sejam compatíveis com os de mercado, aferidos com base nas mesmas tabelas; (c) que a composição dos preços ofertados não permita oportunidade para desvios ou indevidas vantagens (exemplo: controle da composição dos Bônus e Despesas Indiretas/BDI, parcela do preço que abrange a remuneração do contratado por despesas indiretas na execução do objeto, os encargos fiscais e o lucro); (d) que, mesmo em casos de preços de acordo com os praticados pelo mercado (preços globais e unitários), a proposta selecionada consigne preços compatíveis com os custos de insumos suportados pelo contratado na execução do objeto; (e) que, em caso de modificação de projetos e de especificações técnicas, não seja alterada a relação entre os encargos do contratado e sua remuneração (para coibir, por exemplo, o artifício de eliminar ou diminuir serviços com preços baixos e acrescer serviços com preços elevados), tomando-se por base a relação formada na proposta originária. Enfim, *o controle das contratações vem se ampliando para além do procedimento licitatório, para que ele também recaia sobre os resultados concretos das licitações*, para que seja possível aferir se as propostas selecionadas são *substancialmente* adequadas e justas.

O RDC, junto com o decreto que o regulamenta (Decreto 7.581/2011), adota algumas dessas normas de controle de resultado: (a) dever de observância das condições de aquisição, de seguros e de pagamento praticadas pela iniciativa privada; (b) que obras e serviços de engenharia sejam contratados preferencialmente por preço global; (c) observância, como limites máximos, dos preços fixados na tabela do Sistema Nacional de Pesquisa de Custos e Índices da Construção Civil/SINAPI, no caso de construção civil em geral, ou na tabela do Sistema de Custos de Obras Rodoviárias/SICRO, no caso de obras e serviços rodoviários, nas licitações realizadas com recursos federais, e de preços fixados em tabelas oficiais próprias, nas contratações promovidas com recursos de outros entes da Federação;[13] (d) nos contratos por preço global, possibilidade de que os preços unitários de serviços contidos nas propostas superem os preços unitários correspondentes das tabelas mencionadas no item anterior *somente* se o preço global da obra e os preços totais de suas etapas (exemplos: terraplenagem, fundação, serviços de elétrica e hidráulica etc.) não superem os que resultem da aplicação das referidas tabelas; (e) nos contratos por preços unitários, que os preços unitários dos serviços relevantes não excedam os das tabelas; (f) no caso de licitação de obras e serviços de engenharia com julgamento pelo critério de maior desconto, dever de o desconto ofertado incidir linearmente sobre os preços de todos os itens do orçamento estimado constante do instrumento convocatório, com sua aplicação sobre preços decorrentes de eventuais aditamentos ao contrato celebrado.

Trata-se de um conjunto de regras voltado ao controle do resultado concreto das licitações.[14] Essas normas não são exatamente, porém, contrapartida criada pelo RDC em razão da eliminação para a Administração das amarras que lhe são impostas pela Lei 8.666/1993;

13. Em caso de inviabilidade da definição dos custos com base nas tabelas mencionadas no texto, o RDC admite que orçamento da Administração seja elaborado de acordo com dados contidos em tabela de referência formalmente aprovada por órgãos ou entidades da Administração Pública Federal em publicações técnicas especializadas, em sistema específico instituído para o setor ou em pesquisa de mercado (art. 8º, IV).

14. Sobre os instrumentos de controle previstos no RDC, cf. o excelente artigo de André Rosilho, "O Regime Diferenciado de Contratações/RDC e seu controle", in Carlos Ari Sundfeld (org.), *Contratações Públicas e seu Controle*, São Paulo, Malheiros Editores, 2013, pp. 143-174.

são normas que já vêm sendo observadas pelo TCU na fiscalização de contratações realizadas no regime da Lei Geral de Licitações.

2.5 Conclusão

O RDC adota algumas inovações que representam avanço no regime das contratações públicas, embora algumas delas ainda dependam da verificação dos resultados concretos de sua aplicação. É certo, porém, que ele reclama muitos aperfeiçoamentos, especialmente se a ideia for adotá-lo como regime geral das licitações.

Bibliografia

FIGUEIREDO, Marcelo, e PONTES FILHO, Valmir (orgs.). *Estudos de Direito Público em Homenagem a Celso Antônio Bandeira de Mello*. São Paulo, Malheiros Editores, 2006.

PONTES FILHO, Valmir, e FIGUEIREDO, Marcelo (orgs.). *Estudos de Direito Público em Homenagem a Celso Antônio Bandeira de Mello*. São Paulo, Malheiros Editores, 2006.

PORTO NETO, Benedicto. "Anteprojeto de procedimentos de contratação da Administração Pública". In: FIGUEIREDO, Marcelo, e PONTES FILHO, Valmir (orgs.). *Estudos de Direito Público em Homenagem a Celso Antônio Bandeira de Mello*. São Paulo, Malheiros Editores, 2006.

ROSILHO, André. "O Regime Diferenciado de Contratações/RDC e seu controle". In: SUNDFELD, Carlos Ari (org.). *Contratações Públicas e seu Controle*. São Paulo, Malheiros Editores, 2013.

SUNDFELD, Carlos Ari Sundfeld. "Contratações públicas e o princípio da concorrência". In: SUNDFELD, Carlos Ari Sundfeld (org.). *Contratações Públicas e seu Controle*. São Paulo, Malheiros Editores, 2013.

────────── (org.). *Contratações Públicas e seu Controle*. São Paulo, Malheiros Editores, 2013.

Capítulo 3
DESAFIOS NA MODELAGEM JURÍDICA DA CONTRATAÇÃO INTEGRADA

ANDRÉ ROSILHO

3.1 Introdução. 3.2 Regime Diferenciado das Contratações Públicas/ RDC e a contratação integrada. 3.3 Objeto e cabimento da contratação integrada. 3.4 Licitação da contratação integrada. 3.5 Riscos na contratação integrada. 3.6 Conclusão.

3.1 Introdução

Este capítulo põe foco sobre a contratação integrada do Regime Diferenciado de Contratações Públicas/RDC com a finalidade de sistematizar e organizar as normas que a disciplinam na esfera federal – Lei 12.462, de 4.8.2011, e Decreto federal 7.581, de 11.10.2011 – e de retratar os desafios ligados à modelagem jurídica das contratações integradas que a atividade administrativa e o controle exercido pelo Tribunal de Contas da União/TCU têm feito emergir. O objetivo primordial do texto, portanto, é dar contribuição à prática das contratações públicas.

Para tanto, o capítulo, após breve contextualização do ambiente no qual a contratação integrada está inserida (item 2), foi segmentado em três grandes blocos: "Objeto e cabimento da contratação integrada" (item 3); "Licitação da contratação integrada" (item 4); e "Riscos na contratação integrada" (item 5).

3.2 Regime Diferenciado das Contratações Públicas/RDC e a contratação integrada

O RDC, instituído pela conversão em lei da Medida Provisória 527/2011, tinha inicialmente aplicação bastante restrita: poderia ser utilizado nas licitações e contratos necessários à realização dos Jogos Olímpicos e Paraolímpicos de 2016, à Copa das Confederações de 2013, à Copa do Mundo de 2014 e às obras de infraestrutura e à contratação de serviços de alguns aeroportos.

A forma como o diploma normativo foi introduzido na ordem jurídica e o fato de lhe ter sido previsto âmbito de incidência em tese restrito sugeriram, num primeiro momento, tratar-se de um regime de contratações improvisado, casuístico. Não é, contudo, o que logo revelou a leitura de suas normas.[1] Os eventos esportivos que o Brasil se comprometeu a sediar não passaram, em verdade, de janela de oportunidade para o Governo levar adiante plano antigo: reformar o regime jurídico das contratações públicas em geral, até então majoritariamente regulado pela Lei 8.666/1993.[2]

A intenção do Executivo de fazer uma reforma mais abrangente no sistema brasileiro de licitações e contratos tornou-se ainda mais clara na medida em que foram sendo paulatinamente editadas leis voltadas a ampliar as hipóteses de cabimento do RDC. O novo regime licitatório é, agora, passível de ser aplicado: (a) às licitações e contratos necessários à realização das "ações integrantes do Programa de Aceleração do Crescimento" (art. 1º, IV, inserido na Lei do RDC pela Lei 12.688/2012); (b) "às licitações e contratos necessários à realização de obras e serviços de engenharia no âmbito dos sistemas públicos de ensino" (art. 1º, § 3º, inserido na Lei do RDC pela Lei 12.722/2012); (c) às licitações e contratos necessários à realização "das obras e serviços de engenharia no âmbito do Sistema Único de Saúde" (art. 1º, V, inserido na Lei do RDC pela Lei 12.745/2012); (d) "às contratações das obras e serviços no âmbito do Programa Nacional de Dragagem Portuária e Hidroviária II" (art. 54, § 4º, da Lei 12.815/2013 – Lei de Portos); (e) às licitações de concessão de porto organizado e de arren-

---

1. Sobre o processo de reforma das licitações públicas que resultou no RDC, consultar: André Rosilho, "O Regime Diferenciado de Contratações/RDC e seu controle", in Carlos Ari Sundfeld (org.), *Contratações Públicas e seu Controle*, São Paulo, Malheiros Editores, 2013, pp. 143-176. Para uma análise mais abrangente dos movimentos de reforma em matéria de licitações públicas no Brasil, consultar: André Rosilho, *Licitação no Brasil*, São Paulo, Malheiros Editores, 2013.

2. Benedicto Porto Neto, em capítulo deste livro intitulado "Apontamentos sobre o Regime Diferenciado de Contratações Públicas/RDC", parece concordar com este diagnóstico.

damento de instalação portuária (art. 66 da Lei de Portos); (f) às contratações da Secretaria de Aviação Civil (art. 63-A, § 1º, inserido na Lei do RDC pela Lei 12.833/2013); (g) às ações da Companhia Nacional de Abastecimento – CONAB relacionadas a reforma, modernização, ampliação ou construção de unidades armazenadoras próprias destinadas às atividades de guarda e conservação de produtos agropecuários em ambiente natural (art. 1º da Lei 12.873/2013); e (h) às licitações de obras e serviços de engenharia para construção, ampliação e reforma de estabelecimentos penais e unidades de atendimento socioeducativo (art. 1º, VI, inserido na Lei do RDC pela Lei 12.980/2014). O rol continua a crescer.

O que se observa é que o movimento de expansão do RDC faz com que naturalmente o novo regime licitatório – e, por consequência, os instrumentos que prevê e delineia – ganhe crescente importância e destaque, em detrimento da Lei 8.666/1993, que começa a esmaecer no cenário das contratações públicas – em especial nas de obras e serviços de engenharia.[3]

É importante, contudo, que fique bem vincado que a Lei do RDC *autoriza* – e não impõe – seu uso pela Administração; a Administração, se julgar adequado, *poderá* utilizá-lo – opção que deverá constar de forma expressa do instrumento convocatório e resultará no afastamento das normas contidas na Lei 8.666/1993, exceto nos casos expressamente previstos na Lei do RDC.[4]

---

3. Vale lembrar que até a edição da Lei do RDC obras e serviços de engenharia (que não estivessem inseridos em objetos mais amplos, tais como concessões de serviços públicos) somente poderiam ser licitados e contratados via Lei 8.666/1993. Ela detinha o monopólio da regulação das licitações e contratos de obras e serviços de engenharia. Outros objetos, tais como bens e serviços comuns (conceito no qual não costumam ser inseridos obras e serviços de engenharia, ao menos os de maior complexidade técnica) ou concessões de serviços públicos, por exemplo, contavam, mesmo antes da Lei do RDC, com a possibilidade de serem licitados e contratados por meio de outros diplomas normativos (Lei do Pregão, Lei de Concessões e Lei de Parcerias Público-Privadas/PPPs), em tese mais ajustados às suas particularidades.

4. Aqui vai importante alerta: a Lei 8.666/1993 não é subsidiária à Lei do RDC. A opção pelo RDC automaticamente afasta as normas da Lei 8.666/1993, salvo quando houver expressa indicação em sentido contrário. Disso resulta conclusão bastante óbvia, mas cuja lembrança parece ser relevante: o RDC deve ser lido a partir de suas *próprias normas* – sua interpretação não pode estar "contaminada" pela lógica da Lei 8.666/1993. Comparações entre os regimes da Lei 8.666/1993 e da Lei do RDC são úteis para demonstrar no que se aproximam e no que se distanciam, mas devem servir apenas para fins didáticos.

A *contratação integrada*, uma das novidades mais interessantes e polêmicas do RDC, talvez seja o regime de execução contratual que mais tenha espaço para se desenvolver no âmbito da Administração Pública. As experiências com este instrumento ainda são relativamente poucas e incipientes – o Departamento Nacional de Infraestrutura de Transportes/DNIT e a Empresa Brasileira de Infraestrutura Aeroportuária/INFRAERO são as entidades que têm promovido a maior parte das licitações deste tipo –, mas já suficientes para se identificar alguns dos desafios na modelagem jurídica das contratações integradas do RDC.

3.3 Objeto e cabimento da contratação integrada

A Lei do RDC optou por estratégia curiosa – e, a meu ver, adequada – quando decidiu não incorporar a lógica da Lei 8.666/1993 de segmentar as licitações em modalidades.[5] O diploma normativo prevê apenas uma única "modalidade" de licitação – a licitação RDC –, que pode combinar ingredientes distintos no mesmo procedimento, de modo a adaptá-lo às peculiaridades do caso concreto. A Administração tem, portanto, mais liberdade na modelagem das suas licitações. A maior discricionariedade conferida pelo RDC ao administrador público é traço característico do diploma normativo e importante premissa a ser considerada ao se interpretar suas normas.

Como no RDC não há modalidades de licitação, a primeira grande decisão a se tomar quando do planejamento da contratação de obras e serviços de engenharia diz respeito à escolha do regime de execução a que o contrato se sujeitará. A Lei do RDC, em seu cardápio, previu cinco opções: *empreitada por preço unitário* (art. 8º, I), *empreitada por preço global* (art. 8º, II), *contratação por tarefa* (art. 8º, III), *empreitada integral* (art. 8º, IV) ou *contratação integrada* (art. 8º, V) – os quatro primeiros encontram correspondência na Lei 8.666/1993.

---

5. A Lei 8.666/1993, como se sabe, criou cinco modalidades de licitação – concorrência, tomada de preços, convite, concurso e leilão; as mais rígidas e complexas aplicáveis a contratações de maior vulto – como a concorrência – e as menos rígidas e complexas às contratações de menor vulto – como o convite. O concurso e o leilão, modalidades de licitação que podem ser tidas por residuais, obedecem a lógica distinta.

Ao contrário da Lei 8.666/1993, o RDC deu preferência aos regimes de execução que levassem em consideração o empreendimento ou serviço em sua completude – empreitada por preço global, empreitada integral e contratação integrada (art. 8º, § 1º). Apenas no caso de inviabilidade de uso destes regimes de execução é que se autorizou, mediante inserção nos autos dos motivos que justificam a exceção, adotar a empreitada por preço unitário ou, quando for o caso, a contratação por tarefa (art. 8º, § 2º).

A contratação integrada, um dos regimes de execução preferenciais, tem seu objeto definido pelo art. 9º, § 1º, da Lei do RDC. Segundo o dispositivo, ela "compreende a *elaboração* e o *desenvolvimento* dos *projetos básico* e *executivo*, a *execução de obras e serviços de engenharia*, a *montagem*, a *realização de testes*, a *pré-operação* e todas as demais operações necessárias e suficientes para a *entrega final do objeto*" (grifos acrescentados).[6]

Vê-se de plano que neste regime de execução contratual se exigem do particular não apenas a realização de obra ou a prestação do serviço mas também seu engajamento no processo de *planejamento* e seu empenho em entregar o objeto contratado *pronto, acabado e em adequado funcionamento* à Administração.[7]

---

6. É importante que se diga que a contratação integrada já estava positivada no Direito Brasileiro com contornos semelhantes mesmo antes do RDC. Ela era, no entanto, aplicável a nicho específico da Administração Pública. Como noticia o *amicus curiae* proposto pela Associação Brasileira de Direito & Economia na ADI 4.645 (cujo objeto é a declaração de inconstitucionalidade da Lei do RDC), "a forma de licitação de obras e serviços de engenharia denominada contratação integrada também se encontra no Regulamento do Procedimento Licitatório Simplificado da PETROBRAS, positivada pelo Decreto federal n. 2.745/1998, que em seu item 1.9, que assim dispõe: '1.9 – Sempre que economicamente recomendável, a PETROBRAS poderá utilizar-se da contratação integrada, compreendendo realização de projeto básico e/ou detalhamento, realização de obras e serviços, montagem, execução de testes, pré-operação e todas as demais operações necessárias e suficientes para a entrega final do objeto, com a solidez e segurança especificadas'" (*Amicus curiae* e centros de pesquisa/Escola de Direito do Rio de Janeiro da FGV, *Cadernos FGV Direito Rio. Clínicas*, Rio de Janeiro, Escola de Direito do Rio de Janeiro da FGV, 2013, p. 115). Maurício Portugal Ribeiro, Lucas Navarro Prado e Mário Engler Pinto Jr. também chamam a atenção para o fato de que a contratação integrada é instituto "já existente no nosso ordenamento jurídico, no âmbito do regulamento simplificado para licitações da PETROBRAS (item 1.9), aprovado pelo Decreto 2.745/1998" (*Regime Diferenciado de Contratação – Licitação de Infraestrutura para Copa do Mundo e Olimpíadas*, São Paulo, Atlas, 2012, p. 29).

7. Ilustra o objeto da contratação integrada o Edital RDC Presencial 001/ADSE/SBCF/2013 da INFRAERO, voltado à "contratação dos serviços técnicos especiali-

Como afirmaram Egon Bockmann Moreira e Fernando Vernalha Guimarães, trata-se de uma espécie de "contratação de resultados", haja vista que "o instrumento convocatório e seus anexos explicitarão os *resultados* esperados para a execução da obra ou do empreendimento, sendo de responsabilidade do contratado o alcance dos meios necessários para tanto".[8]

Nota-se, assim, que ao menos sob dois aspectos a contratação integrada se afasta do modo como a Lei 8.666/1993 disciplinou suas contratações.

Por um lado, dispensa a Administração do dever de só abrir a licitação quando "houver *projeto básico* aprovado pela autoridade competente e disponível para exame dos interessados em participar do procedimento licitatório" (art. 7º, § 2º, I, da Lei 8.666/1993). É o que consta expressamente do § 5º do art. 8º da Lei do RDC.[9] Ao se atribuir ao particular contratado não só a tarefa de elaborar o projeto executivo, como também a de preparar o projeto básico, retira-se do Poder Público o ônus de planejar, no detalhe, a obra ou serviço que pretende contratar, transferindo-o ao parceiro privado. Esta medida, como se verá nos próximos tópicos, tem razão de ser e produz importantes impactos, principalmente no momento da execução do contrato.

Por outro lado, o RDC, ao atribuir ao contratado o dever de elaborar os projetos básico e executivo nas contratações integradas, viu-se obrigado a afastar a proibição de que participassem, direta ou indiretamente, da licitação aqueles que de algum modo tiverem contribuído

---

zados de engenharia para elaboração dos projetos nas etapas de projeto básico, projeto executivo e para a execução das obras e serviços referentes à reforma e ampliação do Terminal de Aviação Geral e demais obras e serviços complementares para implantação do Terminal de Passageiros 3 (TPS 3) no Aeroporto Internacional Tancredo Neves, Confins/MG".

8. Egon Bockmann Moreira e Fernando Vernalha Guimarães, *Licitação Pública – A Lei Geral de Licitação/LGL e o Regime Diferenciado de Contratação/RDC*, São Paulo, Malheiros Editores, 2012, p. 210.

9. Cf. a redação do dispositivo:

"Art. 8º. (...).

"(...).

"§ 5º. Nas licitações para a contratação de obras e serviços, com exceção daquelas onde for adotado o regime previsto no inciso V do *caput* deste artigo [*contratação integrada*], deverá haver projeto básico aprovado pela autoridade competente, disponível para exame dos interessados em participar do processo licitatório".

para sua elaboração (art. 36, § 1º, da Lei do RDC). A Lei 8.666/1993, como se sabe, veda terminantemente a participação, direta ou indireta, do autor do projeto básico na licitação ou na execução de obra ou serviço e no fornecimento de bens a eles necessários (art. 9º).

Questão interessante é saber quando a contratação integrada será em tese cabível. A Lei do RDC, apesar de dar preferência a este regime de execução, afirma que a contratação integrada poderá ser utilizada "desde que *técnica e economicamente justificada*" (art. 9º, *caput*) e desde que o "*objeto envolva, pelo menos, uma das seguintes condições: inovação tecnológica ou técnica; possibilidade de execução com diferentes metodologias; ou possibilidade de execução com tecnologias de domínio restrito no mercado*" (art. 9º, incisos I, II e III, todos inseridos pela Lei 12.980/2014).

Ou seja: a Administração não poderá utilizar esse instrumento para todo e qualquer tipo de contratação. Ao contrário, ela precisará demonstrar que seu uso, em face do objeto, é justificável e que o objeto atende a certas condicionantes. Não basta, assim, simples declaração de que a contratação seja técnica e economicamente possível; exige-se a efetiva demonstração de sua viabilidade – isso não quer dizer, claro, que a contratação integrada, para que seja cabível, obrigatoriamente tenha que se mostrar como a *melhor* ou a única alternativa para a execução do contrato.

Do ponto de vista técnico, como afirmam Moreira e Guimarães, "será necessário demonstrar que, dada a complexidade de determinado empreendimento, é conveniente concentrar sob a *expertise* do mesmo sujeito a concepção e a execução das obras em si. O modelo pressupõe objetos complexos, em que há dificuldade de a Administração conceber a melhor solução técnica para sua execução. Ainda no âmbito desta demonstração das razões técnicas que justificariam a opção pelo modelo excepcional, será necessário à Administração explicitar os motivos que autorizam a unificação e integração na mesma contratação das diversas etapas e parcelas de uma obra ou empreendimento mais abrangente – exigência aplicável, neste particular, também à *empreitada integral*".[10]

10. Egon Bockmann Moreira e Fernando Vernalha Guimarães, *Licitação Pública – A Lei Geral de Licitação/LGL e o Regime Diferenciado de Contratação/RDC*, cit., pp. 205-206.

À abalizada opinião dos professores faria um comentário e uma pequena ressalva.

Penso, como eles, que é mesmo preciso justificar, com clareza, a conveniência de se concentrar sob a *expertise* do mesmo sujeito a concepção e a execução das obras em si, e também unificar e integrar na mesma contratação as diversas etapas e parcelas de uma obra ou empreendimento mais abrangente – lembre-se que a Lei do RDC, em seu art. 4º, VI, fixa como uma de suas diretrizes o "parcelamento do objeto, visando à ampla participação de licitantes, sem perda de economia de escala".[11] É preciso, no entanto, ter cuidado para que a chave de explicação dessa exigência não recaia necessariamente sobre a complexidade da obra ou do serviço, *isoladamente considerados*. Isso porque a complexidade do objeto pode estar não na obra ou no serviço em si, mas, por exemplo, na logística ou nas condições em que se realizarão os empreendimentos.

Cito um caso hipotético. Imagine-se que a Administração queira construir em determinado aeroporto um novo terminal de passageiros e uma nova pista de pousos e decolagens. Agregue-se ao cenário a necessidade de que as obras sejam realizadas simultaneamente, com o aeroporto em operação.

O observador que visualizasse as duas obras isoladamente – a do terminal de passageiros e a da pista de pousos e decolagens – talvez pudesse chegar à conclusão de que o objeto da contratação não seria efetivamente complexo – ou complexo o suficiente – para ensejar (1) a concentração sob a *expertise* do mesmo sujeito da concepção e da execução das obras e (2) a unificação e a integração no mesmo contrato das diversas parcelas e etapas de um empreendimento. Afinal, o terminal não passaria de uma edificação – dotada de certa sofisticação, é verdade –, e a pista de pousos e decolagens não deixaria de ser uma obra de pavimentação – igualmente caracterizada por certas especificidades e complexidades.

---

11. O Tribunal de Contas da União/TCU, em levantamento de auditoria das obras realizadas pela INFRAERO no Aeroporto Internacional Afonso Pena, em São José dos Pinhais/PR, recomendou, em relação à contratação integrada objeto de sua análise (Edital RDC Presencial 013/DALC/SBCT/2012), que a Administração (no caso, representada pela INFRAERO) motivasse a inviabilidade do parcelamento da licitação em face do que determina o art. 4º, VI, da Lei do RDC (item 9.1.2 do Acórdão 1.510/2013, Plenário, rel. Min. Valmir Campelo, *DOU* 10.6.2013).

Em face disso, poderia o observador concluir – erroneamente, na minha visão – que, neste caso, a Administração estaria impedida de lançar mão da contratação integrada. Isso porque as obras seriam relativamente simples – muitas empresas eventualmente estariam aptas a realizá-las em apartado –, sendo recomendáveis, assim, (1) a escolha de outro regime de execução contratual (por consequência, um em que a Administração estivesse obrigada elaborar projeto básico) e (2) o parcelamento da licitação, de modo a ampliar sua competitividade.

Vê-se que o raciocínio acima desenvolvido falha ao não ser capaz de identificar onde se encontra, no objeto, o *verdadeiro desafio* – ou complexidade. A dificuldade, no caso concreto, estaria em desenvolver simultaneamente obras distintas em um aeroporto em operação – ou, dito de outro modo: na logística da realização do empreendimento como um todo. Será, mesmo, que múltiplas empresas poderiam realizar as obras afetando minimamente a rotina dos aeroportos? Seriam elas capazes de garantir a segurança da operação aeroportuária? Seriam elas capazes de atuar de maneira integrada e harmônica?

Não se quer, aqui, afirmar que a contratação integrada efetivamente fosse solução contratual – ou, ainda, a única solução contratual – passível de adequadamente atender ao interesse público no caso hipotético. Apenas se quer chamar a atenção para o fato de que a análise de viabilidade técnica da contratação integrada não pode ser míope; deve levar em consideração o empreendimento como um todo, e não as obras ou serviços isoladamente considerados, sob pena de restringir excessivamente seu cabimento.[12]

Uma pequena ressalva relativa ao trecho transcrito de obra doutrinária: não vejo no fato de a Lei do RDC dizer que a contratação integrada poderá ser utilizada "desde que técnica e economicamente justificada" a criação de um "modelo excepcional". Interpretação neste sentido, a meu ver, contrariaria o próprio caráter preferencial dado pelo RDC à contratação integrada.

12. Como aponta Carlos Ari Sundfeld ao comentar o conteúdo do art. 23, § 1º, da Lei 8.666/1993 (que versa sobre o parcelamento do objeto da licitação no âmbito desse diploma normativo), "a viabilidade técnica do parcelamento tem que levar em consideração a qualidade, custo, tempo e segurança da execução do objeto. Não se pode parcelar a qualquer custo" (*Pareceres – Volume III – Licitação, Processo Administrativo, Propriedade*, São Paulo, Ed. RT, 2013, p. 274).

A lei, ao exigir que a contratação integrada seja utilizada quando técnica e economicamente justificável, cria ônus argumentativo, dever de motivar; nada mais. Não faz da contratação integrada regime de execução contratual a ser utilizado unicamente em circunstâncias excepcionais. Para adotá-lo basta que a Administração tenha boas razões para tanto (e que o objeto da contratação preencha as condicionantes previstas nos incisos do art. 9º); não é preciso, como afirmei, que ele se mostre, em face do caso concreto, como a *melhor* ou a única solução de execução contratual.

A justificativa para a adoção da contratação integrada não pode ser apenas técnica; precisa também levar em consideração a análise de *viabilidade econômica*. Recorrendo novamente às palavras de Moreira e Guimarães, "sob o prisma econômico, a demonstração deverá cuidar de apresentar os ganhos de eficiência obtidos com a integração daqueles escopos. Concentrando-se sob a responsabilidade do mesmo sujeito a execução do projeto, a execução da obra e o seu aparelhamento, cria-se-lhe um robusto incentivo para perseguir a concepção e a formatação mais econômica e eficiente para o projeto, assim como em relação à construção da obra e seu aparelhamento, tudo com vistas ao adequado funcionamento do empreendimento. Vale dizer: as deficiências do projeto se retratarão em maiores custos ao longo da execução da obra. Daí a razão econômica a legitimar a responsabilização pela execução do projeto daquele encarregado de executar a obra. Com isso, a Administração (e a sociedade em geral) poderá obter relevantes ganhos de eficiência".[13]

As demais condicionantes ao uso da contratação integrada (incisos do art. 9º) foram posteriormente criadas pela Lei 12.980, de 28.5.2014 (fruto da conversão em lei da Medida Provisória 630, de 24.12.2013) e de certo modo foram inspiradas na jurisprudência recente do Tribunal de Contas da União.

O TCU, quando da apreciação do relatório de levantamento de auditoria realizado pela "SecobEdificação" nas obras de ampliação do Terminal de Passageiros, do Sistema Viário de Acesso e demais obras complementares do Aeroporto Internacional Afonso Pena, em São

---

13. Egon Bockmann Moreira e Fernando Vernalha Guimarães, *Licitação Pública – A Lei Geral de Licitação/LGL e o Regime Diferenciado de Contratação/RDC*, cit., p. 207.

José dos Pinhais/PR, recomendou que a INFRAERO, ao fazer uso da contratação integrada, demonstrasse que as obras ou serviços de engenharia preenchem "pelo menos um dos requisitos elencados no art. 20, § 1º, da Lei n. 12.462/2011, quais sejam, a natureza predominantemente intelectual e de inovação tecnológica do objeto licitado (inciso I); ou que possam ser executados com diferentes metodologias ou tecnologias de domínio restrito no mercado, pontuando-se na avaliação técnica, sempre que possível, as vantagens e benefícios que eventualmente forem oferecidos para cada produto ou solução (inciso II)".[14]

Noutras palavras: não bastava, para o TCU, que a Administração, querendo utilizar a contratação integrada, demonstrasse ser o regime de execução contratual técnica e economicamente justificável, tal como originalmente preconizava o art. 9º, *caput*, da Lei do RDC. Era preciso, para, além disso, que fosse preenchido ao menos um dos requisitos constantes do art. 20, § 1º, da lei – dispositivo este voltado à disciplina do critério de julgamento de licitação do tipo técnica e preço.[15] A preocupação da Corte de Contas estava em delimitar o uso da contratação integrada, evitando que pudesse ser indiscriminadamente aplicada a todo e qualquer tipo de objeto.

3.4 licitação da contratação integrada

O tema da licitação da contratação integrada está de algum modo fragmentado e diluído por todo o texto. O objetivo deste tópico é dar

14. TCU, Plenário, Acórdão 1.510/2013, rel. Min. Valmir Campelo, *DOU* 19.6.2013.
15. Cf. a redação do dispositivo em comento:
"Art. 20. No julgamento pela melhor combinação de técnica e preço, deverão ser avaliadas e ponderadas as propostas técnicas e de preço apresentadas pelos licitantes, mediante a utilização de parâmetros objetivos obrigatoriamente inseridos no instrumento convocatório.
"§ 1º. O critério de julgamento a que se refere o *caput* deste artigo será utilizado quando a avaliação e a ponderação da qualidade técnica das propostas que superarem os requisitos mínimos estabelecidos no instrumento convocatório forem relevantes aos fins pretendidos pela Administração Pública, e destinar-se-á exclusivamente a objetos: I – de natureza predominantemente intelectual e de inovação tecnológica ou técnica; ou II – que possam ser executados com diferentes metodologias ou tecnologias de domínio restrito no mercado, pontuando-se as vantagens e qualidades que eventualmente forem oferecidas para cada produto ou solução."

ênfase a dois de seus componentes: licitação com base em anteprojeto de engenharia e adoção do critério de julgamento de técnica e preço. Como visto, a licitação da contratação integrada dispensa a elaboração de projeto básico por parte da Administração Pública – até porque desenvolvê-lo é um dos encargos do contratado (art. 9º, § 1º). Isso não quer dizer, contudo, que a Administração esteja livre de traçar definições e parâmetros mínimos prévios à abertura da licitação. Aliás, longe disso.

Determina o § 2º do art. 9º da Lei do RDC que "no caso de contratação integrada" o "instrumento convocatório deverá conter *anteprojeto de engenharia* que contemple os documentos técnicos destinados a possibilitar a caracterização da obra ou serviço" (inciso I – grifos acrescentados), "incluindo: a) a demonstração e a justificativa do programa de necessidades, a visão global dos investimentos e as definições quanto ao nível de serviço desejado; b) as condições de solidez, segurança, durabilidade e prazo de entrega, observado o disposto no *caput* e no § 1º do art. 6º desta Lei; c) a estética do projeto arquitetônico; e d) os parâmetros de adequação ao interesse público, à economia na utilização, à facilidade na execução, aos impactos ambientais e à acessibilidade".

Licitação sem projeto básico não é propriamente uma inovação no Direito Brasileiro. A Lei 8.987/1995 (Lei de Concessões) já previa que as concessões comuns precedidas da execução de obras públicas poderiam ser licitadas com base em "elementos do projeto básico" que permitissem "sua plena caracterização" (art. 18, XV). A Lei 11.079/2004 (Lei de PPPs), por sua vez, adotou critério semelhante, afirmando que as concessões patrocinadas e administrativas poderiam tomar por base para a definição do valor do investimento da PPP "estudos de engenharia" que tivessem "nível de detalhamento de anteprojeto" (art. 10, § 4º).

A novidade, neste caso, está em se autorizar a licitação sem projeto básico de obras e serviços de engenharia desvinculados de concessões, rompendo "com a prática convencional dos contratos administrativos ordinários no Brasil, historicamente presos a uma cultura de forte controle de meios".[16]

---

16. Egon Bockmann Moreira e Fernando Vernalha Guimarães, *Licitação Pública – A Lei Geral de Licitação/LGL e o Regime Diferenciado de Contratação/RDC*, cit., p. 210.

Apesar de a Lei do RDC fixar parâmetros que deverão ser observados pela Administração quando da elaboração do anteprojeto de engenharia, algumas dúvidas centrais permanecem em aberto. São elas: Qual deve ser o grau de definição do anteprojeto de engenharia? O que ele obrigatoriamente deve conter? Qual deve ser seu grau de precisão?

O Decreto federal 7.581/2011 – de observância obrigatória apenas na órbita federal e nos casos expressamente exigidos pela legislação – dá diretriz complementar à Lei do RDC, auxiliando na resposta às indagações acima arroladas. O referido diploma normativo, em seu art. 74, § 3º, diz que "o anteprojeto deverá possuir nível suficiente para proporcionar *comparação entre as propostas recebidas das licitantes*" (grifos acrescentados). Trata-se de parâmetro útil, porém insuficiente para se saber ao certo o grau de detalhamento que deverão conter os anteprojetos de engenharia elaborados pela Administração Pública.

O TCU, em manifestação da Min. Ana Arraes no processo de acompanhamento do primeiro estágio das concessões de áreas e instalações localizadas nos Portos Organizados de Santos, Belém, Santarém e Vila do Conde e terminais de Outeiro e Miramar – cujas licitações estão sendo organizadas sem projeto básico –, de certo modo enfrentou o tema e teceu considerações sobre qual deveria ser, na visão da Corte de Contas, o conteúdo mínimo dos anteprojetos de engenharia elaborados pela Administração Pública. Confira-se excerto do voto da Ministra-Relatora:

> Para que o processo de concessão seja consistente do ponto de vista técnico e até jurídico, há que possuir "elementos de projeto" que contenham um *conjunto de informações e conteúdos que demonstrem a correta estimativa de todos os custos, receitas e meios para consecução do objeto, mesmo que não pretenda executá-lo nos exatos termos em que inicialmente concebido*. Além disso, em face da possibilidade de serem apresentadas propostas que contemplem as mais diversas metodologias, a consistência do projeto conceitual é relevante para aferir a viabilidade técnica das soluções trazidas pelos participantes do certame.
>
> (...) .
>
> Embora não seja clara a delimitação da extensão e do grau de precisão dos estudos que devem ser realizados para a elaboração dos projetos conceituais em concessões, é certo que as exigências não alcançam o nível de detalhamento estabelecido na Lei Geral de Licitações e Contratos.[17] [*Grifos acrescentados*]

17. TCU, voto da Min. Ana Arraes no processo Grupo I – Classe V – Plenário – TC 029.083/2013-3.

A manifestação transcrita é ilustrativa e reflete posição que vem se consolidando no TCU já há algum tempo. Vê-se que o Tribunal, apesar de em tese reconhecer diferenças entre projeto básico e anteprojeto de engenharia – o primeiro deveria ter "nível de detalhamento" maior do que o segundo –, exige, na prática, que os anteprojetos contenham "conjunto de informações e conteúdos que demonstrem a correta estimativa de todos os custos, receitas e meios para consecução do objeto".

A verdade é que, ao fazê-lo, acaba, ainda que indiretamente, aproximando-os – afinal, se os anteprojetos devem conter informações e conteúdos que demonstrem a correta estimativa de *todos* os custos, receitas e meios, ele deixa de conter *elementos* de projeto básico e praticamente passa ser, ele próprio, um projeto básico. Aparentemente, a grande diferença entre ambos aos olhos do TCU estaria no fato de que o projeto básico seria absolutamente vinculante para o contratado, enquanto o anteprojeto não precisaria, necessariamente, ser executado "nos exatos termos em que inicialmente concebido".

Definir, em abstrato, o conteúdo mínimo obrigatório dos anteprojetos de engenharia é tarefa praticamente impossível, haja vista a falta de parâmetros claros na legislação e na jurisprudência. Este ambiente de incerteza, aliado ao fato de os órgãos de controle pressionarem a Administração a elaborar anteprojetos com grau de detalhamento semelhante ao de projetos básicos, tem levado gestores públicos a, não raro, optar por abrir licitações a partir de verdadeiros projetos básicos – ainda que levem o nome de anteprojetos – mesmo nos casos em que não são exigidos pela legislação.

O tema do critério de julgamento da licitação por técnica e preço, tal qual o do anteprojeto de engenharia, gerou uma série de dúvidas e dificuldades práticas na sua implementação pela Administração Pública. Lembre-se que a Lei do RDC, na sua redação original, determinava que contratações integradas sempre fossem licitadas por técnica e preço – essa exigência foi eliminada pela Lei 12.980/2014 e, hoje, outros critérios de julgamento, para além da técnica e preço, podem ser aplicados às contratações integradas.

A antiga obrigatoriedade da adoção do critério de julgamento por técnica e preço para as contratações integradas era, na racionalidade da Lei do RDC, a contraface da possibilidade de a licitação poder ser aberta sem projeto básico. Tendo em vista que o instrumento convocatório deve conter anteprojeto de engenharia – o qual supostamente se limitaria a trazer definições básicas do objeto – e que se passa a exigir dos licitantes que suas propostas contemplem os meios para se atingir os fins fixados pelo Poder Público (metodologias de execução etc.), a técnica do proponente passaria, quase que naturalmente, a ser ingrediente fundamental para a seleção da melhor proposta.

Faria sentido, no entanto, que a Administração sempre fosse obrigada a licitar contratações integradas pelo critério de julgamento de técnica e preço? Não teria sido melhor se a lei tivesse, por exemplo, apenas dado *preferência* ao critério de julgamento por técnica e preço?

Órgãos e entes da Administração Pública relatavam dificuldades no cumprimento desta exigência legal. Duas eram as principais alegações.

De um lado, afirmava-se que o critério de julgamento único trazia dificuldades ao gestor quando a técnica não fosse efetivamente o ingrediente mais relevante para os fins pretendidos pela Administração – mesmo se tratando de uma contratação integrada. Era isso o que levava o DNIT, por exemplo, a atribuir à técnica peso mínimo nas licitações cujo regime de execução fosse a contratação integrada.[18] Vale dizer que a distribuição de pesos para as notas de técnica e de preço foi já objeto de avaliação do TCU.[19]

---

18. A Lei do RDC, no § 2º do art. 20, fixa que "é permitida a atribuição de fatores de ponderação distintos para valorar as propostas técnicas e de preço, sendo o percentual de ponderação mais relevante limitado a 70%". O DNIT, nas licitações de contratação integrada, tem atribuído peso de 30% à técnica (v. Edital RDC Presencial 686/2013-00)..

19. O Ministro-Relator, Valmir Campelo, no acórdão anteriormente mencionado (Plenário, Acórdão 1.510/2013, *DOU* 19.6.2013), afirmou, ao avaliar a distribuição de pesos para as notas de técnica e de preço em edital de RDC presencial da INFRAERO: "Entendo devida a ciência à INFRAERO para que tanto justifique, no bojo do processo licitatório, o balanceamento conferido para as notas como busque, sempre que possível, a valoração objetiva da metodologia ou técnica construtiva a ser empregada; e não somente a pontuação individual decorrente da experiência profissional das contratadas ou de seus responsáveis técnicos". O Plenário convalidou o posicionamento do Ministro-Relator e recomendou à INFRAERO que: "9.1.7 Justifique, no bojo do processo licitatório, o balanceamento conferido para as notas técnicas das licitantes, como também a distribuição dos pesos para as parcelas de preço e técnica, em termos da obtenção da melhor proposta, buscando, em razão do que dispõe o § 3º do art. 9º da Lei n. 12.462/2011, a valoração da metodologia ou técnica construtiva a ser empregada, e não somente a pontuação individual decorrente da experiência profissional das contratadas ou de seus responsáveis técnicos; (...)".

Por outro lado, relatava-se que a imposição do critério de julgamento de técnica e preço trazia complexidade desnecessária a parcela dos procedimentos licitatórios. Afirmava-se que, caso a Lei do RDC permitisse a adoção de outros critérios de julgamento para a contratação integrada – por exemplo, o de menor preço –, seria possível, ao menos nas contratações em que a técnica não fosse imprescindível aos fins pretendidos pela Administração, evitar dificuldades e conflitos desnecessários quando da seleção da melhor proposta.

A Lei 12.980/2014, ao remover o critério de julgamento único para as contratações integradas, parece ter atendido ao pleito de parcela da Administração Pública.

3.5 Riscos na contratação integrada

O tema da alocação de riscos ganha especial destaque nas contratações integradas, muito em função das características intrínsecas a este modelo contratual. Talvez seja essa a razão pela qual ele esteja gerando, como se verá, intenso debate na jurisprudência recente do TCU.

O fato de na contratação integrada a Administração fixar resultados e deixar o contratado mais livre para escolher e fixar os meios que julgar mais adequados para atingi-los faz com que, por consequência, riscos que tradicionalmente eram assumidos pelo Poder Público em contratos de obras e serviços de engenharia sejam transferidos ao parceiro privado. O principal deles diz respeito à obrigação de arcar com custos decorrentes de eventuais deficiências no projeto básico.[20]

20. Egon Bockmann Moreira e Fernando Vernalha Guimarães afirmam, no mesmo sentido, que "no regime de contratação integrada haverá a prevalência da contratação de resultados. O instrumento convocatório e seus anexos explicitarão os *resultados* esperados para a execução da obra ou do empreendimento, sendo de responsabilidade do contratado o alcance dos meios necessários para tanto. É natural que, como ao contratado incumbe o atingimento de metas, lhe seja permitido um significativo gerenciamento dos meios para isso – âmbito em que se insere a própria confecção dos projetos. A transferência de certa autonomia de gestão dos meios – algo inconciliável com a prática convencional dos contratos administrativos ordinários no Brasil, historicamente presos a uma cultura de forte controle dos meios – acarreta-lhe a assunção de responsabilidade pelos resultados. Logo, e com a aplicação deste regime, transferem-se ao contratado os riscos pelas ineficiências em relação ao funcionamento da obra ou do empreendimento, inclusive e especialmente aqueles

Afirma-se que o risco decorrente do mau planejamento da contratação integrada passa a ser quase que integralmente assumido pelo particular, pois a Lei do RDC (§ 4º do art. 9º) determina que, "nas hipóteses em que for adotada a contratação integrada, é *vedada a celebração de termos aditivos aos contratos firmados*", exceto para "recomposição do equilíbrio econômico-financeiro decorrente de *caso fortuito ou força maior*"[21] e por "necessidade de alteração do projeto ou das especificações para melhor adequação técnica aos objetivos da contratação, *a pedido da Administração Pública*, desde que não decorrentes de erros ou omissões por parte do contratado" (grifos acrescentados), observados os limites da Lei 8.666/1993.[22]

A regra relativa a aditamento contratual na Lei do RDC – ao menos no que tange às contratações integradas – é, como se vê, significativamente mais restritiva do que a da Lei 8.666/1993 (art. 65). O aditamento passa a ser exceção quase que absoluta, fazendo com que o particular contratado seja obrigado a suportar custos adicionais decorrentes de falhas de planejamento – nesses casos não há que se falar, ao menos em tese, em pedidos de reequilíbrio econômico-financeiro, salvo nos casos expressamente discriminados na legislação.[23]

decorrentes de deficiências nos projetos. Com isso, cria-se um incentivo econômico ao contratado para que zele pela qualidade dos projetos, eis que suas deficiências se retratarão em custos futuros em prol da correção do funcionamento da obra, para o alcance dos resultados estipulados em contrato" (*Licitação Pública – A Lei Geral de Licitação/LGL e o Regime Diferenciado de Contratação/RDC*, cit., p. 210).

21. O CC, em seu art. 393, fornece balizas que auxiliam na interpretação e no dimensionamento do significado das expressões "caso fortuito" e "força maior". Cf. seu teor:

"Art. 393. O devedor não responde pelos prejuízos resultantes de caso fortuito ou força maior, se expressamente não se houver por eles responsabilizado.

"Parágrafo único. O caso fortuito ou de força maior verifica-se no fato necessário, cujos efeitos não era possível evitar ou impedir."

22. Determina o § 1º do art. 65 da Lei 8.666/1993: "O contratado fica obrigado a aceitar, nas mesmas condições contratuais, os acréscimos ou supressões que se fizerem nas obras, serviços ou compras, até 25% (vinte e cinco por cento) do valor inicial atualizado do contrato, e, no caso particular de reforma de edifício ou de equipamento, até o limite de 50% (cinquenta por cento) para os seus acréscimos".

23. O tema do aditamento contratual parece, no plano abstrato, nítido e consensual. Na prática, porém, ele poderá se tornar mais obscuro. Imagine-se, por exemplo, que no curso da execução de uma contratação integrada qualquer seja identificado erro grave não no projeto básico, mas no anteprojeto de engenharia. Seria cabível, nesse caso, pedido de reequilíbrio econômico-financeiro por parte do particular con-

O RDC, ao trazer dispositivo com este conteúdo, procurou combater conduta que já havia se transformado em praxe nos contratos firmados sob a égide da Lei 8.666/1993. A verdade é que a lógica do aditamento contratual acabou sendo incorporada tanto pelo empresariado – que de antemão sabe que eventuais falhas nos projetos básicos elaborados pela Administração serão compensadas por pedidos de reequilíbrio econômico financeiro – quanto pela própria Administração – a qual, apesar dos esforços que envida na elaboração de bons projetos básicos, tem consciência de que lhe faltam recursos suficientes para planejar e organizar adequadamente suas contratações e de que eventuais falhas nos projetos básicos certamente conduzirão a pedidos de reequilíbrio econômico-financeiro.

Dito de outro modo: praticamente todo o risco atrelado à atividade de planejamento das contratações vem sendo alocado no polo da Administração Pública, que fica refém dos aditamentos contratuais. Esta tem sido a regra do jogo.[24]

O TCU, muito em função do deslocamento de parcela dos riscos envolvidos nas contratações de obras e serviços de engenharia no âmbito das contratações integradas, vem exigindo, por meio de sua jurisprudência, que a Administração Pública faça constar dos editais *matriz de riscos* que aponte, com clareza, quem deverá suportar os riscos passíveis de serem antevistos no momento da licitação.

É o que determinou o TCU no Acórdão 1.310/2013.[25] O julgado versava sobre auditoria realizada no DNIT de Mato Grosso que objetivava fiscalizar o Edital RDC Presencial 489/2012, relativo à obra de construção da Rodovia BR-163/PA.

tratado? Teria ele que arcar com custos decorrentes de falhas no anteprojeto de responsabilidade da Administração Pública? Este debate, apesar de ainda não ter surgido no âmbito dos órgãos de controle em geral – Judiciário, Tribunais de Contas etc. –, com o tempo certamente emergirá. É preciso ficar atento para os contornos e limites que serão conferidos pelos órgãos de controle ao aditamento dos contratos firmados sob o regime de contratação integrada.

24. Guilherme Jardim Jurksaitis, em capítulo deste livro intitulado "Uma Proposta para Melhorar os Aditamentos a Contratos Públicos", faz preciso diagnóstico sobre os aditamentos a contratos públicos no Brasil e, a partir dele, formula interessante proposta de aprimoramento do sistema de contratações públicas.

25. TCU, Plenário, Acórdão 1.310/2013, rel. Min. Walton Alencar Rodrigues, *DOU* 29.5.2013.

Durante a auditoria, a Unidade Técnica verificou a existência de supostas deficiências no processo licitatório, que poderiam, segundo a Corte, "frustrar as expectativas de vantagens da Administração, oriundas do RDC". Dentre os pontos levantados destaca-se o seguinte: "Ausência, no instrumento convocatório, de cláusulas que disciplinem claramente os encargos de cada parte contratual no tocante aos riscos intrínsecos ao empreendimento e da titularidade do ônus de eventuais ocorrências futuras, uma vez que uma das vantagens do RDC seria a maior assunção dos riscos pela empresa contratada, reduzindo a ocorrência de termos aditivos ao contrato; (...)".

Segundo a Unidade Técnica responsável – cujos argumentos, no ponto, foram integralmente acolhidos pelo Ministro-Relator e pelo Plenário: "O instrumento convocatório, diferentemente do esperado, não trouxe regras claras, fundamentais para não gerar incertezas na execução da avença acerca da possibilidade de adição contratual. O Edital de Licitação RDC Presencial 489/2012 trata da questão, sem tecer maiores detalhes, com simples remissão ao art. 9º, § 4º, I e II, da Lei do RDC [*dispositivos que versam sobre a regra da vedação aos aditivos contratuais e sobre suas exceções*]. Para se evitar tais dúvidas durante a execução do contrato, imprescindível que os instrumentos convocatórios estabeleçam, a exemplo das concessões rodoviárias, *matriz de riscos detalhada*, com a alocação dos riscos inerentes ao empreendimento para cada um dos contratantes. Frise-se que a repartição dos riscos envolvidos no processo, por meio de uma matriz de riscos, favorece a isonomia da licitação, fortalece a segurança jurídica do contrato e dota a Administração de meios mais objetivos para o controle do contrato" (grifos acrescentados).

Em face do exposto, decidiu o Plenário da Corte de Contas recomendar ao DNIT que: "9.1.1 Preveja doravante, nos empreendimentos licitados mediante o regime de contratação integrada, conforme faculta o art. 9º da Lei n. 12.462/2011, 'matriz de riscos' no instrumento convocatório e na minuta contratual, para tornar o certame mais transparente, fortalecendo, principalmente, a isonomia da licitação (art. 37, XXI, da Constituição Federal; art. 1º, § 1º, IV, da Lei n. 12.462/2011) e a segurança jurídica do contrato; (...)".[26]

---

26. Em sentido semelhante, v.: TCU, Plenário, Acórdão 1.465/2013, rel. Min. José Múcio Monteiro, *DOU* 12.6.2013; e TCU, Plenário, Acórdão 1.510/2013, rel. Min. Valmir Campelo, *DOU* 19.6.2013.

O último dos temas que será objeto deste tópico refere-se à possibilidade ou impossibilidade de a Administração Pública, nas licitações realizadas com base no RDC – não só naquelas que previrem a contratação integrada como regime de execução –, procurar se resguardar do risco de inadimplemento contratual por meio da exigência de seguro-garantia que ultrapasse os limites fixados pela Lei 8.666/1993.[27]

A Lei do RDC, após a edição da Lei 12.980/2014, claramente autorizou que a Administração exigisse, nas licitações baseadas nesse diploma normativo, seguro do contrato em percentual superior àquele fixado como teto pela Lei 8.666/1993. A base legal desta autorização está no art. 4º, IV, segundo o qual nas licitações e contratos de que trata a Lei do RDC será observada a seguinte diretriz: "condições de aquisição, de *seguros*, de garantias e de pagamento *compatíveis com as do setor privado*, inclusive mediante pagamento de remuneração variável conforme desempenho, na forma do art. 10; (...)" (grifos acrescentados).

No entanto, a Lei do RDC, mesmo em sua redação original (que apenas mencionava as condições de aquisição de "seguros", mas nada dizia sobre as condições de aquisição de "garantias"), já admitia que garantias fossem contratadas em condições compatíveis com as do setor privado, não se aplicando, às contratações do RDC, os limites do art. 56 da Lei 8.666/1993.

O tema chegou a ser analisado pelo TCU.

O Acórdão 2.745/2013[28] envolvia a apreciação de relatório de auditoria realizado pela Unidade Técnica "SecobHidro" no DNIT,

---

27. Cf. os dispositivos da Lei 8.666/1993 que versam sobre o tema:
"Art. 56. A critério da autoridade competente, em cada caso, e desde que prevista no instrumento convocatório, poderá ser exigida prestação de garantia nas contratações de obras, serviços e compras.
"(...).
"§ 2º. A garantia a que se refere o *caput* deste artigo não excederá a *5% (cinco por cento) do valor do contrato* e terá seu valor atualizado nas mesmas condições daquele, ressalvado o previsto no § 3º deste artigo.
"§ 3º. Para obras, serviços e fornecimentos de *grande vulto envolvendo alta complexidade técnica e riscos financeiros consideráveis*, demonstrados através de parecer tecnicamente aprovado pela autoridade competente, o limite de garantia previsto no parágrafo anterior poderá ser elevado para até *10% (dez por cento) do valor do contrato*" (grifos acrescentados).
28. TCU, Plenário, Acórdão 2.745/2013, rel. Min. Valmir Campelo, *DOU* 9.10.2013.

com foco no Edital RDC 232/2013-00 – que tinha por objeto a elaboração dos projetos básico e executivo, com posterior restauração, adequação e modernização do Porto de Manaus/AM, com vistas à Copa do Mundo de 2014. Tratava-se de uma contratação integrada.

Um dos pontos levantados pela Unidade Técnica disse respeito justamente à legalidade de a Administração fixar seguro-garantia superior aos limites do art. 56 da Lei 8.666/1993 – no caso, previu-se que a garantia seria no montante de 20% do valor total contratado.

A Unidade Técnica, em resumo, entendeu "ser inteiramente aplicável o art. 56 da Lei n. 8.666/1993. O art. 4º, IV, do RDC – sobre as condições de seguros compatíveis com as do setor privado – não afastaria os limites para seguro-garantia figurados na Lei de Licitações. Em termos literais, a exceção da Lei 12.462/2011 se refere a condições de seguro, não de garantia (lembre-se que esta afirmação tomou por base a redação original da Lei do RDC que, de fato, não aludia expressamente às condições de aquisição de garantias). A majoração de tal limite compulsório, somada aos maiores riscos de uma contratação integrada, reduziria o universo de licitantes. Redundaria na participação apenas de empresas de maior capital, representando, de maneira transversa, uma condição habilitatória diversa do rol exaustivo estabelecida em lei. Ilegal, portanto".

O Ministro-Relator, contrariando o posicionamento da Unidade Técnica, fez constar em seu voto: "O objetivo inscrito no art. 4º, inciso IV, da Lei n. 12.462/2011 – tido como uma das diretrizes do RDC – não é, outro que não acautelar eventual prejuízo. Esse dispositivo, contudo, foi inserido em um contexto muito mais específico, relacionado à forma de entrega e pagamento do objeto (condições de aquisição, seguros e pagamento). Essas condições hão de obedecer às práticas correntes do mercado, como requisito para a obtenção da melhor proposta (sob o risco de não tê-la). Acredito, assim, que o 'seguro-garantia' remetido no art. 56 da Lei de Licitações tratou a questão de maneira ampla. Tal opção é mais uma possibilidade de garantia a ser escolhida pela contratada para acautelar, de forma global, eventual inadimplemento. A diretriz enraizada no inciso IV do art. 4º do RDC, ao contrário, foi mais específica. No contexto em que está inserida, *sempre que as características do objeto assim o motivarem (por requisitos próprios do mercado), há de se estabelecer a respectiva contrapartida acautelatória, em proporção e em coerência às respectivas condições de aquisição, seguros e de pagamento*. Os cuidados proporcionais ao risco são, nesses casos, requisitos indissociáveis para a garantia da melhor proposta" (grifos acrescentados).

Apesar de o TCU ter chegado a conclusão com a qual concordo, vejo como problemático o caminho argumentativo percorrido para alcançá-la.

O voto, da forma como foi construído, deu a entender que os limites da Lei 8.666/1993 às garantias contratuais eram, sim, aplicáveis no âmbito do RDC – o que não impediria, segundo o Ministro-Relator, que, a depender das circunstâncias concretas, fossem afastados. A Administração tinha, assim, a *opção* de excepcionar regra em tese aplicável "sempre que as características do objeto assim o motivarem (por requisitos próprios do mercado)".

O argumento parece improcedente. A verdade é que a Lei do RDC, mesmo na sua redação original em que se limitava a dizer que os seguros pudessem ser contratados em condições compatíveis com as do setor privado, excepcionou por completo a regra do art. 56 da Lei 8.666/1993. Ou seja: mesmo as garantias contratuais poderiam ser previstas e contratadas em condições compatíveis com as do setor privado. A regra sempre teve o nítido objetivo proteger a Administração contra o inadimplemento contratual. Isso não quer dizer, contudo, que os órgãos de controle não pudessem se manifestar sobre a razoabilidade dos percentuais de garantia contratual concretamente exigidos pela Administração nos editais de licitação.

A Lei 12.980/2014, ao dizer, com todas as letras, que nas licitações e contratos baseados no RDC serão observadas as condições de aquisição de seguros, *garantias* e de pagamentos compatíveis com as condições do setor privado (art. 9º, IV), procurou afastar este tipo de dúvida, deixando clara a inaplicabilidade do art. 56 da Lei 8.666/1993 às contratações do RDC.

3.6 Conclusão

A contratação integrada certamente é um dos instrumentos mais inovadores do RDC, rompendo com paradigmas consolidados no âmbito das contratações de obras e serviços de engenharia e fornecendo importantes incentivos para o aprimoramento da gestão pública no Brasil. Há muito espaço na Administração Pública para o desenvolvimento e aperfeiçoamento deste peculiar regime de execução contratual.

Este capítulo aposta que a observação conjunta de três planos distintos – o das normas, o das práticas administrativas e o do controle – seja fundamental para a compreensão dos reais desafios envolvidos na modelagem e implementação da contratação integrada.

O texto fornece diretrizes preliminares, é claro. O tema ainda está em construção, e certamente novas interpretações – vindas das normas jurídicas, da Administração Pública ou dos controladores – a ele conferirão novos contornos.

Bibliografia

GUIMARÃES, Fernando Vernalha, e MOREIRA, Egon Bockmann. *Licitação Pública – A Lei Geral de Licitação/LGL e o Regime Diferenciado de Contratação/RDC*. São Paulo, Malheiros Editores, 2012.

MOREIRA, Egon Bockmann, e GUIMARÃES, Fernando Vernalha. *Licitação Pública – A Lei Geral de Licitação/LGL e o Regime Diferenciado de Contratação/RDC*. São Paulo, Malheiros Editores, 2012.

PINTO JR., Mário Engler, PRADO, Lucas Navarro, e RIBEIRO, Maurício Portugal. *Regime Diferenciado de Contratação – Licitação de Infraestrutura para Copa do Mundo e Olimpíadas*. São Paulo, Atlas, 2012.

PRADO, Lucas Navarro, PINTO JR., Mário Engler, e RIBEIRO, Maurício Portugal. *Regime Diferenciado de Contratação – Licitação de Infraestrutura para Copa do Mundo e Olimpíadas*. São Paulo, Atlas, 2012.

RIBEIRO, Maurício Portugal, PINTO JR., Mário Engler, e PRADO, Lucas Navarro. *Regime Diferenciado de Contratação – Licitação de Infraestrutura para Copa do Mundo e Olimpíadas*. São Paulo, Atlas, 2012.

ROSILHO, André. *Licitação no Brasil*. São Paulo, Malheiros Editores, 2013.

_____. "O Regime Diferenciado de Contratações/RDC e seu controle". In: SUNDFELD, Carlos Ari (org.). *Contratações Públicas e seu Controle*. São Paulo, Malheiros Editores, 2013.

SUNDFELD, Carlos Ari (org.). *Contratações Públicas e seu Controle*. São Paulo, Malheiros Editores, 2013.

Capítulo 4
CONTRATAÇÕES PÚBLICAS SUSTENTÁVEIS[1]

JULIANA BONACORSI DE PALMA

4.1 Introdução: contratações públicas sustentáveis e os novos desafios às licitações públicas. 4.2 Construção da Política de Compras Públicas Sustentáveis na esfera federal: 4.2.1 Antecedentes da Política de Compra Pública Sustentável – 4.2.2 Desenvolvimento regulamentar da Política de Compras Públicas Sustentáveis – 4.2.3 Fatores de afirmação da Política de Compras Públicas Sustentáveis e a inserção do critério de "Desenvolvimento Nacional Sustentável" na Lei 8.666/1993 – 4.2.4 O Decreto 7.746/2012. 4.3 Panorama da experiência federal com as compras públicas sustentáveis. 4.4 Os desafios de gestão que as compras públicas sustentáveis apontam: 4.4.1 O poder de compra estatal em debate – 4.4.2 Discricionariedade e vinculação nas compras públicas sustentáveis. 4.5 Considerações finais.

1. Este artigo baseia-se na pesquisa *Compras Públicas Sustentáveis* (coord. de Juliana Bonacorsi de Palma e Nelson Pedroso Novaes), desenvolvida pelo Centro de Pesquisas Jurídicas Aplicadas/CPJA da Direito GV no âmbito do *Projeto Pensando o Direito* da Secretaria de Assuntos Legislativos do Ministério da Justiça (SAL/MJ), apoiado pelo Programa de Desenvolvimento das Nações Unidas (PDNU). A pesquisa completa pode ser acessada na página do *Projeto Pensando o Direito*: *http://participacao.mj.gov.br/pensandoodireito*. Agradeço a todos os pesquisadores e consultores envolvidos na pesquisa: André Janjácomo Rosilho, André Luís Macagnan Freire, Beatriz Alencar Dalessio, Carlos Ari Sundfeld, Flávia Silva Scabin, Frederico Araújo Turolla, José Reinaldo de Lima Lopes, Juliana Cristina Luvizotto, Lígia Paula Pires Pinto Sica, Marina Fontão Zago, Marina Jacob Lopes da Silva e Yonara Dantas Oliveira. Agradeço aos professores Carlos Ari Sundfeld e Guilherme Jardim Jurksaitis pelo convite para debater os resultados preliminares do estudo com os alunos do *Curso Anual de Direito Administrativo* na sbdp, cujas contribuições enriqueceram nosso relatório final.

4.1 Introdução: *contratações públicas sustentáveis e os novos desafios às licitações públicas*

Diversos são os trabalhos que têm apontado para um cenário de *transformação das contratações públicas* no Brasil. Nesta agenda de debates participam temas controvertidos que, em geral, visam a incrementar a qualidade das contratações públicas. Indicativos da reforma das licitações no Brasil são, por exemplo, a superação do regime administrativo único ditado pela Lei 8.666/1993, a simplificação eletrônica de procedimentos licitatórios e a possibilidade de Estados e Municípios disporem de regimes próprios de licitação com soluções jurídicas diferentes do texto da Lei 8.666/1993. Há ainda mais um elemento a ser considerado nesse panorama: *o emprego do poder de contratação para implementação de políticas públicas*.

É o caso das *contratações públicas sustentáveis*. As contratações públicas sustentáveis são caracterizadas pela observância de critérios de sustentabilidade na fase de licitação (*licitações sustentáveis*) ou no momento da celebração do contrato (*contrato administrativo sustentável*). Uma licitação que se destina à aquisição de bem reciclado ou atóxico pode ser apontada como exemplo de licitação sustentável. Mais especificamente, consiste em uma *compra pública sustentável*, pois envolve o poder de compra estatal para satisfação de finalidade que transcende a relação bilateral Poder Público contratante e contratado – qual seja: a sustentabilidade.[2] Outro exemplo consiste na contratação de serviços sustentáveis pela Administração Pública, em cujo contrato haja previsão de cláusula sustentável (contrato administrativo sustentável), como a que estipula o dever de certa contratada providenciar o adequado descarte de lâmpadas fluorescentes quando da prestação de serviço de limpeza em uma repartição pública. Ainda, obras podem ser sustentáveis na medida em que o contrato preveja, por exemplo, o dever de emprego de material com maior vida útil, que garanta o nível "A" de eficiência energética ou que tenha menor impacto ambiental.

Instituições públicas têm adotado práticas sustentáveis em suas contratações. Na esfera federal saliente-se o exemplo do Ministério da

---

2. O conceito de *sustentabilidade* assumido neste estudo é baseado em três pilares – ambiental, social e econômico – e deve ser desdobrado em socialmente inclusivo, ambientalmente sustentável e economicamente sustentado no tempo (cf. pesquisa *Compras Públicas Sustentáveis*, CPJA/Direito GV, 2013, pp. 219 e ss.).

Justiça/MJ, cujo *Projeto EcoJustiça* almejava substituir a aquisição de papel branco por papel reciclado na ordem de 75% até o final de 2013. Apenas no ano de 2012 o MJ alocou 12,2 Reais para as contratações públicas sustentáveis. O Ministério da Educação/MEC lançou o *Programa Escolas Sustentáveis*, para adequação da infraestrutura escolar a critérios de sustentabilidade, que resultou na criação de inovador sistema de compra compartilhada, posteriormente adotado por diversos órgãos e entes federais: o *Registro de Preços Nacional*. Todas as compras públicas sustentáveis foram concentradas no Fundo Nacional de Desenvolvimento da Educação/FNDE, que passou a ser responsável pelo gerenciamento das compras compartilhadas do MEC e pela padronização das minutas de edital, atendendo o máximo possível de órgãos abrangidos na capilar rede educacional brasileira por meio de uma única licitação.[3] Com sua *Política de Compras Públicas Sustentáveis*,[4] o Banco Nacional de Desenvolvimento Econômico e Social/

3. O primeiro Registro de Preços Nacional foi realizado em 2008, com a licitação de ônibus escolares para atendimento de zonas rurais, em conformidade com o *Programa Caminho da Escola*. Para as compras públicas sustentáveis, o modelo de compras públicas centralizadas no FNDE permite padronizar os bens objeto de aquisição pública, mantendo constante o padrão de qualidade (e o atendimento aos critérios de sustentabilidade) em todos os pontos da capilarizada rede educacional, especialmente os pequenos Municípios que adiram ao Programa. Isso significa efetiva melhoria da qualidade da infraestrutura escolar, pois que o Registro de Preços Nacional confere a garantia de que todos os bens adquiridos via licitação (sustentável) invariavelmente atenderão às mesmas especificações técnicas de qualidade do material.

4. Este é o conceito de compras públicas sustentáveis esposado na Política de Compras Públicas Sustentáveis do BNDES: "A Política de Compras Sustentáveis do BNDES tem como objetivo promover a adoção de critérios de sustentabilidade social e ambiental, associados aos econômico-financeiros, no processo de aquisição de bens e contratação de serviços por parte do BNDES. Além de valorizar o planejamento e a eficiência na utilização de recursos, a Política impulsiona os esforços do Banco em estimular a adoção de práticas sustentáveis entre seus fornecedores, ampliando assim os benefícios a toda a sociedade" (disponível em *http://www.bndes.gov.br/SiteBN DES/bndes/bndes_pt/Institucional/BNDES_Transparente/Responsabilidade_So cial_e_Ambiental/politica_compras.html*, acesso em 10.9.2013).

Nessa linha vai o *Relatório de Atividades do BNDES* referente ao ano de 2011, p. 221: "Esse conceito [*compras públicas sustentáveis*] refere-se à inclusão de critérios de sustentabilidade social e ambiental nas contratações realizadas pelo setor público. Além de reduzir o impacto ambiental e a desigualdade social, as compras públicas sustentáveis podem garantir maior qualidade aos produtos e serviços adquiridos, como o resultado da adoção de uma lógica que valoriza o desempenho do produto ou serviço no longo prazo" (disponível em *http://www.bndes.gov.br/SiteBN*

BNDES passou a adotar critérios sustentáveis em suas licitações nos termos do *Protocolo Verde*, do qual é signatário conjuntamente com o Ministério do Meio Ambiente, em que se reconhece o papel indutor dos aderentes à promoção da sustentabilidade.

Também são diversos os exemplos recolhidos nas esferas estaduais e municipais. Praticamente todos os Estados dispõem de leis formais ou decretos pertinentes ao tema das licitações sustentáveis.[5] Muito embora o cenário seja de baixa densidade normativa e a leitura da sustentabilidade seja predominantemente ambiental, desconsiderando a vertente social do conceito, tem-se que a noção de sustentabilidade está integrada ao sistema de direito administrativo. Destaca-se a experiência do Estado de São Paulo, cujas mais recentes práticas voltadas à promoção das contratações sustentáveis correspondem à priorização da inclusão de novos itens com Selo Socioambiental no Cadastro Único de Materiais e Serviços da Bolsa Eletrônica de Compras, bem como a criação do Banco de Dados Madeira Legal/CADMADEIRA.

Paralelamente a esse movimento de internalização das contratações sustentáveis por instituições federais, estaduais e municipais, com crescente respaldo normativo, é notável o papel de difusão das licitações sustentáveis que alguns órgãos públicos têm desempenhado, como a Advocacia-Geral da União/AGU e a Secretaria Paulista do Meio Ambiente. Além de estudos almejando a segurança jurídica nas contratações sustentáveis,[6] cursos de capacitação são sistematicamente fornecidos aos gestores públicos.

Há uma tendência em andamento nas contratações públicas. O tema das contratações públicas sustentáveis coloca em xeque paradigmas bem estabelecidos no direito administrativo brasileiro – como a

DES/export/sites/default/bndes_pt/Galerias/Arquivos/empresa/RelAnual/ra2011/re latorio_anual2011.pdf, acesso em 10.9.2013).

5. São 79 diplomas normativos recolhidos nos Estados, segundo levantamento da pesquisa *Compras Públicas Sustentáveis*, cit., pp. 141 e ss. Apenas os Estados de Rondônia, Roraima, Alagoas e Paraíba não dispõem de leis formais ou decretos relativos às contratações sustentáveis.

6. Cf. *Guia Prático de Licitações Sustentáveis da Consultoria Jurídica da União do Estado de São Paulo – AGU*, AGU, 2013 (disponível em *http://www.agu. gov.br/sistemas/site/TemplateTexto.aspx?idConteudo=138067&id_site=777*, acesso em 10.9.2013).

noção de proposta mais vantajosa – e realça outra ordem de preocupações: essas contratações são mais caras? As contratações públicas sustentáveis aumentam o risco à corrupção? Poderiam comprometer a qualidade da contratação administrativa? Compreender esse fenômeno de origem prática e decifrá-lo juridicamente é o principal objetivo do texto.

A proposta do presente artigo não é fazer uma apologia à sustentabilidade e ao emprego do poder de compra estatal para satisfazer este nobre fim. Práticas que, a princípio, parecem ser "do bem" podem terminar em um grande fiasco de gestão pública. Não é preciso ir longe para noticiar como investidas bem-intencionadas do Poder Público acabaram em significativo aumento dos custos e abertura à corrupção, ou simplesmente padeceram de inefetividade. Também o artigo não se destina a rechaçar a prática do uso do poder de compra estatal para viabilizar políticas públicas. Variáveis como a natureza do objeto licitado, valores envolvidos ou estabilidade de determinado programa de governo podem sinalizar a pertinência da experiência em algumas situações. Não vou tomar partido. Este artigo se destina a *qualificar o debate* sobre contratações públicas sustentáveis, servindo como uma porta de entrada à análise do uso do poder de contratação estatal para satisfação de fins públicos outros que não o próprio contrato administrativo em si considerado.

Para endereçar esta proposta, considero adequado adotar uma *postura de imparcialidade* – postura, esta, fundamental em qualquer pesquisa jurídica para melhor constatação das potencialidades e das fragilidades de determinado instituto e de sua dinâmica. Especialmente no tema das licitações públicas, soluções simples pouquíssimo contribuem ao aprimoramento do sistema. A *complexidade* foi adotada como ponto de partida de análise, de modo que busquei ao máximo apresentar a realidade das contratações sustentáveis, considerando seus interesses, preocupações e soluções em discussão. Assim, as considerações aqui desenvolvidas se lastreiam fundamentalmente em fontes primárias do Direito – como normas, decisões judiciais e documentos governamentais –, buscando ao máximo uma abordagem interdisciplinar. Para um estudo mais acurado, o tema será enfrentado pela perspectiva das *compras públicas sustentáveis*, ou seja, das licitações voltadas à contratação de bens cuja especificação técnica atenda a algum critério de sustentabilidade.

O principal objetivo traçado é mapear um fenômeno em andamento na gestão pública: o uso do poder de contratação estatal para satisfazer políticas públicas. Trata-se de proposta que se compatibiliza com a linha de metodologia empírica de pesquisa que cada vez mais tem ganhado adeptos no direito público brasileiro. São céticos e mais céticos fazendo trabalho minucioso de levantamento de dados, entrevistas, sistematização doutrinária, estudo de casos – dentre tantas outras empreitadas –, com a finalidade comum de compreender os meandros do direito público brasileiro. Nesta oportunidade pretendo colecionar informações que possam instigar reflexões sobre o atual papel das licitações públicas no Brasil, bem como apresentar soluções jurídicas que considero serem oportunas para constarem na agenda de debates sobre o uso do poder de contratação pública para implementar políticas públicas.

4.2 Construção da Política de Compras Públicas Sustentáveis na esfera federal

4.2.1 Antecedentes da Política de Compra Pública Sustentável

A previsão normativa das compras públicas federais na esfera federal é inovação recente, sem antecedentes sólidos. A ausência de exemplos normativos sobre compras públicas sustentáveis deve-se fundamentalmente ao fato de não pertencer à tradição pública brasileira a visão da licitação como instrumento de implementação de políticas públicas. Tampouco integra nossa tradição a sustentabilidade como diretriz da própria Administração Pública. Assim, o Decreto 2.783/1998 sinaliza para uma possível mudança da chave de compreensão do papel do Poder Público em matéria socioambiental, sob influência estrangeira, ao proibir que a Administração, direta, autárquica e fundacional, adquira produtos ou equipamentos que contenham ou façam uso das Substâncias que Destroem a Camada de Ozônio/SDO.[7]

---

7. É o texto do art. 1º do Decreto 2.783/1998:
"Art. 1º. É vedada a aquisição, pelos órgãos e pelas entidades da Administração Pública Federal direta, autárquica e fundacional, de produtos ou equipamentos que contenham ou façam uso das Substâncias que Destroem a Camada de Ozônio – SDO, discriminadas no Anexo deste Decreto.

Outro preceito normativo que pode ser indicado como precursor da Política de Compra Pública Sustentável corresponde ao Documento de Princípios da Política Nacional de Biodiversidade (Decreto 4.339/2002), que prevê, dentre seus objetivos específicos, "estimular o uso de instrumentos voluntários de certificação de produtos, processos, empresas, órgãos do governo e outras formas de organizações produtivas relacionadas com a utilização sustentável da biodiversidade, inclusive nas *compras do governo*" (grifos acrescentados). Sem estabelecer uma Política de Compras Públicas Sustentáveis ou determinar obrigações ao Poder Público de adoção de critérios de sustentabilidade em suas licitações, tem-se embrionária sinalização de relacionamento entre sustentabilidade e processos licitatórios em sede normativa. Em 2006 foi editada a Lei de Gestão Florestal (Lei 11.284/2006),[8] cujo art. 19 determina o cumprimento de determinadas obrigações de caráter ambiental para habilitação em licitação de concessão florestal, sem prejuízo dos critérios de habilitação definidos na Lei de Licitações.[9]

4.2.2 Desenvolvimento regulamentar da Política de Compras Públicas Sustentáveis

As primeiras iniciativas de uso do poder de compra estatal para promoção da sustentabilidade viriam, porém, apenas em 2008, com a

"Parágrafo único. Excluem-se do disposto no *caput* deste artigo os produtos ou equipamentos considerados de usos essenciais, como medicamentos e equipamentos de uso médico e hospitalar, bem como serviços de manutenção de equipamentos e sistemas de refrigeração."
 O texto normativo foi endereçado à Convenção de Viena para a Proteção da Camada de Ozônio e ao Protocolo de Montreal sobre Substâncias que Destroem a Camada de Ozônio – SDO, dos quais o Brasil foi signatário.
 8. Regulamentada pelo Decreto 6.063/2007.
 9. São duas as exigências de habilitação determinadas pela Lei de Gestão Florestal: (i) comprovação de ausência de débitos inscritos na Dívida Ativa relativos a infrações ambientais nos órgãos do SISNAMA e (ii) comprovação de ausência de decisões condenatórias, com trânsito em julgado, em ações penais relativas a crime atentatório ao meio ambiente, à ordem tributária ou à Previdência. Ademais, o julgamento da licitação de concessão florestal, sempre na modalidade técnica e preço, será tomado segundo os parâmetros definidos na lei, quais sejam: (i) menor impacto ambiental; (ii) os maiores benefícios sociais diretos; (iii) a maior eficiência; e (iv) a maior agregação de valor ao produto ou serviço florestal na região da concessão (cf. art. 26, II, da Lei 11.284/2006).

edição de regulamento pelos principais atores na construção da política federal de compra pública sustentável: o Ministério do Meio Ambiente/MMA e o Ministério do Planejamento, por meio da Secretaria de Logística e Tecnologia da Informação/SLTI.

O engajamento do MMA com o tema das compras públicas sustentáveis começou efetivamente a ser articulado como uma potencial política em meados dos anos 2000, muito embora esta não fosse uma pauta estranha à sua agenda institucional. Além do *input* interno, proveniente de seu corpo técnico especializado, o MMA se sensibilizou com as experiências internacionais e nacionais que ganhavam corpo em alguns Estados, como São Paulo, Minas Gerais e Rio de Janeiro.[10]

Com a criação do *Programa A3P* em 1999, a partir dos compromissos firmados pelo MMA na Agenda 21, as compras públicas sustentáveis[11] passaram a ser relacionadas dentre as práticas sustentáveis que deveriam ser adotadas pelos órgãos da Administração Pública. O Programa Governamental A3P tem grande influência na construção da Política de Compras Públicas Sustentáveis, servindo como substrato à conformação de sua disciplina jurídica. Porém, também impulsionou formulações legislativas, que, inclusive, conceberam o poder de compra estatal como relevante indutor da sustentabilidade, como a Política de Resíduos Sólidos (Lei 12.305/2010) e a Política Nacional de Mudanças Climáticas (Lei 12.187/2009). A grande contribuição da A3P às licitações sustentáveis reside na mudança da perspectiva de análise da licitação. Primeiramente, o poder de compra estatal possuiria finalidades outras que não o alcance da oferta economicamente mais vantajosa para o Poder Público. O Programa enfatiza a necessidade de que os compradores públicos saibam delimitar corretamente as necessidades da instituição na qual estejam lotados e conheçam a legislação aplicável. Pela formalização do termo de adesão ao Programa

10. Cf. pesquisa *Compras Públicas Sustentáveis*, cit., pp. 61 e ss.
11. Este é o conceito de *licitação sustentável* adotado no Programa A3P: "Procedimento administrativo formal que contribui para a promoção do desenvolvimento nacional sustentável, mediante a inserção de critérios sociais, ambientais e econômicos nas aquisições de bens, contratações de serviços e execução de obras" (disponível em *http://www.mma.gov.br/responsabilidade-socioambiental/a3p*, acesso em 10.9.2013). São critérios de sustentabilidade para contratações públicas sustentáveis estipulados no Programa A3P: custos ao longo de todo o ciclo de vida, eficiência, compras compartilhadas, redução de impactos ambientais e problemas de saúde e desenvolvimento e inovação.

A3P, órgãos e entes públicos têm aderido à prática das compras públicas sustentáveis na medida em que a assinatura do termo demonstra o comprometimento da instituição compromitente com a agenda socioambiental definida pela A3P.[12]

No dia 15.5.2008 foi editada a Portaria 61 para estabelecer práticas de sustentabilidade ambiental que condicionariam as compras públicas sustentáveis realizadas pelo próprio Ministério ou por órgãos a ele vinculados.[13] Tomando como referência o texto final do Decreto 7.746/2012, que regulamenta as licitações sustentáveis, é possível depreender já na Portaria 61/2008 as bases da Política de Compras Públicas Sustentáveis na esfera federal: (i) clara explicitação da competência para realização de compras públicas sustentáveis; (ii) adoção como critério de sustentabilidade nos certames de aquisição de bens a especificação do objeto licitado; (iii) aposta na conscientização da importância da sustentabilidade como elemento de transformação da racionalidade formal ditada pela Lei 8.666/1993; (iv) formalização do plano de metas de promoção da sustentabilidade na instituição; e (v) disciplina jurídica orientada pela discricionariedade administrativa, com valorização do papel do gestor público na projeção das compras públicas sustentáveis.

A proposta do MMA à época era vivenciar uma experimentação caseira das compras públicas sustentáveis. A partir da análise das experiências práticas exclusivamente na aquisição de bens, o Ministério poderia tomar contato com as potencialidades e as fragilidades da

---

12. Com base nas balizas da A3P, algumas experiências envolvendo compras públicas sustentáveis foram desenvolvidas no âmbito do MMA e pelos parceiros da A3P. Na Câmara dos Deputados, por exemplo, os gestores devem observar os critérios de sustentabilidade dispostos no Ato da Mesa 4/2011 para a aquisição de bens, contratação, execução e fiscalização de serviços e obras pela Casa. De acordo com o bem ou serviço, é exigida a observância de critérios envolvendo logística reversa, coleta seletiva, rotulagem e certificação, eficiência energética, redução de gasto de recursos hídricos, redução de embalagens etc. Outras experiências implementadas por parceiros da A3P envolvem Banco da Amazônia, IBRAM, IFT/GO (Campus Rio Verde) e ELETROBRAS/ELETRONORTE.

13. O "considerando" apresentado no texto normativo é bastante elucidativo daquela que seria uma das principais bandeiras do MMA na promoção da sustentabilidade: "Considerando que a Administração Pública ao exercer o seu poder de compra e de contratação desempenha papel de destaque na orientação dos agentes econômicos e na adoção dos padrões do sistema produtivo e do consumo de produtos e serviços ambientalmente sustentáveis, incluindo o estímulo à inovação tecnológica".

dinâmica e, assim, fazer os ajustes necessários para calibrar o desenho jurídico da norma que futuramente vincularia praticamente todos os órgãos e entes da Administração Pública Federal.

O segundo grande ator de promoção da Política de Compras Públicas Sustentáveis na esfera federal corresponde ao Ministério do Planejamento, com destaque para a SLTI, órgão que efetivamente capitaneou a disciplina jurídica das licitações sustentáveis no âmbito do Ministério do Planejamento. Mas por que a SLTI?

Alguns dados podem explicar o protagonismo da SLTI frente aos demais órgãos que estruturam o Ministério do Planejamento. Primeiramente, a porta de entrada do tema das compras públicas sustentáveis se procedeu a partir do estudo do *TI Verde* pelos técnicos da Secretaria, que tomaram contato com a experiência da Universidade de São Paulo/USP de licitação de *computador verde* (o *Selo Verde* foi criado pela própria Universidade). Assim como no caso do MMA, a SLTI também se sensibilizou com as experiências em curso em alguns Estados com licitação sustentável. Ademais, uma parte do influxo para o desenvolvimento da Política de Compras Públicas Sustentáveis no Governo Federal deve-se à visita de equipe ao *Department for Environment, Food & Rural Affairs*/DEFRA, no âmbito do Programa *Diálogos Setoriais*, envolvendo o Brasil e a União Europeia.[14]

Porém, o envolvimento da SLTI com o tema das compras públicas sustentáveis deve-se fundamentalmente à sua competência de (i) formulação e promoção de políticas relativas às atividades de administração de materiais, de obras e serviços, assim como de licitações e contratos, e (ii) gerenciamento e operacionalização do Portal de Compras do Governo Federal/ComprasNet.[15-16] Tem-se que a participação da SLTI na institucionalização das compras públicas sustentáveis seria imprescindível, dado o emprego da modalidade pregão (eletrônico) na quase totalidade dos casos e na incumbência de gestão de materiais.

Como medida de estímulo dos gestores públicos à realização de compras públicas sustentáveis, bens sustentáveis passaram a ser inseridos no Sistema de Catalogação de Material/CATMAT. Logo em 2010

---

14. Cf. pesquisa *Compras Públicas Sustentáveis*, CIT., Pp. 78 e ss.
15. Disponível em *http://www.comprasnet.gov.br* (acesso em 10.9.2013).
16. Cf. art. 32, I e II, do Decreto 7.675/2012.

foi feita a primeira triagem dos bens sustentáveis listados no CATMAT, em colaboração com a AGU, então já experiente no tema das compras públicas sustentáveis.[17] Atualmente são 935 bens listados como sustentáveis.[18]

No dia 30.4.2008 a SLTI editou a Instrução Normativa 02, que dispõe sobre regras e diretrizes de contratação de serviços pela Administração Pública. O art. 42 desse ato normativo previu expressamente o dever de constarem no projeto básico de contratação de serviços de limpeza e conservação "exigências de sustentabilidade ambiental na execução do serviço". Ademais, o art. 15 previu a obrigatoriedade de justificativa da necessidade da contratação de serviços, dispondo, dentre outros aspectos, sobre os "critérios ambientais adotados, se houver" (inciso I, "e").

4.2.3 Fatores de afirmação da Política de Compras Públicas Sustentáveis e a inserção do critério de "Desenvolvimento Nacional Sustentável" na Lei 8.666/1993

Um fator indispensável à formulação de políticas públicas corresponde à *vontade política*. No caso das compras públicas sustentáveis, com muita clareza é possível verificar o crescimento da vontade política de algumas instâncias do Governo Federal em incentivar a sustentabilidade, valendo-se, para tanto, do uso do poder de compra estatal. É o que pode ser depreendido das iniciativas governamentais já analisadas, a exemplo da A3P. Outro programa considerado como um

17. Cf. pesquisa *Compras Públicas Sustentáveis*, cit., pp. 81 e ss. A listagem de um bem como sustentável é feita a partir da indicação do gestor público à SLTI sobre a qualidade sustentável de determinado bem, acompanhada da devida justificativa. Uma vez validado, o bem recebe um número BR que o gestor demandante pode acessar para fazer uso, inclusive, na licitação que ensejou o encaminhamento da sugestão ao Ministério do Planejamento. Todavia, a listagem do bem como sustentável não pode frustrar a competitividade, pois do contrário não haveria que se falar em licitação sustentável, mas, sim, em contratação direta. Esta listagem demanda, portanto, mínima compreensão do mercado no qual o bem sustentável se insere. Diante da imensa quantidade de produtos listados no CATMAT – aproximadamente 200 mil itens –, a análise dos bens como sustentáveis será feita a partir de novas demandas, dada a enorme dificuldade que seria resgatar todos os itens constantes no CATMAT.

18. Cf.
*http://www.comprasnet.gov.br/Livre/Catmat/conitemmat2.asp?
nomeitem=&chkSustentavel=S&indItemSustentavel=S&msg* (acesso em 31.1.2015).

precursor das compras públicas sustentáveis é o *Projeto Esplanada Sustentável*/PES.

Em 2012 a Portaria Interministerial 244 reestruturou o Programa A3P, integrando-o por meio do PES a outros programas também relacionados à melhoria da gestão administrativa dos órgãos da Administração Federal. O PES unificou quatro programas: (i) *Programa de Eficiência do Gasto Público*/*PEG*, desenvolvido no âmbito do Ministério do Planejamento, Orçamento e Gestão/MPOG; (ii) *Programa Nacional de Conservação de Energia Elétrica*/*PROCEL*, mais especificamente o Subprograma Eficiência Energética em Prédios Públicos/PROCEL EPP, desenvolvido pela ELETROBRAS e coordenado pelo Ministério de Minas e Energia; (iii) *Agenda Ambiental na Administração Pública*/A3P, coordenado pelo MMA; e (iv) *Coleta Seletiva Solidária*, coordenado pelo Ministério do Desenvolvimento Social e Combate à Fome.

Outro fator de desenvolvimento da Política de Compras Públicas Sustentáveis corresponde à proposta de *fortalecer as micro e pequenas empresas*/MPEs. As compras públicas sustentáveis foram consideradas pelo Governo como instrumentos de fomento às MPEs, sem desconsiderar a finalidade de promoção da sustentabilidade, pois os bens sustentáveis seriam mais adequados ao universo das MPEs.[19]

Saliente-se, ainda, a premissa adotada de que as compras públicas sustentáveis tendem a *desenvolver novos nichos de mercado*. Pela destinação de parcela do orçamento exclusivamente a determinadas atividades ou a segmentos sustentáveis, o Poder Público termina por sinalizar ao mercado determinada vantagem competitiva, o que levaria ao desenvolvimento de mercados sustentáveis. Preten-

19. A título de exemplo, a SLTI realiza todo ano levantamento estatístico sobre as compras governamentais, produzindo relatórios sobre a dinâmica das licitações intermediadas pelo ComprasNet e o volume do poder de compra estatal direcionado às contratações públicas. Nessas análises, as MPEs constituiriam variáveis de análise – o que indica a preocupação do Governo Federal com a avaliação dos benefícios licitatórios na destinação de recursos públicos via contratação às MPEs (cf. *Informações Gerenciais de Contratações e Compras Públicas: Micro e Pequenas Empresas*, disponível em *http://www.comprasnet.gov.br/ajuda/Manuais/02-01_A_12_INFOR MATIVO%20COMPRASNET_MPE.pdf*, acesso em 12.5.2013. Cf., ainda, *Informações Gerenciais de Contratações e Compras Públicas*, disponível em *http://www. comprasnet.gov.br/ajuda/Manuais/01-01_A_12_INFORMATIVO%20COMPRAS NET_DadosGerais.pdf*, acesso em 12.5.2013).

dia-se que as compras públicas sustentáveis também fossem indutoras da cultura sustentável no setor empresarial. Paulatinamente as empresas passariam a criar suas linhas verdes ou, mesmo, a atender a padrões de sustentabilidade no âmbito de sua atividade de gestão de negócios.

Apenas com a edição da Instrução Normativa SLTI-01/2010 pode-se afirmar que houve a construção de uma Política de Compras Públicas Sustentáveis na esfera federal, com disciplina da inserção de critérios sustentáveis nas licitações praticadas pelos órgãos da Administração direta, bem como autarquias e fundações estatais de direito público (Administração autárquica). A proposta da Instrução Normativa SLTI-01 era sinalizar à Administração Pública Federal como as compras públicas estariam juridicamente respaldadas, enquanto o decreto ainda estivesse em discussão. A Instrução Normativa SLTI-01 seria, portanto, uma prévia do Decreto 7.746/2012.

O contexto de edição da Instrução Normativa SLTI-01/2010 é marcado pela intensificação das determinações relativas às licitações sustentáveis, como o Regulamento de Licitação de Bens e Serviços de Informática (Decreto 7.174/2010),[20] a Lei de Resíduos Sólidos (Lei 12.305/2010)[21] e seu Regulamento (Decreto 7.404/2010). É o resultado do amadurecimento dos debates relativos ao uso do poder de compra estatal para atingimento de finalidades de relevante interesse.

20. O Decreto 7.174/2010 regulamenta a contratação de bens e serviços de Informática e Automação pela Administração Pública Federal. Retomados os debates sobre o Processo Produtivo Básico/PPB e editada a Portaria Interministerial MDIC/MCT-170, em 2010, com a finalidade de criar grupo técnico interministerial para avaliar e propor processos produtivos básicos (GT-PPB), o Regulamento de Licitação de Bens e Serviços de Informática foi editado com a finalidade de favorecer a inovação tecnológica e o desenvolvimento industrial mediante o uso do poder de compra estatal. Para tanto foi fixada preferência na contratação de fornecedores cujos produtos se coadunassem com as políticas de inovação tecnológica e industrial. No Regulamento de Licitação de Bens e Serviços de Informática foi determinado que os editais de licitação da Administração direta e autárquica devem obrigatoriamente conter exigência de certificações, na fase de habilitação, que atestem o consumo de energia (art. 3º, II, "c").

21. É o texto do art. 7º, XI, da Lei de Resíduos Sólidos: "São objetivos da Política Nacional de Resíduos Sólidos: (...); XI – prioridade, nas aquisições e contratações governamentais, para: a) produtos reciclados ou recicláveis; b) bens, serviços e obras que considerem critérios compatíveis com padrões de consumo social e ambientalmente sustentáveis; (...)".

No âmbito legislativo, o debate sobre sustentabilidade "tomou carona" no processo legislativo para a futura edição da Lei 12.349/2010, já em andamento, com o início da tramitação pela edição da Medida Provisória 495/2010. Esta medida provisória era voltada à promoção do "desenvolvimento nacional" – sem qualquer referência à expressão "sustentável" –, pela previsão de regras de favorecimento ao produto nacional como medida de promoção do mercado interno brasileiro, como a margem de preferência. Conforme aponta a pesquisa *Compras Públicas Sustentáveis*, a partir da investigação empírica do processo legislativo da Lei 12.349/2010 o termo "sustentável" foi diretamente inserido no Projeto de Conversão da Medida Provisória 495/2010 pelo deputado federal Severiano Alves (PMDB/BA):

> A modificação teria passado completamente desapercebida não fosse pelo comentário feito em plenário pelo deputado federal Arnaldo Jardim (PPS/SP), no qual afirmou o seguinte: "(...) quero destacar a sutileza da alteração feita pelo Relator, o deputado Severiano Alves, que, na minha avaliação, fez um belo trabalho. Trata-se de uma sutileza, como disse, mas de muito significado, uma vez que à expressão 'desenvolvimento nacional', do texto original, acrescentou o termo 'sustentável', dando assim ao texto um rumo importante no sentido das inovações que se pretendem fazer".
>
> Não há qualquer outra menção ao termo "sustentável" no processo legislativo. Nada se debateu sobre o tema e não se sabe ao certo o que motivou o deputado federal Severiano Alves a inseri-lo no bojo do projeto de lei ou o que levou os demais congressistas a apoiar esta medida. Desse modo, não há indícios, no processo legislativo, de que tenha havido um reflexão mais profunda por parte dos parlamentares sobre o sentido do termo "sustentável" ou sobre eventual impacto deste termo nas licitações públicas. Tem-se a impressão de que a expressão "desenvolvimento nacional sustentável", por intuitivamente invocar uma ideia positiva e por não suscitar, ao menos de imediato, reações de interesses a ela contrapostos – até porque se trata de uma política dotada de alto grau de indeterminação *a priori* –, gerou uma espécie de adesão automática (ou tácita) por parte dos congressistas.[22]

Com a aprovação da Lei 12.349/2010 seria conferida nova redação à Lei 8.666/1993, para prever o "desenvolvimento nacional sustentável" dentre os objetivos das licitações públicas, no *caput* do seu art. 3º, nos seguintes termos:

---

22. Cf. pesquisa *Compras Públicas Sustentáveis*, cit., pp. 96-97.

Art. 3º. A licitação destina-se a garantir a observância do princípio constitucional da isonomia, a seleção da proposta mais vantajosa para a Administração e a promoção do *desenvolvimento nacional sustentável* e será processada e julgada em estrita conformidade com os princípios básicos da legalidade, da impessoalidade, da moralidade, da igualdade, da publicidade, da probidade administrativa, da vinculação ao instrumento convocatório, do julgamento objetivo e dos que lhes são correlatos. [*Grifos acrescentados*]

4.2.4 O Decreto 7.746/2012

Como já analisado, desde 2008 o texto do Decreto 7.746/2012 já estava, em certa medida, em discussão com as instruções normativas editadas pelo MMA e pela SLTI.

A grande contribuição do Decreto 7.746/2012 viria a ser a institucionalização da política de uso do poder de compra estatal para satisfação de finalidades sustentáveis, contando, para tanto, com um órgão especializado: a Comissão Interministerial de Sustentabilidade na Administração Pública/CISAP. Ademais, a disciplina jurídica por meio de decreto visava a espraiar a política para toda a Administração Federal, então restrita a poucos órgãos e entes que aderiram ao PES ou mesmo às instruções normativas editadas pela SLTI/MPOG. Outro fator de edição do Decreto 7.746/2012 correspondeu a conferir segurança jurídica aos gestores públicos para encorajá-los a licitar fazendo uso de critérios de sustentabilidade. Pode ainda ser indicado o Acórdão 1.752/2011 do Tribunal de Contas da União/TCU, que faz expressa recomendação ao Ministério do Planejamento para disciplina das licitações sustentáveis.[23]

No âmbito da Casa Civil, a dinâmica de debates sobre o Decreto 7.746/2012 foi protagonizada por MMA, SLTI e Controladoria-Geral da União/CGU, além da própria Casa Civil. O principal aspecto em

---

23. É a recomendação do TCU ao Ministério do Planejamento, Orçamento e Gestão/MPOG: "9.1 Recomendar ao Ministério do Planejamento, Orçamento e Gestão que apresente, em 90 (noventa) dias, um plano de ação visando a orientar e a incentivar todos os órgãos e entidades da Administração Pública Federal a adotarem medida para o aumento da sustentabilidade e eficiência no uso de recursos naturais, em especial energia elétrica, água e papel, considerando a adesão do País aos acordos internacionais: Agenda 21, Convenção-Quadro das Nações Unidas sobre Mudança do Clima e Processo Marrakech, bem como o disposto na Lei n. 12.187, de 29 de dezembro de 2009, na Lei n. 9.433, de 8 de janeiro de 1997, na Lei n. 10.295, de 17 de outubro de 2001, no Decreto n. 5.940, de 25 de outubro de 2006, e na Instrução Normativa SLTI/MP n. 1, de 19 de janeiro de 2010".

discussão era a obrigatoriedade de a Administração contratar de modo sustentável, como a princípio estava determinado na arrojada minuta de decreto. Primeiramente a Casa Civil sugeriu a inserção da preservação do caráter competitivo do certame no parágrafo único do art. 2º do decreto,[24] o que foi aceito após ficar estabelecido que a competição se verificaria entre licitantes, e não entre bens sustentáveis e bens não sustentáveis. Outro ponto de discussão na Casa Civil sobre a redação do Decreto 7.746/2012 correspondeu à sua abrangência, pois foram colocados argumentos favoráveis à aplicabilidade do decreto às empresas estatais. Resistindo à proposta de ampliação da incidência do decreto, a Casa Civil defendeu que nenhuma empresa estatal fosse submetida ao teor do Decreto 7.746/2012, mas prevaleceu a solução de compromisso de vincular apenas as empresas estatais dependentes.[25] Editado às vésperas da *Rio +20*, no simbólico Dia Internacional do Meio Ambiente (5 de junho), o Decreto 7.746/2012 terminou por regulamentar o art. 3º da Lei 8.666/1993.

Segundo o Decreto 7.746/2012, os critérios e práticas de sustentabilidade serão veiculados como (i) especificação técnica do objeto, no caso de aquisição de bens, ou (ii) obrigação da contratada, na prestação de serviços[26] – que correspondem exatamente às hipóteses de critérios de sustentabilidade mais recorrentes nas licitações sustentáveis federais. Porém, nos termos do parágrafo único do art. 3º do decreto, outras formas de veiculação dos critérios e práticas sustentáveis nas contratações públicas podem ser veiculadas por regulamentos expedidos pela SLTI.

A criação da Comissão Interministerial de Sustentabilidade na Administração Pública/CISAP pode ser considerada uma das principais inovações trazidas pelo Decreto 7.746/2012. Segundo o art. 9º, a CISAP caracteriza-se como órgão interministerial de natureza consultiva e caráter permanente, vinculado à SLTI. Dentre as competências assinaladas pelo Decreto 7.746/2012 à CISAP está a de propositura das seguintes ações à SLTI, para que tome as providências, se assim considerar oportuno e conveniente: normas para elaboração de ações

---

24. Esta é a redação final do art. 2º, parágrafo único, do Decreto 7.746/2012: "A adoção de critérios e práticas de sustentabilidade deverá ser justificada nos autos e preservar o caráter competitivo do certame".
25. Cf. pesquisa *Compras Públicas Sustentáveis*, cit., p. 105.
26. Cf. art. 3º, *caput*, do Decreto 7.746/2012.

de logística sustentável; regras para elaboração dos Planos de Gestão de Logística Sustentável; planos de incentivos para órgãos e entidades que se destacarem na execução de seus Planos de Gestão de Logística Sustentável; critérios e práticas de sustentabilidade nas aquisições, contratações, utilização de recursos públicos, desfazimento e descarte; estratégias de sensibilização e capacitação de servidores para a correta utilização de recursos públicos e para a execução das ações de sustentabilidade; e ações para divulgação de práticas de sustentabilidade. Na qualidade de órgão consultivo, as manifestações da CISAP não vinculam a SLTI, a qual mantém autonomia sobre as decisões de sustentabilidade que lhe competem.

A linha do tempo abaixo sistematiza o processo de construção da Política de Compras Públicas Sustentáveis na esfera federal:

Ilustração 01 – Linha do tempo da Política de Compras Públicas Sustentáveis na esfera federal

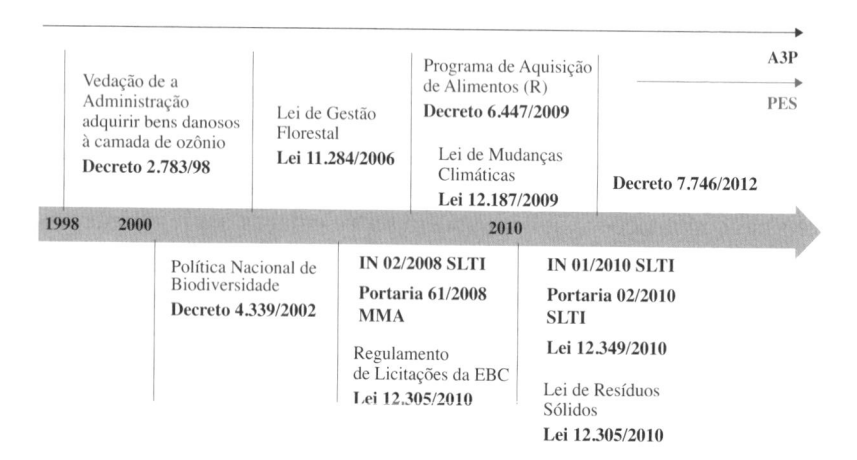

1998	2000		2010		
Vedação de a Administração adquirir bens danosos à camada de ozônio **Decreto 2.783/98**		Lei de Gestão Florestal **Lei 11.284/2006**	Programa de Aquisição de Alimentos (R) **Decreto 6.447/2009** Lei de Mudanças Climáticas **Lei 12.187/2009**		**A3P** **PES** **Decreto 7.746/2012**
	Política Nacional de Biodiversidade **Decreto 4.339/2002**		**IN 02/2008 SLTI** Portaria 61/2008 MMA Regulamento de Licitações da EBC **Lei 12.305/2010**	**IN 01/2010 SLTI** Portaria 02/2010 SLTI **Lei 12.349/2010** Lei de Resíduos Sólidos **Lei 12.305/2010**	

Fonte: elaboração própria.

4.3 Panorama da experiência federal com as compras públicas sustentáveis

A experiência com as compras públicas sustentáveis pode ser depreendida a partir de análises institucionais, que busquem averiguar como determinadas instituições fazem uso de critérios sustentáveis em seus processos de compra. Para este artigo preferiu-se apresentar o panorama das compras públicas sustentáveis na esfera federal tomando as práticas institucionais como exemplos. Duas fontes de análise direcionaram a redação deste item. A primeira corresponde ao documento *Informações Gerais de Contratações Públicas Sustentáveis*,[27] que a SLTI periodicamente edita. A segunda é a análise quantitativa desenvolvida na pesquisa *Compras Públicas Sustentáveis* a partir de tabela em Excel fornecida pela SLTI com 20.846 editais sistematizados.

A experiência com as compras públicas sustentáveis na esfera federal é uma experiência com o pregão. Em 97% das compras públicas sustentáveis conduzidas pela União no ano de 2012 a modalidade pregão foi utilizada, com especial destaque para o formato eletrônico.[28] Todos os demais casos foram de contratação direta – o que permite afirmar que as compras públicas sustentáveis na esfera federal se limitam ao pregão. Em razão da forte presença do pregão na dinâmica das compras públicas sustentáveis, é necessário considerar esse fator na análise da efetividade da Política.

Quanto maior a competitividade, mais vantajosa, em termos econômicos, tende a ser a proposta nos certames. Argumenta-se que a sustentabilidade encarece a contratação pública. Na análise das licitações sustentáveis do BNDES depreendida na pesquisa *Compras Públicas Sustentáveis* esta hipótese não se confirmou, pois o percentual médio de economia de recursos nas licitações sustentáveis foi de 54,37%.[29] Não é verdade, portanto, que pelo fato de uma licitação ser sustentável o valor da contratação é invariavelmente maior. Mas tampouco se pode afirmar que o fator *sustentabilidade* não influi no preço final. É preciso considerar o impacto do pregão nessas contratações públicas. Ocorre que o pregão pressupõe competitividade e acirra a disputa entre os licitantes em diversas oportunidades, como o saneamento do processo e a fase de lances. Assim, a redução do preço se deve muito mais à dinâmica própria do pregão do que propriamente ao tipo de bem em questão.

27. Disponível em *http://www.comprasnet.gov.br/ajuda/Manuais/03-01_A_12_INFORMATIVO%20COMPRASNET_ComprasSustentaveis.pdf* (acesso em 10.9.2013).
28. Cf. pesquisa *Compras Públicas Sustentáveis*, cit., pp. 277-326.
29. Idem, p. 128.

Outro aspecto a ser considerado, ainda com relação ao BNDES, corresponde ao tipo de bem licitado. As licitações sustentáveis no âmbito do BNDES foram endereçadas para apenas um tipo de produto – *toners* de impressão – e, consequentemente, o critério de sustentabilidade nelas trabalhado foi o mesmo, qual seja: adoção de programa de reciclagem ou de descarte adequado de *toner*. Para tanto, foi estabelecida obrigação de atender ao disposto na Lei de Resíduos Sólidos (Lei 12.305/2010), cujo art. 33, VI, obriga que fabricantes, importadores, distribuidores e comerciantes de produtos eletrônicos e seus componentes implementem sistemas de logística reversa em que haja o adequado retorno dos produtos após o uso pelo consumidor de modo independente do serviço de limpeza urbana e do manejo de resíduos sólidos. Trata-se de atendimento a uma obrigação legal, portanto, e não uma opção tomada discricionariamente pelo gestor. Este aspecto pode pesar na composição do custo de transação.

De modo mais abrangente, as compras públicas sustentáveis em geral também recebem forte influência da Lei de Resíduos Sólidos, pois os principais produtos licitados de modo sustentável correspondem àqueles em que a lei determina a realização de logística reversa, a qual é considerada um critério de sustentabilidade.

Tabela 01 – *Ranking* dos bens licitados
considerando critérios de sustentabilidade

Bem licitado	% das licitações
Detergente	20,34
Papel A3/A4	10,50
Saponáceo	9,27
Cartucho impressora	8,09
Aparelho de ar-condicionado	7,17
Sabão em pó	4,56
Envelope	2,97
Desodorante ambiente	2,72
Caneta esferográfica	2,66
Limpador ácido	2,56

(continua)

Tabela 01 – *Ranking* dos bens licitados
considerando critérios de sustentabilidade *(continuação)*

Bem licitado	% das licitações
Saco plástico	2,31
Outros	26,84

Fonte: CPJA/Direito GV, a partir de dados fornecidos pela SLTI/MPOG.

Este dado releva o quão incipiente é a Política de Compras Públicas Sustentáveis na esfera federal. De fato, no ano de 2012 apenas 0,1% do poder de compra do Governo Federal foi alocado nas licitações sustentáveis.[30] Atualmente o poder de compra pública federal é alocado conforme a seguinte distribuição:

Gráfico 01 – Alocação do poder de compra estatal nas compras públicas sustentáveis

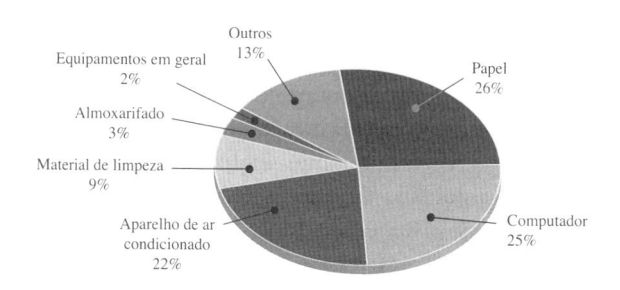

Fonte: CPJA/Direito GV

Dos dados analisados na pesquisa *Compras Públicas Sustentáveis* foi possível constatar que existe alta representatividade das MPEs tanto quanto à participação na qualidade de proponentes nas licitações

30. Cf. *Informações Gerais de Contratações Públicas Sustentáveis*, ano 2012, SLTI/MPOG (disponível em *http://www.comprasnet.gov.br/ajuda/Manuais/03-01_A_12_INFORMATIVO%20COMPRASNET_ComprasSustentaveis.pdf*, acesso em 10.9.2013).

Gráfico 02 – Percentual do poder de compra pública destinado às empresas, por tipo

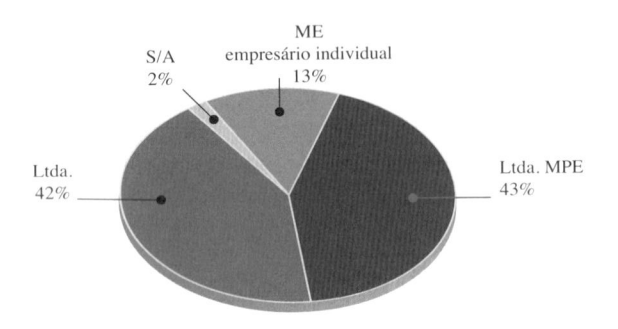

- S/A 2%
- ME empresário individual 13%
- Ltda. 42%
- Ltda. MPE 43%

Fonte: CPJA/Direito GV

sustentáveis – dado que, das 20.845 propostas em compras públicas sustentáveis, 19.262 foram realizadas por micro ou pequena empresa – bem como quanto ao êxito em se lograrem vencedoras – uma vez que, das 1.952 compras realizadas, em 1.793 dos casos uma micro ou pequena empresa ganhou a compra.[31] Os resultados apontaram que as empresas que mais arrecadam com as compras públicas sustentáveis, e por isso possuem alta representatividade na alocação do poder de compra pública, são as do tipo limitada não qualificadas como micro ou pequena empresa. Assim, quando analisados esses dados em conjunto, chega-se à conclusão de que as MPEs participam ativamente das compras públicas sustentáveis federais mas não ganham em termos de valores. Os dados sugerem possível problema nessa política pública, que convida a pensar mais profundamente sobre a iniciativa de promover política pública por dentro da licitação. Nessa linha, duas frentes de análise se abrem à reflexão: (i) viabilidade de promover política pública por fora da licitação, de modo que as empresas se mostrem mais capacitadas para disputar objetos de maior sofisticação ou valor; e (ii) combinação das estratégias de implementação de política pública *por dentro* e *por fora* das licitações.

Outro aspecto característico da experiência das compras públicas sustentáveis na esfera federal é a dispersão de valores:

---

31. Cf. pesquisa *Compras Públicas Sustentáveis*, cit., p. 288.

Tabela 02 – Dispersão dos valores das compras públicas sustentáveis

	Quantidade ofertada	Valor unitário homologado	Valor total homologado
Média	2.155,24	362,97	**20.275,36**
Mediana	200,00	6,20	**1.400,00**
Desvio-padrão	15433,887	2433,945839	**201.736,50**
Coef. de variab.	716%	671%	**995%**
Total	**4.207.022**	**708.526**	**39.577.506**

Fonte: CPJA/Direito GV, a partir de dados fornecidos pela SLTI/MPOG

São licitados de modo sustentável desde bens de pequeno valor até bens de alta monta, de modo que não existe uma contratação típica. Foram verificadas desde a compra de envelope para carta cujo valor unitário é de R$ 0,10 (dez centavos) até a compra de veículo de transporte do tipo "minivan" de valor unitário R$ 65.170,00 (sessenta e cinco mil cento e setenta reais). Pode-se afirmar, assim, que a inserção de critérios de sustentabilidade nas licitações para aquisição de bens não se concentra em um segmento específico de bens. Todavia, a maior frequência de determinados mercados nas licitações sustentáveis não permite afirmar que os mesmos percebam maior percentual de valores públicos:

Tabela 03 – Relação entre quantidade e valor das licitações, por grupo de bens

Mercado	Quantidade de licitações	Valor das licitações
Papel	23,7%	26,379%
Computador	0,3%	25,858%
Aparelho de ar- condicionado	7,2%	22,337%
Material de limpeza	46%	8,972%
Notebook	0,4%	8,325%
Veículo	0,3%	3,170%
Almoxarifado	8,3%	2,703%

(continua)

Tabela 03 – Relação entre quantidade e valor das licitações, por grupo de bens *(continuação)*

Mercado	Quantidade de licitações	Valor das licitações
Equipamentos em geral	5,6%	1,416%
Cartucho impressora	8,1%	0,833%
Impressora	0,1%	0,003%

Fonte: CPJA/Direito GV.

Importa enfatizar que os órgãos que praticam compras públicas sustentáveis tendem a participar do Programa A3P com termo de adesão à Agenda Ambiental na Administração Pública, a exemplo do Ministério da Justiça e do Ministério da Fazenda.

4.4 Os desafios de gestão que as compras públicas sustentáveis apontam

Fato é que as compras públicas sustentáveis apontam para questões que até então não tinham ganhado destaque na agenda de debates das contratações públicas no Brasil. Ainda, questionam premissas da teoria da licitação tomadas quase que como verdades absolutas. Sem esgotar todas as possíveis reflexões que o tema enseja, enfrento aquelas que considero serem as maiores controvérsias que as compras públicas sustentáveis ensejam: legitimidade do uso do poder de compra para implementação de políticas públicas e obrigatoriedade da Administração Pública de licitar de modo sustentável.

4.4.1 O poder de compra estatal em debate

Tradicionalmente os preceitos normativos sobre licitações públicas no Brasil se construíram sobre a diretriz da proposta mais vantajosa, de modo que exigências, procedimentos e critérios de julgamento se articulam para viabilizar que a Administração Pública contrate do modo mais eficiente para si. Mas o que seria, afinal, a *proposta mais vantajosa* para o Poder Público em uma licitação? Essa interpretação varia significativamente se tomarmos como exemplo os dois diplomas normativos em vigor: a Lei Geral de Licitações (Lei 8.666/1993) e a Lei do Pregão (Lei 10.520/2002).

Para a Lei Geral de Licitações o modelo de proposta mais vantajosa corresponde à oferta mais barata (critério de julgamento por menor preço); à oferta mais barata observados certos parâmetros técnicos (critério de julgamento por técnica e preço); ou, então, à que corresponda ao maior lance, aplicável unicamente ao caso do leilão (critério de julgamento por maior lance ou oferta). Deve-se frisar que no regime da Lei 8.666/1993 a verificação da melhor proposta dá-se apenas após a fase de habilitação.

Muito em função do contexto em que a Lei Geral de Licitações foi editada – marcado por escândalos de corrupção[32] e pela forte atuação de grupos de interesses durante o processo legislativo que a originou[33] –, a ênfase das suas normas recaiu sobre o *procedimento da licitação*. O Congresso Nacional desse período apostou na ideia de que seria possível combater a corrupção nas contratações públicas por meio da *superlegalização* dos procedimentos licitatórios, antecipando, para a lei, boa parte das decisões que poderiam, em tese, ser tomadas no plano infralegal (nos regulamentos ou nos editais). Dito de outro modo: acreditou-se que a diminuição da esfera de discricionariedade da Administração para decidir como melhor contratar – já que teria que seguir a rígida lei à risca – seria boa maneira de impedir a corrupção nas contratações públicas.

Assim, foram criados inúmeros critérios de habilitação com a finalidade última de combater a corrupção e de garantir a igualdade entre os licitantes. A proposta mais vantajosa seria, assim, um simples cálculo matemático do valor dentre as propostas apresentadas. Importante ressaltar que essa conta segue a favor do Governo: na ampla maioria dos casos é mais vantajosa a proposta que onere menos o orçamento público (a Lei 8.666/1993 deu nítida preferência ao critério de julgamento baseado no menor preço ofertado pelo licitante).

32. Basta lembrar a proximidade de alguns escândalos de corrupção que marcaram o início da década de 1990, inclusive o próprio *impeachment* do ex-Presidente Fernando Collor de Mello, e a edição da lei de moralização da Administração Pública brasileira, a Lei 8.429/1992.
33. Cf. André Rosilho, *Licitação no Brasil*, São Paulo, Malheiros Editores, 2013, pp. 111-117.

Por outro lado, a Lei do Pregão[34] toma outra ordem de preocupações, que culmina em uma dinâmica procedimental marcadamente diversa da estabelecida na Lei Geral de Licitações. A grande preocupação da Lei do Pregão foi com o peso e com o custo (de tempo e de recursos) das licitações.[35] Não foi por outra razão que o legislador previu, por exemplo, a inversão das fases de habilitação e julgamento das propostas e o saneamento de falhas formais no processo.

O foco da Lei do Pregão voltava-se, portanto, à promoção de um procedimento licitatório mais ágil, menos burocrático e que, comparativamente à Lei 8.666/1993, fosse capaz de elevar o grau de competição entre os licitantes de modo a efetivamente garantir ao Poder Público a proposta mais vantajosa (aquela que importasse menor dispêndio de recursos públicos). Atingir esses objetivos apenas seria possível suprimindo a rigidez típica dos procedimentos definidos na Lei Geral de Licitações, reforçando, assim, o caráter competitivo dos certames. Além das alterações indicadas, para incrementar a competitividade ainda foi prevista fase de lances e de negociação com aquele que apresentasse a proposta mais vantajosa.

Na relação entre *igualdade* versus *competitividade*, a balança pendia mais para a igualdade na Lei Geral de Licitações, e mais para a competitividade na Lei do Pregão. Importa, no entanto, assinalar que a concepção de proposta mais vantajosa ao Poder Público é traço comum na história normativa das licitações no Brasil.[36] Está impregnado no imaginário daqueles que vivenciam as licitações na prática a ideia de que a proposta mais vantajosa seja sinônimo de proposta com menor valor venal, sempre em benefício ao Poder Público. E os dois aspectos caracterizadores da proposta mais vantajosa – (i) economia de recursos públicos e (ii) ao Poder Público – seriam largamente reproduzidos na doutrina de direito administrativo, sedimentando um lugar-comum no direito público brasileiro.

34. Para maior compreensão da dinâmica do pregão, cf. Vera Monteiro, *Licitação na Modalidade de Pregão*, 2ª ed., São Paulo, Malheiros Editores, 2010, *passim*.
35. Cf. Carlos Ari Sundfeld, "Como reformar licitações?", in Carlos Ari Sundfeld (org.), *Contratações Públicas e seu Controle*, São Paulo, Malheiros Editores, 2013, *passim*.
36. Nesse sentido, cabe lembrar que a própria CF de 1988, em seu art. 37, XXI, relaciona entre os objetivos primordiais da licitação a busca pela proposta mais vantajosa.

Seriam as licitações públicas instrumentos voltados unicamente à garantia da proposta mais vantajosa ao Poder Público, respeitadas as garantias dos interessados? Ou também seria possível utilizar a licitação, uma ferramenta governamental, para satisfazer outras finalidades públicas que não a busca pela proposta mais vantajosa ao Poder Público?

A análise das normas recentemente editadas dá conta da utilização do *poder de compra estatal* para satisfação de finalidades públicas mediatas, em geral atreladas à *implementação de políticas públicas mais amplas*.

O reconhecimento de que o poder de compra estatal pode ser destinado a finalidades outras que não apenas à contratação da proposta mais vantajosa para o Poder Público não é uma inovação recente nas licitações públicas. Um dos primeiros movimentos de uso do poder de compra estatal para promoção de políticas públicas pode ser depreendido da própria Lei Geral de Licitações, cujo art. 24, relativo à dispensa de licitação, foi sistematicamente ampliado para abarcar novas hipóteses de dispensa. No âmbito do direito público, o movimento de ampliação das hipóteses de dispensa na Lei de Licitações para fomento de determinadas atividades ou instituições não recebeu críticas sistemáticas ou resistência mais contundente. O oposto se verificou, porém, com a polêmica Lei Complementar 123/2006, que institui o Estatuto Nacional da Microempresa/ME e da Empresa de Pequeno Porte/EPP.[37] Dentre as principais inovações ao tema da licitação trazidas pela Lei Complementar 123/2006 destacam-se: comprovação de regularidade fiscal das MPEs, exigível apenas para efeito de assinatura do contrato; possibilidade de saneamento do processo de licitação favorável às MPEs, que dispõem de dois dias úteis para adequar a comprovação da regularidade fiscal; margem de preferência às MPEs de 10% nas licitações em geral e de 5% nas licitações na modalidade pregão; possibilidade de franquear a participação no certamente apenas às MPEs caso o valor da contratação não supere 80 mil Reais; possibilidade de previsão contratual de que os licitantes subcontratem MPEs, desde que o percentual máximo do objeto subcontratado não seja superior a 30%; e possibilidade de o Poder Público reservar cota de até 25% do objeto para contratação de MPE no caso específico de bens e serviços de natureza divisível.

---

37. Resultado da Emenda Constitucional 42/2003.

O quadro se fecha mais recentemente com a inserção da expressão "desenvolvimento nacional sustentável" pela Lei 12.349/2010 no art. 3º, *caput*, da Lei 8.666/1993, para prever principiologia e o benefício da margem de preferência a produtos nacionais,[38] correspondente a até 25% sobre o preço dos produtos manufaturados e serviços estrangeiros. No entanto, no caso dos produtos manufaturados e serviços nacionais resultantes de desenvolvimento e inovação tecnológica realizados no País, o Poder Público dispõe da faculdade de fixar margem de preferência adicional de até 50%.

Gradativamente o ordenamento jurídico abriu-se para o uso da licitação como mecanismo de implementação de políticas públicas, fundamentalmente por três mecanismos: (i) criação de facilidades procedimentais no certame licitatório, a exemplo da margem de preferência e do saneamento favorável às MPEs; (ii) previsão de hipótese de contratação direta no art. 24 da Lei 8.666/1993; ou (iii) limitação do direito de apresentação de proposta para direcionar a licitação para apenas uma categoria específica de indivíduos, a exemplo das licitações que se destinam unicamente às MPEs ou àqueles que possam fornecer objeto sustentável ao Poder Público. Porém, a destinação de recursos públicos a algumas categorias de indivíduos no âmbito da licitação se compatibilizaria com o art. 37, XXI, da CF?[39]

Este é uma pergunta polêmica, que divide opiniões. Por um lado, é possível defender que a exegese sistêmica do texto constitucional legitimaria as compras públicas sustentáveis, pois o art. 37, XXI, deveria ser interpretado considerando as normas constitucionais que fazem alusão à tutela do meio ambiente, inclusive o art. 225 da CF.

---

38. Sobre o movimento de abertura dos processos de licitação à promoção do desenvolvimento nacional, com especial análise da margem de preferência para alavancagem tecnológica no País, cf. Tatiana Cymbalista, Marina Zago e Fernanda Rodrigues, "O poder de compra estatal e a margem de preferência para produtos e serviços nacionais introduzida na Lei de Licitações", *Revista de Direito Público da Economia* 35/143-175, Ano 9, Belo Horizonte, julho-setembro/2011.
39. Esta é a redação do art. 37, XXI, da CF: "XXI – ressalvados os casos especificados na legislação, as obras, serviços, compras e alienações serão contratados mediante processo de licitação pública que assegure igualdade de condições a todos os concorrentes, com cláusulas que estabeleçam obrigações de pagamento, mantidas as condições efetivas da proposta, nos termos da lei, o qual somente permitirá as exigências de qualificação técnica e econômica indispensáveis à garantia do cumprimento das obrigações; (...)".

Por meio deste raciocínio, a própria Constituição estaria apta a conferir validade a práticas administrativas que favorecessem determinadas categorias nos certames licitatórios, por meio da alocação do poder de contratação pública a esses indivíduos. Porém, é necessário analisar de modo mais detido o texto do art. 37, XXI, da CF.

A Constituição Federal confere competência legislativa para que o Congresso afaste o dever de licitar em determinadas situações em que o próprio Congresso, discricionariamente, considerar oportuno e conveniente contratar diretamente. Este tem sido o fundamento constitucional da produção legislativa endereçada ao art. 24 da Lei 8.666/1993, referente à dispensa de licitação. Nesta medida, é constitucional a limitação do direito de participação em certames licitatórios para implementação de políticas públicas – de favorecimento de determinadas categorias, como as MPEs, ou de finalidades públicas, como a sustentabilidade –, mas tal determinação deve estar prevista em lei formal. O art. 37, XXI, da CF estabelece reserva de lei para ressalvar os casos de contratação pública conduzidos à margem da licitação. Apenas nesta perspectiva as compras públicas sustentáveis se aproximam da dispensa de licitação, de modo que a função do julgamento das propostas se assemelharia ao chamamento público típico dos convênios, para determinar aquele que será contemplado com o benefício do convênio. Pela natureza de dispensa das contratações públicas sustentáveis, o legislador encontra-se constitucionalmente autorizado a prever ou estabelecer *standards* de criação de outros critérios que vão além das exigências de qualificação técnica e econômica, notadamente os critérios de sustentabilidade, lastreados no tripé ambiental, econômico e social.

Assim, existe o *dever de legislar* a política pública que será contemplada com o uso do poder de contratação pública. No caso das contratações públicas sustentáveis, com a inserção do desenvolvimento nacional sustentável como um dos princípios da licitação no art. 3º da Lei 8.666/1993 determinada pela Lei 12.349/2010, a sustentabilidade passa a ser reconhecida como um valor na licitação e, concomitantemente, um objetivo a ser buscado, inclusive com a destinação de recursos públicos para tanto (alocação do poder de contratação estatal). Também existe o *dever de regulamentar* os critérios que serão observados nas contratações públicas sustentáveis. Mediante o exercício do poder normativo, a Administração tem o dever de regular ao menos os critérios de sustentabilidade, como fez o Decreto 7.746/2012. Note-se que os critérios sustentáveis foram previstos de modo exemplificativo, o que não significa que o gestor público se encontra livre e desimpedido para escolha do critério de sustentabilidade que lhe seja mais condizente. No âmbito federal é a SLTI que tem o dever de estabelecer novos critérios de sustentabilidade vinculantes para a Administração Pública direta, autárquica e fundacional. Esta centralização tanto se explica em termos jurídicos, devido à competência normativa em matéria de licitação sustentável que o órgão detém, quanto em termos de gestão pública: sem a uniformidade dos critérios de sustentabilidade, a almejada segurança jurídica, considerada imprescindível pelos gestores para adotarem práticas sustentáveis em matéria de licitação, se frustraria. Outro comportamento dos gestores corresponde à atavia frente ao excesso de discricionariedade, em grande medida por receio dos controladores. Diante da pluralidade de soluções jurídicas, o controle das contratações públicas sustentáveis se torna ainda mais difícil, potencializando casos de corrupção, além de possivelmente ensejar o aumento do custo de transação, devido à pluralidade de soluções jurídicas em uma mesma esfera de governo.

Nas contratações públicas sustentáveis o dever regulamentar é exercido pela SLTI, mas a partir do *processo administrativo normativo* que a CISAP tem por dever funcional instruir. Enquanto órgão de aconselhamento da SLTI na tomada de decisões normativas, a exemplo da determinação de critérios sustentáveis a serem observados nas contratações públicas federais, a CISAP deve instruir o processo normativo para determinação desses critérios de sustentabilidade, com análise das especificidades técnicas que envolvem determinado bem. É importante que esse mesmo processo seja aberto à participação administrativa, no qual todos os interessados possam se fazer ouvir, nos termos do art. 9º da Lei 9.784/1999 e do art. 13 do Decreto 7.746/2012, segundo o qual "poderão ser convidados a participar das reuniões da CISAP especialistas, pesquisadores e representantes de órgãos e entidades públicas ou privadas".

No entanto, a efetividade da utilização da licitação para viabilizar políticas públicas ainda é objeto de predileções de acordo com a experiência profissional com as licitações públicas. Há os *descrentes* e os *entusiastas*. Quando da regulamentação ou da prática das contratações públicas sustentáveis, é relevante que o Poder Público não assuma cegamente nenhuma dessas posturas e busque ao máximo enfrentar o problema de frente. Conhecer bem o mercado e o bem sustentável é oportuno, assim como construir soluções de longo prazo, que sejam objeto de revisão periódica a partir de sucessivas avaliações de impacto regulatório, também é uma iniciativa produtiva por parte do Poder Público.

4.4.2 Discricionariedade e vinculação nas compras públicas sustentáveis

Como analisado no debate do Decreto 7.746/2012, a grande discussão que se colocou naquele momento circundou a obrigatoriedade de a Administração Pública licitar de modo sustentável. Tendo em vista a nova redação do art. 3º, *caput*, da Lei 8.666/1993, em que o desenvolvimento nacional sustentável foi alçado à condição de princípio da licitação, estaria o Poder Público obrigado a licitar conforme critérios de sustentabilidade? No âmbito doutrinário coexistem visões diametralmente opostas. Alguns doutrinadores extraem desse comando normativo uma verdadeira obrigação da Administração Pública de licitar de modo sustentável, tendo em vista o princípio do desenvolvimento nacional sustentável. Sem desconsiderar a relevância da diretriz do desenvolvimento nacional sustentável e sua implicação operacional na gestão pública, acredito que o gestor público disponha de certa margem de liberdade para adotar, ou não, licitações sustentáveis.

Com a redação final do Decreto 7.746/2012 prevaleceu a solução pela *discricionariedade* nas compras públicas sustentáveis, seja com relação a realizar, ou não, uma licitação considerando critérios sustentáveis, seja quanto ao desenho do edital de licitação sustentável. Em termos práticos, isso significa que o gestor dispõe de margem de liberdade para escolher, ou não, a licitação sustentável. A adoção da licitação sustentável é, então, uma faculdade do gestor, que caso a caso delibera sobre a oportunidade e a conveniência de se adotar critérios sustentáveis para licitar. Não se trata de uma obrigação, portanto. A consideração das compras públicas sustentáveis como uma opção discricionária pode ser depreendida do próprio texto normativo do Decreto 7.746/2012: o *caput* do art. 2º indica que a Administração direta e a autárquica "poderão" adquirir bens e contratar serviços e obras considerando critérios e práticas de sustentabilidade, e não "deverão".

Cabe à Administração Pública analisar, caso a caso, a oportunidade e a conveniência de licitar de modo sustentável.[40] Qualquer que seja a decisão tomada, invariavelmente coloca-se o dever da Administração de motivar considerando o "desenvolvimento nacional sustentável", isto é, expor as razões que a levam a deliberar que a licitação sustentável se mostra a mais adequada ou que critérios de sustentabilidade são inapropriados no caso concreto. A sustentabilidade consiste em um tópico de reflexão que necessariamente deve constar na motivação. Este é o novo formato que a Lei 8.666/1993 confere ao *ônus de motivação*, já previsto no art. 50 da Lei 9.784/1999 (Lei Federal de Processo Administrativo). Doravante a motivação deve necessariamente contemplar a sustentabilidade, qualquer que seja a decisão administrativa, sob pena de o comando do desenvolvimento nacional sustentável ser letra morta na Lei 8.666/1993. Tem-se, assim, satisfatório modo de compatibilizar os princípios da licitação.[41]

Ganham destaque, nesse quadro de discricionariedade nas contratações públicas sustentáveis, as normas de incentivo, voltadas a estimular os gestores públicos a contratar de modo sustentável. Exemplo de atual experiência governamental que dialoga com essas ideias é o *Projeto Esplanada Sustentável*/PES, instituído pela Portaria Interministerial 244/2012, que prevê a possibilidade de se "reconhecer e premiar as melhores práticas de eficiência na utilização dos recursos públicos, nas dimensões de economicidade e socioambientais" (art. 1º, § 2º, VII). Essas normas, assim, superam a lógica normativa *permitido* versus *proibido*, que compele a atuação administrativa pela força sancionatória.

Todavia, não é descabido que as contratações públicas sustentáveis sejam obrigatórias nas situações determinadas em lei formal.

---

40. Nesse sentido, cf. Jessé Torres Pereira Jr., "Desenvolvimento sustentável: a nova cláusula geral das contratações públicas brasileiras", revista *Interesse Público* 67/67, Belo Horizonte, Fórum, maio-junho/2011.

41. Para análise dos princípios da licitação que não se encontram condensados no art. 3º da Lei 8.666/19923, cf. Floriano de Azevedo Marques Neto, "Princípios aplicáveis à fase de julgamento e classificação das licitações", *Fórum de Contratação e Gestão Pública*/FCGP 33/4.311-4.313, Ano 3, Belo Horizonte, Fórum, setembro/2004, *passim* (disponível em http://dspace/xmlui/bitstream/item/7036/PDIexi bepdf.pdf?sequence=1, accsso cm 30.8.2013).

Assim como o Decreto 2.783/1998 proibiu que a Administração Pública adquirisse bens danosos à camada de ozônio, outras previsões legislativas podem adotar semelhante estratégia regulatória, vinculando o Poder Público à realização de licitações sustentáveis em determinadas hipóteses. Aliás, a combinação de diferentes estratégias regulatórias mostra-se positiva para um arcabouço normativo mais sólido no tema das contratações públicas sustentáveis. Nessa linha, vale indicar a importância da fragmentação dos regimes jurídicos nas contratações públicas sustentáveis, considerando, dentre outras possíveis variáveis, tipo de objeto licitado, valor da contratação, especificidade técnica envolvida ou, ainda, nível de competição. Ocorre que a dinâmica de uma compra pública de papel reciclado difere significativamente da licitação de obra sustentável, por exemplo.

4.5 Considerações finais

As compras públicas sustentáveis inserem-se no contexto de transformação das contratações públicas brasileiras, mas também têm um debate próprio. A política de compras públicas sustentáveis origina-se no Governo Federal de modo fragmentado e incremental, com a finalidade de utilizar o poder de compra para promoção da sustentabilidade e, assim, beneficiar as MPEs e incentivar a criação de novos nichos de mercado. Contudo, as políticas públicas existentes ainda se encontram em processo de experimentação.

O principal argumento favorável às compras públicas sustentáveis corresponde à instrumentalidade da licitação, ou seja, à consideração da licitação como um instrumento de atendimento de finalidades públicas. Assim, seria legítima a utilização do poder de compra estatal para promoção da sustentabilidade. Por outro lado, as principais preocupações com relação às compras públicas sustentáveis referem-se ao aumento do custo de transação, à efetividade do controle e à garantia da qualidade da contratação pública. Ainda, substanciais dúvidas jurídicas remanescem, em especial a legitimidade do uso do poder de compra para implementação de políticas públicas e a obrigatoriedade de a Administração Pública licitar de modo sustentável.

Exemplo de uso do poder de contratação pública para promoção de políticas públicas, as compras públicas sustentáveis têm hoje seu lugar no vocabulário do direito administrativo brasileiro e sintetizam uma tendência no cenário de transformação das licitações públicas no Brasil. Compreender adequadamente esta vertente é fundamental para compreender o cenário mais abrangente das contratações públicas hoje no Brasil.

Bibliografia

ADVOCACIA-GERAL DA UNIÃO NO ESTADO DE SÃO PAULO/. *Guia Prático de Licitações Sustentáveis da Consultoria Jurídica da União no Estado de São Paulo*. 3ª ed. São Paulo, AGU, 2013.

CYMBALISTA, Tatiana Matiello, RODRIGUES, Fernanda Esbizaro, e ZAGO, Marina Fontão. "O poder de compra estatal e a margem de preferência para produtos e serviços nacionais introduzida na Lei de Licitações". *Revista de Direito Público da Economia* 35/143-175. Ano 9. Belo Horizonte, Fórum, julho-setembro/2011.

MARQUES NETO, Floriano de Azevedo. "Princípios aplicáveis à fase de julgamento e classificação das licitações". *Fórum de Contratação e Gestão Pública/FCGP* 33/4.311-4.313. Ano 3. Belo Horizonte, Fórum, setembro/2004.

MONTEIRO, Vera. *Licitação na Modalidade de Pregão*. 2ª ed. São Paulo, Malheiros Editores, 2010.

NOVAES, Nelson, e PALMA, Juliana Bonacorsi de (coords.). *Compras Públicas Sustentáveis*. Disponível em *http://participacao.mj.gov.br/pensandoodireito*.

PALMA, Juliana Bonacorsi de, e NOVAES, Nelson (coords.). *Compras Públicas Sustentáveis*. Disponível em *http://participacao.mj.gov.br/pensandoodireito*.

PEREIRA JR., Jessé Torres. "Desenvolvimento sustentável: a nova cláusula geral das contratações públicas brasileiras". *Interesse Público* 67. Belo Horizonte, Fórum, maio-junho/2011.

—————. *Políticas Públicas nas Licitações e Contratações Administrativas*. Belo Horizonte, Fórum, 2012.

RODRIGUES, Fernanda Esbizaro, CYMBALISTA, Tatiana Matiello, e ZAGO, Marina Fontão. "O poder de compra estatal e a margem de preferência para produtos e serviços nacionais introduzida na Lei de Licitações". *Revista de Direito Público da Economia* 35/143-175. Ano 9. Belo Horizonte, Fórum, julho-setembro/2011.

ROSILHO, André. *Licitação no Brasil*. São Paulo, Malheiros Editores, 2013.

SUNDFELD, Carlos Ari. "Como reformar licitações?". In: SUNDFELD, Carlos Ari (org.). *Contratações Públicas e seu Controle*. São Paulo, Malheiros Editores, 2013.

―――――― (org.). *Contratações Públicas e seu Controle*. São Paulo, Malheiros Editores, 2013.

ZAGO, Marina Fontão, CYMBALISTA, Tatiana Matiello, e RODRIGUES, Fernanda Esbizaro. "O poder de compra estatal e a margem de preferência para produtos e serviços nacionais introduzida na Lei de Licitações". *Revista de Direito Público da Economia* 35/143-175. Ano 9. Belo Horizonte, Fórum, julho-setembro/2011.

Capítulo 5
O REGIME DAS LICITAÇÕES PARA OS CONTRATOS DE CONCESSÃO

Maria Sylvia Zanella Di Pietro

5.1 Do regime jurídico único de licitações para a diversidade de regimes jurídicos. 5.2 Das várias modalidades de concessão. 5.3 Das concessões que têm por objeto a prestação de serviço público. 5.4 Da licitação para concessão de serviço público em sua forma tradicional. 5.5 Da licitação para a contratação de parcerias público-privadas/PPPs. 5.6 Licitação para concessão de uso de bem público.

5.1 Do regime jurídico único de licitações para a diversidade de regimes jurídicos

Uma das grandes tendências que se verifica atualmente em matéria de licitações é a de fuga do regime jurídico da Lei 8.666, de 21.6.1993. Durante muito tempo o regime jurídico nela estabelecido, especialmente o procedimento licitatório, era aplicável a praticamente todos os contratos celebrados pela Administração Pública.

Aos poucos foram surgindo regimes jurídicos diversificados, com quebra do regime jurídico único previsto nessa lei. Talvez isso ocorra pelo fato de não ter ela alcançado o objetivo – anunciado à época de sua promulgação – de moralizar as contratações públicas.

É uma lei que apresenta muitas falhas, dentre elas: (a) o excesso de formalismo, com um procedimento excessivamente rígido, que, além de tornar onerosas as contratações, dificilmente garante a escolha da melhor proposta, até pelo fato de prestigiar o critério do julgamento pelo menor preço, em detrimento do critério da melhor técnica; (b) a ausência de previsão de negociação entre a Administração Pública e os licitantes; (c) a previsão de regime idêntico para as pessoas jurídicas de direito público e as de direito privado que integram a Administração indireta – o que constitui um contrassenso, já que não adianta criar entes privados e submetê-los a regime idêntico ao da Administração Pública.

O primeiro passo no sentido de alterar a sistemática veio com a Emenda Constitucional 19/1998, com a alteração dos arts. 21, XXVII, e 173, § 1º, da CF. A interpretação conjunta dos dois dispositivos permite a conclusão de que o legislador constituinte quis permitir que empresas públicas, sociedades de economia mista e outras sociedades sob controle estatal criem procedimento próprio de licitação, com observância dos princípios da licitação. No entanto, o estatuto jurídico das empresas estatais, previsto no art. 173, § 1º, não foi baixado, ficando praticamente sem aplicação as normas constitucionais em sua nova redação.

As deficiências da Lei 8.666/1993 vêm sendo superadas com a promulgação de outras leis que vão criando regimes jurídicos diferenciados para determinados tipos de contratos. Em quase todas elas a Lei 8.666/1993 continua a ser aplicada subsidiariamente. A primeira foi a Lei 8.987, de 13.2.1995, que disciplina as concessões e permissões de serviços públicos, já com algumas inovações quanto ao procedimento licitatório. Seguiram-se outras, como (a) a Lei Geral de Telecomunicações (Lei 9.472, de 16.7.1997), que deu competência à ANATEL para estabelecer o procedimento da licitação, com observância de alguns parâmetros definidos na própria lei; (b) a Lei 10.520, de 17.7.2002, que instituiu o pregão, com procedimento diverso, e serviu de fundamento para a instituição do pregão eletrônico; (c) a Lei 11.079, de 30.12.2004, que instituiu as concessões patrocinada e administrativa, sob a denominação de parcerias público-privadas/PPPs, também com algumas inovações em termos de procedimento, como se verá adiante; (d) a Lei 12.462, de 4.8.2011, que instituiu o Regime Diferenciado de Contratação/RDC, em caráter temporário, exclusivamente para as obras relacionadas com as Copas Mundiais, mas que aos poucos vai se tornando definitivo para determinados contratos de obras e serviços, tais como os integrantes do Programa de Aceleração do Crescimento/PAC (Lei 12.688, de 18.7.2012, art. 28), os prestados no âmbito do ensino público (Lei 12.722, de 20.10.2012) ou do SUS (Lei 12.745, de 19.12.2012), ou no âmbito da Lei de Portos (Lei

12.815, de 5.6.2013). Também não se pode deixar de mencionar que nas esferas estadual e municipal vêm sendo introduzidas algumas inovações, com base na competência de que dispõem Estados e Municípios para estabelecer normas específicas sobre licitações e contratos, já que a competência da União, prevista no art. 21, XXVII, da CF, se limita às normas gerais sobre licitações e contratos.

As principais inovações que vêm sendo introduzidas, com variações de uma lei para outra, são a inversão das fases de habilitação e julgamento, a possibilidade de saneamento de falhas na apresentação da documentação e das propostas, a previsão de negociação entre a Administração Pública e os licitantes, a previsão de modos amigáveis de solução de conflitos, a preferência pela licitação eletrônica – dentre outras.

Para os fins deste artigo interessam as inovações introduzidas no procedimento de licitação prévio aos contratos de concessão.

5.2 Das várias modalidades de concessão

Não existe um regime jurídico uniforme para as licitações realizadas com vistas à celebração de contratos de concessão, até porque existem várias modalidades de concessão, disciplinadas por diferentes leis.

O vocábulo "concessão" no direito administrativo é utilizado em diferentes sentidos, uma vez que pode ter diversos objetos, como a delegação da execução de serviço público ao particular (concessão de serviço público e concessão patrocinada), a delegação da execução de obra pública (concessão de obra pública), a utilização de bem público por particular, com ou sem exploração comercial (concessão de uso, concessão de direito real de uso, concessão de uso para fins de moradia, concessão para exploração de minas e jazidas, concessão florestal), a prestação de serviços à Administração, acompanhada ou não da execução de obra ou fornecimento e instalação de bens (concessão administrativa).

Daí a existência de diferentes modalidades de concessão:

(a) *Concessão de serviço público*, em sua forma comum, disciplinada pela Lei 8.987, de 13.2.1995, e em leis esparsas, que disciplinam os serviços de telecomunicações, energia elétrica, portos etc.; nessa modalidade a remuneração básica decorre de tarifa paga pelo usuário ou outra forma de remuneração decorrente da própria exploração do serviço; são as fontes de receitas alternativas, acessórias, complementares ou decorrentes de projetos associados.

(b) *Concessão patrocinada*, como uma das modalidades de parceria público-privada/PPP, também instituída pela Lei 11.079/2004; nessa modalidade, muito semelhante à concessão comum, pela identidade de objeto do contrato, conjugam-se a tarifa paga pelos usuários e a contraprestação pecuniária do concedente (parceiro público) ao concessionário (parceiro privado).

(c) *Concessão administrativa*, também como modalidade de PPP, instituída pela Lei 11.079/2004; ela tanto pode ter por objeto a prestação de serviço ao parceiro público como a prestação de serviço público a terceiros; neste caso a remuneração básica é constituída por contraprestação feita pelo parceiro público ao parceiro privado.

(d) *Concessão de obra pública*, disciplinada pela mesma Lei 8.987/1995 e também pela Lei 11.079, de 30.12.2004, sob a forma de concessão patrocinada; a forma de remuneração é a mesma referida nos itens anteriores, dependendo de a obra pública estar vinculada a um contrato de concessão comum, concessão patrocinada ou concessão administrativa.

(e) *Concessão de uso de bem público*, com ou sem exploração do bem, disciplinada por legislação esparsa.

5.3 Das concessões que têm por objeto a prestação de serviço público

Dentre as várias modalidades de contratos de concessão referidas no item anterior, as que têm por objeto, necessariamente, a prestação de serviço público são a *concessão de serviço público comum* e a *concessão patrocinada*. Isto é da própria natureza de tais contratos, e é o que consta de sua lei de regência. Com relação à concessão de serviço público, o conceito consta do art. 2º, II, da Lei 8.987/1995; no que se refere à concessão patrocinada, o conceito consta do art. 2º, § 1º, da Lei 11.079/2004.

A concessão de obra pública (referida na Lei de Concessões como "concessão de serviço público precedida da execução de obra pública") nem sempre tem por objeto a prestação de serviço público;

ela tem por objeto necessariamente a execução de obra pública, conjugada ou com a prestação de serviço público ou com a simples exploração comercial da obra executada, para permitir que a empresa concessionária recupere os investimentos, mantenha a obra e obtenha lucro (como ocorre, por exemplo, na concessão de rodovias e na concessão para exploração de minas e jazidas).

A concessão administrativa tanto pode ter por objeto a prestação de um serviço de que a Administração Pública seja a usuária (à semelhança da empreitada) como pode ter por objeto a prestação de um serviço público.

A concessão de uso de bem público não tem por objeto a prestação de serviço público, mas sim a utilização de bem público por terceiros. Eventualmente pode constituir-se em elemento acessório de um contrato de concessão de serviço público, quando a celebração deste último depende da concessão de uso de um bem pertencente a outro ente da Federação.

A todas as concessões que têm por objeto a prestação de serviço público aplica-se o art. 175 da CF, pelo qual "incumbe ao Poder Público, na forma da lei, diretamente ou sob regime de concessão ou permissão, sempre através de licitação, a prestação de serviços públicos". O parágrafo único prevê lei que disponha sobre: "I – o regime das empresas concessionárias e permissionárias de serviços públicos, o caráter especial de seu contrato e de sua prorrogação, bem como as condições de caráter especial de seu contrato e de sua prorrogação, bem como as condições de caducidade, fiscalização e rescisão da concessão ou permissão; II – os direitos dos usuários; III – política tarifária; IV – a obrigação de manter serviço adequado".

A lei referida no parágrafo único do dispositivo era, inicialmente, a própria Lei 8.666/1993, cujo art. 124 determina que se aplicam "às licitações e aos contratos para permissão ou concessão de serviços públicos os dispositivos desta Lei que não conflitem com a legislação específica sobre o assunto". Apenas com referência às concessões de linhas aéreas o art. 122 manda que se observe o procedimento licitatório específico, a ser estabelecido no Código Brasileiro de Aeronáutica.

Posteriormente, a Lei 8.987, de 13.2.1995, e a Lei 9.074, de 7.7.1995, vieram disciplinar a concessão de serviços públicos, que hoje costuma ser chamada de *comum* ou *tradicional*, para distingui-la das duas modalidades de PPP. A mesma lei aplica-se subsidiariamente à concessão patrocinada (conforme o art. 3º, §§ 1º e 5º, da Lei 11.079/2004) e à concessão administrativa (conforme o art. 3º, *caput*, da mesma lei). Esta última lei instituiu a parceria público-privada/ PPP, nas modalidades de concessão patrocinada e concessão administrativa, estabelecendo o regime jurídico a que elas se submetem, porém com aplicação subsidiária da Lei 8.987/1995. Também se aplica subsidiariamente, em tudo o que não contrariar suas leis de regência, a Lei 8.666/1993, por força do que estabelece seu art. 124.

Não é demais repetir que algumas concessões são disciplinadas por legislação específica, como a pertinente aos serviços de telecomunicações, energia elétrica, portos, navegação aérea – dentre outros.

Também é importante ressaltar que, pelo art. 22, XXVII, da CF, é da União a competência para estabelecer *normas gerais* sobre licitações e contratações, em todas as modalidades, para a Administração Pública de todas as esferas de governo. Tendo a concessão, em suas várias modalidades, a natureza jurídica de contrato, a competência para legislar sobre a matéria, inclusive sobre a licitação, reparte-se entre União (que estabelece as normas gerais), os Estados, o Distrito Federal e os Municípios (que têm competência para suplementar a legislação federal, respeitando suas *normas gerais*).

5.4 Da licitação para concessão de serviço público em sua forma tradicional

Como visto, o art. 175 da CF deixa expresso que a prestação de serviço público pode ser feita diretamente pelo Poder Público ou mediante concessão ou permissão, *na forma da lei*; neste último caso, o dispositivo exige que a outorga seja feita "sempre através de licitação".

Embora a expressão "sempre através de licitação" permita a conclusão de que não são admitidas hipóteses de contratação direta, venho entendendo ser a mesma possível em situações de inexigibilidade de licitação. Não se pode ir ao ponto de entender que, pela regra de aplicação subsidiária da Lei 8.666/1993, todas as hipóteses de dispensa de licitação previstas no art. 24 são cabíveis. Tal entendimento é inaceitável, tendo em vista que o contrato de concessão de serviço público é de natureza extremamente complexa, envolvendo grande volume de recursos e bens públicos, e com duração longa, para permitir ao concessionário a recuperação dos investimentos; desse modo, *não se justifica a contratação direta a não ser em casos absolutamente excepcionais de inexigibilidade de licitação*, mesmo porque muitas das hipóteses do art. 24 da Lei 8.666 são incompatíveis com a concessão e a permissão de serviço público. Mesmo nos casos de inexigibilidade é preferível utilizar o instituto da permissão de serviço público, por sua natureza precária, que permite garantir a prestação de serviço essencial enquanto se realiza a licitação para o contrato de concessão.

Por isso mesmo, andou bem o legislador paulista quando, na Lei 7.835, de 8.5.1992, que dispõe sobre o regime de concessão de obras públicas e de concessão e permissão de serviços públicos, relacionou apenas três hipóteses de dispensa, no art. 4º, I, II e III: "I – nos casos de guerra, grave perturbação da ordem ou calamidade pública; II – nos casos de emergência, quando caracterizada a urgência de atendimento de situação que possa ocasionar prejuízo ou comprometer a segurança de pessoas, obras, serviços, equipamentos e outros bens, públicos ou particulares; III – quando não acudirem interessados à licitação anterior e esta não puder ser repetida sem prejuízo para a Administração, mantidas neste caso as condições preestabelecidas". No entanto, nas duas primeiras hipóteses a lei paulista determina que "a delegação deverá ser feita por meio de permissão de serviço público" (art. 4º, § 2º). Essa norma também é plenamente justificável, tendo em vista que a permissão é de natureza precária, devendo ser adotada pelo tempo mínimo necessário para que os óbices à licitação fiquem superados.

A modalidade de licitação cabível para a concessão de serviço público é, em regra, a *concorrência*, consoante decorre de norma expressa constante do art. 2º, II e III, da Lei 8.987/1995, que definem a concessão de serviço público e a concessão de serviço público precedida da execução de obra pública.

Em determinadas hipóteses é cabível o *leilão*, podendo ser mencionadas, dentre outras: (a) a prevista no art. 27 da Lei 9.074/1995, para os casos em que os serviços públicos são prestados por pessoas jurídicas sob controle direto ou indireto da União e se pretenda efetuar a privatização simultaneamente com a outorga de nova concessão ou com a prorrogação das concessões existentes; ressalvou-se apenas o serviço de telecomunicações, em que não pode ser utilizado o leilão; (b) quando o concessionário de serviço público de competência da União for empresa sob controle direto ou indireto dos Estados, do Distrito Federal ou dos Municípios, desde que as partes acordem quanto às regras estabelecidas (conforme o art. 30 da mesma lei); (c) nas licitações relativas à outorga de nova concessão com a finalidade de promover a transferência de serviço público prestado por pessoas jurídicas sob controle direto ou indireto da União incluídas no Programa Nacional de Desestatização; (d) nas licitações para exploração de potenciais hidráulicos, em que podem ser utilizados a concorrência ou o leilão, nos termos do art. 24 da Lei 9.427, de 16.7.1997; (e) nas delegações de serviços públicos efetuadas dentro do Programa Nacional de Desestatização/PND, conforme o art. 4º, § 3º, da Lei 9.491, de 9.9.1997.

Quanto à concessão do serviço de telecomunicações, o art. 89 da Lei 9.472/1997 outorga à Agência Nacional de Telecomunicações/ANATEL a competência para disciplinar o procedimento da licitação, com observância dos princípios constitucionais, das disposições da mesma lei e das diretrizes estabelecidas no mesmo dispositivo.

Para os fins deste trabalho interessa especificamente a análise da Lei 8.987/1995 na parte relativa à licitação.

Essa lei, que dispõe sobre concessões e permissões de serviço público e de obra pública, não estabelece propriamente um *procedimento* a ser observado na licitação – o que significa que se aplicam, subsidiariamente, as normas da Lei 8.666/1993. É o que decorre do já citado art. 124 dessa lei e também do art. 14 da própria Lei 8.987, em cujos termos "toda concessão de serviço público, precedida ou não da execução de obra pública, será objeto de prévia licitação, nos termos da legislação própria e com observância dos princípios da legalidade, moralidade, publicidade, igualdade, do julgamento por critérios objetivos e da vinculação ao instrumento convocatório".

Em consonância com tais dispositivos, aplicam-se ao procedimento da licitação as normas da Lei 8.666/1993 em tudo o que não contrariarem dispositivos expressos da Lei de Concessões. Vale dizer que o procedimento abrange, além da fase interna, que precede a abertura da licitação, a fase externa, com a mesma sequência prevista na Lei 8.666: edital, habilitação, julgamento, homologação e adjudicação.

No entanto, para as concessões está prevista a possibilidade de inversão das fases de habilitação e julgamento, como se verá.

Pela aplicação subsidiária da Lei de Licitações, deve ser dado cumprimento ao seu art. 38, parágrafo único, pelo qual as minutas de editais de licitação bem como as dos contratos, acordos, convênios ou ajustes devem ser previamente examinadas e aprovadas por assessoria jurídica da Administração.

Com relação ao *edital*, o art. 18 da lei determina que "será elaborado pelo poder concedente, observados, no que couber, os critérios e as normas gerais da legislação própria sobre licitações e contratos" (a saber: as normas gerais da Lei 8.666/1993). A seguir o dispositivo indica algumas exigências específicas, referentes ao objeto, prazos, documentação, critérios para julgamento técnico etc. Merecem especial menção alguns itens específicos que devem constar do edital da licitação para concessão de serviços públicos:

(a) A indicação das possíveis fontes de receitas alternativas, complementares ou acessórias, bem como as provenientes de projetos associados (inciso VI); a exigência justifica-se porque a Lei de Concessões prevê como forma de remuneração da empresa concessionária, além da tarifa, essas outras fontes de receitas, com vistas a favorecer a modicidade das tarifas; é uma previsão facultativa, que, se feita, deve constar expressamente do edital e ser levada em consideração para a aferição do inicial equilíbrio econômico-financeiro do contrato (nos termos do art. 11, *caput* e parágrafo único).

(b) A indicação dos bens reversíveis, bem como suas características e condições em que serão postos à disposição, nos casos em que houver sido extinta a concessão anterior (incisos X e XI); a reversão constitui instituto inerente às concessões de serviços públicos, essencial para garantir a continuidade do serviço ao término da concessão, estando prevista no art. 36 da Lei 8.987/1995; ela se caracteriza pela incorporação ao patrimônio do poder concedente dos bens da concessionária vinculados à prestação do serviço público concedido, e se faz "mediante indenização das parcelas dos investimentos vinculados a bens reversíveis, ainda não amortizados ou depreciados, que tenham sido realizados com o objetivo de garantir a continuidade e atualidade do serviço concedido"; daí a necessidade de previsão dos bens reversíveis no edital da licitação.

(c) A expressa indicação do responsável pelo ônus das desapropriações necessárias à execução do serviço ou da obra pública, ou para a instituição de servidão administrativa (inciso XII); esta exigência decorre dos encargos que a lei atribui à concessionária no art. 31, VI, para promover as desapropriações e constituir servidões autorizadas pelo poder concedente, conforme previsto no edital e no contrato; a execução de serviços públicos e de obras públicas exige, com muita frequência, a desapropriação ou a instituição de servidões sobre bens de terceiros; nessas situações, se o poder concedente tem a intenção de atribuir ao concessionário o ônus de promover as medidas administrativas ou judiciais necessárias para tornar efetiva a desapropriação ou servidão, terá que fazer essa previsão no edital e no contrato.

(d) Nos casos de concessão de serviços públicos precedida da execução de obra pública, os dados relativos à obra, dentre os quais os elementos do projeto básico que permitam sua plena caracterização, bem assim as garantias exigidas para essa parte específica do contrato, adequadas a cada caso e limitadas ao valor da obra (inciso XV).

A última exigência merece dois comentários complementares: na Lei 8.666/1993, o art. 9º, I, proíbe a participação, direta ou indireta, na licitação ou na execução de obra ou serviço e no fornecimento de bens a eles necessários do autor do projeto básico ou executivo, pessoa física ou jurídica; no caso das licitações para concessão e permissão de serviços públicos ou uso de bem público o art. 31 da Lei 9.074/1995 permite que os autores ou responsáveis economicamente pelos projetos básico ou executivo participem, direta ou indiretamente, da licitação ou da execução de obras ou serviços.

Outra observação diz respeito às garantias de execução do contrato de concessão. O art. 23, V, da Lei 8.987/1995 exige entre as cláusulas essenciais do contrato as relativas "aos direitos, garantias e obrigações do poder concedente e da concessionária", porém não especifica as modalidades de garantia exigíveis. Além disso, o art. 18, ao indicar as exigências que devem constar do edital de licitação, só faz referência às garantias com relação às concessões de serviços públicos precedidas da execução de obras públicas. Em consequência, tem que ser aplicado subsidiariamente o art. 56 da Lei 8.666/1993 quer quanto às modalidades cabíveis, quer quanto aos limites. Apenas no caso de concessão de serviço público precedida de obra pública é que a lei faz a exigência contida no art. 18, XV. Além disso, no art. 23, parágrafo único, prevê a obrigatoriedade de ser exigida *adicionalmente* uma garantia específica para as obras a serem construídas pelo concessionário. E previu essa exigência não como uma faculdade da Administração, mas como uma imposição para todos os contratos de concessão precedidos da execução de obra pública.

É importante observar também que, embora o art. 18, ao indicar os itens que devem constar do edital, apenas mencione as garantias exigíveis para a concessão de serviço público precedida de obra pública, não há dúvida de que, em qualquer modalidade de concessão, se a Administração Pública quiser exigir garantia para a celebração do contrato, deve fazer constar essa exigência no edital, já que este é que constitui a lei da licitação e do contrato e vincula ambas as partes.

Um item que poderá, facultativamente, constar do edital é o previsto no art. 18-A, acrescentado pela Lei 11.196/2005, e que se refere à "inversão da ordem das fases de habilitação e julgamento, hipótese em que: I – encerrada a fase de classificação das propostas ou o oferecimento de lances, será aberto o invólucro com os documentos de habilitação do licitante mais bem classificado, para verificação do atendimento das condições fixadas no edital; II – verificado o atendimento das exigências do edital, o licitante será declarado vencedor; III – inabilitado o licitante melhor classificado, serão analisados os documentos habilitatórios do licitante com a proposta classificada em segundo lugar, e assim sucessivamente, até que um licitante classificado atenda às condições fixadas no edital; IV – proclamado o resultado final do certame, o objeto será adjudicado ao vencedor nas condições técnicas e econômicas por ele ofertadas".

A inversão das fases de habilitação e julgamento, que não constava da redação original, acompanha a tendência que vem crescendo desde a Lei do Pregão (Lei 10.520, de 27.7.2002), que previu a mesma inversão (só que em caráter obrigatório); a inversão foi prevista também na Lei das Parcerias Público-Privadas/PPPs (Lei 11.079, de 30.12.2004) e na Lei do Regime Diferenciado de Contratação/RDC (Lei 12.462, de 4.8.2011), sem falar nas leis esparsas e na legislação estadual e municipal sobre licitações, que também preveem essa inversão.

Não há dúvida de que a inversão das fases de habilitação e julgamento traz grandes benefícios em termos de eficiência do procedimento licitatório, porque este resulta consideravelmente facilitado. Pelo procedimento da Lei 8.666/1993 a fase de habilitação precede o julgamento e se destina a verificar a qualificação de todos os licitantes interessados na celebração do contrato; o que ocorre é que nessa fase acaba se instaurando verdadeira competição, inoportuna e inconveniente. Além de acarretar pesado ônus para a Comissão de Licitação, leva a disputas que frequentemente são levadas para o Judiciário, com significativos e prejudiciais atrasos no procedimento. Com a inversão das fases a competição ficará confinada à fase de julgamento e a Administração examinará os documentos apenas do licitante que apresentou a melhor proposta.

É evidente também que essa inversão de fases exige maior cuidado pelos órgãos de controle, tendo em vista que nas hipóteses em que a proposta vencedora, na fase de julgamento, for muito atraente em relação às demais a Administração Pública, no anseio de celebrar o contrato, pode agir com desvio de poder se passar por cima de exigências relativas à fase de habilitação.

Quanto à fase de *habilitação*, a Lei de Concessões não indica o rol dos documentos exigíveis. Mas no art. 18, V, prevê a inclusão no edital dos "critérios e a relação dos documentos exigidos para a aferição da capacidade técnica, da idoneidade financeira e da regularidade jurídica e fiscal"; na omissão da lei quanto ao rol de documentos pertinentes a cada um desses itens têm que ser aplicadas subsidiariamente as normas da Lei 8.666/1993. Note-se que o art. 18, V, da Lei 8.987/1995 não contempla nem a regularidade trabalhista nem o cumprimento do disposto no inciso XXXIII do art. 7º da CF, previstos no art. 27 da Lei 8.666; desse modo, não devem ser exigidos nos editais de licitação pertinentes à concessão de serviços públicos, já que o legislador optou por disciplinar de forma diferente a matéria. Se quisesse exigir todos os itens do art. 27 da Lei 8.666, bastaria ter silenciado.

Quanto ao *julgamento*, a Lei 8.987/1995 trouxe algumas inovações em relação à Lei 8.666/1993.

Em primeiro lugar, criou duas hipóteses de *desclassificação das propostas*, que constituem aplicação do princípio da isonomia: (a) o art. 17 determina que se considerará "desclassificada a proposta que, para sua viabilização, necessite de vantagens ou subsídios que não estejam previamente autorizados em lei e à disposição de todos os concorrentes"; por outras palavras, são admitidos apenas os subsídios que sejam previamente autorizados em lei e previstos, em igualdade de condições, para todos os concorrentes; caso contrário as propostas que dependam dos mesmos serão desclassificadas; (b) o § 1º do art. 17 considera também desclassificada "a proposta de entidade estatal alheia à esfera político-administrativa do poder concedente que, para sua viabilização, necessite de vantagens ou subsídios do Poder Público controlador da referida entidade".

Para que não haja dúvida, o § 2º do art. 17 considera como vantagens ou subsídios, para fins de desclassificação de propostas, "qualquer tipo de tratamento tributário diferenciado, ainda que em consequência da natureza jurídica do licitante, que comprometa a isonomia fiscal que deve prevalecer entre todos os concorrentes".

Outra inovação da Lei de Concessões diz respeito aos critérios de julgamento. O art. 15 na redação original previa três critérios possíveis: o menor valor da tarifa do serviço público a ser prestado; a maior oferta nos casos de pagamento ao poder concedente pela outorga da concessão; e a combinação dos critérios referidos nos incisos I e II desse artigo. Com a alteração do dispositivo introduzida pela Lei 9.648, de 27.5.1998 (em que se converteu a Medida Provisória 1.531, de 2.2.1996), foram mantidos os dois primeiros critérios; o terceiro foi alterado para prever "a combinação, dois a dois, dos critérios referidos nos incisos I, II e VII"; ou seja: o que se permite é a combinação de apenas dois critérios entre o de menor valor da tarifa, o da maior oferta e o da maior oferta após qualificação de propostas técnicas. Além disso, foram acrescentados mais quatro critérios: melhor proposta técnica, com preço fixado no edital (inciso IV); melhor proposta em razão da combinação de proposta técnica e de oferta de pagamento pela outorga (inciso V); melhor proposta em razão da combinação dos critérios de maior oferta pela outorga da concessão com o de melhor técnica (inciso VI); e melhor oferta de pagamento pela outorga após qualificação de propostas técnicas (inciso VII).

Pelo § 1º do art. 15, "a aplicação do critério previsto no inciso III só será admitida quando previamente estabelecida no edital de licitação, inclusive com regras e fórmulas precisas para avaliação econômico--financeira". O dispositivo pode dar a errônea impressão de que a exigência de previsão no edital só é possível quando escolhido o critério de julgamento previsto no inciso III. Na realidade, os editais devem sempre mencionar o "critério de julgamento, com disposições claras e parâmetros objetivos", seja por aplicação subsidiária do art. 40, VII, da Lei 8.666/1993, seja para impedir o arbítrio da Comissão de Licitação no momento do julgamento. Seria inteiramente inconcebível a publicação de edital sem definição do critério a ser adotado no julgamento.

O § 2º do art. 15, com a redação dada pela Lei 9.648/1998, determina que, "para fins de aplicação do disposto nos incisos IV, V, VI e VII, o edital de licitação conterá parâmetros e exigências para formulação de propostas técnicas". O dispositivo seria dispensável, até porque o art. 18, ao indicar as exigências a serem observadas no edital, já inclui, no inciso IX, "os critérios, indicadores, fórmulas e parâmetros a serem utilizados no julgamento técnico e econômico-financeiro da proposta"; no entanto, o legislador optou por deixar claro que, em qualquer das situações em que seja prevista proposta de melhor técnica, o edital deve definir os requisitos a serem observados para formulação de propostas técnicas, evitando, com isso, o subjetivismo na fase de julgamento.

O § 3º do art. 15 contém norma que constitui aplicação do princípio da razoabilidade, quando determina que "o poder concedente recusará propostas manifestamente inexequíveis ou financeiramente incompatíveis com os objetivos da licitação". Para ser coerente com essa norma, o legislador deveria ter incluído no art. 18, entre as exigências a serem inseridas no edital, a indicação dos critérios de aceitabilidade das propostas. Essa omissão do legislador deve ser suprida pela Administração Pública ao elaborar o edital de licitação.

Nos termos do § 4º do art. 15, "em igualdade de condições, será dada preferência à proposta apresentada por empresa brasileira". Essa preferência por empresa brasileira, em situação de igualdade entre propostas, não constitui inovação da Lei de Concessões, porque já prevista no art. 3º, § 2º, da Lei 8.666/1993. Não existe qualquer inconstitucionalidade, tendo em vista que essa preferência se coaduna com a norma do art. 3º, II, da CF (que coloca entre os objetivos fundamentais da República Federativa do Brasil o de "garantir o desenvolvimento nacional") e com a do art. 219, que prevê o incentivo ao mercado interno definido como patrimônio nacional. Nem há que se invocar a Emenda Constitucional 6/1995, que revogou o art. 171 da

CF. Esse dispositivo dava o conceito de empresa brasileira e previa hipóteses em que a lei podia garantir preferência à empresa brasileira de capital nacional. A revogação do dispositivo não teve o condão de impedir a preferência a empresas brasileiras; a Emenda apenas excluiu um dispositivo, mas não introduziu qualquer proibição de outorga de preferência. Simplesmente não existe qualquer dispositivo na Constituição que vede a garantia de preferência a empresas brasileiras.

A Lei de Concessões prevê expressamente, no art. 19, a possibilidade de participação na licitação de empresas em consórcio, com pequenas alterações em relação à norma do art. 33 da Lei 8.666/1993. O dispositivo exige a observância das seguintes normas: "I – comprovação de compromisso, público ou particular, de constituição de consórcio, subscrito pelas consorciadas; II – indicação da empresa responsável pelo consórcio"; nos termos do § 2º do art. 19, a empresa líder do consórcio é a responsável, perante o poder concedente, pelo cumprimento do contrato de concessão, sem prejuízo da responsabilidade solidária das demais consorciadas; vale dizer que se mantém a regra da responsabilidade solidária prevista no art. 33, V, da Lei 8.666; "III – apresentação dos documentos exigidos nos incisos V e XIII do *artigo anterior*, (...)"; note-se que o artigo anterior, com a redação dada pela Lei 11.196/2005, passou a ser o art. 18-A, que cuida da inversão das fases de habilitação e julgamento, não tendo incisos V e XIII; portanto, o *artigo anterior* é o art. 18, que, nos incisos V e XIII, exige a inclusão no edital, respectivamente, dos "critérios e a relação dos documentos exigidos para a aferição da capacidade técnica, da idoneidade financeira e da regularidade jurídica e fiscal" e "as condições de liderança da empresa responsável, na hipótese em que for permitida a participação de empresas em consórcio"; "IV – impedimento de participação de empresas consorciadas na mesma licitação, por intermédio de mais de um consórcio ou isoladamente".

Não se repete na Lei de Concessões a norma que consta do art. 33, § 1º, da Lei 8.666/1993 pela qual no consórcio de empresas brasileiras e estrangeiras a liderança caberá, obrigatoriamente, à empresa brasileira. Admite-se, portanto, a liderança por empresa estrangeira.

Uma inovação da Lei de Concessões quanto aos consórcios é a contida no art. 20, que faculta "ao poder concedente, desde que previsto no edital, no interesse do serviço a ser concedido, determinar que o licitante vencedor se constitua em empresa antes da celebração do contrato".

Tivemos oportunidade de comentar esse dispositivo em outra obra,[1] na qual ressaltamos que a justificativa para a norma do art. 20 é muito clara: como a concessionária vai gerir serviço público ou executar obra pública, administrando paralelamente patrimônio público, e como a empresa faz jus ao equilíbrio econômico-financeiro, podendo, para fazer valer esse direito, exigir sua recomposição pela alteração das cláusulas financeiras, é evidente que não há conveniência em misturar recursos públicos e privados, destinados uns e outros a finalidades diversas. O próprio controle da entidade fica muito mais difícil – se não impossível – se a mesma empresa desempenha um serviço público e, ao mesmo tempo, um serviço privado. A situação torna-se mais complexa quando se trata de consórcio de empresas.

Na mesma obra reforçamos nosso entendimento invocando a lição de outros autores. Segundo Arnoldo Wald, Luíza Rangel de Moraes e Alexandre de M. Wald, "justifica-se a previsão pelo fato de que a organização societária oferece como vantagem a estabilidade maior nas relações internas entre as diversas consorciadas, que passarão a ser sócias, e, igualmente, entre o poder concedente e a sociedade (que consolida os direitos, interesses e obrigações de todos os consorciados), tornando, ainda, desnecessário o recurso da previsão de solidariedade para a responsabilização civil pelas faltas cometidas na prestação do serviço, cuja reparação será havida diretamente da empresa concessionária".[2]

Por sua vez, Antônio Carlos Cintra do Amaral afirma, com razão, que "a finalidade da norma é, obviamente, a de permitir que a Administração opte pela contratação com uma pessoa jurídica que tenha por objeto social específico a prestação do serviço concedido (...)".[3] Segundo o autor (em entendimento que endossamos, pela justificativa assinalada, aplicável a qualquer situação), a mesma exigência pode ser colocada no edital quando a empresa participe isoladamente. Para ele, "a interpretação finalística ou teleológica conduz ao entendimento

---

1. Maria Sylvia Zanella Di Pietro, *Parcerias na Administração Pública. Concessão, Permissão, Franquia, Terceirização, Parceria Público-Privada e Outras Formas*, 9ª ed., São Paulo, Atlas, 2012, pp. 123-124.
2. Arnoldo Wald, Luíza Rangel de Moraes e Alexandre de M. Wald, *O Direito de Parceria e a Nova Lei de Concessões*, São Paulo, Ed. RT, 1996, p. 136.
3. Antônio Carlos Cintra do Amaral, *Concessão de Serviço Público*, 2ª ed., São Paulo, Malheiros Editores, 2002, p. 55.

de que o objetivo é autorizar a outorga da concessão a uma pessoa jurídica que tenha o objeto específico de prestar o serviço concedido. Assim sendo, a norma deve ser entendida com maior amplitude, abrangendo não apenas a hipótese de participação em consórcio como também a de participação isolada". Acrescenta o autor: "Penso que se pode exigir da empresa vencedora que constitua uma sociedade de propósito específico mediante *cisão* ou criação de uma *subsidiária integral*".[4]

Note-se que essa solução foi adotada com relação às PPPs, conforme o art. 9º da Lei 11.079/2004, conforme se verá.

Também concordamos com Luiz Alberto Blanchet quando afirma que "a expressão inicial do texto, 'é facultado ao poder concedente', pode levar à falsa conclusão de que o administrador tem plena liberdade para escolher entre a previsão ou não, no edital, da exigência no sentido de que os compromissários constituam empresa única. A *finalidade* da norma – 'no interesse do serviço a ser concedido' –, claramente inscrita no próprio texto do artigo, prevalece soberanamente sobre o texto em sua acepção simplesmente literal. Inexiste, portanto, margem de discricionariedade para a decisão do agente responsável pela elaboração do edital. Sempre que 'no interesse do serviço a ser concedido' for necessário ou conveniente que os compromissários constituam empresa única, não é facultada, mas obrigatória, a previsão da exigência no edital. Pelo mesmo motivo, quando for desnecessária ou inconveniente a constituição de nova empresa, desaparecerá a *faculdade*. Afinal, nem teria qualquer sentido admitir-se que quando fosse do interesse do serviço a ser concedido, e portanto do *interesse público*, impor a necessidade da formação de empresa constituída pelos compromissários, o poder concedente ainda pudesse optar por alternativa contrária ao interesse público".[5]

5.5 Da licitação para a contratação de parcerias público-privadas/PPPs

Como visto, as PPPs estão disciplinadas pela Lei 11.079, de 30.12.2004. Abrangem duas modalidades: (a) a *concessão patrocinada*,

---

4. Idem, ibidem.
5. Luiz Alberto Blanchet, *Concessão e Permissão de Serviços Públicos*, Curitiba, Juruá, 1995, pp. 99-100.

definida no art. 2º § 2º, como "a concessão de serviços públicos ou de obras públicas de que trata a Lei n. 8.987, de 13 de fevereiro de 1995, quando envolver, adicionalmente à tarifa cobrada dos usuários, contraprestação pecuniária do parceiro público ao parceiro privado"; e (b) a *concessão administrativa*, definida no art. 2º, § 3º, como "o contrato de prestação de serviços de que a Administração Pública seja a usuária direta ou indireta, ainda que envolva execução de obra ou fornecimento e instalação de bens".

Em ambas as modalidades aplicam-se subsidiariamente as normas da Lei de Concessões (Lei 8.987/1995 e Lei 9.074/1995), nos termos previstos no art. 3º da Lei 11.079/2004.

As duas modalidades apresentam alguns pontos comuns, como a contraprestação do parceiro público ao parceiro privado, o compartilhamento de ganhos econômicos, o financiamento por terceiros, as garantias do parceiro público ao parceiro privado e deste para aquele, além das contragarantias do parceiro público ao financiador, a obrigatoriedade de constituição de sociedade de propósitos específicos, a delimitação do prazo contratual, as normas sobre licitações, a observância da Lei de Responsabilidade Fiscal, a imposição de limite de despesa com esse tipo de contrato.

Interessam a este trabalho as normas sobre licitações, tratadas no Capítulo V da Lei 11.079/2004. Seu art. 10 prevê a obrigatoriedade de licitação para a contratação de PPP, na modalidade de *concorrência*, condicionando a abertura do procedimento à observância de determinadas formalidades, que abrangem, em resumo: (a) autorização pela autoridade competente, devidamente motivada, com a demonstração da conveniência e oportunidade da contratação; (b) demonstração de cumprimento da Lei de Responsabilidade Fiscal – Lei Complementar 101, de 4.5.2000; (c) submissão da minuta do edital e do contrato a consulta pública; e (d) licença ambiental prévia ou diretrizes para o licenciamento ambiental do empreendimento, na forma do regulamento, sempre que o objeto do contrato exigir.

Quanto à autoridade competente para a autorização de abertura da licitação e à motivação, a Lei 11.079/2004 disciplina o assunto nos arts. 14 e 15, dos quais se deduz que as minutas de edital serão elaboradas pelo Ministério ou Agência Reguladora em cuja área de competência se insira o objeto do contrato. A autorização para a contratação será dada pelo órgão gestor, instituído na União pelo Decreto 5.385, de 4.3.2005, alterado pelo Decreto 6.037, de 7.2.2007, com o nome de Comitê Gestor de Parceria Público Privada/CGP; essa autorização será precedida de estudo técnico sobre a conveniência e a oportunidade da contratação e o cumprimento de disposições da Lei de Responsabilidade Fiscal; sobre esse estudo técnico haverá manifestação fundamentada do Ministério do Planejamento, Orçamento e Gestão, quanto ao mérito do projeto, e do Ministério da Fazenda, quanto à viabilidade da concessão de garantia e à sua forma, relativamente aos riscos para o Tesouro Nacional e ao cumprimento do limite de que trata o art. 22.

Segundo esse dispositivo, a União somente poderá contratar PPP quando a soma das despesas de caráter continuado derivadas do conjunto das parcerias já contratadas não tiver excedido, no ano anterior, a 1% da receita corrente líquida do exercício e as despesas anuais dos contratos vigentes, nos 10 anos subsequentes, não excedam a 1% da receita corrente líquida projetada para os respectivos exercícios.

Estando esse dispositivo inserido no capítulo das disposições aplicáveis à União, os demais entes da Federação terão que definir em lei os respectivos limites – cientes, no entanto, de que, se os limites forem superiores ao estabelecido no art. 28, não poderão obter garantias nem receber transferências voluntárias da União. Foi uma forma indireta – e, portanto, inconstitucional – de a lei federal instituir limite em matéria que seria de competência de cada ente da Federação.

Quando a lei exige manifestação quanto ao mérito, tem-se que entender que aí se incluem vários aspectos, como o da razoabilidade e proporcionalidade, que exigem adequação entre meios e fins, exame da relação de custo-benefício, utilidade para o interesse público, economicidade – entre outros.

No que diz respeito ao aspecto jurídico, aplica-se subsidiariamente a Lei 8.666/1993, que exige exame e aprovação pela assessoria jurídica da Administração sobre as minutas dos editais e dos contratos (art. 38, parágrafo único).

No âmbito do Distrito Federal, dos Estados e dos Municípios, cabe a cada qual disciplinar, por lei, a matéria referente à competência, já que os referidos dispositivos da lei federal são de aplicação restrita à União. Na Lei 11.688, de 19.5.2004, do Estado de São Paulo optou-se pela criação de um Conselho Gestor de PPP, vinculado ao Gabinete do Governador, outorgando-lhe, entre outras atribuições, a de aprovar projetos de PPPs.

No que diz respeito ao cumprimento da *Lei de Responsabilidade Fiscal*, o art. 10, I, "b" e "c", a V, da Lei 11.079/2004 exige que os estudos técnicos que antecederem a abertura da licitação demonstrem: (a) que as despesas criadas ou aumentadas não afetarão as metas de resultados fiscais previstas no anexo referido no § 1º do art. 4º da Lei de Responsabilidade Fiscal (Lei Complementar 101, de 4.5.2000), devendo seus efeitos financeiros, nos períodos seguintes, ser compensados pelo aumento permanente de receita ou pela redução permanente de despesa (inciso I, "b"); (b) quando for o caso, conforme as normas editadas na forma do art. 25, a observância dos limites e condições decorrentes da aplicação dos arts. 29, 30 e 32 da Lei Complementar 101, nas obrigações contraídas pela Administração Pública relativas ao objeto do contrato (inciso I, "c"); esses dispositivos da Lei de Responsabilidade Fiscal tratam dos limites do endividamento e da recondução da dívida aos seus limites; (c) elaboração de estimativa do impacto orçamentário-financeiro nos exercícios em que deva vigorar o contrato de PPP (inciso II); (d) declaração do ordenador da despesa de que as obrigações contraídas pela Administração Pública no decorrer do contrato são compatíveis com a Lei de Diretrizes Orçamentárias e estão previstas na Lei Orçamentária Anual (inciso III); (e) estimativa do fluxo de recursos públicos suficientes para o cumprimento, durante a vigência do contrato e por exercício financeiro, das obrigações contraídas pela Administração Pública (inciso IV); (f) previsão no Plano Plurianual em vigor no âmbito onde o contrato será celebrado (inciso V).

Aparentemente se procura dar cumprimento a dispositivos da Lei de Responsabilidade Fiscal. A grande dificuldade está no fato de que essa lei impõe uma série de restrições voltadas para a responsabilidade na gestão fiscal, a qual, nos termos do art. 1º, § 1º, "pressupõe a ação planejada e transparente, em que se previnem riscos e corrigem desvios capazes de afetar o equilíbrio das contas públicas, mediante o cumprimento de metas de resultados entre receitas e despesas e a obediência a limites e condições no que tange a renúncia de receita, gestão de despesas com pessoal, da seguridade social e outras, dívidas consolidada e mobiliária, operações de crédito, inclusive por antecipação de receita, concessão de garantia e inscrição em Restos a Pagar".

A dificuldade, no entanto, em dar cumprimento às exigências dessa lei é grande, em razão do prazo de duração dos contratos de PPP, que vai de 5 a 35 anos. Ocorre que as restrições previstas na Lei de Responsabilidade Fiscal são limitadas no tempo em função do Plano Plurianual, da Lei de Diretrizes Orçamentárias e da Lei Orçamentária Anual. Se a Lei 11.079/2004 exige, por exemplo, elaboração de estimativa do impacto orçamentário-financeiro nos exercícios em que deva vigorar o contrato de PPP (dando cumprimento ao art. 16 da Lei de Responsabilidade Fiscal), isto significa que a cada exercício esse estudo deverá ser repetido; se constatado que a despesa não é compatível com o Plano Plurianual, com a Lei de Diretrizes Orçamentárias ou com a Lei Orçamentária Anual, o contrato terá que ser obrigatoriamente rescindido.

Não há como o ordenador da despesa fazer estimativas que cubram todo o período de vigência do contrato. As estimativas são feitas para o exercício em que a despesa for efetuada e os dois subsequentes (conforme o art. 16 da Lei de Responsabilidade Fiscal). Em razão disso, ou essa lei resultará descumprida, na medida em que empenhará orçamentos futuros, ou levará à rescisão dos contratos que venham a descumpri-la no decorrer de sua execução, com as consequências financeiras que toda rescisão extemporânea acarreta para o Poder Público.

Vale dizer que nenhuma das exigências contidas no art. 10, I a V, pertinentes à Lei de Responsabilidade Fiscal tem condições de ser cumprida em relação a todo o período de vigência dos contratos.

Não há dúvida de que a Lei 11.079/2004, embora com a natureza de lei ordinária, conflita com os objetivos, princípios e normas que inspiraram a Lei de Responsabilidade Fiscal, que tem a natureza de lei complementar.

Outra exigência que deve ser atendida antes da abertura da licitação é a *consulta pública*. O art. 10, VI, da Lei 11.079 exige que a minuta de edital e de contrato seja submetida a consulta pública, mediante publicação na Imprensa Oficial, em jornais de grande circulação e por meio eletrônico, que deverá informar a justificativa para a contratação, a identificação do objeto, o prazo de duração do contrato, seu valor estimado, fixando-se prazo mínimo de 30 dias para recebimento de sugestões, cujo termo dar-se-á pelo menos 7 dias antes da data prevista para a publicação do edital.

Não há dúvida de que a exigência é útil em termos de participação dos interessados. Mas ela será inútil para o cumprimento dos princípios da democracia participativa se as sugestões não forem efetivamente examinadas e sua recusa devidamente justificada. A consulta não pode transformar-se em mero instrumento formal para dar aparência de legalidade à exigência, como costuma acontecer com relação a medidas semelhantes previstas em outras leis.

Ainda como formalidade prévia à abertura do procedimento da licitação, o inciso VII do art. 10 exige a *licença ambiental prévia ou expedição das diretrizes para o licenciamento ambiental do empreendimento*, na forma do regulamento, sempre que o objeto do contrato exigir. Na realidade, a exigência seria desnecessária, porque toda a matéria de licenciamento já está disciplinada em lei, especialmente a Lei 6.938, de 31.8.1981, que dispõe sobre a Política Nacional do Meio Ambiente. A regulamentação prevista no referido dispositivo legal terá que observar toda a legislação vigente sobre a matéria.

Quanto ao procedimento da licitação, a Lei 11.079/2004, da mesma forma que a Lei 8.987/1995, não o define, limitando-se, nos arts. 11 a 13, a estabelecer algumas normas específicas que complementam ou derrogam parcialmente as Leis 8.666/1993 e 8.987/1995. Além disso, o art. 12 determina expressamente que o certame para a contratação de PPPs obedecerá ao procedimento previsto na legislação vigente sobre licitações e contratos administrativos.

O art. 11 refere-se ao instrumento convocatório, mandando aplicar, no que couber, os §§ 3º e 4º do art. 15 e os arts. 18, 19 e 21 da Lei 8.987/1995, o que significa: (a) possibilidade de recusa de propostas manifestamente inexequíveis ou financeiramente incompatíveis com os objetivos da licitação (§ 3º do art. 15); (b) preferência à proposta apresentada por empresa brasileira, quando haja igualdade de condições (§ 4º do art. 15); (c) elaboração do edital pelo poder concedente segundo critérios e normas gerais da legislação própria sobre licitações e contratos, com inclusão dos itens especialmente indicados (art. 18); (d) observância das normas sobre participação de empresas em consórcio (art. 19); (e) exigência de serem postos à disposição dos interessados estudos, investigações, levantamentos, projetos, obras e despesas ou investimentos já efetuados, vinculados à licitação, realizados pelo poder concedente ou com sua autorização, cabendo ao vencedor da licitação ressarcir os dispêndios correspondentes, especificados no edital (art. 21).

Além da observância desses dispositivos da Lei 8.987/1995, o instrumento convocatório poderá ainda prever, em consonância com o art. 11, *caput* e parágrafo único: (a) exigência de garantia dentro do limite previsto no inciso III do art. 31 da Lei 8.666/1993 (1% do valor estimado do objeto do contrato); (b) possibilidade de emprego de mecanismos privados de resolução de disputas, inclusive a arbitragem; (c) as garantias, quando houver, da contraprestação do parceiro público a serem concedidas ao parceiro privado.

Embora o dispositivo não o diga, é evidente que o edital também terá que prever as garantias a serem ofertadas ao financiador do projeto; além de a exigência constituir aplicação do princípio da vinculação ao edital, ela decorre implicitamente do art. 5º, § 2º, da Lei 11.079/2004, que autoriza a previsão dessa possibilidade no contrato; como a minuta do contrato acompanha o edital de licitação, conforme o exige o art. 11, nela deverá ser inserida essa garantia, sob pena de não poder ser concedida após o término da licitação.

Ainda com relação ao edital, o art. 13 permite (não obriga) a inversão da ordem das fases de habilitação e julgamento, tal como ocorre com a concessão de serviço público.

O art. 12, além de sujeitar o certame à legislação sobre licitações e contratos administrativos, estabelece algumas normas específicas sobre a fase de julgamento, o que também derroga as Leis 8.666/1993 e 8.987/1995. O dispositivo indica os critérios de julgamento, que podem ser: (a) o previsto no inciso I do artigo 15 da Lei 8.987 – ou seja: o menor valor da tarifa do serviço público a ser prestado; esse critério, evidentemente, somente se aplica à concessão patrocinada, já que na concessão administrativa não existe possibilidade de cobrança de tarifa dos usuários; (b) o previsto no inciso II do mesmo dispositivo legal, que é o da melhor proposta em razão da combinação dos critérios de maior oferta pela outorga da concessão com o de melhor técnica; (c) o menor valor da contraprestação a ser paga pela Administração Pública; (d) a melhor proposta em razão da combinação do critério anterior com o de melhor técnica, de acordo com os pesos estabelecidos no edital.

Embora alguns dos critérios apontados prevejam a combinação da maior oferta ou da menor contraprestação a ser paga pela Administração com o critério da melhor técnica, o inciso I do art. 12 permite que o julgamento seja precedido de etapa de qualificação de propostas técnicas, desclassificando-se os licitantes que não alcançarem a pontuação mínima, os quais não participarão das etapas seguintes.

Com relação às propostas econômicas, o inciso III do art. 12 admite que as mesmas sejam (a) escritas em envelopes lacrados ou (b) escritas, seguidas de lances em viva voz. Nessa segunda hipótese os lances serão sempre oferecidos na ordem inversa da classificação das propostas escritas, sendo vedado ao edital limitar a quantidade de lances, porém podendo restringir a apresentação de lances em viva voz aos licitantes cuja proposta escrita seja no máximo 20% maior que o valor da melhor proposta (§ 1º).

Outra novidade da lei quanto ao procedimento da licitação é a possibilidade de ser previsto no edital o *saneamento de falhas*, a *complementação de insuficiências* ou, ainda, *correções de caráter formal* no curso do procedimento, desde que o licitante possa satisfazer as exigências dentro do prazo fixado no instrumento convocatório. A lei não diz, mas exatamente por isso se subentende que essa correção é possível tanto em relação ao julgamento como à habilitação. Trata-se de medida salutar, que certamente evitará muitas das controvérsias suscitadas por licitantes inabilitados ou desclassificados no curso do procedimento.

Nota-se que a lei deixou larga margem de discricionariedade para a elaboração do edital, cabendo à autoridade decidir sobre a inclusão, ou não, dos seguintes itens: exigência de garantia, emprego dos mecanismos privados de resolução de disputas, inclusive arbitragem, classificação de propostas técnicas antes da fase de habilitação, forma de apresentação das propostas econômicas, critérios de julgamento, saneamento de falhas, limitação dos lances em viva voz aos licitantes cuja proposta escrita for no máximo 20% maior que o valor da melhor proposta, inversão das fases de habilitação e julgamento. Sendo decisões discricionárias do poder concedente e derrogando a legislação vigente sobre licitação, a ausência de qualquer dessas possibilidades no instrumento convocatório significará que não poderão ser adotadas posteriormente.

5.6 Licitação para concessão de uso de bem público

A concessão de uso de bem público pode ser definida como o contrato administrativo pelo qual a Administração Pública faculta ao particular a utilização privativa de bem público, para que a exerça conforme sua destinação. É o caso, por exemplo, de bem cedido para instalação de um hotel, um balneário, uma lanchonete etc. Distingue-se da permissão de uso e da autorização de uso, porque estas têm a natureza de atos administrativos unilaterais, discricionários e precários.

A matéria concernente a esses institutos – todos eles constituindo títulos jurídicos pelos quais o Poder Público outorga a terceiros o direito de se utilizar privativamente de bens públicos – não está sistematizada no Direito Brasileiro, salvo com relação a algumas modalidades específicas, como a concessão de direito real de uso, a concessão especial para uso de moradia, a concessão florestal – dentre outras.[6]

O tema envolve um primeiro aspecto que diz respeito à competência para legislar sobre *bens públicos* e sobre *contratos administrativos*. Com relação aos contratos administrativos, a competência é da União para estabelecer *normas gerais*, ficando com os Estados e Municípios a competência para legislar supletivamente, conforme decorre do art. 22, XXVII, da CF.

Quanto aos bens públicos não existe tratamento uniforme na Constituição. O art. 48, V, atribui ao Congresso Nacional competência para, com a sanção do Presidente da República, legislar sobre espaço aéreo e marítimo e *bens do domínio da União*. Nada estabelece sobre a competência dos demais entes da Federação – do que se deduz que cada qual tem competência própria para legislar sobre os bens que integram seu patrimônio.

Apenas com relação a algumas modalidades de bens a Constituição estabeleceu norma expressa, seja para definir a titularidade do bem, seja para reservar à União a competência para legislar sobre determinadas matérias atinentes a bens públicos, como águas, jazidas, minas e outros recursos minerais, conforme o art. 22, IV e XII. Outras vezes a Constituição outorgou competência concorrente à União e aos Estados para legislar sobre algumas modalidades de bens, como florestas, nos termos do inciso VI do art. 24, hipótese em que aos Muni-

---

6. Tratamos do tema, de forma mais aprofundada, no livro *Uso Privativo de Bem Público por Particular*, 2ª ed., São Paulo, Atlas, 2010. Especificamente quanto à competência legislativa em matéria de bens públicos e sua utilização por terceiros, v. pp. 12-15. Também tratamos do assunto no livro *Temas Polêmicos sobre Licitações e Contratos*, 5ª ed., 3ª tir., São Paulo, Malheiros Editores, 2006, pp. 53-56.

cípios cabe suplementar a legislação federal e a estadual, no que couber (conforme o art. 30, II).

Na realidade, o que se verifica é uma grande diversidade de competência legislativa que decorre do ordenamento jurídico, seja em função da diferente titularidade dos bens (que podem ser federais, estaduais e municipais), seja em função do tipo de uso que se exercerá sobre o bem. Muitas vezes as conclusões sobre a titularidade do bem, a forma de sua utilização por terceiros e a competência legislativa dependem do exame da legislação específica.

No que se refere ao uso privativo de bem público por particulares, é relevante a legislação sobre licitações e contratos administrativos.

Tendo a concessão de uso natureza de contrato administrativo, normalmente teriam aplicação as normas da Lei 8.666/1993 (salvo nos casos em que exista legislação específica sobre a matéria). O art. 2º da lei expressamente estabelece que "as obras, serviços, inclusive de publicidade, compras, alienações, concessões, permissões e locações da Administração Pública, quando contratadas com terceiros, serão necessariamente precedidas de licitação, ressalvadas as hipóteses previstas nesta Lei".

O dispositivo, como se verifica, faz referência genérica às *concessões*, sem distinguir se se trata de concessão de serviço público, de obra pública, de uso de bem público ou de direito real de uso. Tem-se que concluir que a todas essas modalidades se aplica a exigência de licitação.

No entanto, a lei se omite quanto à modalidade de licitação cabível na concessão de uso. Não há como aplicar o critério do valor, definido no art. 23, tendo em vista que ali se definem as modalidades aplicáveis apenas para os contratos de *obras*, *serviços* e *compras*. E o § 3º estabelece a exigência de *concorrência* para a *compra e alienação de bens imóveis*, nas *concessões de direito real de uso* e nas *licitações internacionais*, além de indicar as hipóteses em que, nesses contratos, admitem-se a tomada de preços e o convite.

Note-se que a lei fala em concessão de direito real de uso, que é apenas uma das modalidades de concessão de uso de bem público. Nada diz sobre as concessões de uso em geral, ao contrário do Decreto-lei 2.300, de 21.11.1986, cujo art. 21, § 1º, exigia expressamente a licitação, sob a forma de *concorrência*, tanto para a concessão de uso como para a concessão de direito real de uso.

Na Lei 8.666/1993 ficou a omissão, provavelmente em razão da norma inserida no art. 121, parágrafo único, assim redigido, em sua parte inicial: "Os contratos relativos a imóveis do patrimônio da União continuam a reger-se pelas disposições do Decreto-lei n. 9.760, de 5 de setembro de 1946, com suas alterações (...)".

Ocorre que esse decreto-lei não prevê a *concessão de uso* entre os institutos de outorga de uso privativo de bens públicos aos particulares. Prevê a *locação* (para fins residenciais), o *arrendamento* (para fins de exploração comercial), a *enfiteuse* e a *cessão de uso* (esta última para fins de interesse social). Desse modo, a União, para outorgar a terceiros o uso privativo de bens públicos, deverá utilizar um desses institutos ou se socorrer de normas constantes de legislação esparsa, como as que tratam da concessão de direito real de uso, da utilização de áreas em portos e aeroportos, da concessão florestal etc.

O Decreto-lei 9.760/1946 não prevê a concessão de uso; e, mesmo que previsse, sua aplicação estaria restrita aos imóveis da União. Daí não ter a Lei 8.666/1993 tratado do instituto nem mesmo para definir a modalidade de licitação cabível.

Em consequência dessa omissão do legislador federal, tem-se que concluir que a disciplina da matéria ficou automaticamente relegada para Estados, Distrito Federal e Municípios, dentro de sua competência supletiva para legislar sobre licitação e contrato administrativo (conforme art. 22, XXVII, da CF) e dentro de sua competência privativa para legislar sobre os bens que compõem seu patrimônio. Cada Estado, cada Município e o Distrito Federal têm competência própria para legislar sobre os contratos relativos a imóveis de seu patrimônio, não estando sujeitos, nessa matéria, às normas da Lei 8.666/1993. Cada qual poderá legislar sobre a matéria de concessão, permissão e autorização de uso de bens públicos e cada qual poderá definir a modalidade de licitação cabível para a celebração dos contratos de concessão de uso. No silêncio das leis estaduais e municipais, a autoridade administrativa poderá optar livremente pela modalidade que lhe parecer mais adequada, já que sua discricionariedade não estará limitada por qualquer norma legal. O que não parece possível é deixar de fazer licitação, em decorrência da norma genérica contida no art. 2º da Lei 8.666/1993.

Bibliografia

AMARAL, Antônio Carlos Cintra do. *Concessão de Serviço Público*. 2ª ed. São Paulo, Malheiros Editores, 2002.

BLANCHET, Luiz Alberto. *Concessão e Permissão de Serviços Públicos*. Curitiba, Juruá, 1995.

D'AVILA, Vera Lúcia Machado, DI PIETRO, Maria Sylvia Zanella, RAMOS, Dora Maria de Oliveira, e SANTOS, Márcia Walquíria Batista dos. *Temas Polêmicos sobre Licitações e Contratos*. 5ª ed., 3ª tir., São Paulo, Malheiros Editores, 2006.

DI PIETRO, Maria Sylvia Zanella. *Parcerias na Administração Pública. Concessão, Permissão, Franquia, Terceirização, Parceria Público-Privada e Outras Formas*. 9ª ed. São Paulo, Atlas, 2012.

——————. *Uso Privativo de Bem Público por Particular*. 2ª ed. São Paulo, Atlas, 2010.

——————, D'AVILA, Vera Lúcia Machado, RAMOS, Dora Maria de Oliveira, e SANTOS, Márcia Walquíria Batista dos. *Temas Polêmicos sobre Licitações e Contratos*. 5ª ed., 3ª tir., São Paulo, Malheiros Editores, 2006.

MORAES, Luíza Rangel de, WALD, Arnoldo, e WALD, Alexandre de M. *O Direito de Parceria e a Nova Lei de Concessões*. São Paulo, Ed. RT, 1996.

RAMOS, Dora Maria de Oliveira, D'AVILA, Vera Lúcia Machado, DI PIETRO, Maria Sylvia Zanella, e SANTOS, Márcia Walquíria Batista dos. *Temas Polêmicos sobre Licitações e Contratos*. 5ª ed., 3ª tir., São Paulo, Malheiros Editores, 2006.

SANTOS, Márcia Walquíria Batista dos, D'AVILA, Vera Lúcia Machado, DI PIETRO, Maria Sylvia Zanella, e RAMOS, Dora Maria de Oliveira. *Temas Polêmicos sobre Licitações e Contratos*. 5ª ed., 3ª tir., São Paulo, Malheiros Editores, 2006.

WALD, Arnoldo, MORAES, Luíza Rangel de, e WALD, Alexandre de M. *O Direito de Parceria e a Nova Lei de Concessões*. São Paulo, Ed. RT, 1996.

WALD, Alexandre de M., MORAES, Luíza Rangel de, e WALD, Arnoldo. *O Direito de Parceria e a Nova Lei de Concessões*. São Paulo, Ed. RT, 1996.

Capítulo 6
CONCESSÕES DE SERVIÇOS PÚBLICOS E INVESTIMENTOS EM INFRAESTRUTURA NO BRASIL: ESPETÁCULO OU REALIDADE?

Vitor Rhein Schirato

6.1 Introdução: crise do Estado ou crise da infraestrutura?. 6.2 Concessões e infraestrutura: uma manifestação do espetáculo. 6.3 O conceito e os efeitos da concessão de serviço público. 6.4 Concessão comum, patrocinada ou administrativa: uma questão de política pública. 6.5 O processo de escolha do parceiro privado. 6.6 A remuneração do particular. 6.7 Conclusão: a necessidade do fim do espetáculo.

6.1 Introdução: crise do Estado ou crise da infraestrutura?

Atualmente, poucos temas do cada vez mais vasto temário do direito administrativo estão em voga como a concessão de serviço público. De instituto arcaico e pouco utilizado durante boa parte do século passado,[1] a concessão de serviço ressurge a partir da segunda metade dos anos 1990 e se agiganta para se tornar precioso instrumento do qual o Estado pode se valer para garantir a criação e a expansão de infraestrutura.

Independentemente de concepções político-econômicas que sempre se colocam na formação de políticas públicas voltadas ao desenvolvimento da infraestrutura nacional, modelos concessórios de atividades essenciais ao desenvolvimento tornam-se fundamentais para a

---

1. Sobre o tema, cf. o breve histórico que apresento no estudo "Concessões de serviço público em evolução", in Fernando Almeida, Floriano de Azevedo Marques Neto e Luiz Felipe Hadlich Miguel (orgs.), *Direito Público em Evolução – Estudos em Homenagem à Professora Odete Medauar*, Belo Horizonte, Fórum, 2013, pp. 569 e ss.

realização a contento das obrigações impostas ao Estado. É assim que, ao longo da última década, com intensidade crescente o Brasil vem assistindo a uma diversificação cada vez maior do instituto, para alcançar cada vez mais serviços públicos em setores cada vez mais distintos.

É assim que se verifica, hoje, a adoção de novas e renovadas estruturas de concessão para a renovação ou a implantação de projetos estruturantes de logística (portos, aeroportos, rodovias, mobilidade urbana etc.), de energia elétrica (principalmente geração e transmissão de energia elétrica), de saneamento básico e de outras atividades necessárias ao desenvolvimento socioeconômico do Brasil, como irrigação e infraestruturas hospitalares e de educação.

Nada obstante, mudam os tempos, mudam a finalidades, mas permanece a eterna resistência da doutrina brasileira (com claríssimos reflexos na jurisprudência e na atuação dos órgãos de controle[2]) em mudar também. Os administrativistas brasileiros, mais apegados ao passado do que os saudosos torcedores de pequenos clubes de futebol que tiveram algum momento de glória no passado mas que hoje não têm mais condições de duelar com as equipes de grande porte, permanecem tentando resolver questões relacionadas às concessões de serviços públicos valendo-se de lições das doutrinas italiana e francesa da primeira metade do século XX (mais ou menos como os torcedores mencionados, que se lembram com nostalgia de gols marcados em alguma longínqua semifinal de campeonato regional para dizer que suas equipes são importantes).[3]

Evidentemente, o resultado é ruim. Os bons projetos, com raras exceções, param. E os ruins, pretensamente logradores de satisfazer ao interesse público, são postos em prática – o que dá origem a uma situação nefasta. O que é bom não é feito, e o que é ruim é tentado, fazendo com que os parquíssimos projetos de infraestrutura levados

---

2. Sem maiores detalhamentos, é importante observar que os órgãos de controle vêm apresentando, nos últimos tempos, comportamento altamente refratário a qualquer estrutura nova, que saia das estruturas convencionais usadas há décadas. Esse posicionamento muito longe está de defender o interesse público. Muito ao contrário, ataca-o frontalmente, por impedir o avanço da sofrível infraestrutura brasileira.

3. Não se pretende, aqui, menoscabar a importância de teóricos como Guido Zanobini, Renato Alessi, André de Laubadère, entre outros. Suas obras foram e continuam sendo importantíssimas para a construção de um modelo teórico. Contudo, não é possível imputar a eles o ônus de produzir ou interditar novas soluções teóricas para problemas contemporâneos, decorrentes de um mundo muito distinto daquele no qual eles viveram.

adiante tenham, na maior parte dos casos, que ser renegociados, em função de sua inviabilidade.

Diante desse cenário, é uma obrigação dos teóricos atuais do direito administrativo apresentar interpretações da legislação vigente consentâneas com os problemas que se colocam na atualidade, trazendo soluções para um problema prático: a necessidade de viabilizar, com presteza, investimentos urgentes na melhora da infraestrutura brasileira. A incapacidade de pensar de forma inovadora e apresentar soluções atuais para os problemas que são identificados na realidade atual faz com que o Brasil fique sempre refém do passado, sem a capacidade de evoluir.

É testado e comprovado que a estatização pura e simples não é a solução. O Estado não dispõe de capacidade financeira e material. Criar mais algumas dezenas de "bras" não vai colocar em marcha a solução do enorme déficit de infraestrutura que vivemos. A parceria com a iniciativa privada é impositiva. Em primeiro lugar, para multiplicar os recursos financeiros destinados a investimentos em infraestrutura, a partir da somatória entre recursos públicos e privados. Em segundo lugar, para mitigar os riscos, já que não é possível que apenas o Estado responda por todos os riscos e desafios que os investimentos trarão. Em terceiro lugar, para permitir um desenvolvimento sustentável, pois o Estado fatalmente não terá fôlego financeiro para fazer sozinho todos os investimentos, e, se tentar tê-lo, gerará um processo de superendividamento e inflação, como já ocorreu no passado.[4] E, por fim, em quarto e último lugar, para permitir a incorporação da eficiência e da lógica de mercado dos privados para o setor público, utilizando melhor os recursos existentes.

Assim é que público e privado não são inimigos ou opostos.[5] São parceiros para o alcance de finalidades comuns, de forma que as con-

---

4. Basta apenas analisar que a consequência do "Milagre Econômico" dos anos 1970 não foi outra senão uma década de 1980 perdida, em razão da hiperinflação e do sufocamento do endividamento público.

5. Sem dispender muita energia com o tema, é importante mencionar que parte do erro em que incorrem alguns operadores do direito administrativo hoje é acreditar que haja uma *supremacia do interesse público*, da qual decorrem uma rivalidade e uma oposição entre público e privado. Já passou a hora de enterrar essa construção teórica, pois, como bem observa Humberto Ávila, o interesse público nada mais é do que a realização de interesses privados, donde decorre uma não oposição, mas uma conjugação de público e privado ("Repensando o 'princípio da supremacia do interesse público sobre o particular'", in Daniel Sarmento (org.), *Interesses Públicos Versus Interesses Privados: Desconstruindo o Princípio da Supremacia do Interesse Público*, Rio de Janeiro, Lumen Juris, 2010, pp. 192-193).

cessões de serviços públicos não devem ser vistas como forma de oposição entre o interesse privado do concessionário e o interesse público tutelado pelo Estado: ambas concorrem para a realização do interesse público, considerando-se suas mais diversas vertentes.[6] O público depende do privado para realizar suas finalidades.

Por isso, não temos qualquer temor em falar que a adoção da concessão de serviço público para a reforma, a ampliação e a criação de infraestrutura no Brasil longe está de representar uma crise do Estado, mas, sim, está a representar instrumento precioso para a satisfação dos interesses públicos. Em decorrência desta conclusão, é preciso, sempre, ver o instituto da concessão como instrumento para a solução de problemas existentes, e não como empecilho para a realização das necessidades coletivas.

6.2 Concessões e infraestrutura: uma manifestação do espetáculo

Marçal Justen Filho é autor de uma das mais perfeitas descrições das circunstâncias do direito administrativo no Brasil. Em seu magistral "O direito administrativo do espetáculo", apresenta com precisão como se dá o manejo do direito administrativo pela Administração Pública brasileira na atualidade.

Segundo a ideia do "O direito administrativo do espetáculo", hoje existente no Brasil, a Administração Pública produz uma série de notícias jurídicas, sem qualquer resultado prático. O Estado demonstra movimentar-se para o alcance do interesse público, mas nada é, em realidade, feito. Ao contrário, muitas das ações empreendidas pela Administração Pública acabam por lesar os interesses públicos da sociedade, ao invés de realizá-los. Sob o pálio de defender um interesse público invisível, a Administração Pública acaba por frustrar os interesses legítimos da sociedade.[7]

---

6. Sobre o tema, cf. o magistral e definitivo estudo do instituto da concessão de Floriano de Azevedo Marques Neto, em que o autor afirma que as concessões têm um caráter de "contrato relacional" em que não há uma oposição de interesses entre as partes, mas, sim, a criação de direitos e obrigações recíprocos, com a finalidade de se alcançar uma finalidade comum (cf. *A Concessão como Instituto do Direito Administrativo*, tese de titularidade apresentada à Faculdade de Direito da USP em setembro/2013, São Paulo, *mimeo*, pp. 190 e ss.).

7. Cf. Marçal Justen Filho, "O direito administrativo do espetáculo", in Alexandre Santos de Aragão e Floriano de Azevedo Marques Neto (orgs.), *Direito Adminis-*

O cenário das concessões de serviços públicos e de captação de investimentos em infraestrutura é exatamente este, do espetáculo: o Estado faz alarde da criação do mais grandioso programa de parcerias, mas constrói apenas projetos de péssima qualidade, sem qualquer planejamento e com a promessa de garantir bons serviços a baixos preços, sempre para alimentar a plateia do espetáculo. Contudo, os resultados não surgem. Permanecemos presos a péssimas escolhas governamentais.

Ao contrário de serem instrumentos para arbitramento dos diversos interesses públicos, como pugna com precisão Floriano de Azevedo Marques Neto[8] – o que, em tese, faria com que as concessões alcançassem resultados satisfatórios para todos –, os programas de parceria e investimento em infraestrutura consideram apenas um interesse governamental do espetáculo, disfarçado de um interesse público "supremo", dando a falsa impressão de algo está sendo feito para melhorar a realidade e cumprir as finalidades públicas cogentes.

Diante desta realidade, teremos como foco no presente trabalho apresentar algumas considerações que reputamos pertinentes para encerrar a fase do espetáculo e começar a fase dos resultados. Enquanto as ações estatais forem pautadas por escolhas erradas, afincadas em conceitos há muito ultrapassados, os resultados não advirão na velocidade adequada. É fundamental entender as concessões de serviço público de acordo com a realidade hoje existente, ponderar os interesses subjacentes e manejar adequadamente os instrumentos postos à disposição pela legislação, sem preconceitos descabidos vindos de parcela da doutrina de direito administrativo.

6.3 O conceito e os efeitos da concessão de serviço público

Ecoa retumbantemente no Brasil o conceito segundo o qual a concessão de serviço público é a transferência pelo Estado a um particular

trativo e seus Novos Paradigmas, Belo Horizonte, Fórum, 2008, pp. 65 e ss., em especial pp. 72 e ss.
8. Segundo o autor, as concessões (não apenas a de serviço público, mas todas as concessões existentes no direito administrativo) devem ser analisadas em um contexto de multipolaridade do direito administrativo e, nele, servir como instrumento de arbitramento de diversos interesses públicos que se colocam no caso concreto do desenvolvimento das utilidades públicas concedidas (*A Concessão como Instituto do Direito Administrativo*, cit., p. 560 e ss.).

da prestação (e não da titularidade) de um serviço público, por conta e risco do particular, com remuneração advinda de tarifas pagas pelos usuários, com a possibilidade de alterações unilaterais pelo Estado e por prazo certo.[9] Tanto é assim, que a própria Lei federal 8.987, de 13.2.1995, traz conceito consideravelmente semelhante da concessão de serviços públicos.[10]

Esse conceito parte de alguns pressupostos. Primeiro, na concessão de serviço público há um sistema de alocação de riscos previamente fixado. Segundo, o particular apenas pode ser remunerado pelas tarifas pagas pelos usuários ou receitas que decorrem da prestação do serviço. Terceiro, há uma supremacia do público sobre o privado, na medida em que o poder concedente (público) pode alterar unilateralmente a avença na forma que melhor lhe aprouver para atendimento ao tal do interesse público.

Pois bem. Esse conceito, tradicional, de concessão de serviço público é claramente equivocado, como já tivemos a oportunidade de analisar detidamente no estudo mencionado acima,[11] pois (i) não há uma sistemática de alocação de riscos definida ou definível *a priori*, (ii) a remuneração do concessionário há que ser fixada a partir de uma combinação muito complexa de escolhas públicas, sendo muito incorreto afirmar que apenas podem haver remunerações advindas da exploração direta da atividade, e (iii) supremacia é o primeiro elemento

---

9. V., neste sentido, por todos, a definição de Celso Antônio Bandeira de Mello, que ilustra o quanto afirmamos, segundo a qual: "Concessão de serviço público é o instituto através do qual o Estado atribui o *exercício* de um serviço a alguém que aceita prestá-lo em nome próprio, por sua conta e risco, nas condições fixadas e alteráveis unilateralmente pelo Poder Público, mas sob garantia contratual de um equilíbrio econômico-financeiro, remunerando-se *pela própria exploração do serviço*, em geral e basicamente mediante tarifas cobradas diretamente dos usuários do serviço" (*Curso de Direito Administrativo*, 31ª ed., São Paulo, Malheiros Editores, 2014, pp. 719-720).

10. Nos termos do inciso II do art. 2º da lei em comento, a concessão de serviço público é definida como (*in verbis*) "delegação de sua prestação, feita pelo poder concedente, mediante licitação, na modalidade de concorrência, à pessoa jurídica ou consórcio de empresas que demonstre capacidade para seu desempenho, por sua conta e risco e por prazo determinado".

11. Cf. nosso "Concessões de serviço público em evolução", cit., in Fernando Almeida, Floriano de Azevedo Marques Neto e Luiz Felipe Hadlich Miguel (orgs.), *Direito Público em Evolução – Estudos em Homenagem à Professora Odete Medauar*, pp. 578-579.

que espanta qualquer investidor privado, além de ser completamente antagônico ao regime constitucional vigente. Além disso, há grande inflexibilidade no conceito tradicional das concessões de serviços públicos, pois para haver o instituto deverá haver a subsunção a todos os elementos colocados em seu conceito (forma de remuneração, alocação de riscos etc.).

Ao que nos parece, em contraposição, as concessões de serviço público devem ser conceituadas a partir de seu objeto, qual seja, o engajamento de um particular na prestação de um *serviço público*. Qualquer outro elemento que venha a ser agregado ao conceito de concessão de serviço público apenas tira o foco de seu elemento essencial e implica restrições equivocadas para o manejo adequado do instrumento.

Nesta perspectiva, sendo os serviços públicos uma *obrigação imposta pela ordem jurídica ao Estado para a satisfação de necessidades coletivas*,[12] parece-nos evidente que as concessões de serviço público nada mais são do que *mecanismos de contratação de um particular para que este, em nome e lugar do Estado, preste um serviço público*. A forma de remuneração,[13] o sistema de alocação de

12. Não é por outra razão que definimos os serviços públicos como "obrigações positivas impostas ao Estado pela ordem jurídica com a finalidade de satisfazer direitos fundamentais que exigem do Estado uma atuação positiva e material na ordem econômica para prestar determinado serviço ou, no mínimo, garantir sua prestação" (cf. nosso *Livre Iniciativa nos Serviços Públicos*, Belo Horizonte, Fórum, 2012, p. 137).

13. Nesse diapasão, imprescindível a menção ao entendimento de Floriano de Azevedo Marques Neto. Segundo o autor, há uma confusão entre a responsabilidade pelo financiamento de uma infraestrutura e a fonte de remuneração que servirá de lastro para a amortização desse financiamento. Exatamente é o que ocorre nas concessões de serviço público, pois, nelas, o concessionário é o responsável por arcar com os custos de financiamento de criação ou melhoria de uma infraestrutura pública. Se sua remuneração provém exclusivamente da exploração econômica dessa infraestrutura ou de pagamentos estatais, é indiferente. Em todos os casos haverá concessão de serviço público. Cf. a colocação do autor, *in verbis*: "O mais comum deles [*equívocos sobre as concessões*] talvez seja identificar estas parceiras com o financiamento privado de utilidades públicas. Equívoco que vem desde a origem, pois o financiamento é um meio para se implantar uma utilidade pública, e não a fonte que irá remunerá-la. Explico: o financiamento diz com a responsabilidade pelo custo de formação de uma infraestrutura serviente à coletividade. Não se confunde com a origem de remuneração, seja para repor o capital investido na sua formação, seja para remunerar o custo de operação desta infraestrutura" (Floriano de Azevedo Mar-

riscos, o prazo e os direitos e obrigações de cada parte não fazem parte do conceito e dependerão, por óbvio, de cada concessão que venha a ser outorgada, em função das características do serviço público a ser delegado.

Há que se separar, na análise da questão, o que é o conceito de concessão de serviço público e o que é efeito dela. O conceito é a delegação do cumprimento de uma obrigação jurídica pelo Estado para um particular. Efeito é o conteúdo da avença: quais os direitos e obrigações impostos ao particular, qual a contrapartida que lhe é garantida, quais as consequências jurídicas que dela advêm.

Não por outra razão, concordamos com Floriano de Azevedo Marques Neto quando afirma que:

> A concessão implica a atribuição de um direito especial ao particular concessionário e o estabelecimento de um conjunto de regras que disciplinam o exercício desse direito, em face do concedente e de terceiros, ao longo do tempo. De outro lado, implica também a atribuição de um plexo de obrigações vinculantes ao particular perante o Poder Público e os demais particulares com que ele trava relações especiais, de natureza econômica ou não.[14]

Nesses quadrantes, parece-nos que os efeitos primordiais da concessão de serviço público são: a prestação de uma atividade considerada serviço público por um particular e a garantia a ele de um conjunto de direitos e obrigações perante o poder concedente e os demais particulares envolvidos, de acordo com os termos e condições do contrato de concessão.

Ademais, não se pode esquecer jamais que a prestação de um serviço público concedido é uma atividade *empresarial* desempenhada pelo particular. Como tal, deve ser estruturada segundo uma lógica econômica. Destarte, por mais que o objeto seja público, não se pode esperar que uma concessão tenha sucesso se o particular concessionário tiver que arcar sozinho com o ônus de garantir a atividade. Isso

---

ques Neto, "Fundamentos e conceituação das PPPs", in Floriano de Azevedo Marques Neto e Vitor Rhein Schirato (coords.), *Estudos sobre a Lei das Parcerias Público-Privadas*, Belo Horizonte, Fórum, 2011, p. 19).

14. Floriano de Azevedo Marques Neto, *A Concessão como Instituto do Direito Administrativo*, cit., p. 221.

trará reflexos muito importantes para a fixação da remuneração do particular, como veremos, além de implicar que é ínsito às concessões de serviço público a transferência ao particular da capacidade de organizar a prestação da atividade *segundo finalidades colocadas pelo Estado*, com o objetivo de tornar a prestação do serviço concedido tão rentável quanto possível.

As concessões de serviços públicos são, portanto, obrigações de *fim*, jamais obrigações de *meio*. O que importa é que o particular preste a contento o serviço público concedido, *alcançando as finalidades impostas pelo Estado*, devendo ser-lhe garantido o direito de organizar empresarialmente a atividade como melhor lhe convier. Com isso, a concessão de serviço público reveste-se de grande flexibilidade, para ser moldada de acordo com as necessidades específicas do caso concreto e da atividade a ser delegada.

6.4 Concessão comum, patrocinada ou administrativa: uma questão de política pública

Uma vez mais como aquele senhor de idade que fica em um bar ou outro estabelecimento parecido lembrando as glórias do passado de seu time de futebol e recitando de cabeça a escalação dos 11 heróis do miraculoso 4º lugar de um torneio regional da década de 1960, alguns administrativas brasileiros ficam bradando com convicção a noção de uma concessão de serviço público que se presta a todas as atividades em todos os casos, desconsiderando o entorno dessa avença administrativa.

Contudo, como os tempos mudaram, a discussão tornou-se muito mais complexa. Assim como hoje a equipe do senhor mencionado no parágrafo anterior está perto da 4ª divisão, as concessões de serviço público devem ser analisadas sob um enfoque muito mais complexo, pois, muito além da transferência de um serviço público a um particular, as concessões de serviço público são o reflexo de uma *política pública* fixada pelo Estado para o investimento em infraestrutura e em atividades essenciais.

Como é notório, o art. 175 da CF prevê que os serviços públicos podem ser prestados direta ou indiretamente. Diretamente será prestado quando o Estado criar um *órgão* de sua Administração direta para prestar o serviço (prestação direta centralizada) ou quando criar uma *entidade* de sua Administração indireta para fazê-lo (prestação direta descentralizada). De outro bordo, haverá prestação descentralizada quando o Estado optar por delegar a um particular a exploração de um serviço público por meio de concessão ou permissão.

Contudo, a escolha não é fruto de um simples exercício de discricionariedade. Há a concretização de uma *política pública* subjacente, o que vai muito além da decisão entre poder ou não delegar a obrigação de prestar um serviço público.[15] Por conseguinte, não basta apenas analisar quais são as escolhas estatais cabíveis para assegurar a prestação de um serviço público. É fundamental analisar se o Estado adota a *melhor* escolha; ou, melhor dizendo, se a escolha estatal adotada é a mais eficiente para o caso concreto.

Com isso, imaginar que todos e quaisquer serviços públicos – notadamente aqueles que demandam maior investimento na criação de infraestrutura – possam ser explorados diretamente pelo Estado é ingênuo, pois impossível. O Estado, por óbvio, não terá recursos para realizar todos os investimentos, e descumprirá seu dever constitucional de prestar os serviços públicos. Da mesma forma, imaginar que o Estado simplesmente deva delegar todos os serviços públicos para a iniciativa privada também não é uma visão adequada, eis que poderá haver casos em que a prestação de um serviço público é completamente antieconômica, sendo mais caro, ao fim e ao cabo, transferir a atividade a um privado do que atribuir sua prestação diretamente ao Estado. A regra contemplada no art. 175 da CF deve ser vista, ao que nos parece, como uma norma programática que impõe uma finalidade a ser alcançada pelo Estado, cabendo à Administração Pública, com base no ferramental conferido pelo Direito, optar pela melhor solução no caso concreto.[16]

15. Sobre o tema, cf. o precioso estudo de Diogo R. Coutinho sobre políticas públicas, em que o autor apresenta considerações críticas sobre os equívocos da doutrina jurídica brasileira em analisar as decisões tomadas no âmbito da realização de políticas públicas apenas sob o enfoque tradicional do modelo "pode/não pode" ("O Direito nas políticas públicas", in Eduardo Marques e Carlos Aurélio Pimenta de Faria (orgs.), *A Política Pública como Campo Multidisciplinar*, São Paulo/Rio de Janeiro, UNESP/FIOCRUZ, 2013, p. 188).

16. Uma vez mais concordamos plenamente com Diogo R. Coutinho quando afirma que "o campo do Direito, observado em sua interação com as políticas públicas, abrange uma extensa gama de normas e processos. São leis em sentido formal (isto é, promulgadas pelo Legislativo) e em sentido material (atos normativos regula-

Como é sabido, ao Estado são impostas pela ordem jurídica obrigações positivas materiais das mais distintas.[17] Cada vez mais o Estado é obrigado a realizar ou garantir a realização de algo em favor dos cidadãos. Em alguns casos não há como se valer da iniciativa privada (como nos casos de segurança pública ou defesa nacional). Em tantos outros, como a prestação de serviços públicos, é possível (e, muitas vezes, desejável) que o Estado se valha de parcerias. Trata-se de mecanismo de racionalização do uso de recursos públicos, de forma a permitir ao Estado realizar mais com menos dispêndios.

A concessão, neste cenário, terá lugar sempre que for instrumento propenso a desonerar (ao menos parcialmente) o Estado da obrigação de realizar os investimentos necessários para garantir a prestação de um serviço público, constituindo-se como escolha cabível para a realização da finalidade imposta ao Estado de prestar os serviços públicos nos termos do art. 175 da CF.

Ocorre, contudo – como tivemos a oportunidade de frisar em estudo anterior –, que a existência de um serviço público implica certa *mitigação da lógica econômica da atividade*, já que importa a necessidade de serem encontrados mecanismos que assegurem que o serviço seja prestado em localidades distantes e para usuários que não necessariamente trazem lucro,[18] por uma tarifa módica.[19] Portanto,

---

mentares produzidos pelo Executivo, como decretos, regulamentos, portarias, circulares, instruções normativas, instruções operacionais, entre outros). Por conta disso, seja de forma instrumentação, como *medium*, seja para definir os 'pontos de chegada' ou objetivos das políticas públicas e situá-las no ordenamento, seja para prover arranjos institucionais ou para construir canais de *accountability* e participação, o Direito permeia intensamente as políticas públicas em todas as suas fases ou ciclos: na identificação do problema (que pode ser ele próprio um gargalo jurídico), na definição da agenda para enfrentá-lo, na concepção de propostas, na implementação de ações e na análise e avaliação dos programas" ("O Direito nas políticas públicas", cit., in Carlos Aurélio Pimenta de Faria e Eduardo Marques (orgs.), *A Política Pública como Campo Multidisciplinar*, p. 193).

17. Nesse sentido, Ferdinand Wollenschläger ressalta a incidência dos direitos fundamentais em todas as ações estatais, tanto no momento em que se relaciona com particulares para lhes conceder algo, como no momento em que é obrigado a explorar certa atividade para garantir algo aos cidadãos (*Verteilungsverfahren*, Tübingen, Mohr Siebeck, 2010, pp. 32-33).

18. Cf. Vitor Rhein Schirato, "Regulação tarifária e competências no transporte coletivo de passageiros no Brasil", *Boletim de Direito Municipal* 9/630, São Paulo, NDJ, setembro/2012.

19. Novamente como já mencionamos em estudo anterior, duas obrigações inerentes ao serviço público causam esta situação: a universalização e a modicidade

para que tenha sucesso uma concessão de serviço público é fundamental a estruturação de um sistema de remuneração ao particular que, cumulativamente, (i) garanta a sustentabilidade do serviço prestado, (ii) garanta que nenhuma categoria de usuário será alijada da fruição do serviço (seja por categoria socioeconômica, seja por localização geográfica) e (iii) garanta que, se houver o dispêndio de recursos públicos com a prestação do serviço, será a melhor forma de empregar tais recursos.

Muito bem. É exatamente neste ponto que entra a divisão das concessões de serviço público entre concessão comum, concessão patrocinada e concessão administrativa. Muito mais que uma simples separação entre diferentes espécies do mesmo gênero, a repartição das concessões de serviço público previstas no Direito Brasileiro[20] é uma forma de se fazer política pública na prestação dos serviços públicos e na construção de novas infraestruturas.

Dizemos isso porque haverá casos em que será possível estruturar uma forma de prestação dos serviços públicos em que os valores pagos pelos usuários, somados a outras potenciais receitas que poderão ser auferidas pelo agente prestador, farão alcançar os requisitos remuneratórios previstos acima. Contudo, casos haverá em que ou o serviço não é viável sem o aporte de recursos públicos, ou é conveniente que o Estado intervenha na remuneração dos serviços, para realizar alguma política pública de inclusão (por exemplo, por meio do subsídio de gratuidades de estudantes, idosos etc.), mesmo sendo o serviço viável. E, mais ainda, casos haverá em que não será conveniente transferir ao usuário os ônus pela fruição de um serviço público, sendo mais apropriado que esses ônus sejam suportados pelo Estado e dispersados por toda a coletividade (por exemplo, os serviços de coleta

tarifária. Isto ocorre pois essas obrigações impõem ao Estado garantir que os serviços públicos sejam prestados à maior quantidade possível de pessoas pelo menor preço possível ou por preços que não excluam qualquer usuário da fruição do serviço (cf. nosso *Livre Iniciativa nos Serviços Públicos*, cit., pp. 241 e ss.).

20. Voltamos, aqui, a insistir que a criação, por lei, de diversos tipos de concessão sequer seria necessária. À luz do conceito de concessão que nos parece adequado, demonstrado acima, é possível verificar que a própria Lei 8.987/1995 já seria suficiente para dar cabo de todas as situações possíveis. Contudo, em decorrência da escravidão existente no Brasil aos conceitos clássicos do direito administrativo, foi necessária a edição de lei específica para prever a possibilidade de novos arranjos, com novas formas de remuneração.

de resíduos sólidos e os serviços de restauração, operação e manutenção de trechos rodoviários em regiões carentes).

No primeiro caso falamos das concessões comuns, pois as tarifas somadas a outras receitas provenientes da atividade (as chamadas receitas alternativas, complementares e acessórias) são suficientes para garantir a sustentabilidade dos serviços e a fruição por todos os usuários de todas as classes sociais. No segundo caso falamos das concessões patrocinadas, em que o Estado arcará com parte da remuneração dos particulares para tornar os serviços sustentáveis ou para promover alguma política pública de inclusão. E, por fim, no terceiro caso falamos das concessões administrativas, nas quais o Estado arca com a totalidade da remuneração do particular.

Sendo assim, a análise do emprego das concessões comum, patrocinada e administrativa muito menos é uma variável relacionada à remuneração do particular e muito mais é a realização de alguma política pública relevante atinente à prestação dos serviços públicos. Essas espécies do gênero *concessão* são preciosos instrumentos para a garantia de maiores eficácia e eficiência na oferta dos serviços públicos à população.

6.5 O processo de escolha do parceiro privado

Tendo o Estado optado por delegar a um particular a prestação de um serviço público (por meio de concessão comum, concessão patrocinada ou concessão administrativa), deverá haver um processo público de seleção de qual o particular que receberá a concessão outorgada. De acordo com o regime jurídico brasileiro das concessões de serviços públicos, a licitação destinada à seleção do concessionário privado que celebrará o contrato de concessão deve ser conduzida na modalidade de *concorrência*, com as particularidades previstas na Lei 8.987/1995 e na Lei 11.079/2004 (isto é, possibilidade de inversão de fases, possibilidade de etapa de oferta de lances viva voz etc.), ou, em casos específicos, na modalidade de *leilão*, com fundamento na Lei 9.491, de 9.9.1997.[21]

---

21. Sobre a utilização da modalidade de leilão há alguns comentários que merecem ser tecidos. Em primeiro lugar, trata-se de modalidade de uso privativo pela União Federal, já que somente é admitido o leilão para a outorga de concessões ex-

Para os fins do presente estudo, não entraremos na análise minuciosa das regras legais que se aplicam aos processos licitatórios destinados à outorga de concessões de serviços públicos.[22] Teremos como objetivo específico analisar, dentro do conceito de concessão que nos parece adequado, o que deve ser priorizado na formulação dos certames licitatórios destinados à outorga de concessões de serviços públicos.

Sendo a concessão de serviços públicos um mecanismo de delegação a um particular da obrigação do Estado de prestar serviço púbico, consubstanciado este em uma atividade essencial para a coletividade, deve o processo seletivo se incumbir de encontrar *o melhor particular possível* para prestar o serviço público, pois do contrário poderá haver riscos à oferta da atividade à coletividade, frustrando direitos subjetivos públicos dos cidadãos assegurados pela ordem jurídica.

Pois bem. Esta concepção impõe à Administração Pública uma mudança de cultura, pois outorgar uma concessão de serviço público não é o mesmo que comprar material de escritório. Explicamos: há no Brasil uma obsessão por licitações baseadas no melhor preço, ou seja, na oferta que contemple o menor ganho possível para um privado. Transpor este cenário para as licitações destinadas a outorgas de concessões de serviços públicos é altamente temerário, pois pode dar azo à contratação de objetos que jamais serão cumpridos.

Como muito bem afirma Antônio Carlos Cintra do Amaral, "o administrador que supervaloriza o critério de menor preço age, com frequência, de maneira irresponsável".[23] Pretender, portanto, por meio

pressamente incluídas no Programa Nacional de Desestatização (conforme o § 3º do art. 4º da Lei 9.491/1997). Com isso, Estados e Municípios, sem previsão legislativa expressa, estariam interditados de utilizar o leilão para a outorga de suas concessões. Em segundo lugar, o leilão destinado à outorga de concessões de serviços públicos é uma modalidade de licitação um tanto quanto peculiar, porque não segue o rito previsto na Lei 8.666, de 21.6.1993, por ter, necessariamente, que contar com a fase de habilitação e por poder se desenvolver no ambiente de Bolsa de Valores com procedimento próprio. Assim, tem-se modalidade de licitação com baixa densidade normativa, regida, principalmente, pelas regras contidas no respectivo instrumento convocatório, como tem ocorrido na prática brasileira.

22. Sobre o tema, cf. Danilo Tavares da Silva, "Licitação na Lei 11.079/2004", in Floriano de Azevedo Marques Neto e Vitor Rhein Schirato (coords.), *Estudos sobre a Lei das Parcerias Público-Privadas*, Belo Horizonte, Fórum 2011, pp. 71 e ss.

23. Antônio Carlos Cintra do Amaral, *Licitação para Concessão de Serviço Público*, São Paulo, Malheiros Editores, 1995, p. 37.

das licitações destinadas à outorga de concessões de serviços públicos, limitar ao extremo o ganho possível dos particulares que assumem o risco de construir, ampliar ou renovar, operar e manter uma infraestrutura pública é despropositado. A preocupação primordial da Administração Pública deve ser com a qualidade do serviço prestado e o comprometimento do particular.

Como dito acima, não há razão alguma para se partir, *a priori*, para uma concessão comum. Restringir a capacidade de ganho do particular para que não seja necessário realizar aportes públicos é amesquinhar uma discussão muito mais relevante na fase de definição das políticas públicas aplicáveis à prestação dos serviços públicos. É fundamental que a Administração Pública, ao selecionar um particular, não tenha a obsessão por reduzir seus ganhos para, teoricamente, poupar o dispêndio de recursos públicos, de forma que os certames realizados devem ir muito além do menor preço nominalmente oferecido. Deve haver uma análise ampla da vantajosidade da contratação.

Inobstante, a realidade brasileira demonstra que a fixação da Administração Pública e dos órgãos de controle em obter preços baixos em licitações destinadas a outorgar concessões de serviços públicos não tem outro resultado que não seja ou um amplo processo de revisão contratual após poucos anos de sua vigência, ou a frustração do interesse público em razão da inexecução do objeto no prazo e nas condições avençadas.[24]

Voltamos ao que expusemos no início deste trabalho: público e privado não são inimigos. São parceiros que devem trabalhar em conjunto para a realização do interesse público. E, por óbvio, não há como existir a ideia de parceria quando o público luta ferrenhamente para reduzir os ganhos do privado e o privado trabalha ardilosamente para enganar o público.

---

24. V., neste sentido, a experiência das concessões de trechos rodoviários outorgadas pelo Governo Federal no ano de 2007. Naquela oportunidade jactou-se o administrador público de ter obtido enormes descontos nas tarifas de pedágio exigidas – o que é verdade. Contudo, o resultado da sistemática de sobrevalorização do menor preço teve como consequência a renegociação e/ou a inexecução das obrigações assumidas pelos particulares em diversos dos trechos licitados – o que, sem dúvidas, é mais prejudicial ao interesse público que um ganho maior do concessionário privado.

Diante dessas considerações, parece-nos evidente que o processo seletivo destinado à escolha do parceiro privado em concessões de serviço público deve ter como foco a seleção do melhor privado, e não daquele que apresenta a proposta com o número mais baixo. E, para que isso possa ser alcançado, algumas providências parecem ser fundamentais.

Em primeiro lugar, os requisitos de habilitação (notadamente no que se refere à qualificação técnica e à habilitação econômico-financeira) devem ser altamente seletivos. Apenas devem permitir participar do certame aqueles *efetivamente* qualificados para realizar o objeto a ser concedido. O certame não pode ser aberto a qualquer privado que se julgue em condições de participar. Tem que estar restrito àqueles que efetivamente *podem* participar. O rigor na seleção do parceiro privado longe está de ir contra o interesse público por, eventualmente, diminuir o universo de participantes.[25] Vai exatamente em prol do interesse público, pois aumenta consideravelmente as chances do vencedor de cumprir o objeto contratual.

Em segundo lugar, a proposta econômica apresentada deve ser escrutinada com extremo critério pela Administração Pública. Atualmente, no "espetáculo" das concessões de serviço público – utilizando uma vez mais a expressão de Marçal Justen Filho –, o valor que aparece após a abertura do envelope tem um peso excessivo, desviando o foco das discussões que efetivamente importam. Não nos esqueçamos de que *o papel aceita qualquer coisa*, como se diz no jargão popular. Assim, o licitante pode colocar em sua proposta qualquer valor que lhe aprouver. Porém, é fundamental que a Administração analise, com *extremo* zelo, se aquele valor é ou não possível, diante das condições específicas da concessão a ser outorgada.

No atual cenário é muito comum que os licitantes apareçam com preços muito baixos para assegurar a vitória na licitação. Contudo, como sói acontecer, esses preços costumam ser completamente inviáveis e insuficientes para remunerar as obrigações assumidas pelo con-

---

25. Diga-se apenas que a ideia de que critérios de habilitação rigorosos restringe a competição nada mais é que mera retórica. Considerando-se os padrões internacionais, não haveria restrição de participantes caso, *efetivamente*, fossem realizadas no Brasil licitações internacionais. Poderia, em casos muito específicos, haver restrição do número de participantes apenas se fôssemos analisar exclusivamente o mercado nacional.

cessionário. E o que ocorre não é, infelizmente, a recusa da proposta por parte da Administração Pública. Muito ao contrário. É o alarde da obtenção da melhor proposta, mesmo com a plena consciência de que aquele valor terá de ser revisto ou de que os resultados pretendidos não serão alcançados. Tem-se um verdadeiro *espetáculo*, pois o privado apresenta proposta que sabe ser impossível de cumprir, e o público divulga esta proposta como realizadora do interesse público, mesmo sabendo que o contrato não será cumprido de acordo com seus termos.

As propostas financeiras devem ser ancoradas em um *plano de negócios* real, factível e, de preferência, validado por um especialista isento ou uma instituição financeira que se responsabilize perante a Administração Pública a financiar o futuro concessionário. É fundamental avaliar se as fontes de recursos são reais, factíveis e condizentes com as obrigações assumidas. Tratar o plano de negócios como mero objeto de decoração apenas favorece a realização de licitações teatrais que não viabilizam a realização de empreendimentos extremamente necessários à satisfação do interesse público.

Em terceiro e último lugar, há que se ter avaliação de propostas técnicas. Seja por meio da adoção das licitações de técnica e preço, seja por meio da adoção de sistemas de prévia qualificação de proposta técnica para aceitação da proposta econômica, nos termos do inciso VII do art. 15 da Lei 8.987/1995 ou do inciso I do art. 12 da Lei 11.079/2004, conforme o caso.

No Brasil há o pressuposto de que o administrador atuará com desvios nos processos licitatórios. Com isso, a etapa de avaliação de aspectos técnicos das propostas se tornou suspeita, já que poderia contemplar subjetivismos propiciadores de favorecimentos indevidos. Segundo a cultura brasileira das licitações de *espetáculo*, licitação boa e escorreita é aquela que analisa apenas o critério objetivo, ou seja, o preço (mesmo que infactível, como dito acima). Equívoco crasso.

Do conceito de concessões de serviços públicos que propusemos acima é claramente possível depreender que o importante é o alcance de uma *finalidade* pelo particular – qual seja: a prestação adequada de um serviço público. Nesse sentido, é fundamental que o privado tenha a liberdade de estruturar o melhor projeto possível, de acordo com as finalidades contempladas no edital. E daí advém a importância de uma avaliação técnica, pois a partir dela poderá a Administração Pública avaliar qual a melhor solução para o atendimento das finalidades públicas.

E mais ainda. O emprego de avaliações técnicas nas licitações destinadas à outorga de concessões de serviços públicos propicia que se extraiam dos particulares envolvidos diferentes soluções para o projeto em disputa, desonerando a Administração de prover todas as ideias e realizar todos os projetos.

O problema não advém da existência de alguma parcela de discricionariedade concedida à Administração Pública na avaliação de propostas técnicas. O problema reside na ausência de critérios para o exercício dessa discricionariedade. Destarte, é fundamental que se considerem, nas licitações destinadas à outorga de concessões de serviços públicos, métodos de avaliação das propostas técnicas com critérios isonômicos, que permitam um balizamento da discricionariedade. É preferível que haja uma margem controlada de discricionariedade do que haver um vinculação forjada, que não se verifica na prática, como ainda ocorre com frequência no Brasil.[26]

A contratação a ser realizada pela Administração Pública quando da outorga de uma concessão de serviço público é muito mais complexa e duradoura do que qualquer outra. Assim sendo, apenas se pode imaginar a existência de um projeto exitoso de parceria se o processo de licitação for organizado com o foco no encontro da real melhor proposta. O espetáculo de se alardear ter obtido o melhor desconto é muitas vezes mais danoso ao interesse público do que uma contratação mais cara mas que logre garantir um serviço adequado para a população.

6.6 A remuneração do particular

A questão da remuneração do particular é das mais controvertidas em matéria de concessões de serviços públicos. No Brasil, por força de correntes político-ideológicas, há sempre a ideia de que os particulares que prestam serviços públicos não podem ganhar dinheiro, pois

26. Nesse sentido, Ferdinand Wollenschläger menciona a possibilidade clara de competências discricionárias nas decisões no âmbito de licitações públicas, desde que haja critérios que permitam aferir seu exercício. Quer-se dizer – como anota o autor, e de acordo com a jurisprudência da Corte Constitucional alemã – que o problema não reside na existência de discricionariedade, mas, sim, na inexistência de critérios que permitam verificar se a decisão do administrador público foi, ou não, correta (*Verteilungsverfahren*, cit., pp. 32-33).

isso seria forma de exploração da população. Mais uma vez a discussão é desfocada, pois simplesmente desconsidera o elemento mais importante: a qualidade dos serviços prestados.

O primeiro ponto que não pode passar despercebido é o completo descolamento existente entre a fixação da remuneração dos concessionários privados e o cenário existente no entorno. O particular que investirá na realização de uma infraestrutura pública dedicada à prestação de um serviço público deverá ser atraído a fazê-lo. Para tanto, é fundamental que ele vislumbre no investimento em concessões um ganho financeiro maior do que o auferido em operações com menos riscos. Se houver investimentos que garantam maior remuneração com menos riscos não haverá particular idôneo disposto a realizar os investimentos necessários. Com isso, ao fixar as bases econômico-financeiras de uma concessão de serviço público é fundamental que elas apontem para um retorno financeiro atrativo – o que vem sendo cada vez raro na realidade brasileira.

Uma vez mais fixado na ideia de limitar os ganhos dos particulares – garantindo o *espetáculo* para a plateia (ou seja, a sociedade) –, é comum que sejam criadas situações irreais, em que os ganhos passíveis de serem auferidos em uma concessão de serviço público são inferiores ao garantido por aplicações comezinhas do mercado financeiro. Ao invés de se preocupar com a qualidade dos serviços prestados à população, há uma preocupação excessiva com a limitação de ganhos dos concessionários. É um *espetáculo*.

Como decorrência deste primeiro ponto, advém o segundo: a remuneração do concessionário deve ser condizente com os riscos por ele assumidos. Como já dito, o sistema de alocação de riscos de uma concessão de serviços públicos não é único, nem muito menos fixado igualmente para todas as concessões. Em cada projeto que venha a ser estruturado deve haver uma alocação de riscos específica, atribuindo-se os riscos à parte contratual que melhor tiver capacidade de absorvê-los.[27]

Como parâmetro de cálculo de uma remuneração cabível ao concessionário, é fundamental que haja uma análise dos riscos por ele suportados. Quanto mais riscos ou quanto mais relevantes os riscos

---

27. Sobre o tema, cf. Marcos Augusto Perez, *O Risco no Contrato de Concessão de Serviço Público*, Belo Horizonte, Fórum, 2006, pp. 129 e ss.

atribuídos ao concessionário privado, maior deve ser sua remuneração. Daí a importância primordial de se ter uma política pública muito clara quanto à forma de prestação dos serviços públicos, pois é apenas por meio de tais políticas que se poderá fixar, com clareza, como se dará a prestação dos serviços públicos e quais os riscos que serão ou não alocados à iniciativa privada, diante dos critérios de custos envolvidos e da boa destinação de recursos públicos.

O que se tem no Brasil é um mantra repetido à exaustão pela Administração Pública e pelos órgãos de controle, segundo o qual os riscos devem ser integralmente alocados ao privado. Não há uma política setorial de alocação de riscos e fixação de mecanismos de mitigação. Há uma construção casuística de contratos de concessão, e o resultado é sempre o mesmo: diversos processos administrativos de revisão do equilíbrio econômico-financeiro do instrumento concessório, para que se permita a viabilidade da concessão.

Quanto maior o descompasso entre remuneração e alocação de riscos e quanto menos clara esta, mais a garantia de equilíbrio econômico-financeiro se torna a única válvula de escape, onerando-se os usuários do serviço concedido. Ao longo do tempo ocorre exatamente o oposto do *espetáculo* alardeado no momento da contratação, pois o preço baixo da concessão se torna uma tarifa excessiva com o passar da concessão.

É fundamental que os contratos de concessão de serviço público prevejam, com detalhamento, as obrigações impostas ao concessionário e os riscos alocados a cada uma das partes. Quanto mais detalhada e mais precisa for a alocação prévia dos riscos oriundos de um contrato de concessão, menos incidente será a cláusula de garantia do equilíbrio econômico-financeiro do contrato, pois claramente estarão delimitadas suas hipóteses de cabimento.

Demais disso, é imperioso entender o que é, exatamente, a remuneração de um concessionário em um contrato de concessão de serviços públicos. Para tanto, além de espantar aquela ideia corriqueira – e errada – de que a remuneração é apenas o valor das tarifas pagas pelos usuários, é fundamental ter em conta o que representa o plexo remuneratório do concessionário.

Por meio de um contrato de concessão de serviço público um particular assume a obrigação de prestar, em nome e lugar do Estado e de acordo com finalidades previamente pactuadas, um serviço público. Para tanto, demanda uma remuneração, a qual deverá ser fixada *diante das circunstâncias do caso concreto*. Essa remuneração poderá ser advinda de tarifas pagas pelos usuários, de receitas acessórias, alternativas e complementares, de contraprestações pagas pelo Estado e, obviamente, da combinação de todas ou algumas delas. Mais ainda: essa remuneração deverá ser, a todo tempo, suficiente para: (i) garantir a cobertura dos custos de oferta dos serviços concedidos; (ii) garantir o pagamento dos investimentos realizados; e (iii) garantir o retorno do capital empregado pelo concessionário.

Carlos Ari Sundfeld, com a precisão habitual, afirma que:

> Quando o Poder Público licita uma concessão, a tarefa de definir, de forma precisa, o conjunto de obrigações da futura concessionária torna-se ainda mais importante. Contratos dessa espécie são complexos, com prazos longos e muitos investimentos. Os interessados precisam conhecer a totalidade de seus encargos para fazer seus estudos econômico-financeiros e, se entenderem atrativo o negócio, apresentar suas propostas.[28]

Neste contexto, tem-se que a remuneração do concessionário (seja de qual fonte ela provirá) nada mais é do que *o valor que se atribui ao concessionário para que ele preste um serviço público de acordo com as premissas postas pelo Estado*. É, em suma, a contrapartida exigida pelo concessionário para a assunção de um plexo de obrigações e de riscos, fixados no contrato de concessão. Uma vez fixada a relação entre obrigações e riscos assumidos e a contraprestação devida, não há que se realizar qualquer alteração. O particular apenas poderá ter reduções em sua remuneração caso ocorram riscos que o contrato expressamente lhe atribui.

Por mais óbvio que isso pareça, a relação entre encargos e direitos da qual provém a remuneração do concessionário *vincula as partes e não pode mais ser alterada durante toda a execução contratual*. Qualquer alteração que ocorra, seja em decorrência do aumento das obrigações impostas ao concessionário, seja em decorrência da consubstancia-

---

28. Carlos Ari Sundfeld, "Risco de tráfego e equilíbrio econômico-financeiro da concessão de rodovia", in *Pareceres, Volume II – Direito Administrativo Contratual*, São Paulo, Ed. RT, 2013, p. 36.

ção de riscos não atribuídos ao concessionário, *terá como consequência a obrigação de revisão do equilíbrio econômico-financeiro do contrato*, para se restabelecer a situação originalmente pactuada.

A partir dessas afirmações coloca-se a questão do parâmetro de revisão do equilíbrio econômico-financeiro do contrato de concessão. Segundo nos parece, é evidente que esse parâmetro deve se dar a partir do retorno do capital investido pelo concessionário no objeto da concessão, fixado no momento da formação da avença – a chamada *taxa interna de retorno*. A razão para tanto é simples: no momento da formação do vínculo contratual o privado apresenta um valor que, segundo um critério de alocação de riscos e fixação de obrigações, é suficiente para sua remuneração, que lhe renderá um ganho. Há uma justa expectativa do particular de auferir tal ganho durante a vida da concessão – afinal, em razão deste ganho é que foi tomada a decisão de investir na prestação de um serviço público.

Dizendo com outras palavras: o vínculo jurídico de um contrato de concessão é formado a partir de uma manifestação de vontade do privado de prestar dado serviço público, vislumbrando determinado lucro. Exceto se ocorrerem os riscos a ele atribuídos ou se ele não for capaz de cumprir regularmente suas obrigações contratualmente fixadas, sua remuneração (entendida como a relação entre direitos e obrigações) não poderá sofrer alterações, sob pena de frustração de uma legítima expectativa de lucro.

Não se pode jamais perder de vista que as concessões de serviços públicos são *negócios* empreendidos por privados.[29] Via de consequência, há uma expectativa de ganho sujeita ao cumprimento de certas obrigações e à não ocorrência (ou à adequada mitigação dos efeitos) de certos riscos que leva o particular a realizar seus investimentos. Destarte, a redução da expectativa de ganho pela ocorrência de riscos não assumidos pelo privado ou pelo aumento de suas obrigações somente pode ter como consequência a revisão do contrato, para recompor o ganho originalmente previsto pelo concessionário.

---

29. Uma vez mais concordando com Carlos Ari Sundfeld, é importante mencionar que nas concessões a concessionária ganha o direito de explorar a coisa pública, buscando um ganho econômico ("Risco de tráfego e equilíbrio econômico-financeiro da concessão de rodovia", cit., in *Pareceres, Volume II – Direito Administrativo Contratual*, p. 36).

Dessa forma, por mais que haja outros parâmetros de recomposição do equilíbrio econômico-financeiro dos contratos de concessão de serviço público,[30] o que nos parece mais adequado para a preservação da relação originalmente pactuada é o ganho esperado pelo concessionário, expresso pela *taxa interna de retorno* estimada para a concessão, pois foi exatamente ele que levou à formação do vínculo concessório. Apenas desta forma serão preservados os termos e condições contratuais originalmente fixados e haverá a necessária observância dos princípios da segurança jurídica e da boa-fé contratual.[31]

Se analisado o cenário hoje existente, vê-se certa aversão por parte da Administração Pública e dos órgãos de controle na adoção da taxa interna de retorno como parâmetro de recomposição do equilíbrio econômico-financeiro. Segundo nos parece, essa aversão tem dois fundamentos: (i) o primeiro é imaginar que não se devem assegurar ganhos ao particular a partir da exploração de um empreendimento público; e (ii) o segundo é a falta de transparência do particular em relação à verdadeira taxa de retorno, gerando imprecisões no momento de revisões contratuais.

Como decorrência, no âmbito do *espetáculo*, vale-se a Administração Pública de outros parâmetros de recomposição do equilíbrio econômico-financeiro das concessões de serviços públicos, alardeando reduzir a sanha de lucros dos concessionários privados. Este expediente acaba, por vezes, gerando simplesmente o descumprimento de cláusulas contratuais e aumentando a insegurança jurídica para investimentos em infraestrutura.

Ao que nos parece, a taxa de retorno poderá ser utilizada como parâmetro de recomposição do equilíbrio econômico-financeiro das concessões sem qualquer problema, desde que observadas duas premissas raramente cumpridas no Brasil. A primeira é a imperativida-

---

30. Floriano de Azevedo Marques Neto apresenta um rol bastante completo de alternativas e suas formas de aplicação na realidade (*A Concessão como Instituto de Direito Administrativo*, cit., pp. 277 e ss.).

31. O que ora se afirma não é nada de novo em matéria contratual. Na análise de qualquer contrato bilateral e oneroso que seja as partes têm direito a um ganho, sujeito ao cumprimento adequado de suas obrigações e à ocorrência de certos riscos contratualmente previstos. Esse é um pressuposto de qualquer contrato, que não encontra justificativas para não ser incorporado aos contratos de concessão de serviço público. Sobre o tema nos contratos privados, cf. Enzo Roppo, *O Contrato*, trad. de Ana Coimbra e M. Januário C. Gomes, Coimbra, Livraria Almedina, 2009, pp. 219 e ss.

de de um *plano de negócios* robusto preparado pelo concessionário e validado pela Administração. E a segunda é a existência de uma sistemática contratual muito clara quanto aos critérios de alocação de riscos.

Como já dissemos antes neste estudo, o plano de negócios é fundamental para a aferição da viabilidade da proposta econômica apresentada pelo concessionário. Porém, não só. Também é essencial para se fixar a taxa de retorno estimada pelo particular, pois ele conterá as premissas de custos operacionais, custos de investimento, fontes de captação de recursos e ganhos a serem auferidos com os recursos próprios investidos. Se o plano de negócios for elaborado de forma séria, factível, realista e concreta, será claramente possível aferir qual a expectativa de ganho do particular prevista para uma concessão de serviço público, a qual poderá, então, vincular concedente e concessionário.

Ademais, é fundamental que sejam claramente fixados quais os riscos assumidos pelas partes, pois somente assim será possível verificar se aquela expectativa de ganho contemplada no plano de negócios foi frustrada por algo imputável ao Estado ou não. Se a alocação de riscos não for clara, o particular poderá sempre alegar que sua expectativa de ganho foi frustrada por culpa da Administração Pública,[32] gerando sempre a desconfiança por parte do Estado nos momentos de revisão contratual.

Todavia, toda essa sistemática pressupõe grande mudança de cultura no Brasil. Por parte do Estado, essa mudança de cultura impõe maior seriedade na formatação dos projetos de concessão de serviços públicos e o dever de escrutínio completo das informações e premissas econômico-financeiras apresentadas pelo particular. Enquanto se valorizar excessivamente o *espetáculo* do menor preço, sem atenção aos seus fundamentos, será impossível a utilização da taxa de retorno como parâmetro de recomposição, pois será ela fruto de números ir-

---

32. Aqui não se pode perder de vista que a cultura brasileira ainda é muito vincada pela sistemática da Lei 8.666, de 21.6.1993, na qual o Estado arca com todos os riscos, exceto aqueles relacionados à capacidade do particular de cumprir suas obrigações contratuais. Via de consequência, ainda é comum que os contratos de concessão não contemplem uma sistemática clara de alocação de riscos, abrindo espaços para que seja importada a lógica da Lei 8.666/1993 e, portanto, sejam transferidos para o Estado e para os usuários praticamente todos os riscos advindos da exploração de uma concessão de serviço público.

reais e premissas infactíveis criadas pelo Estado ou pelos próprios particulares.[33]

De outro bordo, da parte dos privados, a mudança de cultura impõe o dever de maior transparência na formulação de propostas nas licitações destinadas às concessões, com a adoção de premissas reais. É fundamental que se mude a prática mais comum das contratações realizadas com base na Lei 8.666/1993, nas quais é comum a apresentação de propostas irreais pelos privados, com a certeza de que o contrato será revisto adiante em razão de um sem-número de causas levantadas pelo particular.

A partir do momento em que se tiver clara a alocação de riscos, com a garantia de restrição das hipóteses de revisão contratual apenas à ocorrência dos riscos atribuídos ao concessionário, deverá ele ser mais cuidadoso na elaboração de sua proposta e, portanto, deverá preparar um plano de negócios real, pois será sua única garantia no período da execução contratual.

A remuneração do concessionário é um dos temas mais cêntricos das concessões de serviços públicos. Dela dependem: (i) a qualidade do parceiro privado selecionado para dar cabo de missões públicas do mais alto interesse coletivo; (ii) a qualidade dos serviços prestados; (iii) a sustentabilidade da atividade a longo prazo; (iv) o alcance de metas de universalização; e (v) em última análise, o efetivo cumprimento de direitos fundamentais dos cidadãos. Daí a importância de não se fazer *espetáculos* com a matéria.

6.7 Conclusão: a necessidade do fim do espetáculo

Como afirmou o filósofo espanhol que viveu nos Estados Unidos da América, George Santayana, "quem não se lembra do passado está condenado a repeti-lo". Até o momento, salvo raras exceções de bons exemplos, tivemos apenas "espetáculos" em matéria de concessão de serviços públicos (utilizando a felicíssima expressão de Marçal Justen Filho, uma vez mais). Poucos foram os casos em que não houve rene-

---

33. Aqui é importante mencionar que a culpa pela falta de seriedade não é apenas do público ou apenas do privado. Fartos são os casos em que os investimentos são subdimensionados pelo Estado para gerar um *espetáculo* de economicidade. Com isso, a taxa de retorno é irreal por culpa do próprio poder concedente.

gociações extensas e serviços concedidos que não foram e não são bem prestados à população. É preciso lembrar esses casos, para não permanecer repetindo os mesmos erros.

Por tudo isso, é essencial que se saia da era do *espetáculo* para que se entre na era da realidade. É fundamental o estabelecimento de políticas públicas adequadas para os serviços que serão concedidos, e é necessário prezar, inarredavelmente, pela estabilidade e pela tecnicidade da regulação dos serviços públicos (tendo em vista a qualidade dos serviços prestados, e não o *espetáculo*). Só assim o *espetáculo* acabará. A concessão de serviços públicos é instrumento precioso para a adequada prestação desses serviços. Longe está de representar o fim ou uma crise do Estado. Representa, sim, o retrato de uma sociedade bem desenvolvida e de um Estado Democrático de Direito bem constituído. Falta apenas ser corretamente utilizada.

Bibliografia

ALMEIDA, Fernando, MARQUES NETO, Floriano de Azevedo, e MIGUEL, Luiz Felipe Hadlich (orgs.). *Direito Público em Evolução – Estudos em Homenagem à Professora Odete Medauar*. Belo Horizonte, Fórum, 2013.

AMARAL, Antônio Carlos Cintra do. *Licitação para Concessão de Serviço Público*. São Paulo, Malheiros Editores, 1995.

ARAGÃO, Alexandre Santos de, e MARQUES NETO, Floriano de Azevedo (orgs.). *Direito Administrativo e seus Novos Paradigmas*. Belo Horizonte, Fórum, 2008.

ÁVILA, Humberto. "Repensando o 'princípio da supremacia do interesse público sobre o particular'". In: SARMENTO, Daniel (org.). *Interesses Públicos Versus Interesses Privados: Desconstruindo o Princípio da Supremacia do Interesse Público*. Rio de Janeiro, Lumen Juris, 2010.

COUTINHO, Diogo R. "O Direito nas políticas públicas". In: FARIA, Carlos Aurélio Pimenta de, e MARQUES, Eduardo (orgs.). *A Política Pública como Campo Multidisciplinar*. São Paulo/Rio de Janeiro, UNESP/FIOCRUZ, 2013.

FARIA, Carlos Aurélio Pimenta de, e MARQUES, Eduardo (orgs.). *A Política Pública como Campo Multidisciplinar*. São Paulo/Rio de Janeiro, UNESP/FIOCRUZ, 2013.

JUSTEN FILHO, Marçal. "O direito administrativo do espetáculo". In ARAGÃO, Alexandre Santos de, e MARQUES NETO, Floriano de Azevedo (orgs.). *Direito Administrativo e seus Novos Paradigmas*. Belo Horizonte, Fórum, 2008.

MARQUES, Eduardo, e FARIA, Carlos Aurélio Pimenta de (orgs.). *A Política Pública como Campo Multidisciplinar*. São Paulo/Rio de Janeiro, UNESP/FIOCRUZ, 2013.

MARQUES NETO, Floriano de Azevedo. *A Concessão como Instituto do Direito Administrativo*. Tese de titularidade apresentada à Faculdade de Direito da USP. São Paulo, setembro/2013, *mimeo*.

————. "Fundamentos e conceituação das PPPs". In: MARQUES NETO, Floriano de Azevedo, e SCHIRATO, Vitor Rhein (coords.). *Estudos sobre a Lei das Parcerias Público-Privadas*. Belo Horizonte, Fórum, 2011.

MARQUES NETO, Floriano de Azevedo, ALMEIDA, Fernando, e MIGUEL, Luiz Felipe Hadlich (orgs.). *Direito Público em Evolução – Estudos em Homenagem à Professora Odete Medauar*. Belo Horizonte, Fórum, 2013.

MARQUES NETO, Floriano de Azevedo, e ARAGÃO, Alexandre Santos de (orgs.). *Direito Administrativo e seus Novos Paradigmas*. Belo Horizonte, Fórum, 2008.

MARQUES NETO, Floriano de Azevedo, e SCHIRATO, Vitor Rhein (coords.). *Estudos sobre a Lei das Parcerias Público-Privadas*. Belo Horizonte, Fórum, 2011.

MELLO, Celso Antônio Bandeira de. *Curso de Direito Administrativo*, 29ª ed., São Paulo: Malheiros, 2012.

MIGUEL, Luiz Felipe Hadlich, ALMEIDA, Fernando, e MARQUES NETO, Floriano de Azevedo (orgs.). *Direito Público em Evolução – Estudos em Homenagem à Professora Odete Medauar*. Belo Horizonte, Fórum, 2013.

PEREZ, Marcos Augusto. *O Risco no Contrato de Concessão de Serviço Público*. Belo Horizonte, Fórum, 2006.

ROPPO, Enzo. *O Contrato*. Trad. de Ana Coimbra e M. Januário C. Gomes. Coimbra, Livraria Almedina, 2009.

SARMENTO, Daniel (org.). *Interesses Públicos **Versus** Interesses Privados: Desconstruindo o Princípio da Supremacia do Interesse Público*. Rio de Janeiro, Lumen Juris, 2010.

SCHIRATO, Vitor Rhein. "Concessões de serviço público em evolução". In: ALMEIDA, Fernando, MARQUES NETO, Floriano de Azevedo, e MIGUEL, Luiz Felipe Hadlich (orgs.). *Direito Público em Evolução – Estudos em Homenagem à Professora Odete Medauar*. Belo Horizonte, Fórum, 2013

————. *Livre Iniciativa nos Serviços Públicos*. Belo Horizonte, Fórum, 2012.

————. "Regulação tarifária e competências no transporte coletivo de passageiros no Brasil". *Boletim de Direito Municipal* 9/623 e ss. São Paulo, NDJ, setembro/2012.

SCHIRATO, Vitor Rhein, e MARQUES NETO, Floriano de Azevedo (coords.). *Estudos sobre a Lei das Parcerias Público-Privadas*. Belo Horizonte, Fórum, 2011.

SILVA, Danilo Tavares da. "Licitação na Lei 11.079/2004". In: MARQUES NETO, Floriano de Azevedo, e SCHIRATO, Vitor Rhein (coords.). *Estudos sobre a Lei das Parcerias Público-Privadas*. Belo Horizonte, Fórum, 2011.

SUNDFELD, Carlos Ari. "Risco de tráfego e equilíbrio econômico-financeiro da concessão de rodovia". In: SUNDFELD, Carlos Ari. *Pareceres, Volume II – Direito Administrativo Contratual*. São Paulo, Ed. RT, 2013.

——————. *Pareceres, Volume II – Direito Administrativo Contratual*. São Paulo, Ed. RT, 2013.

WOLLENSCHLÄGER, Ferdinand. *Verteilungsverfahren*. Tübingen, Mohr Siebeck, 2010.

Capítulo 7
A PARTICIPAÇÃO PROATIVA E REATIVA DA INICIATIVA PRIVADA EM PROJETOS DE INFRAESTRUTURA NO BRASIL: UM ESTUDO SOBRE AS MANIFESTAÇÕES DE INTERESSE DA INICIATIVA PRIVADA/MIPs E OS PROCEDIMENTOS DE MANIFESTAÇÃO DE INTERESSE/PMIs

André Castro Carvalho

> *7.1 Contextualização. 7.2 Classificação da participação da iniciativa privada na elaboração de estudos: 7.2.1 O swiss challenge nas MIPs e nos PMIs. 7.3 Regulamentação da participação da iniciativa privada em projetos no Brasil. 7.4 Propostas para uma regulamentação mais técnica juridicamente.*

"Nós sabemos, Sr. Prefeito, que um pequeno arroio, que corta uma comunidade do Município, é apenas um pequeno arroio. Mas, para nós, moradores da comunidade da Linha Cristal, a antiga Linha Marghera, o arroio Cristal é único. (...).

"Então foi por isso, Sr. Prefeito, que a comunidade da Linha Cristal (...) resolveu tomar providências a respeito da recuperação do arroio Cristal, com a realização de obras de saneamento básico para tratar o esgoto da comunidade (...).

"A referida obra, com o projeto em anexo, será realizada nas proximidades do Moinho Bertarelo. (...). Um orçamento preliminar, sem custos e sem compromisso, foi feito por uma empresa local. E estima em 8 mil Reais o valor da obra (...)." (Excerto inicial de *Saneamento Básico, o Filme*, de Jorge Furtado, 2007, o qual retrata uma conversa dos moradores para a apresentação de um projeto de obra de saneamento básico à Prefeitura)

7.1 Contextualização

Com o advento da Lei 11.079/2004, foi possível notar, nessa década que se passou desde sua publicação, um *boom* no tocante à regulamentação jurídica infralegal para a apresentação de estudos e projetos de infraestrutura e os serviços públicos correlatos. O que antes era pacificamente distinguível nos contratos de concessão e permissão de serviços públicos – o interesse público e o interesse privado – agora passou a ficar cada vez mais interconectado, dificultando as análises estanques dos interesses dos particulares investidores e do Estado nesses projetos.

O conceito por detrás da Lei 8.666/1993 sempre foi bem claro ao separar quem elabora os estudos e o projeto básico e executivo de quem o executa (art. 9º, I). Na lógica de concessões comuns e permissões essa orientação normativa veio se mantendo até o surgimento da Lei das Parcerias Público-Privadas/PPPs, introduzindo-se novos conceitos na contratação pública para infraestruturas e serviços públicos correlatos com o advento das concessões patrocinada e administrativa. A Lei 12.462/2012, a qual instituiu o Regime Diferenciado de Contratações/RDC, ao colocar em relevância a necessidade do anteprojeto de engenharia que contemple os documentos a fim de caracterizar a obra ou serviço na modalidade de contratação integrada, também põe destaque na discussão no que toca às contratações públicas em obras e serviços de engenharia – as quais, por vezes, têm relação com infraestrutura e serviços públicos.

Essa tendência de maior regulamentação da atuação da iniciativa privada na elaboração de projetos de infraestrutura intensificou-se a partir de 2008, depois de passado um período de maturação da Lei das PPPs, juntamente com o advento de planos federais orçamentários específicos para o setor (como o PPI e o PAC). Com o exercício da competência constitucional suplementar dos Estados (art. 24, § 2º) e a possibilidade de os Municípios legislarem sobre o interesse local (art. 30, I), houve verdadeira "enxurrada" normativa a fim de se tentar regulamentar a participação privada em projetos de infraestrutura. No entanto, a falta de amadurecimento teórico sobre o tema acabou originando uma atecnia legislativa padronizada, a qual, ao se replicar nos demais entes federativos, deixou de regulamentar algumas situações específicas e relevantes.

7.2 Classificação da participação da iniciativa privada na elaboração de estudos

Pode-se dividir a participação da iniciativa privada em projetos de infraestrutura de duas formas: *proativa* e *reativa*. A participação *proativa*, de forma espontânea pelo particular, está mais relacionada com o que se convencionou denominar, na prática internacional, de *unsolicited proposals*. Quanto à participação *reativa*, ou seja, por provocação da Administração Pública, o termo mais utilizado é *expression of interest*.[1] "Proatividade" e "reatividade" são termos utilizados de forma a definir o marco inaugural da ideia por detrás dos estudos e projetos em infraestrutura, fundamentada na teoria dos atos administrativos: se a iniciativa parte da própria Administração Pública, por meio de um procedimento de chamamento público, está-se "reagindo" a um ato administrativo emanado; se, por sua vez, parte-se de uma apresentação espontânea do particular, está-se "provocando" a Administração Pública a iniciar um procedimento para a colheita de estudos para um projeto específico – e, assim, consubstanciando a emissão de um ato administrativo no caso concreto.

A participação proativa traz uma ideia "a partir do zero", ou seja, a iniciativa privada provoca a Administração Pública para se começar a cogitar de um projeto que sequer havia sido concebido por ela; no caso da participação reativa, a Administração Pública sabe "mais ou menos" o que precisa (*v.g.*, é necessária uma ponte que ligue duas margens) – o que pode vir, por exemplo, representado em um anteprojeto de engenharia. Aqui, não há divulgação prévia do projeto básico ou executivo, o qual deverá ser elaborado pela iniciativa privada – do contrário seria o caso de se promover a licitação da obra ou serviço em questão. Em síntese, o objeto principal da participação proativa é trazer uma ideia fundamentada de um projeto de infraestrutura, enquanto o da participação reativa é desenvolvê-la.

1. Cf. Lívia Wanderley de Barros Maia Vieira e Rafael Roque Garofano, "Procedimentos de Manifestação de Interesse (PMI) e de Propostas Não Solicitadas (PNS) – Os riscos e os desafios da contratação na sequência de cooperação da iniciativa privada", *Revista Brasileira de Infraestrutura/RBINF* 2/193, Ano 1, julho-dezembro/2012; e John T. Hodges e Georgina Dellacha, "Unsolicited infrastructure proposals: how some countries introduce competition and transparency", *Gridlines: Sharing Knowledge, Experiences, and Innovations in Public-Private Partnerships in Infrastructure*, Note N. 19, março/2007, p. 1.

No Peru,[2] por exemplo, também existe a possibilidade, dentro do ordenamento jurídico interno, de a iniciativa privada apresentar projetos de infraestrutura. Isso, na visão da doutrina local, serviu para dinamizar a atividade de planejamento governamental nos respectivos projetos: o próprio investidor passou a colaborar com estudos, identificar problemas de políticas públicas, propor o projeto, o desenho, a engenharia etc. Tudo isso é passível de redundar em um futuro projeto de investimento em infraestrutura e representa, na verdade, uma etapa de negociação prévia à celebração de um contrato administrativo que dará a execução ao projeto de infraestrutura. A experiência peruana, mais antiga que a brasileira, serve para trazer subsídios à importância dessa nova sinergia existente entre Estado e iniciativa privada.

No Brasil as idiossincrasias próprias de um sistema federativo acabaram pormenorizando essa participação da iniciativa privada. Os conceitos de participação mesclaram-se e, atualmente, PMI e MIP caminham *pari passu* na regulamentação normativa, com poucas distinções entre si, sobretudo em Estados e Municípios brasileiros – dado que, no caso federal, não obstante prevista de forma proativa, não houve menção expressa à denominação da figura da participação da iniciativa privada nesse processo. Reservadas essas exceções, pode-se afirmar que a regra geral é no sentido de que o PMI é a participação *reativa* do particular em projetos de infraestrutura e a MIP é a participação *proativa* da iniciativa privada.

A doutrina administrativista é assente em afirmar que essa participação do particular não viola os princípios constitucionais, como a indisponibilidade do interesse público: pelo contrário, visa a evitar práticas ilegais de entrega de estudos à Administração Pública, por parte de interessados, para que a licitação seja levada a cabo pelo Poder Público (a célebre e imoral "contribuição informal"). Dessa forma, sua regulamentação vem ao encontro dos princípios da isonomia e da legitimidade. Como vantagens apontadas, a colheita de subsídios e a apropriação do conhecimento específico da iniciativa privada pelo Poder Público costumam ser bem salientadas; como desvantagens,

---

2. Cf. Juan Carlos Morón Urbina, "Los derechos del iniciador de proyectos de infraestructura", in Asociación Peruana de Derecho Administrativo, *Modernizando el Estado para un País Mejor: Ponencias del IV Congreso Nacional de Derecho Administrativo*, Lima, Palestra Editores, 2010, p. 72.

registra-se a criação de um *viés* favorável ao autor do projeto, além da inevitável assimetria de informações (ao não servir como incentivo para que todos os detalhes do projeto sejam relevados no momento inicial de estudos) e o risco de "captura" do setor público.[3] Partimos do pressuposto de que, dentro desse *trade-off* da participação da iniciativa privada nos projetos, os aspectos positivos tendem a superar os eventuais problemas que esse mecanismo porventura poderia gerar.

7.2.1 O swiss challenge *nas MIPs e nos PMIs*[4]

Os PMIS e as MIPs resgatam o conceito de "diálogo competitivo" existente em outros ordenamentos, com uma maior aproximação do Estado à iniciativa privada. Na Dinamarca, *v.g.*, em importantes projetos de infraestrutura pública de transportes integrados pode haver o uso do diálogo competitivo (restrito a determinadas hipóteses). Ou seja: é uma discussão prévia das autoridades com cada potencial licitante sobre o projeto em questão. Tal ferramenta é utilizada também em licitações na União Europeia em projetos complexos de infraestrutura. A fim de garantir que a proposta enviada seja a mais vantajosa à Administração Pública, a prática do "sistema de desafio suíço" (*swiss challenge system*) – muito aplicada nas Filipinas e posteriormente desenvolvida na África do Sul, em Guam, e no Estado indiano de Gujarat – tem sido utilizada como importante mecanismo de *accountability*, porquanto concede a terceiros a oportunidade de apresentarem melhores projetos nesse processo.[5]

---

3. Cf.: Flávio Amaral Garcia, "A participação do mercado na definição do objeto das parcerias público-privadas – O Procedimento de Manifestação de Interesse", *Revista de Direito Público da Economia/RDPE* 42/68 e 76-78, Ano 11, abril-junho/2013; e Lívia Wanderley de Barros Maia Vieira e Rafael Roque Garofano, "Procedimentos de Manifestação de Interesse (PMI) e de Propostas Não Solicitadas (PNS) – Os riscos e os desafios da contratação na sequência de cooperação da iniciativa privada", cit., *Revista Brasileira de Infraestrutura/RBINF* 2/204-206.
4. Cf. informações sobre o *swiss challenge* em nosso trabalho *Infraestrutura sob uma Perspectiva Pública: Instrumentos para o seu Desenvolvimento*, tese (Doutorado em Direito), São Paulo, Faculdade de Direito da USP, 2013, p. 33, nota 5.
5. Cf.: Global Competition Review, *Public Procurement: an Overview of Regulation in 38 Jurisdictions Worldwide*, Contributing Editor Hans-Joachim Prieß, Londres, Law Business Research, 2011, pp. 74 e 87-88; John T. Hodges, "Unsolicited proposals: competitive solutions for private infrastructure", *The World Bank Group:*

A possibilidade de um trabalho elaborado por um particular poder receber críticas e sugestões de seus pares – e, eventualmente, ser emendado; é uma forma de tentar atenuar os aspectos negativos mencionados anteriormente, ao menos no concernente ao aspecto de assimetria de informações.[6] É conveniente destacar que a regulamentação brasileira pode explorar melhor essas ferramentas nesse sistema competitivo, tal como o "desafio suíço" mencionado, incentivando uma verdadeira *competição de projetos*. Assim, os projetos seriam submetidos "à prova" dos demais particulares interessados, o que fomentaria a apresentação de boas propostas à Administração Pública. Como decorrência disso, será possível agregar as melhores contribuições ao projeto original, por parte de cada interessado, a fim de resultar no projeto que esteja em maior consonância com o interesse público.

O *swiss challenge* também visa a evitar a ocorrência de uma prática – que não se provou empiricamente eficaz no Brasil[7] – de se colher propostas diversas sobre um mesmo projeto de investimento em infraestrutura (mas partindo de particulares diferentes) e, posteriormente, aproveitar-se, de cada uma dessas propostas, somente dos pontos que são extremamente positivos à Administração Pública. Com isso, tem-se a ilusão de converter a multiplicidade dos projetos apresentados em uma proposta, própria do Poder Público, que seja mais condizente com o interesse público.

Private Sector and Infrastructure Network, Note N. 258, março/2003, pp. 1-2; e nosso "As concessões de serviços públicos", *Valor Econômico. Legislação & Tributos. Opinião Jurídica* 8.7.2013, p. E2.

6. Cf. item 7.2, *supra*.

7. Como exemplo concreto pode ser mencionada a licitação da Linha 6-Laranja do Metrô de São Paulo, na qual os três grupos empresariais que participaram da modelagem de PPP na fase da MIP não apresentaram propostas, ulteriormente, na licitação para a contratação da empresa que iria executar a obra pública e prestar o respectivo serviço público. Apesar de as principais causas oficiais levantadas a fim de justificar a licitação deserta terem sido o alto volume de desapropriações e a rentabilidade do projeto, a "tragédia" já estava sendo anunciada desde fevereiro/2013, em razão do problema de se ter originado um "quarto" projeto que desagradava a todos os grupos empresariais que participaram da MIP. Cf., para maiores informações, "G1. Sem propostas, licitação da Linha 6 será revista e sofre atraso", *G1 São Paulo*, 31.7.2013 (disponível em http://g1.globo.com/sao-paulo/noticia/2013/07/sem-rece ber-propostas-sp-vai-rever-licitacao-da-linha-6-laranja-do-metro.html, acesso em 19.8.2013, e Juliana Garçon, "Leilão da Linha 6 do Metrô de São Paulo corre risco de ficar vazio", *Brasil Econômico* 18.2.2013 (disponível em http://economia.ig.com. br/empresas/infraestrutura/2013-02-18/leilao-da-linha-6-do-metro-de-sao-pau lo-corre-risco-de-ficar-vazio.html, acesso em 19.8.2013).

Isso pode dar causa a licitações desertas, pela falta subsequente de interesse dos próprios autores dos projetos originais nas MIPs e PMIs, que não vislumbram na nova proposta algo que atenda também ao interesse privado – afinal, trata-se de parceria entre Poder Público e iniciativa privada, devendo o projeto ser economicamente viável e exequível na prática. Dessa maneira, o *swiss challenge* permite que a Administração Pública tome como base a proposta inaugural apresentada por um dos particulares (no caso de uma MIP) e então trabalhem, sobre essa "proposta-base", tanto os outros grupos econômicos privados interessados como a própria Administração Pública.

Com isso, consegue-se chegar a um meio-termo nas alterações, que mantenha a viabilidade do projeto para a iniciativa privada e também observe o interesse público subjacente ao projeto. Tal prática vai ao encontro do fomento ao diálogo competitivo, que é inerente nesse tipo de processo.

7.3 Regulamentação da participação da iniciativa privada em projetos no Brasil

A regulamentação infralegal da participação da iniciativa privada em projetos de infraestrutura está fundamentada no art. 21 da Lei 8.987/1995 e no art. 31 da Lei 9.074/1995, homenageando o *reimbursement system* como sistema de premiação para aquele que apresentou os estudos que originaram o projeto de concessão ou permissão de serviço público. Portanto, na regulamentação brasileira não há qualquer bônus – assim qualificado juridicamente – em relação à elaboração do projeto, como vantagens ou pontuação diferenciada no procedimento licitatório originário desse processo.

No entanto, cumpre salientar que esse é o fundamento legal para participação nas concessões em sentido amplo (que envolve as concessões comum, administrativa e patrocinada) e as permissões de serviços públicos, dado que, pela Lei 8.666/1993 – a Lei de Licitações –, sempre fora possível à iniciativa privada participar na elaboração de projetos de infraestrutura como forma de contratação de serviços técnicos especializados.

Ocorre que, no caso da Lei de Licitações, tal atividade possui dois limitadores verificados na praxe brasileira: (i) fica na dependência de um ato administrativo que inaugure o procedimento licitatório e (ii) restringe-se a empresas de consultoria em ramos específicos, dado que os participantes da elaboração de estudos (projeto básico e executivo) não podem participar do certame fruto da tomada de contribuições, segundo já destacado no introito. Nas concessões de serviços públicos não existe tal restrição, mas havia ausência de regulamentação infralegal específica do procedimento de participação da iniciativa privada nesses projetos.

Embora essa carência aparentemente nunca tenha preocupado politicamente os Poderes Executivos dos entes federativos – que poderiam, e ainda podem, regulamentar o procedimento de participação via decreto desde 1995 –, a Lei de PPPs serviu como um "estopim" para deflagrar uma disciplina dessa prática, a qual tem sido cada vez mais recorrente. A União, em 2006, regulamentou a participação no que toca às PPPs, permitindo a participação *proativa* dos particulares nesses projetos.

Após tal iniciativa, Estados e Municípios passaram a, igualmente, regulamentar os procedimentos de apresentação de propostas de infraestrutura, ampliando ou restringindo o conteúdo da regulamentação infralegal federal original: em alguns Estados o procedimento foi estendido para concessões comuns e permissões; em outros o procedimento disciplinado foi quanto ao aspecto *reativo* de chamamento pelo Poder Público para a apresentação de projetos.

Todavia, há ainda muitos entes federativos que sequer regulamentaram essa modalidade de participação. Tal fato não pode representar ambiente limitador para a atração da iniciativa privada a fim de se apresentarem novos projetos – sobretudo nos Municípios –, tendo em vista a facilidade com que essa regulamentação – que é via decreto – pode ser promovida.

Na *praxis* brasileira, foram criadas duas figuras para a participação da iniciativa privada: a MIP e o PMI. A diferença sutil é que a MIP é uma participação proativa do particular, não dependendo de chamamento público prévio para dar início ao procedimento de avaliação do projeto pela Administração Pública. Entretanto, a entrega da proposta de estudos ou do pedido de autorização pode originar um chamamento público para que outros interessados também apresentem projetos.

O PMI, por sua vez, é uma participação reativa do particular, dependendo da publicação prévia de um chamamento público, com a veiculação da ideia ou de um anteprojeto, para que possa balizar a realização dos estudos por parte dos interessados. Em alguns PMIs há a necessidade de "credenciamento" prévio, ou seja, a emissão de uma autorização aos que se mostrarem interessados na apresentação de estudos, a ser avaliada pela Administração Pública solicitante, para que os "autorizados" possam, posteriormente, apresentar os estudos objeto do chamamento público.

Uma MIP pode, no futuro, originar um PMI. A título de exemplo, o Decreto paulistano 51.397/2010, que disciplina a MIP, prevê o protocolo de um pedido de autorização por parte do particular. A partir daí, a unidade competente (*e.g.*, uma Secretaria) criará uma comissão especial para avaliação do pedido de autorização. Havendo o oferecimento de preços superiores ao de mercado, poderá haver correção dos valores. Após essa fase há a análise do interesse público, e, então, é publicado o chamamento público, com prazo para o oferecimento de novas manifestações sobre o mesmo projeto.

Em geral, tanto as regulamentações de MIPs como de PMIs restaram por definir o âmbito de aplicação em matéria de concessões e permissões de serviços públicos – é dizer: a extensão *material* da participação da iniciativa privada. Em alguns casos é permitida a participação em concessões comuns e permissões; em outros, em concessões patrocinadas e administrativas (PPPs); por fim, as mais abrangentes permitem a participação em estudos de concessão comum, patrocinada, administrativa e permissão de serviços públicos.

A Tabela 1 demonstra a forma como essa participação tem sido regulamentada no âmbito infralegal até o momento:

Tabela 1 – Participação da iniciativa privada em projetos de infraestrutura (entes federativos selecionados)

Ente da Federação	Veículo regulamentador	Âmbito de aplicação	Forma de participação
Estado de Goiás	Decreto 7.365, de 9.6.2011	Concessão comum, patrocinada, administrativa e permissão	PMI e MIP (embora com denominação de PMI)

(*continua*)

Tabela 1 – Participação da iniciativa privada em projetos de infraestrutura (entes federativos selecionados) (continuação)

Ente da Federação	Veículo regulamentador	Âmbito de aplicação	Forma de participação
Estado de Santa Catarina	Decreto 962, de 8.5.2012	Concessão comum, patrocinada, administrativa e permissão	PMI e MIP
Estado do Paraná	Decreto 6.823, de 21.12.2012	Concessão comum, patrocinada, administrativa e permissão	PMI ("PMI espontâneo") e MIP ("PMI provocado")
Município de São Paulo	Decreto 51.391, de 8.4.2010	Concessão comum, patrocinada, administrativa e permissão	MIP
Estado de Pernambuco	Resolução Normativa CGPE-1, de 6.2.2006	Concessão patrocinada e administrativa	MIP
União	Decreto 5.977, de 1.12.2006	Concessão patrocinada e administrativa	MIP
Distrito Federal	Decreto 28.196, de 16.8.2007	Concessão patrocinada e administrativa	PMI e MIP
Estado do Rio Grande do Sul	Resolução 1, de 9.9.2008	Concessão patrocinada e administrativa	MIP
Município de Belo Horizonte	Decreto 14.052, de 5.8.2010, e Decreto 14.657, de 21.11.2011	Decreto 14.052/2010: concessão comum, patrocinada, administrativa e permissão. Decreto 14.657/2011: concessão patrocinada e administrativa	PMI (Decreto 14.052/2010) e MIP (Decreto 14.657/2011)
Estado de São Paulo	Decreto 57.289, de 30.8.2011	Concessão patrocinada e administrativa	MIP
Estado do Rio de Janeiro	Decreto 43.277, de 7.11.2011	Concessão patrocinada e administrativa	PMI e MIP (denominação "MIP" nos dois casos)
Estado da Paraíba	Decreto 33.249, de 28.8.2012	Concessão patrocinada e administrativa	PMI ou MIP

(continua)

Tabela 1 – Participação da iniciativa privada em projetos de infraestrutura (entes federativos selecionados) (continuação)

Ente da Federação	Veículo regulamentador	Âmbito de aplicação	Forma de participação
Estado de Roraima	Mensagem Governamental 23, de 10.4.2013 (Observação: Projeto de Lei)	Concessão patrocinada e administrativa	MIP
Estado de Minas Gerais	Decreto 44.565, de 3.7.2007	Concessão comum, patrocinada, administrativa e permissão	PMI
Estado da Bahia	Decreto 12.653, de 28.2.2011	Concessão comum, patrocinada, administrativa e permissão	PMI
Estado do Espírito Santo	Decreto 2.889-R, de 1.11.2011	Concessão comum, patrocinada, administrativa e permissão	PMI
Estado de Sergipe	Resolução 1, de 6.6.2008, do CGPROPPSE	Concessão patrocinada e administrativa	PMI
Estado de Alagoas	Decreto 4.067, de 17.10.2008	Concessão patrocinada e administrativa	PMI
Estado do Rio Grande do Norte	Decreto 21.337, de 6.11.2009	Concessão patrocinada e administrativa	PMI
Estado do Ceará	Decreto 30.328, de 27.9.2010	Concessão patrocinada e administrativa	PMI
Estado de Mato Grosso	Decreto 926, de 28.12.2011	Concessão patrocinada e administrativa	PMI
Estado de Rondônia	Anexo 2 da Resolução 4/ CGPPP, de 20.8.2012	Concessão patrocinada e administrativa	PMI
Estado do Pará	Resolução CG-PA-2, de 19.6.2013	Concessão patrocinada e administrativa	PMI

■ participação e aplicação ampla   ■ aplicação restrita
■ participação restrita   ■ participação e aplicação restrita

Percebe-se que são poucos os Estados que concebem a participação sob uma visão ampla, tanto proativa como reativa, além de disciplinarem o tema não somente para as PPPs em sentido estrito (concessão patrocinada e administrativa), mas também para outras formas de parceria e exploração econômica (concessão comum e permissão). A grande maioria dos Estados, no entanto, varia em menor grau essa amplitude, em alguns casos restringindo o âmbito de aplicação ou a forma de participação – partindo-se, como pressuposto, da regulamentação federal. Nesse caso, a União permite a participação proativa na apresentação de projetos – no entanto, promovendo a regulamentação apenas para as PPPs em sentido estrito.

Volvendo ao caso do Município de São Paulo, na análise dos estudos pela Comissão Especial de Avaliação poderá haver o direcionamento no parecer para se concluir pela adoção de concessão comum ou permissão, bem como de concessão patrocinada ou administrativa. A diferença é que no primeiro caso a deliberação final será da unidade competente (a Secretaria respectiva, por exemplo), enquanto na segunda hipótese deverá ser ouvido o Conselho Gestor do Programa Municipal de PPPs, que deverá deliberar a respeito do projeto.

Alguns instrumentos normativos preveem somente a participação *proativa*, não disciplinando a participação *reativa*. Nesses casos, a melhor interpretação é que ambas são possíveis – e assim foram consideradas na elaboração da Tabela 1 –, considerando que uma MIP apresentada acaba, praticamente, tornando-se um PMI pelo procedimento de chamamento público, que, em geral, é disciplinado a fim de colher subsídios de demais interessados.

Um ponto relevante e não abordado nas regulamentações analisadas é que não há óbices para que o resultado dos projetos originários de MIPs e PMIs subsidie, eventualmente, o projeto básico e executivo de uma contratação de obra pública, não necessariamente via concessão comum, patrocinada, administrativa ou permissão. Considerando que, ao final da apresentação dos estudos, nada impediria que o projeto pudesse ser executado como obra pública, via Lei 8.666/1993 – e, portanto, vedando a participação de quem atuou na elaboração dos estudos –, seria necessário que a regulamentação vedasse o aproveitamento posterior do resultado dos estudos para qualquer outra forma de contratação pública que não a da proposição original, a fim de que não enseje prejuízos aos particulares que participaram na elaboração dos projetos. Entretanto, isso não é regulamentado pelos decretos mencionados.

No limite, se ficar constatado algum favorecimento ou outra prática ilícita a fim de excluir, do certame licitatório vindouro, os participantes da elaboração do projeto original, estar-se-á configurado crime na licitação (art. 90 da Lei 8.666/1993), além de poder ensejar a anulação do certame, administrativa ou judicial, por afronta ao princípio da moralidade administrativa.

7.4 Propostas para uma regulamentação mais técnica juridicamente

A participação da iniciativa privada na elaboração de estudos em infraestrutura ainda pode ser considerada incipiente e com potencial de expansão no Brasil. A regulamentação infralegal de Goiás,[8] Santa Catarina e Paraná, bem como do Município de São Paulo, demonstra a possibilidade de se vislumbrar e explorar ao máximo a possibilidade de participação da iniciativa privada, dentro dos limites legais, na elaboração de estudos para projetos de infraestrutura pública, a qual pode se dar para todas as formas de concessão e permissão de serviços públicos.

Quanto aos demais Estados que já possuem uma regulamentação incompleta, a solução seria a edição de nova regulamentação para complementar a anterior, a exemplo do Município de Belo Horizonte. Assim, aqueles entes federativos – União, Estados e Municípios – que regulamentaram a participação apenas para as PPPs em sentido estrito podem editar novos decretos a fim de disciplinar também a situação para concessões comuns e permissões de serviços públicos – dado que o fundamento legal para a regulamentação das concessões patrocinada e administrativa é o mesmo para regulamentar as concessões comuns e permissões.

Com a permissão legal e literal já existente, não haveria sentido em limitar a regulamentação apenas para as concessões patrocina-

---

8. É curioso notar que o Estado de Goiás, que possui excelente regulamentação infralegal quanto à participação privada na elaboração de estudos, sequer a mencionou no item 4 ("Legislação Pertinente") do Edital da Solicitação de Manifestação de Interesse-PMI AGETOP 1/2013. Cf. Goiás, "Solicitação de Manifestação de Interesse – PMI AGETOP n. 001/2013", *Diário Oficial do Estado de Goiás* 21.596, Ano 176, 27.5.2013, p. 3.

das e administrativas. A ausência de regulamentação não pode significar uma interpretação proibitiva e restritiva quanto a essas modalidades, mas tão somente uma lacuna na regulamentação infralegal, que deve ser preenchida com a aplicação do procedimento já existente para as PPPs. A diferença é que no caso das PPPs normalmente os estudos são apresentados perante os Comitês Gestores de PPPs; no caso da concessão comum e da permissão o projeto deverá ser apresentado perante o órgão específico com relação à competência para a avaliação do projeto (por exemplo, Secretaria de Transportes ou de Saúde).

Quanto à extensão da forma de participação, sugere-se que a regulamentação infralegal preveja tanto as MIPs como os PMIs. Havendo a regulamentação apenas dos PMIs, é salutar a regulamentação posterior das MIPs na mesma esteira; não obstante isso, enquanto houver esse momento de lacuna na regulamentação dos entes subnacionais poder-se-á aplicar analogamente a regulamentação federal do Decreto 5.977/2006 e seu procedimento previsto para *apresentação*, de forma a não obstar à participação proativa da iniciativa privada na apresentação de projetos. Inclusive, merece menção que já há precedentes com relação a essa possibilidade.[9]

Tendo em consideração que o procedimento para os PMIs já existe nesses entes federativos, a extensão, com pequenos ajustes, dos procedimentos já regulamentados localmente para *análise* das MIPs é uma aplicação normativa natural de analogia para a situação em questão, podendo, por conseguinte, a própria regulamentação local procedimental de PMIs ser utilizada como critério.

Muitos entes federativos vêm emitindo resoluções dentro das competências do Comitê ou Conselho Gestor de PPP respectivo, de maneira a disciplinar os PMIs de forma *ad hoc* para projetos específicos e

---

9. Por exemplo, a Cláusula 15.2 do Edital para o Procedimento de Manifestação de Interesse 01/2013 da TERRACAP – Agência de Desenvolvimento do Distrito Federal (Centro Esportivo de Brasília) – embora exista legislação específica para as MIPs, consoante destacado (cf. TERRACAP – Agência de Desenvolvimento do Distrito Federal, "Procedimento de Manifestação de Interesse 01/2013: Procedimento de Manifestação de Interesse (PMI) visando à obtenção dos estudos de viabilidade técnica, econômica e jurídica, bem como projeto de Negócio, para a estruturação de parceria público-privada que terá como objeto a gestão, operação e manutenção do Centro Esportivo de Brasília", *Diário Oficial do Distrito Federal* 17.7.2013, Seção 3, disponível em *http://www.terracap.df.gov.br/internet/arquivos/0135209914.pdf*, acesso em 2.9.2013).

com base na legislação sobre PPPs,[10] sem uma regulamentação geral e abstrata para essa participação. Tal prática é útil e salutar com o propósito de viabilizar PMIs em PPPs em sentido estrito, mas não tem o condão de se ocupar das concessões comuns e permissões, dada a falta de competência dos Comitês Gestores para disciplinar o assunto.

Já, no tocante aos entes federativos, sobretudo Municípios, que ainda não regulamentaram a possibilidade para os projetos locais, sugere-se que sejam tomadas como base as regulamentações dos Estados que disciplinaram o tema de forma mais abrangente, como os já supramencionados Estados de Goiás, Santa Catarina e Paraná e o próprio Município de São Paulo. A falta de regulamentação específica – cumpre repisar – não obsta à participação da iniciativa privada: no entanto, fornece importantes diretrizes em termos procedimentais a fim de orientá-la.[11]

Da análise da regulamentação estadual percebe-se que muitos Estados tomaram como base a regulamentação já realizada anteriormente em outra esfera federativa, replicando-se o mesmo teor dessa regulamentação – e em alguns casos *ipsis verbis*. Como essa "regulamentação-padrão" que surgiu originalmente era mais restritiva no sentido de disciplinar apenas os PMIs, houve uma propagação desse modelo mais limitado – o que, conforme se expôs, não é adequado, por deixar sem disciplina específica a participação proativa da iniciativa privada nesses estudos.

Como observação final de caráter propositivo, muitas regulamentações já expedidas carecem de disciplina sobre pontos específicos, como, por exemplo:

---

10. Como a Resolução 1, de 18.3.2013, do CGP no Estado do Maranhão (Projeto Saneamento da Região Metropolitana de São Luís), e a Resolução SEOP/MS-3, de 25.5.2011 (Rodovia Estadual MS-040), no Estado de Mato Grosso do Sul.

11. Por exemplo, a Prefeitura do Município do Rio de Janeiro, no Aviso Público de Procedimento de Manifestação de Interesse da Secretaria de Saúde (Projeto "Saúde Inteligente"), não estipulou um prazo, no chamamento público, para a análise dos pedidos de autorização requeridos pela iniciativa privada para a elaboração de estudos. A ausência de regulamentação geral e abstrata sobre PMIs e MIPs nos Municípios prejudica a definição desses aspectos formais relevantes no processo (cf. Rio de Janeiro (Município), "Aviso Público de Procedimento de Manifestação de Interesse visando à obtenção de estudos, levantamentos, dados técnicos e demais insumos necessários ao desenvolvimento do projeto *Saúde Inteligente*", *Diário Oficial do Município do Rio de Janeiro* 82, Ano XXVII, 17.7.2013, pp. 48-50).

(i) Na definição de prazos para a análise dos pedidos de autorização para as MIPs, os quais, em geral, são atos vinculados de mero credenciamento e não demandam profunda análise do mérito do projeto.

Convém registrar que alguns decretos definem expressamente prazo para a análise, mas também prescrevem que o *silêncio* da Administração Pública na análise dos projetos é hipótese de indeferimento do pedido.[12] Embora a doutrina administrativista admita o silêncio como forma de manifestação de vontade, o motivo para o indeferimento, com a indicação dos pressupostos de fato e de direito, é um dos requisitos de validade dos atos administrativos praticados no Brasil.[13]

(ii) No estabelecimento de regras para o deferimento do pedido de autorização nos PMIs (*v.g.*, se somente uma empresa será autorizada a realizar os estudos, ou se todas as empresas serão autorizadas). Embora comumente haja a previsão de que as autorizações não são dadas em caráter de exclusividade, há casos em que é feita uma "seleção", e somente a empresa que atendeu aos requisitos, em sua maioria, é destacada para a realização de estudos.[14] Como essa etapa inicial é uma seleção *de projetos*, e não *de empresas*, não faz sentido impor essa barreira inicial – afinal, quanto maior a oferta de projetos, mais interessante para a Administração Pública, que terá maiores chances de encontrar um projeto que atenda melhor ao interesse público.[15] A

---

12. O Decreto paulistano 51.397/2010 veicula expressamente essa ideia: "Art. 4º. A unidade competente terá o prazo máximo de 60 (sessenta) dias para a análise da existência de interesse público na eventual realização do empreendimento, a ser procedida pela Comissão Especial de Avaliação; *findo esse prazo, se não for proferida decisão, o pedido será considerado indeferido*" (grifos acrescentados).

13. Cf. Maria Sylvia Zanella Di Pietro, *Direito Administrativo*, 25ª ed., São Paulo, Atlas, 2012, p. 212: "Até mesmo o *silêncio* pode significar forma de manifestação da vontade, quando a lei assim o prevê; normalmente ocorre quando a lei fixa um prazo, findo o qual o silêncio da Administração significa concordância ou discordância". Mais à frente (p. 217), registra a autora: "A ausência de motivo ou a indicação de motivo falso invalidam o ato administrativo". Por fim, a autora também expressa seu entendimento sobre a motivação, que seria a demonstração por escrito dos pressupostos de fato e de direito (p. 218): "Entendemos que a motivação é, em regra, necessária, seja para os atos vinculados, seja para os atos discricionários, pois constitui garantia de legalidade, que tanto diz respeito ao interessado como à própria Administração Pública (...)".

14. Cf., a título de exemplo, Município do Rio de Janeiro, "Secretaria de Saúde", *Diário Oficial do Município do Rio de Janeiro* 123, Ano XXVII, 12.9.2013, p. 87.

15. E, se for o caso, dentre os inúmeros projetos apresentados, selecionar apenas um para a aplicação da metodologia do "desafio de projetos" veiculada pelo *swiss challenge system* (v. item 7.2.1, *supra*).

análise no âmbito da empresa deveria se dar em momento posterior, já no certame licitatório para a contratação da obra ou serviço público resultante do estudo.

(iii) Nos critérios de soluções em hipóteses diversas nas quais os interessados, na elaboração dos estudos, tenham dificuldade na obtenção de informações, por conduta irregular de quem apresentou a MIP ou por parte da própria Administração Pública – podendo prever a devolução de prazo ao particular interessado que foi prejudicado, ou a aplicação de penalidades a quem tentar frustrar essa "competição". A disciplina vem ao encontro das tentativas de se mitigar a assimetria de informações existente na apresentação de estudos pela iniciativa privada.

(iv) Na consideração de aspectos principiológicos de direito administrativo para a avaliação dos estudos, sobretudo a moralidade administrativa. Tal avaliação é de vital importância para a análise fracionada da Administração Pública nos estudos "compostos", é dizer, quando os estudos envolverem aspectos jurídicos, econômicos e técnicos – e, portanto, demandarem a atuação de consultores associados ao proponente –, a fim de se evitar práticas de preços predatórios individuais por parte das consultorias, mas factíveis em termos globais por parte do proponente.

(v) Quando da disciplina dos direitos autorais dos estudos, na vedação expressa do seu aproveitamento para a utilização como contratação com base em hipótese diversa que não em concessões ou permissões – evitando-se, com isso, o risco de utilização em contratação de obra pública pela Lei de Licitações ou RDC, impedindo o proponente de participar do futuro certame licitatório.

A expedição de decretos ou normas suplementares a fim de regular esses pontos específicos pode ser uma próxima pauta *de lege ferenda* na agenda de Estados e Municípios, a fim de que as práticas das MIPs e dos PMIs possam sofrer um processo de maturação e realmente se disseminar pelo País.

Bibliografia

ASOCIACIÓN PERUANA DE DERECHO ADMINISTRATIVO. *Modernizando el Estado para un País Mejor: Ponencias del IV Congreso Nacional de Derecho Administrativo*. Lima, Palestra Editores, 2010.

CARVALHO, André Castro. "As concessões de serviços públicos". *Valor Econômico – Legislação & Tributos. Opinião Jurídica* 8.7.2013 (p. E2).

————————. *Infraestrutura sob uma Perspectiva Pública: Instrumentos para o seu Desenvolvimento*. Tese (Doutorado em Direito). São Paulo, Faculdade de Direito da USP, 2013.

DELLACHA, Georgina, e HODGES, John T. "Unsolicited infrastructure proposals: how some Countries introduce competition and transparency". *Gridlines: Sharing Knowledge, Experiences, and Innovations in Public-Private Partnerships in Infrastructure*. Note N. 19. Março/2007 (pp. 1-4).

DI PIETRO, Maria Sylvia Zanella. *Direito Administrativo*. 25ª ed. São Paulo, Atlas, 2012.

GARCIA, Flávio Amaral. "A participação do mercado na definição do objeto das parcerias público-privadas – O Procedimento de Manifestação de Interesse". *Revista de Direito Público da Economia/RDPE* 42/67-79. Ano 11. Abril-junho/2013.

GARÇON, Juliana. "Leilão da Linha 6 do Metrô de São Paulo corre risco de ficar vazio". *Brasil Econômico* 18.2.2013. Disponível em *http://economia. ig.com.br/empresas/infraestrutura/2013-02-18/leilao-da-linha-6-do-metro-de-sao-paulo-corre-risco-de-ficar-vazio.html* (acesso em 19.8.2013).

GAROFANO, Rafael Roque, e VIEIRA, Lívia Wanderley de Barros Maia. "Procedimentos de Manifestação de Interesse (PMI) e de Propostas Não Solicitadas (PNS) – Os riscos e os desafios da contratação na sequência de cooperação da iniciativa privada". *Revista Brasileira de Infraestrutura/RBINF* 2/183-211. Ano 1. Julho-dezembro/2012.

GLOBAL COMPETITION REVIEW. *Public Procurement: an Overview of Regulation in 38 Jurisdictions Worldwide*. Contributing editor: Hans-Joachim Prieß. Londres, Law Business Research, 2011.

GOIÁS. "Solicitação de Manifestação de Interesse – PMI AGETOP n. 001/2013". *Diário Oficial do Estado de Goiás* 21.596. Ano 176. 27.5.2013 (p. 3).

HODGES, John T. "Unsolicited proposals: competitive solutions for private infrastructure". *The World Bank Group: Private Sector and Infrastructure Network*. Note N. 258. Março/2003.

————————, e DELLACHA, Georgina. "Unsolicited infrastructure proposals: how some Countries introduce competition and transparency". *Gridlines: Sharing Knowledge, Experiences, and Innovations in Public-Private Partnerships in Infrastructure*. Note N. 19. Março/2007 (pp. 1-4).

RIO DE JANEIRO (MUNICÍPIO). "Aviso Público de Procedimento de Manifestação de Interesse visando à obtenção de estudos, levantamentos, dados técnicos e demais insumos necessários ao desenvolvimento do projeto *Saúde Inteligente*". *Diário Oficial do Município do Rio de Janeiro* 82. Ano XXVII. 17.7.2013 (pp. 48-50).

————————. "Secretaria de Saúde". *Diário Oficial do Município do Rio de Janeiro* 123. Ano XXVII. 12.9.2013 (p. 87).

"Sem propostas, licitação da Linha 6 será revista e sofre atraso". *G1 São Paulo*. 31.7.2013. Disponível em *http://g1.globo.com/sao-paulo/noticia/2013/07/sem-receber-propostas-sp-vai-rever-licitacao-da-linha-6-laranja-do-metro.html* (acesso em 19.8.2013).

TERRACAP – AGÊNCIA DE DESENVOLVIMENTO DO DISTRITO FEDERAL. "Procedimento de Manifestação de Interesse 01/2013: Procedimento de Manifestação de Interesse (PMI) visando à obtenção dos estudos de viabilidade técnica, econômica e jurídica, bem como projeto de negócio, para a estruturação de parceria público-privada que terá como objeto a gestão, operação e manutenção do Centro Esportivo de Brasília". *Diário Oficial do Distrito Federal* 17.7.2013. Seção 3 (disponível em *http://www.terracap.df.gov.br/internet/arquivos/0135209914.pdf*, acesso em 2.9.2013).

URBINA, Juan Carlos Morón. "Los derechos del iniciador de proyectos de infraestructura". In: ASOCIACIÓN PERUANA DE DERECHO ADMINISTRATIVO. *Modernizando el Estado para un País Mejor: Ponencias del IV Congreso Nacional de Derecho Administrativo*. Lima, Palestra Editores, 2010 (pp. 69-88).

VIEIRA, Lívia Wanderley de Barros Maia, e GAROFANO, Rafael Roque. "Procedimentos de Manifestação de Interesse (PMI) e de Propostas Não Solicitadas (PNS) – Os riscos e os desafios da contratação na sequência de cooperação da iniciativa privada". *Revista Brasileira de Infraestrutura/RBINF* 2/183-211. Ano 1. Julho-dezembro/2012.

Capítulo 8
A PROIBIÇÃO DE CONTRATAR COM O PODER PÚBLICO E SEUS EFEITOS SOBRE OS GRUPOS EMPRESARIAIS

CARLOS ARI SUNDFELD
JACINTHO ARRUDA CÂMARA

8.1 Introdução. 8.2 A sanção de inidoneidade e os outros entes da Federação. 8.3 Responsabilidades solidária, subsidiária e derivada. 8.4 A fraude e o abuso como causas da transmissão de sanção restritiva da contratação administrativa. 8.5 Extensão da sanção restritiva da contratação administrativa na Lei de Improbidade. 8.6 Extensão da sanção restritiva da contratação administrativa na Lei Anticorrupção (Lei 12.846/2013). 8.7 A extensão da inidoneidade à subsidiária que seja sucessora integral do estabelecimento empresarial. 8.8 Conclusão.

8.1 Introdução

Com o objetivo de punir empresas por práticas gravemente irregulares em licitações e contratos estatais, a legislação brasileira criou fortes sanções. Podem ser impostas pela própria Administração tanto a suspensão temporária do direito de licitar e de contratar na esfera administrativa como a declaração de inidoneidade (art. 87, III e IV, da lei 8.666/1993).[1] Com conteúdo semelhante, pode ser imposta em

---

1. Lei 8.666/1993: "Art. 87. Pela inexecução total ou parcial do contrato a Administração poderá, garantida a prévia defesa, aplicar ao contratado as seguintes sanções: (...); III – suspensão temporária de participação em licitação e impedimento de contratar com a Administração, por prazo não superior a 2 (dois) anos; IV – declaração de inidoneidade para licitar ou contratar com a Administração Pública enquanto perdurarem os motivos determinantes da punição ou até que seja promovida a

processo judicial de improbidade administrativa a sanção de proibição de contratar com o Poder Público (art. 12, I a III, da Lei 8.429/1992 – Lei de Improbidade Administrativa).[2]

O que fez a legislação brasileira adotar essas sanções, especialmente a inidoneidade – tão forte que, uma vez executada, pode desestabilizar rapidamente a empresa punida? Será a declaração de inidoneidade o melhor meio para reagir aos piores comportamentos dos fornecedores do Estado? Em seu conjunto, esse sistema punitivo tem, mesmo, como ser eficaz, cumprir suas promessas e melhorar o mercado público?

O certo é que jamais houve no Brasil um debate abrangente sobre essas sanções. Elas foram criadas pela mesma lógica de vingança simbólica que faz sempre crescer entre nós a legislação penal: cada vez mais ampla e mais severa, perde em eficácia, ganha em voluntarismo, dá prestígio popular aos órgãos de controle e muito dinheiro à Advocacia privada.

Durante muitos anos tem sido bem pouco o efeito das sanções administrativa e judicial de proibição de contratar com o Estado.

Essas sanções simplesmente não têm como funcionar contra empresários que, pelas franjas, vivem de aplicar pequenos golpes contra o Erário e se ocultam atrás de dezenas de empresas de papel e sócios-laranjas. Processos judiciais e administrativos contra essas empresas e sócios são inúteis; são ficções, tanto aquelas como esses. Sanções

reabilitação perante a própria autoridade que aplicou a penalidade, que será concedida sempre que o contratado ressarcir a Administração pelos prejuízos resultantes e após decorrido o prazo da sanção aplicada com base no inciso anterior".

2. Lei 8.429/1992: "Art. 12. Independentemente das sanções penais, civis e administrativas previstas na legislação específica, está o responsável pelo ato de improbidade sujeito às seguintes cominações, que podem ser aplicadas isolada ou cumulativamente, de acordo com a gravidade do fato: I – na hipótese do art. 9º, (...) proibição de contratar com o Poder Público ou receber benefícios ou incentivos fiscais ou creditícios, direta ou indiretamente, ainda que por intermédio de pessoa jurídica da qual seja sócio majoritário, pelo prazo de 10 (dez) anos; II – na hipótese do art. 10, (...) proibição de contratar com o Poder Público ou receber benefícios ou incentivos fiscais ou creditícios, direta ou indiretamente, ainda que por intermédio de pessoa jurídica da qual seja sócio majoritário, pelo prazo de 5 (cinco) anos; III – na hipótese do art. 11, (...) proibição de contratar com o Poder Público ou receber benefícios ou incentivos fiscais ou creditícios, direta ou indiretamente, ainda que por intermédio de pessoa jurídica da qual seja sócio majoritário, pelo prazo de 3 (três) anos".

são aplicadas, melhoram as estatísticas, mas nada significam na vida prática, pois o delinquente das sombras continuará operando escondido nas novas personalidades.

A situação é outra para as empresas reais, estabelecidas e em funcionamento, especialmente as grandes, inclusive sociedades por ações com muitos acionistas. Essas empresas não teriam como fugir dos efeitos das sanções; suas características vedam para elas o caminho da clandestinidade. Sabendo disso, as próprias autoridades administrativas e judiciais responsáveis sempre hesitaram – e hesitam – em fulminá-las com a inidoneidade. Deveras, que sentido haveria em desarticular, assim de uma penada, empresas importantes para a economia, que seria tão difícil reconstruir do zero?

Mas, se as sanções ainda são relativamente poucas, os processos administrativos e judiciais contra empresas de verdade crescem sem parar. E o interesse pelo tema, em especial pelos juristas, naturalmente se aguça.

Apesar de os políticos e os especialistas em gestão pública terem plena consciência do quadro algo paradoxal criado pela legislação, não têm havido espaço e estímulo para a rediscussão da estratégia de repressão dos maus comportamentos dos contratados do Estado. Quem propuser a revogação ou limitação das normas jurídicas sobre inidoneidade provavelmente será um bom suspeito de falta de idoneidade. Ninguém quer se arriscar.

8.2 A sanção de inidoneidade e os outros entes da Federação

Mas vem, sim, se tornando cada vez mais intenso o debate jurídico sobre os problemas de interpretação das normas vigentes sobre as penas de proibição de contratar com o Estado. O mais antigo é o da extensão, no âmbito das várias entidades e órgãos do Estado, da proibição derivada da sanção de inidoneidade. Declarada inidônea, com quem exatamente a empresa estará proibida de contratar?

Para muitos autores a punida estará automaticamente excluída das licitações e contratos de todas as entidades da Federação (isto é, União, Distrito Federal, Estados e Municípios), não apenas da entidade responsável pela sanção. Segundo esses autores, tal efeito amplíssimo seria decorrência imediata da própria sanção, por força direta da

Lei 8.666/1993.[3] Nessa linha, mesmo não havendo previsão nos editais específicos, empresas declaradas inidôneas em quaisquer dos entes federativos estariam impedidas em absoluto de licitar.

Reconhecemos que a questão é polêmica, mas nosso entendimento é diverso do mencionado. Na interpretação que fazemos dos dispositivos da Lei 8.666/1993 sobre declaração de inidoneidade, tal sanção produziria efeitos *imediatos* apenas sobre o ente federativo aplicador da sanção.[4] Se a inidoneidade for expedida por um Município, por exemplo, seus efeitos se estenderão necessariamente a toda a Administração direta e indireta desse mesmo Município, mas não alcançarão automaticamente outros entes da Federação.

Mas isso não encerra a discussão sobre a possibilidade de, por deliberação dos editais de licitação, qualquer ente da Federação proibir a participação de empresas declaradas inidôneas por outros entes. Seria válida essa restrição adotada em edital?

A Lei 8.666/1993 estabelece requisitos de habilitação aos licitantes. Nesse ponto, de maneira analítica, fixa os elementos que podem ser exigidos para aferir se o interessado atende às condições para executar adequadamente o objeto que será licitado. Além dos requisitos de habilitação, a Administração pode estabelecer condicionamentos fixando as chamadas *condições de participação*, das quais resultarão *impedimentos* a quem não atender a elas.

Nessas hipóteses, independentemente dos requisitos de habilitação definidos na Lei 8.666/1993, a Administração estabelece impedimentos à participação no certame que decorrem de opções político--administrativas que tenha tomado ou da aplicação de um regime legal específico. Trata-se de uma série de exigências adotadas pela entidade contratante que, somadas aos requisitos de habilitação, revelam quem poderá participar da licitação.[5]

---

3. Essa é a posição, por exemplo, de Floriano de Azevedo Marques Neto ("Extensão das sanções administrativas de suspensão e declaração de inidoneidade", *Boletim de Licitações e Contratos/BLC*, 1997, São Paulo, NDJ, pp. 487-491) e de Jessé Torres Pereira Jr. (*Comentários à Lei das Licitações e Contratações da Administração Pública*, 5ª ed., Rio de Janeiro, Renovar, 2002, p. 818).
4. Carlos Ari Sundfeld, *Licitação e Contrato Administrativo – De Acordo com as Leis 8.666/1993 e 8.883/1994*, 2ª ed., São Paulo, Malheiros Editores, 1995, pp. 117-118.
5. Em obra acadêmica, um dos autores deste estudo chegou a chamar a "ausência de impedimentos" do interessado como "condição de habilitação implícita"

Tais impedimentos podem ser estabelecidos com base no poder genérico da Administração de fixar "outras indicações específicas ou peculiares da licitação" (art. 40, XVII, da lei 8.666/1993), desde que, conforme ressalva a própria legislação, tais condições não "comprometam, restrinjam ou frustrem o seu caráter competitivo" ou "estabeleçam preferências ou distinções em razão da naturalidade, da sede ou domicílio dos licitantes ou de qualquer outra circunstância impertinente ou irrelevante para o específico objeto do contrato" (art. 3º, I).

Como contratante, a Administração possui o legítimo interesse de excluir certo perfil de contratados. Ao exercer essa atribuição, por óbvio, não pode agir arbitrariamente, criando barreiras sem qualquer justificativa ou fundamento jurídico.

A fixação de condicionantes gerais, que impeçam determinados interessados de participar de licitações, é amplamente aceita. É o que ocorre, por exemplo, quando, em certas licitações, são excluídas empresas estrangeiras ou empresas que tenham participação de servidores públicos da entidade licitadora ou que tenham sócios ou diretores que pertençam simultaneamente a mais de um licitante.

São condições que restringem a participação no certame, embora não decorram de vedações expressas da própria Lei 8.666/1993. Essas restrições, todavia, não são arbitrárias. São medidas que a Administração pode impor em proveito do interesse público especialmente almejado na celebração do contrato. Deveras, mesmo que a Lei 8.666/1993 não o faça diretamente, tem-se entendido como legítimo que a Administração, com o poder de conformação que a lei lhe dá, impeça a participação de interessados que prejudiquem certos objetivos e valores reconhecidos pelo Direito.

Assim, no edital, que é a lei interna da licitação, a Administração, preocupada em inibir o uso de informações privilegiadas ou a obten-

(Carlos Ari Sundfeld, *Licitação e Contrato Administrativo – De Acordo com as Leis 8.666/1993 e 8.883/1994*, cit., 2ª ed., p. 117). As condições de participação ou impedimentos – que, em alguns casos, estão previstos na própria lei (exemplos: arts. 9º e 87, III e IV) – não são legalmente denominados como condições de habilitação, mas têm fundamento e efeito assemelhados, pois levam em conta características do sujeito e determinam sua exclusão, ou não, do certame. O importante, pelo ângulo substancial, é entender que não são apenas as condições de habilitação explicitadas como tais na Lei 8.666/1993 (art. 27) que geram a exclusão de potenciais licitantes, pois ao lado delas existem os outros impedimentos, direta ou indiretamente legais.

ção de vantagens indevidas por licitante, vem excluindo empresas que tenham participação de servidores públicos. Da mesma forma se tem considerado válida a exclusão, também por norma expressa do edital, de empresas cujos sócios ou diretores pertençam, simultaneamente, a mais de um licitante.[6]

O STF decidiu pela validade de restrição posta por Município que ia além dos impedimentos expressamente impostos na Lei 8.666/1993. O STF aceitou a criação de regra impeditiva, afirmando que "a proibição de contratação com o Município dos parentes, afins ou consanguíneos, do prefeito, do vice-prefeito, dos vereadores e dos ocupantes de cargo em comissão ou função de confiança, bem como dos servidores e empregados públicos municipais, até seis meses após o fim do exercício das respectivas funções, é norma que evidentemente homenageia os princípios da impessoalidade e da moralidade administrativa, prevenindo eventuais lesões ao interesse público e ao patrimônio do Município, sem restringir a competição entre os licitantes". Daí a conclusão pela "inexistência de ofensa ao princípio da legalidade ou de invasão da competência da União para legislar sobre normas gerais de licitação".[7]

A restrição imposta a pessoa jurídica que tenha sido declarada inidônea em quaisquer dos entes federativos insere-se no mesmo contexto. É vedação que, mesmo sem decorrer diretamente da própria Lei 8.666/1993 (como consideramos), pode ser feita pela Administração com base no poder genérico, que a lei lhe dá, de definir a política de contratações públicas.[8]

6. Mas deve haver norma do próprio edital com essa proibição, que não está diretamente na lei, nem é implícita nela. Cf. Carlos Ari Sundfeld, "É lícita a participação na licitação de empresas com os mesmos controladores", in *Pareceres*, vol. III, São Paulo, Ed. RT, 2013, pp. 297-318). No mesmo sentido: Floriano de Azevedo Marques Neto e Carlos Eduardo Bergamini Cunha, "Licitação pública e competitividade: sobre a viabilidade de participação de empresas pertencentes ao mesmo grupo econômico", *Interesse Público* 78/53-76, Ano 15, Belo Horizonte, março-abril/2013.
7. STF, 2ª Turma, RE 423.560-MG, rel. Min. Joaquim Barbosa, j. 29.5.2012, v.u.
8. Essa prerrogativa de estipular condições de participação em licitação foi aceita pelo Tribunal de Contas do Estado de São Paulo (TCE/SP), pelo menos em relação a situações de controvertida interpretação da Lei 8.666/1993, como é o caso da extensão dos efeitos das sanções de suspensão de contratar e de inidoneidade. Examinando a legalidade de edital em que órgão da Administração Paulista havia proibido a participação na licitação de empresa que tivesse sido suspensa de licitar

Trata-se de mecanismo de aferição de antecedentes morais dos interessados em contratar com a Administração. Se determinada empresa foi declarada inidônea por algum ente federativo, é razoável admitir que outro ente, valendo-se desse antecedente, opte por não contratar com ela. É possível que para contratações mais simples ou de menor valor essa verificação de antecedentes não seja fundamental. Todavia, é inegável sua pertinência para as de maior valor ou relevância. Cabe à Administração decidir, no edital, a respeito da conveniência de admitir, ou não, a participação desse tipo de empresa.

A nosso ver, a legislação, de algum modo sensível aos graves problemas que a potência da sanção de inidoneidade poderia gerar no mercado público – por exemplo, inviabilizando ou diminuindo a competição em um mercado já oligopolizado –, deixou aos vários entes da Federação um espaço de modulação a respeito.

Já, os que entendem que a sanção de inidoneidade exclui automaticamente a punida de todo o mercado público brasileiro optam por uma interpretação ampliativa da lei, provavelmente por acreditarem que, assim, ajudam a construir um mercado mais sadio de contratos públicos. Essa visão, a nosso ver, decorre de uma grande ilusão, e também sujeita esse mercado a ainda mais incertezas e perigos.

Outro aspecto jurídico importante é o da dimensão dos efeitos subjetivos dessas sanções restritivas de direito na esfera contratual administrativa. Elas se transmitem automaticamente a empresas que possam ser consideradas como derivações da punida?

Nosso entendimento é que a transmissão de sanções restritivas do direito de celebrar contratos com a Administração Pública ocorre em apenas duas situações: por *desconsideração da personalidade jurídica*, em virtude de abuso ou fraude; e em caso de *sucessão no estabelecimento empresarial*, com o consequente esvaziamento da empresa punida, especialmente em virtude da transferência do acervo técnico que viabilizava sua habilitação em licitações.

por qualquer órgão da Administração Pública, o Conselheiro-Revisor, Cláudio Alvarenga, formulou sugestão no sentido de que "deixemos ao alvedrio do administrador optar pela interpretação que melhor atenda à sua necessidade na persecução do interesse público almejado", que passou a ser adotada pelo TCE/SP desde então (TCE/SP, TC 1.032/006/09, rel. Cons. Eduardo Bittencourt Carvalho, pedido de vista do Conselheiro-Revisor, Cláudio Ferraz de Alvarenga, j. 19.8.2009, *apud* Renato Geraldo Mendes (coord.), *Lei de Licitações e Contratos Anotada – Notas e Comentários à Lei 8.666/1993*, 9ª ed., Curitiba, Zênite, 2013, p. 1.316).

É o que procuramos demonstrar nos próximos tópicos.

8.3 Responsabilidades solidária, subsidiária e derivada

Tem-se verificado a tendência, tanto na legislação como nos aplicadores do Direito, de criar mecanismos para que obrigações ou sanções produzam efeitos para além da pessoa diretamente sujeita à restrição. Uma das fórmulas dessa ampliação é a previsão da responsabilidade solidária ou subsidiária de pessoas vinculadas da devedora; outra fórmula para o mesmo objetivo é a desconsideração da personalidade jurídica, gerando a responsabilidade derivada.

Com tais mecanismos busca-se garantir maior eficácia a certas obrigações, evitando que a criação ou a extinção de pessoas jurídicas sirvam de instrumento para fraudes.

Assim ocorre no direito trabalhista, que prevê a responsabilidade solidária de empresas do mesmo grupo econômico (art. 2º, § 2º, da CLT),[9] com evidente intenção de aumentar a possibilidade de efetivação dos direitos dos trabalhadores.

Também há previsão expressa de responsabilidade solidária para empresas de um mesmo grupo econômico em relação a infrações contra a ordem econômica (art. 33 da Lei 12.529, de 30.11.2011).[10]

Em matéria de proteção ao consumidor, a legislação prevê a desconsideração da personalidade jurídica, a responsabilidade solidária de empresas atuantes em consórcio e a responsabilidade subsidiária de empresas integrantes do mesmo grupo econômico (Código de Defesa do Consumidor/CDC – Lei 8.078, de 11.9.1990 –, art. 28).[11]

9. CLT, art. 2º, § 2º: "§ 2º. Sempre que uma ou mais empresas, tendo, embora, cada uma delas, personalidade jurídica própria, estiverem sob a direção, controle ou administração de outra, constituindo grupo industrial, comercial ou de qualquer outra atividade econômica, serão, para os efeitos da relação de emprego, solidariamente responsáveis a empresa principal e cada uma das subordinadas".

10. Lei 12.529/2011: "Art. 33. Serão solidariamente responsáveis as empresas ou entidades integrantes de grupo econômico, de fato ou de direito, quando pelo menos uma delas praticar infração à ordem econômica".

11. Lei 8.078/1990:
"Art. 28. O juiz poderá desconsiderar a personalidade jurídica da sociedade quando, em detrimento do consumidor, houver abuso de direito, excesso de poder, infração da lei, fato ou ato ilícito ou violação dos estatutos ou contrato social. A des-

Para garantir eficácia às medidas de ressarcimento a prejuízos provocados ao meio ambiente, a legislação autorizou a desconsideração da personalidade jurídica (Lei 9.605, de 12.2.1998, art. 4º).[12]

Por fim, o Código Civil de 2002 admite a desconsideração da personalidade quando constatado desvio de finalidade na criação da pessoa jurídica (art. 50).[13]

Em resumo: é possível dividir em dois grupos as situações de extensão das obrigações ou sanções a outra pessoa jurídica relacionada.

De um lado tem-se a extensão de *efeitos patrimoniais* oriundos de sanções ou dívidas. Nesses casos, vem da própria legislação a previsão expressa de que terceiro assuma a obrigação como se fosse o devedor principal (responsabilidade solidária) ou que a assuma em caráter acessório, como substituto do devedor principal (responsabilidade subsidiária).

De outro, tem-se a *desconsideração da personalidade jurídica*, que serve à extensão tanto de obrigações patrimoniais como de sanções restritivas de direitos, em um mecanismo de responsabilidade derivada. Mas a desconsideração nunca é objetiva, isto é, nunca resulta de modo automático da própria lei. Para que ela ocorra, com a consequente extensão de efeitos de sanções e dívidas a terceiros, é necessário que se constate fraude ou abuso da personalidade jurídica.

---

consideração também será efetivada quando houver falência, estado de insolvência, encerramento ou inatividade da pessoa jurídica provocados por má administração.
"(...).
"§ 2º. As sociedades integrantes dos grupos societários e as sociedades controladas são subsidiariamente responsáveis pelas obrigações decorrentes deste Código.
"§ 3º. As sociedades consorciadas são solidariamente responsáveis pelas obrigações decorrentes deste Código.
"§ 4º. As sociedades coligadas só responderão por culpa.
"§ 5º. Também poderá ser desconsiderada a pessoa jurídica sempre que sua personalidade for, de alguma forma, obstáculo ao ressarcimento de prejuízos causados aos consumidores."
12. Lei 9.605/1998: "Art. 4º. Poderá ser desconsiderada a pessoa jurídica sempre que sua personalidade for obstáculo ao ressarcimento de prejuízos causados à qualidade do meio ambiente".
13. CC: "Art. 50. Em caso de abuso da personalidade jurídica, caracterizado pelo desvio de finalidade, ou pela confusão patrimonial, pode o juiz decidir, a requerimento da parte, ou do Ministério Público quando lhe couber intervir no processo, que os efeitos de certas e determinadas relações de obrigações sejam estendidos aos bens particulares dos administradores ou sócios da pessoa jurídica".

8.4 A fraude e o abuso como causas da transmissão de sanção restritiva da contratação administrativa

A extensão de sanções restritivas de direitos no campo contratual administrativo segue a lógica da legislação geral. Ela só ocorrerá por derivação se for constatada fraude ou outra forma de abuso de personalidade jurídica.

Em princípio não há que se falar em transmissão a novas empresas derivadas da punida de sanções restritivas de direito que venham a ser impostas à empresa de origem. Essa transferência, se adotada como padrão, contrariaria a própria razão de ser da criação de entes com personalidade jurídica autônoma.

E faz todo o sentido jurídico que assim seja. Deveras, ao se admitir a criação de novos entes dotados de personalidade jurídica, o que a legislação pretende e fomenta é a divisão de ativos e passivos, isto é, o isolamento de determinada unidade formal em relação a outros sujeitos de direitos, seus sócios, suas controladas, subsidiárias e assim por diante. A ruptura desse sistema não pode ser tomada como regra. E não é.[14]

A transferência de efeitos de sanções restritivas de direito, com base no Direito vigente, só ocorre em relação a operações societárias fraudulentas ou abusivas. Isto é: em caso de alterações societárias sem justificativa econômica ou gerencial plausível, servindo apenas para esvaziar os efeitos de determinada sanção.

A matéria tem sido discutida com maior frequência em relação às sanções da Lei 8.666/1993. Em relação a essas a extensão de efeitos já foi admitida por decisão do STJ. No caso, o STJ aceitou que a declaração de inidoneidade tivesse seus efeitos estendidos a empresa criada posteriormente à imposição da sanção que contava com o mesmo objeto social, os mesmos sócios e mesmo endereço da empresa

---

14. Já se teve a oportunidade de afirmar: "A regra na legislação brasileira, aliás, é que as pessoas jurídicas têm personalidade própria e não se confundem com a de seus instituidores (art. 45 do CC de 2002). Apenas em situações excepcionais, nas quais a personalidade jurídica é usada como mecanismo para a prática de atos ilícitos, existe a possibilidade de não considerar a personalidade da entidade, para assim alcançar seus sócios" (Carlos Ari Sundfeld, "Limites da desconsideração da personalidade jurídica na sanção de impedimento de contratar com a Administração", in *Pareceres*, vol. III, São Paulo, Ed. RT, 2013, p. 321).

originalmente punida. O referido Tribunal, em face dos indícios apontados, reconheceu a operação societária como tentativa de fraude à lei, configurando abuso de forma.[15] O Tribunal de Contas da União/TCU vem adotando linha de interpretação semelhante, classificando como fraude a constituição de novas pessoas jurídicas por quem estava sujeito a sanções no âmbito das contratações públicas.[16]

Esse tipo de preocupação também inspirou diplomas legislativos. É o que se observa na Lei de Licitações do Estado da Bahia, que prevê expressamente a extensão dos efeitos da declaração de inidoneidade e da suspensão dos direitos de licitar e contratar para "pessoa jurídica constituída por membros de sociedade que, em data anterior à sua criação, haja sofrido" tais penalidades e "que tenha objeto similar ao da empresa punida" (art. 200).[17]

A transmissão de efeitos sancionatórios não é a regra. Ela depende da constatação de uma situação fática que a imponha, como fórmu-

---

15. Confira-se: "Administrativo – Recurso ordinário em mandado de segurança – Licitação – Sanção de inidoneidade para licitar – Extensão de efeitos a sociedade com o mesmo objeto social, mesmos sócios e mesmo endereço – Fraude à lei e abuso de forma – Desconsideração da personalidade jurídica na esfera administrativa – Possibilidade – Princípios da moralidade administrativa e da indisponibilidade dos interesses públicos. A constituição de nova sociedade, com o mesmo objeto social, com os mesmos sócios e como mesmo endereço, em substituição a outra declarada inidônea para licitar com a Administração Pública Estadual, com o objetivo de burla à aplicação da sanção administrativa, constitui abuso de forma e fraude à Lei de Licitações, Lei n. 8.666/1993, de modo a possibilitar a aplicação da teoria da desconsideração da personalidade jurídica para estenderem-se os efeitos da sanção administrativa à nova sociedade constituída. A Administração Pública pode, em observância ao princípio da moralidade administrativa e ao da indisponibilidade dos interesses públicos tutelados, desconsiderar a personalidade jurídica de sociedade constituída com abuso de forma e fraude à lei, desde que facultados ao administrado o contraditório e a ampla defesa em processo regular – Recurso a que se nega provimento" (STJ, 2ª Turma, RMS 15.166-BA, rel. Min. Castro Meira, j. 7.8.2003. v.u.).
16. TCU, Plenário, Acórdão 928/2008, rel. Min. Benjamin Zymler, j. 21.5.2008. "*Ementa:* Representação formulada com fulcro no art. 113, § 1º, da Lei de Licitações – Empresa constituída com o intuito de burlar a lei – Fraude em licitação – Audiência – Rejeição das razões de justificativa – Declaração de inidoneidade de licitante – Nulidade do certame e da contratação."
17. Lei 9.433/2005 do Estado da Bahia: "Art. 200. Fica impedida de participar de licitação e de contratar com a Administração Pública a pessoa jurídica constituída por membros de sociedade que, em data anterior à sua criação, haja sofrido penalidade de suspensão do direito de licitar e contratar com a Administração ou tenha sido declarada inidônea para licitar e contratar e que tenha objeto similar ao da empresa punida".

la para que a eficácia da sanção não seja esvaziada pelo infrator. Devem ser avaliadas com muito cuidado e rigor as hipóteses em que a desconsideração seria cabível.

Não parece adequado, por exemplo, presumir que todas as pessoas jurídicas controladas por uma pessoa punida administrativamente devam, por esta simples razão, sofrer idêntica restrição de direitos. Vários fatores devem ser ponderados para justificar a desconsideração da personalidade jurídica nesses casos. Um deles é o de saber se a criação da nova pessoa jurídica ocorreu antes ou depois da aplicação da sanção. Também é relevante saber se a pessoa jurídica é composta de outros acionistas, se desenvolve atividades autonomamente em relação à sua controladora – e assim por diante.

Já se teve oportunidade de afirmar:

> Apenas quando presentes tais requisitos fáticos, configuradores de evidente ardil para burlar a regra licitatória, é que seria possível a extensão, por autoridade administrativa ou pelo Judiciário, da pena de impedimento de licitar e contratar, aplicada a certa pessoa jurídica, a empresa por ela controlada. Os requisitos fáticos a que me refiro são a semelhança de objetivos sociais e o momento de criação da empresa fraudulenta, que deverá, para que se caracterize a fraude, ser posterior à aplicação da sanção. Sem o requisito temporal não haverá prova do abuso de direito que se quer coibir com a medida.[18]

8.5 Extensão da sanção restritiva da contratação administrativa na Lei de Improbidade

As sanções decorrentes da Lei de Improbidade Administrativa também obedecem ao mesmo padrão em termos de extensão. A lei impõe *exclusivamente ao infrator* a proibição de contratar com a Administração ou de receber incentivos. Mas a proibição envolve também a contratação que seja feita "direta ou indiretamente, ainda que por intermédio de pessoa jurídica da qual seja sócio majoritário" (art. 12, I, II e III). O objetivo é evitar que o agente tido como ímprobo venha a ser beneficiado com a contratação ou com o recebimento de

---

18. Carlos Ari Sundfeld, "Limites da desconsideração da personalidade jurídica na sanção de impedimento de contratar com a Administração", cit., in Carlos Ari Sundfeld, *Pareceres*, vol. III, p. 324.

incentivos por meio indireto, ou seja, por pessoa jurídica da qual seja sócio majoritário.

Adaptando a regra a pessoas jurídicas, há de se considerar que, do mesmo modo, uma empresa ou entidade considerada ímproba fica proibida de contratar com a Administração tanto diretamente como indiretamente, isto é, usando como simples artifício outra pessoa jurídica sobre a qual tenha influência. A lei proíbe a "contratação indireta" da pessoa jurídica punida. Seria o caso de a contratação ser formalmente realizada por meio de interposta pessoa mas, de fato, a entidade punida ser a verdadeira executora e beneficiária do contrato. Trata-se, como se vê, de regra que também busca evitar o abuso da personalidade jurídica ou a fraude pura e simples do sistema punitivo legal.[19]

Mas a proibição não recai sobre todas as pessoas jurídicas que façam parte do grupo econômico da empresa punida ou com ela tenham algum vínculo. A regra destina-se a coibir fraudes, isto é, a impedir burlas à punição imposta. Assim, caso certa empresa, totalmente alheia ao processo sancionatório, desenvolva regularmente suas próprias atividades, por conta das quais celebre contratações com o Poder Público, não ficará impedida de fazê-lo pelo simples fato de outra empresa de seu grupo econômico haver sofrido as sanções da Lei de Improbidade. A lei é clara quanto a isso: a sanção é sempre pessoal, imposta especificamente sobre a empresa ou as empresas infratoras; não existem sanções difusas ou coletivas, que alcancem outrem em virtude de simples vínculos de capital, não como consequência da prática pessoal de infrações.

Portanto, o impedimento só alcançará situações em que a pessoa jurídica punida pretenda burlar a vedação por intermédio de outra empresa (de que detenha o controle societário). Seria o caso, por exemplo, de, após o advento da sanção, a empresa punida constituir subsidiária integral com o intuito de formalmente participar de licitações e contratos com o Poder Público, disfarçando a identidade da

---

19. Como didaticamente explica Fábio Medida Osório: "Atingem-se, portanto, as empresas eventualmente constituídas como 'testas de ferro' dos agentes contemplados com proibições de contratar com a Administração Pública ou receber benefícios ou incentivos fiscais ou creditícios. O problema será resolvido no terreno probatório" (*Improbidade Administrativa – Observações sobre a Lei 8.429/1992*, 2ª ed., Porto Alegre, Síntese, 1998, p. 261).

verdadeira empresa executora do contrato. A redação legal busca evitar fraudes; não teve o objetivo de multiplicar a punição a todas as empresas que façam parte de um mesmo grupo econômico e que atuem lícita e regularmente.

8.6 Extensão da sanção restritiva da contratação administrativa na Lei Anticorrupção (Lei 12.846/2013)

A tendência legislativa e jurisprudencial foi confirmada com a edição da Lei 12.846, de 1.8.2013, que vem sendo denominada de "Lei Anticorrupção". Referida lei destina-se a disciplinar a "responsabilização administrativa e civil de pessoas jurídicas pela prática de atos contra a Administração Pública, nacional ou estrangeira". Ela deixou claro que as sanções restritivas de direito que prevê, na hipótese de alteração societária, se circunscrevem à pessoa jurídica que cometeu o ilícito.

Essa conclusão fundamenta-se, em primeiro lugar, na determinação de que nas hipóteses de alteração societária, inclusive na cisão, a responsabilidade subsiste, *e com a pessoa jurídica original*.[20]

Para as hipóteses específicas em que a alteração societária resulta na extinção formal da pessoa jurídica punida (fusão e incorporação) há solução específica, delimitando até onde as sanções serão aplicadas às sucessoras. Confira-se (Lei 12.846/2013):

> Art. 4º. (...).
>
> § 1º. Nas hipóteses de fusão e incorporação, a responsabilidade da sucessora será restrita à obrigação de pagamento de multa e reparação integral do dano causado, até o limite do patrimônio transferido, não lhe sendo aplicáveis as demais sanções previstas nesta Lei decorrentes de atos e fatos ocorridos antes da data da fusão ou incorporação, exceto no caso de simulação ou evidente intuito de fraude, devidamente comprovados.

Por fim, e de modo mais expressivo, a lei determina que a responsabilização de empresas integrantes do grupo econômico da pessoa

---

20. É o que claramente está previsto no *caput* do art. 4º da Lei 12.846/2013: "Subsiste a responsabilidade da pessoa jurídica na hipótese de alteração contratual, transformação, incorporação, fusão ou cisão societária".

jurídica punida se restringe ao pagamento de multa e à reparação do dano, não incluindo a transferência de sanções restritivas de direito. Veja-se (Lei 12.846/2013):

> Art. 4º. (...).
> (...).
> § 2º. As sociedades controladoras, controladas, coligadas ou, no âmbito do respectivo contrato, as consorciadas serão solidariamente responsáveis pela prática dos atos previstos nesta Lei, restringindo-se tal responsabilidade à obrigação de pagamento de multa e reparação integral do dano causado.

Em resumo: a extensão de sanções restritivas de direitos para além da pessoa jurídica punida ocorre quando da constatação de abuso de forma na constituição da nova pessoa jurídica, se a operação societária não passar de instrumento para fraudar a aplicação da lei.

Essa extensão não será cabível se a empresa tiver sido cindida antes de ser sancionada e se havia razão gerencial e econômica a justificar a divisão de ativos e a criação de novas companhias com atuação segmentada. Se a empresa cindida continuou operando de modo efetivo e regular, ela tem como suportar os ônus da ação punitiva estatal, não havendo motivo para cogitar da extensão da sanção às novas empresas, criadas com a cisão.

Eventual sanção restritiva de direitos, em princípio, há de incidir exclusivamente sobre quem praticou a conduta ilícita. Preservando-se a atividade principal da empresa-mãe, não há razão para transferir ou estender os efeitos dessa restrição de direitos a pessoa jurídica que sequer existia à época dos fatos.

Isso vale, inclusive, para a hipótese em que, desenvolvendo a empresa-mãe diversos tipos de atividade, a específica atividade objeto da sanção tenha sido transferida para a nova empresa. Isto é: mesmo quando a sanção derivar de atividade pertencente ao segmento cindido, seus efeitos haverão de recair sobre a pessoa jurídica que a praticou (a empresa-mãe, que continua operando, de direito e de fato), e não sobre aquela que absorveu a respectiva atividade (empresa nova, de atuação específica). Nesse caso, o critério para incidência da sanção é subjetivo (recai sobre quem praticou o ato ilícito), e não material (sobre a atividade).

Esse cenário enseja a convicção de que, havendo posterior condenação das empresas cindidas em sanção restritiva de direitos – seja na esfera administrativa ou judicial –, a medida se circunscreverá à pessoa jurídica infratora, não se estendendo às novas.

Em primeiro lugar, porque não existe previsão legal que determine a extensão de sanções restritivas de direitos a empresas de um mesmo grupo econômico. Depois, porque, tendo as operações societárias o real objetivo de reorganização estrutural de um grupo econômico, e não de fraudar a aplicação de lei, não haveria razão substantiva para a extensão. Por fim, mantendo-se as atividades da empresa-mãe, as eventuais punições incidirão sobre ela e não cairão no vazio.

8.7 A extensão da inidoneidade à subsidiária que seja sucessora integral do estabelecimento empresarial

Mas há outra situação de responsabilidade derivada, para fins de transmissão da restrição de direito à contratação administrativa. É o caso da sucessão integral do estabelecimento da empresa já punida, sucessão que inclui a totalidade dos atestados do desempenho anterior relevante dessa empresa, resultando no esvaziamento da empresa-mãe, pela perda das condições para sua habilitação técnica em contratações públicas.

No caso da sucessão integral não se exige a configuração de fraude ou abuso, pois não se trata de desconsideração da personalidade jurídica. A sucessão é um fato objetivo, e a transmissão da sanção se opera de modo automático.

A sucessão integral dos estabelecimentos de empresas dedicadas ao mercado público vem ocorrendo em processos de recuperação judicial, que são iniciados por conta da crise econômica que essas empresas enfrentam ao serem sancionadas com a inidoneidade para contratar com a Administração Pública.

Não configura ato ilícito ou fraude a criação, em processo de recuperação judicial, de subsidiária de sociedade que já tenha sido declarada inidônea para contratar com o Poder Público. Trata-se de medida escorada em decisão judicial que visa a conferir instrumento jurídico útil ao desenvolvimento de atividades econômicas por sociedade em crise, ajudando-a a se recuperar e a pagar suas dívidas. Todavia, essa origem não afasta a identificação da sociedade-matriz com sua subsidiária integral, antes acentua e explicita a identidade entre ambas.

A situação envolvendo a subsidiária constituída em virtude de processo de recuperação judicial possui peculiaridades. A extensão, a ela, da sanção de inidoneidade imposta à controladora não depende da aplicação da desconsideração da personalidade jurídica. Trata-se – isto, sim – de decorrência natural, necessária, da própria espécie de operação societária envolvida. A subsidiária deve se sujeitar às mesmas restrições e condicionamentos impostos à controladora se tiver assumido, por sucessão, toda a atividade desenvolvida, isto é, a empresa.[21]

Não é mais condizente com o Direito Brasileiro a ideia segundo a qual o titular do estabelecimento empresarial, ao trespassá-lo a terceiro, transfere apenas os bens corpóreos e incorpóreos organizados pelo empresário para exploração da atividade empresarial. Essa era a concepção presente no Código Civil de 1916.[22]

Com o passar do tempo a transmissibilidade automática de outras obrigações e responsabilidades atreladas à atividade empresarial foi sendo adotada em determinados segmentos, como no âmbito do direito do trabalho (arts. 10 e 448 da CLT)[23] e do direito tributário (art. 133 do CTN).[24] Atualmente, desde o advento do Código Civil de 2002 a

21. Como bem observa Marcelo Andrade Féres, "note-se que, em verdade, não há sucessão de empresas (atividades). A atividade continua a mesma. Substitui-se, ao contrário, o empresário (sujeito)" (*Estabelecimento Empresarial – Trespasse e Efeitos Obrigacionais*, São Paulo, Saraiva, 2007, p. 169).
22. Cf. Modesto Carvalhosa, in Antônio Junqueira de Azevedo (coord.), *Comentários ao Código Civil – Parte Especial do Direito de Empresa*, vol. 13, São Paulo, Saraiva, 2003, pp. 652 e ss.
23. CLT:
"Art. 10. Qualquer alteração na estrutura jurídica da empresa não afetará os direitos adquiridos por seus empregados".
"Art. 448. A mudança na propriedade ou na estrutura jurídica da empresa não afetará os contratos de trabalho dos respectivos empregados."
24. CTN: "Art. 133. A pessoa natural ou jurídica de direito privado que adquirir de outra, por qualquer título, fundo de comércio ou estabelecimento comercial, industrial ou profissional, e continuar a respectiva exploração, sob a mesma ou outra razão social ou sob firma ou nome individual, responde pelos tributos, relativos ao fundo ou estabelecimento adquirido, devidos até a data do ato: I – integralmente, se o alienante cessar a exploração do comércio, indústria ou atividade; II – subsidiariamente com o alienante, se este prosseguir na exploração ou iniciar dentro de 6 (seis) meses a contar da data da alienação, nova atividade no mesmo ou em outro ramo de comércio, indústria ou profissão."

transferência de obrigações e de responsabilidades na sucessão empresarial passou a ser a regra (art. 1.148).[25]

Havendo trespasse do estabelecimento para nova pessoa jurídica, a sucessora, além dos direitos, haverá de assumir os condicionamentos e obrigações atrelados à atividade que lhe foi transferida. A jurisprudência em matéria de extensão das sanções de inidoneidade e de suspensão do direito de licitar caminha justamente nessa direção. Não se admite que, por mera alteração formal na organização societária do infrator, uma grave sanção administrativa deixe de produzir efeitos. Aceitar esse tipo de consequência representaria – para empregar a linguagem da jurisprudência – fraudar a aplicação das sanções administrativas impostas com base na Lei de Licitações.

A subsidiária que seja sucessora integral do estabelecimento não desenvolve *empresa* original, surgida por iniciativa nova e distinta daquela implantada pela controladora. Essa subsidiária, ao incorporar o acervo técnico da controladora, e mesmo seu patrimônio e seu pessoal, encampa totalmente sua atuação empresária, sucedendo-a integralmente na atividade empresarial.

No caso, a *empresa* (atividade desenvolvida) é transferida de uma pessoa jurídica (a que se encontra em processo de recuperação judicial) para outra, sua subsidiária e sucessora integral. O estabelecimento é o mesmo. A capacidade técnica é a mesma. Os sócios são, indiretamente, os mesmos. É inevitável que os antecedentes negativos da empresa (no caso, as sanções já sofridas) sejam transferidos à nova pessoa jurídica que a assumiu. É uma decorrência lógica e natural do processo de sucessão empresarial.

O processo de recuperação judicial não foi previsto pela lei como modo de uma pessoa se livrar facilmente de seus maus antecedentes técnicos ou morais, mas, sim, como modo de administrar seu passivo financeiro. A recuperação judicial não é decretada especificamente por a sociedade ser declarada inidônea, mas pela crise econômico-financeira em que, por várias razões, acaba ingressando. Portanto, as

---

25. CC: "Art. 1.148. Salvo disposição em contrário, a transferência importa a sub-rogação do adquirente nos contratos estipulados para exploração do estabelecimento, se não tiverem caráter pessoal, podendo os terceiros rescindir o contrato em 90 (noventa) dias a contar da publicação da transferência, se ocorrer justa causa, ressalvada, neste caso, a responsabilidade do alienante".

medidas da recuperação judicial são patrimoniais e econômico-financeiras, mas não mudam nem afetam a condição da pessoa jurídica perante a Administração Pública.

Ao admitir a criação de nova pessoa jurídica, subsidiária integral da sociedade em crise, o juízo da recuperação judicial pretende, como determina a lei, "viabilizar a superação da situação de crise econômico-financeira do devedor, a fim de permitir a manutenção da fonte produtora, do emprego dos trabalhadores e dos interesses dos credores, promovendo, assim, a preservação da empresa, sua função social e o estímulo à atividade econômica" (art. 47 da Lei 11.101/2005). Para permitir a preservação da atividade empresarial, a lei expressamente determina, em relação às dívidas de empresas em recuperação ou falência, a ausência de sucessão (art. 60, parágrafo único,[26] e art. 141, II,[27] da Lei 11.101/2005). Mas essa é exceção legal expressa. Não há qualquer indicação de que as novas pessoas jurídicas criadas para desempenhar rigorosamente a mesma atividade empresarial da devedora não a sucedam nas características gerais, próprias às suas respectivas atividades.

Quando a lei isenta a nova pessoa jurídica de "qualquer ônus" está, obviamente, se referindo às suas dívidas. A isenção não se estende, portanto, a restrições e condicionamentos que tenham sido impostos à atividade empresarial no passado.

Uma concessionária de serviço público, por exemplo, que estivesse em processo de intervenção não teria a intervenção extinta pelo simples fato de constituir subsidiária e lhe transferir a concessão,

---

26. Lei 11.101/2005:
"Art. 60. Se o plano de recuperação judicial aprovado envolver alienação judicial de filiais ou de unidades produtivas isoladas do devedor, o juiz ordenará a sua realização, observado o disposto no art. 142 desta Lei.
"Parágrafo único. O objeto da alienação estará livre de qualquer ônus e não haverá sucessão do arrematante nas obrigações do devedor, inclusive as de natureza tributária, observado o disposto no § 1º do art. 141 desta Lei."
27. Lei 11.101/2005: "Art. 141. Na alienação conjunta ou separada de ativos, inclusive da empresa ou de suas filiais, promovida sob qualquer das modalidades de que trata este artigo: I – todos os credores, observada a ordem de preferência definida no art. 83 desta Lei, sub-rogam-se no produto da realização do ativo; II – o objeto da alienação estará livre de qualquer ônus e não haverá sucessão do arrematante nas obrigações do devedor, inclusive as de natureza tributária, as derivadas da legislação do trabalho e as decorrentes de acidentes de trabalho".

mesmo que isso fosse feito em virtude de processo de recuperação judicial. As causas da intervenção persistiriam mesmo com a transferência, e isso seria suficiente para assegurar a continuidade da medida restritiva de direitos, mesmo havendo transferência da empresa a nova pessoa jurídica. A mesma sucessão ocorreria se estivesse em curso um procedimento administrativo visando à caducidade da outorga (extinção por prática de irregularidade grave). Não faria sentido inibir a apuração e eventual extinção da outorga pelo simples fato de ter havido reestruturação societária no grupo detentor da concessão.[28]

Do mesmo modo, uma fábrica atingida pela proibição de jogar dejetos no leito de um rio, ou que tenha sido obrigada a mudar seu mecanismo de produção por questões ambientais, mesmo que venha a ser transferida, no âmbito de processo de recuperação judicial, a uma subsidiária integral da titular continuará integralmente sujeita a esse "ônus". Essa condição da atuação empresária fabril, fixada ainda quando a atividade era desempenhada pela pessoa jurídica inicial, não será extinta com a sucessão. Nova pessoa jurídica que assuma a empresa – uma subsidiária integral da devedora, por exemplo – obviamente continuará obrigada a atender às determinações ambientais impostas no passado. É uma condição da própria atividade empresária, e que não é apagada com a mera constituição de nova pessoa jurídica.

28. Analisando interessante questão referente à aplicação de sanções administrativas a concessionárias de serviços públicos, Paulo Firmeza Soares defende a necessidade de que os processos administrativos sancionadores prossigam mesmo após transferência de outorga, inclusive quando fruto de reorganização societária da concessionária. Argumenta o autor: "Na verdade, na fusão e na incorporação só é possível falar em extinção em sua acepção jurídica, já que no mundo fático ela não ocorre. Há uma continuidade da atividade empresarial, só que em princípio dirigida por outra pessoa jurídica, a que incorporou a anterior ou a originada da fusão. É o que se chama de sucessão empresarial. Nesses casos, a regra é bastante simples, pois a nova sociedade empresária sucede a anterior – que se extinguiu – em sua integralidade, assumindo seu ativo e passivo e, por conseguinte, passando a responder aos processos sancionadores a que ela respondia. Enfim, o polo passivo dos processos antes ocupado pela pessoa jurídica que foi extinta vai ser ocupado pela pessoa jurídica que lhe sucedeu, seja a incorporadora, seja a que se originou da operação de fusão". O raciocínio, como se vê, seria perfeitamente aplicável para a hipótese em exame, na qual a pessoa jurídica cria uma subsidiária integral e lhe transfere a atividade empresária ("O processo administrativo sancionador e o impacto das transferências de outorga", monografia disponível na Internet em *http://www.conteudojuridico.com.br/artigo. o-processo-administrativo-sancionador-e-o-impacto-das-transferencias-de-outorga,41246.html*, acesso em 8.7.2013).

Se a sociedade é declarada inidônea e, posteriormente, entra em processo de recuperação judicial e constitui, com autorização do juiz, subsidiária para sucedê-la integralmente na atividade empresária, como poderia a subsidiária deixar de se sujeitar às restrições e aos condicionamentos que a atividade empresária da controladora carrega? Haveria um sistema por meio do qual apenas as características benéficas lhe fossem atreladas, preservando a sucessora daqueles atributos que lhe restringissem a atuação?

A lei que rege a recuperação judicial não determina esse efeito. E não o faz porque seria sem sentido fazê-lo. Essa visão equivocada dos efeitos da criação de uma subsidiária e sucessora integral tornaria absolutamente inócuo todo o sistema de fiscalização e controle previamente realizado, e, nesse sentido, caracterizaria distorção na aplicação das sanções administrativas. A Lei 8.666/1993 é expressa: apenas a "reabilitação", que é uma medida administrativa (art. 87, IV), supera a inidoneidade. A recuperação judicial não inclui a reabilitação administrativa.

Seria inaceitável que, após sofrer severas sanções, determinada pessoa jurídica pudesse se ver livre de todas as restrições com a mera constituição de nova pessoa, por ela controlada, que assumisse o estabelecimento. O ordenamento brasileiro não o admite. Para evitar esse tipo de situação, que "limparia" artificialmente a vida pregressa de agentes econômicos, é que se aplica o instituto da sucessão empresarial.

Nem se diga que, com isso, os objetivos da recuperação judicial estariam frustrados. A criação da subsidiária continuará sendo útil, na medida em que permitirá o desenvolvimento de atividades por intermédio de contratos firmados com particulares ou mesmo com entes públicos, em contratações nas quais se admita a participação de pessoas declaradas inidôneas por outros entes federativos. A subsidiária também poderá, para fins de contratação com o mercado público, livrar-se dos efeitos da inidoneidade quando e se for declarada a reabilitação, na forma da Lei 8.666/1993.

8.8 Conclusão

A visão do presente estudo quanto às penas de proibição de contratar com o Poder Público pode ser considerada como bastante cautelosa. Em primeiro lugar, porque o estudo é cético quanto ao valor desse tipo de sanção, fonte mais de problemas que de soluções. Alternativas normativas mais ricas deveriam ser buscadas para reagir contra os maus comportamentos dos contratados: ampliar a exigência de garantias em geral, as quais são absurdamente limitadas pela Lei 8.666/1993; exigir garantias suplementares de quem tem histórico negativo; dar peso maior às propostas feitas por empresas com histórico positivo; prever bônus no preço pela boa execução; aumentar o valor das multas por irregularidades e por execução deficiente; etc.

Enquanto não vem uma melhora das normas legais, elas têm de ser cumpridas, claro. Mas a visão deste estudo é de que a interpretação das normas vigentes não pode ser ampliativa quanto aos efeitos automáticos das sanções aplicadas, pois isto, por um lado, compromete o poder de modulação das licitações pela Administração e, de outro, pode estender a sanção a sujeitos que não faz sentido atingir. Em matéria de sanção é errado e contraproducente o intérprete querer legislar, ainda mais por intuição.

Bibliografia

AZEVEDO, Antônio Junqueira de (coord.). *Comentários ao Código Civil – Parte Especial do Direito de Empresa*. vol. 13. São Paulo, Saraiva, 2003.

CARVALHOSA, Modesto. In: AZEVEDO, Antônio Junqueira de (coord.). *Comentários ao Código Civil – Parte Especial do Direito de Empresa*. vol. 13. São Paulo, Saraiva, 2003.

CUNHA, Carlos Eduardo Bergamini, e MARQUES NETO, Floriano de Azevedo. "Licitação pública e competitividade: sobre a viabilidade de participação de empresas pertencentes ao mesmo grupo econômico". *Interesse Público* 78/53-76. Ano 15. Belo Horizonte, março-abril/2013.

FÉRES, Marcelo Andrade. *Estabelecimento Empresarial – Trespasse e Efeitos Obrigacionais*. São Paulo, Saraiva, 2007.

MARQUES NETO, Floriano de Azevedo. "Extensão das sanções administrativas de suspensão e declaração de inidoneidade". *Boletim de Licitações e Contratos/BLC* 1997. São Paulo, NDJ.

——————, e CUNHA, Carlos Eduardo Bergamini. "Licitação pública e competitividade: sobre a viabilidade de participação de empresas pertencentes ao mesmo grupo econômico". *Interesse Público* 78/53-76. Ano 15. Belo Horizonte, março-abril/2013.

MENDES, Renato Geraldo (coord.). *Lei de Licitações e Contratos Anotada – Notas e Comentários à Lei 8.666/1993*. 9ª ed. Curitiba, Zênite, 2013.

OSÓRIO, Fábio Medida. *Improbidade Administrativa – Observações sobre a Lei 8.429/1992*. 2ª ed. Porto Alegre, Síntese, 1998.

PEREIRA JR., Jessé Torres. *Comentários à Lei das Licitações e Contratações da Administração Pública*. 5ª ed. Rio de Janeiro, Renovar, 2002.

SOARES, Paulo Firmeza. "O processo administrativo sancionador e o impacto das transferências de outorga". Monografia disponível na Internet em *http://www.conteudojuridico.com.br/artigo,o-processo-administrativo-sanciona dor-e-o-impacto-das-transferencias-de-outorga,41246.html* (acesso em 8.7.2013).

SUNDFELD, Carlos Ari. "É lícita a participação na licitação de empresas com os mesmos controladores". In: SUNDFELD, Carlos Ari. *Pareceres*. vol. III. São Paulo, Ed. RT, 2013.

——————. *Licitação e Contrato Administrativo – De Acordo com as Leis 8.666/1993 e 8.883/1994*. 2ª ed. São Paulo, Malheiros Editores, 1995.

——————. "Limites da desconsideração da personalidade jurídica na sanção de impedimento de contratar com a Administração". In: SUNDFELD, Carlos Ari. *Pareceres*. vol. III. São Paulo, Ed. RT, 2013.

——————. *Pareceres*. vol. III. São Paulo, Ed. RT, 2013.

Parte II
EQUILÍBRIO E ALTERAÇÃO DOS CONTRATOS PÚBLICOS

- *Capítulo 9 –* **As Cláusulas de Reajuste nos Contratos Públicos e a Segurança Jurídica**
- *Capítulo 10 –* **Desequilíbrio Econômico-Financeiro em Contratos de Participação Privada de Longo Prazo**
- *Capítulo 11 –* **O Equilíbrio Econômico-Financeiro nos Contrato Administrativos: o Caso da Análise das Taxas Internas de Retorno/TIRs das Concessões Rodoviárias**
- *Capítulo 12 –* **Uma Proposta para Melhorar os Aditamentos a Contratos Públicos**
- *Capítulo 13 –* **As Modificações no Setor de Energia Elétrica e os Contratos de Concessão**

Capítulo 9
AS CLÁUSULAS DE REAJUSTE NOS CONTRATOS PÚBLICOS E A SEGURANÇA JURÍDICA

CARLOS ARI SUNDFELD
RODRIGO PAGANI DE SOUZA
ANDRÉ ROSILHO

9.1 Introdução. 9.2 Regime jurídico do índice de reajuste nos contratos administrativos. 9.3 A Administração não pode substituir unilateralmente o índice de reajuste. 9.4 A exigência de determinação dos fatores de redução de reajustes tarifários. 9.5 Conclusão.

9.1 Introdução

Segurança é um dos fatores essenciais ao estímulo dos investimentos em projetos de infraestrutura, cuja implementação, no caso brasileiro, em geral depende de ato estatal de outorga, por envolver serviço público, bem público ou atividade monopolizada. Mas como obter segurança jurídica? A figura do contrato público de concessão tem sido, ao longo do tempo, a principal resposta de nosso ordenamento a esse desafio. Com a contratualização imagina-se amarrar as partes a um conjunto estável de regras vinculantes, dando previsibilidade à relação entre Estado regulador e empreendedor privado.

Só que a eficácia da fórmula contratual como fator de segurança será comprometida se o vínculo de qualquer das partes for passível de fragilização posterior e, ainda, se as regras do contrato não forem suficientemente determinadas. Daí esta pergunta crucial, que põe à prova a qualidade de nosso direito administrativo para gerar segurança aos investimentos: a legislação específica foi sensível à necessidade de conferir autoridade ao que se contrata na esfera pública e também de impedir a indeterminação das cláusulas contratuais?

Para essa discussão, o presente estudo opta por focar no problema que, ao longo da relação contratual, acaba sendo o mais sensível da relação entre regulador e regulado: o reajuste de preços e tarifas, sempre sujeito a riscos políticos, inclusive em função do calendário eleitoral. Como a legislação tratou a questão-chave da previsibilidade dos reajustes?

O estudo desdobra-se em três partes. Inicialmente é feita a pesquisa sobre como a legislação administrativa geral regulou a contratualização dos reajustes (item 9.2). A seguir, a indagação é sobre se essa legislação deu algum espaço para intervenções unilaterais posteriores do contratante público em relação a tais cláusulas (item 9.3). Ao final, o estudo discute o grau necessário de determinação dessas cláusulas, especialmente quanto ao impacto, ao longo do tempo, dos fatores de produtividade (item 9.4).

9.2 Regime jurídico do índice de reajuste nos contratos administrativos

Os índices de reajuste de preços são fundamentais para o dimensionamento da remuneração do contratado, e, por isso, são levados em conta quando da formulação das propostas em licitações. Por serem imprescindíveis à aferição do valor do contrato, compõem sua cláusula econômico-financeira e recebem especial proteção da Constituição Federal e de normas legais.

A CF abordou a matéria ao exigir, nos termos do seu art. 37, XXI, que contratos públicos contenham "cláusulas que estabeleçam obrigações de pagamento, mantidas as condições efetivas da proposta". Eis o inteiro teor da disposição constitucional:

> Art. 37. A Administração Pública direta e indireta de qualquer dos Poderes da União, dos Estados, do Distrito Federal e dos Municípios obedecerá aos princípios de legalidade, impessoalidade, moralidade, publicidade e eficiência e, também, ao seguinte: (...); XXI – ressalvados os casos especificados na legislação, as obras, serviços, compras e alienações serão contratados mediante processo de licitação pública que assegure igualdade de condições a todos os concorrentes, *com cláusulas que estabeleçam obrigações de pagamento, mantidas as condições efetivas da proposta*, nos termos da lei, o

qual somente permitirá as exigências de qualificação técnica e econômica indispensáveis à garantia do cumprimento das obrigações; (...). [*Grifos acrescentados*]

Em contratos públicos, como em quaisquer outros, deve haver uma disciplina das obrigações de pagamento. Porém, não serve qualquer disciplina; é preciso que as obrigações estipuladas respeitem as condições efetivas da proposta vencedora da licitação. Assim, a equação econômico-financeira inicial (a relação de proporção entre os encargos e a remuneração resultante da proposta na licitação) precisa estar no próprio contrato, não podendo ser relegada para fixação posterior.

As condições efetivas nas quais se baseou a proposta do contratado, aceita como a melhor pela Administração contratante, incorporam-se ao contrato e devem ser preservadas ao longo da relação. Se alteradas as condições (pelo aumento dos encargos tributários, por exemplo), o contratado terá direito ao reequilíbrio, justamente para que a proporção entre encargos e remuneração se mantenha ao longo da execução (por meio de compensação pelo aumento da carga tributária, por exemplo).[1] Trata-se, em suma, da proteção constitucional da equação econômico-financeira dos contratos públicos.[2]

1. Nesse sentido, aliás, é a expressa previsão do § 5º do art. 65 da Lei Geral de Licitações e Contratos Administrativos (Lei 8.666, de 21.6.1993, e alterações posteriores):
"Art. 65. Os contratos regidos por esta Lei poderão ser alterados, com as devidas justificativas, nos seguintes casos: (...).
"(...).
"§ 5º. Quaisquer tributos ou encargos legais criados, alterados ou extintos, bem como a superveniência de disposições legais, quando ocorridas após a data da apresentação da proposta, de comprovada repercussão nos preços contratados, implicarão a revisão destes para mais ou para menos, conforme o caso."
2. Em obra doutrinária já se teve a oportunidade de apontar a relevância da proteção constitucional contida no art. 37, XXI: "As obrigações de pagamento devem atender às condições efetivas da proposta, feita pelo particular na licitação (ou fora dela, nas hipóteses de inexigibilidade e dispensa). Destarte, alterando-se a situação à vista da qual foi formulada haverá também de alterar-se a remuneração, em igual medida; caso contrário não estariam atendidas as condições efetivas da proposta. (...). Pode-se afirmar, então, que o regime jurídico dos contratos da Administração, no Brasil, compreende a regra da manutenção da equação econômico-financeira originalmente estabelecida, cabendo ao contratado o direito a uma remuneração sempre compatível com aquela equação (...)" (Carlos Ari Sundfeld, *Licitação e Contrato Administrativo – De Acordo com as Leis 8.666/1993 e 8.884/1994*, 2ª ed., São Paulo, Malheiros Editores, 1995, p. 239).

Nos contratos públicos deve haver cláusulas com critérios objetivos de reajuste de preço (nos contratos administrativos de obras, por exemplo) ou de tarifa (nos contratos de concessão), pois elas se prestam, por definição, à manutenção das condições de remuneração pactuadas de início. Como condições efetivas da proposta financeira – infere-se do art. 37, XXI, da CF –, tais critérios devem ser respeitados ao longo da execução contratual.

Baseada nessa diretriz constitucional, a legislação exige, como cláusulas essenciais dos editais e contratos públicos, as que disponham sobre reajuste.

Preveem os arts. 40, XI, e 55, III, da Lei Geral de Licitações (Lei 8.666/1993):

> Art. 40. O edital (...) indicará, obrigatoriamente, o seguinte: (...); XI – *critério de reajuste*, que deverá retratar a variação efetiva do custo de produção, admitida a adoção de índices específicos ou setoriais, desde a data prevista para apresentação da proposta, ou do orçamento a que essa proposta se referir, até a data do adimplemento de cada parcela; (...). [*Grifos acrescentados*]

> Art. 55. São cláusulas necessárias em todo contrato as que estabeleçam: (...); III – o *preço* e as condições de pagamento, os critérios, data-base e *periodicidade do reajustamento de preços*, os *critérios de atualização monetária* entre a data do adimplemento das obrigações e a do efetivo pagamento; (...).[3] [*Grifos acrescentados*]

É o que faz também a Lei Geral de Concessões (Lei 8.987/1995), nos seus arts. 18, VIII, e 23, IV:

> 3. Mas essa lei não exige fixação de critérios de revisão, embora determine a realização de revisões em distintas hipóteses – por exemplo, em caso de alteração unilateral do contrato pela Administração para sua melhor adequação a finalidades de interesse público (art. 58, § 2º). Pode-se indagar por que ela não exige também, tal como a Lei Geral de Concessões, a expressa estipulação de critérios de *revisão*. Uma possível explicação é a de que os contratos de concessão, envolvendo maiores investimentos pelo parceiro privado e sendo de mais longo prazo do que os contratos administrativos comuns, enfocados pela Lei 8.666/1993, demandam maior clareza quanto à repartição dos riscos envolvidos na sua execução. Logo, ainda que a revisão possa ter lugar tanto nos contratos administrativos comuns quanto nos de concessão de serviços públicos, nesses últimos se afigura ainda mais recomendável a clara repartição de riscos entre as partes – donde a Lei 8.987/1995 ter exigido para os contratos de concessão também a predefinição de critérios de revisão.

Art. 18. O edital de licitação será elaborado pelo poder concedente, observados, no que couber, os critérios e as normas gerais da legislação própria sobre licitações e contratos e conterá, especialmente: (...); VIII – os critérios de reajuste e revisão da tarifa; (...).

Art. 23. São cláusulas essenciais dos contratos de concessão as relativas: (...); IV – ao preço do serviço e aos critérios e procedimentos para o reajuste e a revisão das tarifas; (...).

Note-se que, se omissos quanto à fixação de critérios para reajuste da tarifa – forma precípua pela qual o concessionário de serviço público se remunera –, os editais e contratos de concessão são passíveis de impugnação quanto à sua validade.

Embora essencial, a estipulação desses critérios pode ser custosa. Afinal, nem sempre é fácil antever, sobretudo no início de uma relação de tão longo prazo como a das típicas concessões de serviços públicos, qual o critério de reajuste – seja ele um índice geral ou uma fórmula específica para o contrato em causa – que melhor preservará o valor real da tarifa. Lembrando que, tratando-se de fórmula concebida especialmente para a específica relação contratual, e não um índice geral, faz-se necessário bem delinear também cada um dos itens ou fatores eleitos para compô-la.

As dificuldades de fixação prévia desses critérios poderiam levar a um desejo de adiamento pragmático dessa decisão custosa pela Administração Pública. Isto é: ela poderia preferir simplesmente deixar para o futuro a exata definição de como deverão ser reajustadas as tarifas.

Ocorre que as consequências da indefinição seriam problemáticas, e, por isso, apesar das naturais dificuldades, quiseram a Constituição e a Lei de Concessões que tais critérios fossem desde logo definidos, sob pena de invalidade dos editais e contratos. Em verdade, são múltiplas as razões para a exigência constitucional e legal de discriminação objetiva, completa e *a priori* desses critérios.

Uma é a de que assim se protege o direito do particular contratado (no caso, do concessionário) à preservação do inicial equilíbrio econômico-financeiro do contrato. Outra é que também se protege a Administração (poder concedente), inclusive contra si mesma, tornando certos e previsíveis os ônus públicos e suas alterações. Em suma: o mecanismo traz segurança para ambas as partes.

Se comparadas às contratações entre particulares, as contratações públicas talvez envolvam maior grau de incerteza; trata-se de incerteza incrementada pela natureza complexa de uma das partes envolvidas (a Administração Pública), pela heterogeneidade dos interesses públicos pelos quais lhe cumpre zelar e pelas prerrogativas associadas à defesa desses interesses. Mas não pode haver incerteza quanto a aspecto essencial dos contratos públicos: o valor da remuneração devida e os critérios para seu reajuste. Tem-se aí uma garantia do particular e da Administração.

Outra explicação para a incisiva exigência de discriminação objetiva, completa e *a priori* de critérios de reajuste é a de que só assim se torna viável o correto julgamento das propostas apresentadas em licitação pública. Para as propostas serem comparáveis, elas têm de se basear em pressupostos igualmente comparáveis. Se um dos pressupostos – como os critérios do futuro reajuste – não estiver fixado de modo completo e objetivo, a proposta deixa de ser proposta, e vira uma aposta. A licitação se transforma em jogo de azar. Ou seja: a proposta não tem como ser séria.

Em suma: tanto a garantia do equilíbrio econômico-financeiro do contrato e os inerentes direitos do contratado e da contratante à segurança sobre o valor da remuneração quanto o dever da Administração de promover licitação pública como um processo de comparação racional de propostas sérias constituem fundamentos jurídicos que concorrem para justificar que, desde logo, edital e contrato discriminem critérios de reajuste.[4]

9.3 A Administração não pode substituir unilateralmente o índice de reajuste

Da mesma forma que o edital de licitação e o contrato não podem prescindir de índice de reajuste de preços ou fixá-lo de modo

---

4. Nesse sentido, Marçal Justen Filho: "(...) a inclusão da cláusula de reajuste não é mera faculdade da Administração. (...). Assim se passa para assegurar a possibilidade de comparação entre as propostas elaboradas e sua seriedade. O reajuste de preços se configura, então, como uma solução destinada a assegurar não apenas os interesses dos licitantes, mas também da própria Administração. A ausência de reajuste acarretaria ou propostas destituídas de consistência ou a inclusão de custos financeiros nas propostas – o que produziria ou a seleção de proposta inexequível ou a distorção da competição" (*Comentários à Lei de Licitações e Contratos Administrativos*, 15ª ed., São Paulo, Dialética, 2012, pp. 646-657).

vago e impreciso, o Poder Público também não pode, por decisão unilateral, substituir, por outro de sua preferência, o índice de reajustamento pactuado.

Esse índice integra o próprio valor do contrato, compondo sua cláusula econômico-financeira. Trata-se de um dos mecanismos contratuais voltados a garantir que o valor inicial não se deteriore no curso da execução, com a passagem do tempo. Ele integra a cláusula econômico-financeira, sendo ingrediente relevante do equilíbrio do contrato, como vimos. E, justamente por isso, está sujeito não só à especial proteção da Constituição (art. 37, XXI), como também da lei, que impede a Administração de alterar unilateralmente as cláusulas econômico-financeiras.

A Lei de Licitações *não* autorizou a Administração Pública a alterar unilateralmente contratos administrativos para modificar seus índices de reajustamento de preços. Determinou, ao revés, que este tema seja tratado *por acordo das partes*:

> Art. 58. (...).
>
> § 1º. As cláusulas econômico-financeiras e monetárias dos contratos administrativos não poderão ser alteradas sem prévia concordância do contratado.

A lei é expressa ao exigir acordo entre as partes para que as cláusulas econômico-financeiras do contrato possam ser modificadas. Não são válidas iniciativas em desacordo com essa norma.

Por definição, a regular aplicação de índice de reajustamento de preços fixado em edital de licitação e previsto no contrato não é, em princípio, causa de desequilíbrio econômico-financeiro. Trata-se de simples execução contratual. Por isso, o desejo de alcançar ou, mesmo, restabelecer o equilíbrio econômico e financeiro do contrato não pode ser justificativa para a Administração Pública alterar unilateralmente cláusulas de reajustes.

As fórmulas que compõem os índices de reajustamento são conhecidas pelo Poder Público desde o início da licitação. Daí que a variação do valor contratual para fazer face a reajustes segundo critérios claramente predefinidos não importa desequilíbrio econômico-financeiro. Aliás, é o que diz a Lei de Licitações: "A variação do valor contratual para fazer face ao reajuste de preços previsto no próprio contrato, as atualizações, compensações ou penalizações financeiras decorrentes das condições de pagamento nele previstas, bem como o empenho de dotações orçamentárias suplementares até o limite do seu valor corrigido, não caracterizam alteração do mesmo, podendo ser registrados por simples apostila, dispensando a celebração de aditamento" (art. 65, § 8º).

A aplicação do índice de reajuste ao saldo remanescente do contrato em execução não o altera. É decorrência natural da execução, voltada a manter as condições efetivas da proposta, tal como manda a Constituição. Tanto isso é verdade, que a variação do valor contratual pode ser registrada "por simples apostila", "dispensando a celebração de aditamento".

A Lei de Concessões (Lei 8.987/1995), em dispositivo de cunho geral aplicável a todas as contratações públicas, não deixa margem a dúvida acerca da impertinência de se falar em desequilíbrio econômico-financeiro nesta circunstância. Em seu art. 10, ela fixa o seguinte:

> Art. 10. Sempre que forem atendidas as condições do contrato, considera-se mantido seu equilíbrio econômico-financeiro."

Ou seja: tratando-se de regular execução do contrato pela simples aplicação de sua cláusula de reajuste, não há desequilíbrio econômico-financeiro. Trata-se de presunção que sequer precisaria estar positivada; decorre até mesmo da lógica e do bom-senso.

Em tese, há hipóteses especiais em que a regular aplicação de índice de reajustamento – previamente fixado em edital de licitação e previsto de maneira expressa e completa em contrato – pode dar origem a desequilíbrio econômico-financeiro.[5]

É o caso da situação peculiar verificada "quando os índices aludidos no contrato discreparem *in concreto* da realidade, frustrando, assim, *como instrumento de verificação*, o que se pretendia verificar, (...)"; em casos assim, "insta apurar objetivamente a verdadeira elevação ocorrida, para reajustar os preços mediante padrões capazes de

---

5. Carlos Ari Sundfeld e Jacintho Arruda Câmara, "Alteração nas regras da concessão sobre reajuste tarifário", revista *Interesse Público* 80/15-24, Belo Horizonte, Fórum, 2013.

manter íntegra a equação econômico-financeira prevista".[6] Situação como esta ocorreria caso o índice contratualmente previsto, por exemplo, estivesse sendo manipulado pelo órgão responsável, falhando, assim, na tarefa de retratar fielmente a realidade dos preços. Nesse caso, o índice de reajuste deveria ser substituído. Mas isso demandaria o acordo das partes, como diz a lei de modo expresso. Portanto, trata-se de cláusula inalterável unilateralmente.

Contratos administrativos, apesar de conterem peculiaridades, não deixam de ser contratos. O adjetivo "administrativo" aposto ao substantivo "contrato" não tem – nem poderia ter – o condão de descaracterizar por completo a natureza contratual dos contratos administrativos.

É bem verdade que os administrativistas em geral, quando se põem a descrever os contratos administrativos nos manuais jurídicos ou nas salas de aula, quase sempre iniciam suas explicações expondo suas peculiaridades, chamando a atenção para o que os distingue dos demais tipos de contratos. É comum, assim, afirmarem que a Administração, nos contratos administrativos, tem *prerrogativas* derivadas de cláusulas exorbitantes, sendo-lhe em tese possível *instabilizar* o vínculo jurídico-contratual para alcançar finalidades de interesse público. Dizem, ainda, que ela, nesse tipo de avença, ocupa posição de superioridade em relação ao contratado.

Trata-se de estratégia didática. Afinal, se contrato administrativo tem algo distinto em relação a contratos típicos de direito privado, é razoável jogar luz sobre os elementos que os apartam, deixando bem vincadas suas diferenças.

Descrever os contratos administrativos por este viés, colocando muita ênfase sobre seus aspectos derrogatórios do direito privado – ou comum –, por um lado, é útil, porque facilita a compreensão e a visualização dessa peculiar espécie de contrato. Por outro lado, é problemático, porque pode induzir o intérprete a defini-la pela exceção, e não pela regra. O risco de focar nas diferenças é ficar cego para as semelhanças.

Por isso, frise-se: contratos administrativos, apesar das particularidades que os caracterizam, não deixam de ser contratos – e, como

---

6. Celso Antônio Bandeira de Mello, *Curso de Direito Administrativo*, 31ª ed., São Paulo, Malheiros Editores, 2014, p. 673.

tais, submetem-se à teoria geral dos contratos e às normas do direito comum que não tenham sido expressamente derrogadas por normas específicas da legislação administrativa. Aliás, é o que determina a própria Lei de Licitações (Lei 8.666/1993):

> Art. 54. Os contratos administrativos de que trata esta Lei regulam-se pelas suas cláusulas e pelos preceitos de direito público, aplicando-se-lhes, supletivamente, os princípios da teoria geral dos contratos e as disposições de direito privado.

O que se observa é que a lei explicitou o óbvio: contratos administrativos são contratos, como outros quaisquer, e, como tais, são em regra regidos pelos princípios da teoria geral dos contratos e pelas disposições comuns (de direito privado). Quando diz que "contratos administrativos de que trata esta Lei regulam-se pelas suas cláusulas e pelos preceitos de direito público", sendo-lhes aplicáveis, "supletivamente", normas de direito comum, nada mais faz do que fixar uma prevalência, *a priori*, das regras da legislação administrativa – específicas em relação a esta espécie de contratos – sobre as regras de direito privado – gerais. Dito de outro modo: determina que os contratos administrativos sejam regulados pelo direito comum, *salvo* nos aspectos em que a legislação administrativa *expressamente* dispuser de modo diverso. Verificada antinomia entre disposições de direito privado e as da legislação administrativa, prevalecerão as últimas, por serem específicas.

Em uma frase: contratos públicos são contratos, como outros quaisquer, temperados por normas da legislação administrativa.[7]

---

7. Vai nessa linha a acurada crítica de Fernando Dias Menezes de Almeida ao modo como se consolidou e se propagou a teoria do contrato administrativo no Brasil, denunciando ter essa teoria padecido, entre nós, brasileiros, de um "problema original intrínseco". Ela teria resumido "o cerne da explicação à existência de certas prerrogativas inerentes ao contrato", o que é um erro – defende o autor. Na sua visão, as prerrogativas da Administração são antes inerentes às relações de direito público e "sintetizam-se na ideia de *autoexecutoriedade* da ação administrativa"; no entanto, "o regime de direito público não acarreta como consequência necessária a incidência das *prerrogativas de ação unilateral* tradicionalmente descritas por aquela teoria". Pode haver "autoexecutoriedade desacompanhada de poderes de imposição unilateral" no âmbito de um contrato administrativo, "tal como se passa quando a Administração autoexecuta algo que seja objeto de uma decisão anteriormente tomada por acordo

Por que essa premissa é relevante? Por que é importante olhar os contratos administrativos como espécie do gênero "contrato"? Esta lente de análise afasta uma possível interpretação equivocada dos contratos administrativos – interpretação que pretenda definir como de alcance geral norma que o próprio ordenamento jurídico tenha previsto como exceção – evitando, assim, o indevido alargamento dos poderes da Administração Pública.

A tônica sobre as prerrogativas públicas erroneamente leva a crer que o Estado tudo pode neste tipo de avença, desde que atue com vistas ao interesse público – conceito fluido, difícil de ser delimitado em abstrato. Nada mais equivocado.[8]

das partes". Logo, "um *contrato* celebrado pela Administração Pública (...), ainda que não contenha certas prerrogativas de *ação unilateral* no seu regime específico (...) pode ainda assim ser explicado teoricamente como *contrato administrativo*, com o sentido de que: (a) é *genericamente contrato*, porque comunga da mesma essência do contrato enquanto categoria jurídica geral; (b) é *especificamente administrativo*, porque sofre potencialmente a incidência do regime de direito público autoexecutório inerente à ação administrativa, acompanhado, em distintos graus, de prerrogativas de ação unilateral (...)" (*Contrato Administrativo*, São Paulo, Quartier Latin, 2012, pp. 348 e ss.). Note-se que Menezes de Almeida frisa a existência de uma "essência contratual" no fenômeno das contratações administrativas, da qual é apenas acessória a potencial incidência de regime de direito público autoexecutório e, com tal regime, de eventuais prerrogativas de ação unilateral. Tal como se faz aqui, ele frisa que o contrato público é, antes de tudo, um contrato. Ademais, sua óptica parece consentânea com a da inviabilidade de modificação unilateral de índice de reajuste definido em contrato, aqui defendida. Afinal, tal como vislumbra Menezes de Almeida, aqui também se sustenta que a Administração pode autoexecutar decisão anteriormente tomada por acordo entre as partes, a saber, a decisão de aplicar dado índice de reajuste periodicamente; nem por isso detém ela a prerrogativa de impor unilateralmente um índice, ou de substituir unilateralmente índice previamente pactuado.

8. A suposição de que o Estado tudo pode, em razão do interesse público, em contratos administrativos – ou de um "princípio do interesse público" ou, ainda, da "supremacia do interesse público sobre o privado" –, embora equivocada, encontra ressonância na (re)construção doutrinária e prática do direito público brasileiro da atualidade. É o que já se denunciou em artigo intitulado "Uma crítica à tendência de uniformizar com princípios o regime dos contratos públicos" (Carlos Ari Sundfeld e Jacintho Arruda Câmara, *Revista de Direito Público da Economia/RDPE* 41/57-72, Ano 11, Belo Horizonte, Fórum, janeiro-março/2013). O artigo contesta a ideia corrente de que seria natural à generalidade dos contratos públicos um regime jurídico nuclear uniforme, necessário à realização de princípios, estes também uniformes. Observa que os diversos contratos públicos têm funções e estruturas muito variadas, e, por isso, o direito positivo os trata de modo heterogêneo. Assim, não podem os teóricos e os práticos buscar a uniformização desse tratamento usando princípios

Os contratos administrativos são, também eles, fruto do acordo de vontade entre as partes – Administração e particulares –, que, por algum grau de consenso, fixam seu conteúdo e seus termos – ou ao menos boa parte deles. São instrumentos de via de mão dupla, idealizados para atender a interesses e anseios de ambos os contratantes. A regra, assim, é que as decisões contratuais sejam tomadas bilateralmente, por consenso, seja no momento de formação do contrato, seja no momento de sua alteração.

Qual seria, então, o espaço no qual a Administração Pública poderia, licitamente, exercer seu poder extroverso? Em que termos lhe seria facultado instabilizar o vínculo contratual?

As respostas a essas indagações passam, primeiramente, pelo reconhecimento de que, tratando-se de contratos administrativos, há, é claro, espaço para que a Administração neles intervenha unilateralmente – afinal, este é um dos traços desses contratos. No entanto, não poderá fazê-lo a seu talante. Ao contrário, somente poderá instabilizar unilateralmente vínculo contratual existente – seja para alterá-lo, seja para extingui-lo – nos limites da lei, *apenas nas hipóteses legalmente previstas*.

A Lei de Licitações (Lei 8.666/1993), no inciso I do seu art. 65, teve o cuidado de elencar, de modo taxativo e expresso, as hipóteses específicas em que a Administração está autorizada a unilateralmente alterar contratos administrativos vigentes:

> Art. 65. Os contratos regidos por esta Lei poderão ser alterados, com as devidas justificativas, nos seguintes casos: I – unilateralmente pela Administração: a) quando houver modificação do projeto ou das especificações, para melhor adequação técnica aos seus objetivos; b) quando necessária a modificação do valor contratual em decorrência de acréscimo ou diminuição quantitativa de seu objeto, nos limites permitidos por esta Lei; (...).

Afora estas hipóteses, tudo o mais que a Administração pretender modificar nos contratos vigentes precisará, obrigatoriamente, contar com o aval do contratado, ser produto de decisão bilateral e, por isso

> gerais indeterminados. Faz-se isso, porém, quando se os descreve a partir da tônica em supostas prerrogativas da Administração Pública calcadas numa indeterminada justificativa de interesse público.

mesmo, consensual. A ausência de consenso na produção desse tipo de ato – que vier a unilateralmente alterar o contrato em circunstâncias que não encontrarem respaldo no rol do inciso I do art. 65 – o eivará de vício, tornando-o inválido. O Direito, em matéria de contratos administrativos, confere prerrogativas à Administração, mas veda o arbítrio. As prerrogativas só existem na exata medida da lei.

Mesmo quando autorizada a instabilizar vínculo contratual, ela deve obedecer a certos requisitos e limites. Por exemplo, deve *motivar* o ato de alteração do contrato (art. 65, *caput*); caso venha a determinar a modificação do projeto para melhor adequação técnica aos seus objetivos, deve respeitar os limites legais de alteração contratual (art. 65, § 1º); na hipótese de suprimir obras, bens ou serviços, se o contratado já os houver adquirido, deve ressarci-lo e, eventualmente, indenizá-lo (art. 65, § 4º).

Em suma: a Administração, ainda quando de fato autorizada a modificar unilateralmente o contrato, não poderá fazê-lo de qualquer maneira; deverá, como visto, respeitar direitos dos contratados, previstos na legislação. A verdade é que o contrato, uma vez firmado, vincula as partes ao seu conteúdo, deixando pouco espaço para a Administração impor suas vontades ao contratado.[9]

9. É interessante notar que pode haver pouco espaço até mesmo para que as partes modifiquem *em comum acordo* o pactuado. É o que entendeu o Tribunal de Contas da União/TCU ao reputar irregular a alteração, por aditivo contratual, da periodicidade da incidência originalmente pactuada de reajuste de tarifa portuária. O contrato continha cláusula que originalmente estabelecia a seguinte condição para reajuste de tarifa portuária: "Os preços estabelecidos nesta Cláusula serão reajustados sempre que houver reajuste da Tarifa Portuária do Porto de Vitória, e na mesma data, conforme homologação do Conselho de Autoridade Portuária/CAP. Não havendo aumento tarifário ao final de cada período de 12 meses, os preços negociados sofrerão reajuste com base no INPC". A alteração da cláusula excluiu a condição estabelecida segundo a qual, "sempre que houver reajuste da Tarifa Portuária do Porto de Vitória, e na mesma data, conforme homologação do Conselho de Autoridade Portuária/CAP", haveria a incidência de reajuste. Em razão dessa supressão, parcela de receita que seria devida deixou de ser arrecadada. O TCU entendeu ter sido irregular essa alteração contratual, visto que a forma original de reajuste fora resultado de um "processo multilateral" de negociação, do qual haviam participado todos os segmentos diretamente interessados – Poder Público, operadores portuários, trabalhadores portuários e usuários dos serviços –, todos eles representados no tal Conselho. De modo que não caberia às partes, ainda que em comum acordo, alterar a periodicidade da incidência do índice de reajuste dantes negociada num fórum mais amplo (cf. TCU, 1ª Câmara, AC 2.548-13/11-1, rel. Min. Walton Alencar Rodrigues, *DOU* 2.5.2011).

9.4 A exigência de determinação dos fatores de redução de reajustes tarifários

Tarifas são meios de remuneração do concessionário pelos serviços que presta aos usuários. O valor da tarifa pode ser alterado por reajuste ou revisão tarifária. Reajustes e revisões guardam em comum, assim, o aspecto de que constituem alterações de tarifas. *Reajustes tarifários* são alterações cujo objetivo é preservar o valor real da tarifa devida ao concessionário em face da variação monetária ou da variação previsível de custos ocorrida ao longo de determinado período. *Revisões tarifárias* são alterações para recompor o inicial equilíbrio econômico-financeiro, isto é, restabelecer a proporção inicial entre os encargos assumidos pelo concessionário e a remuneração a ele devida, que tenha sido desequilibrada pelo impacto significativo de atos ou fatos jurídicos não previstos ou imprevisíveis.

Jacintho Arruda Câmara observa que, até por determinação legal, critérios de reajuste e revisão tarifária devem ser previstos em contratos

Isso não quer dizer, claro, que o TCU não admita, em hipótese alguma, a revisão de cláusulas de reajuste constantes de contratos em execução. Ilustra esta assertiva a decisão proferida pela Corte de Contas no Acórdão 36/2008 (Plenário, rel. Min. Raimundo Carreiro, *DOU* 25.1.2008). O caso envolvia contrato firmado entre a ELETRONORTE e um consórcio de empresas no âmbito do projeto de expansão do sistema de transmissão de energia elétrica associado à Hidrelétrica de Tucuruí, no Estado do Maranhão, que, segundo o TCU, teria previsto índices de reajuste de preços incompatíveis com as atividades para as quais as empresas haviam sido contratadas. Em face dos fatos, afirmou o Ministro-Relator: "As cláusulas de reajuste podem e devem ser revistas a qualquer tempo, em respeito à prevalência da garantia de manutenção da equação econômico-financeira do contrato. Princípios em aparente conflito devem ser sopesados, como manda a regra hermenêutica". Partindo dessa premissa, concluiu o Ministro-Relator que "o resultado de uma fórmula de reajuste inadequada representa um desequilíbrio da relação econômico-financeiro e uma desvirtuação da proposta original; logo, devem ser compensados em reajustamentos futuros, presumindo-se a boa-fé da contratada. A fórmula de reajuste deve servir unicamente como mecanismo garantidor do equilíbrio econômico-financeiro do contrato e não deve pautar a elaboração da proposta, à vista de prováveis perdas e ganhos futuros. Caso uma licitante entenda que a fórmula consignada no edital não corresponde à realidade do objeto licitado ou do setor econômico a que pertence, deve impugná-la de imediato, sob pena de ter que ressarcir o dano sofrido pela Administração ou pleitear o reequilíbrio do contrato, caso logre ser a adjudicatária". Ou seja: para o Ministro-Relator, em posicionamento acatado pelo Pleno do TCU, é possível, sim, que cláusulas de reajuste sejam revistas durante a execução de contratos, com a finalidade de recompor seu inicial equilíbrio econômico-financeiro.

de concessão de serviços públicos. Como critério de reajuste, modelo possível é o que adota índices, fixados por instituições autônomas, que medem a variação de preços no mercado ou a inflação. Outro modelo é o de previsão contratual de índice próprio para aquela específica relação jurídica objeto da concessão, fixando-se também no contrato quais os itens de variação de custos que comporão o índice concebido.

Mas há ainda modelo em que, além desses itens, são incluídos, numa verdadeira fórmula, outros fatores a serem considerados no cálculo do reajuste tarifário. Contratos que seguem esse último modelo têm incluído nas fórmulas de reajuste fator atinente a ganhos de produtividade, entre outros. Nas palavras de Jacintho Arruda Câmara:

> (...) também é possível notar em alguns casos a adoção de verdadeiras fórmulas aritméticas, que levam em conta diversos fatores para a determinação de um porcentual de reajuste de tarifas. Neste modelo, índices gerais de inflação são sopesados em relação a projeções de ganho de produtividade e redução de custos em função de economia de escala, entre outros.[10]

O ganho de produtividade é incluído como um fator de *redução* de reajustes tarifários. Serve, assim, para que o reajuste automático do contrato não se torne estímulo à ineficiência. A própria fórmula de cálculo de reajustes tarifários traz em si, dessa maneira, fator que permite que ela seja "ajustada". São os chamados fatores redutores, nela embutidos, como o atinente ao compartilhamento de ganhos de produtividade do concessionário com os usuários dos serviços.

As revisões tarifárias extraordinárias servem à recomposição do equilíbrio econômico-financeiro do contrato em virtude de desequilíbrios comprovados, relativos ao passado ou mesmo ao futuro; não se baseiam em presunções ou ficções, mas partem de impactos constatados ou certos. Mas, quando uma fórmula de reajuste tarifário contratualmente prevista leva em conta estimativas fixas de ganhos de produtividade, ela não está necessariamente considerando desequilíbrios comprovados. O ganho de produtividade sequer é um dado de fato a ser considerado, um desequilíbrio constatado ou certo, mas meta contra-

---

10. Jacintho Arruda Câmara, *Tarifa nas Concessões*, São Paulo, Malheiros Editores, 2009, pp. 182-184.

tual rígida, que se impõe ao concessionário como um ganho presumido ou ficto. Nesse sentido as observações de Jacintho Arruda Câmara:

> Há casos em que o ganho de produtividade, mais que um dado de fato a ser considerado, constitui uma meta introduzida no contrato de concessão. O ganho de produtividade, em tais hipóteses, é estabelecido rigidamente na fórmula de reajuste, sendo um elemento objetivo que incidirá negativamente sobre (ou seja, fará reduzir) o índice de correção. Sendo assim, a concessionária se vê obrigada a atingir aquela meta de produtividade, sob pena de amargar prejuízo econômico decorrente de um ajuste menor.[11]

Tem sido frequente a previsão, em contratos de concessão, de cláusulas de reajuste que embutem o chamado "Fator X", por força do qual ganhos de produtividade do concessionário operam como redutores do reajuste. A ideia é que tais ganhos sejam compartilhados com os usuários, ao invés de apropriados exclusivamente pelo concessionário. Busca-se a distribuição mais equitativa dos resultados da exploração do negócio ao longo do tempo.

Outros fatores, indicados por outras letras do alfabeto, igualmente têm sido incorporados para determinação das tarifas ou de seu reajuste nos contratos de concessão.[12] Eles expressam, no geral, a tentativa de objetivar a consideração e a análise de eventos de impacto na execução do contrato. A incorporação do "Fator X" aos contratos de concessão é, assim, aspecto dessa prática mais abrangente que vai se descortinando na formatação de novas concessões.

O compartilhamento de ganhos de produtividade do concessionário com os usuários não é novo nas concessões no Brasil. Regras

---

11. Idem, p. 184, nota de rodapé 25.
12. Em concessões de rodovias federais, por exemplo, têm sido adotados diversos desses fatores. Além do "Fator X", há os chamados "Fatores C", "D" e "Q", todos incorporados à fórmula de reajuste, cada qual se aplicando como um redutor ou incrementador da tarifa básica de pedágio. O "Fator C" aplica-se em função da ocorrência de eventos que produzam impactos exclusivamente sobre a receita da concessionária (tais como arredondamentos tarifários, atrasos na aplicação de reajustes tarifários ou alterações na alíquota de tributos que onerem a prestação). O "Fator D", também chamado de "Desconto de Reequilíbrio" ou "Acréscimo de Reequilíbrio", aplica-se em função de atrasos ou de antecipações na execução do contrato pela concessionária. E o "Fator Q" opera em função do cumprimento, ou não, de metas de qualidade na prestação do serviço pelo concessionário.

que determinam tal compartilhamento parecem ser reflexo da experiência segundo a qual nas parcerias de longo prazo, envolvendo grandes investimentos e certa flexibilidade de gestão pelo parceiro privado, que se remunera precipuamente pela exploração dos serviços – como é o caso das concessões –, existe a possibilidade de aumento paulatino de seus ganhos de produtividade, pela redução de custos e incremento da eficiência.

A identificação dos fatores econômicos que podem levar a ganhos de produtividade é questão não específica ao campo do Direito. Tais ganhos podem decorrer em parte dos esforços diretos do concessionário na prestação mais eficiente dos serviços, em parte de fatores alheios à gestão empresarial.

O compartilhamento de potenciais ganhos de produtividade do concessionário com os usuários tem impacto no critério de reajuste. Mas para tanto é preciso que estejam definidos, de modo objetivo e completo, quais os itens a serem considerados e o modo de aferição desses ganhos. Do contrário tal critério cairá no vazio, por incompletude, ficando o concessionário ao puro arbítrio do Poder Público.

A vagueza das cláusulas, tanto sobre os critérios a considerar como sobre o modo de aferição dos ganhos, é motivo de preocupação e fator de insegurança jurídica. Mais que isso, tal vagueza pode atentar contra regras importantes em matéria de contratos previstas na Constituição, nas Leis de Licitações e de Concessões e, ainda, no Código Civil.

O art. 122 do CC (Lei 10.406, de 10.1.2002), no capítulo sobre as condições dos negócios jurídicos, dispõe:

> Art. 122. São lícitas, em geral, todas as condições não contrárias à lei, à ordem pública ou aos bons costumes; entre as condições defesas se incluem as que privarem de todo efeito o negócio jurídico, ou o sujeitarem ao puro arbítrio de uma das partes.

Importa sua parte final: *são defesas as condições que sujeitarem o negócio jurídico ao puro arbítrio de uma das partes* – vale dizer: as cláusulas puramente potestativas.

Trata-se de vedação da teoria geral dos contratos, que se aplica aos contratos públicos por força do já mencionado art. 54 da Lei de Licitações.¹³ O caráter geral dessa norma é inquestionável, pois sujeitar-se ao arbítrio de outrem não é contratar, é submeter-se, é sujeitar-se ao poder total e incondicionado de alguém.

Essa vedação legal tem importância para a fixação completa de critérios de reajuste de tarifa de concessão de serviço público, na medida em que ela deixa claro, e de modo expresso, qual o risco da ausência de estipulação desses critérios: o concessionário ficar "ao puro arbítrio" do poder concedente.¹⁴

Realmente, mesmo se fixada de início a tarifa, o poder concedente poderia, a pretexto de refletir ganhos de produtividade quando do reajuste, modificá-la a seu puro arbítrio. E adotaria critérios mais condizentes com os interesses de ocasião da Administração.¹⁵

Têm sido ponto de preocupação algumas cláusulas propostas para contratos de concessão na atualidade, atinentes ao "Fator X", marcadas por alto grau de indeterminação. São cláusulas em que restam indefinidos quais os itens a serem considerados e qual o modo de aferição de eventuais ganhos de produtividade. Sua incompletude é problemática, por prejudicar o atendimento adequado das regras e princípios de Direito enumerados acima.

13. Lembre-se: o art. 54 da Lei 8.666/1993 diz que os contratos públicos a ela se sujeitam, "aplicando-se-lhes, supletivamente, os princípios da teoria geral dos contratos e as disposições de direito privado".
14. No REsp 37.348-SP (1993/0021234-6), rel. Min. Dias Trindade, j. 13.9.1993, a 4ª Turma do STJ decidiu – transcreve-se da ementa – que "é puramente potestativa a cláusula contratual que deixa a opção ao credor da mudança de índice de atualização monetária, se deixa a seu arbítrio exclusivo a adoção do que lhe é mais favorável". Comparando-se esse entendimento com o caso das cláusulas contratuais relativas ao "Fator X", nota-se que a indefinição quanto ao modo de aferir critério essencial ao reajuste de tarifas (os ganhos de produtividade) equipara-se a deixar, em última análise, ao arbítrio exclusivo da Administração concedente o dimensionamento de ganhos de produtividade que se lhe afigurem mais favoráveis. Logo, na essência, são cláusulas também repudiáveis à luz do entendimento do STJ.
15. É oportuno notar que o STJ já decidiu o seguinte: "A substituição aleatória da fórmula de reajuste previamente pactuada, desconsiderando critérios técnicos indispensáveis à manutenção do equilíbrio econômico-financeiro do contrato, interfere nos mecanismos de política tarifária aprovados pelo Conselho Nacional de Desestatização e ofende a ordem pública administrativa" (SLS/AgR 162-PE, rel. Min. Edson Vidigal, j. 15.3.2006). Ora, se não cabe a substituição aleatória de fórmula de reajuste previamente pactuada, por identidade de razão não deverá ser admitida também a estipulação aleatória pela Administração concedente – feita, por exemplo, a partir de "estudos" por ela realizados sem critérios definidos – de fator essencial de fórmula de reajuste tarifário previamente pactuada.

Nessas cláusulas incompletas o "Fator X" tem sido apontado como um "redutor do reajuste" tarifário referente ao "compartilhamento com os usuários dos ganhos de produtividade da concessionária", sem gerar para esta "qualquer direito a reequilíbrio". Sobre o modo de apuração desses ganhos, por vezes as cláusulas fixam um período durante o qual os ganhos são fixados em zero (por exemplo, até o quinto ano do prazo da concessão); dispõem, ainda, que, findo esse período, os ganhos deverão ser apurados periodicamente, "com base em estudos de mercado" realizados pelo próprio poder concedente, "de modo a contemplar a projeção de ganhos de produtividade do setor" ou a "evolução das variáveis associadas à produtividade e eficiência da indústria" em questão.

Como se pode perceber, são frouxos os parâmetros assim estabelecidos. Cláusulas assim postas não deixam claro, pela mera alusão ao "setor", qual o âmbito geográfico que se tomará em consideração para projeções (o internacional, o nacional, o regional ou o local). Pela alusão ao "mercado" ou à "indústria" também não se sabe a exata abrangência que pressupõem. E os indicadores a serem levados em consideração tampouco são definidos. Exemplos porventura dados pelas cláusulas não são suficientes. Há o risco de que uma amostra de indicadores seja escolhida "a dedo", para se chegar a resultado que se afigure conveniente para o regulador na ocasião.

Some-se a circunstância de que cláusulas assim incompletas, embora se reportem a projeções de ganhos de produtividade (naturalmente para o futuro), fazem-no sem qualquer base fixada como ponto de partida. Isto é: elas carecem de algum parâmetro com relação ao qual a "produtividade" poderá ser incrementada.

Ademais, essas cláusulas muitas vezes preveem projeções unilaterais pela autoridade reguladora, sem direito de participação do concessionário interessado, sem contraditório, embora sua esfera de direitos possa ser afetada.

Cláusulas assim frouxas, com alto grau de indeterminação, podem deixar o concessionário realmente ao puro arbítrio do concedente – o que é juridicamente inadequado. Trata-se do tipo de estipulação que o art. 122 do CC quis evitar.

De resto, editais de licitação para concessões que contemplem cláusulas de compartilhamento de ganhos de produtividade com tal incompletude dificultam sobremaneira a formulação de propostas financeiras na licitação. As condições efetivas nas quais as propostas têm de se basear não são completamente dadas pela Administração. Isto pode prejudicar a seriedade das propostas ou, no mínimo, gerar insegurança jurídica.

Não pode a Administração, em virtude das dificuldades inerentes a tais projeções e estipulações de ganhos de produtividade, deixar o tema em aberto, num adiamento talvez pragmático das necessárias definições (estipulando tão somente que em certos períodos iniciais o redutor será igual a "zero"). Tampouco é admissível que mascare a indefinição com a mera aparência de definição. É o que faz quando propõe cláusulas contratuais que apontam "estudos" por realizar, apontam este ou aquele "setor", esta ou aquela "indústria", como possíveis bases a partir das quais serão colhidos dados (eventualmente até apontam um punhado exemplificativo de variáveis a considerar), mas nada fixam. Se nada fixam, deixam tudo ao arbítrio dos reguladores. E isto lhes compromete a qualidade, para além da insegurança jurídica causada pela circunstância de tema tão essencial ser deixado em aberto, "incrementando-se" – como observa Marçal Justen Filho – "o risco de litígios ao longo da concessão".[16]

Como já salientado neste estudo, os "critérios e procedimentos" de reajuste e revisão, cuja estipulação em contrato é exigida pela Lei de Concessões, constituem elementos centrais do contrato de concessão, por impactarem diretamente sobre a remuneração devida ao con-

---

16. Este aspecto da insegurança jurídica causada pelo não tratamento em contrato de concessão, ou tratamento incompleto, de fórmulas de reajuste, dando azo a litígios futuros e maiores custos de transação ao longo da execução contratual, é destacado nos seguintes comentários da lavra de Marçal Justen Filho: "Sublinhe-se que os critérios e formas de reajuste traduzem a essência do projeto contemplado pelo poder concedente a propósito da outorga. As novas concepções sobre concessão envolvem a consagração de soluções originais nesse campo, envolvendo o compartilhamento entre o concessionário e comunidade dos benefícios obtidos na exploração empresarial. Para possibilitar sua implantação, é indispensável a explícita previsão no edital da sistemática consagrada. Ademais disso, a omissão acerca das fórmulas de reajuste não elimina o direito de o particular obter a recomposição, mas acarreta profunda insegurança sobre o modo de seu processamento. Isso equivale a agravamento dos custos de transação relativos à concessão. Tal se refletirá nas propostas apresentadas no curso da licitação, incrementando-se o risco de litígios ao longo da concessão" (*Teoria Geral das Concessões de Serviço Público*, São Paulo, Dialética, 2003, pp. 263-264).

cessionário e, assim, sobre o equilíbrio econômico-financeiro do contrato. Elemento do gênero não pode ser estipulado de qualquer jeito; precisa ser completo, objetivo, bem determinado.

Em suma: ponto de preocupação na atualidade são as cláusulas de reajuste em contratos de concessão com esse problema: abertas demais, deixam ao exclusivo critério dos reguladores a definição dos ganhos de produtividade do concessionário.

A CF, no seu art. 37, XXI, requer determinação quanto às condições efetivas da proposta incorporada às contratações públicas. A Lei de Concessões, nos seus arts. 18, VIII, e 23, IV, exige determinação no estabelecimento de critérios de reajuste tarifário em editais e contratos de concessão. O art. 122 do CC veda, nos negócios jurídicos em geral, a estipulação de obrigações segundo as quais uma das partes fique ao puro arbítrio da outra. São, todos esses, fundamentos jurídicos por força dos quais se afiguram insuficientes, em contratos de concessão de serviços públicos, cláusulas atinentes ao chamado "Fator X" que não estipulem os itens a serem considerados na aferição dos ganhos de produtividade, nem qual será exatamente o modo de aferição.

9.5 Conclusão

O que interessa de toda esta exposição é a constatação de que a legislação administrativa brasileira, conquanto tenha lá seus defeitos, foi, sim, bastante atenta ao desafio da previsibilidade dos reajustes nos contratos de concessão, e dedicou a ele um conjunto de regras capaz de conferir segurança normativa à relação entre concedente e concessionário. É uma legislação madura, ao menos nesse sentido.

Portanto, as eventuais resistências e desconfianças do mercado em relação aos projetos de infraestrutura pública no Brasil não decorrem de *déficits* da legislação geral. Elas têm a ver muito mais com a postura das autoridades, que, em alguns casos, formaram uma visão distorcida quanto à extensão das prerrogativas públicas nas relações contratuais e, em outros casos, não querem ou não conseguem, quando da formatação dos projetos, investir tempo e esforço na construção de critérios contratuais consistentes e completos.

Assim, a maior segurança jurídica nas contratações públicas de infraestrutura, ao menos no que diz respeito a critérios de reajuste de tarifas, depende, hoje, muito mais da qualidade da modelagem e da execução dos contratos do que de qualquer revisão legislativa.

Bibliografia

BANDEIRA DE MELLO, Celso Antônio. *Curso de Direito Administrativo*. 31ª ed. São Paulo, Malheiros Editores, 2014.

CÂMARA, Jacintho Arruda, e SUNDFELD, Carlos Ari. "Alteração nas regras da concessão sobre reajuste tarifário". *Interesse Público* 80/15-24. Belo Horizonte, Fórum, 2013.

——————. "Uma crítica à tendência de uniformizar com princípios o regime dos contratos públicos". *Revista de Direito Público da Economia/RDPE* 41/57-72. Ano 11. Belo Horizonte, Fórum, janeiro-março/2013.

JUSTEN FILHO, Marçal. *Comentários à Lei de Licitações e Contratos Administrativos*. 15ª ed. São Paulo, Dialética, 2012.

——————. *Teoria Geral das Concessões de Serviço Público*. São Paulo, Dialética, 2003.

MENEZES DE ALMEIDA, Fernando Dias. *Contrato Administrativo*. São Paulo, Quartier Latin, 2012.

SUNDFELD, Carlos Ari *Licitação e Contrato Administrativo – De Acordo com as Leis 8.666/1993 e 8.884/1994*. 2ª ed. São Paulo, Malheiros Editores, 1995.

——————, e CÂMARA, Jacintho Arruda. "Alteração nas regras da concessão sobre reajuste tarifário". *Interesse Público* 80/15-24. Belo Horizonte, Fórum, 2013.

——————. "Uma crítica à tendência de uniformizar com princípios o regime dos contratos públicos". *Revista de Direito Público da Economia/RDPE* 41/57-72. Ano 11. Belo Horizonte, Fórum, janeiro-março/2013.

Capítulo 10
DESEQUILÍBRIO ECONÔMICO-FINANCEIRO EM CONTRATOS DE PARTICIPAÇÃO PRIVADA DE LONGO PRAZO

Tomas Anker
Frederico A. Turolla

10.1 Introdução. 10.2 A regulação econômica dentro de um contrato. 10.3 O desequilíbrio econômico-financeiro: 10.3.1 O contrato de participação privada de longo prazo é uma visão prospectiva do negócio – 10.3.2 Contratos de concessão e parceria público-privada/ PPP: considerações sobre os conflitos de agência e as premissas de longo prazo. 10.4 Garantias privadas. 10.5 Garantias públicas. 10.6 Integralização de capital. 10.7 Indicadores de desempenho. 10.8 Observações finais.

10.1 Introdução

Um contrato administrativo deve se manter equilibrado em termos dos encargos contratados pelo parceiro público ao parceiro privado e da remuneração pactuada entre ambos. Esta relação é estabelecida quando da apresentação da proposta na licitação ou no processo de contratação direta, e deve manter-se equilibrada durante toda a execução do contrato. O equilíbrio, entretanto, não implica, necessariamente, constância da remuneração: não apenas o contrato pode prever padrões variáveis de remuneração, quanto uma parte da tarefa sobre essa definição pode ser transferida ao ambiente regulatório.

O tema é mais complexo do que parece, e as discussões sobre reequilíbrio econômico-financeiro de contratos não são triviais. Apesar da importância inequívoca, em função da multiplicidade de contratos administrativos de participação privada assinados a partir da década de 1990, o reequilíbrio econômico-financeiro de contratos recebeu atenção insuficiente na literatura econômica brasileira. A constatação faz-se especialmente relevante se observarmos o já vasto conjunto de trabalhos desenvolvidos no âmbito da microeconomia aplicada, especialmente envolvendo questões de regulação econômica e em tópicos como a defesa da concorrência, ao longo dos últimos 15 anos.

O presente artigo realiza uma discussão tópica da regulação econômica, enfocando sua interface com o desenho do contrato de participação privada, fazendo uma reflexão sobre estes mecanismos e o desequilíbrio econômico-financeiro. Para tanto, a seção 10.2 discute os mecanismos da regulação econômica dentro de um contrato. A seção 10.3 concentra-se diretamente na questão do desequilíbrio econômico-financeiro. A seção 10.8 apresenta observações finais.

10.2 A regulação econômica dentro de um contrato

Não seria ousado correlacionar o avanço mais intenso da produção acadêmica nos tópicos de regulação econômica no País com os movimentos estruturais de abertura comercial e as reformas do Estado introduzidas no País ao longo da década de 1990. Dentre as reformas, vale destacar a onda de privatizações nos variados setores em que o Estado Brasileiro possuía ativos e a introdução do regime de concessões, permissões, autorizações e, mais recentemente, parcerias público-privadas/PPPs em serviços públicos. Foram desenvolvidos, nesse processo, diversos tipos de contratos de participação privada, entre os quais os mais comuns são as concessões, as autorizações, permissões, PPPs e os contratos de *performance*; muito embora o rol possa ser maior ainda.

Esse movimento foi importante porque, se, por um lado, delegou ao setor privado a atuação em um conjunto de setores em que o Estado detinha monopólio de atuação – o que viabilizou maior competitividade e ganhos de produtividade –, por outro, foi importante do ponto de vista fiscal, ao transferir passivos públicos intertemporais que oneravam a Administração, liberando o Estado para investimento em bens mais meritórios. O movimento gerou, sob a ótica pública, a necessidade de uma grande reforma institucional, que procurou posicionar o Estado no âmbito da supervisão e fiscalização de contratos, muito mais do que no âmbito da provisão de serviços.

Trata-se, portanto, de tema que merece atenção da literatura econômica e jurídica, e que se enquadra bem aos contornos de *Law and Economics*, campo cada vez mais estudado nas escolas de Economia, exigindo conceitos que embasam disciplinas em Direito e Economia [v. **Cooter/Ulen, 2004; Pinheiro/Saddi, 2005**]; assim como das disciplinas relacionadas ao amplo campo da Nova Economia Institucional [v. as obras de **Williamson, 2012; e North, 1990; ou Gala, 2003**].

A criação das agências reguladoras, permeada ainda hoje por muita controvérsia acerca de efetiva responsabilidade, imparcialidade e autonomia, é fruto desse movimento. Porém, os sistemas de incentivos contratuais, mesmo em ambientes desprovidos de entidades reguladoras formalmente constituídas, são igualmente relevantes para a correta avaliação do ambiente regulatório dos serviços públicos. A discussão que segue tem foco principalmente em mecanismos contratuais, em vez de observar a regulação tipicamente realizada por autarquias supostamente independentes e que, em diversos modelos, são dotadas de algum grau de discricionariedade na definição de elementos relevantes do contrato ao longo de sua vida.

O canal de regulação econômica se dá, via de regra, por mecanismos de preço que se fazem presentes nos contratos públicos de longo prazo. A premissa implícita dos contratos é a de que o agente (contratado) é racional e buscará maximizar seus ganhos, ainda que seja necessário utilizar ações oportunistas. Por esta razão, a regulação econômica busca atuar na minimização da ação oportunista do contratado, de forma a desincentivá-lo às burlas de um contrato, assim como incentivar determinadas condutas. Em outras palavras: esta ação resulta de um conjunto de incentivos econômicos que buscam penalizar o operador pela prestação inadequada dos serviços relativamente aos termos que foram definidos na modelagem do contrato e que constituem a expectativa da Administração em relação aos serviços.

Os incentivos econômicos podem ser elaborados por meio de ônus e bônus financeiros. Em um contrato de PPP, por exemplo, a remuneração pode estar relacionada a um conjunto de indicadores de desempenho, de tal forma que o descumprimento gere reduções automáticas da remuneração esperada. Em um contrato de *performance* as eficiências operativas geradas pelo operador privado frente a um cenário-base, que geram economias de recursos, podem ser compartilhadas entre o contratante e o contratado com base em um regra predefinida, o que tende a gerar, intracontrato, incentivos para que os agentes se alinhem para o atingimento das eficiências esperadas.

Há outros exemplos de desenhos de contrato que funcionam como incentivos econômicos e que norteiam as ações dos agentes. Um exemplo de incentivo econômico é permitir que o contrato seja, dadas certas condicionantes, reajustado abaixo da inflação referencial de um setor. Por exemplo, se a tarifa de determinado projeto é reajustada a um valor abaixo do aumento dos custos de dado conjunto de serviços do projeto, é de se esperar que isto tenha repercussões sobre a lucratividade e talvez, até, sobre a solvência do operador privado contratado para aquela finalidade. A repercussão econômica direta desse evento, dada a dinâmica intrínseca de maximização de lucros dos agentes privados, tende a se manifestar na queda de lucratividade ou solvabilidade de um setor caso não seja possível comprimir custos ou, ainda, na perda de qualidade da prestação dos serviços, que é uma atitude defensiva para manutenção da lucratividade do operador.

A matriz de riscos de um contrato – ou seja, a alocação de riscos entre contratante público e contratado privado – é também tema da regulação econômica, na medida em que os agentes assumem determinado comportamento de acordo com os riscos envolvidos no contrato. Os riscos podem assumir valor monetário, ou seja, são precificáveis, de forma que a assunção de riscos significa, para quem assina o contrato, suportar maiores ou menores custos, sujeitos a uma dada probabilidade de sua materialização. A análise de riscos de um projeto é feita por meio de uma ponderação das probabilidades de ocorrência e, assim, do mapeamento das necessidades de contingências e de provisionamento para custos não esperados.

As contingências e os provisionamentos formam o que se convenciona chamar de valor esperado da ocorrência dos riscos (valor esperado do evento x probabilidade de ocorrência). Por exemplo, se o contrato alocar o risco tecnológico sob responsabilidade privada – ou seja, caso haja a necessidade de fazer novos investimentos em função do progresso tecnológico –, pode fazer sentido ao agente privado dotar um fundo de reserva de contingência para fazer frente a estes custos. Um fundo constituído para atualização tecnológica possui custos, não só bancários, mas também um custo de oportunidade, pela impossibilidade de utilização destes recursos em outras finalidades alternativas.

A alocação de riscos é uma das tarefas mais importantes na execução de um bom contrato de longo prazo. Dada a estabilidade jurídica da matriz de riscos, a ausência de uma alocação adequada pode criar incentivos perversos, tais como ações oportunistas do operador privado ou do contratante público que geram até mesmo a necessidade de revisões tarifárias extemporâneas ou a revisão das condições de um contrato (como, por exemplo, os indicadores de desempenho).

Um exemplo clássico disso se dá quando há demanda excessiva, não planejada, por determinado serviço, quando se parte de uma alocação inadequada desse risco no contrato. *Ceteris paribus*, a reação econômica para uma demanda excessiva, embutida em um contrato que não aloca os riscos de demanda ao contratado, é a redução da oferta ou a oferta de serviços em menor qualidade. Esta reação pode ocorrer até mesmo com operadores públicos – veja-se, por exemplo, a reação da INFRAERO, que até recentemente operava a maior parte dos principais aeroportos brasileiros, ao aumento significativo da demanda na década de 2000. O resultado veio na forma de uma clara deterioração da qualidade dos serviços, que, em uma escala de percepções de 0 (zero) a 10 (dez), caiu de 7,0 em 2002 para 3,8 em 2013 **[Teixeira e outros, 2013]**.

A ação oportunista minimizadora de custos é a tônica da ação do operador privado, muito embora ela nem sempre seja possível. Por exemplo, em uma concessão de um hospital público nem sempre isso é viável, haja vista que há obrigações e sanções que tornam impossíveis a paralisação, a queda do volume ou da qualidade dos serviços (pela natureza primordial desse bem público) – o que pode acabar convergindo para um reequilíbrio extraordinário das condições ou até mesmo o retorno da concessão ao contratante.

Especificamente com relação aos hospitais, Silva **[2009:128]** afirma que, "nos serviços clínicos, os riscos apresentam-se de difícil quantificação e de difícil gestão, pois são muitos e vagos", destacando-se o risco de demanda, risco clínico, risco de monitoramento de desempenho e risco de acesso e domínio da informação. Assim, nas concessões hospitalares a tendência mundial é a exclusão dos serviços clínicos do modelo de parceria, tendo em vista a dificuldade com os riscos subjacentes.

Em tese, os riscos devem ser alocados à parte que melhor os administra [v., por exemplo, **Ribeiro, 2011; Cruz/Marques, 2012**].

Sendo assim, por exemplo, é comum considerar que o operador privado possui melhores condições de executar inovações tecnológicas (porque tem mais flexibilidade para adquirir, detém mais *know-how* etc.), de forma que é natural que lhe seja imputado o dever da atualidade do parque tecnológico, desde que seja remunerado por meio da precificação intrínseca ao preço-teto da licitação. Os riscos de sobrepreço ou sobrecusto são, em tese, mais bem administrados pelo operador privado; portanto, mais frequentemente alocados a este, já que conhece melhor seu escopo contratual. Esta vantagem informacional é ainda maior na medida em que o operador privado se torna, ao longo da execução contratual, o melhor conhecedor da operação – o que lhe permite gerir melhor os custos do contrato. É comum também transferir ao operador privado a administração do risco de outras variáveis monetárias, tais como o impacto das variações da taxa de câmbio e o aumento do custo de capital, já que a gestão da aquisição de ativos e a realização dos investimentos, o financiamento com capital de terceiros e o capital próprio serão realizados por ele. Estes incentivos tendem a ser replicados em acordos secundários realizados por outros elos do projeto – por exemplo, no caso do contrato de financiamento firmado com um banco, em que o agente privado responderá pela negociação de preço do financiamento.

Do outro lado, variáveis que estão mais sob controle do parceiro público devem ser mantidos, em regra, sob sua responsabilidade, tais como alterações da legislação tributária, passivos ambientais, tributários, trabalhistas, apurados antes de o projeto passar a mãos privadas, ou outros fatores sob a tutela do parceiro público.

Uma vez que a matriz de riscos esteja definida, a parte contratual que se sentir lesada pode "chamar" um reequilíbrio econômico-financeiro do contrato. O reequilíbrio, portanto, se dá sob a alegação de que as condições de alocação de riscos foram lesadas por uma das partes, ou seja, sempre que umas das partes entender que a equação financeira e o equilíbrio estabelecido no momento de assinatura do contrato pela matriz de riscos estiverem desbalanceados.

Por isso, é fundamental definir, de partida, uma adequada alocação de riscos, vez que esta alocação permitirá às partes revisitar o equilíbrio da equação financeira e balanceá-la sempre que necessário, de forma a estabilizar as condições de oferta do operador privado *vis-*

-à-vis os parâmetros originalmente estabelecidos. Em outras palavras: a matriz de riscos juntamente com o instituto do reequilíbrio econômico-financeiro permitem perenizar as condições do modelo de negócios apresentado à origem, de forma a manter a provisão de serviços pactuada, tanto em volume quanto em qualidade. Note-se que, dada a natureza fortemente contingente dos contratos de longo prazo, a perfeita alocação dos riscos é tarefa impossível; mas um investimento significativo em serviços jurídicos e econômico-financeiros nesta tarefa se justifica pelo impacto dessas definições ao longo de toda a vida do contrato.

10.3 O desequilíbrio econômico-financeiro

O desequilíbrio econômico-financeiro ocorre porque os contratos são de longo prazo e, portanto, incompletos. Isso em uma realidade cambiante ao longo de 10, 15 ou 20 anos, tal como a destes contratos. Além disso, os potenciais licitantes costumam sofrer de um "viés otimista" no momento do leilão, e contemplam a perspectiva de renegociação subsequente do contrato, para se adaptarem à situação real.

A necessidade de reequilíbrio econômico-financeiro em prazo curto após a contratação termina por penalizar consideravelmente o interesse público e piorar o *value for money* dos projetos. Especialmente porque as negociações em grande parte terminam por serem viesadas em benefício do concessionário, em função da "captura" técnica que este *player* consegue realizar no processo. Neste sentido, são relevantes as lições do professor Williamson **[2012]**, que alerta que a especificidade de ativos e a ocorrência da transformação fundamental – situação em que os vencedores da concessão desfrutam de vantagem sobre os não vencedores – podem alterar os resultados e criar desequilíbrios de forças na relação contratual.

Obviamente, há aspectos políticos relevantes. Novamente citando Williamson **[2012]**, "as habilidades políticas assumem importância especial em circunstâncias nas quais a renegociação é comum e talvez vital para a operação lucrativa da franquia. Os ofertantes potenciais que possuem habilidades superiores em relação à oferta de mínimo custo, mas que sejam ineptos em lidar com a burocracia franqueadora e em influenciar o processo político, são improváveis de submeter propostas vencedoras".

Em virtude destes aspectos, o equilíbrio econômico-financeiro deve ser abordado em suas diversas dimensões. As seções a seguir avaliam alguns pontos relevantes.

10.3.1 O contrato de participação privada de longo prazo é uma visão prospectiva do negócio

O desequilíbrio da equação financeira de um contrato, gerado pela ruptura das condições constatadas à época da sua assinatura, se dá quando uma das partes se sente lesada por condicionantes que extrapolam as condições, o cenário de direitos e obrigações estabelecidos no momento da celebração da relação de longo prazo. É evento que surge da comparação entre as condições iniciais, estipuladas em contrato e obedecidas na proposta comercial que embasa a relação, e a compreensão de uma situação diferente no momento da ruptura contratual.

Por se tratar de tema de ruptura de direitos e obrigações, natural que o tema tivesse contornos amplos no Direito. É tópico que transcende as interpretações daquele único contrato, e faz interlocução com um conjunto de regras prevalentes para além do contrato. Então, por exemplo, caso alterada a legislação tributária envolvendo as questões econômicas (que é tema maior ao contrato) e isso tiver impacto na remuneração inicialmente pactuada com o contratado, este terá direito ao reequilíbrio econômico-financeiro, desde que a matriz de riscos do contrato assim o preveja.

Apesar da pouca reflexão, trata-se logicamente de tema importante ao campo da Economia. Este desequilíbrio se manifesta exatamente por conta de falhas na matriz de riscos, problema jurídico que se manifesta, por sua vez, na Economia, já que é iniciado por incertezas quanto aos cenários econômicos de longo prazo. Isso se dá porque, em realidade, os contratos de longo prazo, estabelecidos no presente, nada mais são que a melhor aproximação às premissas de um negócio, atuais e futuras, para a provisão de um conjunto de serviços no longo prazo. Por esta razão, como se tornam perenes por muito tempo, são instrumentos que estão amplamente sujeitos aos erros de previsão, em que é provável que as partes saiam prejudicadas pela reversão das expectativas pela materialização dos cenários projetados.

Por exemplo, quando a matriz de riscos aloca o risco de alterações tributárias ao parceiro público, está embutida nesta decisão uma probabilidade, não desprezível, de que haja alterações de alíquotas de impostos e tributos que modifiquem os resultados financeiros do projeto. Além disso, essa decisão deriva da premissa de que toda e qualquer probabilidade de ocorrência deste evento deriva do parceiro público, porque é o único com poderes para realizar estas alterações. De forma análoga, quando o contrato aloca o risco de demanda ao parceiro privado, fica subjacente o cálculo probabilístico de quem assina o contrato de que a demanda se comportará da maneira como inicialmente estimada, dado que as receitas a se materializar e a expectativa de retorno foram baseadas nessas premissas iniciais. A mesma análise deve ser feita para os riscos de sobrecusto (para além da fórmula de reajuste) assumidos por um agente privado em uma matriz de riscos, que é uma decisão de alocação geralmente lastreada no julgamento de elevada probabilidade de manutenção do cenário de custos previstos, e também como forma de criar no agente privado a motivação para uma eficiência de custos na prestação de serviços.

As condições contratuais, dispostas pela matriz de riscos, traduzem, portanto, uma visão prospectiva do negócio – afinal de contas, como o contrato é de longo prazo, é interessante para as partes do contrato que ele seja instrumento efetivo e pouco sujeito às mutações econômicas. Mais que isso, os contratos replicam uma visão, do regulador ou contratante, sobre quem administra melhor os riscos de maior probabilidade de ocorrência.

10.3.2 *Contratos de concessão e parceria público-privada/PPP: considerações sobre os conflitos de agência e as premissas de longo prazo*

Como em qualquer contrato de longo prazo, o futuro é relativamente incerto. As definições contratuais refletem a tentativa de mitigar ou, ao menos, minimizar os conflitos de agência que decorrem da imprevisibilidade de uma relação de longo prazo. Esses conflitos estão relacionados à teoria desenvolvido por Jensen e Meckling **[1976]** sobre o relacionamento entre agentes nas relações econômicas. Nesta situação, o principal contrata um agente para agir em seu nome, sendo que o primeiro tem poder sobre o comportamento deste último (o agente). O bem-estar do principal é diretamente influenciado pelas decisões do agente, em um contexto de assimetria informacional, e envolve a possibilidade de que o agente persiga seus próprios interesses a um custo de monitoramento elevado [**Hatch, 1997**]. Os contratos têm justamente a função de realizar o alinhamento de interesses, evitando a divergência de interesses. A disponibilidade de informações é, portanto, crucial neste aspecto, e está relacionada ao custo de monitoramento dos agentes. Como os resultados não dependem apenas dos agentes, eles, nesses casos, passam a assumir certa parcela do risco [**Sato, 2007**].

Os principais termos comerciais de um contrato de concessão ou PPP funcionam em parte como formas de mitigação dos problemas de agência. Podemos também correlacionar o que a literatura convenciona chamar de custos de agência com: a garantia privada, o tipo e o montante de seguros necessários, os indicadores de desempenho e sua relação com a remuneração. Essas definições estão, por sua vez, atreladas ao escopo e ao tamanho do projeto, aos custos operacionais e financeiros, à margem mínima de remuneração para atratividade do negócio e à proporção de financiamento e capital próprio, que são variáveis efetivamente conhecidas, com total acuracidade, somente no momento da realização do ciclo do projeto.

Isso porque vislumbra-se que a situação de assimetria de informação entre as partes (agente/principal), durante e após uma licitação, pode gerar incentivos perversos de atuação. O conflito de agência, que é um problema microeconômico, surge porque os agentes procuram utilizar da melhor forma possível as informações que possuem, de forma privilegiada, de maneira a maximizar seus benefícios. Um caso clássico de conflito de agência ocorre na indústria, entre os acionistas de uma firma e a administração. Os administradores possuem, em regra, maior acesso a informações sobre as condições das empresas que gerenciam do que seus próprios acionistas. Se os interesses não estiverem alinhados, os administradores podem ter outros incentivos, não evidenciados, que não a simples maximização de retorno, tal como querem os acionistas. A mitigação do conflito de agência pode se dar pelo alinhamento de interesses entre administradores e acionistas com a prática, por exemplo, de avaliação por desempenho e a remuneração variável que dela decorre, ou ainda por programa de *stock options* em que os administradores se tornam acionistas da empresa caso atinjam os resultados pactuados com os acionistas.

No caso de um contrato de participação privada, o conflito de agência ocorre de ambos os lados: o parceiro privado, por exemplo, no comando da oferta dos serviços, pode possuir incentivos para realizar economias de custos na operação e, assim, reduzir a qualidade da prestação de serviços para além dos níveis exigidos em contrato; ao passo que o parceiro público, por exemplo, poderá ter incentivos para romper o contrato unilateralmente se não houver garantias públicas que o deixem menos tentado, financeiramente (e – por quê não dizer? – politicamente), a fazê-lo.

Dito isso, é fato que os contratos de concessão ou PPP, enquanto instrumentos de longo prazo, não ficam isentos de possíveis conflitos de agência. Por esta razão, nesses tipos de contrato o parceiro privado busca entrar em uma relação em que os riscos de descumprimento contratual estejam neutralizados, especialmente em função da lógica política em que diversas Administrações Públicas, que tomam parte na gestão do contrato, possam ficar tentadas a romper as condicionantes contratuais. O parceiro público, por sua vez, está sujeito à má provisão dos serviços por parte do agente privado, visto que o ganhador desse contrato adquire uma condição monopolística quando firma o contrato de concessão ou PPP para aquele escopo; além disso, o agente público busca estabelecer, pela via contratual, mecanismos que minimizem a tentação da provisão monopolística de serviços sem qualidade, como a remuneração atrelada aos indicadores de desempenho, por exemplo, ou a exigência de garantias de execução de contrato (*performance bond*).

Vejamos, então, de forma estilizada, a origem de algumas das principais definições contratuais e a relação destas variáveis com os cenários prospectivos do negócio. Além disso, analisamos também como a definição destas questões tem a ver com as estratégias para mitigação dos conflitos de agência.

10.4 Garantias privadas

Os contratos de participação privada seguem a lógica da *competição pelo mercado*, e *não no mercado*, o que estabelece que o contratante público tenha uma relação com um único operador de projeto pelos anos de sua vigência. Esse tipo de competição, que resulta em ser monopolista naquele mercado (gerando uma situação de alta barreira de entrada, já que o contrato tende a ser estável), carece de mecanismos coercitivos que reprimam, tanto quanto possível, a ação oportunista do agente privado, que tende a operar para a maximização do seu lucro.

De forma a evitar a contratação de *players* de tipo aventureiro, com condições reduzidas de operar um projeto, os contratos de concessão comum e PPP geralmente estabelecem requisitos de contratação de dois tipos de garantias: as garantias de proposta (*bid bond*) e as garantias de execução de contrato (*performance bond*). Essas garantias privadas – que podem ser constituídas com títulos públicos, dinheiro ou, mais geralmente, por fiança ou seguro-garantia, contratadas junto a uma seguradora ou banco – possuem custos financeiros para quem as contrata. Esse custo financeiro é calculado de forma proporcional ao valor segurado e também em função dos custos indiretos de endividamento que sua contratação provoca no balanço das empresas que o contratam. Os valores exigidos são geralmente estimados como uma parcela dos custos operacionais e/ou dos investimentos necessários, atuais e futuros, à execução do projeto, de forma a forçar o agente privado a operar no nível adequado ao projeto – já que a penalização financeira pelo não cumprimento pode ser de razoável monta.

Por outro lado, a garantia de proposta tem ainda a função de desestimular que o primeiro colocado desista, pois, "quando o primeiro colocado se nega a assinar o contrato, o Poder Público fica em uma situação extremamente frágil, pois os demais participantes poderão escolher, sem sanção, assinar ou não o contrato nas mesmas condições do primeiro colocado" **[Ribeiro, 2011:22]**, além de se comprometer o capital político e técnico investido no processo. Os casos de arrependimento após o leilão são amplamente reportados na literatura sobre leilões como um resultado da "maldição do vencedor" (*winners' curse*).

As garantias de proposta e de execução atuam sobre o sistema de incentivos *ex ante* do projeto de PPP, contribuindo para a melhor seleção de licitantes. Este efeito se verifica devido à necessidade de contratação do seguro-garantia na adjudicação do objeto – os licitantes de melhor qualidade se sentirão mais confortáveis em obter o seguro-garantia em condições de mercado, ou até em condições mais favoráveis que a média de mercado.

A dificuldade de obtenção desse seguro-garantia e de seguro de proposta, causada, por exemplo, por má reputação, pode contribuir para afastar licitantes de pior qualidade em termos da execução do escopo licitado, considerando o vulto do projeto. A informação relevante para a seleção, pela Administração, passa a ser obtida, conjuntamente, com os agentes que comercialmente oferecem as garantias e os seguros. Neste sentido, essas garantias terminam por oferecer os incentivos adequados para que a operação privada se dê nos níveis adequados e não faltem recursos que possam bloquear uma provisão adequada dos serviços e a eventual execução das garantias.

Dessa forma, esses dispositivos permitem reduzir os típicos custos de agência envolvidos na relação entre o parceiro público (principal) e o parceiro privado (agente), ao alinhar incentivos.

Há, entretanto, um nível ótimo de seguros e de garantias, que deve ser determinado caso a caso. Um excesso nas exigências de garantias e de seguros constitui uma das mais importantes previsões que podem desencorajar o sucesso da PPP. Um excesso nesses dispositivos poderia comprometer os objetivos que se pretende atingir [**Finnerty, 2007:284**].

10.5 Garantias públicas

No Brasil há ainda uma desconfiança generalizada acerca dos compromissos contratuais de longo prazo firmados com o setor público. Um contrato de participação privada é um compromisso firmado com várias Administrações Públicas, que podem ter ambições e visões de governo totalmente distintas – o que pode abrir espaço para ações oportunistas, com indisciplinas contratuais.

As garantias públicas são instrumentos que procuram perenizar a estabilidade jurídica de que os contratos e os deveres públicos não serão rompidos por atos da Administração Pública, que – de forma legítima – tem preocupações cambiantes ao longo do tempo, além de visões particulares e prioridades do grupo político de comando daquele momento. Do ponto de vista jurídico, procuram se diferenciar e se eximir dos efeitos do ordenamento jurídico da execução orçamentária pública, que passa pelo rito das leis orçamentárias aprovadas anualmente e pelo poder de contingenciamento de recursos como ato do Executivo.

As garantias públicas são geralmente travadas para assinatura do contrato e estimadas de partida no nível de conforto necessário para assegurar um fluxo ininterrupto de receitas proveniente do "negócio público-privado", de forma a não comprometer o pagamento dos custos da operação, o serviço da dívida acordado com a instituição financeira que financiou o negócio e o retorno do capital do operador privado, que também financiou o negócio com recursos próprios.

10.6 Integralização de capital

A integralização de capital, que também é uma exigência imposta para assinatura de vários tipos de contrato de longo prazo, é mais um sinal financeiro de que o agente privado está disposto a investir naquele projeto. Ademais, é um sinal de que o investidor tem a perder se não levar a cabo o conjunto de obrigações que o contrato impõe.

A exigência de capital social mínimo integralizado da Sociedade de Propósito Específico/SPE tem como objetivo buscar sinais de capacidade financeira da mesma para a realização dos investimentos previstos **[Ribeiro, 2011]**, mas também o comprometimento dos seus acionistas com a execução do projeto. Em particular, a exigência costuma ser reforçada no momento da assinatura do contrato ou em momento próximo a este, por se tratar de momento crítico do processo – quando o poder de barganha bilateral se altera significativamente **[Williamson, 2012]**.

Por outro lado, a introdução de obrigações elevadas de exigência de capital social integralizado pode afetar a estrutura de capital do projeto, com desvantagens evidentes, tais como o aumento do custo do projeto, decorrente da menor oportunidade de aproveitamento do potencial de alavancagem financeira. Assim, a exigência de capital mínimo na assinatura do contrato e durante o projeto não deve ser exagerada, para não impactar negativamente a atratividade do projeto de PPP, o que não está no interesse do Poder Público e dos usuários.

Conforme Ribeiro **[2011]**, o alinhamento de interesses entre o financiador e o Poder Público pode se tornar tão elevado, que os próprios financiadores poderão decidir adequadamente sobre o nível de capital próprio que será adequado para sinalizar o comprometimento dos acionistas da SPE para a realização do projeto. Neste sentido, os *covenants* do financiamento são adequados, tornando menos relevantes as cláusulas contratuais que procuram antecipá-los.

Permanece, ainda, um papel para a busca de um sinal de capacidade financeira a partir do aporte de capital na SPE no momento inicial da operação, tomando-se o cuidado de modular essa exigência, para evitar impactos indesejados sobre o projeto. Note-se que, adicionalmente, já são utilizados instrumentos de obtenção de sinais de capacidade financeira, em especial as garantias de proposta e de execução do projeto, concorrendo para o mesmo objetivo.

É fato que o capital próprio é mais caro do que o capital de terceiros – isso deriva dos conceitos em finanças em que o pagamento da dívida é sempre sênior, ou seja, ocorre sempre em prioridade ao pagamento de dividendos aos acionistas. O custo financeiro da dívida tende a ser menor do que o custo de capital próprio, porque o risco de não recebimento da dívida é menor do que o do dividendo. O sinal está exatamente em que o capital próprio é mais custoso do que o capital de terceiros; assim, a colocação de certo volume de capital próprio para assinatura do contrato é um custo financeiro representativo, concorrendo para "amarrar" o agente privado naquele contrato e, portanto, indicar antecipadamente ao setor público que aquele *player* não é um mero aventureiro. Em outras palavras: como empatar capital próprio significa tirar valor do negócio, já que é um recurso mais caro do que o capital de terceiros, então, por lógico, o compromisso de capital próprio de partida representa uma aposta de que o negócio é bom e que há interesse em operá-lo por um prazo longo. Geralmente a medida de integralização de capital é definida com base no tamanho do investimento necessário na partida, que é função dos investimentos físicos e da necessidade de capital de giro para ativar o negócio antes que ele comece a ter receitas próprias.

De forma análoga, na ponta do financiamento do projeto há também um caso clássico de conflito de agência existente na relação financiador/mutuário. O problema de agência reside na questão de que o mutuário detém muito mais condições de averiguar as condições de repagamento da dívida do que os bancos que o financiam. De forma a mitigar esse problema de agência, os bancos procuram exigir uma estrutura de capital que possua um mínimo de capital próprio do operador, como maneira de alinhar os incentivos econômicos para que este tenha interesse em operar, com eficiência, aquele ativo.

10.7 Indicadores de desempenho

A política de remuneração de um contrato de longo prazo com componente variável, que decorre da mensuração de desempenho na prestação de serviços de uma PPP, com posterior aplicação sobre a remuneração, por exemplo, concorre para alinhar os incentivos do parceiro privado a uma prestação de serviços de qualidade. Tanto melhor é esse alinhamento para reduzir incentivos perversos, como má gestão ou operação de pior qualidade, quanto mais exposta à penalização estiver a remuneração esperada do acionista. Entretanto, é importante calibrar de forma cautelosa a penalização da remuneração do acionista, visto que há *players* que não aceitam entrar em projetos que tenham possibilidade de perda substantiva ou total de retorno.

Além disso, não se pode esquecer que a mensuração de desempenho adequada para a penalização da remuneração é também importante para onerar os outros "sócios" de um projeto de longo prazo, com direitos prévios aos acionistas, tais como: o financiador (a quem se pagam o serviço da dívida e a amortização do principal do financiamento), o governo (que recebe impostos) e os demais fornecedores de um contrato de longo prazo.

Em uma contratação pública os agentes privados devem pretensamente fazer os mesmos cálculos que o setor público que manifesta a intenção de contratação. Nesse contexto, as assimetrias de informação, que se manifestam em diferenças de orçamento de produção e de capital, planos operacionais, percepção de riscos e outras variáveis do negócio, competem para acirrar as diferenças de previsões, até mesmo entre os agentes privados que desejam concorrer pelo projeto.

No fundo, uma concorrência espelha um "embate" entre visões e premissas das "planilhas" financeiras do setor público e dos agentes privados, por um lado, e entre os próprios agentes privados, concorrentes, por outro. Ao fim, o contrato firmado entre o setor público e o agente privado replica as condições do modelo financeiro "vencedor".

Em geral, as premissas que cada parte utiliza para construir suas planilhas de negócio são distintas, vez que as informações que cada um detém são diferentes: o setor público tende a possuir um viés mais otimista – o que se configura, por exemplo, na tendência a uma superestimação do tráfego de uma rodovia a ser concessionada; do contrário, utilizando-se o mesmo exemplo, o agente privado tende a subestimar a previsão de tráfego e a majorar seu custo de capital, seja porque enxerga maior risco regulatório, seja porque deseja cobrar um prêmio pelo tamanho do projeto (e pela iliquidez que isso provoca).

Vale dizer que as premissas diferentes não são privilégio metodológico ou questões negociais unicamente invocadas nos contratos de longo prazo entre o setor público e o privado; trata-se de questões que aparecem nas negociações comerciais de uma fusão e/ou aquisição e/ou em empréstimos e financiamento comerciais. Quando uma empresa negocia a venda de uma participação, por exemplo, a tendência do lado vendedor (chamado de *sell side*) é inflar, com premissas lógicas, os números de sua proposta – este *player* tende a ter um viés positivo sobre sua capacidade de vendas, de conquista de *market share* e da capacidade de inovação e/ou de permanecer competitivo no mercado. Tudo isso tende a se refletir em um maior EBITDA (*Earnings Before Taxes, Depreciation and Amortization*), que é uma medida amplamente utilizada na avaliação de mercado do valor das empresas. Do contrário, a parte compradora (*buy side*) tende a ser mais pessimista nas premissas, guardando para si os direcionadores de ganhos e de *upsides* no negócio.

10.8 Observações finais

A literatura especializada e a experiência prática acumulada sugerem que o principal benefício de uma PPP está relacionado à possibilidade de alocar o risco para quem melhor sabe administrá-lo. Neste contexto, a adequada alocação dos riscos constitui requisito para o sucesso de um contrato de participação do setor privado, em suas mais diversas modalidades previstas na legislação brasileira.

O desequilíbrio econômico-financeiro ocorre porque os contratos são de longo prazo e, portanto, incompletos e sujeitos a inúmeras contingências contratuais. Adicionalmente, os potenciais licitantes costumam sofrer de um "viés otimista" e, após a obtenção do contrato, passam a deter ativos específicos, técnicos e políticos, que fortalecem sua posição em renegociações contratuais.

A renegociação contratual, claramente, tem a ver com a alocação de risco. A forma como as contingências contratuais é alocada aos parceiros, público ou privado, constitui um padrão de repartição de riscos contratuais. Por exemplo, no limite, quando se garante uma taxa de retorno no ato da licitação do contrato, sem maiores considerações, pode-se simplesmente transferir todos os riscos ao parceiro público, criando os piores incentivos à eficiência e potencializando os problemas de agência envolvidos na contratação.

O desenho de contratos eficientes deveria, portanto, levar em conta a minimização dos custos de agência na relação contratual. Os principais dispositivos neste sentido, discutidos neste artigo, estão relacionados, de maneira geral, ao programa de seguros e garantias – sendo que as garantias são dadas pelos parceiros público e privado; à integralização do capital; e ao uso de indicadores de desempenho mensuráveis que afetem a remuneração do parceiro privado, na condição de agente.

Referências bibliográficas

COOTER, Robert, e ULEN, Tomas [2004]. *Law & Economics*. 4ª ed. Pearson.

CRUZ, Carlos Oliveira, e MARQUES, Rui Cunha [2012]. *O Estado e as Parcerias Público-Privadas*. Lisboa, Edições Sílabo.

EISENHARDT, K. M. [1985]. "Control: organizational and economic approaches". *Management Science* 31, n. 2 (pp. 134-149).

FINNERTY, John D. [2007]. *Project Financing: Asset-Based Financial Engineering*. 2ª ed. New Jersey, Wiley.

GALA, Paulo [2003]. "A teoria institucional de Douglass North". *Revista de Economia Política* 23. N. 2 (90) (abril-junho/2003).

HATCH, M. J. [1997]. *Organization Theory: Modern, Symbolic, and Postmodern Perspectives*. Oxford, Oxford University Press.

JENSEN, Michael C., e MECKLING, William H. [1976]. "The theory of the firm: managerial behavior, agency cost, and ownership structure". *Journal of Financial Economics* 3, n. 4 (october) (pp. 305-360).

MARQUES, Rui Cunha, e CRUZ, Carlos Oliveira [2012]. *O Estado e as Parcerias Público-Privadas*. Lisboa, Edições Sílabo.

MECKLING, William H., e JENSEN, Michael C. [1976]. "The theory of the firm: managerial behavior, agency cost, and ownership structure". *Journal of Financial Economics* 3, n. 4 (october) (pp. 305-360).

NORTH, Douglass C. [1990]. *Institutions, Institutional Change and Economic Performance*. Cambridge University Press.

OLIVEIRA, Alessandro V. M., TEIXEIRA, Cleveland P., e TUROLLA, Frederico A. [2013]. *As Mudanças Recentes e as Perspectivas para o Setor Aeroportuário*. A ser publicado.

PINHEIRO, Armando Castelar, e SADDI, Jairo **[2005]**. *Direito, Economia e Mercados*. Rio de Janeiro, Elsevier.

RIBEIRO, Maurício Portugal **[2011]**. *Concessões e PPPs*. São Paulo, Atlas.

SADDI, Jairo, e PINHEIRO, Armando Castelar **[2005]**. *Direito, Economia e Mercados*. Rio de Janeiro, Elsevier.

SATO, Fábio R. L. **[2007]**. "A teoria da agência no setor da saúde: o caso do relacionamento da Agência Nacional de Saúde Suplementar com as operadoras de planos de assistência supletiva no Brasil". *Revista de Administração Pública* 41. N. 1. Rio de Janeiro (janeiro-fevereiro/2007).

SILVA, Pedro M. A. P. D. **[2009]**. *Fundamentos e Modelos nas Parcerias Público-Privadas na Saúde: o Estudo dos Serviços Clínicos*. Coimbra, Livraria Almedina.

TEIXEIRA, Cleveland P., OLIVEIRA, Alessandro V. M., e TUROLLA, Frederico A. **[2013]**. *As Mudanças Recentes e as Perspectivas para o Setor Aeroportuário*. A ser publicado.

TUROLLA, Frederico A., OLIVEIRA, Alessandro V. M., e TEIXEIRA, Cleveland P. **[2013]**. *As Mudanças Recentes e as Perspectivas para o Setor Aeroportuário*. A ser publicado.

ULEN, Tomas, e COOTER, Robert **[2004]**. *Law & Economics*. 4ª ed. Pearson.

WILLIAMSON, Oliver E. **[2012]**. *As Instituições Econômicas do Capitalismo*. São Paulo, Pezco Editora.

Capítulo 11
O EQUILÍBRIO ECONÔMICO-FINANCEIRO NOS CONTRATOS ADMINISTRATIVOS: O CASO DA ANÁLISE DAS TAXAS INTERNAS DE RETORNO/TIRs DAS CONCESSÕES RODOVIÁRIAS[1]

GUSTAVO ANDREY FERNANDES
GUILHERME ANTONIO FERNANDES

11.1 Introdução. 11.2 A natureza do contrato administrativo: 11.2.1 O equilíbrio econômico-financeiro. 11.3 A experiência no Estado de São Paulo: o caso da concessionária Ecovias dos Imigrantes S/A-Ecovias: 11.3.1 Críticas ao uso da TIR como metodologia. 11.4 Alternativas para o reequilíbrio: 11.4.1 A evolução recente da legislação. 11.5 Conclusão e propostas para reflexão.

11.1 Introdução

A última década do século XX foi marcada por profunda transformação na estrutura econômica brasileira, tornando fundamental a ampliação e a modernização da infraestrutura do País. No entanto, nesse ambiente de crescente demanda por investimentos, o Estado Brasileiro passou por um período de severa restrição orçamentária, fruto de políticas macroeconômicas de ajuste fiscal – o que, de modo geral, acabou reduzindo a capacidade de realização de investimentos públicos nessa seara.

Uma solução encontrada pelo Estado, visando a minorar o gargalo de recursos, foi baseada na atração de investimentos privados, levando

1. Agradecemos os comentários e as sugestões de André Castro Carvalho e Guilherme Jardim Jurksaitis para o aprimoramento deste artigo.

à multiplicação do número de concessões e parcerias público-privadas/PPPs, entre outras modalidades, na sua quase totalidade concessões comuns. No caso brasileiro destaca-se como pioneiro o setor rodoviário, surgindo inúmeras experiências a partir do final de 1994, com a concessão da Ponte Rio-Niterói e da Via Dutra. Dessa forma, o estudo da regulação econômica do setor rodoviário tornou-se um importante tema, cujo estudo pormenorizado é fundamental para maior compreensão da dinâmica econômico-financeira que permeia esses vultosos contratos.

O objetivo deste capítulo é discutir brevemente o conceito de *equilíbrio econômico* no Brasil, tendo como caso de estudo a renegociação realizada na concessão rodoviária estadual paulista do Sistema Anchieta-Imigrantes. Em 2006 o Governo do Estado de São Paulo reconheceu uma posição de crédito a favor da concessionária, adotando a prorrogação do contrato por 70 meses como forma de correção, tendo utilizado como critério para a verificação do equilíbrio o valor da Taxa Interna de Retorno/TIR. O episódio emblemático difundiu uma das metodologias para a remuneração de capital das infraestruturas.

Apenas para fins de comparação, o Chile utiliza como metodologia de remuneração do capital investido o VPL, no qual, atingido determinado montante definido no certame licitatório, o contrato administrativo encerra-se de pleno direito. O critério da TIR, de outra lado, define uma taxa de remuneração garantida sobre o investimento realizado.

Na primeira parte deste estudo serão discutidas as características peculiares de mutabilidade de um contrato administrativo entre a iniciativa privada e o Estado, raiz do conceito de equilíbrio econômico-financeiro – derivado da noção de segurança jurídica a esses investimentos –, investigado com maiores detalhes na seção seguinte. Em seguida será relatada a experiência de reequilíbrio do Sistema Anchieta-Imigrantes, discutindo-se, em seguida, as inconveniências da utilização da TIR como critério de aferição do equilíbrio. Por fim, abordagens superiores à TIR são apresentadas como proposta para novos contratos a serem realizados pela Administração Pública.

11.2 *A natureza do contrato administrativo*

No Direito o contrato é entendido como a relação jurídica formada por um acordo de vontades em que as partes se comprometem mutuamente a executar seu referido escopo, de modo que a regra geral é que nem contratante ou contratado podem alterar ou extinguir unilateralmente o que foi acordado. No contrato administrativo, contudo, uma das partes é a Administração Pública, e, estando esta responsável pelo atendimento do interesse público, tal fato produz um acordo, por natureza, desigual e, consequentemente, instável, ao sabor do que se entende por *interesse público* (que é mutável) em determinado contexto. Cumpre também salientar que o próprio respeito ao equilíbrio econômico-financeiro dos contratos também pode ser considerado como de interesse público.

Não obstante, apesar dessa desigualdade inerente ao contrato administrativo, o instituto da contratação administrativa também guarda considerável proteção ao ente privado, a fim de garantir a segurança jurídica para que o particular não se sinta inseguro ao celebrar contratos com a Administração Pública – o que, potencializado, pode provocar o engessamento do Estado. Se seu conjunto de obrigações – entendido como o volume de investimentos, o cronograma, o serviço oferecido – é mutável, revestem-se de imutabilidade as cláusulas relativas ao retorno de sua remuneração.

11.2.1 O equilíbrio econômico-financeiro

Nos contratos administrativos a autonomia do Estado é submetida, ao menos teoricamente, ao interesse público, inexistindo a autonomia de vontade no que toca à Administração Pública – como sói ocorrer em contratos privados. Esta restrição elimina a possibilidade de equivalência subjetiva – a não ser a partir de medidas drásticas, visando à legitimidade do processo, como a realização de consultas populares. Em decorrência dessa peculiaridade, resta apenas o equilíbrio como equivalência material, ou seja, a manutenção da remuneração pactuada no início do contrato, incorporadas as eventuais mudanças das obrigações acordadas – o que foi adotado pela legislação brasileira, como se pode ver no art. 65 da Lei 8.666/1993.

Naturalmente, à luz da ampla miríade de funções desempenhadas pelo Estado, o instituto do contrato administrativo tem objeto amplo, abrangendo diversas modalidades, tais como concessões (comum, patrocinada e administrativa), permissões, prestação de serviços, execução de obras, fornecimento de bens, entre outras, cada uma delas definida por legislação infraconstitucional. Em virtude disso, observa-se que não há apenas uma grande heterogeneidade na natureza do objeto do contrato, mas também uma rica diversidade de prazos, modos de pagamentos, assim como garantias adicionais oferecidas pelo Estado.

Entretanto, excetuando-se os ajustes de curtíssima duração, *v.g.*, com prazo inferior a 24 meses, em que as cláusulas de reajuste de preços são suficientes para a preservação da equivalência na remuneração, nos demais contratos a verificação da manutenção do equilíbrio econômico-financeiro inevitavelmente implica a transposição do delicado balanço de direitos e deveres assumidos no instante de sua assinatura para uma data posterior, cujas condições econômicas são frequentemente muito diferentes daquelas que alicerçaram as premissas contratuais. É justamente nesse momento que a aplicação do conceito de equilíbrio econômico financeiro se mostra complexa e, por muitas vezes, polêmica.

Em primeiro lugar, são inevitáveis as dificuldades técnicas para estimar o fluxo financeiro intertemporal da concessão de serviço público, uma vez que, ao mesmo tempo em que se contabilizam tanto as receitas, despesas e investimentos já realizados como eventuais novas obrigações determinadas pela Administração, no resguardo do interesse público, é inevitável a projeção de valores futuros e, com isto, a assunção de hipóteses capazes de alterar profundamente os resultados econômicos. Ademais, ao se aferir o quanto cabe ao parceiro privado no momento inicial da contratação – que é representado pela TIR –, é questionável a pertinência do uso de critérios contábeis frente aos econômicos em um momento posterior, ou seja, avaliar a equivalência material em termos absolutos ou considerando os respectivos custos de oportunidade, mensurados, por exemplo, pelo *spread* em relação ao rendimento de um título do Tesouro Nacional. Isso porque a base dos critérios é jurídica e econômica, e não contábil. A TIR, por exemplo, é uma abstração eminentemente econômica, com o resguardo jurídico de sua preservação ao longo da execução contratual, não se confundindo com critérios contábeis de aferição patrimonial ou de faturamento da concessionária.

11.3 A experiência no Estado de São Paulo: o caso da concessionária Ecovias dos Imigrantes S/A-Ecovias

Em maio/1998 o Governo do Estado de São Paulo e a Ecovias assinaram o contrato de concessão do Sistema Anchieta- Imigrantes,[2] composto pela malha rodoviária de ligação entre a Região Metropolitana de São Paulo e a Região Metropolitana da Baixada Santista, somando 176km de extensão. O ajuste previu um total de investimentos de R$ 953.216,00, tendo prazo inicial de vigência de 20 anos.

A questão do equilíbrio econômico-financeiro foi detalhada na *Cláusula 29 do Edital de Licitação*, que definiu os critérios para reajustamento das tarifas de pedágio, atribuindo a responsabilidade da concessionária para todos os riscos da concessão, com exceção de:

(a) Ocorrência de casos de força maior, desconsiderados aqueles cuja cobertura seja aceita por instituições seguradoras bem conceituadas, no mercado brasileiro ou internacional, dentro de condições comerciais razoáveis.

(b) Modificação unilateral, imposta pela Administração Pública, que resulte em significativa alteração dos custos ou da receita, para mais ou para menos, da concessionária.

(c) Oscilações cambiais, alterando substantivamente, para mais ou para menos, nos pressupostos adotados na elaboração das projeções financeiras, desde que esses eventos não sejam passíveis de serem cobertos por mecanismos efetivamente disponíveis no mercado nacional ou internacional (*hedge*), a custos razoáveis.

(d) Alterações legais de caráter específico que tenham impacto significativo e direto sobre as receitas de pedágio ou sobre os custos, para mais ou para menos, relacionadas com os serviços pertinentes ao desenvolvimento das atividades da concessão.

Por sua vez, os demais acontecimentos, incluindo as variações de receita decorrentes de alterações da demanda de tráfego em relação ao previsto no plano de negócios, além das alterações nos custos decorrentes das obrigações assumidas, incluindo o valor e o volume físico das funções de ampliações, são considerados na matriz de riscos como passíveis de serem suportados pelo contratado.

---

2. O Sistema Anchieta-Imigrantes é formado pelas Rodovias Anchieta, dos Imigrantes (contando com a Pista Descendente), Padre Manoel da Nóbrega (antiga Pedro Taques) e Cônego Domênico Rangoni (antiga Piaçaguera-Guarujá) e duas interligações entre a Anchieta e a Imigrantes, uma no Planalto e outra na Baixada.

No entanto, ao longo dos oito primeiros anos da concessão o Estado alterou as bases contratuais diversas vezes, determinando que uma série de investimentos fosse postergada, para possibilitar a antecipação em seis meses da segunda pista da Rodovia dos Imigrantes, a fim de reduzir os enormes congestionamentos na região – o que, somado à inclusão de outras obras, elevou em aproximadamente R$ 42.829.000 o volume de inserções, rompendo a equivalência material inicialmente pactuada, conforme se observa na Tabela 1.

Tabela 1 – Investimentos: Proposta x Adequações de Cronograma

	Proposta (R$)	Adequação (R$)		
		1º	2º	3ª
Investimento	R$ 953.216,00	R$ 958.550,00	R$ 970.013,00	R$ 978.851,00
Diferença	-	R$ 5.334,00	R$ 16.797,00	R$ 25.635,00
Variação %	-	0,56%	1,76%	2,69%
	Adequação (R$)			
	4º	5º	6º	7º
Investimento	R$ 962.668,00	R$ 996.044,00	R$ 996.045,00	R$ 996.045,00
Diferença	R$ 9.452,00	R$ 42.828,00	R$ 42.829,00	R$ 42.829,00
Variação %	0,99%	4,49%	4,49%	4,49%

Fonte: TC-030335-026-98 – TCE-SP

Além disso, outras alterações também afetaram o equilíbrio econômico-financeiro, como o aumento da carga tributária decorrente de alterações nas alíquotas do ISS,[3] PIS e COFINS, a perda de receita decorrente do parcelamento do reajuste tarifário previsto para julho/2000 e despesas adicionais com o aparelhamento da Polícia Militar Rodoviária do Estado de São Paulo.

Identificado o desequilíbrio pelo Estado, a etapa imediata foi sua mensuração, possibilitando, assim, corrigi-lo posteriormente. A Tabe-

---

3. O imposto sobre serviços de qualquer natureza/ISS é de competência dos Municípios, ilustrando o frequente caso em que o poder concedente e o ente público gerador da alteração do equilíbrio econômico-financeiro não coincidem.

la 2 retrata a série de readequações do cronograma, visando, por meio da postergação de parcela das obrigações da concessionária, a reduzir seu VPL, a fim de acomodar os novos investimentos solicitados. Para tanto, a opção do Governo do Estado de São Paulo foi a utilização da TIR que constava no plano de negócios apresentado pela concessionária, no momento da licitação da concessão.

Entretanto, o espaço de remanejamento é limitado, em decorrência do próprio crescimento de demanda projetado, além das condições de segurança e comodidade a serem atendidas. Assim, em dezembro/2006, esgotadas as realocações possíveis, o Estado reconheceu uma posição de crédito a favor da concessionária, em termos do VPL de R$ 12.731.000, em preços de julho/1997, correspondente à TIR de 19,65102%, inferior à taxa original da proposta, de 20,60%.

Tabela 2 – Fluxos de Caixa: Proposta x Adequações de Cronograma

	Proposta (R$)	Reequilíbrio (R$)	
		1º	2º
TOTAL	1.585.725,00	1.580.391,00	R$ 1.568.928,00
TIR	20,60%	20,59%	20,62%
PVL	0,00	106,00	R$ 319,00
Proposta (R$)	Reequilíbrio (R$)		
	3º Adequação e reconhecimento de desequilíbrio	4º	
TIR	1.453.004,00	2.442.269,00	
VPL	19,56%	20,60%	
	12.731,00	0,00	

Fonte: TC-030335-026-98 – TCE-SP

O reconhecimento do desequilíbrio foi concretizado com a assinatura do Termo Aditivo e Modificativo 09/2006, tendo sido realizado o reequilíbrio econômico-financeiro do contrato no Termo Aditivo e Modificativo 10/2006, por meio da prorrogação do prazo de concessão por mais 70 meses, como recomposição, em favor da concessionária Ecovias.

Tabela 3 – Reequilíbrio 2006

Créditos e Débitos em VPL (R$ Mil)	Proposta
RESULTADO	
(1): Poder Concedente	R$ 7.556,00
(2): Concessionária	R$ 20.287,00
(1+2): Saldo Favorável à Concessionária	R$ 12.731,00
TIR	
TIR da Proposta Inicial	20,60%
TIR - Reequilíbrio 2006	19,56%
Diferença	-1,04%

Fonte: TC-030335-026-98 – TCE-SP

11.3.1 Críticas ao uso da TIR como metodologia

Em primeiro lugar, é preciso recordar que a TIR é a taxa de juros que torna o VPL de um fluxo, composto por saídas e entradas de receitas, igual a zero. Desta forma, ela incide tanto sobre os investimentos realizados quanto sobre os recebíveis de um empreendimento qualquer, cuja coincidência de valores efetivamente não corresponde à realidade. Isso porque, na prática, a taxa que remunera os investimentos, decorrente dos empréstimos levantados, é diferente daquela que remunera as aplicações, originadas dos lucros. Logo, a probabilidade de que a TIR coincida com a real taxa de rendimento de tal empreendimento é extremamente baixa.

Ademais, a noção do equilíbrio econômico-financeiro preconizado no art. 37 da CF e na legislação infraconstitucional é a equivalência material, ou seja, do efetivo rendimento obtido pelo privado, de modo que o uso da TIR como critério de aferição da rentabilidade de um projeto representa inegável distorção, podendo produzir grandes disparidades para qualquer das partes contratantes.

Não menos importante, do ponto de vista matemático, o cálculo da TIR anual implica a resolução de uma equação polinomial de ordem igual ao número de anos vigência do contrato. Ocorre, porém, que, havendo ao menos um período de despesas maiores do que as entradas de receitas – ou seja, uma mudança de sinal no fluxo de pagamentos –, a equação pode ser resolvida por mais de uma TIR, acarretando diversas TIRs ao longo do contrato. Por conseguinte, o uso da TIR é também impreciso – o que acarreta diversas consequências práticas.

A estimação dos valores futuros, conforme já destacado, é também um dos maiores obstáculos na modelagem contratual. Na aferição da TIR tal assertiva é evidente, uma vez que é necessário estimar o fluxo de caixa futuro, descontando-se já o largo espectro de fatores cujo risco é assumido pela parte privada. No caso das concessões rodoviárias do Estado de São Paulo optou-se por considerar os valores projetados no plano de negócios apresentado no certame licitatório, apenas com as modificações ocorridas, acarretando a utilização da mesma TIR para os novos investimentos solicitados pela Administração Pública, ainda que anos após a assinatura do contrato e com condições totalmente diversas das celebradas inicialmente.

De modo similar, a utilização da TIR da proposta do concessionário, considerada razoável pelas partes no momento da licitação para o cálculo do período necessário de prorrogação contratual, significa transpor, em termos absolutos, o que se entendeu como equilíbrio material em 1998 para 2018, 20 anos depois. É evidente que esse procedimento vai de encontro à própria natureza imutável do contrato administrativo, podendo produzir, na prática, o aprofundamento do desequilíbrio, visto que remunera o investidor por uma taxa que já não é mais a correspondente à realidade de mercado.

A título de ilustração, ao se utilizar como taxa de desconto a TIR, se ela for demasiadamente alta, em função da alteração dos custos de oportunidade, as receitas a serem recebidas terão menor valor presente, de sorte que o período de prorrogação terá uma duração superestimada. Esta questão foi, inclusive, destacada pelo Tribunal de Contas do Estado de São Paulo (TCE/SP) na decisão que analisou a legalidade dos aditivos contratuais que reequilibraram o ajuste, conforme fica evidente no trecho transcrito:

> Contudo, o nível de avaliação que ora se impõe às cláusulas destes aditivos nos transporta para o momento do encerramento do prazo original-

mente previsto no contrato de concessão, que se dará em 18.4.2018, ocasião em que será possível o concreto cálculo da Taxa Interna de Retorno obtida pela Concessionária, possibilitando, assim, a comparação com o valor previsto contratualmente e a adoção das consequentes medidas de ressarcimento para a parte prejudicada, utilizando-se, por exemplo, o Custo Ponderado Médio de Capital vigorante na ocasião.[4]

11.4 Alternativas para o reequilíbrio

Uma alternativa promissora ao uso da TIR é a Taxa Interna de Retorno Modificada/MTIR como critério de reequilíbrio. O conceito considera a existência de múltiplas taxas no fluxo financeiro: a Taxa de Financiamento, referente aos valores investidos, programados no início do ajuste contratual; a Taxa de Reinvestimento, aplicada aos lucros também já previstos; e, por fim, a Taxa Marginal de Investimentos, relativa às novas obrigações assumidas pela concessionária durante a vigência do contrato. Esta última taxa, que corresponderia à equivalência material no momento do reequilíbrio, também seria aplicada à prorrogação contratual.

Assim, é possível calcular o valor presente total dos valores investidos, valendo-se da Taxa de Financiamento para as inserções inicialmente previstas no início do contrato e da Taxa Marginal de Investimentos para os novos investimentos da Administração. Por sua vez, aplicando-se a Taxa de Reinvestimento às entradas de receitas obtém-se seu valor presente futuro. A MTIR é taxa que iguala no tempo o valor presente das saídas com o valor futuro das entradas de caixa, representando uma aproximação mais real ao rendimento médio da parte privada no empreendimento.

Uma solução simples para a obtenção da Taxa Marginal de Investimentos seria a fixação de um *spread* sobre a Taxa SELIC, definido já no momento da assinatura do acordo. Outra opção seria a utilização do Custo Médio Ponderado de Capital, WACC na sigla em Inglês, que consiste numa média ponderada entre o custo de capital próprio e o custo de capital de terceiros, que podem ser estimados a valores de mercado ou, então, com valores contábeis. As duas fontes de capital

---

4. Trecho do voto proferido pelo Cons. Eduardo Bittencourt Carvalho no TC-030335/026/98, em decisão de 10.11.2009 da 1ª Câmara do TCE/SP.

são ponderadas com base na estrutura de capital, que é a relação entre o capital próprio e o capital de terceiros, característica do setor, a saber:

$$WACC = (D/A) \times K_d \times (1 - T_c) + (E/A) \times K_e,$$

em que:

D = valor do capital de terceiros;
E = valor do capital próprio;
A = valor do capital total investido (A = D + E);
K_d = custo de capital de terceiros antes do imposto de renda da empresa;
T_c = alíquota de imposto de renda da empresa;
K_e = custo de capital próprio.

Por seu turno, a expressão do custo de oportunidade do capital próprio no Brasil, utilizando-se o método do *Capital Asset Pricing Model*/CAPM, é dada pela seguinte fórmula, segundo Assaf Neto [2005]:

$$K_e = [R_f + \beta \times (R_m - R_f)] + \alpha_{BR},$$

em que:

K_e = taxa de retorno mínimo exigido pelos investidores do ativo (custo de capital próprio);
R_f = taxa de retorno de ativos livres de risco – assumida ser igual à Taxa Selic no Brasil;
β = coeficiente beta, medida do risco sistemático (não diversificável) do ativo, que mensura o movimento do retorno de um ativo em resposta à mudança no retorno de mercado;
R_m = rentabilidade oferecida pelo mercado em sua totalidade e representada pela carteira de mercado;
α_{BR} = representa o prêmio pelo *risco Brasil*, conforme é normalmente identificado pela Teoria da Paridade da Taxa de Juros, mensurado pela diferença entre a taxa de juros oferecida pelo título público brasileiro negociado no mercado financeiro internacional e a taxa dos títulos emitidos pelo Governo dos EUA, admitidos como de mais baixo risco.

É evidente, logo, que o Custo Médio Ponderado de Capital é influenciado diretamente pelo ambiente econômico. Por exemplo, quanto maior a incerteza (α_{BR}), maior será a Taxa de Retorno exigida para atrair investidores para o processo de licitação. Com isto, cria-se um mecanismo que permite atualizar a equivalência material, garantida constitucionalmente à parte privada.

Esta é a metodologia utilizada pelo Ministério da Fazenda para o cálculo do Custo Médio Ponderado de Capital, de acordo com a Nota Técnica 64-STN/SEAE/MF. No entanto, deve-se ressaltar que o próprio modelo do CAPM possui limitações, consoante demonstra a literatura econômica.[5]

Nesse sentido, é prudente a utilização de mais de uma metodologia a fim de garantir a robustez dos resultados encontrados. Uma sugestão imediata, de largo emprego, é a *Arbitrage Pricing Theory*/APT – Teoria de Precificação por Arbitragem. A APT pressupõe que os retornos de um ativo são gerados por modelos fatoriais. Por exemplo, o processo de geração de retorno de um ativo poderia ser dado por:

$$Ke = \underline{R} + \beta_I F_I + \beta_{PNB} F_{PNB} + \beta_R F_R + \varepsilon,$$

em que **I**, **PNB** e **R** correspondem a Inflação, Produto Nacional Bruto e Taxa de Juros, respectivamente. Os três fatores β_I, β_{PNB} e β_R representam o risco sistemático, pois afetam muitos ativos simultaneamente. O termo ε indica o risco não sistemático, pois é específico a cada ativo. De toda sorte, todas as ponderações aqui traçadas com base no modelo CAPM são igualmente válidas para o modelo ATP.

O Gráfico 01 compara a TIR do contrato de concessão do Sistema Anchieta-Imigrantes com o Custo Médio Ponderado de Capital, com valores obtidos de Yoshino **[1999]**, exemplificando a grande oscilação do custo de oportunidade no setor. É evidente que a adoção de uma taxa diferenciada para os novos investimentos, assim como para o

---

5. De acordo com Penanacchi **[2008]**, a hipótese de que todos os bens podem ser detidos por um investidor individual é claramente uma simplificação excessiva, dada a existência de inúmeros ativos não transacionáveis, como o capital humano. Desta forma, além do risco dos retornos de uma carteira global de ativos transacionáveis, há também o impacto de outras fontes de riscos não diversificáveis, tornando extremamente provável que o prêmio de risco de um ativo derive de mais do que um único fator de risco. De fato, a previsão do CAPM de que o risco de uma carteira de mercado é a única fonte de risco apreçado não tem recebido forte apoio empírico.

cômputo do período de prorrogação necessário para o reequilíbrio, é importante para evitar que a equivalência material do período de assinatura do ajuste se transforme em um substantivo desequilíbrio entre as partes – o que poderia, inclusive, resultar na inviabilização do negócio.

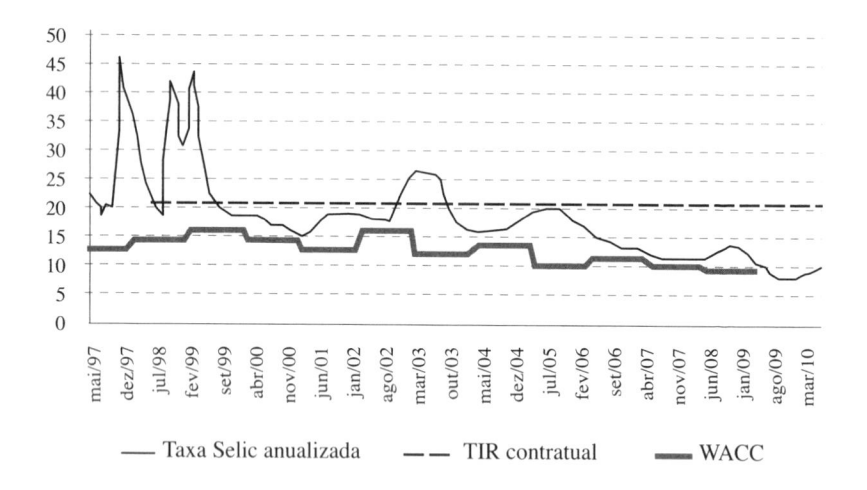

―― Taxa Selic anualizada   ― ― TIR contratual   ━━ WACC

Uma vantagem adicional da MTIR em relação a outro critério que busque condicionar à rentabilidade do empreendimento as variações do custo de oportunidade do contrato, a fixação de um *spread* sobre a taxa básica de juros no lugar da TIR, por exemplo, é garantir à parte privada certeza quanto à remuneração dos investimentos assumidos no início do contrato, permitindo, contudo, que as novas inserções tenham remuneração compatível com as de mercado na data de sua solicitação pelo poder concedente.

Finalmente, vale destacar que existem outras metodologias possíveis, superiores ao uso da TIR. Por exemplo, no Chile utiliza-se a ideia de que o setor privado possui direito a uma soma de recursos. Ou seja: trazendo-se todos os valores futuros ao presente, descontando-se já os investimentos e demais gastos, ter-se-á o VPL.

Sustenta-se que essa metodologia não poderia ser aplicada no Brasil, por conta da menção explícita à necessidade de "prazo determinado" na Lei de Concessões, a Lei 8.987/1995 (art. 2º, II e III), para qualquer contrato de concessão de serviço público. Entretanto, nada impede que o contrato tenha prazo máximo definido para que a concessionária aufira o valor definido no contrato, e que o atingimento dessa meta passe a ser um risco da concessão para o particular.

No Chile há casos em que o VPL foi utilizado e a execução contratual acabou provando a "superestimação" do prazo, com a necessidade de se relicitar por mais de uma vez o objeto dentro do prazo inicialmente vislumbrado. Em outras palavras: uma concessão que originalmente deveria durar 35 anos para se atingir o VPL acabou sendo relicitada mais de uma vez dentro desse período, por conta de o VPL ter sido atingido pelo particular muito antes desse prazo estimado.

De fato, tendo em vista que para o cálculo do VPL é necessária a definição de uma taxa de desconto, as demais críticas realizadas para a TIR também são válidas para o método do VPL, caso não se utilizem taxas distintas entre os novos investimentos, não previstos no ajuste, e aqueles inicialmente acordados.

11.4.1 A evolução recente da legislação

O primeiro foro que trouxe luz à discussão, tendo repercussão, inclusive, no caso do Estado de São Paulo, é o Tribunal de Contas da União/TCU, em análise a respeito da questão do equilíbrio econômico-financeiro dos contratos de concessões rodoviárias federais da Primeira Etapa.[6] De fato, com redução da TIR das concessionárias vencedoras do certame referente à Segunda Etapa das concessões rodoviárias para 8,95%, frente aos valores entre 17% e 24% da Primeira Etapa, consubstanciado na melhoria dos fundamentos macroeconômicos do País, o TCU determinou que a Agência Nacional de Transportes Terrestres/ANTT realizasse estudos visando a verificar se as concessões de rodovias federais da Primeira Etapa estão em equilíbrio econômico-financeiro em face da rentabilidade contratual. O voto é reproduzido na íntegra no Anexo.

A ANTT, por sua vez, em cumprimento às determinações contidas no referido acórdão, elaborou a Nota Técnica 056/GEROR/2009, sustentando que não há nos contratos firmados entre a União e as concessionárias da Primeira Etapa dispositivo que permita a revisão

6. TCU, Plenário, Acórdão 2.154/2007.

da tarifa do pedágio nos moldes recomendados pelo TCU. Ademais, admitiu indiretamente que as concessionárias já delineavam um cenário macroeconômico mais favorável para o País no momento de elaboração de suas propostas, de sorte que a concretização da melhora dos fundamentos não é fato novo, mas fazia parte do cálculo financeiro das empresas, sendo tais incertezas riscos da concessionária sob sua responsabilidade, de acordo com a matriz de riscos definida. Desta forma, a referida nota conclui que a manutenção da TIR é o mecanismo adequado para o equilíbrio econômico-financeiro dos contratos celebrados.

O TCU, por sua vez, por meio do Ofício 420/2009-TCU/SEFID, questionou à ANTT se havia a intenção de estender a aplicação da metodologia prevista no contrato de concessão do trecho BR 116/324/BA para os contratos de concessão da Primeira Fase. A agência, na Nota Técnica 155/2009-GEROR/SUINF, confirmou sua intenção nesse sentido, inclusive para os demais contratos, da Segunda Fase e do Polo de Pelotas. De acordo com a Nota Técnica 169 GEROR/SUINF-2010:

> A metodologia proposta consiste basicamente em recompor o equilíbrio contratual nas hipóteses de inclusão de novos investimentos e serviços não previstos na proposta inicial, por meio de um Fluxo de Caixa Marginal, o qual será projetado em razão do evento que ensejou a recomposição, considerando (i) os fluxos de dispêndios marginais resultantes do evento que deu origem à recomposição e (ii) os fluxos das receitas marginais resultantes da recomposição do equilíbrio econômico-financeiro.
>
> O objetivo da adoção desta metodologia segue o princípio apresentado pelo TCU de considerar as mudanças implementadas no ambiente econômico. Para tanto os novos investimentos e serviços, não previstos na época contrato, levariam em consideração o cenário econômico da época de sua implementação, mantendo-se as condições contratadas para os investimentos previstos originalmente, segundo o modelo do contrato de concessão firmado para o Trecho BR 116/324/BA.

Dessa forma, a intervenção do TCU acabou resultando na incorporação das inovações contidas no Edital de Licitação 001, relativo às BR 116/324 no Estado da Bahia, estudadas detalhadamente neste trabalho, a todos os demais contratos existentes, no tocante aos novos investimentos e à repartição de riscos. Ou seja: as novas inserções deverão ser remuneradas conforme as condições vigentes no período em que forem introduzidas, não podendo mais se utilizar a taxa inicial do ajuste contratual. Assim, observa-se uma nítida tendência de convergência entre a posição jurisprudencial do TCU e do TCE/SP.

11.5 Conclusão e propostas para reflexão

O contrato é a relação jurídica formada por um acordo de vontades, em uma comunhão de interesses. No entanto, quando o Estado é parte contratante, a supremacia do interesse público implica a existência de uma latente instabilidade, em decorrência da necessidade da adequação dos objetivos do ajuste às demandas da sociedade. No instituto do contrato administrativo esta desigualdade é contrabalanceada pela garantia ao equilíbrio econômico-financeiro sempre que as condições inicialmente acordadas forem alteradas.

Do ponto de vista jurídico, o equilíbrio econômico-financeiro é um direito consagrado no art. 37, XXI, da CF, além de ser recorrente na legislação infraconstitucional, representando a equivalência material, ou seja, da justa remuneração da obra, serviço ou fornecimento estabelecida no momento inicial do contrato. No entanto, para isso é preciso a transposição do delicado balanço de direitos e deveres assumidos no instante da assinatura para uma data posterior, em que ainda resta um período de tempo relativamente longo até o fim de vigência do contrato.

Um das metodologias utilizadas para a verificação do equilíbrio é a TIR, como é ilustrado pelo caso do processo de reequilíbrio da concessão do Sistema Anchieta-Imigrantes. Em 2006 o Governo do Estado de São Paulo reconheceu uma posição de crédito a favor da concessionária, adotando a prorrogação do contrato por 70 meses como forma de correção.

Não obstante seu destacado uso, a TIR apresenta algumas inconveniências, que a praxe vem demonstrando. Em primeiro lugar, não representa a devida remuneração do negócio, uma vez que supõe que todo o fluxo financeiro é remunerado pela mesma taxa – uma hipótese evidentemente irrealista. Além disso, sua utilização para o cálculo do período necessário de prorrogação contratual acarreta transpor, em termos absolutos, o que se entendeu como equilíbrio material no já distante momento de assinatura do acordo. No caso do Sistema Anchieta-Imigrantes isso significa subestimar o valor dos lucros futuros, aumentando o período de prorrogação necessário para o reequilíbrio.

Uma solução atraente para a verificação do equilíbrio econômico-financeiro é a MTIR, que considera a existência de múltiplas taxas: a Taxa de Financiamento, a Taxa de Reinvestimento e a Taxa Marginal de Investimentos, aplicada às novas obrigações assumidas pela concessionária durante a vigência do contrato. Sua principal vantagem é garantir à iniciativa privada certeza quanto à remuneração das obrigações assumidas no início do contrato, permitindo, contudo, que as novas inserções produzam um lucro compatível com as de mercado, na data de sua solicitação pelo Poder Público.

Além do mais, ao se adotar um critério de remuneração que tenha variabilidade no tempo, torna-se possível captar a variação do custo de oportunidade do investimento realizado pela parte que obteve a concessão, sem que as realidades econômicas presentes na data de assinatura do contrato sejam perpetuadas ao longo do tempo, uma vez que a dinâmica econômica é volátil e assaz mutável. A adoção da MTIR, portanto, permite que o contrato capte as alterações nos humores do mercado, reduzindo em muito as distorções que podem afetar o equilíbrio econômico-financeiro do contrato.

Diante dessas vantagens, a metodologia da MTIR pode ser uma alternativa a ser considerada na modelagem das futuras concessões rodoviárias no País – embora, ressaltamos, seu sucesso também dependerá desse método de "tentativa e erro" que ocorreu com a metodologia da TIR nos contratos de concessão de serviços públicos no País.

Outra metodologia mencionada *en passant* é a do VPL, como é aplicada no Chile. Sustenta-se que essa metodologia não poderia ser aplicada no Brasil por conta da menção explícita à necessidade de "prazo determinado" na Lei de Concessões, a Lei 8.987/1995 (art. 2º, II e III), para qualquer contrato de concessão de serviço público. Entretanto, nada impede que o contrato tenha prazo máximo definido para que a concessionária aufira o valor definido no contrato, e que o atingimento dessa meta passe a ser um risco da concessão para o particular.

No Chile há casos em que o VPL foi utilizado e a execução contratual acabou provando a "superestimação" do prazo, com a necessidade de se relicitar por mais de uma vez o objeto dentro do prazo inicialmente vislumbrado. Em outras palavras: uma concessão que originalmente deveria durar 35 anos para se atingir o VPL acabou sendo relicitada mais de uma vez dentro desse período, por conta de o VPL ter sido atingido pelo particular muito antes desse prazo estimado.

Para dar maior higidez à sua aplicação, a alteração da Lei de Concessões pode ser um caminho a fim de evitar discussões ulteriores perante os órgãos de controle e imprimir maior segurança jurídica aos contratos administrativos que adotem essa metodologia.

Referências bibliográficas

ASSAF NETO, Alexandre [2005]. *Finanças Corporativas e Valor*. 2ª ed. São Paulo, Atlas.

BRASIL [1988]. *Constituição da República Federativa do Brasil*.

————— [1993]. *Lei 8.666, de 21 de Junho de 1993* – Regulamenta o art. 37, inciso XXI, da Constituição Federal, institui normas para licitações e contratos da Administração Pública e dá outras providências.

PENANACCHI, G. [2008]. *Theory of Asset Pricing*. Addison-Wesley, Reading/MA.

SÃO PAULO [1997]. *Edital de Licitação n. 015/CIC/1997*. Disponível em ht tp://www.artesp.sp.gov.br/download/editais/edital_22_ecovias.pdf.

————— [1998]. *Relatório e Voto do TC-030335/026/98*. Em Decisão de 10.11.2009 da egrégia 1ª Corte do TCE/SP. Disponível em *www.tce.sp.gov.br*.

STN [2007]. *Nota* Técnica 64 STN/SEAE/MF. Taxa Interna de Retorno dos Estudos de Viabilidade Econômico-Financeira da Segunda Etapa de Concessões Rodoviárias Federais.

————— [2007]. *Nota Técnica 69 STN/SEAE/MF*. Impactos do REIDI sobre as tarifas da Segunda Etapa de Concessões Rodoviárias Federais.

YOSHINO, Joe A. [1999]. *Estimativa do Custo Médio Ponderado de Capital (WACC) das Concessionárias de Rodovia*.

ANEXO
ACÓRDÃO TCU, PLENÁRIO, 2.154/2007

Relatório – *O Ministro-Relator:* Trata-se de representação da lavra da Secretaria de Fiscalização de Desestatização/SEFID, deste Tribunal, acerca de possíveis desequilíbrios econômico-financeiros dos contratos concernentes à Primeira Etapa do Programa de Concessão Rodoviária Federal, acarretando a cobrança de tarifas de pedágios sobrevalorizadas. A peça está alicerçada nos seguintes termos:

"Trata-se de proposta de representação em virtude de fortes indícios de que as concessões de rodovias federais atualmente em execução e constantes da Primeira Etapa do Programa de Concessão Rodoviária Federal estejam desequilibrados econômico-financeiramente, acarretando sérios prejuízos aos usuários e ao País, com a cobrança de tarifas de pedágio sobrevalorizadas, o que proporciona lucros extraordinários aos concessionários.

"O Governo Federal, em 1993, mediante a Portaria Ministerial n. 10 – posteriormente modificada pelas de ns. 246/1994, 824/1994 e 214/1995 –, criou o Programa de Concessões de Rodovias Federais/PROCROFE, de responsabilidade do então Departamento de Estradas e Rodagem/DNER, com o objetivo de transferir à iniciativa privada, mediante concessão, a administração de trechos de rodovias federais.

"Em 1990, mediante a Lei n. 8.031, de 12.4.1990, foi criado o Programa Nacional de Desestatização/PND, posteriormente modificado por diversas medidas provisórias, até resultar na Lei n. 9.491, de 9.9.1997, atualmente em vigor. Com base nas citadas leis, foram concedidos quatro trechos de rodovias federais e uma ponte: BR 116/RJ/SP (Rodovia Presidente Dutra), interligando a cidade do Rio de Janeiro a São Paulo; BR 101/RJ (Ponte Presidente Costa e Silva), interligando a cidade do Rio de Janeiro a Niterói; BR 040/MG/RJ, interligando Juiz de Fora/MG à cidade do Rio de Janeiro; BR 116/RJ, interligando a cidade do Rio de Janeiro a Petrópolis e Além-Paraíba (trecho Além Paraíba-Teresópolis – Entroncamento com a BR 040/RJ); e BR 290/RS, interligando Osório a Porto Alegre/Entroncamento BR 116/RS (Guaíba).

"Essas concessões foram outorgadas na primeira metade da década passada, quando o Brasil vivia uma situação de instabilidade econômica e de incertezas quanto ao futuro. A conjuntura desfavorável aliada a outros fatores fizeram que os então licitantes exigissem uma Taxa de Retorno do Investimento/TIR que refletisse as mencionadas incertezas econômicas. Dessa forma, as rentabilidades pactuadas se situaram em cerca de 17 a 24% (taxa não alavancada, ou seja, sem considerar os financiamentos e juros). Frise-se que essas rentabilidades significam ganhos acima da inflação, pois há o reajuste anual previsto nos contratos de concessão para corrigir a perda do valor monetário.

"No dia de ontem (9.10.2007), o Governo Federal licitou sete novos trechos de rodovias federais, que compõem a Segunda Etapa do Programa de Concessões de Rodovias Federais inseridas no Programa Nacional de Desestatização, entre as quais estão a Fernão Dias e a Régis Bittencourt. O resultado do leilão, realizado na BOVESPA, comprovou que o Tribunal de Contas da União atuou de forma tempestiva e esteve no caminho correto ao exigir correções e ajustes nos estudos de avaliação econômico-financeira que embasaram a fixação das tarifas máximas de pedágio.

"Mesmo após os ajustes efetuados, que reduziram o valor médio das tarifas para os sete lotes em cerca de 28% – redução de 43,06% para a Fernão Dias e de 43,48% para a Régis Bittencourt – e a Taxa Interna de Retorno de aproximadamente 18% para 8,95%, houve intensa concorrência e deságios expressivos em todos os trechos. Neste ponto, especificamente sobre o valor da taxa de desconto desses novos trechos licitados, 8,95%, comparado às constantes das concessões já em andamento, é que se justifica a presente representação.

"O modelo de concessão da Primeira Etapa pode ser denominado como 'estático', pois as rubricas que compõem o fluxo de caixa não se alteram ao longo da execução contratual, nela incluída a taxa de desconto – rentabilidade dos concessionários, ou seja, as concessionárias de rodovias federais da Primeira Etapa continuam auferindo rentabilidade que varia de 17 a 24% ao ano no atual cenário de estabilidade econômica do País, em que a taxa de desconto para o setor é no máximo de 8,95%.

"PROPOSTA DE ENCAMINHAMENTO

"Ante o exposto, submeto os autos à consideração do Exmo. Sr. Min. Ubiratan Aguiar, propondo, com fundamento no art. 187, no inciso VI do art. 237, c/c o arts. 241 e 242, todos do RITCU, e no art. 132, inciso VI, e art. 133 da Resolução 191/2006, que:

"(a) o presente expediente seja conhecido como representação;

"(b) determine à Agência Nacional de Transportes Terrestres (ANTT), com base na Lei n. 10.233/2001, que:

"(b.1) realize, no prazo de 30 dias, estudos com o objetivo de verificar se as atuais concessões de rodovias federais exploradas pelas concessionárias NovaDutra, CONCER, CRT, Ponte Rio-Niterói e CONCEPA estão em equilíbrio econômico-financeiro em face da rentabilidade contratual – Taxa Interna de Retorno do investimento (TIR);

"(b.2) caso se verifique o desequilíbrio nos mencionados contratos, adote as providências necessárias a fim de reequilibrar os contratos de concessão, fixando nova rentabilidade;

"(b.3) dê ciência ao TCU do cumprimento dos itens b.1 e b.2;

"(c) retorne aos autos à SEFID, para as providências pertinentes."

É o relatório.

Voto – *O Ministro-Relator:* Ante o preenchimento dos requisitos de admissibilidade, a representação pode ser conhecida por este Tribunal.

2. No mérito, entendo bastante oportuna a sugestão da Unidade Técnica. Nos últimos tempos nos deparamos com reclamações de usuários sobre abu-

sos na cobrança de tarifas de pedágios, pairando sobre o assunto forte percepção de que há exorbitância nos preços, percepção, essa, que reclama estudo técnico acerca da matéria. Essa providência possibilitará a verificação da procedência dos cálculos que respaldam essas tarifas.

Ante o exposto, voto no sentido de que o Tribunal adote a deliberação que ora submeto ao Colegiado.

TCU, Sala das Sessões Ministro Luciano Brandão Alves de Souza, em 10 de outubro de 2007 – *Ubiratan Aguiar*, Ministro-Relator.

Capítulo 12

UMA PROPOSTA PARA MELHORAR OS ADITAMENTOS A CONTRATOS PÚBLICOS

GUILHERME JARDIM JURKSAITIS

12.1 Introdução. 12.2 Diagnóstico: falta um tratamento normativo específico para a celebração de termos aditivos. 12.3 Um regulamento administrativo para normatizar a celebração de termos aditivos. 12.4 Termos aditivos em casos de reequilíbrio econômico-financeiro. 12.5 Síntese das propostas.

12.1 Introdução[1]

A Administração Pública conta com a iniciativa privada para a consecução de grande parte de suas atividades – desde aquelas muito simples, como a aquisição de insumos e a prestação de serviços de apoio ao desempenho de atividades burocráticas (por exemplo, a aquisição de suprimentos de escritório e a contratação de serviços de manutenção predial), até as mais complexas, relacionadas à disponibilização de comodidades aos administrados (por exemplo, a construção de uma obra pública ou a prestação do serviço de varrição de vias) e à prestação de serviços públicos (por exemplo, a concessão de uma rodovia ou a transferência da gestão de um hospital público a entidades do Terceiro Setor).

A Administração Pública depende de algum tipo de relacionamento negocial[2] com a iniciativa privada para cumprir seus objetivos.

---

1. Agradeço aos professores Carlos Ari Sundfeld e Márcio Pestana por discutirem comigo as primeiras ideias que inspiraram este texto. Alerto que todas as falhas e imprecisões são de minha inteira responsabilidade.

2. Fernando Dias Menezes de Almeida observa que o direito positivo brasileiro não cuidou de conferir tratamento específico adequado para os diversos tipos de

E a recíproca é verdadeira, já que o Poder Público é cliente cativo de muitos mercados, como o da construção civil e o da prestação de serviços terceirizados. Parte significativa da iniciativa privada depende do mercado público para sobreviver.

Aprimorar essa relação é tarefa importante para conferir maior estabilidade a esses negócios. Este livro dedica-se a contribuir com esse objetivo, assim como o presente artigo.

Parte-se do pressuposto de que boa parte dos problemas nas contratações públicas envolva aditamentos a contratos celebrados pela Administração. Tomo como exemplo dois casos recentes que ilustram essa percepção, ambos noticiados pela imprensa.

O primeiro é o dos aditivos a contratos de concessão rodoviária do Estado de São Paulo. Segundo notícia do jornal *Folha de S. Paulo*[3] publicada no dia 17.7.2013, aditivos firmados no ano de 2006 teriam ampliado indevidamente o prazo de 10 contratos de concessão. Os aditivos teriam sido assinados para recompor o equilíbrio econômico-financeiro dos contratos,[4] em função de alterações tributárias ocorri-

ajustes celebrados pela Administração, organizados indistintamente pela legislação com a denominação de "contratos", submetendo, assim, os mais variados tipos de acordos a uma mesma grande lei geral, a Lei 8.666/1993, com os inconvenientes daí decorrentes. Referindo-se a esse fenômeno, leciona: "Se, por um lado, o intuito da Lei [*n. 8.666/93*] – supõe-se – é moralizador, no sentido de impor seu regime mais rígido a todos os *contratos*, por outro, reuni-los sob um mesmo regime, excessivamente detalhado (diga-se de passagem), evidentemente não se mostra adequado ante a complexidade inerente à variedade das situações concretas a serem tratadas de modo *contratual* pela Administração" (*Contrato Administrativo*, São Paulo, Quartier Latin, 2012, p. 203).

O diagnóstico e as propostas que apresento neste texto foram pensados para os contratos públicos de obras, de prestação de serviços e de aquisição de bens, regidos pela Lei 8.666/1993, e de concessão, regidos pela Lei 8.987/1995 e pela Lei 11.079/2004. No entanto, as contribuições podem servir também para outros tipos de contratos públicos.

3. "Concessão de rodovias gerou ganho indevido de R$ 2 Bi, diz ARTESP", notícia publicada no jornal *Folha de S. Paulo* ed. de 17.7.2013 (disponível em *http://www1.folha.uol.com.br/cotidiano/2013/07/1313376-auditoria-diz-que-concessionarias-de-sp-tiveram-ganho-indevido-de-r-2-bilhoes.shtml*, acesso em 7.1.2014).

4. Sobre a dilação do prazo contratual para promover o reequilíbrio econômico-financeiro, cf. o artigo de Carlos Ari Sundfeld, Jacintho Arruda Câmara e Rodrigo Pagani de Souza, "Concessão de serviço público: limites, condições e consequências da ampliação dos encargos da concessionária", in Farlei Martins Riccio de Oliveira (coord.), *Direito Administrativo Brasil-Argentina, Estudo em Homenagem a Agustín Gordillo*, Belo Horizonte, Del Rey, 2007, pp. 24-44.

das após a licitação, como a instituição do imposto sobre serviços/ISS, que passou a incidir sobre a receita de pedágio.

Passados mais de cinco anos da assinatura dos aditivos, amparado em novos estudos econômicos, o órgão de regulação setorial do Estado instaurou processos administrativos para rever as condições de 2006, sob o argumento de ter havido "ganho indevido" por parte das concessionárias, que defendem os aditivos como foram feitos.

O outro exemplo está ligado a contratos de obras públicas. Na edição de 10.12.2013 o jornal *O Estado de S. Paulo*[5] divulgou um aumento de 21% no custo de obras já em execução no Complexo Viário de Itaquera, construído para melhorar o fluxo de veículos na região durante a Copa do Mundo, em função de uma arena esportiva erguida nas imediações.

O acréscimo teria sido feito por conta do aumento da quantidade de entulho a ser retirada e de outras obras cuja execução fora assumida pela contratante depois de firmado o contrato. Em que pese a ter sido assinado em 29.11.2013, o termo aditivo só veio a ser publicado em 8.12.2013, conforme a notícia.

Esses casos ilustram algumas dificuldades que envolvem a celebração de aditivos. Não raras vezes os contratos são alterados sem que haja uma justificativa robusta para a mudança, como um registro dos acontecimentos que levaram a ela, demonstrando sua necessidade e os impactos que poderá ocasionar na relação contratual original. Nos contratos regidos pela Lei 8.666/1993 são comuns termos aditivos celebrados sem qualquer cautela em relação aos custos e valores originalmente avençados, que geralmente resultam de disputa em procedimento licitatório.

Essa percepção está por trás da desconfiança que paira sobre esses ajustes. O resultado é o endurecimento da legislação e da fiscalização exercida pelos órgãos de controle, com o nítido propósito de tentar reduzir as possibilidades de alteração dos contratos públicos.[6]

---

5. "Obra perto do Itaquerão sobe R$ 54 mi", notícia publicada no jornal *O Estado de S. Paulo* ed. de 10.12.2013 (disponível em *http://www.estadao.com.br/ noticias/impresso,obra-perto-do-itaquerao-sobe-r-54-mi-,1106495,0.htm*, acesso em 7.2.2014).

6. Carlos Ari Sundfeld e Jacintho Arruda Câmara explicam que "o movimento legislativo de restrição aos aditivos já se observa na própria Lei Geral de Licitações

Teoricamente, o fato de a legislação permitir aditivos a contratos públicos decorre da ideia de supremacia da Administração em relação ao particular contratado, em função do dever-poder atribuído a ela de perseguir e proteger o interesse público, que está presente também nas contratações que promove. A estabilidade típica dos contratos de direito privado cede ante o interesse público tutelado pela Administração.

Do ponto de vista prático, os contratos públicos estão sujeitos a um conjunto específico de circunstâncias que reclamam alguma maleabilidade nos termos originalmente pactuados, desde o advento de novas obrigações impostas ao particular pela Administração contratante até a necessidade de mudanças nos custos envolvidos em função da ocorrência de eventos imprevisíveis – o que é bastante frequente em contratos que abarcam obras públicas[7] e em contratos de longo prazo.[8]

e Contratações Públicas (Lei 8.666/1993), que tratou a matéria de modo mais restritivo do que o diploma legal anterior. Deveras, o antigo Decreto-lei 2.300/1986 limitava apenas a imposição unilateral de alterações que importassem modificação superior a 25% no valor original do contrato (para mais ou para menos). Com a Lei 8.666/1993, o que era apenas uma proteção ao contratado em face da prerrogativa estatal de modificar unilateralmente o contrato transformou-se num limite aos acréscimos no valor do contrato, mesmo que acordados (cf. art. 65, §§ 1º e 2º, da Lei 8.666/1993). Mais recentemente, ao se criar o chamado Regime Diferenciado de Contratações Públicas (o RDC, instituído pela Lei 12.462/2011), introduziu-se restrição ainda maior a aditamentos sobre as chamadas 'contratações integradas' (nova espécie contratual também surgida com o RDC). Para tais situações o legislador simplesmente vedou a celebração de aditivos, salvo hipóteses excepcionais (art. 9º, § 4º, do RDC). As últimas Leis de Diretrizes Orçamentárias/LDOs criaram nova limitação às alterações dos contratos firmados pela Administração Pública Federal. Além dos limites contidos na Lei 8.666/1993, as modificações não podem mais ocorrer se diminuírem o que se vem chamando de 'desconto global' aferido no momento da celebração do contrato" ("O aditamento de contratos administrativos e as Leis de Diretrizes Orçamentárias", in Carlos Ari Sundfeld (org.), *Contratações Públicas e seu Controle*, São Paulo, Malheiros Editores, 2013, pp. 232-233).

7. Algumas das dificuldades que impedem a estabilidade dos contratos envolvendo obras públicas foram mencionadas no capítulo "Apontamentos sobre o Regime Diferenciado das Contratações Públicas/RDC", de Benedicto Porto Neto, presente neste livro.

8. A estabilidade econômica dos contratos públicos de longo prazo e sua manutenção foram abordadas no capítulo "Desequilíbrio Econômico-Financeiro em Contratos de Participação Privada de Longo Prazo", de Tomas Anker e Frederico A. Turolla, e no capítulo "O Equilíbrio Econômico-Financeiro nos Contratos Administrativos: o Caso da Análise das Taxas Internas de Retorno/TIRs das Concessões Rodoviárias", de Gustavo Andrey Fernandes e Guilherme Antonio Fernandes. Ambos estão neste livro.

O problema maior surge quando alterações são promovidas para compensar projetos e estimativas de custos malfeitos, tanto pela Administração quanto pelo particular, para fugir do dever de licitar ou para a obtenção de benefícios escusos, tudo ao arrepio da lei.

Sem ignorar a ocorrência desses e de outros desvios, e reconhecendo a importância dos aditivos a contratos públicos, percebe-se a necessidade premente de incrementar o tratamento normativo para a celebração desses ajustes, por intermédio de um procedimento claro, específico e previamente estabelecido – assim como ocorre com a celebração dos demais contratos públicos.

12.2 Diagnóstico: falta um tratamento normativo específico para a celebração de termos aditivos

Amparada em norma constitucional, a legislação que rege os contratos públicos impôs a observância de um procedimento minucioso para a sua celebração: a licitação.

Uma vez que se constate que determinada necessidade da Administração deve ser atendida com o auxílio da iniciativa privada, um processo formal deve ser autuado para o registro e acervo dos atos que antecedem e que precedem a assinatura do contrato. Nos autos devem constar a prévia pesquisa de preços, feita pela Administração junto ao mercado potencialmente interessado, as justificativas apresentadas para a contratação, se for o caso, o edital e o comprovante de sua divulgação, a minuta de contrato, a manifestação do órgão de assessoramento jurídico da entidade licitante e todos os atos subsequentes, desde os protocolos de retirada e ciência do instrumento convocatório pelos potenciais concorrentes até as notas fiscais dos respectivos pagamentos.

Para os contratos de valor elevado há uma etapa adicional a ser observada antes de ser lançado formalmente o edital, que é a divulgação das informações relativas à contratação. É o que determinam a Lei 8.666/1993, ao impor o dever de realizar *audiência* pública para as licitações de valor superior a 150 milhões de Reais (art. 39, c/c o art. 23, I, "c"),[9] e a Lei 11.079/2004, específica para as PPPs, que foi mais

---

9. Lei de Licitações:
"Art. 39. Sempre que o valor estimado para uma licitação ou para um conjunto de licitações simultâneas ou sucessivas for superior a 100 (cem) vezes o limite previs-

detalhista e obrigou a Administração a submeter a minuta de edital e de contrato a *consulta* pública, pelo período mínimo de 30 dias, para o recebimento de sugestões (art. 10, VI).[10]

Mesmo nos casos de contratação direta, em que o procedimento da licitação é afastado, permanece o dever de observar determinados preceitos mínimos estabelecidos pela Lei 8.666/1993. Entre esses requisitos estão a apresentação de justificativa para a escolha do fornecedor e do preço, a ratificação da contratação direta pela autoridade superior e a subsequente publicação dessa decisão no *Diário Oficial* (art. 26).[11]

Nem nos casos de contratação direta a Administração tem a liberdade plena para contratar, desvinculada de critérios estabelecidos pela

---

to no art. 23, inciso I, alínea 'c', desta Lei, o processo licitatório será iniciado, obrigatoriamente, com uma audiência pública concedida pela autoridade responsável com antecedência mínima de 15 (quinze) dias úteis da data prevista para a publicação do edital, e divulgada, com a antecedência mínima de 10 (dez) dias úteis de sua realização, pelos mesmos meios previstos para a publicidade da licitação, à qual terão acesso e direito a todas as informações pertinentes e a se manifestar todos os interessados".

"Art. 23. As modalidades de licitação a que se referem os incisos I a III do artigo anterior serão determinadas em função dos seguintes limites, tendo em vista o valor estimado da contratação: I – para obras e serviços de engenharia: (...); c) concorrência: acima de R$ 1.500.000,00 (um milhão e quinhentos mil Reais); (...)."

10. Lei de PPPs: "Art. 10. A contratação de parceria público-privada será precedida de licitação na modalidade de concorrência, estando a abertura do processo licitatório condicionada a: (...); VI – submissão da minuta de edital e de contrato a consulta pública, mediante publicação na Imprensa Oficial, em jornais de grande circulação e por meio eletrônico, que deverá informar a justificativa para a contratação, a identificação do objeto, o prazo de duração do contrato, seu valor estimado, fixando-se prazo mínimo de 30 (trinta) dias para recebimento de sugestões, cujo termo dar-se-á pelo menos 7 (sete) dias antes da data prevista para a publicação do edital; (...)".

11. Lei de Licitações:
"Art. 26. As dispensas previstas nos §§ 2º e 4º do art. 17 e no inciso III e seguintes do art. 24, as situações de inexigibilidade referidas no art. 25, necessariamente justificadas, e o retardamento previsto no final do parágrafo único do art. 8º desta Lei deverão ser comunicados, dentro de 3 (três) dias, à autoridade superior, para ratificação e publicação na Imprensa Oficial, no prazo de 5 (cinco) dias, como condição para a eficácia dos atos.

"Parágrafo único. O processo de dispensa, de inexigibilidade ou de retardamento, previsto neste artigo, será instruído, no que couber, com os seguintes elementos: I – caracterização da situação emergencial ou calamitosa que justifique a dispensa, quando for o caso; II – razão da escolha do fornecedor ou executante; III – justificativa do preço; IV – documento de aprovação dos projetos de pesquisa aos quais os bens serão alocados."

lei. Ao contrário. A contratação direta, tal qual a licitação, também é um procedimento estabelecido legalmente e consentâneo com os ideais de impessoalidade, publicidade e economicidade, que também permeiam a licitação. O que diferencia a contratação direta, nesse ponto, é o fato de se tratar de procedimento bastante simples, que confere ao gestor público alguma flexibilidade no momento de contratar.

Os aditivos a contratos públicos nada mais são do que contratos públicos celebrados sem licitação.[12] Não há distinção substancial entre os demais contratos públicos e os aditivos, exceto a circunstância de estes últimos dependerem de um contrato público regularmente firmado e em vigor.[13]

Ainda que a Lei 8.666/1993 tenha buscado prever alguns condicionantes para os aditivos (art. 65)[14] – condicionantes, esses, que não

12. Inclusive, a dispensa de licitação para a celebração de aditamentos a contratos administrativos, nos mesmos percentuais autorizados pela Lei 8.666/1993, era prevista como hipótese de contratação dispensável no Decreto-lei 2.300, de 21.6.1986 (art. 22, V, c/c o art. 55, § 1º).

13. Carlos Ari Sundfeld explica: "Como a alteração implica a inclusão de prestações não previstas no contrato e na licitação que o ensejou, trata-se em verdade de nova contratação, feita sem licitação específica. A justificativa está em que a dispensa é mais econômica para a Administração, seja por evitar os gastos com a realização do certame (publicação de editais, custos administrativos indiretos etc.), seja por propiciar a contratação de empresa já envolvida com a execução do objeto em causa" (*Licitação e Contrato Administrativo – De Acordo com as Leis 8.666/1993 e 8.883/1994*, 2ª ed., São Paulo, Malheiros Editores, 1995, p. 59).

14. Lei de Licitações:
"Art. 65. Os contratos regidos por esta Lei poderão ser alterados, com as devidas justificativas, nos seguintes casos: I – unilateralmente pela Administração: a) quando houver modificação do projeto ou das especificações, para melhor adequação técnica aos seus objetivos; b) quando necessária a modificação do valor contratual em decorrência de acréscimo ou diminuição quantitativa de seu objeto, nos limites permitidos por esta Lei; II – por acordo das partes: a) quando conveniente a substituição da garantia de execução; b) quando necessária a modificação do regime de execução da obra ou serviço, bem como do modo de fornecimento, em face de verificação técnica da inaplicabilidade dos termos contratuais originários; c) quando necessária a modificação da forma de pagamento, por imposição de circunstâncias supervenientes, mantido o valor inicial atualizado, vedada a antecipação do pagamento, com relação ao cronograma financeiro fixado, sem a correspondente contraprestação de fornecimento de bens ou execução de obra ou serviço; d) para restabelecer a relação que as partes pactuaram inicialmente entre os encargos do contratado e a retribuição da Administração para a justa remuneração da obra, serviço ou fornecimento, objetivando a manutenção do equilíbrio econômico-financeiro inicial do contrato, na hipótese de sobrevirem fatos imprevisíveis, ou previsíveis porém de consequências incalculá-

existem para os casos de contratação direta –, ela não impôs, ao menos expressamente, nenhum requisito procedimental mais apurado para sua celebração, limitando-se apenas ao dever de dar aos aditivos alguma publicidade (art. 60).[15]

O tratamento normativo dispensado aos aditivos pela legislação ainda é muito residual, e a Administração não se empenhou em aplicar a esses contratos o mesmo tratamento dado aos contratos públicos originais, precedidos ou não de licitação.

Essa lacuna deve ser suprida, por intermédio de um procedimento claro e objetivo para a realização de aditivos aos contratos públicos. Essa é a aposta para diminuir os problemas que pairam sobre os aditivos contratuais.

12.3 Um regulamento administrativo para normatizar a celebração de termos aditivos

Propõe-se que um *regulamento administrativo*, a ser editado pela autoridade competente, fixe critérios e procedimentos específicos para a celebração de termos aditivos, tanto para contratos públicos comuns, regidos predominantemente pela Lei 8.666/1993, como para contratos complexos, tratados também pelas leis de concessões e pela legislação setorial. Essa norma infralegal vincularia apenas os órgãos administrativos subordinados à autoridade competente para a edição do ato.[16]

---

veis, retardadores ou impeditivos da execução do ajustado, ou, ainda, em caso de força maior, caso fortuito ou fato do príncipe, configurando álea econômica extraordinária e extracontratual.

"§ 1º. O contratado fica obrigado a aceitar, nas mesmas condições contratuais, os acréscimos ou supressões que se fizerem nas obras, serviços ou compras, até 25% (vinte e cinco por cento) do valor inicial atualizado do contrato, e, no caso particular de reforma de edifício ou de equipamento, até o limite de 50% (cinquenta por cento) para os seus acréscimos.

"(...)."

15. Lei de Licitações: "Art. 60. Os contratos e seus aditamentos serão lavrados nas repartições interessadas, as quais manterão arquivo cronológico dos seus autógrafos e registro sistemático do seu extrato, salvo os relativos a direitos reais sobre imóveis, que se formalizam por instrumento lavrado em cartório de notas, de tudo juntando-se cópia no processo que lhe deu origem".

16. Na linha do que fez a Lei 12.462/2011, reputa-se conveniente abrir espaço para a edição de atos infralegais em matéria de licitações e contratos. Esse é o cami-

Não se afasta a possibilidade de esse procedimento ser estabelecido por uma lei em sentido estrito; mas, justamente por terem caráter específico, as medidas sugeridas podem soar inadequadas para a totalidade das entidades que celebram contratos públicos. Um regulamento administrativo evitaria essa distorção. Ao mesmo tempo, por se tratar de norma infralegal, o conteúdo do regulamento é passível de alteração a qualquer tempo, melhorando sua aplicação.

Um procedimento para regular a celebração de termos aditivos a contratos públicos deve dedicar especial atenção ao dever de publicidade dos atos que antecedem a assinatura do aditivo.

Atente-se a que, diferentemente dos contratos públicos celebrados mediante prévia licitação, as minutas de termos aditivos não são feitas à revelia do particular contratado. Não obstante a Administração ter a prerrogativa de impor unilateralmente mudanças contratuais, respeitando o direito ao equilíbrio econômico-financeiro, a experiência prática mostra uma realidade mais complexa, em que as mudanças contratuais são amplamente discutidas entre as partes antes de serem implantadas.

E nem sempre é a Administração Pública quem provoca o particular para firmar um aditivo. Pode acontecer de o particular solicitar mudanças na relação contratual original, a fim de ajustar seus deveres em face de eventos não previstos no momento da assinatura do contrato ou de meras expectativas que não se concretizaram, resultando na necessidade de incluir, suprimir ou adequar obrigações. Nessas hipóteses, frequentemente o particular é o autor da minuta de aditivo e dos estudos que o embasaram. E a Administração apenas decide aproveitá-los, ou não.

É preciso ter claro quem propõe determinada alteração num contrato público, se a Administração ou o particular, e quem realizou os estudos que a fundamentam. Essa é uma informação relevante para definir se o aditivo, de fato, provém de uma necessidade pública real.

nho para normatizar aspectos específicos das contratações públicas, melhorando o funcionamento da Administração, eliminando procedimentos excessivamente burocráticos e diminuindo incentivos a que se burlem comandos legais por impossibilidade de se cumprir adequadamente os imperativos fixados numa norma geral, editada pela União Federal, que passa longe das dificuldades cotidianas das Administrações dos Estados e dos Municípios periféricos (e também das entidades autárquicas e descentralizadas em geral).

Não há nada de errado no fato de o particular oferecer à Administração estudos para sustentar tecnicamente mudanças que ele deseja no contrato originalmente celebrado, desde que isso esteja claro e em sintonia com o interesse público – ou, ao menos, que não o contrarie.

Um modo de alcançar esse objetivo é o regulamento administrativo prever a obrigatoriedade de a Administração autuar, em autos apensos ao processo da contratação original, a comunicação e os atos praticados até que o termo aditivo se aperfeiçoe, assim como ocorre nas licitações que usualmente antecedem a celebração de contratos públicos.

O regulamento deve, ainda, prever o dever de publicidade da *minuta* de aditivo, por intermédio da divulgação de seu extrato na Imprensa Oficial, em jornal de grande circulação ou mesmo na página eletrônica da entidade contratante. A ideia é que a população e o mercado tenham condições de saber sobre a alteração do contrato público, impugnando-a, se for o caso, *antes* de ser assinada.

O regulamento administrativo deve fixar um limite de valor a partir do qual as justificativas para a celebração, a pesquisa de preços, a minuta de termo aditivo e os estudos envolvidos também sejam submetidos a maior publicidade, por meio da página eletrônica da entidade contratante.[17]

Essas providências diminuiriam os riscos de um mau negócio para a Administração, pois permitem que o mercado tome ciência da transação e, se quiser, apresente suas contribuições na forma de críticas ou, mesmo, de impugnações junto aos órgãos de controle. Eventualmente, outros interessados podem oferecer condições mais vantajosas para o mesmo objeto do aditivo, e a Administração poderá, então, decidir se, de fato, a melhor solução está na assinatura de um aditivo ou de um pacto inteiramente novo, dissociado do anterior, criando um estímulo a que o contratado original melhore suas condições.

"Aditivos surpresa", desconhecidos pela população e, pior, pelo próprio mercado interessado, devem ser evitados. A falta de publicidade das informações atinentes à negociação de um termo aditivo, sobretudo em contratos de longo prazo, como os de concessão, cria ambiente propício a incertezas, quebra de isonomia, arbítrio e insegurança jurídica para as partes envolvidas.

---

17. Atualmente, salvo algumas exceções, é difícil encontrar o inteiro teor de termos aditivos já assinados nas páginas eletrônicas das entidades estatais.

Uma vez contempladas no regulamento, as providências acima trariam mais transparência aos negócios públicos e dariam mais tranquilidade para o gestor e o contratado, sobretudo em relação aos órgãos de controle, porque a realização desse procedimento expõe de maneira transparente as etapas que antecederam o aditivo, evitando desconfianças e prevenindo distorções na negociação, especialmente nos preços e quantitativas, quando o caso.

12.4 Termos aditivos em casos de reequilíbrio econômico-financeiro

Tratando especificamente dos aditivos envolvendo ajustes no equilíbrio econômico-financeiro em contratos complexos, como aqueles envolvendo a construção de grandes obras e a prestação de serviços públicos, outras cautelas podem ser contempladas no regulamento administrativo.

De um modo bastante simplificado, o desequilíbrio[18] em contratos públicos pode ser resultado (a) da imposição de novas obrigações ao contratado pela Administração contratante *ou* (b) de mudanças e eventos imprevisíveis ocorridos após a licitação (aí incluídas medidas unilaterais tomadas pelo Poder Público fora da relação contratual, como a criação de novos tributos que passem a incidir sobre a atividade contratada).

No primeiro caso (a), o regulamento precisa prever que a alteração imposta deve ser concomitante à medida de reequilíbrio, de acordo com dispositivo por vezes ignorado da Lei de Concessões (art. 9º, § 4º)[19] – o que tem contribuído para a criação de enormes passivos em créditos favoráveis aos contratados em virtude de eventos de desequilíbrio não compensados.

Consequentemente, ao cogitar de instituir nova obrigação ao contratado, a Administração deve prever também a forma de reequilíbrio que será adotada, considerando todas as consequências possíveis da

---

18. Consideram-se eventos de desequilíbrio apenas aqueles que ensejam o reequilíbrio econômico-financeiro, nos termos da legislação em vigor e do respectivo contrato.
19. Lei de Concessões, art. 9º, § 4º: "§ 4º. Em havendo alteração unilateral do contrato que afete o seu inicial equilíbrio econômico-financeiro, o poder concedente deverá restabelecê-lo, concomitantemente à alteração".

assunção da nova obrigação pelo contratado, inclusive eventuais benefícios (por exemplo, um ganho de escala na execução de uma obra já prevista no contrato original ou um incremento da receita auferida, no caso de concessão de serviços públicos tarifados). Então, o regulamento deve estipular que a Administração demonstre, através de estudos consistentes, as opções de reequilíbrio disponíveis e seus impactos (por exemplo, no orçamento, na relação com os usuários e na lógica contratual originalmente avençada), justificando a forma de reequilíbrio escolhida, sobretudo do ponto de vista econômico.

Ao decidir levar a efeito a alteração contratual almejada, a Administração deve notificar o particular, conferindo a ele oportunidade de se manifestar (por exemplo, em 30 dias) em face das justificativas para a alteração pretendida, do mecanismo eleito para o reequilíbrio e dos estudos que fundamentam a decisão tomada.

Obrigatoriamente, a manifestação do particular deverá ser respondida pela Administração, em prazo fixado pelo regulamento (por exemplo, em 30 dias). E, em caso de concordância do particular, a anuência deverá ser expressa, plena e sem ressalvas, para que diminuam as chances de revisar o ajuste posteriormente.

As mesmas medidas devem ser previstas pelo regulamento ao tratar dos casos em que se verifique o desequilíbrio em função da ocorrência de eventos imprevisíveis, originalmente não contemplados na proposta apresentada na licitação ou na matriz de riscos do contrato (b). É prudente considerar que nesses casos o desequilíbrio pode ser notado apenas pela parte afetada ou, ainda, pode comprometer ambos os polos da relação contratual, simultaneamente.

Por esse motivo, sugere-se que o regulamento preveja um "dever de alerta" para a parte que primeiro perceber a ocorrência do evento de desequilíbrio. Esse dever de alerta serviria apenas e tão somente para dar ciência à outra parte contratual de que a relação originalmente estabelecida se encontra potencialmente ameaçada, já que nem sempre é fácil perceber que um evento passível de gerar desequilíbrio no contrato está em curso (por exemplo, uma redução de tarifa de pedágio numa rodovia concorrente), e menos ainda estimar precisamente seus impactos (por exemplo, o não repasse de um reajuste tarifário devido contratualmente). No entanto, se esse alerta for feito após determinado prazo (por exemplo, 60 dias), a contar da ocorrência do evento, a parte se veria privada de créditos anteriores à comunicação no caso de ser feito, depois, um ajuste para o reequilíbrio.

A partir dessa comunicação, que deve ser certificada por protocolo ou aviso de recebimento, a parte notificada deve se manifestar – no caso de a Administração ser a parte notificada, deverá responder após ouvir seu órgão de assessoramento jurídico.

Como dito acima, pode levar tempo até que se tenha alguma estimativa adequada dos impactos de um evento de desequilíbrio ao longo da relação contratual (por exemplo, mudanças na alíquota ou na base de cálculo de determinado tributo incidente sobre a atividade concedida), até porque o evento de desequilíbrio pode cessar ou deixar de produzir efeitos (por exemplo, o não recolhimento deliberado de dado tributo instituído após a licitação, mudanças na norma que o prevê ou, mesmo, sua revogação).

É razoável, então, que a parte afetada pela ocorrência do evento de desequilíbrio tenha um tempo extra para requerer formalmente da outra o ajuste de reequilíbrio (por exemplo, de 30 a 90 dias).

O requerimento de reequilíbrio deve vir acompanhado da demonstração dos impactos verificados até o momento do pleito e de uma estimativa de seus efeitos futuros, caso o evento danoso se perpetue, bem como de uma indicação das formas de reequilíbrio juridicamente possíveis, com seus respectivos custos, podendo a parte afetada apontar a modalidade (moeda) de reequilíbrio que preferir, com a devida justificativa. Independentemente de quem o faça, o requerimento de reequilíbrio deverá ser submetido ao órgão de assessoramento jurídico da Administração contratante.

É necessário que o regulamento fixe um prazo para que a parte notificada anua ou conteste, motivadamente, o pleito de reequilíbrio feito pela outra (por exemplo, de 30 a 60 dias). Encerrado o prazo sem pronunciamento da parte, o crédito devido seria majorado, ou uma multa passaria a incidir em benefício da parte afetada.[20]

20. Se o descumprimento do prazo não tiver consequência, corre-se o risco de sua fixação se tornar inócua. É certo que há alguns obstáculos jurídicos ao se instituir uma multa ou um acréscimo de crédito por ato infralegal, como o regulamento administrativo aqui cogitado. Por outro lado, o mesmo regulamento pode contemplar a obrigatoriedade de que os contratos públicos por ele regidos, a serem firmados após sua edição, incorporem em suas cláusulas o regramento aqui sugerido.

Uma vez que as partes concordem com a ocorrência do evento, seus impactos e mecanismo (moeda) de recomposição, a Administração deve providenciar a publicação de um aviso contendo a descrição do evento, a norma que disciplina seu enquadramento como sendo evento de desequilíbrio, seus impactos econômicos, em valor presente, conforme os critérios fixados pelo contrato, e o mecanismo de recomposição adotado, indicando sua respectiva previsão legal ou contratual – tudo isso após a manifestação do órgão de assessoramento jurídico da Administração, que deverá se pronunciar inclusive sobre a minuta de termo aditivo.

O regulamento deve, ainda, estipular um valor (ou um percentual sobre o valor do contrato original) a partir do qual haveria a obrigação de levar a consulta pública os estudos econômicos relativos ao evento de desequilíbrio e ao consequente reequilíbrio, bem como a minuta do termo aditivo, a exemplo do que exige a Lei 11.079/2004 para as licitações de PPPs.

Essa troca de informações, tanto entre a Administração e seu contratado como as decorrentes da consulta pública, se for o caso, deve ser devidamente instruída nos autos do processo de reequilíbrio.

Mas, e se a parte afetada pelo evento de desequilíbrio resistir ao mecanismo (moeda) de reequilíbrio oferecido pela outra (por exemplo, reclamando o direito de ter o prazo do contrato alterado, para mais ou para menos, ao invés de receber o montante de desequilíbrio em pecúnia)?

O regulamento deve prever que, uma vez cumpridas as etapas descritas acima – comunicação da ocorrência do evento, apresentação dos estudos econômicos indicando seu impacto e propositura do mecanismo de reequilíbrio –, a moeda usada para reequilibrar o contrato poderá ser escolhida unilateralmente pela parte obrigada a recompor a outra.

Em casos extremos a medida pode ser unilateral, pois, a não ser que o contrato preveja de modo diverso, as partes não têm direito a *uma* forma específica de reequilíbrio. Cumprido o rito estabelecido pelo regulamento, e desde que a moeda oferecida seja suficiente para cobrir os danos decorrentes do evento de desequilíbrio, respeitado está o direito ao equilíbrio econômico-financeiro do contrato.

Repise-se que a ocorrência do evento de desequilíbrio e seu custo serão objeto do procedimento administrativo já descrito, com todos os estudos econômicos sendo analisados e discutidos pelas partes. Concluída essa etapa, o mero pagamento do reequilíbrio (em pecúnia, em prazo, em redução de tarifa etc.) não precisa ter o aval da parte reequilibrada, desde que o valor a ser reequilibrado, por qualquer uma das formas admitidas, corresponda ao valor devido em função do desequilíbrio. Isso explica a importância de se ter, no requerimento de reequilíbrio ou em sua resposta, as possibilidades de reequilíbrio existentes e seus respectivos custos trazidos a valor presente, considerando o cenário verificado no momento e até o final do contrato, caso o evento de desequilíbrio se perpetue, vinculando as partes a essas estimativas e a esses dados desde o início.

Evidentemente, essa é uma solução excepcional, para não travar o deslinde do procedimento, mas recomenda-se sempre privilegiar soluções consensuais.

Em respeito ao princípio da segurança jurídica, ainda que se reconheça, teoricamente, que os aditamentos observem algumas das exigências pertinentes à formação de contratos originais (em função das regras impostas à celebração dos contratos públicos em geral), a obrigatoriedade de cumprir o procedimento aqui sugerido valeria para o futuro, alcançando os contratos em vigor, aqueles ainda por fazer e os termos aditivos sobre os quais já se tenha cogitado, formal ou informalmente, da intenção de celebrar. Apenas não alcançaria os aditamentos já celebrados, que não seriam afetados pelo procedimento.

12.5 Síntese das propostas

Apresento a seguir, de forma resumida e objetiva, o conteúdo do regulamento administrativo proposto:

– Regulamento administrativo editado pela autoridade competente, vinculando órgãos e entidades a ela subordinados.

– Aplicação aos contratos públicos comuns (regidos pela Lei 8.666/1993) e aos contratos públicos de concessão (regidos pela Lei 8.987/1995, pela Lei 11.079/2004 e pela legislação setorial).

– Termos aditivos firmados anteriormente à publicação do decreto não são afetados.

– Dever de publicidade para o procedimento que antecede a celebração do termo aditivo:

◦ Autuação em processo administrativo apenso ao da contratação principal, contendo a comunicação que antecede o ajuste e todos os atos praticados.

◦ Identificação do autor do pedido de alteração contratual e dos estudos que o acompanham.

◦ Divulgação da minuta de termo aditivo na Imprensa Oficial, em jornal de grande circulação ou na página eletrônica da entidade contratante.

◦ Estabelecimento de valor (ou de percentual sobre o valor da contratação original) a partir do qual as justificativas para a nova contratação, a pesquisa de preços, a minuta de termo aditivo e os estudos envolvidos devem ser disponibilizadas na página eletrônica da entidade contratante.

– Para termos aditivos de reequilíbrio econômico-financeiro em contratos de concessão comum e de PPPs:

◦ Nos casos de reequilíbrio resultante da imposição de novas obrigações pela Administração contratante, o regulamento deve prever que:

• A alteração imposta deve ser concomitante à medida de reequilíbrio (Lei de Concessões, art. 9º, § 4º).

• Ao cogitar de instituir nova obrigação ao contratado, a Administração deve demonstrar as opções de reequilíbrio disponíveis e seus impactos (justificando a forma de reequilíbrio escolhida, sobretudo do ponto de vista econômico).

• A Administração deve notificar o particular, conferindo oportunidade para se manifestar (por exemplo, no prazo de 30 dias) em face das justificativas para a alteração, do mecanismo eleito para o reequilíbrio e dos respectivos estudos econômicos.

• Obrigatoriamente, a manifestação do particular deverá ser respondida pela Administração (por exemplo, em 30 dias).

• Em caso de concordância do particular, a anuência deverá ser expressa, plena e sem ressalvas.

◦ Nos casos de reequilíbrio resultante de mudanças e eventos imprevisíveis ocorridos após a licitação (aí incluídas medidas unilaterais tomadas pelo Poder Público fora da relação contratual), o regulamento deve prever, adicionalmente:

• Um "dever de alerta" da parte que primeiro perceber a ocorrência do evento de desequilíbrio, para dar ciência à outra de que o contrato estabelecido se encontra ameaçado.

• O alerta deve ser feito no prazo de até 60 dias, a contar do evento, sob pena de perda de créditos eventualmente devidos anteriores à comunicação.

• A parte notificada deve se pronunciar em igual prazo, a contar do recebimento do aviso.

• Após a comunicação relativa ao dever de alerta, a parte afetada pode requerer da outra o correspondente reequilíbrio econômico-financeiro (por exemplo, num prazo de 30 a 90 dias).

- O requerimento de reequilíbrio deve vir acompanhado da comprovação dos impactos verificados até o momento do pleito, de uma estimativa de seus efeitos futuros – caso o evento danoso se perpetue – e de uma indicação das formas de reequilíbrio juridicamente possíveis, com seus respectivos custos.
- A parte afetada pode apontar a modalidade (moeda) de reequilíbrio que preferir, com a respectiva justificativa.
- A parte notificada deverá se manifestar (por exemplo, num prazo de 30 a 60 dias), anuindo ou não com o pedido de reequilíbrio. Encerrado o prazo sem pronunciamento, o crédito devido seria majorado ou uma multa passaria a incidir em benefício da parte afetada.
- Uma vez que as partes concordem com a ocorrência do evento, seus impactos e mecanismo (moeda) de recomposição, a Administração deve publicar um aviso contendo a descrição do evento, a norma que disciplina seu enquadramento como sendo evento de desequilíbrio, seus impactos econômicos, em valor presente, conforme os critérios fixados pelo contrato, e o mecanismo de recomposição adotado, indicando sua respectiva previsão legal ou contratual.
- A partir de determinado valor previsto para o aditivo (ou de um percentual sobre o valor do contrato original), a Administração deve apresentar em consulta pública os estudos econômicos relativos ao evento de desequilíbrio e ao consequente reequilíbrio, bem como a minuta do termo aditivo.
- Em caso de divergência entre as partes, cumpridas as etapas descritas acima, a moeda usada para reequilibrar o contrato poderá ser escolhida unilateralmente pela parte obrigada a recompor a outra.

Bibliografia

CÂMARA, Jacintho Arruda, e SUNDFELD, Carlos Ari. "O aditamento de contratos administrativos e as Leis de Diretrizes Orçamentárias". In: SUNDFELD, Carlos Ari (org.). *Contratações Públicas e seu Controle*. São Paulo, Malheiros Editores, 2013.

CÂMARA, Jacintho Arruda, SOUZA, Rodrigo Pagani de, e SUNDFELD, Carlos Ari. "Concessão de serviço público: limites, condições e consequências da ampliação dos encargos da concessionária". In: OLIVEIRA, Farlei Martins Riccio de (coord.). *Direito Administrativo Brasil-Argentina, Estudo em Homenagem a Agustín Gordillo*. Belo Horizonte, Del Rey, 2007.

MENEZES DE ALMEIDA, Fernando Dias. *Contrato Administrativo*. São Paulo, Quartier Latin, 2012.

SOUZA, Rodrigo Pagani de, CÂMARA, Jacintho Arruda, e SUNDFELD, Carlos Ari. "Concessão de serviço público: limites, condições e consequências da ampliação dos encargos da concessionária". In: OLIVEIRA, Farlei Martins Riccio de (coord.). *Direito Administrativo Brasil-Argentina, Estudo em Homenagem a Agustín Gordillo.* Belo Horizonte, Del Rey, 2007.

SUNDFELD, Carlos Ari. *Licitação e Contrato Administrativo – De Acordo com as Leis 8.666/1993 e 8.883/1994.* 2ª ed., São Paulo, Malheiros Editores, 1995.

SUNDFELD, Carlos Ari, CÂMARA, Jacintho Arruda, e SOUZA, Rodrigo Pagani de. "Concessão de serviço público: limites, condições e consequências da ampliação dos encargos da concessionária". In: OLIVEIRA, Farlei Martins Riccio de (coord.). *Direito Administrativo Brasil-Argentina, Estudo em Homenagem a Agustín Gordillo.* Belo Horizonte, Del Rey, 2007.

SUNDFELD, Carlos Ari, e CÂMARA, Jacintho Arruda. "O aditamento de contratos administrativos e as Leis de Diretrizes Orçamentárias". In: SUNDFELD, Carlos Ari (org.). *Contratações Públicas e seu Controle.* São Paulo, Malheiros Editores, 2013.

SUNDFELD, Carlos Ari (org.). *Contratações Públicas e seu Controle.* São Paulo, Malheiros Editores, 2013.

Capítulo 13
AS MODIFICAÇÕES NO SETOR DE ENERGIA ELÉTRICA E OS CONTRATOS DE CONCESSÃO

Dinorá Adelaide Musetti Grotti
Cristiana Maria Melhado Araujo Lima

13.1 Considerações preliminares. 13.2 O Novo Modelo. 13.3 Novíssimo Modelo do setor energético: 13.3.1 Vício formal na edição das medidas provisórias – 13.3.2 Regime de intervenção estabelecido pela Lei 12.767/2012 – 13.3.3 Prorrogações e concessões. Principais modificações realizadas pela Lei 12.783/2013: 13.3.3.1 Objetivo da reforma – 13.3.3.2 Renovação das concessões: condições gerais e específicas – 13.3.3.3 Contratos vigentes com cláusula de prorrogação – 13.3.3.4 Remuneração: tarifa – 13.3.3.5 Indenização: critérios. 13.4 Conclusão.

13.1 Considerações preliminares

O setor de energia elétrica está a merecer uma reflexão por parte da doutrina nacional, em face das mudanças implementadas através da Medida Provisória 577, de 29.8.2012, convertida na Lei 12.767, de 27.12.2012, e da Medida Provisória 579, de 11.9.2012,[1] convertida na Lei 12.783, de 11.1.2013, alterada pela Lei 12.844, de 19.7.2013.

Embora editadas em datas próximas, referidas medidas estão voltadas a questões distintas. A primeira – Medida Provisória 577, de 29.8.2012, convertida na Lei 12.767, de 27.12.2012 – disciplina a extinção das concessões de serviço público de energia elétrica, a pres-

---

1. A Medida Provisória 591, de 29.11.2012, editada com a finalidade de alterar a Medida Provisória 579/2012, teve sua vigência encerrada em 9.5.2012, através do Ato 30/2013 do Presidente da Mesa do Congresso Nacional.

tação temporária do serviço e a intervenção administrativa para adequação do serviço público em questão. Já, a Medida Provisória 579, de 11.9.2012, convertida na Lei 12.783, de 11.1.2013, regulamentada pelo Decreto 7.891, de 24.1.2013, e alterada pela Lei 12.844, de 19.7.2013, dispõe sobre as concessões de geração, transmissão e distribuição de energia elétrica, a redução dos encargos setoriais e a modicidade tarifária.

A reforma de forma gradual e fragmentada não é novidade para o setor. Se não, vejamos.

Até meados do século passado os investimentos no setor de energia elétrica brasileira foram quase todos efetuados pela iniciativa privada, que dele acabou se afastando à medida que o Governo foi aumentando substancialmente os controles sobre essa atividade, inclusive pondo em prática políticas de contenção tarifária. O modelo privado foi, então, cedendo lugar ao avanço estatal em dois níveis: de um lado, a União, criando grandes empresas geradoras, e, de outro lado, os Governos Estaduais, através da criação de empresas distribuidoras. Esse novo modelo setorial, complementado pela criação da ELETROBRAS,[2] predominou até o processo de privatização, iniciado em 1995.

Antes da reforma praticamente todos os segmentos do setor elétrico eram públicos (federal e estadual, no caso de geração e transmissão; estadual e municipal, no caso de distribuição e comercialização), sendo que uma parcela ínfima dos ativos de geração e/ou distribuição era explorada por pequenas empresas privadas de âmbito municipal.

Esse modelo, que foi bem-sucedido, ao longo da década de 1980 começou a acusar sinais de fadiga, principalmente por ter sido estruturado na forte dependência de recursos subsidiados e/ou vinculados e de recursos a fundo perdido – o que provocou a concepção e a implementação de um novo modelo jurídico-institucional, através da execução do amplo Projeto de Reestruturação do Setor Elétrico Nacional, conhecido como Projeto RE-SEB,[3] inspirado no modelo inglês.

2. A Lei 3.890-A, de 25.4.1961, autorizou o Governo Federal a proceder à constituição da ELETROBRAS, cuja regulamentação foi efetuada pelo Decreto 1.178/1962.
3. David Waltenberg, "O direito da energia elétrica e a ANEEL", in Carlos Ari Sundfeld (coord.), *Direito Administrativo Econômico*, 1ª ed., 3ª tir., São Paulo, Malheiros Editores, 2006, p. 353.

A Constituição Federal de 1988 foi de singular importância para o setor energético, sinalizando um estímulo às concessões do serviço público de energia elétrica. Assim, determinou em seu art. 21, XII, "b",[4] que compete à União "explorar, diretamente ou mediante autorização, concessão ou permissão, os serviços e instalações de energia elétrica e o aproveitamento energético dos cursos de água, em articulação com os Estados onde se situam os potenciais hidroenergéticos". Paralela à competência administrativa, a Magna Carta também conferiu competência legislativa exclusiva para a União legislar sobre energia (art. 22, IV), repartindo, porém, às demais pessoas políticas a competência administrativa para "registrar, acompanhar e fiscalizar as concessões de direitos de pesquisa e exploração de recursos hídricos e minerais em seus territórios" (art. 23, XI). Consagra, ainda, que "os potenciais de energia hidráulica constituem propriedade distinta da do solo, para efeito de exploração ou aproveitamento, e pertencem à União" – na forma do art. 176 da Lei Maior.

O primeiro corte ao regime anterior pode ser observado com a edição da Lei 8.631/1993, que extinguiu o regime dantes existente de equalização tarifária. Posteriormente, as Leis 8.987/1995 e 9.074/1995 fixaram, respectivamente, as regras gerais de concessão e as aplicáveis à renovação das concessões no setor elétrico. A Lei 8.987, de 13.2.1995, viabilizou a remuneração por teto de preço, em lugar de apenas por custo do serviço. A Lei 9.074, de 7.7.1995, preceituou que as concessões do setor elétrico deveriam considerar separadamente os custos de geração, transmissão e distribuição de eletricidade, devendo a tarifa de suprimento individualizar a remuneração da geração e da transmissão.

O regime geral das Leis 8.987/1995 e 9.074/1995 foi complementado e alterado para o âmbito da energia elétrica com a edição da Lei 9.427, de 26.12.1996,[5] que instituiu a Agência Nacional de Energia

---

4. Em face do art. 21, XXIII, o regime do art. 21, XII, da CF de 1988 não se aplica aos serviços e instalações nucleares, pois a exploração desses serviços é privativa da União. Portanto, Marçal Justen Filho registra que o dimensionamento da potência energética não é critério para conduzir à autorização (*Concessões de Serviços Públicos: Comentários às Leis 8.987 e 9.074, de 1995*, São Paulo, Dialética, 1997, p. 410).

5. A lei 9.427/1996 hoje vigora com as modificações introduzidas pelas Leis 9.648 e 9.649, ambas de 27.5.1998, 9.986, de 18.7.2000, 10.438, de 26.4.2002, 10.762, de 11.11.2003, 10.848, de 15.3.2004, 11.488, de 15.6.2007, 12.111, de 9.12.2009, e 12.783, de 11.1.2013.

Elétrica/ANEEL[6] e estabeleceu que a exploração dos serviços e instalações de energia elétrica compreende as atividades de produção, transmissão, distribuição e comercialização, cada qual com um tipo específico de regulação, podendo ser realizada por prestadores diferentes (art. 2º).

No que tange à primeira fase – da geração, também chamada de produção, que é o processo pelo qual se obtém a transformação de outras formas de energia em energia elétrica (art. 3º do Decreto 41.019, de 26.2.1957) –, existem hoje no Brasil três regimes legais de produção de energia elétrica: dois mais tradicionais, precedentes ao próprio Código de Águas de 1934, que são o regime de serviço público, voltado ao atendimento do público em geral, da comunidade, de toda a sociedade, e o regime de autoprodução, que visa ao autoconsumo pelo particular das utilidades que produzir, ou seja, utilizar energia elétrica para finalidades próprias, geralmente em atividades industriais.[7] O terceiro regime – o da produção independente de energia

6. O Decreto 2.335, de 6.10.1997, alterado pelo Decreto 4.111, de 1.2.2002, constitui a ANEEL e aprova sua estrutura regimental.
7. A Lei 9.074/1995 distingue, nos arts. 5º e 7º, hipóteses de concessão e de autorização no âmbito de geração de energia elétrica. A distinção funda-se em critérios de destinação da energia, de dimensão da capacidade produtiva e de fonte de produção. Estatuem referidos dispositivos:
"Art. 5º. São objeto de concessão, mediante licitação: I – o aproveitamento de potenciais hidráulicos de potência superior a 1.000 kW e a implantação de usinas termelétricas de potência superior a 5.000 kW, destinados à execução de serviço público; II – o aproveitamento de potenciais hidráulicos de potência superior a 1.000 kW, destinados à produção independente de energia elétrica; III – de uso de bem público, o aproveitamento de potenciais hidráulicos de potência superior a 10.000 kW, destinados ao uso exclusivo de autoprodutor, resguardado direito adquirido relativo às concessões existentes.
"§ 1º. Nas licitações previstas neste e no artigo seguinte, o poder concedente deverá especificar as finalidades do aproveitamento ou da implantação das usinas.
"§ 2º. Nenhum aproveitamento hidrelétrico poderá ser licitado sem a definição do 'aproveitamento ótimo' pelo poder concedente, podendo ser atribuída ao licitante vencedor a responsabilidade pelo desenvolvimento dos projetos básico e executivo.
"§ 3º. Considera-se 'aproveitamento ótimo' todo potencial definido em sua concepção global pelo melhor eixo do barramento, arranjo físico geral, níveis d'água operativos, reservatório e potência, integrante da alternativa escolhida para divisão de quedas de uma bacia hidrográfica."
"Art. 7º. São objeto de autorização: I – a implantação de usinas termelétricas, de potência superior a 5.000 kW, destinada a uso exclusivo do autoprodutor; II – o aproveitamento de potenciais hidráulicos de potência superior a 1.000 kW e igual ou inferior a 10.000 kW, destinados a uso exclusivo do autoprodutor."

elétrica – é mais recente, tendo sido introduzido no sistema jurídico brasileiro pela Lei 9.074, de 7.7.1995 (art. 6º). O produtor independente[8] tem regras próprias e pode produzir energia elétrica para consumo próprio ou para comercializar, por sua conta e risco.

O art. 11 desse diploma legal, ao definir o produtor independente, prevê a coexistência de dois tipos diferentes de regimes jurídicos para

8. Estatuem os arts. 6º, 11 e 12 da Lei 9.074/1995:
"Art. 6º. As usinas termelétricas destinadas à produção independente poderão ser objeto de concessão mediante licitação ou autorização".
"Art. 11. Considera-se produtor independente de energia elétrica a pessoa jurídica ou empresas reunidas em consórcio que recebam concessão ou autorização do poder concedente, para produzir energia elétrica destinada ao comércio de toda ou parte da energia produzida, por sua conta e risco.
"Parágrafo único. O produtor independente de energia elétrica estará sujeito às regras de comercialização regulada ou livre, atendido ao disposto nesta Lei, na legislação em vigor e no contrato de concessão ou no ato de autorização, sendo-lhe assegurado o direito de acesso à rede das concessionárias e permissionárias do serviço público de distribuição e das concessionárias do serviço público de transmissão" (redação dada pela Lei 11.943/2009).
"Art. 12. A venda de energia elétrica por produtor independente poderá ser feita para: I – concessionário de serviço público de energia elétrica; II – consumidor de energia elétrica, nas condições estabelecidas nos arts. 15 e 16; III – consumidores de energia elétrica integrantes de complexo industrial ou comercial, aos quais o produtor independente também forneça vapor oriundo de processo de cogeração; IV – conjunto de consumidores de energia elétrica, independentemente de tensão e carga, nas condições previamente ajustadas com o concessionário local de distribuição; V – qualquer consumidor que demonstre ao poder concedente não ter o concessionário local lhe assegurado o fornecimento no prazo de até 180 (cento e oitenta) dias contado da respectiva solicitação.
"Parágrafo único. A comercialização na forma prevista nos incisos I, IV e V do *caput* deste artigo deverá ser exercida de acordo com critérios gerais fixados pelo poder concedente" (redação dada pela Lei 10.848/2004).
O Decreto 2.003, de 10.9.1996, regulamenta a produção de energia elétrica por produtor independente e por autoprodutor. Luiz Alberto Blanchet considera inconstitucional o comando alternativo da norma existente no art. 6º da Lei 9.074/1995 se o produtor independente destinar à venda a energia a ser produzida, ainda que apenas parcialmente, na forma e condições previstas no art. 12 (*Concessão de Serviços Públicos: Comentários à Lei 8.987, de 13.2.1995, e à Lei 9.704, de 7.7.1995, com as Inovações da Lei 9.427, de 27.12.1996, e da Lei 9.648, de 27.5.1998*, 2ª ed., Curitiba, Juruá, 2000, p. 209). Marçal Justen Filho entende que pode ser reconhecida a constitucionalidade do dispositivo na medida em que se admita tratar-se de modalidade especial de concessão, com cunho complementar das concessões propriamente ditas (*Concessões de Serviços Públicos: Comentários às Leis 8.987 e 9.074, de 1995*, cit., p. 414).

a prestação do mesmo serviço. Um é serviço público, prestado por meio de concessão, e, consequentemente, com todas as obrigações que deste regime se originam, quando pressupõe o aproveitamento de potencial hidráulico (art. 13); o outro, nos demais casos, é a autorização, (arts. 5º a 7º), atividade privada, submetida ao princípio da livre iniciativa, exigindo apenas uma concessão de uso de bem público para aproveitamento do potencial hidráulico, a partir do qual produzirá energia elétrica.

Além da concessão e da autorização, existe uma outra forma de titulação, sem apelido legal próprio, mas que, em função do tratamento que a legislação lhe confere, pode ser denominada de "comunicação", aplicável aos aproveitamentos de pequeno porte, que, por disposição constitucional (art. 176, § 4º), dispensam concessão, permissão ou autorização, bastando que o empreendedor comunique a exploração desse tipo de potencial ao poder concedente.[9]

A doutrina questiona a constitucionalidade da figura do produtor independente à luz do art. 175 da CF.[10]

Além da controvérsia quanto à natureza jurídica do produtor independente de energia, os doutrinadores também divergem sobre a natureza da atividade de geração em si: serviço público ou atividade econômica *stricto sensu*, ainda que regulamentada.

José Calazans Jr. salienta ser a geração de energia elétrica atividade econômica em sentido estrito, justamente em razão da conceituação da figura do produtor independente de energia constante da Lei 9.074/1995. E destaca:

> De fato, ao conceituar o produtor independente como aquele que produz energia elétrica destinada ao comércio, "por sua conta e risco", sujeitando-o, apenas a "regras operacionais e comerciais próprias", a lei estabeleceu níti-

9. V. art. 8º da Lei 9.074/1995 e art. 5º do Decreto 2.003/1996.
10. Luiz Alberto Blanchet considera inconstitucional o comando alternativo da norma existente no art. 6º da Lei 9.074/1995 se o produtor independente destinar à venda a energia a ser produzida, ainda que apenas parcialmente, na forma e condições previstas no art. 12 (*Concessão de Serviços Públicos: Comentários à Lei 8.987, de 13.2.1995, e à Lei 9.704, de 7.7.1995, com as Inovações da Lei 9.427, de 27.12.1996, e da Lei 9.648, de 27.5.1998*, cit., 2ª ed., p. 209). Marçal Justen Filho entende que pode ser reconhecida a constitucionalidade do dispositivo na medida em que se admita tratar-se de modalidade especial de concessão, com cunho complementar das concessões propriamente ditas (*Concessões de Serviços Públicos: Comentários às Leis 8.987 e 9.074, de 1995*, cit., p. 414).

da distinção entre a atuação desse novo agente setorial e os outros figurantes da exploração de serviços e instalações de energia elétrica.[11]

Na mesma linha, sustenta Maria Aparecida Seabra Fagundes que a geração constitui atividade econômica, na medida em que a norma previu a figura do produtor independente, que não opera sob regime de permissão ou concessão, dando margem ao surgimento dos "consumidores livres" e pondo fim à exclusividade de fornecimento até então atribuída às distribuidoras. Anota, ainda, a autora que o tratamento a ser auferido à geração deve ser o mesmo de uma indústria, justamente a fim de romper o monopólio dos distribuidores e ensejando o surgimento de múltiplos geradores.[12]

Similar é a posição externada por Vitor Rhein Schirato ao registrar que é possível depreender do modelo adotado pela Lei 9.074/1995 a exclusão do regime jurídico de serviço público para a atividade de geração, tendo a lei realizado duas alterações substanciais: a sujeição ao regime de autorização e a adoção do instrumento da concessão de uso de bem público para franquear o aproveitamento hidráulico.[13]

Em sentido oposto, Clóvis Volpe Filho e Maria Amália Alvarenga entendem que a energia elétrica é "serviço público essencial, que não pode ser conceituada, analisada e tratada em partes distintas, como institui o Novo Modelo. Ao tratar a geração de forma diferenciada, permitindo que seja explorada no âmbito mercantil, o Estado está retirando a energia elétrica da égide do art. 175 da CF, que regula os serviços públicos, e colocando sob os holofotes do art. 173 deste mesmo diploma, que rege a exploração de atividades mercantis (...). A atual estrutura prevê o tratamento da geração como atividade industrial, ou seja, como serviço não público. Isto nada mais é do que a implantação de um ponto de vista comercial no setor elétrico, sendo a energia considerada uma *commodity* (mercadoria, artigo para venda), oferecida em um mercado competitivo".[14]

11. José Calazans Jr., *Direito da Energia Elétrica: Estudos e Pareceres*, Rio de Janeiro, Synergia, 2013, pp. 10-11.
12. Maria Aparecida Almeida Pinto Seabra Fagundes, "Os novos rumos do direito da eletricidade", *RDA* 224/15, Rio de Janeiro, 2001.
13. Vitor Rhein Schirato, "Geração de energia elétrica no Brasil: 15 anos fora do regime de serviço público", *Revista de Direito Público da Economia/RDPE* 31/150-151, Belo Horizonte, julho-setembro/2010.
14. Clóvis Alberto Volpe Filho e Maria Amália Figueiredo Pereira Alvarenga, *Setor Elétrico: Aspectos Jurídicos Relevantes*, Curitiba, Juruá, 2004, p. 59.

Maria João Pereira Rolim também inclui a modalidade de geração na categoria de serviços públicos, tendo em conta: (i) a essencialidade do bem; (ii) o fato de a exploração dos serviços e instalações de energia elétrica e o aproveitamento energético dos cursos d'água serem serviços públicos de competência da União, com regime jurídico próprio (art. 21, XII, "b", da CF de 1988); (iii) seu inequívoco objetivo de atender à coletividade, ainda que de forma indireta quando destinada ao uso privado; (iv) mesmo quando explorada com intuito comercial, a previsão constitucional da exploração do serviço de energia elétrica requer uma submissão a todos os aspectos próprios do regime dos serviços públicos.[15]

Por sua vez, Alexandre Santos de Aragão entende que a natureza jurídica da geração de energia elétrica dependerá de seu título habilitador – "numa demonstração de uma assimetria regulatória que o legislador, com base na discricionariedade que o art. 21 da CF lhe dá" – quando se refere ao instituto da autorização, conjuntamente aos meios típicos de delegação de serviços públicos, concessão e permissão. Em muitos setores observam-se "diferentes regimes jurídicos para atividades dentro do mesmo setor, sempre visando a impor uma maior ingerência estatal apenas quando estritamente necessário. Trata-se resumidamente de um desmembramento do setor que visa a permitir que a concorrência se instaure ao menos em uma de suas fases".[16]

A par dessas discussões, em síntese, existem três regimes de geração: a concessão de serviço público, a autoprodução e a produção independente.

Convém observar que hoje, no Brasil, a geração de energia elétrica é legalmente caracterizada como sendo atividade competitiva, em que os geradores têm que buscar sua colocação no mercado pelo melhor preço.

A transmissão – que consiste no "transporte de energia do sistema produtor às subestações distribuidoras, ou na interligação de dois ou mais sistemas geradores" (art. 4º do Decreto 41.019/1957) –, via de

---

15. Maria João Pereira Rolim, *Direito Econômico da Energia Elétrica*, Rio de Janeiro, Forense, 2002, pp. 155-157.
16. Alexandre Santos de Aragão, "Natureza jurídica da geração de energia elétrica", in Fábio Amorim da Rocha (coord.), *Temas Relevantes no Direito de Energia Elétrica*, t. II, Rio de Janeiro, Synergia, 2013, p. 48.

regra, está submetida ao regime de serviço público, mediante concessão (art. 6º do Decreto 2.655, de 2.6.1998, alterado pelo Decreto 6.460, de 19.5.2008). Escapam desse tratamento somente os pequenos trechos de transmissão, que, de um lado, interconectam as usinas à rede básica e, de outro, conectam a rede básica aos sistemas de distribuição; esses trechos de transmissão são considerados de interesse restrito da respectiva geração ou distribuição, e sua exploração é tida como integrada à correspondente concessão, permissão ou autorização.

Assim, com relação à transmissão, a Lei 9.074/1995, com alteração das Leis 11.943, de 28.5.2009, e 12.111, de 9.12.2009, em seu art. 17, dividiu as instalações em quatro categorias: (i) as da rede básica dos sistemas interligados, (ii) as de âmbito próprio da concessionária de distribuição, (iii) as de interesse restrito das centrais de geração e (iv) as destinadas a interligações internacionais. "As primeiras são objeto de concessão, mediante licitação, na modalidade concorrência ou de leilão, ao passo que as demais são consideradas parte integrante da concessão de distribuição ou da concessão, autorização ou permissão de geração. No caso das destinadas a interligações internacionais e conectadas à rede básica, serão objeto de concessão de serviço público de transmissão, mediante licitação na modalidade de concorrência ou leilão, devendo ser precedidas de tratado internacional."[17]

Na concepção do Novo Modelo setorial, a transmissão tem como característica a neutralidade, não devendo ser atividade comercial, nem competitiva. Para garantir sua neutralidade, a empresa só executa a transmissão da energia elétrica, de modo a não prejudicar e não interferir na competição realizada nos segmentos de geração e de comercialização, sendo as tarifas cobradas reguladas e fixadas pela Agência Nacional de Energia Elétrica/ANEEL.

Necessário, em tempo, diferenciar o contrato entre a empresa transmissora de energia e a União daqueles celebrados entre as transmissoras e os usuários e entre transmissoras e o Operador Nacional do Sistema Elétrico/ONS.

O primeiro, contrato de concessão, possui características próprias de um contrato administrativo, diversamente dos demais.

17. Alexandre Santos de Aragão, *Direito dos Serviços Públicos*, 3ª ed., Rio de Janeiro, Forense, 2013, p. 268.

O segundo denomina-se Contrato de Uso do Sistema de Transmissão/CUST, e o último, Contrato de Prestação de Serviços de Transmissão/CPST, onde se verifica a presença, como cláusula principal, da outorga de procuração pela transmissora à Operadora Nacional do Sistema/ONS, a fim de que esta assine os CUSTs com os usuários, em nome das concessionárias.

Os contratos de concessão de transmissão existentes podem ser divididos em três tipos: (i) concessões não licitadas (rede básica); (ii) concessões licitadas entre 1999 e 2005; (iii) concessões licitadas após 2005.

O prazo de outorga previsto para as concessões de transmissão de energia elétrica é de 30 anos. Existe liberdade à concessionária para a direção dos negócios, realização de investimentos e gestão de pessoal e material, devendo obediência às normas e comandos da ONS, assim como a todas as normas setoriais aplicáveis à atividade.

A importância do setor elétrico, pela presença indubitável de interesse público, justifica uma interferência do Estado em todas as fases de sua cadeia sistemática, em menor ou maior intensidade.

Quanto à distribuição, na formulação do art. 5º do Decreto 41.019/1957, expedida quando ainda não havia sido isolada a categoria "comercializador", o distribuidor tinha como traço distintivo ser o único fornecedor de energia para o consumidor – com exceções irrelevantes. Referido serviço constitui-se na construção de redes de alta e baixa tensão que, recebendo a energia das redes de transmissão – em alta tensão –, disponibiliza-a ao consumidor, em tensão reduzida. O distribuidor é o detentor das redes nas quais os consumidores estão conectados e também o fornecedor obrigatório para um certo tipo de consumidor (o consumidor cativo). O distribuidor coloca-se entre a transmissão e o consumo.

Enquanto a rede de transmissão serve para transportar energia, partindo da usina geradora, a rede de distribuição caracteriza-se como o segmento do setor elétrico dedicado à entrega de energia elétrica para um usuário final. Como regra geral, o sistema de distribuição pode ser considerado como o conjunto de instalações e equipamentos elétricos que operam, geralmente, em tensões inferiores a 230 kW, incluindo os sistemas de baixa tensão.[18]

---

18. Informa Alexandre Santos de Aragão que "a distinção entre a transmissão e a distribuição de energia elétrica (...) é baseada no nível de tensão e não em sua função

Existem hoje no Brasil três tipos de titulação na distribuição. A primeira é o serviço público, executado mediante concessão (art. 8º do Decreto 2.655/1998). Teoricamente, a distribuição, assim como a transmissão, é tida como atividade neutra, não competitiva. Entretanto, foi prevista a possibilidade de uma mesma empresa comercializar e distribuir energia – o que, em última análise, prejudica a neutralidade conceitual desse segmento.

A energia elétrica é fornecida pelas concessionárias de serviço público de distribuição tanto para os consumidores cativos (vinculados à concessionária que atende seu endereço), quanto para os consumidores livres (com direito a escolher seu fornecedor).

Os dois outros tipos de regime de titulação na distribuição são: o serviço privado, explorado através de autorização de distribuição de energia elétrica, dada à cooperativa de eletrificação rural, restrita ao atendimento de seus cooperados, e a permissão para serviço público de distribuição de energia elétrica, dada às cooperativas que atendem a público indistinto.

As várias transformações a que o modelo do setor de energia foi submetido influenciaram a configuração do regime da comercialização da energia elétrica como atividade autônoma e sujeita a regime competitivo,[19] iniciado com a Lei 9.648, de 27.5.1998, fruto de seu desmembramento da atividade de distribuição, que ficou com as instalações físico-elétricas, enquanto as atividades de venda da energia

no sistema: todos os ativos com nível de tensão igual ou superior a 230 kW são definidos como ativos de transmissão da rede básica. Em outras palavras, leigamente se poderia dizer que a transmissão visa a entregar grandes quantidades de energia a indivíduos (geralmente empresas) determinados, que na maioria das vezes se utilizam da energia como insumo da sua atividade principal, que pode ou não ser outra espécie de atividade do setor elétrico. O sistema de transmissão, composto por linhas e subestações, liga as fontes de geração aos centros de carga. A configuração do sistema brasileiro, com predominância de hidrelétricas de grande porte situadas a grandes distâncias dos pontos de concentração do consumo, exige um sistema de transmissão de alta complexidade, que tem que ser especialmente robusto para suportar as inevitáveis contingências (*Direito dos Serviços Públicos*, cit., 3ª ed., p. 269, nota 34).

19. O Decreto 2.655, de 2.7.1998, dispõe, em seu art. 2º: "As atividades de geração e de comercialização de energia elétrica, inclusive sua importação e exportação, deverão ser exercidas em caráter competitivo, assegurado aos agentes econômicos interessados livre acesso aos sistemas de transmissão e distribuição, mediante o pagamento dos encargos correspondentes e nas condições gerais estabelecidas pela ANEEL".

passaram a poder ser exercidas também por outros agentes.[20] Tanto a atividade de geração quanto a de distribuição compreendem a comercialização (art. 10 do Decreto 2.655/1998),[21] que corresponde à venda de energia ao público consumidor. A venda de energia elétrica e sua livre comercialização podem ser feitas por qualquer um dos geradores (de serviço público, de produção independente e de autoprodução).

O importador e o exportador de energia elétrica bem como os concessionários e permissionários de distribuição podem comercializá-la. Em todos esses casos, as respectivas concessões, permissões ou autorizações compreendem a qualificação para comercialização (art. 10 do Decreto 2.655/1998).

Diante deste novo plexo normativo, com o fim de melhor regulamentar e trazer segurança ao sistema, novas entidades foram criadas, dentre as quais a Agência Nacional de Energia Elétrica/ANEEL, que é o órgão regulador e fiscalizador, o Mercado Atacadista de Energia Elétrica/MAE (com pulverização de geradores e distribuidores) e o Operador Nacional do Sistema Elétrico/ONS, pessoa jurídica de direito privado, sob a forma de associação civil, que atua mediante autorização e fiscalização da ANEEL, com atribuição de planejamento e programação da operação, pleno despacho centralizado da geração, contratação e administração de serviços de transmissão de energia elétrica e proposta de ampliações e reforço das instalações de transmissão da rede básica.

O Operador Nacional do Sistema Elétrico/ONS foi instituído pela Lei 9.648/1998, regulamentada pelo Decreto 2.655/1998 e com funcionamento autorizado pela Resolução ANEEL-351, de 11.11.1998, alterada pelas Resoluções ANEEL-112, de 19.4.2000, e 772, de 19.12.2006. O Mercado Atacadista de Energia Elétrica/MAE foi previsto no art. 12 da Lei 9.648/1998, regulamentado pelo Decreto 2.655/1998, alterado

---

20. David Waltenberg, "O direito da energia elétrica e a ANEEL", cit., in Carlos Ari Sundfeld (coord.), *Direito Administrativo Econômico*, 1ª ed., 3ª tir., p. 368.

21. Decreto 2.655/1998:
"Art. 10. As concessões, permissões ou autorizações para geração, distribuição, importação e exportação de energia elétrica compreendem a comercialização correspondente.
"Parágrafo único. A comercialização de energia elétrica será feita em bases livremente ajustadas entre as partes, ou, quando for o caso, mediante tarifas homologadas pela ANEEL."

pelo Decreto 3.653, de 7.11.2000, e instituído mediante acordo do MAE (firmado em 26.9.1998), homologado pela ANEEL,[22] não sendo dotado de personalidade jurídica. Devia funcionar como uma espécie de bolsa de energia, autorregulada, concentrando transações e criando condições para o aprimoramento das regras de competição, sendo o chamado mercado-*spot* de energia.

O arcabouço regulatório-normativo inicialmente previsto foi revisto em 2001/2002, período em que o País vivenciou uma grave crise de racionamento de energia elétrica, que afetou a comercialização de energia. Em decorrência deste fato, através da Medida Provisória 2.198-5, de 24.8.2001, foi instituída a Câmara de Gestão da Crise de Energia Elétrica/GCE que, por sua vez, através da Resolução GCE-18, de 22.6.2001, criou o Comitê de Revitalização,[23] com a missão de encaminhar propostas para corrigir as disfuncionalidades correntes, pautando-se na busca de soluções que preservassem os pilares básicos de funcionamento do modelo do setor, a saber: competição nos segmentos de geração e comercialização de energia elétrica, expansão dos investimentos com base em aportes do setor privado e regulação dos segmentos que são monopólios naturais – transmissão e distribuição de energia elétrica.[24]

Pelo Decreto 4.261, de 6.6.2002, alterado pelo Decreto 4.407, de 3.10.2002, a GCE foi extinta, cabendo à Câmara de Gestão do Setor Elétrico/CGSE, integrante do Conselho Nacional de Política Energética/CNPE, dar seguimento aos trabalhos e estudos em andamento, e o Comitê de Revitalização ficou subordinado à CGSE, integrante do CNPE.

Findo o racionamento, a Lei 10.433, de 24.4.2002, revogou o art. 12 da Lei 9.648/1998 e autorizou a criação do MAE, como pessoa jurídica de direito privado, sem fins lucrativos, submetido A autoriza-

22. Através da Resolução 290, de 3.8.2000, alterada pelas Resoluções 446, de 22.8.2002, 293, de 4.12.2007, e 385, de 8.12.2009, a ANEEL, homologou as regras do MAE e fixou as diretrizes para sua implantação gradual.
23. Cf. Resolução GCE-18/2001, alterada pelas Resoluções GCE/PR- 99, de 15.1.2002, 112, de 31.1.2002, e 132, de 4.6.2002.
24. Nos Relatórios de Progresso do Comitê de Revitalização do Setor Elétrico 1, 2 e 3 foram propostas várias medidas abrangendo uma série de temas, dentre os quais o reforço dos mecanismos de mercado, o aperfeiçoamento da formação de preços, o estímulo à oferta e a reestruturação do MAE.

ção, regulamentação e fiscalização pela ANEEL, que tinha por finalidade viabilizar as transações de compra e venda de energia elétrica nos sistemas interligados, a ser integrado por titulares de concessão, permissão ou autorização e outros agentes, na forma da regulamentação, vinculados aos serviços e às instalações de energia elétrica. Foi, portanto, retirada a regulação do mercado e passada para o órgão regulador. O Acordo do Mercado foi substituído pela Convenção do MAE.[25] O MAE, nos termos do art. 5º da Lei 10.848/2004, foi sucedido pela Câmara de Comercialização de Energia Elétrica/CCEE.[26]

Um novo regime jurídico de comercialização da geração sob controle estatal por meio de leilões públicos foi previsto nos arts. 27 e 28 da Lei 10.438, de 26.4.2002, alterada pelas Leis 10.604, de 17.12.2002, e 10.848, de 15.3.2004. O art. 27, com a redação dada pela Lei 10.848/2004, estabeleceu as seguintes diretrizes para sua realização: os riscos hidrológicos ou de não cumprimento do contrato serão assumidos pela concessionária geradora vendedora da energia elétrica (§ 2º); o disposto nesse dispositivo não se aplica à Itaipu Binacional e à ELETRONUCLEAR (§ 3º); "a energia elétrica das concessionárias de geração de serviço público sob controle societário dos Estados será comercializada de forma a assegurar publicidade, transparência e igualdade de acesso aos interessados" (§ 4º); "as concessionárias de geração de que trata o *caput* poderão comercializar energia elétrica conforme regulamento a ser baixado pelo Poder Executivo nas seguintes formas: I – leilões exclusivos para consumidores finais ou por estes promovidos; II – aditamento dos contratos que estejam em vigor na data de publicação desta Lei, devendo a regulamentação estabelecer data-limite e período de transição para a vigência deste

---

25. A Resolução ANEEL-73, de 8.2.2002, estabelece as normas, estrutura e forma de funcionamento para a transição no MAE do período de autorregulado para a regulamentação por parte da ANEEL; e a Resolução ANEEL-102, de 1.3.2002, institui a Convenção do Mercado Atacadista de Energia Elétrica, estabelecendo a estrutura e a forma de funcionamento do MAE.
26. A CCEE é uma entidade privada, sem fins lucrativos, e, embora criada para substituir o MAE, mantém muito da estrutura institucional dele: cinco conselheiros de administração, sendo o presidente nomeado pelo Ministério das Minas e Energia – Lei 10.848/2004 e Convenção de Comercialização, instituída pela Resolução ANEEL-109, de 29.10.2004 (Mariana Mota Prado, "O setor de energia elétrica", in Mário Gomes Schapiro (coord.), *Direito Econômico: Direito e Economia na Regulação Setorial*, São Paulo, Saraiva, 2009, nota 16, p. 22).

aditivo; e III – outra forma estabelecida na regulamentação" (§ 5º); as concessionárias e autorizadas de geração sob controle federal, estadual ou municipal poderão negociar energia (a) por meio de leilões previstos no art. 2º da Lei 10.604, de 17.12.2002, observado o disposto no art. 30 da Lei 10.848/2004, ou (b) leilões de ajuste previstos no § 3º do art. 2º da Lei 10.848/2004 (§ 6º); as concessionárias de geração de serviço público sob controle federal ou estadual, sob controle privado e os produtores independentes de energia poderão aditar, observados os critérios de prazo e montantes definidos em regulamentação específica, os contratos iniciais ou equivalentes que estejam em vigor na data de publicação desta Lei, não se aplicando, neste caso, o disposto no *caput* e no inciso II do art. 10 da Lei n. 9.648, de 7 de maio de 1998" (§ 7º). "A parcela de energia elétrica que não for comercializada nas formas previstas no art. 27 desta Lei poderá ser liquidada no mercado de curto prazo do CCEE" (art. 28).

Foi também criada a Comercializadora Brasileira de Energia Emergencial/CBEE, empresa pública vinculada ao Ministério de Minas e Energia, através do Decreto 3.900, de 29.8.2001, com as alterações produzidas pelo Decreto 5.571, de 29.8.2005, com o objetivo de aquisição, arrendamento e alienação de bens e direitos; celebração de contratos e prática de atos destinados à viabilização do aumento da capacidade de geração e da oferta de energia elétrica de qualquer fonte em curto prazo; e superação da crise de energia elétrica e reequilíbrio de oferta e demanda de energia elétrica – hoje extinta.[27]

13.2 O Novo Modelo

Significativas mudanças, que ficaram conhecidas como o *Novo Modelo*, foram feitas no desenho institucional do setor, culminando com a definição de uma nova regulação, definida pela Lei 10.848/2004 e, subsidiariamente, pela Lei 10.847/2004, sendo seus dispositivos regulamentados por diversos Decretos: 5.081, que reordena o funcionamento do ONS; 5.163, de 30.7.2004, que detalha as novas regras de comercialização de eletricidade; 5.175, de 9.8.2004, que cria o Comitê

---

27. Art. 4º do Estatuto Social da CBEE, anexo ao Decreto 3.900/2001: "A CBEE extinguir-se-á em 30 de junho de 2006, observado o disposto no art. 23 da Lei n. 8.029, de 12 de abril de 1990".

de Monitoramento do Setor Elétrico/CMSE; 5.177, de 12.8.2004, que dispõe sobre a organização, as atribuições e o funcionamento da CCEE; e 5.184, de 16.8.2004, que cria a Empresa de Pesquisa Energética/EPE – tendo sido estes atingidos por diversas alterações.

Uma das principais características desse modelo foi a implementação de uma estrutura mais centralizada, dando menos espaço para forças de mercado.[28] As premissas do Novo Modelo consistiam na forte regulação estatal e planejamento, aplicáveis a todos os agentes setoriais, fossem eles sujeitos a regime de serviço público ou exploradores de atividade privada.[29]

As principais alterações no modelo referem-se ao ambiente de competição e à remuneração dos geradores, e, consequentemente, à tarifa de suprimento das distribuidoras, abandonando-se a ideia de possibilitar a convergência da tarifa de suprimento para o custo marginal de expansão do sistema.[30]

No que tange à comercialização de energia elétrica, o Novo Modelo alterou significativamente as regras do mercado. Criaram-se dois ambientes de competição em relação à estrutura do mercado: (i) o Ambiente de Contratação Regulada/ACR, para as usinas de geração já existentes e para novas plantas de geração; e (ii) o Ambiente de Contratação Livre/ACL, para operações de compra e venda de energia elétrica reguladas por contratos bilaterais livremente negociados entre as partes.

De acordo com o Decreto 5.163, de 30.7.2004, art. 1º, § 2º, I, o ACR é o segmento do mercado no qual se realizam as operações de compra e venda de energia elétrica entre agentes vendedores e agentes de distribuição, precedidas de licitação, ressalvados os casos previstos em lei, conforme regras e procedimentos de comercialização específicos.

Esse ambiente, também conhecido como mercado cativo, apresenta regras de funcionamento e contratação mais rígidas do que as que regem o mercado livre. No ACR as concessionárias de distribuição – principais participantes – adquirem a energia elétrica por meio

---

28. Mariana Mota Prado, "O setor de energia elétrica", cit., in Mário Gomes Schapiro (coord.), *Direito Econômico: Direito e Economia na Regulação Setorial*, p. 21.

29. Vitor Rhein Schirato, "Geração de energia elétrica no Brasil: 15 anos fora do regime de serviço público", cit., *Revista de Direito Público da Economia/RDPE* 31/160.

30. Armando Castelar Pinheiro e Jairo Saddi, *Direito, Economia e Mercados*, Rio de Janeiro, Campus/Elsevier, 2005, p. 318.

de leilões regulados, passando a funcionar como um mercado competitivo intermediado por um "leiloeiro" – a ANEEL ou, por delegação desta, a CCEE (Lei 10.848/2004, art. 2º, § 11).

Para os empreendimentos existentes os leilões são realizados com um ano de antecedência (A-1), e para os novos empreendimentos com três ou cinco anos de antecedência (A-3 e A-5). Neste último caso, além da venda da energia elétrica, o agente recebe a outorga para a exploração da geração – concessão ou autorização – e também a licença ambiental prévia do empreendimento.

Nos leilões do ACR, "visando à redução do custo de aquisição da energia elétrica a ser repassada aos consumidores cativos", utiliza-se o critério de menor tarifa[31] oferecida pelos geradores,[32] "e os instrumentos contratuais resultantes das transações, os Contratos de Compra de Energia do Ambiente Regulado (CCEAR), são padronizados e veiculados nos próprios leilões".[33]

A duração desses contratos, prevista no Decreto 5.163, de 30.7.2004, entre 5 e 15 anos, iniciando-se o fornecimento no ano seguinte ao do leilão, foi alterada pelo Decreto 7.945/2013 para 1 e no máximo 15 anos, contados do início do suprimento de energia proveniente de empreendimentos existentes (art. 27, § 1º, II).

Ainda de acordo com o Decreto 5.163/2004, nesses contratos o distribuidor terá direito a reduzir a quantidade de energia contratada: (i) se algum consumidor seu que seja potencialmente livre trocar de fornecedor; (ii) em até 4% do valor originalmente contratado, em cada

31. Decreto 5.163, de 30.7.2004: "Art. 20. Os editais dos leilões previstos no art. 19 serão elaborados pela ANEEL, observadas as normas gerais de licitações e de concessões e as diretrizes do Ministério de Minas e Energia, e conterão, no que couber, o seguinte: (...); VII – indicadores, fórmulas e parâmetros a serem utilizados no julgamento das propostas, observado o critério de menor tarifa; (...)".
32. Esclarece Mariana Mota Prado que "tanto as geradoras de serviço público quanto os produtores independentes, os autoprodutores e os agentes comercializadores podem oferecer energia nos leilões" ("O setor de energia elétrica", cit., in Mário Gomes Schapiro (coord.), *Direito Econômico: Direito e Economia na Regulação Setorial*, pp. 22-23).
33. Gerusa de Souza Côrtes Magalhães, *Comercialização de Energia Elétrica no Ambiente de Contratação Livre: uma Análise Regulatório-Institucional a Partir dos Contratos de Compra e Venda de Energia Elétrica*, dissertação (Mestrado), São Paulo, Escola Politécnica/Faculdade de Economia, Administração e Contabilidade/ Instituto de Eletrotécnica e Energia/Instituto de Física, USP, 2009, p. 28.

ano, para acomodar variações de demanda, sendo todos os cortes definitivos (art. 29, I e II, respectivamente).[34]

Esse mecanismo – os leilões de energia nova –, desenhado especificamente para permitir a contratação de novos empreendimentos de geração, traz como grande vantagem para os novos empreendedores a oferta de contratos de longo prazo, indexados ao IPCA, que constituem recebíveis de qualidade, capazes de viabilizar o financiamento das novas plantas de geração.[35]

Assinala Mariana Mota Prado que, do ponto de vista econômico, o ACR é tido como um *pool* de compradores, na medida em que um grupo de distribuidores age como um comprador único no leilão de energia. Dentro do *pool*, as geradoras vencedoras do leilão firmam diversos CCEARs, um com cada distribuidora participante daquele leilão específico. Como consequência, as geradoras assumem menos riscos com relação ao retorno do capital investido, pois, ainda que uma das distribuidoras se torne inadimplente, é menos provável que todas elas o façam ao mesmo tempo.

"Isso deveria reduzir o preço dos contratos de compra e venda de energia, que, em geral, tem embutido o risco de descumprimento do contrato pela outra parte.

"Além disso, ao organizar a demanda por energia em forma de *pool* e fechar a compra com quem oferecer a tarifa mais barata, o sistema está preocupado em evitar abuso de poder de mercado e garantir a modicidade tarifária para o consumidor final. Como os leilões de energia influenciam o preço da tarifa paga pelos consumidores cativos,

---

34. Decreto 5.163/2002: "Art. 29. Os CCEARs decorrentes dos leilões de energia elétrica proveniente de empreendimentos existentes deverão prever a possibilidade de redução dos montantes contratados, a critério exclusivo do agente de distribuição, em razão: I – do exercício pelos consumidores potencialmente livres da opção de compra de energia elétrica proveniente de outro fornecedor; II – de outras variações de mercado, hipótese na qual poderá haver, em cada ano, redução de até 4% (quatro por cento) do montante inicial contratado, independentemente do prazo de vigência contratual, do início do suprimento e dos montantes efetivamente reduzidos nos anos anteriores; e (...)".

35. Nivalde José de Castro, Roberto Brandão e Guilherme A. Dantas, *Texto de Discussão do Setor Elétrico n. 13: Oportunidades de Comercialização de Bioeletricidade no Setor Elétrico Brasileiro* (disponível em *http://www.cogen.com.br/workshop/2009/Oportunidade_Comer_Bioeletric_22102009.pdf*, acesso em 19.10.2013).

que são aqueles servidos pelas distribuidoras sob um regime de monopólio natural, eles também servem para assegurar tarifas razoáveis."[36]

O Ambiente de Contratação Livre/ACL é definido pelo Decreto 5.163, de 30.7.2004, em seu art. 1º, § 2º, II como "o segmento do mercado no qual se realizam as operações de compra e venda de energia elétrica, objeto de contratos bilaterais livremente negociados, conforme regras e procedimentos de comercialização específicos".

Da análise da parte final desse dispositivo, salienta Gerusa de Souza Côrtes Magalhães que "a liberdade de comercializar não prescinde de regulação. Os agentes que atuam no ACL devem observar em seus contratos bilaterais as normas setoriais em vigor, inclusive a regulação específica, que indica o conteúdo mínimo desses instrumentos": montantes de energia elétrica e flexibilidades de uso da mesma,[37] prazos, preços e garantias financeiras.[38-39] Essas condições, em geral, estão presentes em Contratos de Compra e Venda de Energia Elétrica/ CCVEEs, os quais podem ser de curto, médio ou longo prazo.[40]

Estão autorizados a atuar no ACL os agentes concessionários, permissionários e autorizados de geração, comercializadores, importadores, exportadores de energia elétrica e consumidores livres (Decreto 5.163/2004, art. 27).

Consumidor livre é aquele que, atendido em qualquer tensão, tenha exercido a opção de compra de energia elétrica, conforme as condições previstas nos arts. 15 e 16 da Lei 9.074, de 7.7.1995 (Decreto

36. Mariana Mota Prado, "O setor de energia elétrica", cit., in Mário Gomes Schapiro (coord.), *Direito Econômico: Direito e Economia na Regulação Setorial*, p. 24.
37. As *flexibilidades* consistem em limites máximos e mínimos estabelecidos para o uso da energia elétrica contratada e permitem a melhor acomodação do contrato, tendo em vista as necessidades do comprador (Gerusa de Souza Côrtes Magalhães, *Comercialização de Energia Elétrica no Ambiente de Contratação Livre: uma Análise Regulatório-Institucional a Partir dos Contratos de Compra e Venda de Energia Elétrica*, cit., nota 20, p. 28).
38. Gerusa de Souza Côrtes Magalhães, *Comercialização de Energia Elétrica no Ambiente de Contratação Livre: uma Análise Regulatório-Institucional a Partir dos Contratos de Compra e Venda de Energia Elétrica*, cit., p. 32.
39. Decreto 5.163/2004, art. 47, parágrafo único, e Resolução ANEEL-109/2004 (Convenção de Comercialização da CCEE), art. 4º, § 3º.
40. Gerusa de Souza Côrtes Magalhães, *Comercialização de Energia Elétrica no Ambiente de Contratação Livre: uma Análise Regulatório-Institucional a Partir dos Contratos de Compra e Venda de Energia Elétrica*, cit., pp. 32 e 15.

5.163, de 30.7.2004, art. 1º, § 2º, X), possua demanda contratada igual ou maior que 3.000 kW e tensão acima de 69 kW, se conectado antes de 8.7.1995, e aquele com carga superior a 3.000 kW e atendido em qualquer tensão, se conectado após 8.7.1995 (arts. 15 e 16 da Lei 9.074/1995). Estes limites de carga e de tensão podem ser reduzidos, a critério do poder concedente.

Pode adquirir energia de qualquer fonte, incentivada e/ou convencional. A fonte incentivada advém de Pequenas Centrais Hidrelétricas, Usinas Térmicas de Biomassa, Eólicas e Solar até 50 MW. A fonte convencional inclui grandes usinas hidrelétricas ou termelétricas acima de 50 mW.

A opção para consumo livre deveria ser exercida com aviso prévio de até 36 meses. Se, por um lado, o consumidor pode romper o contrato de exclusividade de fornecimento com a concessionária, de outro, esse mesmo consumidor pode querer voltar a ser atendido mediante tarifa regulada, tornando-se novamente um consumidor cativo. Nesse caso, o retorno ocorrerá após um período de cinco anos a partir da data da solicitação, podendo esse prazo ser diminuído, a critério da distribuidora.[41] "O prazo do aviso prévio para ingresso no mercado livre foi reduzido para apenas 180 dias no caso excepcional de consumidores que pretendam utilizar em suas unidades industriais energia elétrica produzida por geração própria, em regime de autoprodução ou produção independente. A exceção foi válida até 31.12.2009 (Lei 10.848, de 15.3.2004)".[42]

Também está inserido no ACL o *consumidor especial*, que, conforme o disposto na Resolução ANEEL-247/2006, é o "consumidor responsável por unidade consumidora ou conjunto de unidades consumidoras do Grupo 'A', integrante(s) do mesmo submercado no Sistema Interligado Nacional/SIN, reunidas por comunhão de interesses de fato" (mesmo endereço) "ou de direito" (mesmo CNPJ), "cuja carga seja maior ou igual a 500 Kw" (art. 1º, § 1º, I) e atendido em qualquer

---

41. Art. 15, § 8º, da Lei 9.074/1995, incluído pela Lei 10.848/2004, e art. 52 do Decreto 5.163/2004.

42. Fernando Gomes Clímaco, *Gestão de Consumidores Livres de Energia Elétrica*, dissertação (Mestrado em Energia), São Paulo, USP, Escola Politécnica, Faculdade de Economia e Administração, Instituto de Eletrotécnica e Energia, Instituto de Física, 2010, p. 49 (disponível em *http://www.iee.usp.br/biblioteca/producao/2010/Teses/Dissertacao_Fernando%20 Climaco_revisada.pdf*, acesso em 17.9.2013).

tensão. Pode adquirir energia somente de fonte incentivada, ou seja, energia elétrica advinda apenas de energia renovável (Eólica, PCH, Solar, Biogás e outras). Seu retorno para o mercado cativo pode ocorrer apenas após cinco anos a partir da data de solicitação.[43]

A regulação ainda apresenta os conceitos de (i) *consumidor potencialmente livre* – aquele que, a despeito de preencher as exigências para se tornar livre, permanece atendido no mercado regulado (inciso XI do § 2º do art. 1º do Decreto 5.163/2004, com redação dada pelo Decreto 5.249/2004) – e de (ii) *consumidor parcialmente livre* – aquele que "exerce a opção de contratar parte das necessidades de energia e potência das unidades consumidoras

43. A respeito da questão da migração para o ACL e retorno para o ACR, vale a pena conferir as ponderações de Gerusa de Souza Côrtes Magalhães:
"A migração do mercado regulado (ACR) para o mercado livre (ACL) deve respeitar as condições dos contratos de fornecimento porventura vigentes, que contêm prazos e termos de rescisão (art. 15 da Lei 9.074/1995). Caso não haja prazo de vigência no contrato de fornecimento, o consumidor regulado pode se tornar livre no ano subsequente ao da sua declaração à distribuidora e desde que essa declaração seja feita em até 15 dias antes da data estabelecida para que a distribuidora apresente sua Declaração de Necessidade de Compra (art. 15, § 4º, da Lei 9.074/1995 e art. 49, *caput* e § 1º, do Decreto 5.163/2004).
"Na visão do regulador, o aviso de saída de um consumidor do ACR para o ACL deve ser considerado uma declaração firme, pois desencadeia um processo amplo que afeta as decisões de negócios e a gestão dos contratos feita pela distribuidora. Em razão disso, caso a migração para o ACL não se conclua por motivo não imputável à distribuidora, o consumidor deve ressarci-la pelo prejuízo incorrido, apurado a partir da energia fornecida pela diferença entre o Preço de Liquidação de Diferenças (trata-se do preço do mercado-*spot*) médio mensal e o custo médio da aquisição de energia pela distribuidora divulgada nos reajustes tarifários, quando positivo (art. 6º, §§ 1º e 2º, da Resolução ANEEL-376/2009).
"Já, o retorno do consumidor livre ao ACR pode ser realizado desde que dentro de determinadas condições. O consumidor deve comunicar à distribuidora esta intenção com no mínimo cinco anos de antecedência, prazo, este, que pode ser reduzido a critério da distribuidora. Igualmente pelos reflexos que pode acarretar, a regulação prevê que, na desistência de retorno para o ACR, o consumidor deverá pagar a multa rescisória do contrato de compra de energia regulado, que deverá ser firmado com a distribuidora logo após o aviso de retorno (art. 9º da Resolução ANEEL-376/2009).
"Portanto, as opções de migração para o ACL e de retorno para o ACR implicam a assunção de responsabilidade pelo ressarcimento de eventuais prejuízos causados à distribuidora em razão do seu descumprimento pelo consumidor" (*Comercialização de Energia Elétrica no Ambiente de Contratação Livre: uma Análise Regulatório-Institucional a Partir dos Contratos de Compra e Venda de Energia Elétrica*, cit., pp. 33-34).

de sua responsabilidade com a distribuidora local, nas mesmas condições reguladas aplicáveis a consumidores cativos, incluindo tarifas e prazos" (Resolução ANEEL-376/2009, art. 15). Com relação à parcela livre, devem ser observados os mesmos itens aplicáveis ao consumidor livre, incluindo a obrigatoriedade de ser agente da CCEE e prazos de migração. O contrato de uso de energia cativa pode ter duração superior a 12 meses, desde que seja permitida a revisão dos montantes contratados a cada período de 12 meses.[44] Os demais agentes – comercializadores, geradores, importadores, exportadores – necessitam de outorga emitida pelo poder concedente ou pela ANEEL para realizar suas respectivas atividades e atuar na compra e venda da energia elétrica (arts. 5º a 8º da Lei 9.074/1995 e art. 26 da Lei 9.427/1996).[45]

A síntese das principais características e diferenças da comercialização feita em cada ambiente, ACR e ACL, seguem expostas na tabela abaixo:[46]

	Ambiente Livre	Ambiente regulado
Participantes	Geradoras, comercializadoras, consumidores livres e especiais	Geradoras, distribuidoras e comercializadoras. As comercializadoras podem negociar energia somente nos leilões de energia existente – (Ajuste e A-1)
Contratação	Livre negociação entre os compradores e vendedores	Realizada por meio de leilões de energia promovidos pela CCEE, sob delegação da ANEEL

(continua)

44. Disponível em *http://mercadolivredeenergia.com.br/conceito* (acesso em 15.9.2013).
45. Gerusa de Souza Côrtes Magalhães, *Comercialização de Energia Elétrica no Ambiente de Contratação Livre: uma Análise Regulatório-Institucional a Partir dos Contratos de Compra e Venda de Energia Elétrica*, cit., p. 33.
46. Quadro extraído do *site* da Câmara de Comercialização de Energia Elétrica (disponível em *http://www.ccee.org.br/portal/faces/pages_publico/como-participar/ambiente-livre-ambiente-regulado?_afrLoop=92940651663000#%40%3F_afrLoop%3D92940651663000%26_adf.ctrl-state%3Dcv2qedvma_97*, acesso em 20.10.2013).

	Ambiente Livre	Ambiente regulado
Tipo de contrato	Acordo livremente estabelecido entre as partes	Regulado pela ANEEL, denominado Contrato de Comercialização de Energia Elétrica no Ambiente Regulado/CCEAR
Preço	Acordado entre comprador e vendedor: preços livremente negociados	Estabelecido no leilão – menor tarifa oferecida pelo vendedor
Migração para o ACL e retorno para o ACR	Para migrar para o ACL, os consumidores livres e especiais devem respeitar as condições previstas em seus contratos de fornecimento celebrados com as distribuidoras locais	Para retornar para o ACR, os consumidores livres e especiais devem comunicar à distribuidora essa intenção, respectivamente, com 5 anos e 180 dias de antecedência

A fim de facilitar a visualização da evolução do modelo setorial até aqui mencionada, segue quadro-síntese do processo ocorrido:[47]

Modelo antigo (até 1995)	Modelo de livre mercado (1995 a 2003)	Novo Modelo (2004)
Financiamento através de recursos públicos	Financiamento através de recursos públicos e privados	Financiamento através de recursos públicos e privados
Empresas verticalizadas	Empresas divididas por atividade: geração, transmissão, distribuição e comercialização	Empresas divididas por atividade: geração, transmissão, distribuição, comercialização, importação e exportação
Empresas predominantemente estatais	Abertura e ênfase na privatização das empresas	Convivência entre empresas estatais e privadas

(continua)

47. Quadro síntese das mudanças ocorridas no setor elétrico, obtido junto à Câmara de Comercialização de Energia Elétrica (disponível em *http://www.ccee.org.br/portal/faces/pages_publico/onde-atuamos/setor_eletrico?afrLoop=9354159361400#%40%3F_afrLoop%3D93541593614000%26_adf.ctrl-state%3Dcv2qedvma_110*, acesso em 20.10.2013).

Modelo antigo (até 1995)	Modelo de livre mercado (1995 a 2003)	Novo Modelo (2004)
Monopólios – Competição inexistente	Competição na geração e comercialização	Competição na geração e comercialização
Consumidores cativos	Consumidores livres e cativos	Consumidores livres e cativos
Tarifas reguladas em todos os segmentos	Preços livremente negociados na geração e comercialização	No ambiente livre: preços livremente negociados na geração e comercialização. No ambiente regulado: leilão e licitação pela menor tarifa
Mercado regulado	Mercado livre	Convivência entre mercados livre e regulado
Planejamento determinativo – Grupo Coordenador do Planejamento dos Sistemas Elétricos/GCPS	Planejamento Indicativo pelo Conselho Nacional de Política Energética/CNPE	Planejamento pela Empresa de Pesquisa Energética/EPE
Contratação: 100% do Mercado	Contratação: 85% do mercado (até agosto/2003) e 95% mercado (até dez./2004)	Contratação: 100% do mercado + reserva
Sobras/déficits do balanço energético rateados entre compradores	Sobras/déficits do balanço energético liquidados no MAE	Sobras/déficits do balanço energético liquidados na CCEE. Mecanismo de Compensação de Sobras e Déficits (MCSD) para as Distribuidoras.

A partir de 2005, todo agente gerador, distribuidor e comercializador de energia, todos os produtores independentes de energia ou consumidores livres e especiais passaram a ser obrigados a notificar o MME, até 1º de agosto de cada ano, informando sua previsão de mercado ou carga, conforme o caso, para cada um dos cinco anos subsequentes (Decreto 5.163/2004, art. 17). O MME assumiu a responsabilidade de definir a quantidade de energia elétrica a ser contratada no ACR, bem como a lista dos projetos de geração autorizados a participar dos leilões a cada ano.

Informam Armando Castelar Pinheiro e Jairo Saddi que as empresas distribuidoras assumiram a "garantia de atendimento à totalidade de seu mercado, em termos de energia e potência, por intermédio de contratos registrados na CCEE e, quando for o caso, aprovados, homologados ou registrados na ANEEL". A mesma regra foi estendida aos consumidores livres, autoprodutores e vendedores. O cumprimento dessa obrigação passou a ser "aferido mensalmente pela CCEE, comparando, no caso da energia, o consumo medido e as quantidades contratadas nos 12 meses anteriores".[48]

De acordo com a previsão contida na Lei 9.074/1995, as empresas passaram a ser obrigadas a separar suas atividades de distribuição das de geração e transmissão, e as distribuidoras passaram "a ter de comprar 100% do seu suprimento de energia por licitação no ACR, ficando, portanto, bloqueada a possibilidade de compra de energia diretamente de uma empresa do mesmo grupo (o chamado *self-dealing*), que antes era permitida em até 30% do suprimento total. Como nos leilões do ACR, tanto para a energia existente como para a nova, todas as distribuidoras pagam a mesma tarifa média; esse sistema faz com que o custo de suprimento para as distribuidoras, a ser repassado aos consumidores finais, seja essencialmente o mesmo para todas elas. Tudo funciona, virtualmente, como se houvesse um único comprador para toda a eletricidade produzida pelas geradoras".[49]

13.3 Novíssimo Modelo do setor energético

Dois fatos foram determinantes para que o Governo Federal implementasse, em 2012, nova e impactante reforma no setor energético: (i) o primeiro deles foi a intervenção na CEMAR e o reconhecimento da precariedade de sua disciplina, reconhecendo-se que o setor precisava "robustecer a disciplina do instituto das intervenções nas concessões do serviço de energia elétrica";[50] (ii) o segundo consistiu na aproximação do fim do período de concessão de muitos contratos, especialmente aqueles formalizados em 1995 (sob a égide da Lei

---

48. Armando Castelar Pinheiro e Jairo Saddi, *Direito, Economia e Mercados*, cit., 2005, p. 319.
49. Idem, pp. 319-320.
50. Maria Aparecida A. P. Seabra Fagundes, "Intervenção na concessão de serviço de energia elétrica", in Fábio Amorim da Rocha (coord.), *Temas Relevantes no Direito de Energia Elétrica*, t. II, Rio de Janeiro, Synergia, 2013, p. 622.

9.074/1995) que venceriam em 2015 e significavam aproximadamente 30,7 mil mW,[51] e a possibilidade, ou não, de prorrogação dos mesmos.[52]

A reforma do setor elétrico implementada pela Lei 12.767/2012, resultado da conversão da Medida Provisória 577/2012, e através da Medida Provisória 579, de 11.9.2012, convertida na Lei 2.783, de 11.1.2013, alterada pela Lei 12.844, de 19.7.2013, vem sendo intitulada Novíssimo Modelo do setor elétrico.

O novo plexo normativo faz emergir inequívocos reflexos e impactos regulatórios no setor, mostrando-se necessária uma análise da constitucionalidade de tais medidas.

13.3.1 Vício formal na edição das medidas provisórias

A reforma por meio de medidas provisórias é duplamente viciada, em sua forma e em seu conteúdo.

O instrumento eleito pelo Poder Público para implementar a reforma setorial, embora tenha se tornado corriqueiro no âmbito federal, desvia-se de sua finalidade constitucional. Sabe-se que o pressuposto para a edição de medida provisória, nos termos do art. 62, *caput*, da Carta Magna, é a presença do caráter de *relevância* e *urgência*.

De início, deve ser afastado o caráter de urgência. A situação apontada como argumento de disciplina de situação emergente – consistente na aproximação do vencimento dos contratos de concessão de geração e distribuição de energia elétricas[53] – em conjunto com algumas situações pontuais do setor – como a recuperação judicial da Centrais Elétricas do Pará/CELPA – eram conhecidas e esperadas pela setor há longa data,[54] de modo a tornar perfeitamente viável a realização de uma reforma por meio do instrumento normativo adequado.

---

51. Para ilustrar a representatividade do vulto de energia gerada, 30,7 mil mW equivale a mais que o dobro da energia produzida por Itaipu em um ano.
52. Gustavo Justino de Oliveira e Danilo Leal Montes, "Prorrogação das concessões de energia elétrica: problemática e soluções", *Revista do Direito da Energia* 11/15, São Paulo, abril/2012.
53. A partir de 2015 o vencimento das concessões de energia elétrica vigente significaria 30,7 mW, o equivalente ao dobro da produção da Usina de Itaipu (Gustavo Justino de Oliveira e Danilo Leal Montes, "Prorrogação das concessões de energia elétrica: problemática e soluções", cit., *Revista do Direito da Energia* 11/15).
54. Desde 2007 já se discutia a questão consistente no vencimento das concessões vigentes.

Vale ressaltar que a própria Lei 12.783/2013, em que convertida a Medida Provisória 579, impôs trâmites de longo curso, como, por exemplo, o estatuído em seu art. 11, que dá prazo de 60 meses da data final do respectivo contrato ou ato de outorga para requerimento de prorrogação, evidenciando a total incompatibilidade da medida provisória com o requisito *urgência*.

Frise-se, ainda, que o tema concernente ao modelo setorial e eventuais reformas e prorrogações das concessões vigentes, que se aproximavam de seu termo final, e outros temas ligados ao setor, como redução de impostos para beneficiar modicidade tarifária, eram objeto de vários projetos de leis,[55] o que leva a uma clara imposição de um novo modelo ao setor elétrico pelo Poder Executivo Federal, em flagrante usurpação de competências do Congresso Nacional.

O vício formal configura-se, como apontado, pela ausência do caráter de urgência, embora a matéria se configure como relevante, dada a enorme importância do setor para todo o território nacional.

A par do vício formal, a medida traz consigo um risco político e regulatório. O instrumento, por sua própria natureza, com vigência imediata e "modificação surpresa" do setor, sem anteriores discussões, traz, além da quebra do pacto regulatório setorial que vinha se firmando, a total instabilidade de seus marcos.

O conteúdo disciplinado pela Lei 12.783/2013 embasa fundados riscos de inviabilidade das regras de prorrogação. Diante de seus dispositivos sobre prorrogações, duas situações se colocam a comprovar sua inoportunidade: (i) ou as prorrogações já estavam previstas nos contratos, e as alterações resvalam o direito adquirido e o ato jurídico perfeito (arts. 5º, XXXVI, e 37, XXI, da CF), frustrando expectativas dos agentes que poderiam ter seus contratos prorrogados com base na Lei 9.074/1995; (ii) ou as prorrogações não estavam previstas, e a lei não poderia ampliar as concessões, sob pena de violação constitucional (art. 175 da CF).

A questão foi levada ao STF pela Confederação Nacional dos Trabalhadores da Indústria/CNTI, que ajuizou ação direta de incons-

---

55. O *site* da Câmara dos Deputados aponta, entre 2004 e 2012, quando da edição das medidas provisórias, 221 projetos de leis versando sobre o tema energia elétrica, que tratam de forma fracionada de diversos assuntos atinentes ao setor (disponível em :*www.camara.gov.br*, acesso em 29.7.2013).

titucionalidade – ADI 5.018 – contra as Leis 12.767/2012 e 12.783/2013 (rel. Min. Roberto Barroso). A Confederação sustenta que as Medidas Provisórias 577/2012 e 579/2012, que deram origem às leis, não observaram os pressupostos da urgência e da relevância, previstos no art. 62, *caput,* da Constituição da República, tendo o Poder Público usurpado competência legislativa do Congresso Nacional. A liminar está aguardando julgamento.[56]

13.3.2 Regime de intervenção estabelecido pela Lei 12.767/2012

A Lei 12.767/2012, resultado da conversão da Medida Provisória 577/2012, disciplinou a prestação temporária do serviço na hipótese de extinção da concessão por caducidade ou falência da concessionária, além de alterar a disciplina da intervenção do poder concedente para adequação da prestação do serviço público de energia elétrica.

Conforme consta da respectiva "Exposição de Motivos", tal medida foi uma reação ao contexto em que se encontrava a Centrais Elétricas do Pará/CELPA, que está sob processo de recuperação judicial. Claramente se pretendeu evitar novas situações como esta, vedando às concessionárias de energia o recurso à recuperação judicial ou extrajudicial, salvo depois de extinta a concessão. Casos como o da CELPA, que envolvam dificuldades financeiras ou operacionais das concessionárias, passarão a ser objeto exclusivamente de intervenções administrativas conduzidas pelo poder concedente, através da ANEEL (art. 5º).

A disciplina para intervenção estabelecida pela Lei 12.767/2012 mostra-se mais abrangente e completa do que a encontrada na Lei Geral de Concessões em sua redação original, que regulava o tema de forma genérica em apenas três artigos (arts. 32, 33 e 34 da Lei 8.987/1995).[57]

No que tange à extinção da concessão por caducidade, falência ou extinção da concessionária, a Lei 12.767/2012 determina que o serviço seja temporariamente assumido pelo poder concedente, para que a continuidade do serviço não seja afetada, e posteriormente se realize nova licitação, nas modalidades de concorrência ou de leilão (art. 2º, *caput*).

---

56. Disponível em *www.stf.jus.br*, acesso em 24.8.2013.
57. José Calazans Jr., *Direito da Energia Elétrica: Estudos e Pareceres*, cit., p. 75.

Na condição de gestor temporário de serviço, o poder concedente, ou órgão que assuma a respectiva prestação, poderá contratar pessoal temporariamente imprescindível para a prestação do serviço, até que seja escolhido um novo concessionário, e receber recursos financeiros para assegurar a continuidade da prestação; aplicar os resultados homologados das revisões e reajustes tarifários, conforme definição da ANEEL; e receber recursos da Conta de Consumo de Combustíveis/ CCC, Conta de Desenvolvimento Energético/CDE ou da Reserva Global de Reversão/RGR (art. 2º, §§ 2º, 3º e 4º).

Além disso, estabelece a lei que, ao assumir a concessão, o Poder Público não será responsável por tributos, encargos, ônus, obrigações ou compromissos com terceiros ou empregados referentes ao período anterior à declaração da extinção da concessão. Essas obrigações serão assumidas pelo novo concessionário, nos termos do edital de licitação (art. 2º, §§ 1º e 5º).

Houve detalhamento dos procedimentos aplicáveis à intervenção.

Quando determinar uma intervenção, a ANEEL deverá designar um interventor, o valor da remuneração desse interventor – com recursos da concessionária –, o prazo, os objetivos e o limite da intervenção. O prazo para a intervenção é de até 1 ano, prorrogável uma vez, por até mais 2 anos, a critério da ANEEL (art. 5º, §§ 1º, 2º e 3º), diversamente do prazo de até 180 dias previsto no § 2º do art. 33 da Lei 8.987/1995.

Declarada a intervenção, a ANEEL deverá, no prazo de 30 dias, instaurar processo administrativo para comprovar as causas da medida e apurar responsabilidades, assegurado o direito de ampla defesa (art. 6º, *caput*). A intervenção implica a suspensão do mandato dos administradores e membros do conselho fiscal, assegurando ao interventor plenos poderes de gestão (art. 7º). O interventor deverá prestar contas à ANEEL sempre que requerido (art. 9º).

Há previsão de elaboração de plano de recuperação e correção das falhas e transgressões, a ser submetido à ANEEL pelos acionistas da concessionária sob intervenção.

Se esse plano for deferido pela ANEEL, a intervenção cessará, e o concessionário deverá prestar informações trimestralmente sobre sua implementação até a sua conclusão, sob pena de caducidade da concessão. Caso o plano não seja aprovado, ou não seja apresentado, poderá ser declarada a caducidade da concessão ou poderão ser impostas medidas de reorganização societária, inclusive a alienação do controle.

De conformidade com o art. 11 desse diploma legal, foi alterado o regime de responsabilidade dos administradores de concessionárias sujeitas a intervenção ou cuja concessão tenha sido extinta, que passarão a responder solidariamente pelas obrigações assumidas pela sociedade durante sua gestão nas hipóteses previstas nos incisos I e II do art. 158 da Lei 6.404, de 15.12.1976, quais sejam: procederem, dentro de suas atribuições ou poderes, com culpa ou dolo ou com violação da lei ou do estatuto, respectivamente. A responsabilização solidária, nos termos de seu art. 16, é acompanhada da previsão de indisponibilidade dos bens dos gestores, como efeito da declaração de intervenção (a indisponibilidade "atinge a todos aqueles que tenham estado no exercício das funções de administração da concessionária de serviço público de energia elétrica nos 12 meses anteriores ao ato que determinar a intervenção ou declarar a extinção").

Tanto no caso de administração temporária da concessão quanto no caso de intervenção, a ANEEL poderá aplicar regime excepcional de sanções regulatórias (art. 17).

No dia seguinte à publicação da Medida Provisória 577/2012, a ANEEL, através de resoluções autorizativas, determinou, nos moldes previstos, pelo prazo de um ano, a intervenção em oito concessionárias do grupo "Rede",[58] que também se encontravam em frágil situação econômico-financeira. Essas resoluções também reconheceram expressamente a indisponibilidade dos bens dos administradores, refletindo o questionável entendimento de que o novo regime de responsabilização solidária poderia ter aplicação retroativa.[59] Referida intervenção foi prorrogada por mais dois anos pela ANEEL.

58. CELTINS (TO); ENERSUL(MS); CEMAT (MT); Cia. Força e Luz do Oeste/ CFLO (Guarapuava/PR); Caiuá Distribuição (SP); Empresa Elétrica Bragantina/EEB (SP); Concessionária de Distribuição de Energia Vale Paranapanema/EDEVP (SP); Cia. Nacional de Energia Elétrica/CNEE (SP).
59. Avaliando a Medida Provisória 577: (i) Tratamento específico – Concessões de serviço público Energia Elétrica – Similar ao Sistema Financeiro; (ii) Preservar continuidade do serviço (extinção); (iii) Adequação da prestação do serviço (intervenção); (iv) Questionamentos: Justificativa da intervenção – Fundamentação/ Responsabilidade dos administradores/Prazo da intervenção/Contratações reguladas – Respeito aos contratos e obrigações anteriores/Função e papel da regulação.

13.3.3 Prorrogações e concessões. Principais modificações realizadas pela Lei 12.783/2013

Com grande parte dos contratos de concessão de energia elétrica nas atividades de geração (28% da produção nacional), transmissão (82%) e distribuição (40%)[60] vencendo no ano de 2015, com prazo de 20 a 35 anos e já prorrogados uma vez, surgiu para o Governo Federal a necessidade de fazer uma opção política.

As possíveis soluções diante do término do prazo das concessões eram: (i) a promoção de licitação; (ii) a manutenção das concessões por meio de alterações normativas nos planos constitucional, legal e regulatório; (iii) a retomada da prestação dos serviços pelo Estado, quando do término do prazo contratual.[61] A escolha recaiu na segunda solução, sem que fosse realizada qualquer alteração constitucional.

A Medida Provisória 579/2012, regulamentada pelo Decreto 7.805, de 14.9.2012, posteriormente convertida na Lei 12.783/2013, disciplinou as concessões de geração, transmissão e distribuição de energia elétrica cujos prazos vencerão entre 2015 e 2017, e que representam parte substancial das centrais e instalações existentes no País,[62] e estabeleceu o regime de novas concessões de geração, transmissão e distribuição. A comercialização da energia gerada por usinas hidrelétricas também foi tratada pela lei, em complemento ao modelo do setor elétrico instituído pela Lei 10.848/2004.

Esses dispositivos alteram alguns pilares do marco regulatório brasileiro do setor energético e demandam análise integrada de seus impactos.

Para apontar uma das mudanças, verifica-se que a geração passa a ocorrer de duas formas: parte por meio de realização de leilão, em casos de expansão e produção de energia nova, e parte por meio de tarifa regulada denominada Receita Anual de Geração/RAG, no caso de energia disponível. Transmissão e distribuição passam a ser remuneradas por meio de O&M (custos de operação e manutenção do sistema).

---

60. Gustavo Justino de Oliveira e Danilo Leal Montes, "Prorrogação das concessões de energia elétrica: problemática e soluções", cit., *Revista do Direito da Energia* 11/27.
61. Idem, pp. 30-36.
62. Envolve cerca de 112 usinas, 73 mil quilômetros de linhas e 37 distribuidoras, o que corresponde a 28% da geração e a 82% da transmissão de energia elétrica no país.

Em respeito à modificação do regime tarifário, a Portaria 578, de 31.10.2012, definiu as tarifas iniciais para as usinas hidrelétricas enquadradas nos termos da Medida Provisória 579/2012, com base no valor do custo da Gestão dos Ativos de Geração/GAG, incluindo-se nas tarifas os custos regulatórios de operação, manutenção e administração, dentre outros. Desta forma afasta-se o modelo imposto do regime de preço, resultado do desenho normativo de 1995 e 2004, e se retorna ao modelo de serviço pelo custo.

No âmbito das transmissoras o regime tarifário restou disciplinado pela Portaria 579, também de 31.10.2012, a qual definiu as Receitas Anuais Permitidas/RAPs para as concessões de transmissão de energia elétrica enquadradas no art. 6º da Medida Provisória 579/2012, incluídos dentro da tarifa o Encargo com Pesquisa e Desenvolvimento e a Taxa de Fiscalização de Serviço de Energia Elétrica.

A escolha política externada quando da edição da lei em que convertida a Medida Provisória 579/2012 foi engessar o setor, dentro de um modelo híbrido, mais público que privado.

Se, por um lado, se encontra dentro dos poderes inerentes ao Estado a possibilidade de adotar medidas com o fim de alcançar o interesse público perseguido, por outro, importante ressaltar que mencionadas modificações devem respeitar o direito adquirido e o ato jurídico perfeito, direitos constitucionalmente protegidos, e elementos integrantes da segurança jurídica, nos quais se sustenta o Estado Democrático de Direito.

Não há como negar que o modo de realização da reforma no setor, por meio de medidas provisórias e edição de resoluções dispondo sobre o tema, sempre de forma fracionada, com curtos prazos e sem estabelecer regras de transição para as empresas atuais no setor, violou direitos de grande parte dos agentes setoriais. O modelo adotado tende a centralizar o setor, devolvendo maiores poderes ao Estado e reduzindo a concorrência.

Constata-se a implementação de uma maior regulação de preço na geração, transmissão e distribuição do serviço de energia elétrica, o que traz um reflexo à competitividade e aos investimentos no sistema.[63]

---

63. Nivalde José de Castro, Roberto Brandão, Guilherme Dantas e Rubens Rosental, *O Processo de Reestruturação do Setor Elétrico Brasileiro e os impactos da Medida Provisória 579* (disponível em *http://www.nuca.ie.ufrj.br/gesel/tdse/TDSE-51.pdf*, acesso em 30.7.2013, p. 16).

A forma de indenização prevista para os concessionários que optaram pela não renovação[64] tem por base o Valor Novo de Reposição/VNR – critério, este, que também sinaliza uma mudança no investimento destinado ao setor, que adiante será melhor analisada.

Dentro deste novo regime não se vislumbra propriamente a implementação de um regime totalmente diverso do que fora estatuído pelo modelo de 2004, embora seja possível notar uma vontade política de traçar um perfil mais público ao setor.

13.3.3.1 Objetivo da reforma

Com a possibilidade de prorrogar contratos de concessão que já tiveram sua vigência estendida, às vezes mais de uma vez, a medida provisória colocou em choque dois pontos de vista diversos: um jurídico, com base no sistema constitucional e normativo do setor, e outro econômico-regulatório, para trazer ao consumidor benefícios decorrentes de tal prorrogação.

Ponto de vista jurídico	Ponto de vista econômico-regulatório
Quadro constitucional (art. 175 da CF) e contratual não possibilitaria prorrogação (art. 17, § 5º, art. 19 e art. 22 da Lei 9.074/95)	Apreensão com o vencimento simultâneo de grande parte das concessões de geração, transmissão e distribuição
Extinção inerente ao termo de concessão	Risco relacionado à garantia de suprimento e continuidade do serviço, aspecto societário das empresas e expansão do setor

64. Lei 12.783, de 11.1.2013:
"Art. 8º. As concessões de geração, transmissão e distribuição de energia elétrica que não forem prorrogadas, nos termos desta Lei, serão licitadas, na modalidade leilão ou concorrência, por até 30 (trinta) anos.
"(...).
"§ 2º. O cálculo do valor da indenização correspondente às parcelas dos investimentos vinculados a bens reversíveis, ainda não amortizados ou não depreciados, utilizará como base a metodologia de valor novo de reposição, conforme critérios estabelecidos em regulamento do poder concedente."

Somam-se, ainda, objetivos como o incentivo à competitividade do setor produtivo-industrial, a promoção do aumento de emprego e renda e a redução de encargos setoriais. Não há como negar que os objetivos apontados são meritórios e, em tese, atenderiam perfeitamente ao interesse público, justificando uma modificação, inclusive de regime jurídico.

Da conjugação entre os dois pontos de vista, o Governo Federal vislumbrou na amortização dos investimentos uma forma de beneficiar o consumidor, ofertando maior modicidade tarifária. Deste modo, o objetivo maior da prorrogação dos contratos de energia, como "hipótese excepcional", deveria trazer vantagens ao consumidor, sendo este fator, portanto, identificável com o interesse público específico.

Neste sentido, a "Exposição de Motivos" da Medida Provisória 579/2012 ("Exposição de Motivos Interministerial"/EMI 37) apontou as novas bases contratuais, regulatória e tarifária das concessões de geração, transmissão e distribuição como necessárias a alcançar o objetivo de capturar a amortização de investimentos e depreciação de bens das concessões e revertê-los com vistas à redução do custo da energia elétrica.[65]

Dentro do novo regime, foi aberta aos concessionários que optassem pela renovação de seus contratos a antecipação da indenização, como estratégia do poder concedente para propiciar a modicidade tarifária – indenização, esta, com aspectos diversos daquela prevista no art. 36 da Lei 8.987/1995, que pressupõe extinção da concessão.

O objetivo fundamental da reforma foi beneficiar o consumidor, em especial o consumidor cativo, por meio da redução da tarifa no Ambiente de Contratação Regulada/ACR, ficando excluídos do benefício os consumidores de energia em Ambiente de Contratação Livre/ACL.

Os principais mecanismos definidos na medida provisória visando à modicidade tarifária e ao estabelecimento de benefícios para o consumidor final buscaram, diretamente: (i) a captura do benefício da

---

65. Floriano de Azevedo Marques Neto, "A prorrogação dos contratos de concessão do setor elétrico e a Medida Provisória 579/2012", in Floriano de Azevedo Marques Neto, Thiago Marrara, Fernando Dias Menezes de Almeida e Irene Patrícia Nohara (orgs.), *Direito e Administração Pública: Estudos em Homenagem a Maria Sylvia Zanella Di Pietro*, São Paulo, Atlas, 2013, p. 905.

amortização e depreciação dos investimentos realizados nos empreendimentos de geração e nas instalações de transmissão e de distribuição de energia elétrica alcançados pelos arts. 19 e 22 e § 5º do art. 17 da Lei 9.074/1995; (ii) a redução de encargos setoriais (Reserva Global de Reversão/RGR; Conta de Consumo de Combustíveis/CCC e Conta de Desenvolvimento Energético/CDE); (iii) neutralização da variação cambial de Itaipu, através da celebração de contratos da União com a ELETROBRAS, na qualidade de agente comercializador de energia (ELETROBRAS);[66] e indiretamente: redução de tributos (ICMS, PIS/PASEP, COFINS).

13.3.3.2 Renovação das concessões: condições gerais e específicas

As pretensas renovações tiveram por objeto vários tipos de contratos de geração, transmissão e distribuição: (i) concessões outorgadas após 1988, com base em licitações promovidas pelo antigo DNAAE ou pela ANEEL; (ii) "novas concessões" com outorga decorrente de leilões de privatização de empresas estatais que exploravam os serviços de energia elétrica; (iii) concessões anteriores a 1998, prorrogadas com base na Lei 9.074/1995; (iv) concessões existentes em julho/1995 mas formalizadas posteriormente a esse período, independentemente da prorrogação na Lei 9.074/1995.[67]

As atuais concessões de geração de energia elétrica estão enquadradas no item "iii" do parágrafo *supra* e foram, em sua maioria, prorrogadas por 20 anos em 1995, nos termos do art. 19 da Lei 9.074/1995 (anteriores a 1995), e após a vigência média de aproximadamente 56 anos deverão se encerrar em 2015.

66. Em seu art. 19 a medida provisória autoriza a ELETROBRAS a celebrar contratos com a União com o objetivo de atenuar os efeitos da variação cambial sobre a tarifa de repasse de Itaipu. Este efeito ocorre com as distribuidoras que possuem quotas de compra de energia de Itaipu. Como a tarifa de repasse de Itaipu é fixada anualmente em Dólares americanos, com a variação do câmbio os efeitos são acumulados durante o ano e são repassados ao consumidor final a cada reajuste tarifário através da Parcela A, que repassa os efeitos integralmente ao consumidor final. A medida proposta visa a tirar do consumidor final de energia elétrica os efeitos da variação do câmbio, ao criar a possibilidade de a ELETROBRAS realizar operações financeiras que transfiram ao Tesouro Nacional o efeito cambial da tarifa de repasse de Itaipu, deixando para o consumidor uma tarifa em Reais por *kilowatt*.
67. José Calazans Jr., *Direito da Energia Elétrica: Estudos e Pareceres*, cit., p. 43.

A Medida Provisória 579/2012 estabeleceu a possibilidade de prorrogação das atuais concessões de geração, transmissão e distribuição de energia elétrica por uma única vez, a critério do poder concedente, pelo prazo de 30 anos. Essa possibilidade alcança também as concessionárias que tiveram seus contratos prorrogados nos termos do arts. 19 e 22 da Lei 9.074/1995.

A urgência alegada para disciplina do tema por meio de medida provisória foi a renovação de concessões que tinham o primeiro lote de vencimentos de seus contratos regulados no final do ano de 2012.[68]

A lei permitiu a "prorrogação", "renovação" ou "nova contratação", conforme possa ser interpretado, das concessões vigentes e estabeleceu requisitos para sua realização, como a obrigatoriedade de

---

68. Convém anotar anterior posicionamento sobre a questão constitucional que gira em torno da medida provisória editada. A norma do art. 246 da Carta Magna não autoriza a disciplina de potencial hidrelétrico por meio de medida provisória. Nesse sentido decisão do STF: "De fato, não podem a medida provisória ou a GCE, por via de delegação, dispor normativamente, de molde a afastar, pura e simplesmente, a aplicação de leis que se destinam à disciplina da regra maior do art. 176, § 1º, da Constituição, no que concerne a potencial hidráulico. De fato, esse dispositivo resultante da Emenda Constitucional n. 6, de 15.8.1995, não pode ser objeto de disciplina por medida provisória, a teor do art. 246 da Constituição. Nesse sentido o Plenário decidiu múltiplas vezes, a partir da decisão na ADI n. 2.005-6-DF" (STF, Plenário, ADI/MC 2.473, voto do Relator, Min. Néri da Silveira, j. 13.9.2001, *DJU* 7.11.2003.) No mesmo sentido: STF, Plenário, ADI/MC 1.597, rel. para o acórdão Min. Maurício Corrêa, j. 19.11.1997, *DJU* 19.12.2002. Mencionado posicionamento foi modificado pelo STF no julgamento proferido na liminar da ADI 3.090-6-DF, onde se apreciou a constitucionalidade da Medida Provisória 144, de 11.12.2003, posteriormente convertida na Lei 10.848/2004, que, dando interpretação conforme ao texto constitucional, permitiu que qualquer atividade relacionada à exploração de potencial hidráulico para fins de produção de energia fosse disciplinada por meio de medida provisória, restando vencida a tese de afronta ao art. 246 da CF pela Medida Provisória 579/2012: "(...). Em princípio, a medida provisória impugnada não viola o art. 246 da Constituição, tendo em vista que a Emenda Constitucional n. 6/1995 não promoveu alteração substancial na disciplina constitucional do setor elétrico, mas restringiu-se, em razão da revogação do art. 171 da Constituição, a substituir a expressão 'empresa brasileira de capital nacional' pela expressão 'empresa constituída sob as leis brasileiras e que tenha sua sede e administração no País', incluída no § 1º do art. 176 da Constituição. Em verdade, a Medida Provisória n. 144/2003 não está destinada a dar eficácia às modificações introduzidas pela Emenda Constitucional n. 6/1995, eis que versa sobre matéria tratada no art. 175 da Constituição, ou seja, sobre o regime de prestação de serviços públicos no setor elétrico (...)" (STF, ADI/MC 3.090-DF, rel. Min. Gilmar Mendes, j. 11.10.2006, *DJU* 26.10.2007).

manifestação de interesse da concessionária no prazo estabelecido no art. 1º,[69] art. 5º,[70] art. 6º[71] e art. 7º,[72] todos da Lei 12.783/2013, por meio da apresentação de um requerimento inicial das concessionárias.

Após ter o rol de todos os interessados, o poder concedente calculou a tarifa/receita e proposta para indenização antecipada, e com base nesses critérios o concessionário foi convocado para assinar os "termos aditivos" – ocasião em que poderia, ou não, firmar tal contrato e aceitar as condições ofertadas. Muitos concessionários, em especial os estaduais, como a Cia. Energética de São Paulo/CESP e a Cia. Energética de Minas Gerais/CEMIG, optaram pela não renovação de seus contratos, em razão da desvantagem financeira dos valores apresentados pela União.

Destaque-se que a empresa CEMIG ingressou com mandado de segurança (MS 0305660-88-2013.3.00.0000),[73] sendo deferida a liminar

---

69. Lei 12.873/2013: "Art. 1º. A partir de 12 de setembro de 2012, as concessões de geração de energia hidrelétrica alcançadas pelo art. 19 da Lei n. 9.074, de 7 de julho de 1995, poderão ser prorrogadas, a critério do poder concedente, uma única vez, pelo prazo de até 30 (trinta) anos, de forma a assegurar a continuidade, a eficiência da prestação do serviço e a modicidade tarifária".

70. Lei 12.873/2013:
"Art. 5º. A partir de 12 de setembro de 2012, as concessões de geração de energia termelétrica poderão ser prorrogadas, a critério do poder concedente, uma única vez, pelo prazo de até 20 (vinte) anos, de forma a assegurar a continuidade, a eficiência da prestação do serviço e a segurança do sistema.
"§ 1º. A prorrogação de que trata o *caput* deverá ser requerida pela concessionária com antecedência mínima de 24 (vinte e quatro) meses do termo final do respectivo contrato de concessão ou ato de outorga."

71. Lei 12.873/2013: "Art. 6º. A partir de 12 de setembro de 2012, as concessões de transmissão de energia elétrica alcançadas pelo § 5º do art. 17 da Lei n. 9.074, de 1995, poderão ser prorrogadas, a critério do poder concedente, uma única vez, pelo prazo de até 30 (trinta) anos, de forma a assegurar a continuidade, a eficiência da prestação do serviço e a modicidade tarifária".

72. Lei 12.873/2013:
"Art. 7º. A partir de 12 de setembro de 2012, as concessões de distribuição de energia elétrica alcançadas pelo art. 22 da Lei n. 9.074, de 1995, poderão ser prorrogadas, a critério do poder concedente, uma única vez, pelo prazo de até 30 (trinta) anos, de forma a assegurar a continuidade, a eficiência da prestação do serviço, a modicidade tarifária e o atendimento a critérios de racionalidade operacional e econômica.
"Parágrafo único. A prorrogação das concessões de distribuição de energia elétrica dependerá da aceitação expressa das condições estabelecidas no contrato de concessão ou no termo aditivo."

73. Disponível em *http://www.stj.jus.br/webstj/processo/Justica/detalhe.asp?nu mreg=201303056603&pv=040000000000&tp=51* (acesso em 1.11.2013).

para garantir o direito de continuar operando a usina, ao menos até que o STJ julgue o mérito do mandado de segurança ou derrube a liminar que concedeu em junho/2013 no âmbito do mesmo processo judicial.[74]

O tratamento adotado, pela distribuição de cotas das usinas às distribuidoras de energia elétrica, criou um cenário diferenciado, afastando-se do modelo competitivo dantes implementado pelas reformas de 1995 e 2004.[75]

Os impactos vislumbrados no âmbito do mercado livre decorrentes das renovações das concessões de usinas hidrelétricas foram tanto a retirada da livre negociação de parcela da energia elétrica gerada, em razão de esta parcela ter sido alocada em forma de cotas às distribuidoras, como a assunção de riscos hidrológicos pelas distribuidoras nas concessões de usinas hidrelétrica renovadas.[76]

A grande questão jurídica a ser enfrentada, a par da medida provisória como instrumento eleito, tange à obrigação constitucional de licitar, presente no art. 37, XXI, c/c o art. 175, da CF. A possibilidade de prorrogação está prevista no parágrafo único, I, do art. 175 como de caráter especial, remetendo à lei ordinária sua regulamentação.

O primeiro questionamento, portanto, versa no sentido de ter a Lei 12.783/2013 disposto sobre um caráter especial de prorrogação, permitindo que esta ocorra no setor por mais de uma vez.

Esta questão se coloca especialmente nas concessões anteriores a 1995, já prorrogadas naquela oportunidade, sendo questionável a nova extensão de prazo. Reforçando a impossibilidade, além do texto constitucional presente no art. 175, traz-se à baila o dispositivo legal presente nos §§ do art. 4º da Lei 9.074/1995, que limita a prorrogação nas concessões de geração em até 20 anos.[77]

A regra constitucional do dever de licitar é pautada em princípios norteadores do próprio Estado de Direito, como os da igualdade e da

---

74. Disponível em *http://www2.valor.com.br/empresas/3244990/nova-recusa--de-prorrogacao-nao-encerra-concessao-de-usina-diz-cemig#ixzz2jOUE5EF2* (acesso em 1.11.2013).

75. Solange David, "O mercado de energia elétrica no Brasil após a Lei 12.783/2013", in Fábio Amorim da Rocha (coord.), *Temas Relevantes no Direito de Energia Elétrica*, t. II, Rio de Janeiro, Synergia, 2013, p. 848.

76. Idem, pp. 847-848.

77. José Calazans Jr., *Direito da Energia Elétrica: Estudos e Pareceres*, cit., p. 46.

impessoalidade. Ao prorrogar um contrato de concessão, deixa o Poder Público de licitar e buscar o melhor negócio para a Administração Pública em ambiente de igualdade.

A norma infraconstitucional pode prorrogar os atuais contratos desde que respeitados os ditames constitucionais e princípios inerentes às relações travadas no setor – como a segurança jurídica, consubstanciada tanto no ato jurídico perfeito, coisa julgada e direito adquirido como na boa-fé da Administração Pública de confiança legítima.

Poderia haver a prorrogação diante do explícito interesse público. Ocorre que, embora a lei chame mencionadas renovações contratuais de prorrogações, estas não podem ser consideradas como tais. Os termos contratuais são diversos, importando a assinatura de nova contratação, inclusive havendo a renúncia de direitos preexistentes.[78]

O conteúdo da lei alterou radicalmente o regime tarifário e o modelo regulatório e de comercialização no setor. A prorrogação não pode ensejar novo contrato. O regime tarifário inovador descaracteriza o instituto, sendo mais adequado falar em repactuação contratual das concessões, sem licitação – alerte-se –, o que descortina vício constitucional, consistente na ofensa ao dever de licitar.

Segundo afirma José Calazans Jr, ao analisar as cláusulas necessárias à prorrogação proposta pela Lei 12.783/2013:

> Pela simples leitura dessas disposições percebe-se que não se está tratando apenas de prorrogação das atuais concessões. Ao contrário, a Lei 12.783 está estabelecendo uma nova disciplina para a contratação das concessões na área de energia elétrica. De fato: (i) as tarifas passam a ser "calculadas" ou "fixadas" pela ANEEL; (ii) implanta-se nova sistemática para determinação de indenização dos investimentos das concessionárias (definida no regulamento aprovado pelo Decreto 7.805/2012 como Valor Novo de Reposição/VNR, que leva em conta, apenas, as "informações do Projeto Básico do Empreendimento"); (iii) no segmento de geração a obri-

---

78. Lei 12.873/2013:
"Art. 11. As prorrogações referidas nesta Lei deverão ser requeridas pelo concessionário, com antecedência mínima de 60 (sessenta) meses da data final do respectivo contrato ou ato de outorga, ressalvado o disposto no art. 5º.
"(...).
"§ 4º. O contrato de concessão ou o termo aditivo conterão cláusula de renúncia a eventuais direitos preexistentes que contrariem o disposto nesta Lei."

gatoriedade de alocação de cotas de energia física e potência das usinas às concessionárias de distribuição praticamente elimina o mercado livre de energia elétrica.[79]

Na defesa da constitucionalidade das renovações das concessões do setor elétrico se elevam como preponderantes no contexto atual os seguintes princípios: (i) continuidade do serviço público; (ii) modicidade tarifária; e (iii) eficiência necessária ao setor. Estes caros princípios são sopesados como justificadores de eventuais sobreposições a outros de grande guarida constitucional, tais como: (i) o princípio isonômico, inerente à realização de novas licitações; (ii) a segurança jurídica, proteção ao ato jurídico perfeito e ao direito adquirido.

Tal entendimento não merece acolhida. Todos os princípios que são utilizados para defender as renovações das concessões realizadas por meio da Medida Provisória 579 poderiam ser perfeitamente protegidos por meio de um planejamento adequado do Poder Executivo realizando as licitações pertinentes aos contratos que se aproximavam de seu termo final. Some-se a questão referente à presença de cláusulas de prorrogação em contratos de concessão vigentes, bastando sua aplicação, sem qualquer necessidade de modificação legislativa.

É certo que na maioria dos casos em vigor as concessões sequer dispõem desta prerrogativa, já havendo prorrogação anterior e estando os contratos próximos do termo final. Neste caso, poder-se-ia somente aceitar a permanência na prestação do serviço ou uso do bem público (concessão) até a assunção deste pelo novo licitante vencedor, configurando a permanência no serviço ou repactuação de termos contratuais ofensa direta à Constituição.

Ainda que se pretendesse realizar significativa modificação no setor elétrico – modificação que pode ser apontada como lícita aos governos –, a segurança jurídica pode ser preservada por vários mecanismos, como, por exemplo, a adoção de regras transitórias, respeito aos contratos e ao direito adquirido, evitando sobressaltos imprevisíveis.

Por fim, cabe colocar que, nos termos da Lei 12.783/2013, nas concessões não prorrogadas, para garantir a continuidade na prestação

---

79. José Calazans Jr., *Direito da Energia Elétrica: Estudos e Pareceres*, cit., pp. 61-62.

dos serviços, poderá o titular da concessão permanecer na execução dos serviços após o respectivo termo até a assunção destes pelo novo concessionário. Caso não tenha o concessionário interesse na prestação dos serviços, estes serão assumidos pela Administração Pública Federal até a conclusão do processo licitatório, podendo, ainda, haver contratação temporária de pessoal, quando imprescindível.[80]

13.3.3.3 *Contratos vigentes com cláusula de prorrogação*

Pela norma atual, ao concessionário é dada a possibilidade de aceitar as condições impostas pela Administração Pública e repactuar, renovando o contrato de concessão, ou manter o contrato no regime atual até o advento do termo, sem possibilidade de prorrogação.

Dentro dos contratos de concessão vincendos destacam-se pelo menos duas situações diversas.

Uma, dos contratos de concessão de geração e distribuição anteriores à Lei 8.987/1995. As concessionárias de geração tiveram seus contratos prorrogados em 1995 pelo prazo de 20 anos, nos termos do art. 19 da Lei 9.074/1995. Dentro destas concessões existem empreendimentos mais antigos com ativos amortizados ou depreciados, e outros relativamente recentes, justamente em razão de sua anterior forma de outorga, por trecho de rio, onde os ativos devem ser indenizados.

Dentro desta primeira situação também se enquadram as concessionárias de distribuição em que ou foram prorrogados os contratos, sendo reagrupadas segundo critérios de racionalidade operacional e econômica (art. 22, *caput*, da Lei 9.074/1995), ou não concordaram com o reagrupamento, e mantiveram os termos e áreas contratuais, podendo em

---

80. Lei 12.783/2013:
"Art. 9º. Não havendo a prorrogação do prazo de concessão e com vistas a garantir a continuidade da prestação do serviço, o titular poderá, após o vencimento do prazo, permanecer responsável por sua prestação até a assunção do novo concessionário, observadas as condições estabelecidas por esta Lei.
"§ 1º. Caso não haja interesse do concessionário na continuidade da prestação do serviço nas condições estabelecidas nesta Lei, o serviço será explorado por meio de órgão ou entidade da Administração Pública Federal, até que seja concluído o processo licitatório de que trata o art. 8º.
"§ 2º. Com a finalidade de assegurar a continuidade do serviço, o órgão ou entidade de que trata o § 1º fica autorizado a realizar a contratação temporária de pessoal imprescindível à prestação do serviço público de energia elétrica, até a contratação de novo concessionário."

mencionados contratos existir previsão de prorrogação contratual para amortização de investimentos (§ 1º do art. 22 da Lei 9.074/1995).

A segunda situação pode ser apontada em contratos de concessão posteriores à Lei 8.987/1995, com cláusula de prorrogação, nos termos do art. 27, § 1º, da Lei 9.074/1995, com prazo máximo de prorrogação de 30 anos para amortização de investimentos. Em regra estes contratos possuem cláusula de prorrogação (art. 23, XII, da Lei 8.987/1995) e seu deferimento se condiciona à constatação do cumprimento pela concessionária de requisitos de eficiência, segurança, atualidade e cortesia no atendimento aos usuários. Estes contratos poderão já ter sido prorrogados, ou não.

É nesta segunda situação, em contratos em que a concessão não tenha ainda sido prorrogada, e quando a concessionária tenha cumprido todas as exigências de eficiência, segurança, atualidade, cortesia e demais termos que ensejariam a prorrogação, que, em especial, surgem problemas atinentes a quebras contratuais.

A questão jurídica gira em torno do princípio da boa-fé objetiva, que deve nortear as contratações administrativas. Necessário, diante das mudanças realizadas pela Lei 12.783/2013, questionar se a Administração Pública teria "quebrado" contratos, ofendendo o princípio da segurança jurídica bem como a confiança legítima deles decorrentes. Este questionamento tem ainda mais importância diante de contratos firmados após 1995 que possuam previsão expressa e critérios de prorrogação, sem que esta tenha sido realizada, e a possibilidade de sua realização nos mesmos termos contratuais em que foram celebrados.

A redação do art. 27 da Lei 9.427/1996 determinava que os contratos de concessão de serviço público de energia elétrica contivessem cláusulas de prorrogação da concessão, enquanto os serviços prestados nas condições estabelecidas no contrato e na legislação do setor atendessem aos interesses do consumidor e o concessionário o requeresse. Este dispositivo legal, embora tenha sido revogado pela Lei 10.848/2004, disciplina a grande maioria dos contratos do setor energético, em especial os de distribuição, que foram celebrados sob a égide de sua vigência.[81]

---

81. Floriano de Azevedo Marques Neto, "A prorrogação dos contratos de concessão do setor elétrico e a Medida Provisória 579/2012", cit., in Floriano de Azeve-

As cláusulas de prorrogação são válidas e eficazes. Cumpre esclarecer que a edição de lei posterior – no caso, a Lei 10.848/2004 – não afeta o ato jurídico perfeito, consistente nos contratos de concessão firmados sob a égide da lei anterior, e que detém proteção constitucional. Nessa linha, ressalta Floriano de Azevedo Marques Neto que, "uma vez que os contratos foram celebrados em consonância com a Lei 9.427/1996, no curso da sua vigência, a eventual supressão dessa norma legal não poderia jamais inquiná-los de nulidade. Suas cláusulas continuam existindo em seu inteiro teor e em conformidade com a prescrição legal do momento de sua celebração. A lei alterada pela lei nova continuará a gerar efeitos sobre os atos consumados sob sua vigência".[82]

Se o ato foi consumado em respeito às normas vigentes no momento de sua prática, torna-se apto a produzir efeitos e deve ser considerado perfeito, devendo ser protegido contra posterior modificação normativa. Nesse sentido, a proteção ao ato jurídico perfeito evidencia a validade da cláusula contratual de prorrogação presente nos contratos de concessão do setor elétrico firmados sob a égide na Lei 9.074/1995.

Frise-se que a segurança ao ato jurídico perfeito conferida pela Constituição Federal é o modo de garantir o direito adquirido, pela proteção que se concede ao seu elemento gerador, "pois, se a nova norma considerasse como inexistente, ou inadequado, ato já consumado sob o amparo da norma precedente, o direito adquirido dele decorrente desapareceria, por falta de fundamento".[83]

A propósito, pontua Maria Helena Diniz: "Se o contrato foi legitimamente celebrado, os contratantes têm o direito de vê-lo cumprido, nos termos da lei contemporânea a seu nascimento, que regulará inclusive seus efeitos".[84]

Partindo da premissa de que as cláusulas de prorrogação existentes nos contratos de concessão do setor elétrico são válidas, passa-se à análise sobre a existência, ou não, de direito adquirido à efetiva prorrogação.

do Marques Neto, Thiago Marrara, Fernando Dias Menezes de Almeida e Irene Patrícia Nohara (orgs.), *Direito e Administração Pública: Estudos em Homenagem a Maria Sylvia Zanella Di Pietro*, p. 911-912.
82. Idem, p. 915.
83. Maria Helena Diniz, *Lei de Introdução ao Código Civil*, 2ª ed., São Paulo, Saraiva, 1996, pp. 180-181.
84. Idem, p. 181.

Em que pese ao posicionamento externado por Geraldo Pereira Caldas no sentido de não haver que se falar em direito adquirido a eventual prazo de prorrogação, sendo este fato futuro e incerto, sempre a critério do poder concedente,[85] a análise deve ser mais aprofundada, a depender tanto da redação contratual da cláusula de prorrogação quanto do momento em que o contrato foi celebrado.

Analisando os contratos de concessão e geração de energia elétrica firmados entre os anos 1991 e 2012,[86] são identificadas três situações diversas: (i) um primeiro modelo contratual sem previsão de prorrogação de prazo, por vezes constando até mesmo sua proibição, "não admitindo ultrapassar o prazo da concessão pelo uso do bem público para geração de energia elétrica"; (ii) previsão de prorrogação do prazo contratual ao exclusivo critério da ANEEL até a assunção da nova concessionária: "O advento do termo final do contrato opera, de pleno direito, a extinção da concessão, facultando-se à ANEEL, a seu exclusivo critério, prorrogar o presente contrato até a assunção da nova concessionária"; (iii) previsão de prorrogação do prazo contratual preenchidas certas e determinadas condições pelo concessionário: "O prazo da concessão poderá ser prorrogado por igual período, com base nos relatórios técnicos específicos preparados pela fiscalização da ANEEL, nas condições que forem estabelecidas, a critério da ANEEL, mediante requerimento da concessionária, desde que a exploração do aproveitamento hidrelétrico esteja nas condições estabelecidas neste contrato, na legislação do setor, e atenda aos interesses dos consumidores".[87]

No que tange aos contratos com previsão de prorrogação do prazo contratual, faz-se necessário questionar se estamos diante de direito adquirido ou mera expectativa de direito, e se a simples presença da cláusula de prorrogação nos contratos outorga esse direito ao concessionário.

---

85. Geraldo Pereira Caldas, *Concessões de Serviço Público de Energia Elétrica*, 2ª ed., Curitiba, Juruá, 2006, p. 164.

86 Disponível em *www.aneel.gov.br* (acesso em 25.8.2013).

87. No mesmo sentido: "A critério exclusivo do poder concedente, e para assegurar a continuidade e qualidade do serviço público, e com base nos relatórios técnicos sobre regularidade e qualidade dos serviços prestados pela concessionária, preparados pelo órgão técnico de fiscalização, nos termos da Cláusula Oitava, o prazo das concessões poderá ser prorrogado no máximo por igual período, mediante requerimento da concessionária".

Um primeiro corte diz respeito à prorrogação prevista sem prazo, apenas para assegurar a continuidade da atividade, como na segunda cláusula apontada. Nesta, o objetivo é o de garantir o funcionamento do sistema até a assunção pelo novo concessionário, ou até que se finde a licitação em curso. Trata-se de prorrogação circunstancial decorrente de não haver, ainda, quem assuma a prestação do serviço ou o uso do bem público, quando se trate de geração. Neste caso não há que se falar em direito adquirido do concessionário, pois dependerá da conveniência e oportunidade do Poder Público prorrogar a concessão pelo tempo necessário até a nova contratação.

Diversa é a presença da cláusula de prorrogação apontada no terceiro item, onde há a previsão de dados objetivos para sua outorga, bem como o prazo de prorrogação, "por igual período". Neste caso não se trata de mera faculdade da ANEEL; o termo "poderá" está apenas a indicar um poder-dever, que deve ter sua decisão pautada em critérios objetivos: (i) relatórios técnicos de fiscalização; (ii) respeitadas as condições estabelecidas no contrato para a exploração do aproveitamento hidrelétrico; (iii) e atenda aos interesses dos consumidores. Havendo manifestação do concessionário pela prorrogação dentro do prazo estipulado, não existe qualquer espaço para a discricionariedade quanto à sua efetivação.

Ao impedir a prorrogação, nos termos da cláusula contratual que se observa, a Medida Provisória 579/2012 desnaturou a prorrogação existente em mencionados contratos, transformando-a em mera faculdade do poder concedente. Conforme já colocado, a opção dada ao concessionário é a adesão a um novo contrato, com condições, tarifação e modelo regulatório diversos, sendo verdadeira repactuação. A não adesão ao novo contrato culmina na impossibilidade de prorrogação prevista na cláusula de forma expressa.[88]

Em relação à geração, a nova previsão legal é expressa no sentido de se aplicarem os mesmos termos às concessões que foram ou não prorrogadas, mesmo para aquelas que detinham pedido de prorrogação

---

88. Floriano de Azevedo Marques Neto, "A prorrogação dos contratos de concessão do setor elétrico e a Medida Provisória 579/2012", cit., in Floriano de Azevedo Marques Neto, Thiago Marrara, Fernando Dias Menezes de Almeida e Irene Patrícia Nohara (orgs.), *Direito e Administração Pública: Estudos em Homenagem a Maria Sylvia Zanella Di Pietro*, p. 917.

tramitando.[89] Tornou, assim, letra morta a cláusula de prorrogação existente nos contratos de concessão.

Neste ponto há clara afronta à proteção ao ato jurídico perfeito e ao direito adquirido e violação frontal ao princípio da confiança legítima pelo Poder Público, que, ao mudar o regime jurídico em tal grau, por meio de medida provisória, frustrou toda a política setorial que se desenhava ao longo das últimas décadas e na qual confiaram os investidores que foram chamados a investir no setor.

13.3.3.4 Remuneração: tarifa

Toda modificação proposta na forma de remuneração ou tarifas dos contratos de concessão deve partir da análise e manutenção das condições prefixadas nos termos contratuais e legislação vigente à data de sua assinatura, em nome do princípio da segurança jurídica.[90] Cumpre, entretanto, questionar se o contrato onde a lei vigente propôs as modificações tarifárias pode ser considerado o mesmo, ou se o desenho é de um novo contrato, com novos termos e condições.

Pela leitura crua da lei é possível inferir que as significativas modificações pela atual legislação em vários termos, principalmente na remuneração, reforçam argumentos de não haver propriamente uma prorrogação, mas verdadeira novação, ou renovação contratual com termos diversos dos anteriormente contratados.

As modificações impostas às renovações pela atual legislação para aqueles que pretenderam manter suas concessões se fizeram sentir principalmente nas atividades de geração e transmissão de energia.

Na geração observa-se novo modelo, por meio da apropriação da renda hidráulica pelo consumidor do mercado regulado: (i) eventuais ativos não amortizados podem ser antecipadamente indenizados para os concessionários que fizerem a opção pela prorrogação; (ii) o gerador passa a ser remunerado por tarifa na modalidade "geração por disponibilidade"; e (iii) os riscos hidrológicos, decorrentes de tempe-

---

89. Lei 12.873/2013, art. 1º, § 7º: "§ 7º. O disposto neste artigo aplica-se às concessões de geração de energia hidrelétrica que, nos termos do art. 19 da Lei n. 9.074 de 1995, foram ou não prorrogadas, ou que estejam com pedido de prorrogação em tramitação".

90. Arnoldo Wald, "Segurança jurídica e revisão tarifária", *Revista de Direito da Energia* 11/43, São Paulo, abril/2012.

ratura, chuva, passam a ser assumidos pelas distribuidoras, com repasse para as tarifas de ônus e bônus.

Os geradores de usinas hidrelétricas que optaram por renovar seus contratos, nos termos normativos, passam da remuneração pelo serviço a um regime tarifário, sendo a tarifa calculada pela ANEEL,[91] ficando na condição de simples operadores e mantenedores das usinas, passando a receber uma tarifa pelo custeio dessas atividades.

As tarifas iniciais de geração por usinas hidrelétrica foram definidas pela Portaria 578, de 31.10.2012, do Ministério das Minas e Energia/MME, tem por base o valor do Custo da Gestão dos Ativos de Geração/GAG.

O mesmo ocorre com as concessionárias de transmissão que optaram pela renovação de seus contratos, os quais passam a ter sua remuneração por tarifa, que contemplará apenas custos de operação e manutenção (denominados O&M).[92] Para as transmissoras é prevista uma revisão extraordinária de tarifas, por meio da nova sistemática de comercialização de energia em cotas.

A Portaria MME-579, de 31.10.2012, disciplinou as tarifas referentes à transmissão, estabelecendo as Receitas Anuais Permitidas/RAPs das instalações integrantes das concessões de transmissão de energia elétrica prorrogadas, nos termos do art. 6º da Lei 12.783/2013.

As mudanças tarifárias incidentes sobre as possíveis renovações poucos impactos trouxeram às distribuidoras, que já transferiam ganhos de produtividade para os consumidores a cada ciclo de revisão tarifária periódica.[93]

A remuneração para os novos contratos licitados de geração, distribuição e transmissão, dentro do novo regime, passa a ser por preço pelo custo do serviço, demonstrando um retorno ao antigo modelo

---

91. Art. 1º, § 1º, I, da Lei 12.783/2013.
92. O cálculo de O&M foi definido pela ANEEL com base em uma metodologia próxima a que é aplicada às companhias de distribuição e usando informações do bancos de dados que servem de base para a fixação dos preços-teto dos leilões de energia e transmissão (Nivalde J. de Castro, Roberto Brandão, Guilherme Dantas e Rubens Rosental, *O Processo de Reestruturação do Setor Elétrico Brasileiro e os Impactos da Medida Provisória 579*, cit., p. 17.
93. Nivalde J. de Castro, Roberto Brandão, Guilherme Dantas e Rubens Rosental, *O Processo de Reestruturação do Setor Elétrico Brasileiro e os Impactos da Medida Provisória 579*, cit., p. 17.

remuneratório existente antes das modificações implementadas em 1995 e 2004 – modelo tão combatido, por trazer sérios problemas à expansão do sistema.

Cumpre destacar que as obrigações impostas às empresas concessionárias de transmissão e distribuição vão além da O&M (Operação & Manutenção), abrangendo a realização de investimentos necessários para garantir a qualidade e a atualidade da produção de energia elétrica, assim como melhorias e expansão do sistema.[94] Dentro desse quadro, a responsabilidade por investimento em expansão do sistema e reposições necessárias a assegurar a adequada prestação do serviço público de transmissão também é da concessionária, devendo para tanto auferir as correspondentes receitas.[95]

Uma remuneração que privilegie o princípio constitucional do equilíbrio econômico-financeiro dos contratos de concessão mostra-se essencial para a adequada prestação de serviços públicos, prezando pela qualidade de sua prestação aos usuários,[96] eficiência, continuidade e modicidade tarifária.

Os novos critérios de remuneração trazem consigo alguns pontos obscuros, com grande risco de desequilíbrio: (i) a respeito de prioridade de utilidade pública e regime especial de utilização, que não foram definidos; (ii) a alocação de riscos, como quebra de equipamentos, melhorias, não sendo possível delimitar claramente o risco do investidor e do poder concedente.

Há dúvidas, ainda, sobre se o concessionário necessitará de autorização do poder concedente para fazer reforços e de que forma se pretende realizar a expansão do sistema, como quem deva ser o autor da expansão e se existirá algum incentivo para que esta seja realizada.

94. Cláusula 10ª, X, Minuta do Termo Aditivo Geração: "Realizar investimentos necessários para garantir a qualidade e atualidade da produção de energia elétrica, compreendendo a modernidade das técnicas, dos equipamentos, das instalações e a sua conservação, bem como a melhoria e expansão".
95. Cláusula 3ª, Subcláusula 4ª, da Minuta do Termo Aditivo Transmissão: "A transmissora deverá operar, manter e conservar os bens e instalações (...) e responsabilizar-se pelas reposições que se fizerem necessárias para assegurar a adequada prestação do serviço público de transmissão, nos termos da legislação aplicável, superveniente e complementar, e das normas e regulamentos expedidos pelo Poder Concedente e pela ANEEL, auferindo as receitas correspondentes" (disponível em www.mme.gov.br, acesso em 26.8.2013).
96. Arnoldo Wald, "Segurança jurídica e revisão tarifária", cit., *Revista de Direito da Energia* 11/43.

Todas estas dúvidas devem ser o quanto antes esclarecidas, por meio de uma efetiva regulação, para que se evitem desnecessários prejuízos a um setor de importância ímpar no País.

13.3.3.5 Indenização: critérios

O Poder Público tem a prerrogativa de adotar medidas gerais para atender ao interesse público que impactam diretamente em determinados contratos e que autorizam eventuais revisões contratuais ou, mesmo, sua rescisão, ensejando, por vezes, o direito do concessionário ao reequilíbrio econômico-financeiro ou, no caso de rescisão, à justa indenização. Esta prerrogativa, entretanto, deve ser a única possível, não existindo medida menos gravosa ao contratante.

A mudança engendrada no regime jurídico do setor elétrico deve preservar os interesses dos contratados, se não por outros princípios constitucionais já mencionados, pelo critério isonômico. A quebra da base do negócio jurídico-administrativo enseja o dever de indenizar.

A indenização foi prevista pela Lei 12.783/2013 para os concessionários com contratos em curso quando da edição da Medida Provisória 579/2012 que optassem ou não pela renovação de seus contratos.

Os valores de investimentos vinculados a bens reversíveis ainda não amortizados ou não depreciados serão considerados na fixação da tarifa ou receita das concessões renovadas, assim como para fins de indenização, utilizando-se como metodologia o Valor Novo de Reposição/VNR, conforme os critérios estabelecidos no regulamento.[97]

A indenização dos concessionários poderá ocorrer em dois distintos casos: (i) àqueles que prorrogarem antecipadamente seus contratos; (ii) àqueles que optarem por não contratar com o poder concedente nos novos termos propostos pela Medida Provisória 579/2012 (investimentos não amortizados e bens não depreciados).

O objetivo principal da indenização prevista pela lei foi o de encerrar a relação contratual anterior, seja em razão de sua prorrogação – melhor denominada renovação – ou por seu efetivo fim, casos dos que optaram por não renovar nos termos propostos pela Medida Provisória 579/2012.

97. Arts. 8º, § 2º, e 15, *caput* e § 1º, ambos da Lei 12.783/2013.

Vale frisar que os contratos de concessão firmados com base na vigência da Lei 8.987/1995 possuem previsão expressa do dever de indenizar os investimentos vinculados a bens reversíveis não amortizados e não depreciados (art. 36) – o que nos faz questionar a validade do critério estabelecido pela Lei 12.783/2013.

O critério de indenização pelo VNR, que nada mais é que o valor do bem não amortizado e não depreciado no mercado, tendo como parâmetro o *projeto básico* estabelecido pelo regramento novo, embora seja um critério regulatório adequado, pois privilegia a eficiência e a continuidade do serviço, não parece servir como critério indenizatório.

O Estado, pelo princípio da boa-fé objetiva, tem o dever de indenizar corretamente, e o critério estabelecido pelo novo regime deixa em aberto, principalmente, a questão atinente aos "lucros cessantes" bem como outros valores que compõem uma indenização correta, como ativo a preços atuais, projeto básico de ampliações e modernizações realizadas pelo concessionário ao longo do contrato.

O Estado, embora possa alterar determinado regime jurídico, por ato lícito, deve se responsabilizar pelos danos que esta alteração causar.

Rafael Valim, valendo-se de esquema formulado pelo Tribunal das Comunidades Europeias, aponta um necessário raciocínio diante da alteração de um regime jurídico. Pergunta-se: "(i) Há confiança legítima do administrado a ser tutelada?; (b) Há um interesse público na nova normação, que justifique a preterição da confiança legítima?".[98]

À primeira questão a resposta deve ser, inequivocamente, afirmativa. O Governo Federal nas últimas duas décadas sinalizou uma ampla privatização do setor elétrico, mesmo com a reforma de 2004, a competitividade foi fomentada com o fim de atrair investidores que ampliassem o sistema brasileiro.

A atual Presidente da República, responsável pela modificação normativa implementada em 2012, que tanta instabilidade trouxe ao setor, foi a precursora da reforma de 2004, quando ocupava o cargo de Ministra das Minas e Energia.

Se tomarmos por paradigma o modelo de 2004, verificaremos que a Lei 10.848/2004 teve por características: (i) a implantação gradual

---

98. Rafael Valim, *O Princípio da Segurança Jurídica no Direito Administrativo Brasileiro*, São Paulo, Malheiros Editores, Coleção Temas de Direito Administrativo, 2010, p. 126.

da nova normatização; (ii) o respeito aos contratos existentes; (iii) o propósito de garantir a normalidade do processo; e (iv) assegurar a segurança jurídica. Dentro deste contexto, a Administração Pública Federal sinalizava, por todos os seus atos, que o setor elétrico estava diante de um arcabouço normativo estável e seguro.

A mudança abrupta de soluções e consequências drásticas implementadas pelas medidas provisórias em análise, sem qualquer prévio aviso ao setor, feriu o princípio da boa-fé da Administração Pública, na medida em que violou qualquer expectativa dos agentes setoriais de que o Governo seguisse com coerência seus atos anteriores.

A presença do interesse público, ainda que questionável,[99] embora valide a nova norma, não isenta o Poder Público de indenizar eventuais prejudicados. A indenização deve ser global, e não apenas no espectro que se queira custear, cabendo a aplicação aos contratos em curso do art. 36 da Lei 8.987/1995.

A garantia do equilíbrio econômico financeiro exige indenização integral dos prejuízos causados aos concessionários em casos de encerramento da concessão, como reflexo das recentes modificações legislativas, com especial atenção àquelas concessões que possuíam cláusula expressa autorizativa da prorrogação.

A justa indenização necessária nos contratos findos deve ocorrer na forma do art. 36 da Lei 8.987/1995, vigente no momento da assinatura da maior parte dos contratos em vigor, que estabeleceu um piso razoável para indenização, devendo esta ser aferida em razão da extensão do dano, sem constituir causa para o locupletamento indevido do poder concedente ou empobrecimento da concessionária, a qual somente se verificará mediante o pagamento da prévia indenização em dinheiro – o que, por certo, deverá abranger a parcela referente aos lucros cessantes e reais prejuízos da concessionária.

Situação diversa é a indenização antecipada devida aos concessionários que optaram por renovar seus contratos. Nestes casos, estes

---

99. Mesmo a modicidade tarifária restou prejudicada diante dos mecanismos falhos utilizados pelo Governo, sendo necessário o aporte pelo Governo Federal de valores referente a tributos para sustentar tal medida – ou seja: coloca-se no bolso direito (menos custo para o consumidor de energia) e retira-se do bolso esquerdo (aplicando no setor valores recebidos por meio de outros tributos, deixando de aplicá-los em outros serviços públicos).

aceitaram a indenização proposta pela Administração Federal, juntamente com os demais termos contratuais para novação contratual, em troca de permanecerem na prestação do serviço. Tudo, portanto, dentro de um acordo voluntário entre as partes contratantes.

13.4 Conclusão

As recentes modificações no setor energético, em especial nas concessões de energia elétrica, trazem consigo grande gama de questionamentos jurídicos, alguns dos quais levantados neste trabalho.

Nos setores de infraestrutura em geral há grande preocupação em modernizá-los, minorar seus custos e fazê-los aumentar em eficiência. O ordenamento jurídico, entretanto, diante da vontade política, tem assumido papel secundário – fato, este, que deve ser refletido de forma séria pela doutrina.

Nossa Constituição Federal, é verdade, permite uma interpretação elástica; e, por ser altamente principiológica, a depender da política pública eleita, assume um caráter mais publicista ou privatizador. Mais que um movimento pendular, o atual contexto histórico demonstra uma crescente complexidade do sistema, em especial nos setores de infraestrutura, onde o regime público aproxima-se cada vez mais do regime privado e ao privado se impõem limites mais rígidos, a depender da importância que a atividade detenha na sociedade.

Ao estudioso do Direito cabe o exercício de uma leitura crítica, sempre pautada no princípio da legalidade, em seu amplo espectro, preservando o núcleo inatingível e essencial da ordem constitucional. A realidade, portanto, não pode moldar a norma, e quando se mostra fora do quadro normativo é ilegal, devendo ser extirpada do ordenamento.

A forma escolhida para implementar a presente reforma, em grande parte por meio de medidas provisórias, além de ser inoportuna formal e materialmente, evitou um debate produtivo setorial, que apontaria consequências práticas melhor avaliadas.

A denominada prorrogação dos contratos de concessão de geração, transmissão e distribuição de energia elétrica é, em verdade, uma repactuação, onde a adesão do interessado o insere em novas condições contratuais, regime tarifário diferenciado e um novo modelo setorial, devendo, ainda, o interessado renunciar a eventuais direitos pretéritos. Ademais, a lei em vigor torna letra morta cláusulas de prorrogação existentes nos contratos vigentes.

Mencionadas repactuações, da forma como disciplinadas, são claramente inconstitucionais, violam comandos como o dever de licitar, a segurança jurídica, o ato jurídico perfeito e o direito adquirido. Os princípios e motivos que se apontam como justificadores da edição da medida provisória e a realização das renovações poderiam ser protegidos por outros meios, sem necessidade de ofensa a normas constitucionais. Uma medida importante que deixou de ser adotada foi a previsão de regras transitórias, que tendem a equilibrar mudanças normativas, evitando ofensas à segurança jurídica.

Não resta dúvida de que maior planejamento setorial poderia demonstrar a melhor solução para a maior parte das concessões de energia elétrica, seja para aquelas que sofreram intervenção estatal ou para aquelas que chegariam a seu termo nos próximos anos.

Este ponto, entretanto, vem sendo sistematicamente negligenciado pela Administração Pública. A falta de planejamento traz como inegável consequência insegurança jurídica aos contratos administrativos, afastando investidores, que, embora por vezes sejam vistos com olhos desconfiados pela sociedade, são de presença essencial para um maior desenvolvimento, expansão e eficiência no setor.

Referências bibliográficas

ALVARENGA, Maria Amália Figueiredo Pereira, e VOLPE FILHO, Clóvis Alberto. *Setor Elétrico: Aspectos Jurídicos Relevantes*. Curitiba, Juruá, 2004.

ARAGÃO, Alexandre Santos de. *Direito dos Serviços Públicos*. 3ª ed. Rio de Janeiro, Forense, 2013.

―――――――. "Natureza jurídica da geração de energia elétrica". In: ROCHA, Fábio Amorim da (coord.). *Temas Relevantes no Direito de Energia Elétrica*. t. II. Rio de Janeiro, Synergia, 2013 (pp. 31-54).

BLANCHET, Luiz Alberto. *Concessão de Serviços Públicos: Comentários à Lei 8.987, de 13.2.1995, e à Lei 9.704, de 7.7.1995, com as Inovações da Lei 9.427, de 27.12.1996, e da Lei 9.648, de 27.5.1998*. 2ª ed. Curitiba, Juruá, 2000.

BRANDÃO, Roberto, CASTRO, Nivalde José de, e DANTAS, Guilherme A. *Texto de Discussão do Setor Elétrico n. 13: Oportunidades de Comercialização de Bioeletricidade no Setor Elétrico Brasileiro* (disponível em *http://*

www.cogen.com.br/workshop/2009/Oportunidade_Comer_Bioele tric_22102009.pdf, acesso em 19.10.2013).

BRANDÃO, Roberto, CASTRO, Nivalde José de, DANTAS, Guilherme, e ROSENTAL, Rubens. *O Processo de Reestruturação do Setor Elétrico Brasileiro e os Impactos da Medida Provisória 579*. Disponível em http://www.nuca. ie.ufrj.br/gesel/tdse/TDSE-51.pdf (acesso em 30.7.2013).

CALAZANS JR., José. *Direito da Energia Elétrica: Estudos e Pareceres*. Rio de Janeiro, Synergia, 2013.

CALDAS, Geraldo Pereira. *Concessões de Serviço Público de Energia Elétrica*. 2ª ed. Curitiba, Juruá, 2006.

CASTRO, Nivalde José de, BRANDÃO, Roberto, e DANTAS, Guilherme A. *Texto de Discussão do Setor Elétrico n. 13: Oportunidades de Comercialização de Bioeletricidade no Setor Elétrico Brasileiro* (disponível em http://www.cogen.com.br/workshop/2009/Oportunidade_Comer_Bioele tric_22102009.pdf, acesso em 19.10.2013).

CASTRO, Nivalde José de, BRANDÃO, Roberto, DANTAS, Guilherme, e ROSENTAL, Rubens. *O Processo de Reestruturação do Setor Elétrico Brasileiro e os Impactos da Medida Provisória 579*. Disponível em http://www.nuca. ie.ufrj.br/gesel/tdse/TDSE-51.pdf (acesso em 30.7.2013).

CLÍMACO, Fernando Gomes. *Gestão de Consumidores Livres de Energia Elétrica*. Dissertação (Mestrado em Energia). São Paulo, USP, Escola Politécnica, Faculdade de Economia e Administração, Instituto de Eletrotécnica e Energia, Instituto de Física. 2010 (disponível em http://www.iee.usp.br/bi blioteca/producao/2010/Teses/Dissertacao_Fernando%20 Climaco_revisa da.pdf, acesso em 17.9.2013).

DANTAS, Guilherme A., BRANDÃO, Roberto, e CASTRO, Nivalde José de. *Texto de Discussão do Setor Elétrico n. 13: Oportunidades de Comercialização de Bioeletricidade no Setor Elétrico Brasileiro* (disponível em http://www.cogen.com.br/workshop/2009/Oportunidade_Comer_Bioele tric_22102009.pdf, acesso em 19.10.2013).

DANTAS, Guilherme, BRANDÃO, Roberto, CASTRO, Nivalde José de, e ROSENTAL, Rubens. *O Processo de Reestruturação do Setor Elétrico Brasileiro e os Impactos da Medida Provisória 579*. Disponível em http://www.nuca. ie.ufrj.br/gesel/tdse/TDSE-51.pdf (acesso em 30.7.2013).

DAVID, Solange. "O mercado de energia elétrica no Brasil após a Lei 12.783/2013". In: ROCHA, Fábio Amorim da (coord.). *Temas Relevantes no Direito de Energia Elétrica*. t. II. Rio de Janeiro, Synergia, 2013 (pp. 825-850).

DINIZ, Maria Helena. *Lei de Introdução ao Código Civil*. 2ª ed. São Paulo, Saraiva, 1996.

JUSTEN FILHO, Marçal. *Concessões de Serviços Públicos: Comentários às Leis 8.987 e 9.074, de 1995*. São Paulo, Dialética, 1997.

MAGALHÃES, Gerusa de Souza Côrtes. *Comercialização de Energia Elétrica no Ambiente de Contratação Livre: uma Análise Regulatório-Institucional a Partir dos Contratos de Compra e Venda de Energia Elétrica*. Dissertação (Mestrado em Energia). São Paulo, USP, Escola Politécnica/Faculdade de Economia, Administração e Contabilidade/Instituto de Eletrotécnica e Energia/Instituto de Física, 2009.

MARQUES NETO, Floriano de Azevedo. "A prorrogação dos contratos de concessão do setor elétrico e a Medida Provisória 579/2012". In: MARQUES NETO, Floriano de Azevedo, MARRARA, Thiago, MENEZES DE ALMEIDA, Fernando Dias, e NOHARA, Irene Patrícia (orgs.). *Direito e Administração Pública: Estudos em Homenagem a Maria Sylvia Zanella Di Pietro*. São Paulo, Atlas, 2013 (pp. 903-919).

──────────, MARRARA, Thiago, MENEZES DE ALMEIDA, Fernando Dias, e NOHARA, Irene Patrícia (orgs.). *Direito e Administração Pública: Estudos em Homenagem a Maria Sylvia Zanella Di Pietro*. São Paulo, Atlas, 2013.

MARRARA, Thiago, MARQUES NETO, Floriano de Azevedo, MENEZES DE ALMEIDA, Fernando Dias, e NOHARA, Irene Patrícia (orgs.). *Direito e Administração Pública: Estudos em Homenagem a Maria Sylvia Zanella Di Pietro*. São Paulo, Atlas, 2013.

MENEZES DE ALMEIDA, Fernando Dias, MARQUES NETO, Floriano de Azevedo, MARRARA, Thiago, e NOHARA, Irene Patrícia (orgs.). *Direito e Administração Pública: Estudos em Homenagem a Maria Sylvia Zanella Di Pietro*. São Paulo, Atlas, 2013.

MONTES, Danilo Leal, e OLIVEIRA, Gustavo Justino de. "Prorrogação das concessões de energia elétrica: problemática e soluções". *Revista do Direito da Energia* 11/13-42. São Paulo, abril/2012.

NOHARA, Irene Patrícia, MARQUES NETO, Floriano de Azevedo, MARRARA, Thiago, e MENEZES DE ALMEIDA, Fernando Dias (orgs.). *Direito e Administração Pública: Estudos em Homenagem a Maria Sylvia Zanella Di Pietro*. São Paulo, Atlas, 2013.

OLIVEIRA, Gustavo Justino de, e MONTES, Danilo Leal. "Prorrogação das concessões de energia elétrica: problemática e soluções". *Revista do Direito da Energia* 11/13-42. São Paulo, abril/2012.

PINHEIRO, Armando Castelar, e SADDI, Jairo. *Direito, Economia e Mercados*. Rio de Janeiro, Campus/Elsevier, 2005.

PRADO, Mariana Mota. "O setor de energia elétrica". In: SCHAPIRO, Mário Gomes (coord.). *Direito Econômico: Direito e Economia na Regulação Setorial*. São Paulo, Saraiva, 2009.

ROCHA, Fábio Amorim da (coord.). *Temas Relevantes no Direito de Energia Elétrica*. t. II. Rio de Janeiro, Synergia, 2013.

ROLIM, Maria João Pereira. *Direito Econômico da Energia Elétrica*. Rio de Janeiro, Forense, 2002.

ROSENTAL, Rubens, BRANDÃO, Roberto, CASTRO, Nivalde José de, e DANTAS, Guilherme. *O Processo de Reestruturação do Setor Elétrico Brasileiro e os Impactos da Medida Provisória 579*. Disponível em *http://www.nuca.ie.ufrj.br/gesel/tdse/TDSE-51.pdf* (acesso em 30.7.2013).

SADDI, Jairo, e PINHEIRO, Armando Castelar. *Direito, Economia e Mercados*. Rio de Janeiro, Campus/Elsevier, 2005.

SCHAPIRO, Mário Gomes (coord.). *Direito Econômico: Direito e Economia na Regulação Setorial*. São Paulo, Saraiva, 2009.

SCHIRATO, Vitor Rhein. "Geração de energia elétrica no Brasil: 15 anos fora do regime de serviço público". *Revista de Direito Público da Economia/RDPE* 31/141-168. Belo Horizonte, julho-setembro/2010.

SEABRA FAGUNDES, Maria Aparecida Almeida Pinto. "Intervenção na concessão de serviço de energia elétrica". In: ROCHA, Fábio Amorim da (coord.). *Temas Relevantes no Direito de Energia Elétrica*. t. II. Rio de Janeiro, Synergia, 2013 (pp. 615-638).

——————. "Os novos rumos do direito da eletricidade". *RDA* 224/9-28. Rio de Janeiro, 2001.

SUNDFELD, Carlos Ari (coord.). *Direito Administrativo Econômico*. 1ª ed., 3ª tir. São Paulo, Malheiros Editores, 2006.

VALIM, Rafael. *O Princípio da Segurança Jurídica no Direito Administrativo Brasileiro*. São Paulo, Malheiros Editores, Coleção Temas de Direito Administrativo, 2010.

VOLPE FILHO, Clóvis Alberto, e ALVARENGA, Maria Amália Figueiredo Pereira. *Setor Elétrico: Aspectos Jurídicos Relevantes*. Curitiba, Juruá, 2004.

WALD, Arnoldo. "Segurança jurídica e revisão tarifária". *Revista de Direito da Energia* 11/43-66. São Paulo, abril/2012.

WALTENBERG, David. "O direito da energia elétrica e a ANEEL". In: SUNDFELD, Carlos Ari (coord.). *Direito Administrativo Econômico*. 1ª ed., 3ª tir. São Paulo, Malheiros Editores, 2006.

Parte III
PÚBLICO E PRIVADO
NO DIREITO ADMINISTRATIVO

- *Capítulo 14* – **A Bipolaridade do Direito Administrativo e sua Superação**
- *Capítulo 15* – **A Experiência do Direito Administrativo Alemão: o que os Brasileiros Devem Saber?**
- *Capítulo 16* – **O Direito nas Políticas Públicas**

Capítulo 14
A BIPOLARIDADE DO DIREITO ADMINISTRATIVO E SUA SUPERAÇÃO[1]

FLORIANO DE AZEVEDO MARQUES NETO

14.1 Introdução. 14.2 Liberdade e autoridade na origem do direito administrativo: 14.2.1 Ruptura e tradição com o passado. 14.3 Distintos enfoques para o direito administrativo: 14.3.1 O movimento de inclinação "pro autoritatis" – 14.3.2 O direito administrativo visto pelo ângulo do indivíduo. 14.4 A importância do indivíduo para o direito administrativo. 14.5 Os papéis do privado na consecução das finalidades públicas: 14.5.1 O papel de "súdito" – 14.5.2 O papel de beneficiário – 14.5.3 O papel de cliente – 14.5.4 O papel de parceiro. 14.6 A atuação administrativa na relação com os particulares. 14.7 A tripla função do direito administrativo: 14.7.1 Como instrumento de restrição de direitos – 14.7.2 Como instrumento de efetivação de direitos – 14.7.3 Como instrumento de composição de interesses. 14.8 Do paradigma bipolar ao paradigma relacional. 14.9 Conclusão.

"Como metáfora, poderíamos dizer que a normatização do direito administrativo teria, então, dois polos, um destinado a resguardar a autoridade, e outro, a liberdade."[2]

1. Agradeço imensamente a Carlos Ari Sundfeld, Marina Fontão Zago e Maís Moreno pela disposição em ler e discutir este texto, oferecendo críticas e sugestões pertinentes, que, acatadas, tornaram a versão final muito melhor que todas as antecedentes. As falhas, opiniões e incompletudes deste artigo, porém, são exclusivas do seu autor.
2. Massimo Severo Giannini, *Corso di Diritto Amministrativo*, Milão, Giuffrè, 1965, p. 38 (tradução livre). No original: "La normazione del diritto amministrativo aveva quindi, potrebbe dirsi con metafora, due poli, l'uno volto a presidiare l'autorità, l'altro a presidiare la libertà".

"Por fim, se percebe um modo diferente de estabelecer as relações entre público e privado. Estas não são apenas bipolares. São também multipolares."[3]

14.1 Introdução

O recurso à figura da bipolaridade utilizada por Massimo Severo Giannini e Sabino Cassese[4] nas epígrafes citadas não se deve apenas à irresistível tentação de associar o direito administrativo ao transtorno psicológico de mesmo nome, como forma de lembrar a contradição essencial existente na estruturação tradicional deste ramo jurídico, em que a proteção e a consagração de direitos fundamentais convivem permanentemente contrapostas ao sacrifício, à limitação e ao condicionamento de outros tantos direitos, até mesmo os fundamentais. A lembrança desta bipolaridade nos é útil, mais que tudo, para lembrar que o direito administrativo tem sido edificado sobre várias dicotomias, além da célebre oposição autoridade/liberdade:[5] público-privado; indivíduo/coletividade; concentração/limitação do poder; legalidade/discricionariedade. Em termos bastante sintéticos, o direito administrativo equilibra-se entre várias polaridades, edifica-se sobre inúmeras contradições.

3. Sabino Cassese, "L'arena Pubblica: nuovi paradigmi per lo Stato", *Rivista Trimestrale di Diritto Pubblico* 3/649, Milão, 2001. No original: "Da ultimo, si è notato un diverso modo di stabilire le relazioni tra pubblico e privato. Queste non sono solo bipolari. Sono anche multipolari".
4. As duas citações que servem de epígrafe a este artigo não são aleatórias. Elas refletem não uma oposição, mas uma evolução na obra de dois dos mais importantes administrativistas dos últimos 50 anos. Na verdade, como veremos, o entendimento de Cassese parte da crítica de Giannini à bipolaridade para construir sua tese de um novo paradigma, que chama de *Arena Pública*.
5. Maria Sylvia Zanella Di Pietro bem sintetiza essa contradição: "Releva notar o fato de que o direito administrativo surgiu em pleno período do Estado Liberal, em cujo seio se desenvolveram os princípios do individualismo em todos os aspectos, inclusive o jurídico. A grande preocupação era a de proteger as liberdades do cidadão; daí a elaboração do princípio da legalidade. No entanto, paradoxalmente, o direito administrativo nasceu sob o signo do autoritarismo, já que reconheceu uma série de prerrogativas (potestades públicas) à Administração Pública. Daí a afirmação de que o regime jurídico-administrativo compreende o binômio: liberdade e autoridade" ("Inovações na Administração Pública", *RTDP* 51-52/14, São Paulo, Malheiros Editores, 2010). No mesmo sentido, v. Carlos Ari Sundfeld, *Fundamentos de Direito Público*, 5ª ed., 5ª tir., São Paulo, Malheiros Editores, 2014, p. 118.)

Contradições que decorrem não apenas do seu objeto (a normatização do agir do Estado-Administração, cuja atuação envolve sempre algum contrachoque com a esfera de direitos e interesses dos privados, pessoas físicas ou jurídicas). O direito administrativo, pode-se dizer, volta-se a disciplinar as diversas facetas da permanente tensão Estado/sociedade. Tais contradições (ou, se quisermos, polaridades) advêm também da herança histórica de um direito vindo para dar conformidade democrática a instrumentos instituídos em período anterior, marcado pela afirmação do poder absoluto, incontido.

O que intentamos mostrar é que, premido pelos polos da autoridade e da liberdade, o direito administrativo irá se transformar de um direito que se quer garantidor do indivíduo em face do poder em um direito da exorbitância. Isso em grande parte pela necessidade de se afirmar como conteúdo e como método frente a outros ramos, em especial ao direito comum. Embora apoiado na ideia de que a autoridade provém da outorga conferida pelos indivíduos,[6] o processo de autonomia da autoridade em relação à sociedade e aos indivíduos que a compõem (que estamos aqui a designar por privados) fará com que o Estado – e, por conseguinte, a Administração Pública – se torne não serviente e dependente dos indivíduos mas, ao contrário, muitas vezes indiferente e sempre prevalecente sobre aqueles.

Qual o sentido, enfim, de destacar esta bipolaridade? A resposta está no fato de que, ao fim e ao cabo, demonstraremos que o direito administrativo contemporâneo não pode mais se apoiar na contraposição, no binômio, autoridade/liberdade. Ao revés, este ramo do Direito já se configura e deve se estruturar em torno de outras noções, de equilíbrio de interesses, processo, de consenso, de ponderação do exercício da autoridade.

O cotejo entre as diferentes concepções de modelo teórico do direito administrativo (compreendendo sua estrutura e sua função) e as tensões a ele subjacentes nos permitirão demonstrar que (i) a bipolaridade, embora central na construção do modelo teórico do administrativismo, sempre foi desafiada por instrumentos de concertação de interesses e de emprego do particular na consecução de finalidades públicas; (ii) no

---

6. Eduardo García de Enterría, *La Lengua de los Derechos – La Formación del Derecho Público Europeo tras la Revolución Francesa*, 1ª reimpr., Madri, Alianza, 2005, pp. 102-108.

hodierno quadro de crescentes e complexas obrigações do Estado mostra-se fundamental o arranjo entre os múltiplos interesses enredados na atuação estatal; (iii) é necessário deslocar o modelo teórico de análise do direito administrativo da *estrutura* para a *função*, reposicionando o cidadão no centro das preocupações deste ramo do Direito, transpondo-o para outro modelo que Cassese denomina "Arena Pública", que aqui designamos de *paradigma multipolar*.[7]

14.2 Liberdade e autoridade na origem do direito administrativo

Em trabalho anterior[8] procuramos mostrar que o surgimento do direito administrativo está ligado à combinação de dois processos que têm lugar a partir do final da Idade Média. Referia-me à concentração do poder nas mãos do soberano, seguida do esforço por procurar delimitar e conter esse poder, sujeitando-o a limites e regramentos. Dizia, então, que o modelo teórico sobre o qual se assenta o direito administrativo é caudatário da afirmação do Estado Moderno, com a concentração do poder ensejada pelo Absolutismo. A esse processo de unificação e concentração do poder, demonstramos, correspondeu um poder inicialmente desprovido de limites, altamente concentrado e em geral desmedido (o que facilmente convola para o despotismo). Em uma palavra: aquele poder absoluto que os movimentos revolucionários do final do século XVIII e início do século XIX, capitaneados pela burguesia insurgente, cuidaram de tentar frear, limitar. "Neste quadrante é que se afirmará a prevalência da ordem jurídica e, de certa forma, [*emergirá*] o direito administrativo".[9] Claro que tal configuração corresponde ao modelo teórico do administrativismo.

Logo surgirão os mecanismos para permitir que aquele poder unificado se torne mais efetivo, contornando os limites ditados pela

---

7. Em texto precioso, partindo de fundamentos teóricos distintos, Santiago Montt trabalha também com uma oposição de paradigmas que chama de "paradigma legal" ("luz vermelha") e "paradigma responsivo" ("luz verde"). Em linhas gerais, esta oposição também se aproxima do aqui exposto. Sobre o paradigma responsivo, v. meu "A superação do ato administrativo autista", in Odete Medauar e Vitor Rhein Schirato (orgs.), *Os Caminhos do Ato Administrativo*, São Paulo, Ed. RT, 2011, pp. 89-113.

8. V. meu *Regulação Estatal e Interesses Públicos*, São Paulo, Malheiros Editores, 2002, especialmente pp. 56 e ss.

9. Idem, p. 65.

adstrição do poder à lei (emanada do Parlamento) e à censura pelo Judiciário.[10]

10. Quase concomitantemente à afirmação dos princípios da legalidade e da separação dos Poderes surgirão seus "antídotos". Por um lado, o crescimento das margens de discricionariedade conferida ao Estado-Administração. No outro, a jurisdição administrativa, nos Países de duplicidade de jurisdição, e as interdições judiciais ao mérito administrativo, nos Países de jurisdição una.
Como ensina Romeu Felipe Bacellar Filho, ao mesmo tempo em que a dualidade de jurisdição permite uma especialidade maior do julgador na solução dos conflitos envolvendo a Administração Pública, "a presença de uma jurisdição especial para a Administração pode ser encarada como um privilégio que conduz à formação de um direito de exceção" (*Reflexões sobre o Direito Administrativo*, Belo Horizonte, Fórum, 2009, p. 69. No mesmo sentido também Pierre Delvolvé, *Le Droit Administratif*, Paris, PUF, 2010, pp. 80 e ss.). É nessa linha que Vasco Manuel Pascoal Dias Pereira da Silva indica ser o "pecado original" do contencioso administrativo o fato de ter nascido como "um contencioso privativo da Administração" (*Em Busca do Acto Administrativo Perdido*, Coimbra, Almedina, 2003, p. 28). No decorrer de todo o período revolucionário francês – aponta o autor – era marcante a confusão entre contencioso administrativo e Administração Pública, que providencialmente se via livre do controle judicial a cargo da Justiça Comum (na qual ainda havia uma forte permanência de valores e agentes advindos da nobreza). Ainda, com o avanço para o sistema de justiça delegada introduzida em 1872, a aproximação entre jurisdição administrativa e Administração Pública se perpetua: "À medida que o contencioso administrativo se vai, progressiva e paulatinamente, autonomizando da Administração e os órgãos do contencioso administrativo se vão transformando em verdadeiros tribunais, esse 'compromisso inicial' relativo à natureza da entidade fiscalizadora da Administração tende a esbater-se, mas o seu 'espírito' continuará a determinar a estrutura do contencioso" (idem, p. 34).
Paulo Otero utiliza a expressão "ilusão garantística da gênese" para designar o mesmo fenômeno de permanência da autoridade na construção do direito administrativo (*Legalidade e Administração Pública – O Sentido da Vinculação Administrativa à Juridicidade*, Coimbra, Livraria Almedina, 2003, p. 271). Análise semelhante também é desenvolvida na literatura brasileira por Gustavo Binenbojm, que trabalha com a chave "contradições na gênese do direito administrativo" para explicar a "crise dos paradigmas do direito administrativo brasileiro": "A crise dos paradigmas do direito administrativo não se constitui apenas do novo, mas exibe também, em larga medida, alguns vícios de origem. Não obstante, as transformações por que passou o Estado Moderno, desde a ascensão do Estado-Providência até o seu colapso, verificado nas últimas décadas do século XX, assim como a emergência do Estado Democrático de Direito agravaram o descompasso entre as velhas categorias e as reais necessidades e expectativas das sociedades contemporâneas em relação à Administração Pública" (*Uma Teoria do Direito Administrativo. Direitos Fundamentais, Democracia e Constitucionalização*, 2ª ed., Rio de Janeiro, Renovar, 2008, pp. 22-23). São os seguintes paradigmas que remetem à gênese do direito administrativo colocados em xeque, segundo o autor, com as transformações do Estado: (i) princípio da supremacia do interesse público; (ii) legalidade administrativa como vinculação positiva à lei; (iii) intangibilidade do mérito administrativo; e (iv) a ideia do Poder Executivo unitário.

Naquela oportunidade asseverávamos que os processos de concentração e de delimitação do poder se refletem na permanente tensão em torno da qual o direito administrativo se constrói. De um lado, o direito administrativo como direito exorbitante, ramo jurídico continente de regras e instrumentos consumadores do poder extroverso. De outro, o mesmo direito administrativo a contemplar regras de proteção contra abusos desse poder.[11]

E, em certa medida, esta tensão se reflete não apenas no contraponto autoridade/liberdade, mas também no próprio debate sobre o momento e os fundamentos da origem do direito administrativo.

Embora, como ramo autônomo do Direito, o administrativismo seja razoavelmente recente,[12] é fato que normas disciplinando a atuação do Poder Público existiam em todas as manifestações de sociedades politicamente organizadas.[13] Nem sempre tais regras tiveram o objetivo de condicionar e limitar a atuação do soberano e de seus prepostos, mas, particularmente sob um enfoque estrutural,[14] qualquer

11. Na feliz imagem de Vasco Manuel Pascoal Dias Pereira da Silva, esse processo pode ser comparado metaforicamente ao périplo de Robinson Crusoé, que, ao chegar à ilha, busca primeiramente reunir todos os petrechos que lhe permitam fortificar-se e concentrar poder. Só depois sai em expedição, para sair estabelecendo relações em um ambiente de liberdade. Diz o autor português: "De igual modo, na história do Estado há um primeiro momento de máxima concentração e unificação do poder, que corresponde à teorização do Estado ditatorial (...) e um segundo momento, em que o Estado já se sente suficientemente 'forte' para ir à procura do Homem, para estabelecer uma organização política que seja o garante da liberdade e dos direitos individuais dos cidadãos, através do expediente técnico da separação de Poderes" (*Em Busca do Acto Administrativo Perdido*, cit., p. 15).

12. Neste sentido a célebre frase de Otto Mayer (*Derecho Administrativo Alemán*, Buenos Aires, Depalma, 1982, p. 18): "Unser Verwaltungsrecht ist ein junges recht". No mesmo sentido, v. Sabino Cassese, *Lo Spazio Giuridico Globale*, Roma/ Bari, Laterza, 2006, p. 150.

13. Juan Carlos Cassagne, *Curso de Derecho Administrativo*, 10ª ed., Buenos Aires, La Ley, 2011, pp. 58-59.

14. É, por exemplo, a lição de Maria Sylvia Zanella Di Pietro (*Direito Administrativo*, São Paulo, Atlas, 2012, p. 1). Acerca da situação de preexistência de uma estrutura administrativa forte e organizada durante o período absolutista – estrutura, esta, que irá servir de base para o desenvolvimento do direito administrativo –, v. Eduardo García de Enterría, *La Lengua de los Derechos – La Formación del Derecho Público Europeo tras la Revolución Francesa*, cit., 1ª reimpr., p. 181. V. também Guy Braibant e Bernard Stirn, *Le Droit Administratif Français*, 7ª ed., Paris, Presses de Sciences Po/Dalloz, 2005, pp. 29-34. Ainda: Jean Rivero, *Droit Administratif*, 8ª ed., Paris, Dalloz, 1977, p. 13.

organização do poder político, dotada de alguma complexidade, sempre demandou uma disciplina que poderíamos chamar jurídica.[15] É controverso se podemos denominar de direito administrativo qualquer corpo de normas voltado a essa disciplina. Tampouco podemos dizer que a ordenação jurídica da atuação do Estado, enquanto estrutura de concretização do poder político, seja uma criação exclusiva do Estado Moderno. O que é, sim, fruto da Modernidade é a preocupação em conferir limites à atuação dessa estrutura e de assegurar direitos aos indivíduos quando de seu relacionamento com o poder estatal.[16]

Esta linha de entendimento baliza grande parte das explicações dadas pela doutrina para o surgimento do direito administrativo. A corrente majoritária dos administrativistas identifica o surgimento do direito administrativo com o momento em que o poder passa a se submeter ao Direito, à legalidade e à tripartição de Poderes.[17] Sua afirmação como ramo autônomo estaria, então, ligada ao desenvolvimento do Estado de Direito,[18] no qual passam a estar sujeitos à lei

15. Massimo Severo Giannini, "Profili storici della scienza del diritto amministrativo", in *Quaderni Fiorentini: per la Storia del Pensiero Giuridico Moderno*, vol. 2, Milão, 1973, p. 209. Sobre a existência de normas administrativas anteriormente ao advento do Estado Moderno, v. Romeu Felipe Bacellar Filho, *Direito Administrativo*, 4ª ed., São Paulo, Saraiva, 2008, p. 1.

16. O que se aproxima, em certa medida, da concepção de Luís Filipe Colaço Antunes, para quem "o direito administrativo surge, precisamente, quando o Estado assume a forma histórica de ordenamento jurídico geral. Nem antes, nem depois" (*O Direito Administrativo sem Estado*, Coimbra, Coimbra Editora, 2008, p. 22).

17. Odete Medauar é clara quanto a um destes aspectos: "Indubitável, assim, que o princípio da separação de Poderes configura pressuposto da formação do direito administrativo" (*O Direito Administrativo em Evolução*, 2ª ed., São Paulo, Ed. RT, 2003, p. 23). Na síntese de Alexandre Santos de Aragão: "O direito administrativo só passa a existir como tal quando da autolimitação do Estado pelo princípio da separação de Poderes" (*Curso de Direito Administrativo*, Rio de Janeiro, Forense, 2012, p. 1). No mesmo sentido: Maria Sylvia Zanella Di Pietro, *Do Direito Privado na Administração Pública*, São Paulo, Atlas, 1989, p. 45.

18. "Não menos essencial, para que haja um direito administrativo, é um outro pressuposto: que o Estado seja um Estado de Direito. Tal conceito significa o primado da lei; a superação da fórmula do *sovrano legibus solutus* (própria do Estado Absoluto) e a sujeição do mesmo Estado (como sujeito) às normas jurídicas por ele mesmo instauradas (como Estado-Ordenamento)" (Aldo Sandulli, *Manuale di Diritto Amministrativo*, 10ª ed., Nápoles, Eugenio Jovene, 1969, p. 19 – tradução livre). No original: "Non meno essenziale è peró, perchè esista un diritto amministrativo, un altro pressuposto: che lo Stato sai uno Stato di Diritto. Tale concetto sta a significare il primato della legge; il superamento della formula del *sovrano legibus solutus* (propria dello Stato Assoluto) e la soggezione dello stesso Stato (come soggetto) alle norme giuridiche da eso instaurate (come Stato-Ordinamento)".

e aos mecanismos de controle não só os súditos, mas também os detentores do poder estatal.

O direito administrativo seria, portanto, caudatário do processo de universalização da legalidade (entendida como submissão de todos ao comando legal emanado do Parlamento) e da segregação de poderes (com isolamento dos poderes administrativos no Executivo e alocação da atividade normativa no Parlamento e da atividade de julgar no Judiciário, ainda que esta última dimensão fosse logo contornada com a dualidade de jurisdição nos Países que a adotaram). Nas palavras de Maria Sylvia Zanella Di Pietro, o direito administrativo seria, então, herdeiro das revoluções que sepultaram o Absolutismo.[19] Na lição de outro importante administrativista, "o direito administrativo nasce com o Estado de Direito, porque é o Direito que regula o comportamento da Administração. (...) [*é o Direito*] que disciplina as relações entre Administração e administrados, e só poderia mesmo existir a partir do instante em que o Estado, como qualquer, estivesse enclausurado pela ordem jurídica e restrito a mover-se dentro do âmbito desse mesmo quadro normativo estabelecido genericamente".[20]

Ou seja: o direito administrativo seria fruto da limitação do poder extroverso, seria o direito da contenção e subordinação do poder ao Estado de Direito. Subordinação que seria, mesmo, na feliz expressão de Prosper Weil e Dominique Pouyaud, um milagre, pois decorreria da "autolimitação voluntária" do próprio poder extroverso, justamente no momento de sua afirmação plena.[21]

Por milagre ou por circunstâncias históricas, para a grande maioria dos autores o direito administrativo se constitui como o ramo do Direito voltado a disciplinar, conter e controlar o poder submetido aos quadrantes do Estado de Direito. Seria, pois, um direito de contenção da autoridade, um "*direito defensivo do cidadão*"[22] e proteção das liberdades e dos indivíduos.

19. Maria Sylvia Zanella Di Pietro, *Direito Administrativo*, cit., p. 2.
20. Celso Antônio Bandeira de Mello, *Curso de Direito Administrativo*, 31ª ed., São Paulo, Malheiros Editores, 2014, p. 47.
21. Prosper Weil e Dominique Pouyaud, *Le Droit Administratif*, 22ª ed., Paris, PUF, 2008, p. 5.
22. Celso Antônio Bandeira de Mello, *Curso de Direito Administrativo*, cit., 31ª ed., p. 47.

Há, porém, outra gama de autores de relevo que questionam essa relação entre o direito administrativo e a limitação do poder. Paulo Otero, após passar por uma instigante desconstrução da tese de que o direito administrativo seria legatário da tripartição de Poderes, focando no exemplo francês para sustentar que a dualidade de jurisdição se presta justamente a evitar que a Administração se submeta ao Judiciário[23] – submissão, esta, plena, que se esperaria à luz da teoria de Montesquieu –, vai dizer que apenas "por manifesta ilusão de ótica ou equívoco se poderá vislumbrar uma gênese garantística no direito administrativo".[24] Para o autor seria um direito de tendência violadora da igualdade, cuja construção, desde suas origens no pós-Revolução Francesa, estaria apoiada na consagração e na efetivação da autoridade em detrimento da liberdade dos indivíduos. Nas palavras de Paulo Otero, as explicações do direito administrativo como voltado a conter e submeter o poder padeceriam do que, com verve, denomina de "ilusão garantística da gênese".[25] Na mesma linha vai Vasco Manuel Pascoal Dias Pereira da Silva.[26]

23. No que coincide com a lição de Guy Braibant e Bernard Stirn: "Esta situação tem desvantagens óbvias de fato. Poderia levar rapidamente a uma espécie de despotismo administrativo ou a Administração se tornaria poderosa e descontrolada. (...). Ela já não seria mais compatível com os princípios liberais que dominaram a Revolução, incluindo o respeito aos direitos humanos. Não foi por outro motivo que tal instituição se deu sob o regime liderado por um homem de perfil autoritário como Napoleão, mediante a criação uma jurisdição especial para controlar a Administração. A Administração, já então forte, precisava ser controlada, mas não pelos órgãos jurisdicionais, donde, então, a consequência lógica de se criar um tribunal especial encarregado deste controle" (*Le Droit Administratif Français*, cit., 7ª ed., p. 31 – tradução livre). No original: "Cette situation présentait en effet des inconvénients évidents. Elle risquait de mener rapidement à une sorte de depotisme administratif ou l'Administration auraitété à la puissante et non contrôlée. (...). Elle n'était pas davantage conforme aux príncipes libéraux qui avaient dominé la Révolution, notamment au respect des droits de l'homme. Cest pour ces motifs que le vide a été en quelque sorte comblé sous un régime dirigé par un homme qui était pourtant autoritaire, Napoléon, par la création d'une juridiction spéciale pour contrôler l'Administration. L'Administration était puissante, elle avait besoin d'être contrôlée, elle ne devaitpas l'être par les tribunaux judiciaires; il était dans ces conditions logique de créer une juridiction spéciale chargée de ce contrôle".

24. Paulo Otero, *Legalidade e Administração Pública: o Sentido da Vinculação Administrativa à Juridicidade*, cit., p. 281.

25. Idem, p. 273.

26. Vasco Manuel Pascoal Dias Pereira da Silva, *Em Busca do Acto Administrativo Perdido*, cit., p. 24.

A crítica talvez mais antiga – e certamente a mais embasada – à tese de identificação estreita entre o surgimento do direito administrativo enquanto tal e o advento do Estado de Direito é a desenvolvida, ao longo de sua profícua obra, por Massimo Severo Giannini. Desde seu mais precoce trabalho,[27] publicado quando tinha apenas 25 anos, o administrativista italiano defende que seria equivocado relacionar o advento desse ramo do Direito à afirmação do Estado de Direito.[28] Sua tese vai sendo afinada ao longo de toda a sua obra, e é assim sintetizada no seu *Corso*: "As opiniões sobre a origem do direito administrativo (...) são variadas. A mais difundida, e incompreensível, seria a de que isso teria sido decorrência do 'Estado de Direito'. É nitidamente falsa, porque também os Estados do grupo anglo-americano são Estados de Direito e não têm direito administrativo. Igual juízo vem expresso para aqueles que ligam tal surgimento à adoção do princípio da divisão de Poderes".[29]

Entre nós, cresceram nos últimos anos as críticas à associação entre o direito administrativo e o Estado de Direito (e seus vetores legalidade e separação de Poderes). A mais contundente destas críticas veio de Gustavo Binenbojm, no livro que se originou de sua tese de Doutoramento.[30] Nele sustenta que o direito administrativo não decorre de um processo de submissão do poder ao Direito (e, portanto, não é um veículo assecuratório da liberdade), mas, sim, de um movimento de reposicionamento do poder, visando à permanência e à reprodução do seu viés autoritário. Diz, de maneira contundente, o administrativista fluminense que "a associação da gênese do direito administrativo ao advento

27. Refiro-me ao seu *Profili Storici della Scienza del Diritto Amministrativo*, publicado inicialmente em 1940 em uma publicação denominada *Annali d'un Ateneo*. Afortunadamente, o texto foi republicado em 1973, pela Giuffrè – publicação agora compulsada e que deveria ser de leitura obrigatória para quem se propõe a estudar o direito administrativo (Massimo Severo Giannini, "Profili storici della scienza del diritto amministrativo", cit., *Quaderni Fiorentini: per la Storia del Pensiero Giuridico Moderno*, vol. 2, pp. 179-274. Esta publicação contém um adendo que, por si só, vale a leitura – pp. 263-274).

28. Para uma síntese das razões trazidas por Massimo Severo Giannini em respaldo à sua tese, v. Odete Medauar, *O Direito Administrativo em Evolução*, cit., 2ª ed., pp. 23-24.

29. Massimo Severo Giannini, *Corso di Diritto Amministrativo*, cit., p. 34 (tradução livre).

30. Gustavo Binenbojm, *Uma Teoria do Direito Administrativo. Direitos Fundamentais, Democracia e Constitucionalização*, cit., 2ª ed., 2008.

do Estado de Direito e do princípio da separação de Poderes na França pós-revolucionária caracteriza erro histórico e reprodução acrítica de um discurso de embotamento da realidade repetido por sucessivas gerações (...). O surgimento do direito administrativo e de suas categorias jurídicas peculiares (...) representou antes uma forma de reprodução das práticas administrativas do antigo regime que sua superação".[31]

Malgrado a consistência das críticas e o respeito tributado a seus autores, não cremos que se possa negar a relação entre o surgimento do direito administrativo e o esforço por delimitar o exercício do poder extroverso. Antes, compartilhamos com o entendimento de Gaspar Ariño Ortiz de que tal ramo do Direito é resultado da luta pelo poder, do conflito entre o Estado e a sociedade.[32] Em grande medida, toda a sua construção histórica traz esta tensão, e, por conseguinte, é também resultante da tentativa de contenção desse poder, originada nos movimentos revolucionários do final do século XVIII e início do século XIX, momento de afirmação do Estado Moderno.[33] Evidentemente, no âmbito destes processos, os setores que ascendiam ao poder tinham clareza dos riscos da desmedida do poder extroverso e, por conseguinte, da importância de coartá-lo. E a tinham em grande medida, porque esses setores vinham de sofrer as consequências dos abusos do poder das Monarquias absolutas e possuíam clara a importância de submeter tal poder a comandos gerais e universais, não decorrentes da vontade pessoal do seu detentor.[34]

31. Idem, p. 11.
32. Diz o jurista espanhol: "En primer lugar, puede afirmarse que el derecho administrativo es como la resultante de la lucha por el poder, de la lucha entre el Estado y la sociedad; esto se manifestará, de una parte, en la tensión Parlamiento/Gobierno (toda la teoría de las normas y la progresiva racionalización y control del poder normativo responde a ello; también el principio de legalidad, la teoría de las potestades, los planteamientos presupostarios etc.); y, de otra, en la tensión Administración/juez (la historia del derecho administrativo es, en este sentido, la historia del sometimiento al derecho de las inmunidades del poder, en frase de García de Enterría, o, si se quiere, la historia de la defensa del ciudadano frente las intromisiones del poder en el ámbito de sus derechos). El derecho administrativo ha sido el instrumento de afirmación de la supremacía o de la garantía, según el predominio de las fuerzas en juego" (Gaspar Ariño Ortiz, *Lecciones de Administración y Políticas Públicas*, Madri, Iustel, 2011, p. 34).
33. Henry Berthélemy, *Traité Élémentaire de Droit Administratif*, 8ª ed., Paris, Rosseau, 1916, p. 2.
34. Em obra preciosa dedicada exatamente a expor a influência do ideário da Revolução Francesa no modelo político e administrativo da França (inclusive para o seu modelo de Administração Pública, que influenciará toda a construção do direito

Note-se que não se está a dizer nem que as normas regentes da atividade administrativa só vão surgir nesse período,[35] nem que a limitação e o controle do poder estatal lograram tornar a ação administrativa menos intrusiva em face da sociedade. Porém, sem dúvida, o esforço de submeter o exercício concreto do poder a regramentos gerais e abstratos emitidos pelo Parlamento e de permitir a conferência da legitimidade das manifestações concretas deste poder pela plena possibilidade de cotejo com aquelas prescrições legais tem o nítido condão de oferecer limites e parâmetros contra o abuso e a concentração do poder. Prende-se – parece-nos incontroverso – ao vetor de proteção das liberdades dos privados.[36]

Mesmo as consideráveis críticas de Massimo Severo Giannini não são suficientes para afastar a relação do surgimento do direito administrativo com o momento de afirmação do Estado Moderno e de sua caracterização como Estado de Direito. Em obra seminal,[37] Odete Medauar cuida de demonstrar não serem as oposições apresentadas pelo administrativista italiano bastantes para negar este vínculo. Após

administrativo europeu continental), Pierre Rosanvallon expõe esse movimento (que designa como "de corte liberal") na primeira fase da Revolução Francesa. Diz o autor: "O Estado de Direito dos homens de 1789 tem uma dimensão obviamente 'liberal'. A lei aparece como 'garantia da liberdade', para retomar uma expressão cunhada em sede da Assembleia Nacional. 'A lei – dizia Talleyrand – nada mais é que a própria liberdade'. O Estado de Direito é na verdade a antítese da arbitrariedade. As fórmulas clássicas de Montesquieu sobre este ponto estão na cabeça de todos, e o despotismo é estigmatizado como um tipo de regime 'sem lei e sem regra, premido pela vontade e capricho do déspota'. Dito de outra forma, o despotismo é equiparado ao poder da idiossincrasia (a 'boa vontade' do príncipe como arbitrária), enquanto a liberdade é garantida pela generalidade da regra: generalidade de origem (produção parlamentar); generalidade como forma (natureza impessoal da norma) e generalidade como método geral de administração (o Estado)" (*Le Modele Politique Français*, Paris, Éditions Du Seuil, 2004, p. 85 – tradução livre).

35. Carlos Ari Sundfeld, *Fundamentos de Direito Público*, cit., 5ª ed., 5ª tir., pp. 29 e ss.; Massimo Severo Giannini, *Diritto Amministrativo*, vol. 2, Milão, Giuffrè, 1970, pp. 3-32.

36. "O que há de significativo neste novo período é que os sujeitos incumbidos de exercer o poder político deixarão de apenas impor normas aos outros, passando a dever obediência – no momento em que atuam – a certas normas jurídicas cuja finalidade é impor limites ao poder e permitir, em consequência, o controle do poder pelos seus destinatários" (Carlos Ari Sundfeld, *Fundamentos de Direito Público*, cit., 5ª ed., 5ª tir., p. 35).

37. Odete Medauar, *O Direito Administrativo em Evolução*, cit., 2ª ed., pp. 23-24.

sintetizar os fundamentos da tese de Massimo Severo Giannini, a professora demonstra que (i) não procede falar que já no Estado de Polícia existia disciplina jurídica da relação indivíduo/Estado, por não ser concebível tratar como disciplina jurídica regramentos que só fixem direitos (*potestas*) a uma das partes e sujeições à outra; (ii) a introdução da relação direitos/deveres e a sujeição do poder à lei – próprias ao Estado de Direito –, embora não prediquem necessariamente a existência de um direito administrativo, são pressupostos dele; (iii) não calha dizer que o vínculo inexista por haver Países em que viceja o Estado de Direito sem haver direito administrativo – como o caso inglês –, pois, no claro entendimento de Odete Medauar, além de ser discutível que no Direito Anglo-Saxão inexista direito administrativo, o direito regente das relações Estado/indivíduo na Europa Continental é bastante diverso daquele existente no período histórico anterior; e, por fim, (iv) o reducionismo de se usar a existência de direito administrativo como indicativo do Estado de Direito não seria suficiente para demonstrar que Estado de Direito e direito administrativo sejam absolutamente indiferentes, independentes.

Daí a precisa afirmação de Odete Medauar de que o Estado de Direito – com a submissão do poder extroverso à norma obrigatória (legalidade) e sancionada externamente ao Executivo – é fator propício, requisito mesmo, para existir um direito administrativo tal como o concebemos hoje.[38]

Embora apresentado como um ramo do Direito que surge da necessidade de contenção, limitação e subordinação do poder político à lei e ao respeito desta, é fato que o direito administrativo, no seu itinerário de afirmação baseado no paradigma bipolar, vai se distanciando deste prisma e vai passando a se assentar muito mais na ideia de efetivação do poder.

14.2.1 Ruptura e tradição com o passado

Temos, portanto, que o direito administrativo, na sua contemporânea acepção de ramo do Direito voltado a disciplinar as relações concretas entre Estado e particulares, é legatário do processo de uni-

---

38. Idem, ibidem.

versalização da legalidade e de superação das imunidades do poder aos limites e controles ditados pelo Direito. O que não significa dizer – longe disso – que esse ramo jurídico não absorverá e incrementará os instrumentos e fundamentos do poder no regime anterior, o Estado de Polícia. Nem poderá significar que, ao longo do seu processo de construção e afirmação, o administrativismo não vá se afastando do seu viés garantista e asseguratório da liberdade, para ir gradualmente se configurando como um direito efetivador da autoridade.

Não se pode negar que no período imediatamente anterior aos movimentos de ruptura com o poder absoluto do final do século XVIII havia na Europa estruturas administrativas consolidadas. Tratava-se de uma burocracia no geral[39] não profissional, no sentido weberiano, mas em grande medida organizada em torno do rei e que observava procedimentos e comandos regulares. Os soberanos dispunham de instrumentos para o exercício do poder. Impostos e *canons* eram arrecadados. Intervenções ordenadoras eram cotidianamente encetadas. Atividades dos indivíduos eram disciplinadas, condicionadas ou coartadas. Privilégios eram outorgados, muita vez em caráter de exclusividade. Tudo com grande margem de discrição ou arbítrio, mas nem por isso desprovido de efetividade.

Essa experiência toda será de grande valia na construção do Estado Moderno, então sob nova concepção de regramento e sob novo comando. Mas a gênese do poder (concentrado e incontrastável por definição) e a utilidade dos instrumentos permanecerão. Uma vez mais nas palavras de Massimo Severo Giannini, "a Revolução Francesa (acompanhada das revoluções liberais subsequentes) retirou de cena os tipos estruturais do Absolutismo pleno e do Absolutismo iluminado e introduziu um novo tipo estrutural, que foi chamado de 'direito administrativo'; esta é a substância do evento que foi importante, porque marcou a introdução de um novo tipo de Estado, no qual de pronto seguiram transformações constitucionais, mas conservou o tipo estrutural então absorvido, sempre aperfeiçoado".[40]

No embate entre a tradição autoritária e os câmbios liberais, emancipatórios e garantistas, a primeira irá prevalecer sobre o segundo, sem

---

39. Com exceção de alguns Cantões Suíços ou alguns governos locais mais estruturados.
40. Massimo Severo Giannini, *Corso di Diritto Amministrativo*, cit., p. 31 (tradução livre).

erradicá-lo. Vários fatores vão colaborar para esta prevalência do vetor autoritário. Do ponto de vista histórico, muito se deve à experiência revolucionária francesa. Dois fatos são destacáveis. Primeiro, a circunstância de que a França pré-revolucionária dispunha de uma estrutura administrativa bastante bem montada e eficiente, legado dos êxitos do processo de centralização e concentração do poder.[41] Segundo, o fato de que a França pós-revolucionária logo terá que enfrentar praticamente todos os reinos europeus em uma guerra de restauração. Fácil perceber, portanto, o quão relevante será para a consolidação do novo modelo de Estado dispor de uma estrutura administrativa forte, eficiente, coesa e não muito submetida a limites e controles que empecessem o pleno exercício de suas funções. Agregue-se a isso, ainda, o fato de que, moldada em tempos de guerra, essa estrutura administrativa, já de origem monárquica absolutista, houve de mimetizar a estrutura hierárquica, concentrada e rígida de matiz militar.[42]

Daí ser apenas parcialmente correto ligar o matiz autoritário do direito administrativo exclusivamente à sua herança do Estado Absoluto. Também é a experiência do Estado Moderno que vai reforçando o polo da autoridade, sempre em detrimento do polo das liberdades, moldando-o mais como um direito de efetivação do poder do que um direito de contenção do exercício da autoridade.

E a esta trajetória – digamos assim – de inflexão autoritária[43] corresponderá um *deslocamento do eixo da função para a estrutura*, da vertente *ex parte populi* para a vertente *ex parte principe*.

14.3 Distintos enfoques para o direito administrativo

Há duas maneiras de se conceber o direito administrativo. Uma delas toma por base a *estrutura da Administração*, suas normas de organização internas, os instrumentos de que o Estado dispõe para dar concretude a suas funções, seus poderes e prerrogativas exorbitantes.

---

41. Guy Braibant e Bernard Stirn, *Le Droit Administratif Français*, cit., 7ª ed., p. 29.
42. Moldada no período napoleônico, não seria de se imaginar uma influência mais predominante que a do estamento militar.
43. Massimo Severo Giannini, *Diritto Amministrativo*, cit., vol. 2, p. 35, e *Corso di Diritto Amministrativo*, cit., pp. 38-39.

Outra tem por foco o *funcionamento do Estado*, suas obrigações e finalidades, os limites do poder que enfeixa, a responsabilidade estatal e os mecanismos postos à mercê dos indivíduos para conter e eventualmente reagir a exorbitâncias no exercício das prerrogativas estatais.[44] Estas duas abordagens, embora diferentes, não são necessariamente excludentes. Não determinam direitos administrativos distintos, mas, sim, ângulos de visão e de explicação sobre o mesmo objeto.

No primeiro caso trata-se de uma abordagem *ex parte principe*, concebendo o direito administrativo como o ramo do Direito voltado à análise interna do Estado-Administração. No segundo temos um enfoque *ex parte populi*, privilegiando a relação com os indivíduos, tomados como sujeitos e beneficiários da ação do Poder Político. No primeiro o vetor é a autoridade (e o arcabouço a ela associado). No segundo o vetor é a liberdade, em sua acepção mais ampla.[45]

É verdade que uma vertente – digamos assim – *estrutural*, do direito administrativo não prescinde de abordar a interface da estrutura administrativa com os particulares que com ela travam relações jurídicas, as mais distintas. Igualmente, um enfoque *funcionalista* não dispensará verificar os instrumentos e os recursos que são aplicados nas relações travadas com os indivíduos. Ocorre que a opção por adotar uma ou outra abordagem não será neutra quanto ao que aqui inte-

---

44. "El derecho administrativo ha sido el instrumento de afirmación de la supremacía o de la garantía, según el predominio de las fuerzas en juego. Ello explica que el régimen jurídico-administrativo sea una mixtura de privilegios y sujeciones, de prerrogativa y carga" (Gaspar Ariño Ortiz, *Lecciones de Administración y Políticas Públicas*, cit., pp. 34-35).

45. Liberdade, essa, nas suas acepções passiva e ativa, que pressupõem respeito a direitos e suprimento de hipossuficiências correspondentes àquele plexo de direitos assegurados aos cidadãos. Vem neste sentido a feliz construção de Marçal Justen Filho, que apoia a própria definição do direito administrativo na noção de vinculação das estruturas e competências voltadas à consagração de direitos fundamentais. Neste sentido, irretorquível a passagem do seu raciocínio: "É fundamental eliminar o preconceito de que as organizações estatais possuem justificativas de existência em si mesmas. O Estado não existe para satisfazer as suas estruturas burocráticas internas, nem para realizar interesses exclusivos de alguma classe dominante (qualquer que ela seja). Nem é satisfatório aludir a concepções meramente formais, tais como 'interesse público', 'bem comum', e assim por diante. O direito administrativo (...) somente se justifica como instrumento para realização dos direitos fundamentais, que são decorrência da afirmação da dignidade humana" (*Curso de Direito Administrativo*, São Paulo, Ed. RT, 2012, p. 70).

ressa: enfocar o direito administrativo como um ramo jurídico voltado a ensejar a efetivação da *autoridade* (prevalência da estrutura) ou a assegurar a prevalência da *liberdade* (delimitação da função, das finalidades que justificam a existência do poder político).[46]

É desafiante, sempre, enfrentar temas de direito administrativo pela vertente *ex parte populi*, tentando colocar os indivíduos como centro da análise. Embora entendamos o direito administrativo como decorrência de um movimento de contenção do poder, como veremos adiante, não é menos verdade que no direito público é bem mais frequente o enfoque pelo viés da autoridade, da exorbitância. Em suma: ao estudar os diversos institutos integrantes do direito administrativo tendemos sempre a tomar o ângulo da autoridade em contraste com o direito dos comuns, dos iguais. É natural que assim seja. Se o direito civil rege a relação entre os iguais, o enfoque do seu estudo será sempre o indivíduo partícipe de relações jurídicas. No direito administrativo – como, de resto, no direito público em geral – a relação jurídica envolve partes, por definição, desiguais.

Logo, os administrativistas tendemos a construir nossas abordagens focando no que é diferente, distintivo, exorbitante. E tendemos a dar mais atenção à sobressalência da autoridade (prerrogativas) e às características de sua estrutura do que às garantias que os privados possuem em face desse poder extroverso.[47] Ou seja: embora acreditemos ser o direito administrativo fruto das garantias do indivíduo em face do poder, muitas vezes constatamos que o modelo teórico do

---

46. Quando nos referimos a prevalência queremos deixar claro que não se está identificando automaticamente estrutura com autoridade e função com liberdade. A prevalência da estrutura, por exemplo, não necessariamente corresponde à autoridade, da mesma forma que pela função a autoridade pode se manifestar até mesmo mais que a liberdade. O que pretendemos ressaltar é a contraposição entre o caráter estático da autoridade posta na estrutura da Administração em face do caráter dinâmico de oposição entre o exercício desta autoridade no âmbito da função pública, no âmbito no qual a autoridade ora e vez cede em favor da liberdade e quando deva prevalecer somente poderá fazê-lo se isso se mostrar justificado em face das finalidades subjacentes ao exercício da função.

47. Entendido como aquele poder incontrastável que tem por fundamento não uma manifestação volitiva de participar de uma relação de poder, mas a circunstância de estar sujeito a uma relação de prerrogativa que confere ao detentor desse poder abstrato a capacidade de impor obrigações de forma unilateral, com vistas à obtenção de resultados supostamente benéficos a todos. Nesse sentido, v. Renato Alessi, *Principi di Diritto Amministrativo*, vol. 1, Milão, Giuffrè, 1996, p. 282.

direito administrativo o faz se aproximar de um direito próprio ao exercício do poder. Daí a se transformar um direito a serviço do poder é um átimo.[48]

Doutro lado, quando estudamos a relação do direito público com o mundo privado vemos as duas esferas como distintas, como polos claramente separados.[49] Daí por que até mesmo importantes abordagens sobre o uso do direito privado pela Administração,[50] ou mesmo da fuga para o direito privado,[51] por exemplo, tratarem os privados,[52] e o direito que lhes é próprio, como uma dimensão estranha ao direito administrativo.

14.3.1 O movimento de inclinação "pro autoritatis"

Em muito influenciada pela experiência francesa, a construção do direito administrativo, que terá lugar a partir do século XIX, focará predominantemente na estrutura da Administração e nos instrumentos à sua mercê. Entre os polos da liberdade e da autoridade, o direito administrativo, no seu devir, acaba por pender para a autoridade, faz prevalecer o viés estrutural.[53] Ao pretender se diferenciar do direito comum (especialmente nos Países que adotam a dualidade de jurisdição,

---

48. Para uma radiografia precisa desse processo, v. Sabino Cassese, "Le trasformazioni del diritto amministrativo dal XIX al XXI secolo", *Rivista Trimestrale di Diritto Pubblico* 1/31, Milão, 2002.
49. Para uma análise crítica impressionantemente atual da dicotomia, v. Léon Duguit, *Manuel de Droit Constitutionnel*, 4ª ed., Paris, E. de Boccard, 1923, pp. 41-45.
50. De que é exemplo a obra seminal de Maria Sylvia Zanella Di Pietro, *Do Direito Privado na Administração Pública*, cit., especialmente no que tange aos critérios de distinção entre os dois ramos jurídicos (pp. 23 e ss.).
51. Maria João Estorninho, *A Fuga para o Direito Privado*, 2ª ed., Coimbra, Livraria Almedina, 2009.
52. Fazemos nossas as palavras de Massimo Severo Giannini: "Em toda esta matéria, 'privado' tem o sentido convencional que compreende o cidadão pessoa física, em alguns casos o estrangeiro e o apátrida, a pessoa jurídica privada, os entes públicos enquanto Estado e o Estado enquanto ente público" (*Diritto Amministrativo*, cit., vol. 2, p. 527). No original: "In tutta questa materia, 'privato' ha un senso convenzionale, comprensivo del cittadino persona física, in certi casi dello straniero e dell'apolide, della persona giuridica privata, dell'ente pubblico in quanto assogettato allo Stato, e perfino dello Stato in quanto assogettato a un ente pubblico").
53. Massimo Severo Giannini, *Corso di Diritto Amministrativo*, cit., p. 38.

premidos pelo desafio da especialização de competências), o direito administrativo ora apoia sua referência na estrutura do Estado-Administração, ora enfoca os instrumentos de autoridade, a exorbitância do seu regime. Com isso, vai se distanciando da função garantística inerente à liberdade, de limitação do poder, controlador do exercício deste, que originalmente deveria caracterizar este ramo jurídico no âmbito do Estado de Direito.[54]

Ademais, a ideia de um direito especial (não caracterizado por um maior controle ou uma preocupação reforçada em limitar seu exercício, mas cuja especialidade reside no manejo de prerrogativas exorbitantes) vai contrariar exatamente aquele pressuposto de generalidade, uniformidade e universalidade do Direito como freio e contrapeso ao poder extroverso. Aquela intenção dos "Homens de 1789", de uma lei marcada pela generalidade e pela abstração, acaba por ceder a uma legalidade especial, voltada à ação de um único sujeito. Uma lei – nos dizeres de Eduardo García de Enterría – estatutária.[55]

Diferentemente de outros ramos jurídicos, o direito administrativo não se origina e estrutura em torno de uma lei, um código ou um conjunto de normas positivas.[56] Ao contrário do direito civil, do direito

54. "Daí em diante, a lei administrativa hoje em dia, e já desde suas próprias raízes, não resistiria a um critério kantiano, pois derrogatório dos direitos dos indivíduos e, por isso, de muito especial generalização, insuscetível de generalização, imposta como imperativo categórico. Não é, como outros ramos do direito público (...) um direito diretamente instrumentalizado para a liberdade, mas sim um direito impregnado de uma supremacia geral sobre a liberdade em virtude de suas finalidades materiais, de seus objetivos, o que significa que este é um direito rigorosamente transpessoal" (tradução livre). No original: "Dès lors, le droit administratif d'aujourd'hui et de puisses origines mêmes, ne résiterait pas au critère kantien, parce qu'il est justement, dans son fondement, dans ses dispositions et dans sa finalité, un droit exorbitant du droit des individus et par cela même privilégié, insusceptible de généralisation, comme l'imposait l'impératif catégorique. Ce n'est pas non plus, à l'instar des autres branches du droit public (...) un droit directement instrumental pour la liberté, mais au contraire un droit portant habilitation d'une suprématie générale sur la liberté, en vertu de fins substantielles; c'est a dire qu'il s'agit d'un droit rigoureusement transpersonnel" (Eduardo García de Enterría, *Revolution Française et Administration Contemporaine*, Paris, Economica, 1986, p. 22).

55. Eduardo García de Enterría, "Verso un concetto di diritto amministrativo come diritto statutario", *Rivista Trimestrale di Diritto Pubblico* 10/331-332, Milão, 1960.

56. Odete Medauar, *Direito Administrativo Moderno*, São Paulo, Ed. RT, 2011, p. 44.

penal, dos ramos do direito processual, do direito comercial,[57] o direito administrativo, mesmo nos Países de tradição romanística, vai se construir tendo por base um tipo específico de relação jurídica: a relação entre o indivíduo e o Estado. Além disso, podemos dizer que na tradição europeia continental o direito administrativo é um ramo do Direito de positivação tardia.

Muitos autores procuram demarcar o surgimento do direito administrativo pela Lei *28 do Pluviose*, de 1800, editada por Napoleão no momento de consolidação da Revolução Francesa, para disciplinar positivamente as premissas de organização administrativa do Estado Francês então em construção.[58] Mas tal marco não pode servir mais do que como uma curiosidade histórica, pois mesmo no Direito Francês o desenvolvimento do direito administrativo vai ser impulsionado por princípios e institutos de construção doutrinária e jurisprudencial, a partir das decisões do Conselho de Estado daquele País.[59] Se formos pensar no conteúdo do que irá compor o que entendemos por direito administrativo, somos obrigados a concordar que este ramo do Direito é, em grande medida, fruto e continuidade do processo de reconfiguração política inaugurado com o declínio do Feudalismo e a concentração do poder no Absolutismo.[60] De resto, muitos dos institutos que são aproveitados pelo administrativismo são trazidos, ainda

57. E, posteriormente, do direito do trabalho e outros segmentos mais específicos, como consumidor, ambiental, eleitoral.
58. Maurice Hauriou lembra: "O poder administrativo foi criado, o Judiciário foi minimizado. Este novo estado de coisas foi consagrado pela Constituição de *22 Frimaire Ano VIII* e pela Lei de Organização Administrativa de *28 Pluviose Ano VIII*, que foi justamente chamada de Constituição administrativa da França" (*Précis de Droit Administratif et de Droit Public Général*, 10ª ed., Paris, Sirey, 1921, p. 3 – tradução livre). No original: "Le pouvoir administratif fut rehaussé, le Pouvoir Judiciaire fut abaissé. Ce nouvel état de choses fut consacré par la Constituitiondu 22 frimaire An VIII et par la Loi d'Organisation Administrative du 28 pluviose An VIII que l'on a appelée avec raison la Constitution administrative de la France".
59. Prosper Weil e Dominique Pouyaud: "Por mais de dois séculos, desde a mudança de regime, o Conselho de Estado tem sido uma instituição que tem marcado a vida francesa e sem a qual o direito administrativo não seria o que é" (*Le Droit Administratif*, cit., 22ª ed., p. 94 – tradução livre). No original: "Traversant depuis plus de deux siècles les changements de régime, le Conseil d'État est une institution qui a profondément marqué la vie française et sans laquelle le droit administratif ne serait pas ce qu'il est".
60. Cf. Eduardo García de Enterría, *Révolution Française et Administration Contemporaine*, cit., p. 25.

que reconfigurados, do antigo regime.[61] Por fim, temos que ter em mente que o marco positivo da lei francesa de 1800 era exclusivamente organizacional, muito pouco tratando da relação Estado/indivíduo.[62]

Efetivamente, em diversos Países – e de maneira acentuada no caso brasileiro – o surgimento de leis disciplinando aspectos relevantes do direito administrativo se deu apenas depois de já se ter um corpo de princípios e conceitos sedimentados determinando limites e pressupostos da atuação da Administração.[63]

O que vai definir, originalmente, o direito administrativo como ramo jurídico autônomo será seu objeto: a prescrição de um conjunto de disposições (como dito, nem sempre positivadas) que afastam ou

61. O exemplo mais célebre é do instituto do poder de polícia. Mas outros poderiam ser listados, como a requisição ou a figura do domínio eminente. Além disso – já tivemos a oportunidade de demonstrar, no nosso *A Concessão como Instituto do Direito Administrativo* (tese apresentada ao concurso para provimento do cargo de Professor Titular, São Paulo, Faculdade de Direito da USP, 2013) –, a própria concessão é trazida do antigo regime, sendo reconfigurada nos quadrantes do direito administrativo moderno.

62. Como bem aponta Odete Medauar: "(...) uma das dificuldades da aceitação da tese da ruptura está no enunciado da origem do direito administrativo em termos estritamente normativos; basta adotar a concepção de direito diferente da normativa para que aquela referência tenha menos certeza; além do mais, a lei francesa de 1800 dizia respeito somente à Administração, e o direito administrativo implica dois termos, a Administração e o indivíduo" (*O Direito Administrativo em Evolução*, cit., 2ª ed., p. 21). A esse respeito, v. também: Odete Medauar, *Direito Administrativo Moderno*, cit., p. 41; Maria Sylvia Zanella Di Pietro, *Direito Administrativo*, cit., p. 4; e Maria Paula Dallari Bucci, *Direito Administrativo e Políticas Públicas*, São Paulo, Saraiva, 2002, p. 42.

63. Nesse sentido, não deixa de ser curioso que o direito administrativo, caudatário da premissa moderna de sujeição do poder à lei e ao Direito e tendo como pilar básico o princípio da legalidade, tenha se apresentado durante muito tempo como um ramo do Direito pouco positivado, com um regime mais apoiado em princípios e conceitos desenvolvidos doutrinariamente, por manifestações jurisdicionais e pela própria prática administrativa do que em prescrições legais disciplinando cada processo ou instituto. Tal constatação vai se mostrar patente no âmbito do instituto da concessão, que, embora manejado desde os primórdios do direito administrativo, vai ensejar leis disciplinadoras muito tempo depois de sua reiterada utilização e da existência de um corpo doutrinário a configurar o estatuto. A tal ponto de existirem autores que sustentam que o conceito de concessão seja "pré-constitucional, exógeno, objeto de estudo de direito administrativo" – o que seria suficiente para impedir até mesmo ao legislador de dar ao instituto configurações que discrepem da doutrina dominante (sobre isso, v. Luiz Tarcísio Teixeira Ferreira, *Parcerias Público-Privadas*, Belo Horizonte, Fórum, 2006, p. 169).

derrogam princípios e normas do direito comum para disciplinar relações jurídicas de que participe o Estado-Administração. Ou seja: tem por objeto a disciplina específica da atuação jurídica da Administração Pública, sua estrutura e o exercício de suas funções em face dos indivíduos. Constituirá, em suma, seu objeto o conjunto de regras disciplinadoras das relações jurídicas especiais envolvendo parcela do Estado (Administração Pública) com os indivíduos.

Qualquer que seja o critério adotado para definir a incidência do regime jurídico de direito público (por exemplo, as relações de soberania da Escola Institucional ou a prestação de serviço público da Escola de Bordeaux), a demarcação do campo de atuação do direito administrativo remeterá às relações entre o Estado-Administração e os indivíduos, seja como sujeitos ao poder soberano, seja como beneficiários das atividades prestacionais do Poder Público. Enfim, qualquer que seja a explicação (fator de legitimação) para a especialidade do regime jurídico (ou, se quisermos, para sua excepcionalidade em face do direito comum), característica do direito administrativo será reger as prerrogativas ou condicionantes da Administração em suas relações jurídicas com os particulares ou, residualmente, com outros entes públicos.

Retomando o antes aludido, se em um primeiro momento esse regime especial tem por objeto caracterizar um conjunto de regras protetivas do cidadão, oferecendo certa contenção para o exercício do poder, com o crescimento dos campos de atuação da Administração este regime especial de direito administrativo irá assumir a função de instrumentalizar, tornar possível e efetiva, a atuação administrativa. O direito administrativo se deslocará, então, de um papel garantista das liberdades em face do poder para se tornar um direito de viabilização, de efetivação, do exercício do poder.

Esse movimento é bem narrado por Sabino Cassese, para quem "com o século XX se inicia uma nova fase: a Administração Pública aumenta de número e de importância e se estabelecem vínculos diretos com os privados. Estes privados são usuários de serviços públicos ou se valem de prestações sociais e sanitárias de administração pública. Mas têm um papel passivo e um estatuto inferior ao de cidadão, passando a ser designados por 'administrados'. Consequentemente a Administração Pública passa a ser considerada como entidade superior, que pode agir como autoridade e assim com atos unilaterais ou imperativos em detrimento dos cidadãos. Esta posição de superioridade da Administração é explicada pelo interesse coletivo que ela (Administração) deve perseguir, que não pode ser deixado à mercê dos cidadãos individualmente. Deste modo vem explicada a presença, no direito administrativo, da regras derrogatórias do direito comum".[64] Viria daí – no entender de Sabino Cassese – o deslocamento da relação Estado/cidadão (portador de direitos em face do poder estatal) para a relação de *sudditanza* ("sujeição") entre Administração e administrado.

Vale notar que deste deslocamento não vai se dar em favor do soberano ou de uma retomada do Absolutismo naquela perspectiva de *sovrano legibus solutus*, a que aludia Aldo Sandulli.[65] Vai se dar em favor da consecução de fins de interesse geral, da consecução do bem comum, ou, se quisermos, do interesse público remotamente consagrado na lei. Porém, como a lei que confere poderes de autoridade em geral fixa apenas finalidades gerais a serem perseguidas, competirá sempre àquele que recebe a parcela de poder extroverso (ou seja, quem detém a competência) identificar em concreto o que vem a ser, onde reside, aquele interesse público a ser consagrado pelo exercício da autoridade.

Com o crescimento do rol de atribuições da Administração e com o aumento de complexidade das funções administrativas, cada vez mais o comando legal se tornará aberto, franqueador de largas margens de liberdade para a Administração agir, elegendo de forma unilateral o que seja o interesse público a ser efetivado em concreto. Sem uma adstrição maior ao comando legal (crescentemente aberto e dúctil),

64. Sabino Cassese, "Il cittadino e l'Amministrazione Pubblica", *Rivista Trimestrale di Diritto Pubblico* 1/1.018, Milão, 1998. No original: "3. Con il XX secolo inizia una fase nuova: le Amministrazioni Pubbliche aumentano di numero e d'importanza e si stabliscono rapporti diretti con i privati. Questi sono utente di servizi pubblici o si valgono di prestazioni sociali e sanitarie di Amministrazioni Pubbliche. Ma hano un ruolo passivo e uno statuto inferiore a quello di cittadino, individuato dal termine 'amministrato'. Corrispettivamente, le Amministrazioni Pubbliche vengono considerate come entità superiori, che possono agire come autorità e, quindi, con atti unilaterali e imperativi a danno dei cittadini. Questa posizione di superiorità delle Amministrazioni è spiegata con l'interesse colletivo che esse devono perseguire, che non può essere lasciato alla mercè di singoli cittadini. In questo modo viene spiegata la presenza, nel diritto amministrativo, di regole derogatorie al diritto comune".
65. Aldo Sandulli, *Manuale di Diritto Amministrativo*, cit., 10ª ed., p. 19.

e com crescentes atribuições de poderes, a Administração se torna apta a manejar a autoridade de maneira quase que totalmente livre. Em nome do interesse público, os direitos dos privados cedem. E esse interesse público, diante de múltiplas e conflitivas situações e em face da crescente indeterminação da lei, acabará por ser aquele identificado pelo agente competente. A trajetória do direito administrativo, neste contexto, irá fortalecer a estrutura, enfraquecendo o caráter de garantia em favor da efetividade da autoridade.[66]

Nesse processo, o direito administrativo vai se tornando um ramo jurídico autorreferenciado no Estado-Administração. Se inicialmente como disciplina jurídica apta a conter a atuação estatal e proteger a esfera de direitos dos indivíduos da intrusão arbitrária ou exagerada do Poder Político (aquele "direito defensivo do cidadão" de que nos fala Celso Antônio Bandeira de Mello[67]), com o tempo o direito administrativo passa a ser o ramo jurídico voltado a disciplinar a estrutura da Administração como promotora do interesse público. Se inicialmente se tratava de disciplinar a ação estatal para proteger os indivíduos, com o tempo o direito administrativo se torna o direito da Administração.

Há uma migração de eixo de uma vertente protetiva *ex parte populi* para uma vertente *ex parte principe*. Deixa-se em segundo plano sua função de assegurar a liberdade e se passa a privilegiar seu papel como instrumento para viabilizar o exercício da autoridade.

Note-se que não se está, aqui, a dizer que a vertente prestacional, utilitária, alinhada com a Escola do Serviço Público, perde força para uma vertente institucional, construída em torno da noção de sobera-

---

66. Tal constatação foi bem captada pelo Min. Humberto Gomes de Barros, que, em precioso acórdão, versando sobre uma questão de asseguramento da posse de candidato vencedor aprovado em concurso público, resumiu com grande felicidade esse processo: "O princípio da legalidade gerou um outro: o do primado dos interesses públicos sobre os particulares. Este princípio, erigido em preceito maior do direito administrativo, foi, desgraçadamente, levado a exageros e deformações. Assim, os 'superiores interesses da Administração' foram constantemente confundidos com os subalternos interesses do príncipe. O sagrado postulado, vítima de solertes fraudes, transformou-se em caldo de cultura onde proliferaram e se desenvolveram o Fascismo e tantas outras espécies de tiranias" (STJ, REsp 6.518-RJ – 1990/00012592-8 –, rel. Min. Humberto Gomes de Barros, j. 16.9.1991).

67. Celso Antônio Bandeira de Mello, *Curso de Direito Administrativo*, cit., 31ª ed., p. 47.

nia, de poder extroverso. Tanto uma como outra, distintas pelo critério de delimitação das fronteiras do direito administrativo, podem se referenciar na liberdade ou na autoridade. De uma vertente da Escola Institucional, podemos conceber o direito administrativo tanto como o ramo voltado a tornar efetivos os poderes do Estado como, de outro lado, sendo o ramo voltado a conter, limitar e condicionar o manejo desses poderes em detrimento dos indivíduos. Da mesma forma se pode ter com a vertente da Escola do Serviço Público. O direito administrativo pode ser visto tanto como o ramo que trata da obrigação estatal de oferecer aos cidadãos utilidades prestacionais como também pode ser concebido tal qual o direito voltado a lidar com os privilégios estatais em face da prestação destes serviços.

Mas, paralelamente – e no Estado napoleônico que sucede a Revolução Francesa isso é muito claro –, passa-se a construir uma estrutura burocrática a suportar a atuação desse Estado e, por conseguinte, a ensejar o exercício deste poder. Essa crescentemente complexa configuração de competências, órgãos, entes e agentes demanda um corpo de princípios e regras que discipline (i) sua organização, (ii) seu funcionamento e (iii) os limites de sua atuação. Esse corpo vai constituir o que chamamos de "direito administrativo". É certo que seu conteúdo será alterado e ampliado conforme vão sendo alargadas as áreas de atuação e as finalidades atendidas. Mas o núcleo de sua identidade será construído a partir da ideia de exceção ao direito comum e da exorbitância das prerrogativas asseguradas à Administração em relação aos particulares.

Variarão, como visto, os fundamentos dessa exorbitância. Poderá ser adotada a soberania na explicação da Escola de Toulouse, com Maurice Hauriou[68] à frente; poderá se apoiar na ideia de oferta de utilidades

68. A Escola Institucional parte de uma análise de teoria geral do Estado – para depreender que o direito administrativo corresponde a uma medida de força legítima, sem a qual seria impossível a satisfação das finalidades públicas. Esta força seria a *puissance publique*, elemento caracterizador e sistematizador do direito administrativo. Segundo Maurice Hauriou, seu principal expoente, a *puissance publique* seria o "poder administrativo encarregado de assegurar a manutenção da ordem pública e a gestão dos serviços públicos dentro da medida das relações de direito público" (*Précis de Droit Administratif et de Droit Public Général*, cit., 10ª ed., pp. 8-9). No âmbito dessa Escola (também denominada Escola do Poder Público) foram elaboradas a teoria da instituição e a noção de regime administrativo (cf. Odete Medauar, *O Direito Administrativo em Evolução*, cit., 2ª ed., p. 37).

fruíveis, na acepção da Escola do Serviço Público de Bordeaux;[69] ou, ainda, na ideia de interesse público rejeitada pelos autores franceses[70]

> Não se deve perder de vista que a Escola Institucional tem um vínculo de ordem pragmática com a ordenação social. E, sendo assim, a *puissance publique* (cuja tradução mais aproximada corresponde ao "poder de império") seria o mecanismo adequado para que o Estado cumpra com os deveres os quais lhe foram cometidos. Ainda hoje a *puissance publique* é tida como meio de ação administrativa – ação, esta, marcadamente unilateral, vertical e exorbitante (cf. Jean Rivero e Jean Waline, *Droit Administratif*, 13ª ed., Paris, Dalloz, 2000, p. 11). Contudo, é inegável que a construção da Escola Institucional, ao associar Administração e poder de império, tem uma preocupação grande em limitar sua expansão. É, portanto, uma vertente com grande preocupação com a contenção e a limitação desse poder. Sobre esta visão protetiva do indivíduo, v. Marcel Waline, *L'Individualisme et le Droit*, 2ª ed., Paris, Domat Montchrestien, 1949, pp. 46 e ss.
>
> 69. A Escola do Serviço Público, ou Escola de Bordeaux, surge na França no final do século XIX, capitaneada por León Duguit. Contrapõe-se à Escola Institucional de Maurice Hauriou. Trata-se de um modo de compreensão da teoria do direito administrativo que coloca como eixo estruturante a noção de *serviço público*, em substituição à *puissance publique*. Nesta linha doutrinária, o que justificaria a atuação do Estado seria sua função de prestar serviços públicos em benefício da sociedade, contando, para tanto, com ferramentas disciplinadas pelo direito administrativo. Uma das notas mais características da teoria de Léon Duguit corresponde à quebra da institucionalização do Poder Público, uma das notas marcantes da Escola Institucional: "Também o direito administrativo se adapta: Maurice Hauriou descobre o 'trabalho administrativo' e, mais tarde, também Léon Duguit teoriza o 'Estado de Colaboração' e dissolve o mistério de um Estado em relacionamento muito concreto entre governantes e governados. O Estado perde sua conformação tradicional e se converte em um simples 'grupo de trabalho'" (Luca Mannori e Bernardo Sordi, *Storia del Diritto Amministrativo*, 3ª ed., Roma/Bari, Laterza, 2004, p. 421 – tradução livre). No original: "Anche il diritto amministrativo si adegua: Maurice Hauriou scopre il 'lavoro amministrativo'; più tardi, Léon Duguit teorizza lo 'Stato-Collaborazione' e dissolve il mistero della statualità in un concretissimo rapporto tra governanti e governati. Lo Stato perde i suoi arcana tradizionali si converte in un semplice 'grupo che lavora'".
> Ainda que tenha sido útil utilitário e funcionalista, não se pode negar que a construção da Escola do Serviço Público vai propiciar uma expansão dos campos de atuação estatal, bastando para isso que se criem serviços públicos, suprindo segmentos da vida social ou econômica do domínio privado (e, portanto, do direito comum). Vertente que será depois alargada e desenvolvida por Gaston Jèze (*Los Principios Generales del Derecho Administrativo*, Buenos Aires, Depalma, 1949, especialmente pp. 284 e ss.), para quem o núcleo do que devam ser os serviços públicos dependerá exclusivamente de uma decisão política; e, por conseguinte, as fronteiras do Estado-Administração não eram ditadas externamente ao Estado, mas, sim, dependeriam dos limites que este mesmo quisesse estabelecer para si.
> 70. Em sua obra seminal, Celso Antônio Bandeira de Mello traz alusão ao fato de que Waline teria pretendido substituir, como ideia-chave do direito administrativo, a noção de "serviço público" pela noção de "interesse geral", pois, segundo o autor,

mas presente nos autores italianos[71] e forte na doutrina brasileira do século passado e ainda hoje.[72]

Qualquer que seja a explicação que se adote, todas têm em comum a caracterização do direito administrativo como um direito da exorbitância. Dupla exorbitância: das regras especiais derrogatórias das de direito privado, a reger a relação jurídica de que a Administração participe, e exorbitância no sentido de que estas regras especiais conferem prerrogativas, privilégios, predominância do Poder Público sobre os direitos dos indivíduos. Estes direitos serão tratados como presumidamente menores, a ceder lugar às prerrogativas da Administração sempre que com ela se contrastarem, observados apenas os limites que a lei (em sentido amplo) impuser ao exercício daqueles poderes.

Tem-se, então, a viagem redonda. Estruturado em torno daqueles dois polos (ou, se quisermos, da concepção bipolar), o direito que haveria de ser o garante da liberdade e protetor dos indivíduos se torna o direito da efetividade da autoridade, instrumento à mercê da estrutura da Administração para ela se impor sobre os indivíduos. Em outras palavras: entre dois polos, o direito administrativo penderá para a autoridade, será por ela apropriado.

14.3.2 O direito administrativo visto pelo ângulo do indivíduo

Em que pese à tendência de construirmos nossas abordagens relevando o papel da autoridade, o direito administrativo não pode ser concebido sem considerar a esfera das pessoas físicas ou jurídicas que travam relações, horizontais ou verticais, com o Poder Público. Afinal, se as relações jurídicas regidas pelo direito administrativo são aquelas que têm em um dos polos a Administração Pública, verdade é que apenas em uma quantidade ínfima destas relações no outro polo estará também um ente estatal.[73] Daí podermos afirmar que o direito

---

"se tratava de critério excessivamente lato e, por conseguinte, de utilidade e de aplicação pouco firmes" (*Natureza e Regime Jurídico das Autarquias*, São Paulo, Ed. RT, 1968, p. 294).

71. Renato Alessi, *Principi di Diritto Amministrativo*, cit., vol. 1, pp. 199-209.

72. V., por todos, Maria Sylvia Zanella Di Pietro (org.), *Supremacia do Interesse Público*, São Paulo, Atlas, 2010.

73. Isso ocorrerá nos pactos interfederativos, a exemplo dos contratos de programa regidos pela Lei 11.107/2005, bem como nos convênios entre entes públicos.

administrativo se caracteriza como o ramo do Direito em que estão contidas regras para disciplinar as relações entre o poder extroverso estatal e os privados.[74] O exercício do poder estatal se dá por meio de relações com os particulares. Relações de autoridade, relações negociais, relações de parceria ou relações de atribuição de direitos e obrigações, por exemplo. Todas reguladas pelo direito administrativo.

Por isso, mais que um direito da autoridade, o direito administrativo deve ser entendido como composto por um conjunto de normas voltadas a disciplinar, além das relações intra-administrativas, as relações entre a pessoa jurídica Estado (seus órgãos, agentes e entes personificados no exercício das funções próprias à Administração) e os particulares, sejam pessoas físicas (indivíduos), sejam pessoas jurídicas.[75] No âmbito do direito administrativo estão compreendidas, além de relações de sujeição, verticais, também relações não marcadas pelos traços da supremacia – é dizer: relações baseadas no consenso, na composição de interesses.

O Estado, enquanto pessoa jurídica de direito público, não prescinde dos privados para realizar seus objetivos. Trata-se de uma interdependência inescapável, pois para o cumprimento de suas funções o Poder Público recorre permanentemente a relações jurídicas estatutárias[76] (como se verifica com os agentes públicos ou políticos) ou contratuais (tomando-se, aqui, "contratos" em acepção ampla, a compreender os contratos de satisfação, de delegação ou de cooperação).

Ou seja: inexiste função estatal que não envolva em alguma medida o concurso necessário dos particulares para ser efetivada. A separação entre o campo da Administração e o campo de atuação dos particulares é meramente teórica, diz com os limites e condicionantes

Mas estas relações, malgrado sua importância, são muito menos frequentes do que aquelas que cotidianamente envolvem a Administração e os particulares.
74. "O direito público é o conjunto das regras de Direito que se aplicam ao Estado e, na nossa doutrina, aos governos e aos seus agentes, nas suas relações entre si e com os particulares" (Léon Duguit, *Fundamentos do Direito*, Porto Alegre, Sérgio Antônio Fabris Editor, 2005, p. 57).
75. Eduardo García de Enterría e Tomás-Ramón Fernández, *Curso de Derecho Administrativo*, 15ª ed., Madri, Civitas/Thompson Reuters, 2011, p. 54.
76. Utilizo o termo, aqui, como sinônimo de decorrente da Constituição ou da lei (o que alcança também os agentes públicos), e não apenas para reportar o Estatuto dos Funcionários Públicos.

ditados pelo Direito. Cumpridas por agentes públicos ou políticos ou, ainda, por particulares mediante vínculo contratual – de satisfação (instrumentais), delegação ou colaboração (cooperação) –, as obrigações do Estado-Administração só podem ser efetivadas, portanto, com a participação de privados, pessoas físicas ou jurídicas.

E, como lembra Gaspar Ariño Ortiz, a técnica contratual mostra-se, desde tempos imemoriais, essencial na consecução de necessidades públicas.[77] Daí se poder dizer que mesmo na perspectiva estrutural as regras de direito administrativo têm por foco disciplinar a relação com os particulares, que servem de instrumento para exercício da função pública e, assim, das finalidades do Estado.

Entre nós, Oswaldo Aranha Bandeira de Mello, há mais de 40 anos, asseverava que, "em virtude de o Estado ser desprovido de atributos de inteligência e vontade, a realização das atividades necessárias à consecução de seu fim é confiada a indivíduos, considerados seus agentes, mas a ela imputadas, pois são praticadas em seu nome e interesse, isto é, no interesse coletivo, seu escopo especial e exclusivo".[78] A formulação é duplamente útil ao presente, pois, além de indicar que o interesse público é consumado pela ação de indivíduos (particulares em regime estatutário ou contratual), demarca com clareza algo óbvio, mas por vezes olvidado: que os escopos do Estado-

77. São suas palavras: "Quiere todo ello decir que en las distintas épocas, en los distintos momentos históricos, la satisfacción de determinadas necesidades públicas se logrará mediante la técnica contractual y ésta será calificada como administrativa o como civil, según la importancia política del sector, de la operación o actividad de que se trate" (Gaspar Ariño Ortiz, *Comentarios a la Ley de Contratos de las Administraciones Públicas*, t. 1, Granada, Comares, 2002, p. 32).

78. E completava o publicista paulista: "Atinge, pois, o Estado, em regra, o seu fim diretamente por agentes públicos, no cumprimento das respectivas atribuições. Os serviços levados a efeito de tal modo são executados em nome do Poder Público, e no seu interesse, e considerados, por consequência, próprios à pessoa coletiva política, a que são imputados. Entretanto, há serviços que o Estado, muitas vezes, prefere não empreender diretamente, e então delega o seu cumprimento aos particulares, que os executam em nome deles (particulares) e no seu interesse, devendo-lhes, portanto, ser atribuídos como próprios. Porém, como tais serviços são de caráter público e os particulares apenas os exercem em virtude de delegação da Administração, cabe ao Estado velar pelo modo do seu exercício, salvaguardando o interesse da coletividade. Esses particulares são considerados órgãos indiretos da atividade do Estado" (Oswaldo Aranha Bandeira de Mello, "Natureza jurídica da concessão de serviço público", *RDP* 19/12, São Paulo, Ed. RT, 1972).

-Administração (que constituem deveres perante os indivíduos) só podem ser executados com o concurso de privados. Ou seja: a atuação do Estado é realizada por intermédio de indivíduos que compõem a coletividade, estabelecendo para tanto relações jurídicas específicas e particulares que dotam esses indivíduos de um *status* distinto do dos demais membros da sociedade.

Outrossim, toda manifestação do poder estatal, independentemente do agente que a implemente, envolverá sempre uma interface com os privados, sejam indivíduos, sejam pessoas jurídicas. Quaisquer que sejam o conteúdo ou o vetor da ação da Administração Pública, ela sempre se exercerá em face de algum privado. Condicionará, delimitará ou sacrificará direitos dos particulares. Oferecerá prestações, utilidades públicas. Assegurará o respeito ou a consagração de direitos fundamentais. É dizer: qualquer manifestação da Administração Pública colherá direitos ou interesses dos particulares. E alcançará estes de forma desuniforme, resultando alguns particulares beneficiários e outros tolhidos em seus direitos ou liberdades. O poder administrativo não se exerce no éter. Qualquer que seja sua manifestação, constritiva ou consagradora de direitos, a atuação administrativa estará produzindo efeitos (desuniformes, insisto) em qualquer projeção da esfera dos direitos dos privados.

Segue, então, a importância de se entender e estudar o direito administrativo também a partir de sua vertente funcional, olhando para as finalidades e consequências do agir administrativo não somente no âmbito interno ao Estado (estrutura da Administração), mas também no âmbito da sociedade e dos plexos de direitos enfeixados pelos particulares (função da Administração). E nesta abordagem – digamos – funcional é fundamental recolocar o indivíduo (nas suas relações com o poder estatal) como destinatário e ator principal do direito administrativo.

14.4 A importância do indivíduo para o direito administrativo

Como vimos, no contexto do que estamos a designar de "paradigma bipolar" o indivíduo vai perdendo importância na construção do direito administrativo ao longo dos últimos 200 anos que medeiam a consolidação do Estado Liberal e seu corolário Estado de Direito até os dias de hoje. Se a ideia central do Estado de Direito passava por assegurar um feixe de mecanismos de proteção do indivíduo em face do Estado, com a evolução deste e com o incremento das funções a ele cometidas o indivíduo foi perdendo proeminência em face do Estado e o direito administrativo foi se deslocando do polo da *proteção* da liberdade para o da *efetivação* da autoridade.

Mesmo em uma vertente utilitária, prestacional, que concebe o direito administrativo como o ramo jurídico voltado à organização e à prestação dos serviços públicos (oferecidos ao público, fruíveis pelos indivíduos), o destinatário da atuação estatal deixa de ser o cidadão individualmente tomado e passa a ser uma abstração totalizante apresentada como o *interesse público*, o *bem comum*, a *coletividade*.[79]

Se na sua concepção original de direito-garantia o direito administrativo pretendia colocar o cidadão como titular de direitos a serem exercidos em face do Estado (seja para exigir prestações – utilidades públicas – necessárias à consagração dos seus direitos fundamentais, seja para obstar à intrusão estatal abusiva e ao cerceamento de suas liberdades e direitos subjetivos), com o tempo esse indivíduo será transformado em destinatário passivo, beneficiário, usuário dos serviços públicos e como detentor de direitos menores, inoponíveis à ação do Estado, cujo agir estará presumidamente voltado à consecução de um interesse público tão genérico e abstrato quanto superior, incontrastável, supremo.[80]

---

79. Este processo é brilhantemente captado e resumido por Jacques Chevallier: "A Revolução de 1789, que encerra a obra dos monarcas fazendo da supressão dos corpos intermediários a garantia da formação de uma comunidade política de cidadãos; o Império, que implantou um aparelho administrativo coerente, rigoroso e eficaz, concebido sob o modelo militar; enfim, as condições do desenvolvimento do capitalismo, que se apoiará sobre o Estado para criar o quadro de sua expansão e amortecer as tensões sociais sucessivas. Ao final dessas etapas, um modelo estatal muito específico se cristalizou: dotado de uma forte autonomia em relação ao resto da sociedade e investido de funções extensas que atestam sua supremacia, o Estado aparece como a chave de abóbada da sociedade e o garante da identidade coletiva" (*O Estado Pós-Moderno*, trad. de Marçal Justen Filho, Belo Horizonte, Fórum, 2009, p. 26).

80. Em texto publicado anteriormente, pude expor: "En el itinerario de la Modernidad, la figura del príncipe da lugar a una entidad más diáfana, la figura del interés público. Por esta concepción, habría siempre un interés mayor, distinto de los intereses individuales, una razón superior que a un mismo tiempo autoriza y justifica el actuar de la Administración Pública. Como ella siempre persigue el interés público

Sintomática, neste sentido, é a passagem terminológica. O indivíduo vai gradualmente deixando de ser tratado no âmbito do direito administrativo como cidadão (o que remete a um polo detentor de direitos subjetivos em face ao Estado) e passa a ser considerado ou administrado (sujeito passivo da sujeição ao poder estatal) ou usuário (beneficiário passivo de um provimento administrativo).

Obviamente, não se está a dizer, aqui, que o móvel da ação estatal tenha de ser o indivíduo isoladamente tomado, ou que a Administração não tivesse, desde a origem, que perseguir interesses transcendentes dos individuais, que não estivesse obrigada a buscar desígnios gerais da coletividade. O que se está a ressaltar é a crescente perda de importância do indivíduo em face do Estado-Administração e a crescente autonomia do Poder Público em relação à sociedade. O processo de consolidação do Estado ao longo do século XIX e especialmente do século XX fará com que o aparato administrativo se torne autônomo; mais ainda, que a ação estatal (por conseguinte, a atuação da Administração Pública) possa ser considerada ontologicamente superior a qualquer resistência da sociedade ou dos indivíduos que a integram. Mormente com o advento do Estado Intervencionista e com o crescimento da esfera de atuação estatal haverá um fortalecimento da autoridade e um reforço da sua predominância em face da sociedade.

A prevalência da autoridade estatal *a priori* vai reforçar a identificação do direito administrativo como vetor de efetivação da autoridade

(fórmula que independe de su contenido), siempre deberá el actuar administrativo sobrepasar los intereses – presumiblemente menores – de los administrados con quien se confronta. La noción de interés público cumple entonces una triple función: (i) ella sirve de límite al Poder Público, que sólo puede actuar cuando identifica y explicita un interés público a ser perseguido con su acto (función de delimitación); (ii) ella sirve para justificar al administrado la intervención estatal en su esfera de derechos, pues finalmente eso (el sacrificio o el condicionamiento de un derecho suyo) es hecho en beneficio de toda la colectividad, de la cual el individuo también es parte y, por tanto, beneficiario de la acción pública (función justificadora); y, por último, (iii) cumple un papel operacional, pues, como el contenido del interés público es abierto (ya que se trata de un concepto dúctil), él confiere un margen de maniobra para el detentador del poder, legitimado que estará para intervenir en la esfera privada siempre que consiga demostrar que eso es necesario para consagrar una finalidad de interés colectivo por él elegida como relevante (función operacional)" (Floriano de Azevedo Marques Neto, "La moderna regulación: la búsqueda de un equilibrio entre lo público y lo privado", in J. M. De La Cuétera, José Luiz Martínez López-Muniz e Francisco J. Villar Rojas, *Derecho Administrativo y Regulación Económica: Liber Amicorum Gaspar Ariño Ortiz*, Madri, La Ley, 2011, p. 1.082).

em detrimento de seu papel de instrumento de proteção da liberdade, um direito de promoção dos interesses supostamente gerais (presumindo que estes interesses são sempre facilmente identificáveis) em detrimento dos direitos individuais;[81] um direito de privilégio em favor dos interesses tutelados pelo Estado e dos interesses do Estado em relação aos interesses dos indivíduos quando não tratados de forma coletiva.

Isso fará com que por muito tempo o direito administrativo moldado na bipolaridade rejeite tratar da relação isolada Poder Público/indivíduo (administrado). O indivíduo é considerado, nesta acepção, sempre de forma abstrata, supraindividual. Quando, no exercício de função pública, a Administração esbarra em interesses ou direitos de particulares (indivíduos, grupos, organizações empresariais), a única relação que se admite é a de derrogação, sujeição, supremacia. Afinal, *a priori*, qualquer interesse ou direito do indivíduo será, presumidamente, subalterno em face da ação estatal necessária para consagrar o interesse público (dimensão supostamente mais densa e superior que a soma dos interesses individuais encontráveis na sociedade).[82]

Por outro lado, essa construção – que leva à autonomia do Estado em face da sociedade – só fará sentido se acreditarmos que em cada ação estatal, em cada ato da Administração, haverá um único provimento possível para consumar o interesse público. Esse interesse seria invariavelmente uno (singular, incindível) e único (exclusivo) em cada manifestação do poder extroverso[83] – o que nos levaria ao direito administrativo construído especificamente com base na oposição interesse público *versus* interesses privados e de relações verticais de sujeição destes àquele.[84]

81. Maria João Estorninho, *A Fuga para o Direito Privado*, cit., 2ª ed., p. 28.
82. Prova disso é a resistência à ideia de processo administrativo que pressupõe a existência de lide, pretensão resistida dos administrados em face da tutela do poder estatal. Para haver lide temos que aceitar que os interesses dos particulares são relevantes e devem ser considerados e confrontados para o exercício da função administrativa. Sobre o tema, v.: Odete Medauar, *A Processualidade no Direito Administrativo*, 2ª ed., São Paulo, Ed. RT, 2008, p. 36; Adilson Dallari e Sérgio Ferraz, *Processo Administrativo*, 3ª ed., São Paulo, Malheiros Editores, 2012, pp. 31 e ss.; e também Romeu Felipe Bacellar Filho, *Reflexões sobre o Direito Administrativo*, cit., pp. 81-90.
83. A esse respeito, v. Floriano de Azevedo Marques Neto e Vitor Rhein Schirato (orgs.), *Estudos sobre a Lei das Parcerias Público-Privadas*, Belo Horizonte, Fórum, 2011, p. 15.
84. Não pretendo, aqui, entrar no renhido debate em torno da existência, ou não, do princípio da supremacia do interesse público, pois que isso ampliaria em

Outrossim, o direito administrativo supostamente não contemplaria a existência de relações desuniformes entre particulares. Seja pela sua adstrição ao princípio da isonomia, seja em virtude da suposta emancipação do interesse público em face dos interesses privados, do exercício da função pública resultariam, sempre, efeitos uniformes sobre a esfera de direitos dos particulares. Ainda que de uma ação administrativa em concreto resultassem efeitos desuniformes (como no caso da desapropriação, ou de outro sacrifício de direito), o próprio agir administrativo já traria em si a neutralização desses efeitos, em especial mediante indenização do particular afetado (neutralização patrimonial) em razão da carga excessiva de poder que recaísse sobre sua propriedade.

O problema desta construção é que ela traz no seu bojo duas dimensões que, combinadas, são altamente perigosas: a absolutez e a abstração. Isso fica bastante patente quando tomamos por base a supremacia do interesse público, que, entre nós, respalda a formulação do chamado *regime jurídico-administrativo* (ou seja, o núcleo caracterizador do direito administrativo).[85]

A ideia de supremacia nos remete a uma contraposição entre dois feixes de interesses, em que inevitavelmente um dos polos sempre prevalecerá. É uma relação absoluta, que demarca o caráter bipolar: o que é supremo é sempre portador de superioridade, presumida, plena. Neste sentido, pode-se dizer que a supremacia é própria do paradigma bipolar e é antípoda às ideias de ponderação, de modulação ou de sopesamento.[86] Estas envolvem avaliação em concreto de como cada

---

muito o objeto do trabalho. Para um aprofundamento, v., além dos meus já citados *Estudos sobre a Lei das Parcerias Público-Privadas* (em colaboração com Vitor Rhein Schirato) e *Regulação Estatal e Interesses Públicos*: Humberto Bergmann Ávila, *O Direito Público em Tempos de Crise*, Porto Alegre, Livraria do Advogado, 1999; Daniel Sarmento (org.), *Interesse Público Versus Interesse Privado*, Rio de Janeiro, Lumen Juris, 2007, e "Conceito de interesse público e a 'personalização' do direito administrativo", *RTDP* 26/115-136, São Paulo, Malheiros Editores, 1999; e Gustavo Binenbojm, *Uma Teoria do Direito Administrativo: Direitos Fundamentais, Democracia e Constitucionalização*, cit., 2ª ed.

85. Por todos, v. Celso Antônio Bandeira de Mello, *Curso de Direito Administrativo*, cit., 31ª ed., pp. 55-56.

86. Em que pese aos esforços mais recentes de alguns autores defensores da prevalência do princípio da supremacia. Tais defesas buscam temperar sua aplicação incorporando a possibilidade de modulações de sua incidência por força do princípio

feixe de interesses se manifesta diante de uma contraposição; compreende perquirição para identificar qual deverá predominar caso não seja possível um equilíbrio entre os interesses antagônicos.[87]

Já, a supremacia envolve aceitar que um dos polos terá sempre preeminência, sobressalência, por ser, ontologicamente e independentemente de qualquer verificação contextual, portador de mais virtudes do que seu contraponto. O problema, por óbvio, não está em negar que a Administração deva perseguir sempre os interesses transindividuais, sendo-lhe, portanto, defeso agir para perseguir interesses particularísticos.[88] Contudo, preconizar a supremacia implica enxergar uma noção relacional absoluta, o que é incompatível com o ordenamento jurídico.[89]

De outro lado, a noção de interesse público é indeterminada, aberta e abstrata. Podemos afirmar o que não é interesse público com alguma facilidade. Dificilmente, porém, conseguiremos defini-lo[90] de forma precisa, de tal sorte que seja sempre de fácil identificação qual

da proporcionalidade (Celso Antônio Bandeira de Mello, *Curso de Direito Administrativo*, cit., 31ª ed., p. 102). Não obstante, a consideração do dever de proporcionalidade não abranda o aspecto totalizante da noção de supremacia.
87. A professora Odete Medauar estabelece uma ordem de conformação dos interesses: primeiramente, tenta-se a harmonização; caso o equilíbrio não seja alcançado, então, por critérios de sopesamento, a autoridade administrativa decide qual interesse será contemplado no caso concreto.
88. Preferirmos falar em *princípio da perseguição do interesse público* ou, na formulação dos administrativistas portugueses, da persecução desses interesses (v. Maria João Estorninho, *A Fuga para o Direito Privado*, cit., 2ª ed., pp. 168-173).
89. Enfocando o tema, Marçal Justen Filho sustenta que "não se pode afirmar, de modo generalizado e abstrato, algum tipo de supremacia absoluta produzida aprioristicamente em favor de algum titular de posição jurídica. Nem o Estado nem qualquer sujeito privado são titulares de posição jurídica absolutamente privilegiada em face de outrem. Todo e qualquer direito, interesse, poder, competência ou ônus são limitados sempre pelos direitos fundamentais. Nenhuma decisão administrativa ofensiva de direitos fundamentais pode ser reconhecida como válida" (*Curso de Direito Administrativo*, cit., p. 115).
90. "O conceito de interesse público é daqueles cuja evidência intuitiva não facilita em muito a definição. Embora seja a ideia dominante de todas as normas jurídico-administrativas, ele não é, como observa Jean Rivero, aconselhável como elemento caracterizador do direito administrativo, visto que, quando a Administração Pública utiliza meios de direito privado, é ainda o interesse público a guiá-la" (José Manuel Sérvulo Correia, "Os princípios constitucionais da Administração Pública", in Jorge Miranda (coord.), *Estudos sobre a Constituição*, Lisboa, Livraria Petrony, 1979, pp. 662 e ss.).

seja tal interesse no cotejo entre as diferentes pautas e aspirações postas ao agir administrativo. O máximo que conseguiremos será bosquejar formulações genéricas do tipo: "interesse público é aquele pertencente a todos e cada um", "é o interesse coletivo que transcende a soma dos interesses individuais", ou, então, de forma um pouco mais sofisticada, mas ainda insuficiente, dizer que é "o conjunto de interesses detido por cada membro da coletividade por a ela pertencer". Tais fórmulas, mesmo as mais elaboradas, não deixam de ser recursos retóricos que não elidem o fato de que tal noção é dúctil, vazia, genérica e abstrata. Um verdadeiro axioma,[91] diante do qual, na impossibilidade de conhecer, há que acreditar.

Trata-se, pois, o interesse público, de conceito indeterminado.[92] Não existe um, mas vários interesses públicos enredados em cada provimento da Administração.[93] Em uma mesma situação pode-se alocar o interesse público em vários polos diferentes, em vários feixes de interesses distintos. Diante da abstração e generalidade da fórmula "interesse público", em última instância, sempre caberá àquele titular da competência para agir em concreto dizer, afinal, o que seja ou venha a ser o tal interesse público a ser consagrado (e, assim, predominar sobre todos os demais interesses a ele contrapostos).

Ligando os dois aspectos – a absolutez da supremacia e a indeterminação do interesse público –, teremos uma fórmula temerária por meio da qual se confere um peso abissal à autoridade e uma grande

91. Na feliz formulação de Celso Antônio Bandeira de Mello, *Natureza e Regime Jurídico das Autarquias*, cit., p. 294.
92. "La ilusión de un interés público objetivo, mensurable, de aquello que es 'lo mejor' para todos, está cada vez más lejos de la realidad. Y no es fácil identificar lo que sea este inalcanzable 'interés público', por la específica razón de que no sólo no existe un solo 'público', sino porque existen muchos 'públicos'. Y, por lo tanto, se hace difícil aceptar como indiscutible esa presunción de titularidad exclusiva del interés público de alguien que, de manera arcana y como por iluminación divina, nos puede decir a todos lo que más nos conviene" (Gaspar Ariño Ortiz, *Transparencia y Participación en la Administración Pública Española*, Madri, Universidad Carlos III, 1994, p. 84).
93. Cf. Floriano de Azevedo Marques Neto, "La moderna regulación: la búsqueda de un equilibrio entre lo público y lo privado", in J. M. De La Cuétera, José Luiz Martínez López-Muniz e Francisco J. Villar Rojas, *Derecho Administrativo y Regulación Económica: **Liber Amicorum** Gaspar Ariño Ortiz*, pp. 1.077-1.103. V. também Marçal Justen Filho, "O direito administrativo do espetáculo", in Alexandre Santos de Aragão e Floriano de Azevedo Marques Neto (orgs.), *Direito Administrativo e seus Novos Paradigmas*, Belo Horizonte, Fórum, 2008, p. 79.

vulnerabilidade aos direitos individuais que se ponham em cotejo. Assim sendo, confere-se à estrutura da Administração a prerrogativa de exercer sua autoridade sem mesmo necessitar de grandes demonstrações da utilidade e adequação daquele agir em face das finalidades e sem carecer de expor por que os interesses privados contrapostos devem ceder, bem como em que medida – o que só faz aprofundar a autonomia (verdadeira indiferença) entre o manejo da autoridade e a esfera dos interesses individuais, dos direitos subjetivos.

Ocorre que a atividade administrativa não pode ser desempenhada indiferentemente aos direitos subjetivos,[94] muito menos sem o concurso dos particulares e sem tomar em conta seus interesses. Embora construído sobre a bipolaridade, desde sempre, e cada vez mais, o direito administrativo depende de mecanismos de interação de interesses. Afinal, a atuação concreta da Administração se traduz (i) na conferência de direitos que afetam desigualmente os indivíduos,[95] (ii) na necessidade de arbitrar, compor e mediar diferentes interesses e direitos de particulares afetados, direta ou indiretamente, pelo exercício da função pública[96] e (iii) no envolvimento dos particulares, como delegatários ou colaboradores do Poder Público, na oferta de utilidades públicas e na efetivação de direitos dos cidadãos.

Mais que considerar a dimensão dos particulares (como confins de delimitação da ação administrativa e como parte desta ação), é fundamental considerar que eles travam com o Estado-Administração não apenas relações de subordinação e acatamento (eixo vertical da autoridade), mas também inúmeras relações de cooperação e composição (eixo horizontal), marcadas, estas, pelo traço da consensualidade e do vínculo obrigacional.[97]

94. Neste sentido, Marçal Justen Filho: "Somente em termos impróprios se poderia aludir a um conflito entre direito subjetivo e interesse público. Assim se passa porque a proteção jurídica assegurada ao direito subjetivo significa a sua tutela em face inclusive do interesse público. Portanto, a existência de um direito subjetivo reconhecido a um particular significa, de modo necessário e inafastável, a sua prevalência em face de outros interesses, inclusive públicos" (*Curso de Direito Administrativo*, cit., p. 117).
95. Floriano de Azevedo Marques Neto, "La moderna regulación: la búsqueda de un equilibrio entre lo público y lo privado", in J. M. De La Cuétera, José Luiz Martínez López-Muniz e Francisco J. Villar Rojas, *Derecho Administrativo y Regulación Económica: **Liber Amicorum** Gaspar Ariño Ortiz*, cit., p. 1.086.
96. Cf. Eduardo García de Enterría e Tomás-Ramón Fernández, *Curso de Derecho Administrativo*, cit., 15ª ed., p. 53.
97. A esse respeito, v. Juliana Bonacorsi de Palma, *Atuação Administrativa Consensual: Estudo dos Acordos Substitutivos nos Processos Administrativos San-*

Ou seja: o modelo teórico baseado no paradigma do direito administrativo bipolar acaba por ser confrontado, desde sempre, com a necessidade de se manejar interesses múltiplos enredados em torno da atuação administrativa. E a realidade que demanda, crescentemente, o envolvimento de particulares na consecução de finalidades públicas.

14.5 Os papéis do privado na consecução das finalidades públicas

Certo é que, no exercício de suas funções, a Administração trava com os privados vários tipos diferentes de relações jurídicas. O Estado-Administração – dissemos já anteriormente – cumpre suas finalidades firmando permanentemente relações jurídicas com os privados. Nestas relações os particulares assumem diferentes papéis, a depender da função administrativa exercida e das finalidades a ela atreladas.

14.5.1 O papel de "súdito"[98]

O primeiro papel que podemos identificar é aquele que mais remete ao legado das origens absolutistas do Estado Moderno. Trata-se do papel que cumpre aos privados em face do poder extroverso, nas relações de submissão ao poder estatal. Duas características são pró-

cionadores, dissertação (Mestrado em Direito), São Paulo, Faculdade de Direito da USP, 2010, pp. 81-90. V. também: Diogo de Figueiredo Moreira Neto, *Poder, Estado e Direito*, Belo Horizonte, Fórum, 2011, p. 143, *Quatro Paradigmas do Direito Administrativo Pós-Moderno, Legitimidade – Finalidade – Eficiência – Resultados*, Belo Horizonte, Fórum, 2008, pp. 36-38, e "Novas tendências da democracia: consenso e direito público na virada do século – O caso brasileiro", *Revista de Direito da Procuradoria-Geral* 57/196-126, Rio de Janeiro, 2003; e Fernando Dias Menezes de Almeida, "Mecanismos de consenso no direito administrativo", in Alexandre Santos de Aragão e Floriano de Azevedo Marques Neto (orgs.), *Direito Administrativo e seus Novos Paradigmas*, Belo Horizonte, Fórum, 2008, pp. 335-350.

98. Aqui, no sentido não propriamente de sujeito submetido à vontade de outrem (o que seria uma impropriedade), mas na acepção daquele que se põe em uma relação de subserviência ou deferência. O emprego desta designação se deve a duas razões. A primeira é deixar marcado que a relação de subordinação dos privados ao poder estatal segue o legado do período anterior, do Estado de Polícia, porém nos quadrantes do Direito. Em segundo lugar, para demarcar que, quando submetido ao poder extroverso em relações de sujeição geral, o administrado está subordinado às determinações da Administração, tal como os súditos perante o soberano, ainda que sob a disciplina própria ao Estado de Direito.

prias ao papel do indivíduo, pessoa física ou jurídica, como súdito. A primeira é que ele participa desta relação independentemente de qualquer vínculo especial ou manifestação de vontade. A segunda característica refere-se ao fato de que nela há uma posição de sujeição – decorrente da Constituição ou da lei – do indivíduo ao poder.

O indivíduo, tomado como "súdito", tem dever de acatamento aos comandos e atos da Administração, e em relação a eles possui direitos de ver respeitados certos limites e procedimentos do exercício da autoridade. É a relação típica da função de polícia ou de ordenação estatal.[99]

14.5.2 O papel de beneficiário

Uma segunda posição que pode assumir o privado em face da Administração é a de beneficiário do exercício de funções públicas. Aqui se cuida do papel ocupado pelo indivíduo como titular de direitos subjetivos públicos.[100]

Como decorrência dos direitos assegurados pela ordem jurídica e que impõem ao Poder Público deveres de prover políticas públicas, os indivíduos se assumem como beneficiários efetivos e potenciais dessas políticas. Aqui também os privados se relacionam com a Administração independentemente de sua vontade ou de um vínculo específico. Cumprem o papel de beneficiários por integrarem a sociedade e estarem embaixo da soberania do Estado. É o que ocorre, entre nós, com diversos direitos fundamentais, como os direitos à saúde,[101] à educa-

---

99. Este papel revela-se também em outras searas alheias ao direito administrativo. Encontramos, por exemplo, esta relação do privado como súdito na relação de natureza tributária, na qual o papel que cabe ao particular (contribuinte) é o de contribuinte submetido ao poder estatal de exigir tributos.

100. "O direito subjetivo público é, por conseguinte – sob a perspectiva do cidadão –, o poder jurídico concedido ao particular, em virtude de direito público, de poder pedir ao Estado, para perseguição de interesses próprios, uma determinada conduta" (Hartmut Maurer, *Direito Administrativo Geral*, Barueri/SP, Manole, 2006, p. 175). Antes, também Fritz Fleiner havia seguido na mesma linha, sustentando que todo direito que um particular pode reclamar do Estado se considera com um direito subjetivo (*Instituciones de Derecho Administrativo*, Barcelona, Labor, 1933, p. 139). V. também Massimo Severo Giannini, *Istituzioni di Diritto Amministrativo*, Milão, Giuffrè, 1981, pp. 255 e ss.

101. Art. 196 da CF.

ção,[102] à cultura[103] ou ao meio ambiente.[104] Ao assegurar esses direitos, a Constituição, a um só tempo, impõe um dever ao Estado (*v.g.*, aos entes federados, consoante suas competências constitucionais) e assegura aos indivíduos o direito de se beneficiarem das políticas públicas editadas para assegurar aqueles direitos fundamentais. Em relação a estas políticas o indivíduo assume uma posição de beneficiário.

Note-se, porém, que, embora todos sejam potencialmente beneficiários das funções administrativas voltadas a dar concretude àquelas políticas públicas, em regra estas políticas pressupõem alguma eletividade dos beneficiários, de maneira que se pode dizer que a atividade do Poder Público acaba por deferir desigualmente os benefícios decorrentes do exercício de suas funções. O que está longe de ser um desvio ou afronta, pois que o provimento desses direitos fundamentais pressupõe a tutela desuniforme em favor do suprimento das hipossuficiências.[105] O papel do indivíduo como beneficiário é aquele que se afirma na realização das funções públicas enredadas na formulação e na efetivação de políticas públicas.

14.5.3 O papel de cliente

O terceiro papel que cabe ao indivíduo na relação com a Administração é concernente à fruição de uma utilidade pública (bem, serviço, comodidade) que é oferecida por órgão ou ente público ou por terceiro que lhe faça as vezes. Aqui, temos o particular participando de uma relação econômica em que a Administração ocupa um dos polos, seja direta, seja indiretamente (no caso de atividades delegadas). Note-se que esta posição de cliente pode se manifestar em situação – como ocorre no âmbito dos serviços públicos de natureza econômica – em que o indivíduo esteja também no papel de beneficiário (na medida em que detentor de um direito subjetivo público de ter provida aquela sua necessidade de fruição de uma utilidade pública). Mas, afora ser beneficiário, o particular também será partícipe da re-

102. Art. 205 da CF.
103. Art. 215 da CF.
104. Art. 225 da CF.
105. Neste sentido, lapidar a decisão do STF na ADI 186, que consagrou a constitucionalidade da política de cotas nas universidades federais.

lação econômica, cumprindo-lhe o papel de cliente ou, se quisermos, consumidor.[106]

Com a assunção da exploração de atividades econômicas pelo Estado-Administração, serviços públicos ou não, crescem as relações em que a atuação estatal praticamente não se distingue daquela desempenhada por um particular partícipe de relações econômicas.[107] E nestas situações a relação entre Estado-Administração e indivíduo vai se convolar na relação jurídica própria às relações de consumo.

Neste papel estarão compreendidos desde o usuário individual que contrata a prestação de um serviço público ou a aquisição de um bem produzido por um ente da Administração até os agentes econômicos privados que travam relações comerciais com as empresas estatais. Certo deve estar que, no papel de cliente, o privado não se relaciona com o Estado-Administração pela circunstância de se submeter à ordem jurídica. Neste papel, o privado trava uma relação jurídica específica, tendo por objeto uma relação obrigacional de prestação ou fornecimento de uma utilidade de que ele, privado, necessita. No mais das vezes esta relação contraprestacional tem natureza eco-

106. O que nos coloca diante do intenso debate entre ser o utente de um serviço público um mero usuário ou também um consumidor. A diferença é significativa, especialmente quanto à determinação das normas de disciplina da prestação do serviço público e de tutela da ponta da relação: o cidadão. Tal não desconsidera, porém, outras ordens de debates, como a projeção do direito do consumidor sobre o campo do direito administrativo, pela afirmação dos direitos fundamentais ou pela qualificação do usuário frente ao Poder Público. Antônio Carlos Cintra do Amaral ("Distinção entre usuário de serviço público e consumidor", *Revista Brasileira de Direito Público* 5/133-138, Belo Horizonte, 2004) considera errôneo equiparar usuário de serviço público a consumidor, pois, na falta do serviço, o Poder Público pode ser responsabilizado porque mantém a titularidade do serviço público, enquanto na relação de consumo a responsabilidade do Estado não se aperfeiçoa. Alexandre Santos de Aragão (*Direito dos Serviços Públicos*, Rio de Janeiro, Forense, 2007, pp. 517-518) categoriza os entendimentos nas seguintes teorias: (i) teoria privatista, segundo a qual a relação jurídica firmada na prestação de serviços públicos, notadamente quando delegados, é de natureza privada; (ii) teorias publicistas, pelas quais estas relações seriam de direito público, razão pela qual a expressão "usuário" se mostraria a mais adequada para caracterizar aquele que se beneficia do serviço público; e (iii) teorias mistas: "Para esses autores, a prestação dos serviços públicos, especificamente quando delegados à iniciativa privada, é regida em parte por um estatuto de regulamentação específica. Mas só se entra sob a incidência desse estatuto mediante a celebração de um contrato de prestação de serviços entre dois particulares (usuários e concessionários), que, como tal, é de natureza civil em todos os aspectos que não contrariem a situação estatutária".

107. Maria João Estorninho, *A Fuga para o Direito Privado*, cit., 2ª ed., p. 53.

nômica, envolvendo o pagamento pelo particular de um preço ou tarifa correspondente à unidade fruída. É esse o papel que cabe aos particulares predominantemente no âmbito da atividade estatal de serviço público e de atuação direta no domínio econômico.

14.5.4 O papel de parceiro

Chegamos, então, ao quarto papel que os privados têm em suas relações com a Administração, justamente aquele mais relevante para o presente trabalho. Trata-se da relação de parceria entre os privados e o Estado-Administração. Nela temos os particulares atuando como parceiros do Estado para ensejar a consecução de suas finalidades. Podem existir infinitas modalidades de parceria, que vão desde os instrumentos jurídicos de direito publico até o recurso aos instrumentos de direito privado. Podem envolver parcerias em que os particulares atuam com o objetivo de explorar uma atividade econômica (como sói acontecer nos contratos de delegação) ou, então, quando agem sem interesse econômico direto (caso dos contratos de cooperação[108]).

O essencial nesse tipo de relação é que o particular dela participe pelo fato de, no exercício de sua autonomia de vontade, ter decidido contratar com o Estado-Administração. Aqui a relação não deriva de uma situação direta de subordinação ao ordenamento jurídico ou do exercício de um direito que, aprioristicamente, lhe é assegurado pela ordem jurídica. Embora possa haver – e no mais das vezes haja – alguma verticalidade nestas relações de emparceiramento (por exemplo, com a remanência de poderes contratuais exorbitantes por parte do Poder Público), o liame de parceria pressupõe (i) convergência de interesses entre a Administração e o privado e (ii) decisão de ambos de efetivar esses interesses comuns ou convergentes por intermédio de um arranjo jurídico.[109]

---

108. Em linha semelhante, Fernando Dias Menezes de Almeida classifica os ajustes travados pela Administração Pública com os particulares em três módulos, por ele denominados (i) "módulos convencionais de cooperação", (ii) "módulos convencionais de concessão" e (iii) "módulos convencionais instrumentais". Os dois primeiros corresponderiam, em linhas gerais, ao que aqui referimos respectivamente como contratos de cooperação e contratos de delegação (cf. *Contrato Administrativo*, São Paulo, Quartier Latin, 2012, pp. 235 e ss.).

109. Na feliz passagem de Vasco Manuel Pascoal Dias Pereira da Silva (*Em Busca do Acto Administrativo Perdido*, cit., p. 466): "Inversão radical das funções

É fato que a Administração se socorre permanentemente dos particulares para, assumindo o papel de parceiros, concorrer para a consecução de suas finalidades, para a oferta de utilidades públicas, seja para viabilizar modalidades de sua intervenção no domínio econômico, seja, ainda, para incentivar e induzir a realização de atividades que tenham relevância coletiva. A relação de parceria com os privados se manifesta no exercício de várias funções administrativas. O papel do particular como parceiro é presente nas diversas formas de prestação de serviços públicos, e de maneira bastante acentuada quando o Estado-Administração atua no domínio econômico (como são as *joint ventures*, os acordos societários com privados acionistas e os contratos de consórcio, por exemplo) e na atividade de fomento (também nas suas distintas manifestações).

Para além de se constituir como uma das manifestações mais frequentes de relacionamento entre a Administração e os particulares – desconstruindo a noção de que no direito administrativo prevalecem as relações de sujeição, verticais –, as relações de parceria nos colocam diante da necessária constatação de que a atividade administrativa não só não prescinde da cooperação com os privados, mas que ela só consegue se manifestar plenamente se a eles recorrer, travando negócios jurídicos para bem cumprir suas finalidades.

O que faz com que frequentemente o exercício das funções administrativas só seja possível mediante o concurso de particulares atuando na condição de parceiros da Administração.[110] Inerente à atividade de

normalmente atribuídas ao acto administrativo é a que se verifica quando este, de instrumento 'autoritário' de aplicação do Direito ao caso concreto, que se dizia ser, se transforma em um mecanismo de concertação com os particulares, destinado a obter a sua aceitação e colaboração para o desempenho das tarefas administrativas. O que decorre da Administração ter passado a adoptar, em cada vez mais alargados domínios da sua actuação e com uma frequência cada vez maior, uma autêntica 'política contratual', que toma voluntariamente a forma de uma verdadeira negociação; mas esta negociação não conduz à conclusão de um verdadeiro contrato, ela serve unicamente para preparar o conteúdo do acto emitido unilateralmente pelo Estado. O recurso à concertação com os particulares é a consequência da condenação ao fracasso da tentativa de utilização de meios autoritários nos domínios da Administração prestadora e conformadora ou infraestrutrual".

110. A necessidade do concurso de particulares passa a ser tanto mais indesviável quando mais o Estado é demandado nas mais diversas tarefas. O aumento da extensão e da importância das atividades estatais acaba por importar uma maior relevância e dependência da atuação dos privados como seus delegatários ou colaboradores.

fomento e amplamente aceita no campo da prestação de serviços públicos e de intervenção direta, a relação de parceria entre Administração e particulares aparece também no âmbito das atividades de regulação e de polícia. Quando não mediante o recurso a instrumentos de delegação do exercício dessas atividades (como os contratos para provimento de atividades de suporte ao poder de polícia ou mecanismos de autorregulação), mas também mediante a introdução de módulos consensuais para provimento dessas funções, como dão mostra os instrumentos de consensualidade no exercício da atividade de polícia econômica pelo Conselho Administrativo de Defesa Econômica/CADE.[111]

14.6 A atuação administrativa na relação com os particulares

Dissemos já que não é possível conceber a atividade da Administração Pública (e, por conseguinte, o direito administrativo) apartada e alheia aos privados. Só faz sentido conceber o Estado-Administração se considerarmos sua relação com os particulares, se reconhecermos que seus confins são ditados exatamente pela interface com direitos e interesses dos indivíduos. Daí se poder dizer que sua atuação envolve diferentes interfaces com os privados.

De fato. O Estado-Administração somente pode exercer suas funções interagindo com os indivíduos. De um lado, servindo-se dos privados que atuam em seu nome, seja como pessoas físicas (agentes públicos, servidores), contratados (prestadores de serviços), delegatários (permissionários, concessionários) ou, ainda, colaboradores (parceiros, entidades do Terceiros Setor, beneficiários de programas de fomento).

De outro lado, toda ação estatal, por mais que seja justificada em um interesse público genérico, dúctil e abstrato, atinge sempre uma parcela dos privados que dela se beneficiam, pois, ainda que se trate de ação potencialmente benéfica a todos, tais benefícios serão sempre apropriados de forma desigual.[112]

Neste sentido, v. a acurada análise de Jean-François Prévost, "La notion de collaborateur occasionnel et bénévole du service public", *Revue du Droit Public* 4/1.075-1.076, Paris, 1980).
111. Juliana Bonacorsi de Palma, *Atuação Administrativa Consensual: Estudo dos Acordos Substitutivos nos Processos Administrativos Sancionadores*, cit., pp. 209 e ss.
112. Não estou, aqui, meramente me referindo ao debate em torno da seletivi-

Por fim, a atuação do Poder Público implica, sempre, alguma interferência na esfera de interesses dos particulares, que pode se traduzir em um condicionamento, uma limitação ou, mesmo, um sacrifício de direitos daqueles.

Este caráter necessariamente interferente é mais nítido na função de polícia ou na atividade regulatória. No âmbito dos serviços públicos isso está presente na restrição à liberdade de iniciativa (naqueles serviços sujeitos ao regime de exclusividade de titularidade estatal), assim como também naqueles serviços submetidos à atividade regulatória estatal em que os direitos dos agentes econômicos estão condicionados às determinações do Poder Público.

Quando o Estado-Administração intervém diretamente na ordem econômica temos também essa intrusão, pois no segmento objeto da atuação estatal haverá inegável constrição na liberdade econômica dos demais atores.[113] E mesmo na atividade de fomento, em que o caráter restritivo a direitos é mais brando, isto poderá ser percebido.[114]

Ao eleger uma indústria, setor ou atividade que será objeto de fomento, o Poder Público, para atingir os objetivos de uma política pública de indução ou incentivo, elege um ou mais beneficiários e, por conseguinte, afeta os potenciais interesses daqueles que rivalizam com os beneficiários em dado segmento ou que se opõem aos objetivos da política fomentadora.[115]

---

dade das políticas públicas. Refiro-me ao fato de que o benefício da ação estatal colhe desigualmente os privados. Quando o Poder Público desapropria um bem para edificar uma escola, certamente esta providência beneficia maiormente aqueles que têm filhos ou netos em idade escolar do que um cidadão solteiro e sem prole, embora este último colha um benefício remoto e indireto, consistente em viver em uma sociedade com melhor qualidade na educação básica. Aqueles que possuem veículo automotor se beneficiam mais de uma obra viária do que aqueles que só se locomovem de Metrô. Um novo hospital público beneficia predominantemente os usuários do SUS e não aqueles que possuem plano de saúde suplementar, embora também seja de interesse destes viver em uma sociedade com boa rede pública de saúde. Em todos os campos de atuação do Estado-Administração os provimentos concretos do poder estatal colherão de maneira desuniforme os seus destinatários.

113. A esse respeito, v. Floriano de Azevedo Marques Neto, "Limites à abrangência e à intensidade da regulação estatal", *Revista de Direito Público da Economia* 1/69-93, Belo Horizonte, 2003.

114. V. meu "O fomento como instrumento de intervenção estatal na ordem econômica", *Revista de Direito Público da Economia* 32/62, Belo Horizonte, 2010.

115. V., por exemplo, a oposição entre os importadores de dado produto ou insumo e os beneficiários de políticas industriais protecionistas. Ou o que ocorre em um

Temos, então, que a atividade administrativa se mostra intimamente relacionada com os privados. Nem é neutra em relação a eles, nem é deles independente. Embora possa ter objetivos distintos, em certa medida coincide com os interesses de parcela dos particulares.

Daí podermos dizer que em face de qualquer provimento estatal haverá antagonismos e convergências com interesses privados. *Antagonismos* em face dos direitos ou interesses dos particulares que de alguma maneira sofram interferência por parte da ação estatal. *Convergências* com aqueles que se beneficiam do provimento ou que sejam dele instrumento (como agentes, delegados ou colaboradores).

Quando, então, deslocamos o foco da atividade administrativa da sua estrutura para o exercício de suas funções, constatamos as diferentes relações jurídicas que o Estado-Administração trava com os particulares.

Se assumirmos que a atividade administrativa não é autônoma em relação aos interesses dos particulares, nem pode ser indiferente a seus direitos, vamos notar que em relação à Administração os particulares assumem diferentes relações e, assim, terminam por exercer distintos papéis.

A depender destas relações se estabelecerão não dois polos claros e nitidamente separados, mas múltiplos polos de interesse, inter-relacionados e determinantes de equilíbrios vários e cambiantes. Estas variadas relações demonstram que no polo dos indivíduos há diversas clivagens e diferentes interesses em face dos quais o polo da autoridade arbitrará e deferirá tratamentos legitimamente desuniformes. O que nos remete a revisitar as funções do direito administrativo.

14.7 A tripla função do direito administrativo

Cabe, então, enfrentar as funções que cumprem ao direito administrativo na mediação dos diferentes papéis que o privado pode assumir na relação com a Administração. Afinal, qualquer que seja esse papel, a relação será precipuamente disciplinada por normas desse ramo do direito, ora voltadas a limitar a autoridade, ora a constringir

setor em que se desenvolva a chamada "guerra fiscal" (fomento voltado ao desenvolvimento regional baseado em benefícios fiscais).

a liberdade. Normas que, ao mesmo tempo em que delimitam direitos subjetivos dos particulares, servem para consagrar outros tantos direitos subjetivos públicos, ou, se quisermos, aptas à satisfação de direitos fundamentais.[116]

Cabe ao direito administrativo conformar os antagonismos e as convergências entre direitos e interesses dos particulares em face do exercício do poder extroverso, disciplinando os limites e as consequências dos condicionantes, limitações e sacrifícios, bem como regrando os meios, procedimentos e contornos dessas convergências. Neste sentido é que se pode dizer que o direito administrativo é o ramo do Direito voltado a conformar as relações entre o Poder Público e os particulares em seus diferentes papéis, disciplinando a atividade do Estado-Administração de arbitrar entre os distintos interesses e direitos privados enredados no exercício das funções administrativas.

Note-se que nesta concepção não se está identificando o direito administrativo apenas com as normas derrogatórias do direito comum ou que importem restrição às liberdades dos privados. O direito administrativo vai compreender todos os preceitos jurídicos que devam balizar a relação entre o Estado-Administração e os particulares com o fito de constrição, promoção ou composição entre direitos e interesses dos administrados.

Sendo assim, o direito administrativo pode assumir três funções instrumentais: servir como instrumento de restrição de direitos, como vetor de promoção de direitos e, por fim, como mecanismo para arbitragem dos diversos interesses que se enredam no exercício das funções administrativas.

14.7.1 Como instrumento de restrição de direitos

O direito administrativo atua como instrumento para a limitação, o condicionamento ou o sacrifício de direitos. Trata-se da atuação ablatória[117] da Administração, que se verifica quando, no exercício de

---

116. Marçal Justen Filho, *Curso de Direito Administrativo*, cit., pp. 68 e 70.
117. "Os atos ablatórios são aqueles com os quais a Administração sacrifica o interesse de um privado – impondo-lhe uma obrigação de fazer (como nas ordens), de não fazer (como nas proibições) ou de dar (como nos atos de lançamento tributário) – ou privando-o de um bem, como na expropriação, na requisição, no sequestro

suas funções, se mostra necessário contrapor-se a direitos subjetivos dos administrados. Assim é com os institutos da desapropriação, da intervenção na propriedade em geral, de toda a gama de matérias submetidas à polícia administrativa no âmbito da atividade conformadora[118] ou ordenadora.[119]

Certo deve estar que, como contraparte dessa atividade restritiva, haverá direitos subjetivos públicos pertencentes aos administrados e consistentes no direito à proteção de interesses que demandam a ablação de outros direitos subjetivos, individuais ou coletivos. Mas, para o que importa aqui, nesta manifestação específica o direito administrativo se apresenta como instrumento para conformar e limitar direitos, impondo aos indivíduos, com respaldo na lei (ainda que não diretamente por ela[120]), comportamentos omissivos ou comissivos ou, ainda, restringindo o exercício de direitos como a propriedade,[121] o exercício de profissão e a liberdade de locomoção.

administrativo e na imposição de servidão pública" (Sabino Cassese, *Istituzioni di Diritto Amministrativo*, Milão, Giuffrè, 2009, p. 342 – tradução livre). No original: "I provvedimenti ablatori sono quelli con i quali l'Amministrazione sacrifica l'interesse di un privato, imponendogli un obbligo di fare (come negli ordini), di non fare (come nei divieti) o di dare (come negli atti di imposizione tributaria) o privandolo di un bene (come nell'espropriazione, nella requisizione, nel sequestro amministrativo e nell'imposizione di servitù pubbliche)". O administrativista esclarece, em oportuna colocação, que os atos ablatórios não assumem caráter punitivo e nem mesmo podem ser valorados de modo negativo. Pelo contrário, trata-se de manifestação normativa, razão pela qual a atribuição de poder ablatório à Administração Pública torna imprescindível a definição do interesse público na norma que fundamentará o sacrifício do interesse privado (idem, ibidem). V. também: Sabino Cassese, *Las Bases del Derecho Administrativo*, Madri, Instituto Nacional de Administración Pública, 1994, p. 301; e Aldo Sandulli, "Il procedimento", in Sabino Cassese, *Trattato di Diritto Amministrativo*, Milão, Giuffrè, 2003, p. 1.195.

118. Marçal Justen Filho, *Curso de Direito Administrativo*, cit., p. 98.

119. Carlos Ari Sundfeld, *Direito Administrativo Ordenador*, 1ª ed., 3ª tir., São Paulo, Malheiros Editores, 2003.

120. Sim, pois o princípio constitucional da legalidade (art. 5º, II) assegura que ninguém será obrigado a fazer ou deixar de fazer algo se não em virtude de lei, e não que a imposição pelo Poder Público de comportamentos comissivos ou omissivos ao cidadão deva estar sempre prescrita expressamente em lei formal. Daí que o exercício da função ablatória estatal será legítimo quando efetivado por norma infralegal ou ato administrativo concreto, desde que delimitado em lei.

121. Sacrificando-a, como ocorre na desapropriação; condicionando-a, como ocorre, em regra, no tombamento; ou limitando-a, como no caso da servidão administrativa.

Estas prerrogativas da Administração são, como visto, instrumentais. Justificam-se na medida do necessário e do suficiente para fazer observar outros direitos e proteger outros tantos interesses. E elas se exercem não apenas tendo o particular no papel que linhas acima designamos como de súdito, mas em certas oportunidades na condição de beneficiário, cliente ou, mesmo, de parceiro.

Estando na condição de beneficiário, o direito administrativo pode atuar como instrumento restritivo de direitos do particular, como ocorre na disciplina da fruição de bens públicos de uso comum ou especial, quando o direito público subjetivo à utilização de um bem consagrado ao uso de todos é limitado por regras, horários, proibições.

O direito administrativo pode interferir na relação em que o administrado atua como cliente mediante aplicação das regras disciplinadoras do uso da utilidade objeto de uma relação de consumo. É o caso, por exemplo, das normas que permitem a lacração de medidores que aparentem indícios de fraude ou daquelas que obrigam os usuários em área urbana dos serviços de esgotamento sanitário a se conectar às redes existentes e, eventualmente, a hidrometrar suas fontes de captação própria de água, para fins de tarifação do serviço.[122]

Por fim, encontramos normas restritivas de direitos também quando o particular trava relações de parceria ou colaboração com o Estado-Administração. É o que ocorre quando estamos diante da delegação de prestação de um serviço público em regime de exclusividade ou privilégio, em que a parceria se estabelece em detrimento do direito de outros privados atuarem no mesmo segmento.

14.7.2 Como instrumento de efetivação de direitos

O direito administrativo é também importante instrumento para a efetivação de direitos. Não apenas no sentido de proteção, aludido anteriormente, como contraposto a restrições de direitos de alguns administrados em prol da tutela de direitos de outros. É instrumento de efetivação de direitos no que toca a prover bens e serviços de interesse coletivo, proteger hipossuficientes, assegurar direitos fundamentais, efetivar políticas públicas.

122. Cf. art. 45 da Lei 11.445/2007.

Em grande medida, as normas administrativas têm por finalidade a satisfação de necessidades protegidas pela ordem jurídica, ou seja, direitos subjetivos públicos. Ao mesmo tempo em que o direito administrativo sacrifica, limita e condiciona direitos, é também instrumento para a consecução de outros. E, por mais que os titulares dos direitos efetivados pela atuação jurídica da Administração Pública sejam dispersos e indefinidos, é certo que tal atuação, para ser lícita e legítima, deve ter em mira sua satisfação.

Esta função instrumental do direito administrativo como vetor de efetivação de direitos se põe relevante para a adequada compreensão do princípio da legalidade aplicado à Administração Pública. No âmbito do paradigma bipolar[123] tornou-se quase um mantra dizer que, enquanto para os particulares é lícito fazer tudo o que a lei não proíbe, para a Administração só é facultado fazer aquilo que a lei expressamente autorize.[124] Trata-se da fórmula tradicional da chamada legalidade estrita.[125] Embora tal formulação tenha lá sua razão de ser, ela

---

123. Como demonstra Sabino Cassese: "Segundo o modelo tradicional, os dois polos, aquele público e aquele privado, não são apenas irredutíveis porque em conflito, são também distintos porque regidos por regras diversa. (...). Ao primeiro, tudo é vedado, salvo se o contrário for expressamente consentido; ao segundo tudo é consentido, salvo aquilo que tiver sido expressamente vedado" ("L'Arena Pubblica: nuovi paradigmi per lo Stato", cit., *Rivista Trimestrale di Diritto Pubblico* 3/603 – tradução livre).

124. Edmir Netto de Araújo, *Curso de Direito Administrativo*, 5ª ed., São Paulo, Saraiva, 2010, p. 73.

125. A noção de legalidade estrita parte do pressuposto de que a Administração Pública atua como mero braço mecânico do Legislativo. Pela legalidade estrita, haveria absoluta vinculação da Administração Pública à lei, assumindo o princípio da legalidade uma única acepção: vinculação positiva e absoluta à lei formal. Inobstante haver conferido os contornos da legalidade no processo de construção teórica do direito administrativo brasileiro, ao menos no plano teórico, hoje a legalidade estrita é objeto de intensas críticas. Carlos Ari Sundfeld, por exemplo, afirma que "a orientação dos juristas que reserva toda deliberação pública relevante para o Legislativo supõe ser viável retirar a Política da Administração, reduzir a mera técnica o papel dos dirigentes e funcionários públicos. Mas essa orientação despreza a experiência histórica e não faz sentido no mundo contemporâneo, em que o largo espectro de funções assumidas pelo Estado exige uma Administração Pública também de largo espectro. É uma orientação preconceituosa, que usa o dogma de que só nos Parlamentos pode haver deliberação democrática e, por isso, estigmatiza a Administração Pública como não democrática. É uma orientação que se recusa a ver a realidade política atual, em que a Administração está impactada por vários mecanismos democráticos. É também uma orientação elitista, que faz o elogio retórico do papel dos Parlamentos

contém um aspecto relativo. Explicamos. Se, como dito acima, toda atuação do Estado-Administração implica alguma constrição a direito dos administrados, é correto dizer que, no quanto esta ação importar imposição ao privado de obrigação de fazer ou de se omitir de fazer, ela só poderá se dar em face da legalidade (em virtude de lei). Porém, não nos parece admissível a Administração invocar a legalidade estrita como razão para deixar de efetivar direitos.

A partir do momento em que a ordem jurídica (a Constituição ou as normas legais) consagre um direito a todos os cidadãos, está também imputando à Administração o poder-dever de efetivá-lo. Daí que sua atuação, delimitada pelos demais direitos fundamentais confrontantes, terá já presente na ordem jurídica a autorização para agir, manejando com moderação os poderes a ela inerentes e recursos disponíveis para satisfazer aquele rol de direitos. Contudo, não cabe invocar a legalidade estrita como escusa para que o Estado-Administração se desonere de suas obrigações de efetivar direitos reconhecidos pela ordem jurídica em favor dos particulares.

Além dos direitos de proteção subjacentes ao exercício da atividade ordenadora da Administração, há manifestação do direito administrativo na consecução de direitos tanto no provimento de utilidades públicas (como no caso da oferta de serviços públicos) como na intervenção estatal na Economia (efetivada para alcançar os objetivos constitucionais de relevante interesse coletivo ou de segurança nacional) como, ainda, na atividade de fomento, na medida em que aqui também a Administração busca efetivar direitos mediante o incentivo ou a indução dos privados para atuar em vista da consecução de uma finalidade de interesse coletivo.

14.7.3 Como instrumento de composição de interesses

Por fim, o direito administrativo presta-se também a proceder à composição entre distintos interesses dos administrados. Como sempre o agir administrativo envolve uma contraposição de direitos ou de interesses titularizados, cada qual, por parcela da sociedade, caberá ao

como pretexto para, ao fim e ao cabo, valorizar – isto, sim – o papel da elite de profissionais do Direito, inflando seu poder de veto e influência sobre a Administração" (*Direito Administrativo para Céticos*, São Paulo, Malheiros Editores, 2012, p. 141).

direito mediar, sopesar e compor estes antagonismos, perseguindo soluções equilibradas. Trata-se, por certo, não da função de julgar ou de dirimir conflitos decidindo a quem corresponde o direito – atividade própria da jurisdição. Na verdade, na seara administrativa há permanentemente uma composição entre diferentes interesses dotados de relevância coletiva.

Essa função instrumental apresenta-se marcadamente no âmbito da atividade administrativa processual, na qual em torno da decisão administrativa podem se contrapor distintos interesses e direitos de administrados.[126] Daí se poder dizer que o processo administrativo é o campo do direito administrativo dedicado à composição jurídica dos interesses enredados em um provimento estatal.

Mas não é só no processo administrativo que esta função instrumental de composição se revela. A atividade administrativa de regulação também é destacadamente voltada a essa articulação. O mesmo se pode dizer em relação à atividade de formulação de políticas públicas.

Esta dimensão de equilíbrio de direitos e composição de interesses vai envolver, muitas vezes, a contraposição de papéis dos administrados. Por vezes o provimento do Estado-Administração terá que enfrentar a contraposição entre administrados-súditos e administrados-beneficiários. Ou entre administrados-parceiros e administrados-clientes. Mas isso é justamente o desafio da Administração Pública, e talvez seja a maior utilidade do direito administrativo contemporâneo.[127]

Se isso é verdade, teremos que concluir que o direito administrativo não é meramente um direito para a concreção do interesse público, genérica e abstratamente concebido, mas, sim, um ramo jurídico para a adequada arbitragem da permanente oposição de interesses em prol da satisfação coletiva.

14.8 Do paradigma bipolar ao paradigma relacional

No texto que nos dá uma das epígrafes deste artigo, publicado há mais de 10 anos, Sabino Cassese demonstra como o modelo (que

---

126. Não sem razão a Constituição faz alusão aos "litigantes, em processo (...) administrativo" ao garantir o contraditório e a ampla defesa em seu art. 5º, LV.

127. A esse respeito, v. nosso "Las transformaciones en la dicotomía público-privado y la importancia de la regulación", in Gaspar Ariño Ortiz e outros, *Regulación Económica de los Servicios Públicos*, Lima/Peru, ESAN (*Anais* ..., 2010), pp. 121-148.

ele chama "paradigma") bipolar cede espaço e deve ser superado por um novo paradigma, que chama de "Arena Pública". Reportando-se aos ensinamentos de Massimo Severo Giannini,[128] Sabino Cassese demonstra que os pressupostos do modelo bipolar não se sustentam. Primeiramente porque o fundamento na legalidade como fonte e vínculo da ação administrativa e a unicidade do interesse público não são mais compatíveis com uma realidade em que "a lei assinala fins e interesses contraditórios entre si, reconhecendo à Administração mesma o poder de ponderar tais interesses e fazer escolhas".[129] A partir dessa constatação, afirma que a atividade administrativa não é determinada por uma planificação prévia, *ex vi legis*, e sim produto de um conflito de interesses públicos, que não possuem uma ordem de prevalência ou prioridade. Por conseguinte, a decisão administrativa – diz Sabino Cassese – passa a comportar ponderação e composição de interesses.[130]

Virá daí, para Sabino Cassese, que a atividade administrativa passa a não ter caráter meramente comutativo (atribuindo direitos a partir da aplicação direta da lei), mas, sim, características distributivas, no sentido de que sempre irá colher desigualmente os indivíduos. Portanto, impende reconhecer que o modelo bipolar cede lugar a um modelo multipolar, em que existirão pelo menos três partes na relação administrativa: dois ou mais interesses (públicos) conflitantes, titularizados por distintos privados, e a Administração, portadora de seus próprios interesses e com atribuição de mediar, compor ou arbitrar esses conflitos. E essas relações multipolares – diz Sabino Cassese – não seriam exceção, mas regra.[131]

Neste novo modelo, de superação da bipolaridade, assumem importância central os instrumentos regulatórios e são cada vez mais

128. Massimo Severo Giannini, *Il Potere Discrezionale della Pubblica Amministrazione*, Milão, Giuffrè, 1939.
129. No original: "La legge assegna fini ed interessi tra loro in contraddizione, riconoscendo all'Amministrazione stessa il potere di ponderare tali interessi e fare le secelte" (Sabino Cassese, "L'Arena Pubblica: nuovi paradigmi per lo Stato", cit., *Rivista Trimestrale di Diritto Pubblico* 3/604 – tradução livre).
130. Sabino Cassese, "L'Arena Pubblica: nuovi paradigmi per lo Stato", cit., *Rivista Trimestrale di Diritto Pubblico* 3/605.
131. Idem, ibidem.

presentes "contratos complexos, onde em um só negócio formal se acumula uma pluralidade de objetivos negociais provenientes de mais que duas partes contratantes".[132]

Esse novo paradigma possui algumas características, segundo Sabino Cassese. Duas delas merecem destaque. Primeiro, a perda da centralidade e da unicidade da norma e da Administração – o que o leva a afirmar que "o ordenamento jurídico que era um dado se torna uma escolha".[133] Segundo, o deslocamento do procedimento para a negociação, pelo quê, em suas palavras, não seria mais o procedimento a balizar a negociação, mas a negociação passa a plasmar o procedimento.

Nesse novo paradigma apontado por Sabino Cassese se estabelece uma nova relação entre o público e o privado. De tal sorte que: "Em conclusão, Estado e mercado, público e privado, que vinham considerados mundos separados e em oposição, se apresentam como entidades interpenetradas".[134]

Estamos convictos de que este desenho do tal paradigma da Arena Pública corresponde em grande medida àquilo que se vem assistindo nas transformações das relações administrativas.

De fato. Como já pudemos registrar anteriormente, (i) todo interesse público acaba por se confundir com o interesse privado de parcela dos indivíduos e (ii) não existe qualquer contradição em envolver os particulares na promoção de metas e objetivos de interesse público, mormente quando estes se traduzem na produção e disponibilização de utilidades públicas para fruição da população.

132. "Sono presenti contratti complexi, ove in un solo negozio formale si cumula una pluralità di intenti negoziali provenienti da più di due parti contraenti" (Sabino Cassese, "L'Arena Pubblica: nuovi paradigmi per lo Stato", cit., *Rivista Trimestrale di Diritto Pubblico* 3/606 – tradução livre).

133. Sabino Cassese, "L'Arena Pubblica: nuovi paradigmi per lo Stato", cit., *Rivista Trimestrale di Diritto Pubblico* 3/644. Em outro texto, também bastante agudo, Sabino Cassese afirma que vivemos uma transformação "dalle regole del gioco al gioco con le regole" (*Lo Spazio Giuridico Globale*, cit., pp. 124 e ss.).

134. Sabino Cassese, "L'Arena Pubblica: nuovi paradigmi per lo Stato", cit., *Rivista Trimestrale di Diritto Pubblico* 3/649: "In conclusione, Stato e mercato, pubblico e privato, là dove venivano considerati mondi separate, ed in opposizione, si presentano come entità interpenetranti" (tradução livre).

Longe de ser uma crença[135] ou uma impossibilidade *a priori*, não é somente plenamente possível como muitas vezes mais adequado o Estado cometer, sob certas regras, aos agentes privados a consecução de tarefas de interesse público.

De um lado, pelo prisma subjetivo (quem se incumbe de uma atividade), vimos, é impossível a consecução de tarefas públicas pelo Estado sem o concurso dos indivíduos. O que varia é o tipo de vínculo jurídico (estatutário, trabalhista, contratual comum, concessório) entre o privado e a pessoa jurídica Estado. Neste sentido, parece se aproximar mais de uma crença pensar que exista a possibilidade de uma ação estatal neutra em relação aos privados, pois mesmo a ação "direta do Estado" só será encetada com o concurso de agentes públicos, que não deixam de ser particulares que atuam em nome da Administração. E muita vez o fazem balizados primordialmente por seus interesses pessoais ou corporativos, demandando, portanto, também o controle pelo regime de direito público.

De outro lado – agora pelo prisma objetivo –, são várias as atividades de interesse geral que são executadas pelos particulares mesmo sem delegação do Poder Público, e nem por isso perdem sua importância ou utilidade para toda a coletividade. Os chamados serviços sociais (educação, saúde, assistência, previdência) são prestados não apenas como atribuição estatal, mas também como atividade privada (sem delegação) – e a ninguém ocorreria dizer que tais atividades não tenham relevância pública e que sua exploração não seja prenhe de externalidades, positivas e negativas.

Lembremos, ainda, que atividades há que, embora imprescindíveis à efetivação de direitos fundamentais, não apenas não são exercidas somente pelo Estado, como também a prestação exclusiva pelo Estado

---

135. Dialogamos, aqui, diretamente com a tese exposta por Calixto Salomão Filho (*Regulação da Atividade Econômica*, 2ª ed., São Paulo, Malheiros Editores, 2008, p. 26), para quem "o regime de concessão de serviço público parte de uma imperfeição de fundo quase insolúvel. Assenta suas bases na crença de que é possível transformar agentes privados em persecutores do interesse público. Sendo inviável o Estado realizar todas as atividades econômicas, ele passa a delegá-las aos particulares, acreditando que pode controlá-los através de um regime de direito público. (...)". A oposição a esta premissa (e, se quisermos, nossa "crença" no regime de direito público, com as condicionantes que aqui exporemos) em grande medida motiva e embala as concepções expostas e defendidas neste trabalho.

implicaria redução ou supressão do direito fundamental. É o caso, por exemplo, dos direitos fundamentais à informação e à expressão – direitos, estes, dependentes do exercício de atividades de interesse geral (edição de livros, imprensa) e de serviços públicos (radiodifusão). Ora, a prestação estatal direta destas atividades levaria ao monopólio estatal da informação, aniquilando aqueles direitos fundamentais.

O cometimento de tarefas de interesse público (com todas as suas externalidades positivas e negativas) aos privados não é por si contraditório com a adequada tutela do interesse geral. E, caso a existência de externalidades em dada atividade fosse suficiente para determinar que ela fosse prestada diretamente pelo Estado, então, teríamos que acreditar que todas as atividades potencialmente danosas ao meio ambiente haveriam de ser imediatamente estatizadas. O que parece ser um despropósito econômico e jurídico.

Parece-nos perfeitamente possível demonstrar que esta incompatibilidade não existe. Se uma atividade possui uma externalidade social, positiva ou negativa, temos que isso predica uma atribuição (se quisermos, um poder-dever) ao Estado no sentido de agir da maneira mais eficiente possível para neutralizar esta externalidade, distribuindo o ônus desta mitigação para alguns particulares (por exemplo, os que se beneficiam dos benefícios internos à atividade) ou distribuindo por toda a sociedade. Porém, isso não será suficiente para que tais externalidades ou efeitos incomensuráveis determinem que o Estado deve se incumbir diretamente daquele cometimento.

Vejamos o exemplo da educação. É fato que os benefícios de uma formação educacional plena e de qualidade transcendem o ganho individual da formação e cultura acervados pelo estudante individualmente. Também verdade é que estes benefícios transcendentes ao indivíduo (externalidades) são de difícil ou impossível mensuração. Isso é suficiente para determinar que os custos, ou parte deles, de um sistema educacional efetivo sejam arcados por toda a sociedade, e não apenas pelo estudante ou sua família. Mas não será suficiente para determinar que o provimento desta utilidade (formação educacional) não possa ser cometido aos privados. Claro que o exercício desta atividade não poderá se dar em regime de absoluta liberdade, como predicam as teorias liberais ou neoclássicas. Mas simplesmente cometer a educação exclusiva e diretamente ao Estado não assegurará sequer que os benefícios educacionais (individuais ou coletivos) sejam alcançados.

Dizer que o regime de direito público é incapaz, sempre, de amestrar a mentalidade individualista norteadora das decisões econômicas nos levaria ao ceticismo e à aporia. Se a regulação pública fosse inepta para condicionar o interesse econômico, permitindo a convergência para a consecução de interesses públicos, teríamos que reconhecer sua incapacidade também para adestrar a mentalidade individualista do agente público incumbido pelo Estado da execução direta. O que levaria à apropriação da função pública pela estrutura da Administração, ao sequestro do interesse geral pelo interesse das corporações públicas (que, legitimamente, não deixam de se guiar por interesses privados, por outra espécie de mentalidade individualista).

Temos, então, que o fato de um bem ou de uma atividade ser de interesse coletivo e demandar alguma forma de ação estatal (responsabilizando-se pela oferta, fomentando-a ou regulando-a) não deve servir de causa para excluir a atuação dos particulares (entendidos, aqui, como agentes econômicos). A presença de um interesse coletivo (ou, se quisermos, de um interesse público) deixa de ser fator de inibição da atuação privada para ser vetor de busca da forma ótima, mais eficiente, para conjugar esforços públicos e privados com o fito de que aquela utilidade seja posta à fruição dos indivíduos pelo menor custo e com a melhor qualidade possível.

14.9 Conclusão

Ao fim destas reflexões temos a convicção de que o direito administrativo não pode mais ser explicado a partir da oposição Estado/indivíduo própria ao paradigma bipolar. O Estado depende dos indivíduos para cumprir seu papel. E só existe para assegurar direitos fundamentais que são titularizados pelos cidadãos.

Recolocar o cidadão no centro das preocupações do direito administrativo, deslocar o foco da estrutura para a função, é essencial. É hora de colocar novamente o direito administrativo no campo público, no campo que Cassese chama de "Arena Pública". Eis nossa tarefa.

Bibliografia

ALESSI, Renato. *Principi di Diritto Amministrativo*. vol. 1. Milão, Giuffrè, 1996.

ALMEIDA, Fernando Dias Menezes de. *Contrato Administrativo*. São Paulo, Quartier Latin, 2012.

——————. "Mecanismos de consenso no direito administrativo". In: ARAGÃO, Alexandre Santos de, e MARQUES NETO, Floriano de Azevedo (orgs.). *Direito Administrativo e seus Novos Paradigmas*. Belo Horizonte, Fórum, 2008 (pp. 335-350).

AMARAL, Antônio Carlos Cintra do. "Distinção entre usuário de serviço público e consumidor". *Revista Brasileira de Direito Público* 5/133-138. Belo Horizonte, 2004.

ANTUNES, Luís Filipe Colaço. *O Direito Administrativo sem Estado*. Coimbra, Coimbra Editora, 2008.

ARAGÃO, Alexandre Santos de. *Curso de Direito Administrativo*. Rio de Janeiro, Forense, 2012.

——————. *Direito dos Serviços Públicos*. Rio de Janeiro, Forense, 2007.

——————, e MARQUES NETO, Floriano de Azevedo (orgs.). *Direito Administrativo e seus Novos Paradigmas*. Belo Horizonte, Fórum, 2008.

ARAÚJO, Edmir Netto de. *Curso de Direito Administrativo*. 5ª ed. São Paulo, Saraiva, 2010.

ÁVILA, Humberto Bergmann. *O Direito Público em Tempos de Crise*. Porto Alegre, Livraria do Advogado, 1999.

BACELLAR FILHO, Romeu Felipe. *Direito Administrativo*. 4ª ed. São Paulo, Saraiva, 2008.

——————. *Reflexões sobre o Direito Administrativo*. Belo Horizonte, Fórum, 2009.

BANDEIRA DE MELLO, Celso Antônio. *Curso de Direito Administrativo*. 31ª ed. São Paulo, Malheiros Editores, 2014.

——————. *Natureza e Regime Jurídico das Autarquias*. São Paulo, Ed. RT, 1968.

BANDEIRA DE MELLO, Oswaldo Aranha. "Natureza jurídica da concessão de serviço público". *RDP* 19. São Paulo, Ed. RT, 1972.

BERTHÉLEMY, Henry. *Traité Élémentaire de Droit Administratif*. 8ª ed. Paris, Rousseau, 1916.

BINENBOJOM, Gustavo. *Uma Teoria do Direito Administrativo. Direitos Fundamentais, Democracia e Constitucionalização*. 2ª ed. Rio de Janeiro, Renovar, 2008.

BRAIBANT, Guy, e STIRN, Bernard. *Le Droit Administratif Français*. 7ª ed. Paris, Presses de Sciences Po/Dalloz, 2005.

BUCCI, Maria Paula Dallari. *Direito Administrativo e Políticas Públicas*. São Paulo, Saraiva, 2002.

CASSAGNE, Juan Carlos. *Curso de Derecho Administrativo*. 10ª ed. Buenos Aires, La Ley, 2011.

CASSESE, Sabino. "Il cittadino e l'Amministrazione Pubblica". *Rivista Trimestrale di Diritto Pubblico* 1. Milão, 1998.

—————. *Istituzioni di Diritto Amministrativo*. Milão, Giuffrè, 2009.

—————. "L'Arena Pubblica: nuovi paradigmi per lo Stato". *Rivista Trimestrale di Diritto Pubblico* 3. Milão, 2001.

—————. *Las Bases del Derecho Administrativo*. Madri, Instituto Nacional de Administración Pública, 1994.

—————. "Le trasformazioni del diritto amministrativo dal XIX al XXI secolo". *Rivista Trimestrale di Diritto Pubblico* 1. Milão, 2002.

—————. *Lo Spazio Giuridico Globale*. Roma/Bari, Laterza, 2006.

—————. *Trattato di Diritto Amministrativo*. Milão, Giuffrè, 2003.

CHEVALLIER, Jacques. *O Estado Pós-Moderno*. Trad. de Marçal Justen Filho. Belo Horizonte, Fórum, 2009.

CORREIA, José Manuel Sérvulo. "Os princípios constitucionais da Administração Pública". In: MIRANDA, Jorge (coord.). *Estudos sobre a Constituição*. Lisboa, Livraria Petrony, 1979.

DALLARI, Adilson, e FERRAZ, Sérgio. *Processo Administrativo*. 3ª ed. São Paulo, Malheiros Editores, 2012.

DE LA CUÉTERA, J. M., LÓPEZ-MUNIZ, José Luiz Martínez, e ROJAS, Francisco J. Villar. *Derecho Administrativo y Regulación Económica: **Liber Amicorum** Gaspar Ariño Ortiz*. Madri, La Ley, 2011.

DELVOLVÉ, Pierre. *Le Droit Administratif*. Paris, PUF, 2010.

DI PIETRO, Maria Sylvia Zanella. *Direito Administrativo*. São Paulo, Atlas, 2012.

—————. *Do Direito Privado na Administração Pública*. São Paulo, Atlas, 1989.

—————. "Inovações na Administração Pública". *RTDP* 51-52/12-25. São Paulo, Malheiros Editores, 2010.

————— (org.). *Supremacia do Interesse Público*. São Paulo, Atlas, 2010.

DUGUIT, Léon. *Fundamentos do Direito*. Porto Alegre, Sérgio Antônio Fabris Editor, 2005.

—————. *Manuel de Droit Constitutionnel*. 4ª ed. Paris, E. de Boccard, 1923.

ESTORNINHO, Maria João. *A Fuga para o Direito Privado*. 2ª ed. Coimbra, Livraria Almedina, 2009.

FERNANDÉZ, Tomás-Ramón, e GARCÍA DE ENTERRÍA, Eduardo. *Curso de Derecho Administrativo*. 15ª ed. Madri, Civitas/Thompson Reuters, 2011.

FERRAZ, Sérgio, e DALLARI, Adilson. *Processo Administrativo*. 3ª ed. São Paulo, Malheiros Editores, 2012.

FERREIRA, Luiz Tarcísio Teixeira. *Parcerias Público-Privadas*. Belo Horizonte, Fórum, 2006.

FLEINER, Fritz. *Instituciones de Derecho Administrativo*. Barcelona, Labor, 1933.

GARCÍA DE ENTERRÍA, Eduardo. *La Lengua de los Derechos – La Formación del Derecho Público Europeo tras la Revolución Francesa*. 1ª reimpr. Madri, Alianza, 2005.

——————. *Revolution Française et Administration Contemporaine*. Paris, Economica, 1986.

——————. "Verso un concetto di diritto amministrativo come diritto statutario". *Rivista Trimestrale di Diritto Pubblico* 10. Milão, 1960.

——————, e FERNANDÉZ, Tomás-Ramón. *Curso de Derecho Administrativo*. 15ª ed. Madri, Civitas/Thompson Reuters, 2011.

GIANNINI, Massimo Severo. *Corso di Diritto Amministrativo*. Milão, Giuffrè, 1965.

——————. *Diritto Amministrativo*. vol. 2. Milão, Giuffrè, 1970.

——————. *Il Potere Discrezionale della Pubblica Amministrazione*. Milão, Giuffrè, 1939.

——————. *Istituzioni di Diritto Amministrativo*. Milão, Giuffrè, 1981.

——————. "Profili storici della scienza del diritto amministrativo". In: *Quaderni Fiorentini: per la Storia del Pensiero Giuridico Moderno*. vol. 2. Milão, 1973.

HAURIOU, Maurice. *Précis de Droit Administratif et de Droit Public Général*. 10ª ed. Paris, Sirey, 1921.

JÈZE, Gaston. *Los Principios Generales del Derecho Administrativo*. Buenos Aires, Depalma, 1949.

JUSTEN FILHO, Marçal. *Curso de Direito Administrativo*. São Paulo, Ed. RT, 2012.

——————. "O direito administrativo do espetáculo". In: ARAGÃO, Alexandre Santos de, e MARQUES NETO, Floriano de Azevedo (orgs.). *Direito Administrativo e seus Novos Paradigmas*. Belo Horizonte, Fórum, 2008.

LÓPEZ-MUNIZ, José Luiz Martínez, DE LA CUÉTERA, J. M., e ROJAS, Francisco J. Villar. *Derecho Administrativo y Regulación Económica:* **Liber Amicorum** *Gaspar Ariño Ortiz*. Madri, La Ley, 2011.

MANNORI, Luca, e SORDI, Bernardo. *Storia del Diritto Amministrativo*. 3ª ed. Roma/Bari, Laterza, 2004.

MARQUES NETO, Floriano de Azevedo. *A Concessão como Instituto do Direito Administrativo*. Tese apresentada ao concurso para provimento do cargo de Professor Titular. São Paulo, Faculdade de Direito da USP, 2013.

——————. "A superação do ato administrativo autista". In: MEDAUAR, Odete, e SCHIRATO, Vitor Rhein (orgs.). *Os Caminhos do Ato Administrativo*. São Paulo, Ed. RT, 2011 (pp. 89-113).

——————. "La moderna regulación: la búsqueda de un equilibrio entre lo público y lo privado". In: DE LA CUÉTERA, J. M., LÓPEZ-MUNIZ, José Luiz Martínez, e ROJAS, Francisco J. Villar. *Derecho Administrativo y Regulación Económica: **Liber Amicorum** Gaspar Ariño Ortiz*. Madri, La Ley, 2011.

——————. "Las transformaciones en la dicotomía público-privado y la importancia de la regulación". In: ORTIZ, Gaspar Ariño, e outros. *Regulación Económica de los Servicios Públicos*. Lima/Peru, ESAN (*Anais* ...), 2010 (pp. 121-148).

——————. "Limites à abrangência e à intensidade da regulação estatal". *Revista de Direito Público da Economia* 1/69-93. Belo Horizonte, 2003.

——————. "O fomento como instrumento de intervenção estatal na ordem econômica". *Revista de Direito Público da Economia* 32. Belo Horizonte, 2010.

——————. *Regulação Estatal e Interesses Públicos*. São Paulo, Malheiros Editores, 2002.

——————, e ARAGÃO, Alexandre Santos de (orgs.). *Direito Administrativo e seus Novos Paradigmas*. Belo Horizonte, Fórum, 2008.

——————, e SCHIRATO, Vitor Rhein (orgs.). *Estudos sobre a Lei das Parcerias Público-Privadas*. Belo Horizonte, Fórum, 2011.

MAURER, Hartmut. *Direito Administrativo Geral*. Barueri/SP, Manole, 2006.

MAYER, Otto. *Derecho Administrativo Alemán*. Buenos Aires, Depalma, 1982.

MEDAUAR, Odete. *A Processualidade no Direito Administrativo*. 2ª ed. São Paulo, Ed. RT, 2008.

——————. *Direito Administrativo Moderno*. São Paulo, Ed. RT, 2011.

——————. *O Direito Administrativo em Evolução*. 2ª ed. São Paulo, Ed. RT, 2003.

——————, e SCHIRATO, Vitor Rhein (orgs.). *Os Caminhos do Ato Administrativo*. São Paulo, Ed. RT, 2011.

MIRANDA, Jorge (coord.). *Estudos sobre a Constituição*. Lisboa, Livraria Petrony, 1979.

MOREIRA NETO, Diogo de Figueiredo. *Poder, Estado e Direito*. Belo Horizonte, Fórum, 2011.

———. "Novas tendências da democracia: consenso e direito público na virada do século – O caso brasileiro". *Revista de Direito da Procuradoria-Geral* 57/196-126. Rio de Janeiro, 2003.

———. *Quatro Paradigmas do Direito Administrativo Pós-Moderno, Legitimidade – Finalidade – Eficiência – Resultados*. Belo Horizonte, Fórum, 2008.

ORTIZ, Gaspar Ariño. *Comentarios a la Ley de Contratos de las Administraciones Públicas*. t. 1. Granada, Comares, 2002.

———. *Lecciones de Administración y Políticas Públicas*. Madri, Iustel, 2011.

———. *Transparencia y Participación en la Administración Pública Española*. Madri, Universidad Carlos III, 1994.

———, e outros. *Regulación Económica de los Servicios Públicos*. Lima/Peru, ESAN (*Anais* ...), 2010.

OTERO, Paulo. *Legalidade e Administração Pública – O Sentido da Vinculação Administrativa à Juridicidade*. Coimbra, Livraria Almedina, 2003.

PALMA, Juliana Bonacorsi de. *Atuação Administrativa Consensual: Estudo dos Acordos Substitutivos nos Processos Administrativos Sancionadores*. Dissertação (Mestrado em Direito). São Paulo, Faculdade de Direito da USP, 2010.

POUYAUD, Dominique, e WEIL, Prosper. *Le Droit Administratif*. 22ª ed. Paris, PUF, 2008.

PRÉVOST, Jean-François. "La notion de collaborateur occasionnel et bénévole du service public". *Revue du Droit Public* 4. Paris, 1980.

RIVERO, Jean. *Droit Administratif*. 8ª ed. Paris, Dalloz, 1977.

———, e WALINE, Jean. *Droit Administratif*. 13ª ed. Paris, Dalloz, 2000.

ROJAS, Francisco J. Villar, DE LA CUÉTERA, J. M., e LÓPEZ-MUNIZ, José Luiz Martínez. *Derecho Administrativo y Regulación Económica: Liber Amicorum Gaspar Ariño Ortiz*. Madri, La Ley, 2011.

ROSANVALLON, Pierre. *Le Modele Politique Français*. Paris, Éditions Du Seuil, 2004.

SALOMÃO FILHO, Calixto. *Regulação da Atividade Econômica*. 2ª ed. São Paulo, Malheiros Editores, 2008.

SANDULLI, Aldo. "Il procedimento". In: CASSESE, Sabino. *Trattato di Diritto Amministrativo*. Milão, Giuffrè, 2003.

———. *Manuale di Diritto Amministrativo*. 10ª ed. Nápoles, Eugenio Jovene, 1969.

SARMENTO, Daniel. "Conceito de interesse público e a 'personalização' do direito administrativo". *RTDP* 26/115-136. São Paulo, Malheiros Editores, 1999.

────────── (org.). *Interesse Público* **Versus** *Interesse Privado*. Rio de Janeiro, Lumen Juris, 2007.

SCHIRATO, Vitor Rhein, e MARQUES NETO, Floriano de Azevedo (orgs.). *Estudos sobre a Lei das Parcerias Público-Privadas*. Belo Horizonte, Fórum, 2011.

SCHIRATO, Vitor Rhein, e MEDAUAR, Odete (orgs.). *Os Caminhos do Ato Administrativo*. São Paulo, Ed. RT, 2011.

SILVA, Vasco Manuel Pascoal Dias Pereira da. *Em Busca do Acto Administrativo Perdido*. Coimbra, Livraria Almedina, 2003.

SORDI, Bernardo, e MANNORI, Luca. *Storia del Diritto Amministrativo*. 3ª ed. Roma/Bari, Laterza, 2004.

STIRN, Bernard, e BRAIBANT, Guy. *Le Droit Administratif Français*. 7ª ed. Paris, Presses de Sciences Po/Dalloz, 2005.

SUNDFELD, Carlos Ari. *Direito Administrativo Ordenador*. 1ª ed., 3ª tir. São Paulo, Malheiros Editores, 2003.

────────── . *Direito Administrativo para Céticos*. São Paulo, Malheiros Editores, 2012.

────────── . *Fundamentos de Direito Público*. 5ª ed., 5ª tir. São Paulo, Malheiros Editores, 2014.

WALINE, Jean, e RIVERO, Jean. *Droit Administratif*. 13ª ed. Paris, Dalloz, 2000.

WALINE, Marcel. *L'Individualisme et le Droit*. 2ª ed. Paris, Domat Montchrestien, 1949.

WEIL, Prosper, e POUYAUD, Dominique. *Le Droit Administratif*. 22ª ed. Paris, PUF, 2008.

Capítulo 15
A EXPERIÊNCIA DO DIREITO ADMINISTRATIVO ALEMÃO: O QUE OS BRASILEIROS DEVEM SABER?

THIAGO MARRARA

> 15.1 Por que olhar para fora? Direito estrangeiro para quê?. 15.2 Breve histórico do direito administrativo alemão. 15.3 Direito administrativo e divisão de Poderes em sentido vertical e horizontal. 15.4 A distinção entre direito administrativo geral e especial. 15.5 O papel central da Lei de Procedimento Administrativo. 15.6 Normas sobre procedimento administrativo. 15.7 Normas sobre atos administrativos. 15.8 Normas sobre contratos de direito público. 15.9 Conclusivamente, a experiência alemã pode nos ajudar?.

15.1 Por que olhar para fora? Direito estrangeiro para quê?

Brindaram-me os organizadores com um desafio: traçar um panorama de aspectos fulcrais do direito administrativo alemão a partir de uma perspectiva brasileira. Tomei-o primariamente como a tarefa de examinar o sistema estrangeiro eleito em suas linhas mestras para, então, descrever suas características básicas. Mas o leitor, diante dessa proposta, pode legitimamente indagar: de que serve tal iniciativa? Por que ler um texto sobre Direito estrangeiro?

Primeiramente, cumpre advertir que este estudo não constitui pura descrição, nem tampouco um exercício metodologicamente estrito da comparatística. A ressalva é relevante, sobretudo porque entre nós reina certa confusão entre a mera referência ao Direito estrangeiro e o método comparativo. Não raro teses e obras abrem capítulos sobre "Direito Comparado" quando, na verdade, o que fazem não passa de menção ilustrativa ao Direito estrangeiro. Mas é preciso registrar, desde logo, que Direito estrangeiro e Direito Comparado são coisas distintas. O Direito estrangeiro é objeto; a comparatística é método consistente na confrontação mais ou menos alargada de institutos ou ordenamentos, estrangeiros ou não – daí a relevância das distinções básicas de Sommermann entre macro e microcomparatística (quanto à dimensão dos objetos comparados) e entre comparatística vertical ou horizontal (quanto ao critério de escolha dos objetos).[1] Isso significa que existe comparatística envolvendo elementos de diferentes ordenamentos – e, nesse caso, ela se assenta sobre o Direito estrangeiro –, bem como comparatística vertical, que não necessariamente se pauta por institutos ou experiências estrangeiras, mas, sim, por uma comparação com enfoque histórico (isto é, o Direito no tempo).

Feito o esclarecimento, reitero que não se fará verdadeira e estrita comparação jurídica nas linhas a seguir. Meu intuito não consiste em colocar, lado a lado, institutos ou microssistemas alemães e brasileiros. A pretensão é muito mais simples: selecionar alguns aspectos da formação e da estruturação atual do direito administrativo alemão e, a partir deles, e quando possível, refletir sobre nosso próprio direito administrativo e seus atuais rumos. Aliás, a despeito de considerações metodológicas, não é outra a razão pela qual todo e qualquer jurista deve olhar para fora. Descrições e considerações de Direito estrangeiro não são recursos decorativos de trabalhos científicos. Elas servem para ilustrar experiências e práticas vividas mundo afora, sempre com o objetivo de instigar a reflexão do jurista pátrio e, mediante provocações, estimular o aprimoramento de institutos e ordenamentos jurídicos. O jurista olha para fora para perceber criticamente seu próprio ordenamento e, inclusive, os fatores jurídicos e extrajurídicos que condicionam sua efetividade.

E aqui se abre espaço para uma pergunta e minha segunda advertência. Por que institutos ou estruturas semelhantes podem gerar efeitos distintos conforme o ordenamento em que se situam? A compreensão desse fenômeno depende da superação da crença no Direito como único sistema de ordenação social ou técnica capaz de superar todos os males da sociedade. O Direito não é *o* sistema de normas, mas, sim,

---

1. Karl-Peter Sommermann, "Die Bedeutung der Rechtsvergleichung für die Forentwicklung des Staats- und Verwaltungsrechts in Europa", *DÖV* 1997, pp. 1.017 e ss.

um sistema de estímulos que se insere socialmente ao lado de inúmeros outros com os quais interage de modo complexo. Dessa maneira, muito simplificadamente, a efetividade do Direito é potencializada ou reduzida de acordo com tais interações. Daí que a reação das normas jurídicas a características culturais do povo, a um sistema econômico, a valores morais e inúmeros outros fatores não pode ser negligenciada. Quando se caminha para o direito administrativo tampouco se pode ignorar o condicionamento recíproco que se opera entre a realidade da gestão pública e o direito que a rege. Não é só o direito administrativo que condiciona a gestão pública – o inverso também é verdadeiro, e não pode ser desprezado.

É dessa premissa que se retira a segunda advertência: nem o modelo alemão nem qualquer outro devem ser tomados como ideais ou exemplos a serem cegamente copiados. O direito administrativo alemão funciona no contexto cultural alemão e em interação com a gestão pública e as condições econômicas e institucionais do Estado Alemão. Reitere-se, por isso, que o presente ensaio, assim como não constitui um exercício preciso de comparatística, não contém qualquer apologia a um sistema perfeito ou qualquer sugestão de transposição irrefletida de institutos para o Brasil. Seu objetivo reside unicamente em apresentar as linhas básicas da formação do direito administrativo alemão e seus elementos estruturais.

Para conferir racionalidade a esse escopo, os assuntos e tópicos seguintes foram selecionados e elaborados com base em dois critérios básicos: (1) sua relativa importância para a compreensão da ciência do Direito Alemão e a consequente reflexão sobre o Direito Brasileiro (daí a discussão sobre direito administrativo e divisão de Poderes, bem como sobre direito administrativo geral e especial) e (2) sua relevância dentro da legislação administrativa alemã (o que se mostra, sobretudo, no exame da Lei de Procedimento Administrativo e suas normas em relação a processos, atos e contratos administrativos). Ao longo da exposição, o caminho a se percorrer parte de elementos histórico-evolutivos e atinge uma perspectiva dogmática da legislação alemã. O cenário temático varia, mas o escopo é uno: procurar, em cada tópico escolhido, estímulos para o debate sobre o direito administrativo brasileiro e sua ciência a partir do olhar para o estrangeiro.

15.2 Breve histórico do direito administrativo alemão

Assim como outros modelos de direito administrativo da Europa Continental, o direito administrativo alemão como ramo de estudos especializados começou a se formar no século XIX. Em realidade, explica Forsthoff que durante a época do Estado de Polícia a estrutura estatal e administrativa não permitia sua organização científica.[2] A Administração do *Polizeistaates* não constituía objeto passível de uma ciência jurídica sistematizada. O poder monárquico ilimitado que marcava a execução das funções estatais para a consecução das finalidades públicas não se instrumentalizava por procedimentos juridicamente formatados. Os atos estatais, à época, até poderiam ser qualificados formalmente como jurídicos, mas seu conteúdo não derivava do Direito. Daí por que Forsthoff concorda com Otto Mayer quando este sustenta que o Direito não tem relação com a Administração do Estado de Polícia. A divisão de competências que existia não era rígida ou respeitada, razão pela qual não servia para impor limites de atuação aos entes estatais. Foi somente com a edição do *Publikandumm* de 16.12.1808 e do Regulamento de 26.12.1808 que se consagrou, na Prússia, uma divisão mais rigorosa entre Administração e Justiça, abrindo-se espaço para um cenário mais próximo ao hodierno.

Não bastassem as deficiências organizacionais, reais condições para o desenvolvimento da ciência do direito administrativo dependeriam da consolidação do Estado de Direito (*Rechtsstaates*). Explica Forsthoff que a separação de Poderes e o princípio da legalidade administrativa foram determinantes para definitivamente fixar o campo da Administração diante do Judiciário e do Legislativo, bem como impor às entidades administrativas barreiras claras frentes aos direitos individuais. Com isso, "as funções estatais foram trazidas para um contexto jurídico sistemático, dentro do qual a Administração encontrava um lugar bem definido".[3] Foi nesse cenário, típico do século XIX alemão, que despontou a primeira divisão científica do direito administrativo em relação ao direito constitucional dentro da obra de Robert von Mohls, *Staatsrecht des Königreichs Württemberg*, de 1829. Nela a Administração era definida como o instrumental ou o meio para a execução, no dia a dia, das intenções constitucionais.

---

2. Ernst Forsthoff, *Lehrbuch des Verwaltungsrechts*, 9ª ed., vol. 1, Munique, Beck, 1966, p. 41.
3. Idem, ibidem.

As condições não se limitavam, todavia, ao Estado de Direito e seus corolários primários. Para a construção de um pensamento favorável à autonomia do direito administrativo, Forsthoff também destaca a consolidação da ideia de sociedade como esfera distinta do Estado. Com efeito, 10 anos antes da publicação de Mohls, Hegel havia apresentado o conceito de sociedade no segundo capítulo da Terceira Parte do seu *Grundlinien der Philosophie des Rechts*. Foi por meio desse reconhecimento dos princípios da sociedade livre em relação ao Estado que se fortaleceu a limitação das ações administrativas de efeitos externos.

Frente ao cenário de amadurecimento cultural, político e jurídico, a consagração do direito administrativo propriamente dito veio a ocorrer com a obra de Friedrich Mayer em 1857. A partir de então, e principalmente após as reformas levadas a cabo na década de 1870 e a constituição de um Tribunal Administrativo especial, os cursos, manuais, estudos monográficos e jornais especializados em direito administrativo se multiplicaram.[4] Dentre tantos trabalhos, destaca Forsthoff a obra de von Sarwey (1887), na qual se organizou, de modo pioneiro e sistemático, uma primeira teoria geral do direito administrativo e se alinhou um direito administrativo nacional para além das diferenças e peculiaridades dos direitos estaduais.[5] Tal sistema estava baseado na divisão de Poderes, na limitação legal das funções administrativos e nas garantias da liberdade individual – ou seja: um direito administrativo compatível com o Estado de Direito e os direitos fundamentais.

Ocorre que nesse momento inaugural ainda faltavam institutos verdadeiramente peculiares para conferir a real autonomia ao novo ramo do Direito. Não é por outro motivo que muitos consideram Otto Mayer o real criador do método do direito administrativo alemão moderno. Foi esse jurista, profundo conhecedor do direito administrativo francês e do direito privado, que formulou uma teoria das formas de ação (*Handlungsformen*) da Administração Pública. Apesar de apresentar, em sua obra, um intencional paralelismo com o direito privado, Mayer reconhecia a necessidade de conceitos jusadministrativos pró-

---

4. Exemplos: *Archiv des öffentlichen Rechts* (desde 1886); o *Verwaltungsarchiv* (desde 1893); o *Preussischen Verwaltungsblatt* (desde 1878); etc.
5. Ernst Forsthoff, *Lehrbuch des Verwaltungsrechts*, cit., 9ª ed., vol. 1, p. 49.

prios com base nas condições do direito público. É a partir desse pano de fundo que despontam os conceitos de direito subjetivo público, propriedade pública, atividade empresarial pública etc.

Sem prejuízo do legado teórico de Mayer, ao longo do século XX o direito administrativo alemão continuou a se modificar significativamente. Essa afirmativa se compreende com base na premissa clássica do ex-Presidente do Tribunal Nacional de Direito Administrativo, Fritz Werner, de que o direito administrativo é o direito constitucional concretizado! E se reforça quando se aceita, na linha de Maurer, que o direito administrativo constitui também uma resposta a demandas sociais e a um ambiente – daí não estar integralmente vinculado à Carta Maior, como já constatava Otto Mayer ao dizer "Verfassungsrecht vergeht, Verwaltungsrecht besteht".[6]

Com base nessas premissas, não é difícil desvendar os motivos pelos quais o direito administrativo mudou tanto ao longo do século XX naquele País. Não foram apenas duas Constituições (a de Weimar de 1919 e a Lei Fundamental de Bonn de 1949), mas também duas Guerras Mundiais (1914-1918 e 1939-1945), entremeadas de um período nazista e seguidas por uma fase de divisão da Nação, de renascimento e reindustrialização (de um lado, capitalista; de outro, comunista), até atingir a reunificação interna na década de 1990 e a crescente integração supranacional por força do fenômeno da europeização, sabidamente capitaneado pela Alemanha ao lado de outras potências da Europa Continental Ocidental. Em outras palavras: no século XX a Alemanha vivenciou experiências e mudanças ambientais e político-constitucionais suficientemente fortes e claramente expressivas para influenciar, em maior ou menor medida, seu direito administrativo – não obstante a aparente "estabilidade" histórica de certos diplomas legais alemães possa levar o estrangeiro, em rápido e pontual contato com o sistema, a impressão falsamente contrária.

Em breve síntese: no campo acadêmico o século XX se iniciou com uma substituição do método científico estatal pelo método jurídico, com o qual, para além de se preocupar com a compilação da matéria e legislação, a doutrina passou a refletir sobre institutos, conceitos e estruturas gerais para o direito administrativo, fortalecendo a teoria

---

6. Otto Mayer, *Deutsches Verwaltungsrecht*, 3ª ed., Lípsia, Duncker & Humblot, 1924, "Prefácio".

geral – movimento que atinge seu ponto teórico de maturação com a obra de Otto Mayer publicada em 1895-1896 e republicada ao longo das primeiras décadas do século posterior (mais especificamente em 1917 e em 1924). Já, no campo social e econômico, ao longo do período de guerras e suas trágicas consequências, fortaleceu-se na Alemanha a necessidade de construir um Estado Social extremamente forte e capaz de combater a pobreza resultante das guerras e a desigualdade. Com isso, simultaneamente se estruturou uma ampla Administração Pública de caráter prestativo em favor do fornecimento de muitos serviços públicos (vários gratuitos até hoje) e fomento para garantir a segurança da coletividade em termos econômicos, sociais e culturais. A ampliação da Administração levou, segundo Maurer, a que muitos batizassem o Estado Alemão atual de *Verwaltungsstaat* – ou, em tradução literal, "Estado Administrativo" – e que o conceito clássico de Forsthoff de *Daseinsvorsoge*, forjado em 1938 na obra *Die Verwaltung als Leistungsträger*, ganhasse relevo como tarefa estatal de fornecimento de bens e serviços essenciais para uma vida adequada[7] – embora até hoje sua relevância na doutrina alemã não se compare com a do conceito de *service public* na doutrina francesa ou na brasileira.

Não é se de ignorar, ainda, o papel da Lei Fundamental nessa fase histórica tão turbulenta. Explica Maurer[8] que a Carta Constitucional foi responsável, ao lado da jurisprudência, pelo afastamento de concepções tradicionais do direito administrativo e pela consagração de novos institutos, dando origem a uma renovada doutrina a partir da segunda metade do século XX, como mostram as obras de Ernst Forsthoff, *Lehrbuch des Verwaltungsrechts*, de 1950, de Hans Wolff, *Verwaltungsrecht*, de 1956, até hoje editada em vários volumes, de Hans Peters, *Lehrbuch der Verwaltung*, de 1949, e de Kurt Egon von Turegg, *Lehrbuch des Verwaltungsrechts*, de 1950. Com efeito, em exame panorâmico, Maurer pontua cinco aspectos da Lei Fundamental que teriam sido essenciais para essa renovação doutrinária,[9] quais sejam: (1) o reconhecimento de que a Constituição, incluindo os direitos fundamentais e princípios centrais ali previstos, vale para toda e qualquer ação estatal; (2) a caracterização da Administração como

---

7. Hartmut Maurer, *Allgemeines Verwaltungsrecht*, 13ª ed., Munique, Beck, 2000, p. 19.
8. Idem, pp. 20-21.
9. Idem, pp. 21-22.

entidade dependente de legitimação democrática, vinculada, portanto, ao Legislativo e controlável pelo Judiciário; (3) o reconhecimento constitucional da Administração prestativa e de fomento ao lado da Administração restritiva (que predominava no cenário pré-1949), estimulando, assim, o desenvolvimento de instrumentos jurídicos para tais modalidades de ação; (4) a vinculação da Lei Fundamental à dignidade e à liberdade do indivíduo como valores basilares, o que estimula a superação da ideia de "subordinado" (*Untertan*) em favor da consagração dos cidadãos (*Bürger*) – fenômeno que fortalece o processo administrativo, o contrato administrativo bem como a proteção dos direitos de personalidade diante dos avanços administrativos; e (5) a possibilidade de se extraírem princípios administrativos do novo texto constitucional, como o da proteção da confiança do cidadão (*Vertrauensschutzprinzip*).

A Lei Fundamental alemã – vale lembrar – foi editada para a República Federativa Alemã. A República Democrática, por sua vez, seguiu um rumo comunista e completamente diverso em termos administrativos. Na década de 1950 foi ali editada a obra de Bönninger, Hochbaum, Lakschas e Schulze, fortemente inspirada na tradução, em 1954, da obra de Studenikin, Wlassow e Jewtichijew de Direito Soviético para o Alemão. Apesar desse impulso inicial, ao longo do tempo o direito administrativo desapareceu, por ser visto como um ramo de "tendência burguesa" – tal como expresso pelo Presidente do Conselho (*Staatsrat*), Walter Ulbricht, em uma conferência de 1958. Ademais, a ausência de uma jurisdição especializada em direito administrativo, como se via na Alemanha Ocidental, não estimulou esse ramo jurídico. Por isso, apenas ao final da década de 1970 é que o direito administrativo oriental voltaria a se reestruturar, inicialmente de modo descritivo e alinhado com a visão do Partido Comunista, e progressivamente assumindo postura mais crítica.

Tal diferença de concepções entre a parte ocidental e a oriental desapareceria na década de 1990, umas das mais marcantes na história recente da Alemanha. Foi nela que, em primeiro lugar, se operou a integração da parte oriental e da ocidental, por força de um tratado de unificação celebrado em 31.8.1990. Nesse momento histórico, e apesar das distinções políticas, econômicas e sociais dos dois Países, decidiu-se pela aplicação imediata do Direito ocidental à parte oriental, com o auxílio de medidas e limitações específicas contidas nos dois anexos do tratado. A partir daí, a Lei Fundamental e outros diplomas e estruturas importantes do direito administrativo ocidental – como a Lei de Processo Administrativo e o controle administrativo pelo Judiciário especializado – estenderam-se ao bloco oriental.[10]

Ainda na década de 1990, além da reunificação, outro fenômeno fundamental se deu de fora para dentro com a edição do Tratado da União Europeia, de 7.2.1992 (conhecido como Tratado de Maastricht). Com ele, o fenômeno de integração, que havia se iniciado em 1951 com a fundação de comunidades na área de carvão, de energia atômica (EURATOM) e de cooperação econômica, evoluiu para uma zona de integração fortemente estruturada, sustentada em uma união monetária e ainda associada para fins de política externa e de segurança, bem como em matéria de cooperação interna e judiciária. Muito embora a União não disponha de uma competência genérica para disciplinar o direito administrativo, fato é que sua influência na Administração Pública dos Países-membros é enorme, e se estende tanto sobre o direito material como sobre o processual. Isso se dá pelo impacto do Direito Europeu primário e secundário editado, por exemplo, nas áreas de proteção ambiental, ordenação do solo, direito social, educação, política municipal, concorrência, serviços de interesse econômico, infraestruturas, regulação de serviços privados etc.[11] Não por outro motivo, mais recentemente muitos esforços teóricos, no campo administrativo, vêm se canalizando para o fenômeno da europeização (*Europäisierung*).[12]

15.3 Direito administrativo e divisão de Poderes em sentido vertical e horizontal

Não obstante a divisão de Poderes em sentido vertical e horizontal seja comum a inúmeros Países ocidentais, há nuanças próprias de

---

10. A esse respeito, cf., entre outros, Christoph Degenhart, "Deutsche Einheit und Rechtsangleichung – öffentliches Recht", *JUS* 1993, pp. 627 e ss.

11. Cf., sobre a problemática: Eberhard Schmidt-Aβmann, "Deutsches und Europäisches Verwaltungsrecht", *DVBl*. 1993, pp. 924 e ss.; Dirk Ehlers, "Die Einwirkungen des Rechts der Europäischen Gemeinschaften auf das Verwaltugsrecht", *DVBl*. 1991, pp. 605 e ss.

12. Cf. Friedrich Schoch, "Die Europäisierung des Allgemeinen Verwaltungsrechts und der Verwaltungsrechtswissenschaft", in *Die Wissenschaft vom Verwaltungsrecht: Werkstattgespräch aus Anlaβ des 60. Geburtstages von Prof. Dr. Eberhard Schmidt-Aβmann*, Berlin, Duncker & Humblot, 1999, p. 135.

cada Estado que exercem influência marcante sobre a estruturação do direito administrativo. A partir dessa premissa, a seguir são delineadas panoramicamente as características básicas do sistema federativo e da tripartição de Poderes na Alemanha, com o objetivo de contextualizar o cenário em que o direito administrativo tedesco se desenvolveu e hoje se encontra.

Comecemos pelo federalismo, com uma abreviada justificativa. Talvez pela forte influência da doutrina elaborada em Estados Unitários, como França e Portugal, talvez pela formação centrífuga e a consequente tradição centralista do Estado Brasileiro, o direito administrativo pátrio sofre de cegueira em relação à Federação – cegueira que se reflete na completa ausência de obras nacionais sobre direito administrativo estadual, com raras exceções de capítulos e menções pontuais em obras gerais.[13]

Não é por outro motivo que se optou por consignar expressamente neste ensaio a relevância da estrutura federativa para o direito administrativo alemão. Segundo Groβ, mesmo após 1871, ano da criação da Alemanha, a administração das tarefas públicas era basicamente executada nos *Ländern*, por isso o direito administrativo constituía, de regra, uma expressão do Direito estadual. No entanto, com a criação do Estado Alemão, na segunda metade do século XIX, passou-se a pensar no direito administrativo geral como uma forma de unificação nacional.[14]

Apesar da consolidação histórica do Estado Central e de alguns retrocessos unitaristas, como visto ao longo da República de Weimar, hoje ainda se mantém o federalismo bipartite. Segundo Badura, o Estado Federal (*Bundesstaat*) divide-se em dois níveis: o da União (*Gesamtstaat* ou *Zentralstaat*) e o dos Estados (*Gliedstaaten* ou *Bundesländer*). Além de 13 Estados, há, ainda, 3 Cidades-Estados – a saber: Berlim, Hamburgo e Bremen –, que, *grosso modo*, se assemelham es-

---

13. Exceção digna de nota é o tratamento de aspectos do processo administrativo estadual na obra de Carlos Ari Sundfeld e Guillermo Andrés Munõz (orgs.), *As Leis de Processo Administrativo – Lei Federal 9.784/1999 e Lei Paulista 10.177/1998*, 1ª ed., 2ª tir., São Paulo, Malheiros Editores, 2006.
14. Thomas Groβ, "Beziehungen zwischen Allgemeinem und Besonderem Verwaltungsrecht", in *Die Wissenschaft vom Verwaltungsrecht*, Berlin, Duncker & Humblot, 1999, p. 63.

truturalmente ao Distrito Federal brasileiro.[15] Dada a histórica descentralização do sistema, a relevância do direito administrativo estadual é bastante significativa. Por conseguinte, diferentemente do que se vislumbra no Brasil, a doutrina alemã dedica-se intensamente à produção de obras sobre o Direito estadual (bávaro, saxão, hamburguês etc.).

Entes locais também existem no Estado Alemão, mas a organização municipal afasta-se completamente do modelo de padronização política e institucional adotado pela Constituição brasileira de 1988. Em realidade, na Alemanha os entes locais pertencem à Administração indireta e seguem uma estruturação determinada pelos Estados, e não pela União. É o Direito estadual (*Landesrecht*) que determina a divisão de tarefas com os entes locais e as microrregiões, restando praticamente impossível à União influenciar diretamente tais entidades.[16] Isso viabiliza uma riqueza de arranjos no tocante ao *status* dos Municípios, à extensão da garantia de autonomia administrativa local, bem como às técnicas de controle municipal por outros entes federativos. O fato de os Municípios não constituírem uma esfera da Federação não significa que a Lei Fundamental deixe de consagrar a autonomia local. Desse princípio (*Selbstverwaltungsprinzip*) costumam ser extraídas três garantias: a de existência obrigatória de entes locais (*institutionelle Rechtssubjektsgarantie*), a de proteção de tarefas necessárias para que eles resolvam assuntos de assuntos da comunidade local (*objektive Rechtsinstitutionsgarantie*) e o princípio da universalidade, pelo qual o manejo de todos esses assuntos é primariamente de responsabilidade local (*Universalitätsprinzip*). Para responder a tal incumbência, as localidades recebem autonomia de gestão de pessoal,

15. Cf. Peter Badura, *Staatsrecht: systematische Erläuterung des Grundgesetzes für die Bundesrepublik Deutschland*, 2ª ed., Munique, Beck, 1996, pp. 228 e ss. Para uma comparação das linhas básicas entre o federalismo alemão e o brasileiro, com especial enfoque no planejamento territorial e no direito urbanístico, cf. Thiago Marrara, *Planungsrechtliche Konflikte in Bundesstaaten*, Hamburgo, Kovac, 2009.
16. A divisão de tarefas, como dito, não é padronizada nacionalmente. No entanto, é possível identificar dois modelos de gestão municipal nos Estados. O modelo dualista diferencia tarefas municipais e tarefas estaduais executadas pelos Municípios sob a supervisão dos Estados. O monista prevê todas as atividades executadas pelos Municípios, mas há diferença em relação ao grau de supervisão estadual e à discricionariedade de ação dos entes locais. Sobre o assunto, cf. Eberhard Schmidt--Aβmann e Hans Christian Röhl, "Kommunalrecht", in Eberhard Schmidt-Aβmann (org.), *Besonderes Verwaltungsrecht*, 13ª ed., Berlim, Walter de Gruyter, 2005, ns. de margem 32 e ss.

organizacional, de edição de normas e organização financeira[17] e, em geral, executam muitos serviços públicos de relevância.

Além da divisão de Poderes realizada por um corte horizontal, o conhecimento dos traços mais importantes da tripartição de Poderes também é imprescindível para explicar o sistema administrativo alemão. Isso se vislumbra na análise de cada um dos três Poderes.

O sistema alemão assume a tripartição clássica, de acordo com a qual o Executivo exerce o papel de principal executor de políticas públicas. Para tanto, as entidades administrativas se dividem pela Administração direta (*unmittelbare Verwaltung*) e pela indireta (*mittelbare Verwaltung*). Até aí, nenhuma novidade. Note-se, porém, que a Lei Fundamental (art. 30) confere a competência para executar as tarefas administrativas aos Estados. Isso significa que os *Länder* não executam apenas o seu direito, mas igualmente o direito administrativo federal, seja como assunto próprio (art. 83), seja por delegação da União (art. 85). A administração por delegação (*Auftragsverwaltung*) é ora obrigatória (como se vislumbra em relação às rodovias e às estradas federais geridas pelos Estados – art. 90), ora facultativa (tal como se dá quanto à gestão de hidrovias ou estradas de ferro federais em relação aos Estados em cujo território elas se encontram – art. 87*d* II e art. 87*e* I). A partir dessa sistemática constitucional já se nota forte entrelaçamento da União e dos Estados no exercício das atividades administrativas – o que gera, na prática, um direito administrativo fortemente cooperativo e justifica que o federalismo alemão seja chamado de federalismo administrativo (*Verwaltungsföderalismus* ou *Vollzugsföderalismus*).[18]

Na seara legislativa, considerando-se a estrutura federativa a partir da grande reforma operada em 2006, a Lei Fundamental basica-

17. Em mais detalhes sobre a estrutura municipal alemã, cf.: Dirk Ehlers, "Die verfassungsrechtliche Garantie der kommunalen Selbstverwaltung", *DVBl.* 2000, pp. 1.301 e ss.; Diana Zacharias, "Die Entwicklung der kommunalen Aufgaben seit 1975", *DÖV* 2000, pp. 56 e ss.; Thomas Ellwein, "Perspektiven der kommunalen Selbstverwaltung in Deutschland", *AfK I*, 1997, pp. 1 e ss.; Hartmut Maurer, "Verfassungsrechtliche Grundlagen der kommunalen Selbstverwaltung", *DVBl.* 1995, pp. 1.037 e ss. E, em Português: Thiago Marrara, "Do modelo municipal alemão aos problemas municipais brasileiros", *Revista de Direito Municipal* 27/33, 2008.

18. Cf. Thomas Fleiner, "Rechtsvergleichung: chancen und Lehren für den Föderalismus", in Friedrich Hufen, Horst Dreier e Uwe Berlit, *Verfassung – zwischen Recht und Politik*, Baden-Baden, Nomos, 2007, p. 245.

mente prevê competências exclusivas (*ausschließliche Gesetzgebung*) e concorrentes (*konkurrierende Gesetzgebung*). A competência exclusiva da União (arts. 71 e 73) estende-se, por exemplo, sobre sistema de correios, telecomunicações, transporte ferroviário; já, a concorrente abrange o direito da desapropriação (*Enteignung*), do planejamento territorial e uso do espaço, do direito urbanístico, do trânsito de veículos etc. Na nova estrutura federativa permite-se que os Estados editem normativas divergentes (*abweichende Regelungen*) e, com isso, disciplinem certas matérias em dissonância ao que é determinado pelo Direito nacional. Isso ocorre, por exemplo, no campo da proteção ambiental e da paisagem, bem como da organização territorial.

Mas não é somente por força da divisão de competências legislativas que a consideração do Poder Legislativo se torna relevante no conhecimento do direito administrativo. A análise da criação de leis nos remete ao estudo da legalidade, e, nesse particular, a doutrina alemã, de modo bastante interessante, distingue a "Administração dependente da lei" (*gesetzesabhängige Verwaltung*) da "Administração livre da lei" (*gesetzesfreie Verwaltung*). No primeiro caso vislumbra-se a Administração no exercício de atividades dependentes de uma manifestação formal dos representantes do povo por instrumento legislativo. Não se deve confundir, porém, a figura da "Administração dependente" com o instituto da vinculação. Isso porque a Administração dependente de lei pode agir de modo vinculado ou discricionário, conforme a existência, ou não, de um poder de escolha previsto em lei. Em contrapartida, a Administração livre da lei não se vislumbra vinculada a um diploma legislativo; ela age diretamente, tal como ocorre na área de planejamento viário ou na criação de instituições municipais não determinadas por lei. Nesse caso, segundo Maurer, não se trata de discricionariedade em sentido estrito, mas de uma liberdade de ação independente de lei, restando condicionada unicamente pelos dispositivos gerais de competência, pelos direitos fundamentais e pelos princípios gerais do direito administrativo.[19] Trata-se, pois, de uma importante distinção, que confere certa flexibilidade regrada à Administração, afastando-se de um modelo estrito de legalidade como exigência de expressos mandamentos legais para qualquer ação administrativa.

19. Hartmut Maurer, *Allgemeines Verwaltungsrecht*, cit., 13ª ed., p. 10.

Enfim, não menos relevante para a formação das peculiaridades do direito administrativo é o papel do Judiciário. Embora o Estado Alemão não seja marcado por um sistema de jurisdição dual, como o francês, não é insignificante a influência da jurisprudência para a formação do direito administrativo. Forsthoff destacava a relevância das Cortes antes mesmo da formação do Estado Alemão no século XIX. Segundo aduz, a influência criativa da jurisprudência foi marcante em vários campos, mormente no âmbito do direito de polícia. Exemplo disso se observa na contribuição que o Alto Tribunal Administrativo da Prússia prestou à construção de uma série de princípios jurídicos que, em 1931, foram codificados na lei prussa sobre atividade policial.[20]

Ainda hoje o papel das decisões judiciais mostra-se fundamental, o que se nota na atenção que os autores alemães dispensam à jurisprudência nacional em suas obras. Essa valorização da jurisprudência não é somente resultado do perfeccionismo de grande parte dos juristas ou do capricho com que as decisões judiciais são elaboradas. Certamente, a despeito da jurisdição una, a contribuição dada pelo Judiciário ao direito administrativo deriva também de uma estrutura institucional peculiar, que favorece a expedição de decisões administrativas por juízes especializados na matéria. Diferentemente do que se vislumbra no Brasil – em que, ao lado da Justiça Comum, existem Justiças especializadas em direito eleitoral, militar e trabalhista –, na Alemanha a Justiça Comum convive com quatro Justiças especializadas vinculadas às respectivas Cortes superiores. A *Fachgerichtsbarkeit* abrange a Justiça Financeira (*Finanzgerihtsbarkeit*), a Justiça Trabalhista (*Arbeitsgerichtsbarkeit*), a Justiça Social (*Sozialgerichtsbarkeit*) e – o que nos interessa sobremaneira – a justiça administrativa (*Verwaltungsgerichtsbarkeit*).

Em particular, a Justiça Administrativa guia-se basicamente por uma lei processual, a *Verwaltungsgerichtsordnung*, em vigor desde 1960. De acordo com ela, os tribunais administrativos julgam conflitos de direito público que não tenham natureza constitucional – regra que visa a prevenir conflitos entre a Justiça Administrativa e a Corte Constitucional. Tais conflitos são decididos em um sistema de três instâncias, que culmina em um Tribunal Superior próprio, o *Bundesverwaltungsgericht*, com sede em Lípsia.

---

20. Ernst Forsthoff, *Lehrbuch des Verwaltungsrechts*, cit., 9ª ed., vol. 1, p. 55.

15.4 A distinção entre direito administrativo geral e especial

Na elaboração da ciência do direito administrativo alemão especial relevância se confere à distinção entre a "teoria geral do direito administrativo" ou "direito administrativo geral" (*allgemeines Verwaltungsrecht*) e o "direito administrativo especial" (*besonderes Verwaltungsrecht*). No primeiro campo enquadram-se as teorias da legalidade administrativa, da discricionariedade, dos atos administrativos, dos contratos de direito público, do processo administrativo, dos bens públicos, da responsabilidade do Estado e da organização administrativa. No segundo, referente aos direitos especiais, estão englobados, por ilustração, o direito da polícia e da ordenação (*Polizeirecht* e *Ordnungsrecht*), o direito administrativo econômico (*Wirtschaftsverwaltungsrecht*), o direito público de construir (*Öffentliches Baurecht*), o direito da proteção ambiental (*Umweltschutzrecht*), o direito viário (*Straßenrecht* e *Wegerecht*), o direito do funcionalismo público (*Recht des öffentlichen Dienstes*).

O surgimento histórico e a evolução dessa distinção bem como as relações entre os dois campos foram examinados detalhadamente por Thomas Groβ.[21] Do ponto de vista histórico, narra o professor de Heidelberg que a distinção não é inerente ao surgimento do direito administrativo alemão, cuja origem se encontra na obra de Friedrich Franz Mayer de 1857,[22] um autor de formação não jurídica, mas, sim, especialista em economia do setor público (*Staatswirtschaft*) e com forte inspiração prática. Naquele momento ainda não se fazia separação entre o geral e o especial, mas Mayer já indicava que seus estudos não se guiavam por matérias específicas (tributação, águas, comércio etc.), senão pelas diferentes relações entre elas e o Estado, bem como pelas relações entre as entidades públicas. Embora não tenha logrado desenvolver termos técnicos que pudessem descrever todas essas relações de modo abstrato, Mayer buscava se orientar por uma perspectiva suprassetorial.

Em realidade, a primeira aparição da divisão em questão se revelou no estudo de Lorenz von Stein de 1869 (*Die Verwaltungslehre*),

---

21. Thomas Groβ, "Beziehungen zwischen Allgemeinem und Besonderem Verwaltungsrecht", cit., in *Die Wissenschaft vom Verwaltungsrecht*, pp. 57 e ss.
22. Trata-se da obra denominada *Grundzüge des Verwaltungsrechts und Rechtsverfahrens*. Em 1862 Mayer publicou os *Grundsätze des Verwaltungsrechts*.

em que se abordavam três braços especiais da ação do Executivo, a saber: a economia pública, a administração da justiça e o direito da administração em suas relações internas. Nele ainda se registrava expressamente a existência de um direito administrativo geral e outros especiais. Já em 1883, na obra de Georg Meyer (*Lehrbuch des Deutschen Verwaltungsrechts*), despontou a primeira divisão científica e evidente do tratamento da teoria geral em relação a temas especiais. Essa divisão, de 1884, também apareceria na obra de Otto von Sarwey, que levava o nome de *Allgemeines Verwaltungsrecht* e incluía uma bem-definida "Parte Especial" do direito administrativo. O mesmo sucedia na obra de Albert von Kirchenheim de 1885, a qual abrangia, na "Parte Geral", todos os princípios válidos para qualquer campo da Administração Pública, e na "Especial" as tarefas da Administração em setores delimitados. Na mesma linha, a obra de Karl von Stengel, publicada em 1886, tomava o direito geral como teoria válida para todo e qualquer ramo específico da ação administrativa.

Segundo Groβ, por mais que tais precedentes teóricos não possam ser ignorados, foi apenas na obra de Otto Mayer[23] que se consagrou uma real teoria geral do direito administrativo no sentido utilizado ainda hoje. Ali, Mayer se propunha a formular uma teoria geral, mas esclarecia ser de pouco valor examinar o geral sem conhecer o especial. No seu procedimento de análise ele tendia para a relativização da hipótese de que o direito administrativo geral seria uma mera abstração de partes especiais. Ele se distanciava de um puro trabalho conceitual para acentuar, em contrapartida, a necessidade da relação do Direito com a realidade (*Wirklichkeitsbezug der Dogmatik*).[24] Além disso, não é de se desprezar que Mayer tinha grande relação com os civilistas e reconhecidamente transpunha ou emprestava do direito privado inúmeros institutos e elementos metodológicos. Não fosse isso, ele ainda apresentava grande propensão à comparatística e se encontrava imerso em um ambiente político no qual a ideia da teoria geral estava associada, de certo modo, a um processo de *Nation building*, uma vez que na segunda metade do século XIX se formava o Reino Alemão com a união dos *Länder*.

---

23. Otto Mayer, *Deutsches Verwaltungsrecht*, Lípsia, Duncker & Humblot, 1895.
24. Thomas Groβ, "Beziehungen zwischen Allgemeinem und Besonderem Verwaltungsrecht", cit., in *Die Wissenschaft vom Verwaltungsrecht*, pp. 61-64.

Foi nesse cenário, portanto, que se consagrou a divisão entre direito administrativo geral e especial, embora este último tenha encontrado sua primeira sistematização somente com a edição da obra de Bochalli, em 1957.

Note-se, todavia, um relevante detalhe terminológico. Nem sempre se fala no direito administrativo de uma parte geral e outra especial, tal como se vislumbra no direito penal e no direito civil. Na linha de Adolf Merkl (exposta na obra *Allgemeines Verwaltungsrecht*, de 1927), o direito geral não seria necessariamente *parte* do ordenamento jurídico de um Estado, mas um sistema autônomo, que utiliza o direito positivo apenas como matéria-prima. De acordo com a opção universalista de Merkl, o direito geral não se confundiria com uma parte geral, nem se vincularia a um único direito positivo nacional.

Apesar de esta visão conceitual universalista não ter perdurado, Groβ continua a destacar, com outro enfoque, a necessidade de se diferenciar o que é uma *parte geral*, válida como guia para partes especiais, de uma *teoria geral*, como teoria sistemática, de outro lado. Ambas estão inter-relacionadas, mas não são idênticas. A parte geral apresenta os institutos fundamentais e disposições básicas, mas também "detalhes técnicos", como regras de prazo. Dessa sorte, nem toda norma geral assume importância fundamental. Em contraste, a teoria geral objetiva simplificar o ordenamento jurídico pela generalização de certos conceitos e determinações, bem como reduzir a complexidade da disciplina jurídica, para fortalecer a segurança jurídica e intensificar o valor do Estado de Direito. A teoria geral, concebida de modo sistemático, visa, ainda, a assegurar a consistência do sistema, pela disseminação de valores comuns e pela adequação de normas positivas a tais valores.[25] É por isso que Groβ considera que a teoria geral constitui o polo estático e contrário aos interesses específicos e excitações políticas cotidianas, as quais, por vezes, integram-se nos direitos especiais, mas não são capazes de se generalizar.[26]

Se o belo da teoria geral está na sua função de estabilização e facilitação do direito administrativo, sua dificuldade reside na baixa capacidade de se adaptar e de se aprimorar, sobretudo diante das novidades que brotam em áreas específicas e passam a atacar ou desafiar as

25. Idem, p. 71.
26. Idem, p. 72.

construções teóricas mais abstratas. O fato é que, como nota Groβ, a teoria geral do direito administrativo, "para proteger sua função de ordenação geral", precisa se sensibilizar para modificações, sobretudo as que não se restrinjam a setores específicos e que desenvolvam relevância geral, requerendo generalização. "Como a Dogmática está estreitamente relacionada com o desenvolvimento das relações sociais, ela só pode ser concebida como sistema aberto."[27] Dizendo de outro modo: é preciso que a teoria geral não seja tão rígida a ponto de ignorar inovações relevantes, mas nem tão flexível de modo a absorver qualquer tipo de novidade de acordo com interesses meteóricos e efêmeros.

O problema que se põe aos teóricos, nesse cenário, reside em encontrar o equilíbrio entre a função estabilizadora da teoria geral e sua disposição à mudança. A difícil questão consiste em saber quando transformar o dinâmico em estático! E é aqui que a experiência alemã pode lançar luzes para o Direito Brasileiro contemporâneo. Nosso direito administrativo, em termos positivos, é um direito de transição. Nele somam-se resquícios patrimonialistas com institutos de administração burocrática e com novas práticas ligadas ao movimento do *New Public Management,* aqui designado de "modelo gerencial", em virtude da reforma do aparelho do Estado promovida em 1995 e, a despeito de trocas partidárias, ainda longe do sepultamento. Nesse contexto, observam-se no direito administrativo brasileiro embates científicos incontáveis, tais como os referentes ao princípio da supremacia do interesse público ou ao potencial da consensualização administrativa, sobretudo no campo das atividades restritivas (*e.g.*, polícia, regulação restritiva etc.). Nesses embates a resistência de uns choca-se com o desespero de outros pela mudança da teoria geral. E, nesse cabo de guerra, não raro alguns juristas são batizados de conservadores e anacrônicos, e outros, em contra-ataque, de neoliberais ou infiéis.

Ora, o que a distinção entre "direitos administrativos especiais", "parte geral do direito administrativo" e "teoria geral do direito administrativo" nos ensina é que esse duelo de forças científicas e legislativas é natural e salutar – desde que mantido no campo dos argumentos lógicos e não desviado para argumentos *ad personam.* As forças de transformação da teoria geral ganham espaço quando novos institutos e valores são inseridos na prática jurídica. É o que se vislumbrou

---

27. Idem, pp. 72-73.

nos Estados ocidentais com os movimentos de privatização, bem como no Brasil com a reforma do Estado e a consequente multiplicação de novos entes públicos e novas formas de agir administrativo. Em que medida, porém, tais inovações devem ser incorporadas pelo direito administrativo em sua teoria geral? A resposta não é exatamente simples! Com base no que se expôs, porém, é possível registrar que três regras científicas devem ser mantidas em mente, quais sejam: (1) a teoria geral não afasta novas experiências; (2) a teoria geral não deve ser rígida e fechada ao novo; mas (3) não deve variar de acordo com impulsos (legislativos ou acadêmicos) de curtíssimo prazo. Dizendo de outro modo: ela deve ser repensada somente quando impulsos e inovações se tornem significativos para além de um campo especial e, por sua força, exijam transformações dos valores gerais. E, para que a generalização de inovações particulares ocorra, há que se respeitar um processo lento, pelo qual principalmente a doutrina observa se a teoria geral apresenta incompletude, inconsistências ou deficiências que exijam seu aperfeiçoamento. É isso que Groβ denomina "processo de amadurecimento jurídico".

15.5 O papel central da Lei de Procedimento Administrativo

De fulcral relevância para o direito administrativo alemão, na teoria e na prática, é a Lei de Procedimento Administrativo (*Verwaltungsverfahrensgesetz*, abreviada *VwVfG*). Antes de se apresentar seu conteúdo básico, impõe-se consignar breve ressalva terminológica ao leitor. De modo geral, na Alemanha a palavra *Verfahren* designa todo tipo de procedimento administrativo, enquanto *Prozess* indica o processo judicial. Nesse sentido, o que se pretende examinar a seguir é o conteúdo da lei que rege a atividade no campo da Administração, e não dos tribunais especializados em conflitos administrativos.

O exame desse tema não é feito em vão. Um dos principais diplomas legislativos do direito administrativo alemão é, irrefragavelmente, a Lei de Procedimento Administrativo Federal, editada em 25.5.1976 para entrar em vigor em 1.1.1977. Seus mais de 100 artigos são divididos em 8 partes temáticas que, por seus títulos, já revelam o motivo da importância da *VwVfG*. A primeira trata do âmbito de aplicabilidade da lei, da competência territorial, da comunicação eletrônica, da cooperação interna e da cooperação administrativa no âmbito europeu. A segunda parte traz disposições gerais sobre o procedimento administrativo (*Verwaltungsverfahren*). A terceira disciplina o ato administrativo (*Verwaltungsakt*); a quarta, o contrato de direito público (*öffentlich-rechtlicher Vertrag*); a quinta, alguns processos administrativos especiais. A sexta trata dos procedimentos ordenatórios; e a sétima, das atividades honoríficas (*ehrenamtliche Tätigkeit*) e Comissões (*Ausschüsse*). A oitava, por sua vez, restringe-se a disposições finais.

Como se verifica, um dos motivos principais pelos quais a *VwVfG* se tornou um dos elementos centrais do Direito Alemão está em sua extensão material, ou seja, sua abrangência em relação a diversos institutos fulcrais do direito administrativo. Apesar do rótulo, a lei não abrange tão somente o procedimento administrativo. Ela se estende sobre o ato, o contrato, o planejamento, a discricionariedade, a cooperação, a legalidade e outros temas clássicos do direito administrativo. Vejamos alguns tópicos em mais detalhes.

De modo geral, a *VwVfG* aplica-se às entidades federais bem como a todas as entidades, inclusive estaduais e locais, que executem Direito federal em nome da União. Essa segunda disposição é bastante interessante quando comparada com a Lei de Procedimento Administrativo/LPA brasileira, pois permite resolver casos de dúvidas sobre a aplicabilidade de leis processuais estaduais ou da lei federal nos casos concretos. No Brasil a LPA se restringe a tratar da sua aplicabilidade em relação a entidades que exerçam função administrativa no âmbito da União. Ao longo do tempo, por força jurisprudencial, sua aplicabilidade também foi estendida para Estados e Municípios, como técnica de integração de lacunas. No entanto, no Direito Brasileiro, ao contrário do que se vê na Alemanha, nem a lei nem a jurisprudência resolvem a problemática, por exemplo, dos microssistemas normativos, como o Sistema Nacional de Defesa do Consumidor/SNDC e o Sistema Nacional do Meio Ambiente/SISNAMA, bem como de outras entidades que atuam dentro de microssistemas nacionais de execução de políticas públicas. Não fosse isso, a *VwVfG* enumera situações em que ela efetivamente não se aplica, e ainda detalha, por critérios territoriais e materiais, as regras de competência do agente público em relação aos procedimentos administrativos.

Ainda introdutoriamente, vale notar o valor conferido pela *VwVfG* à cooperação entre agentes públicos. Como dito alhures, hoje não é mais possível pensar uma Administração Pública cujas entidades, órgãos e agentes não cooperem entre si e também com a sociedade. A cooperação é mandamento fundamental, de um lado, para a eficácia das atividades públicas e, de outra parte, para a concretização da moralidade administrativa. Não por outro motivo, a LPA Federal brasileira dispõe expressamente acerca da necessidade de as autoridades públicas colaborarem para que os cidadãos exerçam seus direitos e cumpram seus deveres. A *VwVfG*, todavia, vai mais longe. Em primeiro lugar, disciplina a colaboração entre órgãos públicos, por exemplo, caso um órgão necessite de apoio para executar uma tarefa por motivos fáticos (*e.g.*, falta ou insuficiência de pessoal) ou jurídicos (*e.g.*, obrigação de ação conjunta), bem como em função do desconhecimento de informações essenciais ou em virtude da necessidade de colaboração instrutória, e, ainda, quando a execução de uma tarefa for significativamente mais custosa para o órgão primário do que para o órgão colaborador. Por inclusão posterior, a *VwVfG* ainda passou a tratar da cooperação administrativa europeia (*europäische Verwaltungszusammenarbeit*), normatizando o procedimento de solicitação de ajuda a órgãos públicos europeus e de atendimento de pedidos de ajuda, inclusive em termos de custos de operação.

15.6 Normas sobre procedimento administrativo

Ingressando no campo do procedimento administrativo propriamente dito, há duas partes da *VwVfG* que são de interesse. A primeira contém normas gerais; e a segunda, espécies procedimentais específicas.

Em termos gerais, a leitura da *VwVfG* revela a preocupação do legislador alemão com a definição do que entende por procedimento administrativo como requisito de aplicação das normas previstas na lei. De acordo com o texto legal, o *Verwaltungsverfahren* configura a atividade de efeito extroverso que consiste na verificação de requisitos, na preparação e na edição de um ato administrativo ou na celebração de um contrato de direito público. Por força do princípio da informalidade (*Nichtförmlichkeit*), ele não está associado a um formato predeterminado, salvo determinação legal. As partes do procedimento administrativo, por sua vez, abrangem os requerentes e seus oponentes; os destinatários do ato administrativo ou as partes do contrato de direito público, bem como outras pessoas que são aceitas oficialmente no processo pelo fato de terem interesses jurídicos potencialmente sujeitos à decisão final. Assim como prevê a LPA brasileira, aquele que é ouvido meramente ao longo do procedimento não assume a condição de verdadeira parte ou interessado. Não fosse isso, a lei alemã procura disciplinar amplamente as figuras do mandatário e do representante processual, sobretudo em casos especiais, por exemplo, de desconhecimento da pessoa ou, mesmo, do dono do bem que é objeto do processo. Ademais, disciplina a representação conjunta para procedimentos com mais de 50 requerentes que defendam um mesmo tipo de interesse.

Em termos gerais, a lei trata igualmente das informações às partes, da participação popular em relação a determinados tipos de pedido anteriormente ao processo e dos meios de prova. Assim como a LPA brasileira, a *VwVfG* reconhece o princípio da oficialidade na instrução (*Untersuchungsgrundsatz*), mas determina a colaboração das partes na preparação de provas e enumera os meios instrutórios aceitáveis, incluindo o depoimento das partes, a oitiva de testemunhas e de especialistas, bem como sua manifestação por escrito ou por meio eletrônico. No tocante às normas gerais de caráter procedimental, a legislação alemã não difere assim tão significativamente da legislação brasileira. Não obstante, nela se notam um grau de detalhamento e normatização muito mais alto que o visto na lei brasileira bem como uma forte preocupação com a automação da ação procedimental da Administração Pública – tema que a lei brasileira, apesar de publicada no final da década de 1990, infelizmente deixou de lado.[28]

15.7 Normas sobre atos administrativos

Mais contrastante com o Direito Brasileiro não é a disciplina procedimental, mas, sim, o tratamento amplo do ato administrativo (*Verwaltungsakt*) pela *VwVfG*. Com efeito, apesar de a LPA ter abordado o tema, a iniciativa do legislador brasileiro foi tímida se comparada à alemã. Por aqui disciplinaram-se as técnicas de correção do ato por revogação, anulação, convalidação, recurso e revisão, porém não se

---

28. Registre-se, porém, que leis estaduais mais recentes oportunamente tratam do processo administrativo eletrônico. É o caso da Lei de Processo Administrativo da Bahia (Lei 12.209/2011, arts. 85 e ss.).

apresentaram seus elementos conceituais. Por lá, a *VwVfG* cuidou do tema de modo mais abrangente, partindo de um conceito de ato administrativo como "toda estipulação, decisão ou outra medida, que um órgão público expede para o regramento de um caso concreto no âmbito do direito público e que desenvolve efeito jurídico imediato em sentido extroverso" (§ 35). Nesse mesmo dispositivo legal é ainda definida a "ordem geral" (*Allgemeinverfügung*) como "um ato administrativo que se refere a um grupo determinado ou determinável de pessoas de acordo com características gerais ou que se refira as características de direito público de uma coisa ou de seu uso pela coletividade" (§ 35, parte final). De acordo com a descrição legal, evidencia-se que a marca característica do ato administrativo não repousa em seu caráter individual. Ele pode ser tanto personalizado quanto geral em relação aos sujeitos. O que o diferencia do ato normativo, na verdade, é sua natureza concreta, ou seja, sua referência a um caso fático específico. Nessa linha, para o Direito Alemão as determinações direcionadas à coletividade e relativas ao uso de bens públicos são "ordens gerais".

Para além da oportuna conceituação, dentre as várias normas referentes ao ato administrativo previstas na *VwVfG* são dignas de nota as que tratam das determinações acessórias (§ 36), as que reconhecem o uso de atos eletrônicos ou intermediados por aparatos eletrônicos (§ 37), as normas sobre promessas administrativas (§ 38), discricionariedade (§ 39), autorização fictícia (§ 40), bem como sobre efeitos do ato administrativo (§ 43), sua nulidade (§ 44), convalidação (§ 45), conversão (§ 47), anulação (§ 48) e revogação (§ 49). Vejamos alguns desses tantos aspectos de relevo.

A *VwVfG* é clara ao prever que o ato, por ação discricionária do agente público, pode vir acompanhado de termo (*Befristung*), condição (*Bedingung*) ou encargos (*Auflage*), bem como de reserva de revogação e de reserva de alteração posterior dos encargos. Todos esses elementos opcionais representam "determinações acessórias" (*Nebenbestimmungen*) e, de fato, não são estranhas ao direito administrativo brasileiro, como mostram as "condicionantes" de uma licença ambiental expedida pelo SISNAMA ou os "remédios" determinados juntamente a uma autorização de uma fusão empresarial pelo SBDC. Ocorre que por aqui a LPA não traz uma norma geral sobre o assunto, e tal lacuna acaba por gerar dúvidas sobre o grau de flexibilidade de que dispõe a Administração Pública ao expedir atos administrativos diante de cenários complexos. Já, a *VwVfG*, ao reconhecer as *Nebenbestimmungen* em normas gerais, harmoniza a ação administrativa por atos unilaterais e impositivos a uma realidade fática plural e plena de interesses conflitantes – realidade na qual o ato administrativo construído sob uma lógica binária (deferido/indeferido, autorizado/vedado, sancionado/absolvido) se mostra indevidamente rígido e incapaz de viabilizar decisões justas e efetivas.

A despeito de ampliar a flexibilidade decisória, a *VwVfG* não descuida das finalidades públicas. Nesse sentido, determina que a ação discricionária da Administração em matéria de atos administrativos deve corresponder às finalidades do autorizativo legal e aos limites legais da discricionariedade (§ 40). Semelhante regra também é lançada no tocante às referidas determinações acessórias, cuja coerência com a finalidade do ato ao qual se agregam é impositiva (§ 36 III). A *VwVfG* não estrutura, contudo, a tipologia da discricionariedade, nem tampouco dos vícios que atingem seu exercício. A detalhada teoria da discricionariedade alemã deve-se muito mais à doutrina, a qual, ao longo do tempo, passou a diferenciar a discricionariedade de ação da de conteúdo, bem como a aprofundar a teoria dos vícios da ação discricionária (dentro das quais se contrastam os casos de excesso, mau uso e desconhecimento da discricionariedade).

Instituto igualmente importante da *VwVfG*, e que guarda intensa relação com o nosso princípio da eficiência, reside na determinação geral de edição de atos administrativos fictícios, ou, melhor, autorizações ou licenças fictícias (*Genehmigungsfiktion*). Tal como já se debateu em artigo específico sobre o tema, esse instituto representa a presunção de edição de uma autorização ou licença em benefício do cidadão sempre que a Administração tiver um prazo pra agir mas não o fizer dentro do tempo exigido em lei. Trata-se de medida que afasta o efeito negativo do silêncio da Administração, favorecendo o particular que depende de uma licença ou autorização administrativa para exercer seus direitos. Essa técnica foi inserida como regra geral em razão da Diretiva de Serviços Europeia de 2007, a qual visa a coibir, por essas e outras estratégias, as barreiras ao devido fluxo de serviços na Europa.[29] No entanto, ao fazer isso, a nova disposição também

---

29. Em mais detalhes: Thiago Marrara, "A autorização fictícia no direito administrativo", *RDA* 251/201, 2009.

beneficia o cidadão alemão e o estrangeiro, que agora não deve ser mais prejudicado pela omissão ou lentidão da Administração quando necessitar de atos benéficos.

Retornando aos institutos mais clássicos, assim como a LPA brasileira, mas como extenso detalhamento, a *VwVfG* normatiza as técnicas de combate a vícios do ato administrativo. Nesse particular, parte do tratamento da eficácia do ato administrativo (*Wirksamkeit*), prescrevendo que o ato nulo não deve produzir efeitos. O ato nulo é definido de modo genérico como aquele que sofre de um defeito grave e óbvio à luz das circunstâncias relevantes, mas a *VwVfG* também registra outras situações (como o ato inexequível, o ato violador dos bons costumes etc.) que podem conduzir à declaração de nulidade de ofício ou a pedido de interessados. Tratando-se de vício quanto ao procedimento, à forma ou à competência territorial, o reconhecimento da nulidade não é obrigatório quando restar comprovado que a violação das normas administrativas não tenha afetado materialmente o conteúdo decisório do ato administrativo.

Também digna de nota é a previsão na lei alemã dos institutos da anulação de atos ilegais (*Rücknahme eines rechtswidrigen Verwaltungsaktes*) e da revogação de um ato conforme o Direito (*Widerruf eines rechtmäßigen Verwaltungsaktes*). Em contraste com a teoria brasileira, observe-se que a anulação alemã se dá pela ilegalidade, e a revogação não só por interesse público, mas por diversos motivos que levem à retirada de um ato legal.

No tocante ao regime da anulação, chamam atenção a explícita previsão geral de escolha dos efeitos para o futuro (*ex nunc*) ou para o passado (*ex tunc*), o prazo de um ano para sua prática após o conhecimento da ilegalidade pelo agente público, bem como as limitações que a cercam diante de ato administrativo benéfico ao cidadão (*begünstigender Verwaltungsakt*). Sobre esse último aspecto, a *VwVfG* impossibilita a anulação de atos que tenham gerado benefício financeiro a pessoas de boa-fé que já o tenham consumido ou realizado disposições patrimoniais por conta dele. Tratando-se de ato benéfico sem conteúdo financeiro a anulação não é vedada, mas a lei garante a indenização ao cidadão de boa-fé que tenha confiado na existência do ato e sofrido prejuízos em virtude de sua extinção, desde que a confiança no ato seja digna de proteção após uma ponderação com os interesses públicos em jogo.

Já, no que se refere à revogação, sempre com efeitos para o futuro, a *VwVfG* cria um regime diferenciado de acordo com o conteúdo benéfico ou restritivo do ato legal que ela atinge. E novamente aqui, a favor da estabilidade dos atos benéficos aos cidadãos, a lei prevê apenas cinco situações pontuais nas quais a revogação deve ocorrer, incluindo a hipótese em que ela se mostra necessária para evitar ou afastar graves prejuízos ao bem da coletividade – permitido o pagamento administrativo de indenização nesta hipótese, ao lado de outras. Estipula, ademais, requisitos adicionais e restritivos da revogação de atos benéficos que tenham por conteúdo prestações financeiras ou transferências materiais aos cidadãos. A *VwVfG*, com isso, consagra um critério de definição do regime jurídico da revogação e da anulação sempre conforme o conteúdo do ato e, sobretudo, seu impacto financeiro para o cidadão, privilegiando, com isso, a segurança jurídica e a boa-fé.

15.8 Normas sobre contratos de direito público

Como se adiantou, diversamente da legislação brasileira, a *VwVfG* disciplina de modo expresso o contrato de direito público (*öffentlich-rechtlicher Vertrag*). Em nove parágrafos (§§ 54 a 62), ela trata da aceitação do contrato, de tipos contratuais, de sua forma, da participação e concordância de terceiros, da nulidade, da alteração dos contratos e da aplicação subsidiária das normas da própria *VwVfG* e do Código Civil.

De todos os dispositivos, o mais significativo para um observador brasileiro certamente é o que permite, como regra geral, o uso do contrato de direito público para reger relações jurídicas, ou seja, para criar, alterar ou extinguir obrigações entre os cidadãos e a Administração Pública, desde que a opção contratual não seja vedada por norma específica. Na dicção expressa do § 54, um órgão público pode, em vez de expedir um ato administrativo, celebrar um contrato de direito público com aquele indivíduo ao qual o ato administrativo se direcionaria. Em outras palavras: a *VwVfG* torna a consensualização por instrumentos contratuais uma opção real para o agente público diante da forma clássica de ação impositiva por atos administrativos. O Poder Público dispõe da possibilidade de caminhar pela via negocial sempre que a considerar mais útil e eficiente para solucionar um conflito ou pretensão concreta que poderia ser igualmente objeto de disciplina unilateral. Isso se dá tanto por um ajuste no qual o Estado e o particular abrem mão de algo em um ambiente de incerteza (*Vergleichsvertrag*) quanto por acordo em que o Estado se obriga a algo como contrapartida a uma obrigação do particular que poderia ser imposta como "determinação acessória" ao ato administrativo (*Austauschvertrag*). A despeito da espécie, fato é que a *VwVfG* confere não apenas flexibilidade ao Estado, mas também segurança e estabilidade ao uso de opções contratuais que não encontrem previsão legal específica. Com isso, o sistema alemão corrobora com o posicionamento, já defendido por muitos autores no Brasil, de que o uso de ajustes administrativos, sobretudo os substitutos de atos, não deve depender de previsão legal específica, haja vista os benefícios potenciais da consensualização em termos de eficiência, democratização e legitimação da Administração.

Seria ingênuo acreditar que essa opção do Direito Alemão por um modelo de gestão flexível viria desacompanhada de cautelas e limitações. Sem pretender alongar a análise, vale registrar duas normas relevantes nesse sentido. A primeira delas consagra a necessidade de que a celebração do contrato administrativo seja subordinada à concordância de todo indivíduo que tenha seus direitos por ele afetados. Isso vale igualmente em relação a órgãos públicos. Melhor dizendo: se outro órgão deve expressar sua vontade para que uma ação particular seja autorizada ou licenciada, então, o ajuste celebrado pelo Estado com o cidadão em substituição a um ato administrativo tradicional também dependerá da participação daquele órgão público. A segunda norma diz respeito à nulidade dos contratos. Como regra geral, a *VwVfG* faz remissão expressa às causas de nulidade contratual previstas no Código Civil. No entanto, para os acordos substitutivos de atos administrativos ela prevê hipóteses específicas de nulidade, que abrangem, por exemplo, a situação em que o contrato é reputado nulo pelo fato de o vício que o macula também ser suficiente para ocasionar a nulidade do ato administrativo que ele substitui, ou a situação em que o particular age de má-fé ao celebrar um ajuste sabidamente viciado.

Com essas e outras limitações, a *VwVfG* cria um ambiente de muito mais previsibilidade e estabilidade em relação aos ajustes públicos, sobretudo aqueles praticados em ações restritivas (de polícia ou regulação), sem, porém, deixar de conferir a flexibilidade mínima de que depende a Administração hodierna para gerir os interesses públicos e harmonizá-los com interesses privados e direitos fundamentais. E, como muitos desses ajustes podem ser, por expressa previsão, utilizados no curso de processos administrativos preparatórios da edição de atos administrativos, andou bem o legislador alemão ao tratar de contratos em uma lei primariamente procedimental.

15.9 Conclusivamente, a experiência alemã pode nos ajudar?

Diferentemente da teoria do direito, do direito constitucional e do direito penal, o direito administrativo alemão ainda não se tornou objeto de preferencial atenção dos juristas brasileiros. Entre nós predomina a influência latina, sobretudo por meio dos autores franceses, italianos, espanhóis e portugueses, somada a uma crescente influência anglo-americana. Antes de questionar nossas leituras preferidas e buscar novas referências e fontes teóricas, resta saber por que outro Direito estrangeiro nos interessaria. Sendo mais específico: em que o direito administrativo alemão contribuiria com o brasileiro na sua fase atual de transição e duelos teóricos?

Ao longo desse breve estudo pretendeu-se revelar aspectos gerais do sistema alemão e realizar breves apontamentos sobre sua utilidade para o debate e o aperfeiçoamento do Direito Brasileiro. Embora sejam únicas as mudanças sociais, políticas, econômicas e jurídicas que viveu a Alemanha desde o final do século XIX e as condições nas quais hoje ela se insere, é inegável que a experiência do sistema examinado – por exemplo, pela sua relação com a divisão dos Poderes estatais quanto por sua evolução legislativa e doutrinária – lança muitas indagações aos juristas brasileiros; indagações, essas, que vão além da mera discussão da funcionalidade de um mero e singelo instituto.

Por que insistimos em ignorar o direito administrativo estadual? Nosso direito administrativo estadual não existe, ou existe e é abafado por sentimentos unitaristas? O que a Federação tripartite Brasileira tem a ensinar aos administrativistas, e como ela deles depende para ser realmente viável e cooperativa? De outra banda, será que, no momento de transição que experimentam nossa legislação e nossa teoria administrativista, não temos confundido teoria geral e o papel das inovações pontuais? Não seria adequado diferenciar a função e a utilidade da teoria geral do direito administrativo do direito administrativo especial, para conseguirmos situar adequadamente as inovações recentes?

Caminhando para o campo do direito positivo e da Dogmática, não são menos numerosas as questões que o olhar para o Direito Alemão inspira. Em vista da *VwVfG*, será que nossa Lei Federal de Processo Administrativo, tal como se encontra, esgota toda a potencialidade de uma lei do gênero? Será que ela não teria mais a contribuir com a teoria geral do direito administrativo, com a teoria dos atos e, inclusive, dos contratos públicos? Será que ela confere ao administrador a flexibilidade necessária para gerir a coisa pública diante de uma sociedade plural, uma economia complexa e uma população ansiosa e carente de políticas públicas mais efetivas?

A lição da experiência alemã não é outra senão um bloco de perguntas! Afinal, como se ressalvou no início deste ensaio, o conhecimento do Direito estrangeiro há que ser empregado com parcimônia, adequação e coerência. Ele não se destina a rechear ou florear teses e artigos com exóticas citações, nem tampouco a se impor como exemplo perfeito de modelagem jurídica apta a superar todos os males da Administração Pública brasileira. A descrição, aqui realizada, de alguns aspectos do Direto Alemão constitui uma fotografia, mais ou menos desfocada, de um universo distante, complexo e densamente estruturado por leis e apoiado em densa doutrina jurídica. O "aperitivo" que aqui se serve ao leitor não acompanha a pretensão de abrir as portas de um mundo mágico. O direito administrativo alemão, assim como outros sistemas alienígenas, deve ser tratado fundamentalmente como uma fonte de reflexões e indagações que – sabem bem os alemães – não se desprendam de realidades locais e, inclusive, de um arcabouço cultural, econômico, político e social próprio de cada País. O "uso" do Direito estrangeiro há ser feito à luz de nossas peculiaridades, e sempre em vista da solução das demandas internas e nacionais. E ele deve levar, antes de qualquer coisa, a perguntas, e não a respostas milagrosas! É nas interrogativas que reside a principal contribuição do direito administrativo alemão aos juristas e ao legislador brasileiros, pois conhecer o outro não é senão um passo para conhecer a si mesmo e, então, avançar com consciência e prudência.

Referências bibliográficas

BADURA, Peter. *Staatsrecht: systematische Erläuterung des Grundgesetzes für die Bundesrepublik Deutschland*. 2ª ed. Munique, Beck, 1996.

BERLIT, Uwe, DREIER, Horst, e HUFEN, Friedrich. *Verfassung – zwischen Recht und Politik*. Baden-Baden, Nomos, 2007.

DEGENHART, Christoph. "Deutsche Einheit und Rechtsangleichung – öffentliches Recht". *JUS* 1993 (pp. 627 e ss.)

DREIER, Horst, BERLIT, Uwe, e HUFEN, Friedrich. *Verfassung – zwischen Recht und Politik*. Baden-Baden, Nomos, 2007.

EHLERS, Dirk. "Die Einwirkungen des Rechts der Europäischen Gemeinschaften auf das Verwaltugsrecht". *DVBl.* 1991 (pp. 605 e ss.).

—————. "Die verfassungsrechtliche Garantie der kommunalen Selbstverwaltung". *DVBl.* 2000 (pp. 1.301 e ss.).

—————, e ERICHSEN, Hans-Uwe. *Allgemeines Verwaltungsrecht*, 12ª ed. Belim, Walter de Gruyter, 2002.

ELLWEIN, Thomas. "Perspektiven der kommunalen Selbstverwaltung in Deutschland". *AfK I.* 1997 (pp. 1 e ss.).

ERICHSEN, Hans-Uwe, e EHLERS, Dirk. *Allgemeines Verwaltungsrecht*, 12ª ed. Belim, Walter de Gruyter, 2002.

FLEINER, Thomas. "Rechtsvergleichung: chancen und Lehren für den Föderalismus". In: BERLIT, Uwe, DREIER, Horst, e HUFEN, Friedrich. *Verfassung – zwischen Recht und Politik*. Baden-Baden, Nomos, 2007.

FORSTHOFF, Ernst. *Lehrbuch des Verwaltungsrechts*. 9ª ed., vol. 1. Munique, Beck, 1966.

GROβ, Thomas. "Beziehungen zwischen Allgemeinem und Besonderem Verwaltungsrecht". In: *Die Wissenschaft vom Verwaltungsrecht*. Berlin, Duncker & Humblot, 1999.

HUFEN, Friedrich, BERLIT, Uwe, e DREIER, Horst. *Verfassung – zwischen Recht und Politik*. Baden-Baden, Nomos, 2007.

MARRARA, Thiago. "A autorização fictícia no direito administrativo". *RDA* 251. 2009.

—————. "Do modelo municipal alemão aos problemas municipais brasileiros". *Revista de Direito Municipal* 27. 2008.

—————. *Planungsrechtliche Konflikte in Bundesstaaten*, Hamburgo, Kovac, 2009.

MAURER, Hartmut. *Allgemeines Verwaltungsrecht*. 13ª ed. Munique, Beck, 2000.

—————. "Verfassungsrechtliche Grundlagen der kommunalen Selbstverwaltung". *DVBl.* 1995 (pp. 1.037 e ss.).

MAYER, Otto. *Deutsches Verwaltungsrecht*. Lípsia, Duncker & Humblot, 1895; 3ª ed. Lípsia, Duncker & Humblot, 1924.

MUÑOZ, Guillermo Andrés, e SUNDFELD, Carlos Ari (orgs.). *As Leis de Processo Administrativo – Lei Federal 9.784/1999 e Lei Paulista 10.177/1998*. 1ª ed., 2ª tir. São Paulo, Malheiros Editores, 2006.

RÖHL, Hans Christian, e SCHMIDT-AβMANN, Eberhard. "Kommunalrecht". In: SCHMIDT-AβMANN, Eberhard (org.). *Besonderes Verwaltungsrecht*. 13ª ed. Berlim, Walter de Gruyter, 2005.

SCHMIDT-AβMANN, Eberhard. "Deutsches und Europäisches Verwaltungsrecht". *DVBl*. 1993 (pp. 924 e ss.).

—————, e RÖHL, Hans Christian. "Kommunalrecht". In: SCHMIDT-AβMANN, Eberhard (org.). *Besonderes Verwaltungsrecht*. 13ª ed. Berlim, Walter de Gruyter, 2005.

SCHMIDT-AβMANN, Eberhard (org.). *Besonderes Verwaltungsrecht*. 13ª ed. Berlim, Walter de Gruyter, 2005.

SCHOCH, Friedrich. "Die Europäisierung des Allgemeinen Verwaltungsrechts und der Verwaltungsrechtswissenschaft". In : *Die Wissenschaft vom Verwaltungsrecht: Werkstattgespräch aus Anlaβ des 60. Geburtstages von Prof. Dr. Eberhard Schmidt-Aβmann*. Berlin, Duncker & Humblot, 1999.

SOMMERMANN, Karl-Peter. "Die Bedeutung der Rechtsvergleichung für die Forentwicklung des Staats- und Verwaltungsrechts in Europa", *DÖV* 1997 (pp. 1.017 e ss.).

SUNDFELD, Carlos Ari, e MUÑOZ, Guillermo Andrés (orgs.). *As Leis de Processo Administrativo – Lei Federal 9.784/1999 e Lei Paulista 10.177/1998*. 1ª ed., 2ª tir. São Paulo, Malheiros Editores, 2006.

ZACHARIAS, Diana. "Die Entwicklung der kommunalen Aufgaben seit 1975". *DÖV* 2000 (pp. 56 e ss.).

Capítulo 16
O DIREITO NAS POLÍTICAS PÚBLICAS[1]

Diogo R. Coutinho[2]

16.1 Introdução. 16.2 Proximidade prática, distância acadêmica. 16.3 Limitações do direito administrativo no campo das políticas públicas. 16.4 Normas programáticas e a crescente judicialização da política (e das políticas públicas). 16.5 Fins, arranjos, meios e participação: Direito como tecnologia de políticas públicas: 16.5.1 Direito como objetivo – 16.5.2 Direito como arranjo institucional – 16.5.3 Direito como caixa de ferramentas – 16.5.4 Direito como vocalizador de demandas. 16.6 A importância das análises aplicadas. 16.7 Conclusões: o caminho adiante.

16.1 Introdução

Quem no Brasil procura explorar as interações que existem entre o direito e as políticas públicas não tarda a constatar que há inúmeras dificuldades em fazê-lo, e que essas dificuldades são de diferentes ordens – conceituais, semânticas, metodológicas, teóricas e práticas.

1. Esta é uma versão mais completa de artigo homônimo publicado in Eduardo Marques e Carlos Aurélio Pimenta de Faria (eds.), *Política Pública como Campo Multidisciplinar*, São Paulo, UNESP/Fiocruz, 2013.
2. O autor gostaria de agradecer a Ana Maria de Oliveira Nusdeo, Virgílio Afonso da Silva, Jean-Paul Rocha, Fernando Herren Aguillar, Paulo Mattos, Mario Schapiro, Maria Paula Dallari Bucci, Carolina Stuchi, Vinicius Marques de Carvalho, Juliana Marques e Evorah Cardoso as valiosas oportunidades de diálogo sobre direito e políticas públicas, bem como as críticas e os comentários feitos a versões anteriores deste texto. Minha gratidão, também, aos professores Eduardo Marques (FFLCH/USP) e Carlos Aurélio Pimenta (PUC/MG) pelo convite para participar do fórum *A Multidisciplinaridade na Análise de Políticas Públicas*, que ocorreu no 7º Congresso da Associação Brasileira de Ciência Política/ABCP, em Recife, em agosto/2010.

Perguntas do tipo: "É possível e útil pensar em uma teoria jurídica das políticas públicas?"; "Como as relações entre Direito e políticas públicas podem ser observadas empiricamente?"; ou: "Que critérios metodológicos podem ser empregados para descrever os papéis desempenhados pelo arcabouço jurídico nas políticas públicas?", assim como indagações do tipo: "Qual a acepção da palavra 'direito' no contexto das políticas públicas?"; ou: "Existe alguma distinção relevante e útil entre as expressões 'direito *das* políticas públicas' e 'direito *nas* políticas públicas?', traduzem, de antemão, desafios nada triviais à pesquisa nesse campo.

Sem a pretensão de responder a essas perguntas de forma definitiva, de propor um corpo acabado de princípios ou um método capaz de dar explicações ou de oferecer prognósticos, este artigo procura desenhar, de forma incipiente, categorias ou ferramentas de análise pelas quais o Direito pode ter seus papéis nas políticas públicas enxergados com algum ganho de clareza e nitidez. Por trás disso está a suposição de que, se, de fato, é possível observar e compreender os papéis do Direito nas políticas públicas, seria também possível, em tese, aperfeiçoá-las desde uma perspectiva jurídica. A perspectiva adotada é, nesse contexto, funcional – no sentido específico de que busca estudar e questionar as funções desempenhadas pelo Direito. Outro ponto de partida é a suposição de que, se é possível desdobrar políticas públicas em um emaranhado de normas, processos e arranjos institucionais mediados pelo Direito, também é possível observar o Direito nas políticas públicas sem dissecá-lo, isto é, enxergando-o como um elemento constitutivo, intrínseco a tais políticas.

A classificação segundo a qual o Direito pode ser visto como objetivo, arranjo institucional, vocalizador de demandas ou ferramenta de políticas públicas é, então, proposta, com a ressalva, feita ao final, de que sua utilidade deve ser testada empiricamente – o que, por sua vez, suscita importantes desafios aos juristas brasileiros, cuja formação tem negligenciado tanto a importância da reflexão jurídica sobre as políticas públicas e, mais ainda, a construção de habilidades e métodos de investigação aplicada.

16.2 Proximidade prática, distância acadêmica

Um sem-número de procedimentos mediados por códigos, leis, decretos, regulamentos, portarias, circulares e outras espécies de normas é diariamente movimentado no dia a dia das políticas públicas. Os juristas, por isso, são a todo o tempo solicitados a opinar e decidir sobre problemas que surgem em suas diferentes fases, defendê-las ou questioná-las judicialmente, responder a consultas e dirimir dúvidas sobre os mais diversos expedientes e providências que as envolvem.[3]

Desde o ponto de vista acadêmico, contudo, os juristas brasileiros estudam pouco as políticas públicas, e o fazem com recursos metodológicos escassos e frágeis. Pode-se dizer, em outras palavras, que a disciplina do Direito tem uma relação um tanto ambígua com o campo transversal das políticas públicas. Se, de um lado, quando desempenham os papéis de gestores, administradores ou procuradores, os juristas interagem com elas intensamente (moldando-as e operando-as), de outro lado, delas mantêm, como cientistas sociais, uma reveladora distância.

Essa relação simultânea de proximidade (prática) e distância (acadêmica) entre o Direito e o campo das políticas públicas brasileiras seguramente tem muitas causas. Algumas delas estão – acredito – relacionadas a certos traços do ensino jurídico que temos, que, embora venha se dedicando a formar magistrados, advogados, promotores, procuradores, defensores políticos, autoridades públicas e políticos há quase dois séculos, não se propôs, especificamente, a formar profissionais do Direito preparados para estruturar, operar e aprimorar políticas públicas e programas de ação governamental.[4]

Como já há tempos diagnosticado, os cursos de Graduação e de Pós-Graduação em Direito no Brasil seguem presos a referenciais e

---

3. "Não podemos interpretar leis e atos regulatórios sem entender as políticas que eles devem 'implementar' e as teorias que levaram a essas políticas. Mas, de outro lado, não há meios de se dizer o que é a política pública sem estudar o Direito. (...). Para entender a política precisamos estudar as regras jurídicas de perto" [**Trubek, 1971:9**].

4. Uma disciplina de estudo das políticas públicas não consta dos currículos das faculdade de Direito brasileiras. O art. 4º da Resolução CNE/CES (Conselho Nacional de Educação, Câmara de Educação Superior) 9/2004, que institui as Diretrizes Curriculares Nacionais do Curso de Graduação em Direito, determina, no máximo, que "o curso de Graduação em Direito deverá possibilitar a formação profissional que revele, pelo menos, as seguintes habilidades e competências: (...); IV – adequada atuação técnico-jurídica, em diferentes instâncias, administrativas ou judiciais, com a devida utilização de processos, atos e procedimentos". Essa diretriz é a que mais se aproxima do campo das políticas públicas – expressão que não chega, de resto, a ser empregada pela mencionada resolução.

abordagens de ensino descritos como formalistas, estanques[5] e enciclopédicos,[6] essencialmente baseados em ensinamentos doutrinários.[7] A utilização intensiva de manuais – textos didáticos no mais das vezes rasos e simplificadores – prevalece sobre a discussão do estado da arte da pesquisa nas salas de aula, e isso, em última análise, colabora para que o ensino jurídico termine negligenciando a problematização, o diálogo, o caso e a dúvida como métodos.[8] As abordagens de pesquisa empíricas e interdisciplinares[9] são ainda escassas no campo do

5. "O ensino jurídico (...) continua distante tanto de um pensamento verdadeiramente teórico quanto de uma utilidade profissional imediata. Sem servir nem à teoria nem à pratica, resvala na tentativa de casar um amontoado de regras – o conteúdo do direito positivo – com um sistema fossilizado de conceitos doutrinários" **[Unger, 2005:18]**.
6. "Pobre de conteúdo e pouco reflexivo, o ensino jurídico hoje se destaca por uma organização curricular meramente 'geológica'. O que se espera dos professores dos primeiros anos (...) é a oferta de informações não problematizantes, um conhecimento claro e evidente, à força de tanta repetição, mas desatualizado e alienado com relação às condições reais do País; um conhecimento 'receita de doce', que propicia aos professores dos anos seguintes lecionar sobre estratos sucessivamente mais técnicos, mas nem por isso mais atualizados ou ensinados com rigor metodológico" **[Faria, 1995]**. Mendes **[2008:20]** distingue faculdades de Direito "inovadoras" de "tradicionais", associando a estas a característica de se ocuparem de uma formação generalista, com currículos amplos, por vezes inchados, e partirem da premissa que o aluno deve, ao longo de sua Graduação, ter uma visão, ainda que superficial, de todas as áreas do Direito.
7. Muito simplificadamente, no campo do Direito, doutrinadores são juristas que procuram organizar a prática jurídica (a chamada "doutrina"), produzindo respostas técnicas para certas questões que requerem, necessariamente, um deslinde, uma decisão – seja ela legislativa, judicial, administrativa ou contratual. Doutrinadores procuram descrever e analisar a realidade, ensinam e dizem como deve ser feito **[Ferraz, 1995:108]**, isto é, enfrentam o imperativo de produzir respostas (as respostas "certas") para problemas e controvérsias jurídicas.
8. San Tiago Dantas disse, em 1955: "Quem percorre os programas de ensino em nossas escolas, e sobretudo quem ouve as aulas que nelas se proferem, sob a forma elegante e indiferente da velha aula-douta coimbrã, vê que o objetivo atual do ensino jurídico é proporcionar aos estudantes o conhecimento descritivo e sistemático das instituições e normas jurídicas. Poderíamos dizer o que curso jurídico é, sem exagero, um curso de institutos jurídicos, apresentados sob a forma expositiva de tratado teórico-prático" **[Dantas, 1955:452]**. V., ainda, mais recentemente, sobre a crítica ao ensino jurídico no País, Unger **[2005]**.
9. Nobre supõe um "atraso relativo" da pesquisa em Direito no Brasil. Esse atraso seria resultado do isolamento do Direito em relação a outras disciplinas e de uma "peculiar confusão" entre prática profissional e pesquisa acadêmica **[Nobre, 2004:145]**. Efetivamente, no Brasil são escassos os profissionais do Direito exclusi-

Direito no País, que, autocentrado, tende a se desdobrar no estudo de seus próprios "ramos" ou subáreas, com prejuízos para o diálogo com as outras ciências sociais.

Os estudantes de Direito são, nesse contexto, inercialmente levados a crer que as profissões jurídicas se resumem à Advocacia privada ou às carreiras públicas no âmbito do Poder Judiciário e do Ministério Público.[10] O futuro jurista brasileiro não é, em outras palavras, estimulado a se envolver na concepção, gestão ou na pesquisa de políticas públicas, especialmente no âmbito da Administração Pública, que é, por excelência, o protagonista em sua operação **[Daintith, 1987:8]**.

Além disso, a discussão sobre os efeitos de leis e de políticas públicas privilegia, entre nós, enfoques e abordagens predominantemente estruturais (em oposição a funcionais), que costumam ser estanques, formais ou procedimentais. Exemplos disso são controvérsias e disputas de interpretação envolvendo a observância de regras de competência, a autonomia de órgãos e entes públicos, a legalidade dos atos praticados por autoridades administrativas e as possibilidades e limites da revisão de decisões de política pública pelo Judiciário.[11]

vamente dedicados à docência e à pesquisa. A regra é, entre os acadêmicos, o exercício simultâneo de atividades práticas (como a Advocacia ou a Magistratura) e docentes. Como resultado dessa sobreposição, ficou prejudicada a atividade de pesquisa no campo do Direito, nele incluído o rico universo de suas relações com as políticas públicas.

10. Evidentemente, isso não os impede de descobrir, depois de formados, que podem ser gestores públicos – carreira criada no Brasil em 1989, por meio da Lei federal 7.834, de 6.10.1989, e regulamentada pelo Decreto 5.176, de 10.8.2004. Segundo o *Documento de Referência para a Gestão da Carreira de EPPGG (Especialista em Políticas Públicas e Gestão Governamental)*, publicado pelo Ministério do Planejamento, Orçamento e Gestão em dezembro/2008, Direito é a segunda graduação mais frequente entre os gestores públicos (18%), perdendo para os economistas (27%), seguidos pelos administradores (12%), bacharéis em Relações Internacionais (10%) e cientistas sociais (9%). O mesmo *Documento* menciona que os membros da carreira de Especialista em Políticas Públicas e Gestão Governamental da Classe A deverão ser capazes de, entre outras coisas, "colocar em prática a racionalidade técnica e instrumental por meio de seus conhecimentos de administração pública, direito constitucional, direito administrativo e políticas sociais" **[Ministério do Planejamento, Orçamento e Gestão, 2008:22]**.

11. "Nos Países de cultura latina" – explica Enrique Saravia – "a perspectiva jurídica mantém sua vigência alicerçada no legalismo próprio da conformação de seus sistemas sociais. Essa visão leva a uma consideração um tanto estática do Estado e da Administração Pública, que privilegia o estudo de estruturas e das normas que

O debate público e as pesquisas acadêmicas em torno de aspectos formais e interpretativos são fundamentais para a formação dos juristas, não há dúvida. Mas, dado que juristas brasileiros têm grande influência no modo como políticas públicas são moldadas, ajustadas e implementadas (na qualidade de legisladores, juízes e burocratas, respectivamente),[12] é preciso reconhecer que são igualmente importantes as habilidades que lhes permitam conhecê-las em suas peculiaridades setoriais e meandros, beneficiando-se do aprendizado que o fato de fazê-lo sistematicamente lhes traria.[13] Em especial, refiro-me a conhecimentos que os permitam aos juristas, como práticos ou como acadêmicos, formular e propor soluções e ajustes que contribuam para executar ou, mesmo, aperfeiçoar tais políticas, mitigando suas disfunções e aumentando sua efetividade.[14]

Particularmente negligenciado pelas faculdades de Direito, nesse cenário, é o papel coordenador e articulador desempenhado pelo direito público e pelos juristas na modelagem institucional necessária à implementação de políticas. A reflexão sobre o uso do arcabouço do direito público para definir papéis e tarefas executivas ("quem faz o quê?"), atribuir competências ("decidir quem decide"), conectar atores ("quem interage com quem e como?"), coletar, solidificar e difundir experiências bem-sucedidas é praticamente ausente nas faculdades de Direito, incluindo os cursos de Pós-Graduação. Isso ocorre, possivelmente, porque os juristas ignoram os debates sobre formas, funções,[15] alternativas, aprendizados e comparações institucionais, ou porque os consideram parte de um campo disciplinar estranho.[16]

organizam a atividade estatal. O estudo circunscreve-se às questões *de lege data* ou *de lege ferenda*, e deixa de lado as realidades vitais que permeiam as estruturas públicas" [**Saravia, 2007:21**].

12. Cf. Epstein e King [**2002:7**].

13. "A observação de modelos concretos é praticamente obrigatória para a análise de políticas públicas", crê Bucci [**2008:258**].

14. O grau de efetividade reflete a intensidade em que as práticas e comportamentos sociais sofreram alterações após a promulgação de certa norma jurídica. Já, o nível de eficácia volta-se a apurar se há relação de causalidade entre a adoção de novas práticas e comportamentos e as normas jurídicas que incidem sobre os agentes. V., sobre isso, Eberhard [**1997**].

15. Entre outros, sobre a discussão de forma, função e qualidade de instituições no desenvolvimento, v. Chang [**2006**] e Rodrik e Subramanian [**2003**].

16. Como afirma Komesar [**1994:4**], "embora decisões importantes e controversas sobre quem decide estejam enterradas em cada norma ou aspecto de política

Empobrecida tem sido também a reflexão dos juristas a respeito da dimensão jurídica da legitimidade, do controle social e da participação nas políticas públicas no Brasil. Se o direito administrativo pode ser visto como mecanismo de disciplina, procedimentalização e de regulação da participação substantiva, bem como da mobilização de atores mais ou menos organizados na formulação, implementação e avaliação de políticas públicas, então, faz sentido que isso seja mais tematizado por juristas, acadêmicos ou práticos. E, se é igualmente verdadeiro que o Direito, além disso, estrutura e regula formas de prestação de contas e transparência (*accountability*) dessas políticas – uma vez que pode obrigar quem as opera a justificar e motivar as decisões relativas à definição de prioridades, seleção de meios, formulação de planos de execução, alocação de recursos e outras consideradas de interesse público –, então, seria razoável supor que a falta de consciência desse papel profissional tende a aumentar o risco de que haja maior opacidade, menor participação e menos intensa mobilização de atores relevantes – sobretudo os grupos menos organizados – em políticas públicas.

16.3 Limitações do direito administrativo no campo das políticas públicas

Norberto Bobbio identificou os papéis do Direito nas mudanças estruturais do Capitalismo e das funções estatais ocorridas ao longo da segunda metade do século XX. Essas mudanças, sobretudo no contexto da construção do Estado de Bem-Estar europeu,[17] fizeram

---

pública, elas não raro seguem não analisadas, tratadas superficialmente ou, no melhor dos casos, analisadas em termos das características de uma alternativa". Unger [2005:34] critica especificamente o ensino jurídico brasileiro, que escorrega ao deixar de ensinar aos alunos que há um importante debate jurídico em torno da investigação das alternativas institucionais para o desenvolvimento.

17. Trata-se, como o descreveram alguns autores, de um processo de "juridificação", isto é, da expansão e da proliferação (em alguns casos, de uma verdadeira "explosão") de normas destinadas a regulamentar a vida social e as burocracias no âmbito do *Welfare State*. Esse processo reflete um importante processo de transformação do Direito, que passa progressivamente a ser funcionalizado e instrumentalizado para alcançar objetivos de política pública, com todos os problemas de legitimidade, eficácia e controle social que passam a afetar as ordens jurídicas, até então tratados pelos juristas como sistemas coerentes e íntegros [v., quanto à ideia de "juridificação", **Teubner, 1987**].

com que o Direito (como ordenamento) e as normas jurídicas passassem a estar intensamente associados à realização de objetivos públicos concretos, por meio do encorajamento, da indução e de recompensas de comportamentos [**Bobbio, 2007:15**].

Aos olhos de Bobbio, o direito público passa a desenhar, operacionalizar e disciplinar um conjunto amplo de ações para a implementação e o monitoramento de políticas públicas,[18] e o faz por meio sanções positivas ou premiais, de cunho indutor – explica.[19] Normas baseadas no binômio permissão/proibição passam a conviver com incentivos financeiros, procedimentais e com mecanismos de compensação. Além do critério de observância da norma, seu grau de "utilização" [**Eberhard, 1997:2**] pelos destinatários passa a ser considerado uma variável chave na construção de uma "tecnologia" jurídica de gestão de políticas públicas no âmbito de um Estado que tem obrigações (em alguns casos constitucionalmente previstas) positivas (isto é, não apenas de abstenção) que, por sua vez, demandam ações promocionais e medidas prospectivas permanentes e extraordinariamente dinâmicas.

Especialmente a partir dos anos 1970, uma inflexão liberalizante reduz significativamente os papéis do Estado, mitigando sua função de implementador de planos e programas de ação. Seu papel de con-

---

18. Comentando passagem de Bobbio e de outros autores que tratam das funções do Direito, Eros Grau diz que "a afirmação de que o Direito funciona como um instrumento de implementação de políticas públicas tem o condão de evidenciar a necessidade de o tomarmos como objeto de análise funcional". Por meio dessa análise funcional – segue Grau – pode-se considerar "as finalidades efetivamente funcionalizadas pelo Direito" – e não as finalidades que o Direito *deveria* funcionalizar, numa perspectiva axiológica ou prescritiva. Dito em outras palavras: no campo da produção jurídica os estudos de políticas públicas podem ser tanto normativos (no sentido de prescritivos) quanto descritivos. Referindo-se a Antoine Jeammaud, Grau afirma também que uma análise funcionalista do Direito nas políticas públicas pode não apenas identificar ou determinar as funções estruturadoras e reguladoras do Direito, mas também tentar "compreender como os mecanismos e as representações jurídicas organizam e regulam as relações empíricas dos indivíduos, grupos específicos e classes dentro de sociedades históricas" [**Grau, 2011:29, 30 e 31**].

19. Para Bobbio as técnicas de estímulo a comportamentos podem tanto desencorajar a fazer quanto encorajar a não fazer. "Portanto" – diz ele –, "podem ocorrer, de fato, quatro diferentes situações: (a) comandos reforçados por prêmios, (b) comandos reforçados por castigos, (c) proibições reforçadas por prêmios e (d) proibições reforçadas por castigos" [**Bobbio, 2007:6**].

dutor e planejador da economia é questionado pelo diagnóstico ortodoxo de que está acometido por uma crise fiscal e financeira, além de colonizado por interesses privados, inchado por contratações políticas e entorpecido por ineficiências cujo custo em muito supera eventuais benefícios. O Direito do Estado de Bem-Estar, como tipo ideal, cede lugar a um tipo de ordenamento jurídico cuja função primordial é, de forma estilizada, garantir previsibilidade e segurança aos agentes econômicos, bem como definir claramente direitos de propriedade e reduzir ao máximo custos de transação. Assim, o direito das políticas públicas, instrumento de ação articulada do Estado em nome de políticas e objetivos públicos, passa a perder espaço para um tipo de análise que procura descrever (e também prescrever) seu papel de fundamento de uma economia de mercado. O Direito e outras instituições relevantes para o desenvolvimento não são mais identificados como instrumentos de implementação de programas políticos, econômicos e sociais por meio de políticas públicas de bem-estar, e sim como um limite ou um escudo de proteção do indivíduo em relação ao Estado [**Trubek, 2008**].

O aparato jurídico passa a ser descrito durante o período neoliberal não mais como estruturador de mercados de outra forma inexistentes, formulador de planos de ação e implementador de políticas públicas, mas, sim, como um corretor de falhas de mercado e vetor de promoção de eficiência econômica. Com isso, o Direito, tipicamente, passa a ser menos caracterizado por metas substantivas – certos objetivos macroeconômicos, como o pleno emprego, ou sociais, como a redistribuição da renda, por exemplo –, uma vez que sua racionalidade vai se tornando progressivamente procedimental, "facilitadora" e descentralizada (em oposição à racionalidade substantiva, centralizadora e finalística do *Welfare State*). Como resultado, as técnicas de prescrição e indução de comportamentos voltados a objetivos de interesse social passam a conviver com a proliferação de normas que definem procedimentos, estruturam competências e asseguram as "regras do jogo" capitalista [**Faria 2007:195**].

Como consequência das limitações e instabilidades dos mercados, da necessidade de sua regulação e rerregulação depois de liberalizados e privatizados, do acirramento da competitividade entre Países no comércio internacional, bem como em decorrência da crise financeira de 2008, o Neoliberalismo e seu tipo ideal de Direito estão em xeque, e alguns estudos discutem possíveis indícios de que um novo tipo de desenvolvimentismo pode estar sendo lentamente gestado em Países como o Brasil[20] e de que, nesse modelo, haveria novos papéis ou novas aplicações para o Direito.[21]

No Brasil,[22] entretanto, como aponta Maria Paula Dallari Bucci **[2002:11]**, o direito administrativo segue marcadamente liberal: "de cunho predominantemente negativo", voltando-se "à contenção da discricionariedade do governo mais que à coordenação de sua ação". Herdeiro do direito administrativo francês sistematizado no início do século XX, ele tem revelado dificuldades e limitações epistemológicas para se adaptar às metamorfoses do Estado e dos papéis de seu arcabouço jurídico na construção de políticas públicas. E, como sintetiza Faria, nosso direito administrativo segue enfrentando dificuldades severas em conjugar "poder discricionário e certeza jurídica, eficácia na gestão pública e segurança do Direito" **[Faria, 2007:179]**.

Em boa medida por conta disso, um subconjunto de problemas epistemológicos e práticos se delineia em torno do anacronismo de algumas categorias jurídicas do direito administrativo brasileiro. Entre outras, as noções clássicas de serviço público, poder de polícia, autoridade, discricionariedade, poder normativo, regulamento, concessões, outorgas e distintas formas de parcerias público-privadas têm sido crescentemente descritas (e criticadas) como limitadas tanto em termos de capacidade explicativa teórica quanto em termos operacionais – isto é, como ferramentas para a resolução de problemas concretos.[23]

Um exemplo dessa exaustão de certas categorias é a noção estanque de "ato administrativo", que ainda ocupa lugar central no direito

20. V., por exemplo, Arbix e Martin **[2010]** e Boschi **[2010]**.
21. V., por exemplo, Trubek **[2008]**.
22. Claro, esse não é um problema brasileiro, apenas. Severas restrições de capacidade administrativa, capacitação da burocracia, coordenação de ações, assim como limites da ação distributiva e reduzidos níveis de gasto público (temas direta e indiretamente ligados às características jurídico-institucionais de cada País), são característica de muitas Nações em desenvolvimento (ou subdesenvolvidas). Cf., por exemplo, Lindert **[2004]**.
23. V., dentre outros: Sundfeld **[2006]**, Azevedo Marques Neto **[2005]**, Aguillar **[2006]** e Binenbojm **[2006]**. Nesses trabalhos, além dos textos citados de Bucci, estão discutidas as limitações de análise, diagnóstico e operação que certas categorias usuais do direito administrativo brasileiro ainda revelam.

público brasileiro. Para os juristas administrativistas as políticas públicas são, em regra, formalmente traduzidas como uma sucessão de atos administrativos, e não como um *continuum* articulado e dinâmico, estruturado em torno de fins previamente articulados a meios [**Bucci, 2002:18**]. Essa visão fragmentária impõe limitações severas à compreensão de políticas públicas como planos de ação prospectivos que, para serem efetivos e eficazes, precisam de alguma dose de flexibilidade e revisibilidade (isto é, ser dotados mecanismos de autocorreção), já que estão em permanente processo de implementação e avaliação.[24]

Mesmo assim, o *Welfare State* brasileiro, com muitas limitações e vícios,[25] assumiu a missão de adotar uma ampla gama de medidas jurídicas administrativas, incorrer em significativos gastos, eleger prioridades com limitações de informação, articular programas, avaliar seus resultados e promover ajustes por intermédio de políticas públicas simultâneas e intersetoriais. Seus objetivos em boa parte foram reafirmados e constitucionalizados em 1988 e regulamentados sob a forma de leis, decretos e outras espécies de normas jurídicas.[26]

Como resultado, o Estado e a burocracia brasileiros encontram-se de modo geral carentes de categoriais jurídicas analíticas, "institutos jurídicos" ou estudos acadêmicos e não acadêmicos aplicados que possam enfrentar os desafios tecnocráticos que se impõem à concepção, implementação e gestão de programas de ação complexos, intersetoriais e articulados. Exemplo disso no campo do direito administrativo é a dicotomia "ato administrativo vinculado" *versus* "ato administrativo discricionário". Com base nela, a maior parte dos futuros bacharéis em Direito brasileiros é ensinada, em seus cursos de

24. Sobre a importância de as políticas públicas conterem, em sua estrutura funcional, atributos de ajuste, adaptação e flexibilidade que permitam a realização de experimentos e a incorporação de aprendizados, v., entre outros, Sabel e Reddy [**2003**].
25. Sobre a ideia de um Estado de Bem-Estar no Brasil, marcado pelo forte papel do Governo no desenvolvimento da dinâmica capitalista de industrialização tardia e na regulação das transformações sociais como um modelo distinto do Estado de Bem-Estar Social europeu clássico, oriundo das revoluções burguesas, v. Aureliano e Draibe [**1989**] e Draibe [**1993**].
26. Uma descrição das relações entre Direito, Economia e Estado no Brasil a partir de 1988 (um "momento maquiavélico" na história do Brasil) é feita por José Eduardo Faria, que identifica, nesse contexto, dilemas, aporias e contradições severas que, no limite, põem em xeque a eficácia das políticas públicas destinadas a implementar os novos direitos constitucionalmente adquiridos [**Faria, 1993**].

Graduação, que ou a lei (promulgada pelo Legislativo) determina objetivamente à Administração Pública o que fazer como forma de cumpri-la (atos vinculados) ou, quando se tratar de atos discricionários, o agente público poderá fazer juízos (subjetivos) de oportunidade e conveniência em nome do interesse público.[27]

Embora seja importante reconhecer que políticas públicas requerem certo grau de liberdade ou de margem de manobra e adaptação por parte dos agentes públicos (por exemplo, na escolha de meios alternativos e concorrentes para a realização de objetivos ou na opção por esta ou aquela solução para dado problema identificado ao longo da implementação da política), a doutrina jurídica brasileira, ao tratar da discricionariedade, parece estar mais preocupada com a busca do que são, intrinsecamente, atos vinculados ou discricionários, ou com o delineamento de critérios para disciplinar a liberdade de escolha do agente público, e, por isso, menos engajada em ajudá-lo a tomar a melhor decisão, dados os constrangimentos reais que a realidade impõe. Como resultado, o binômio "pode/não pode" prevalece, em suma, sobre a discussão sobre "como se pode" alcançar objetivos na Administração Pública. E em grande medida isso tem relação com o fato de que gestores públicos, juristas ou não, temem que as razões práticas e funcionais que dão para justificar esta ou aquela medida sejam questionadas por órgãos de controle, como os Tribunais de Contas.[28]

Seja porque os objetivos da política pública raramente são especificados em minúcia pelo legislador, seja porque há caminhos alternativos e diferentes para alcançá-los, seja porque políticas públicas

---

27. *Atos discricionários* seriam "os que a Administração pratica com certa margem de liberdade de *avaliação* ou *decisão* segundo critérios de conveniência e oportunidade formulados por ela mesma, *ainda que adstrita à lei reguladora da expedição deles*". Eles se distinguem dos *atos administrativos vinculados*, que seriam "aqueles em que, por existir prévia e objetiva tipificação legal do único possível comportamento da Administração em face de situação igualmente prevista em termos de objetividade absoluta, a Administração, ao expedi-los, não interfere com apreciação subjetiva alguma" **[Bandeira de Mello, 2014:434]**.

28. Uma discussão sobre o "medo da discricionariedade" em políticas públicas (em particular no campo da regulação das condições de trabalho) é feita por Pires **[2010]**, que contrapõe diferentes paradigmas de gestão pública, apontando seus vícios e virtudes. Para uma discussão sobre a importância do aprendizado institucional, da inovação, do experimentalismo (a ideia de *learning by doing*), em políticas públicas, v. Sabel **[2004 e 2005]** e Sabel e Reddy **[2003]**.

estão a todo tempo em processo de adaptação, ajustes e avaliações, é necessário, enfim, que administradores e gestores públicos possam contar com um arcabouço jurídico minimamente flexível, que permita experimentações, revisões e a incorporação de aprendizados, além de assegurar prestação de contas e o controle democrático. Em síntese: além de ser um escudo de proteção do indivíduo, pode-se imaginar o direito administrativo como uma "tecnologia" de implementação de políticas públicas.[29]

Não chega a ser surpreendente, enfim, que os juristas brasileiros tenham grandes dificuldade em identificar, analisar, avaliar e aperfeiçoar de modo sistemático os arranjos e ferramentas jurídicas empregados em políticas públicas.[30] Porque partem da suposição de que elas não são (a não ser se vistas fragmentariamente) seu *métier*, terminam, no fim das contas, por se excluir e privar de debates centrais a respeito da construção e do aperfeiçoamento do aparelho do Estado e do Estado Democrático de Direito. Do ponto de vista da pesquisa acadêmica, perdem a oportunidade de desenvolver métodos de análise e abordagens próprios, que possam compor, no estudo integrado das políticas públicas, um repertório consolidado de aprendizados que possam, no limite, ser replicáveis em outros contextos, setores, localidades ou níveis federativos. Com isso, perdem também os demais profissionais envolvidos na gestão de políticas públicas – cientistas políticos, economistas, sociólogos, administradores públicos, gestores, entre outros, que se ressentem da falta de uma interlocução mais substantiva com quem forja, implementa, interpreta e aplica leis.

Em suma: a distância dos juristas do estudo aplicado e da pesquisa em políticas públicas impede que eles desenvolvam um tipo de conhe-

29. Para uma discussão sobre as mudanças paradigmáticas que têm feito o direito administrativo norte-americano transformar sua arraigada tendência regulatória (rígida, *top down* e baseada em mecanismos de comando e controle e sanção punitiva) em uma forma de "governança" (*governance*) pela qual atividades e funções até então consideradas exclusivamente públicas passam a ser compartilhadas por atores públicos e privados, v. Lobel [**2004:265**]. Para Lobel, nesse modelo de governança a produção do Direito caminha em direção a instrumentos feitos sob medida, flexíveis, revisáveis e dotados de mecanismos de autoadaptação. A respeito de uma discussão de política pública (no campo do financiamento da inovação no Brasil) na qual esse modelo de governança é referido, v., por exemplo, Schapiro [**2010**].

30. Na provocação de Christian Courtis [**2007:73**], a "linguagem dos juristas e aquela daqueles que têm tido a tarefa de desenhar, implementar e avaliar políticas sociais têm estado, inexplicavelmente, divorciadas por tempo demasiado".

cimento próprio e que o arcabouço jurídico possa ser, dentro de limites, adaptado e funcionalizado à realização de objetivos identificados com metas de desenvolvimento.[31] Se não puderem fazê-lo (se os atuais e futuros juristas não forem treinados para tanto, poder-se-ia dizer), paradoxalmente, ficarão mitigadas a eficácia e a efetividade dos direitos assegurados pela Constituição ou pelas leis em vigor. Afinal, é razoável admitir que programas de ação adequadamente concebidos, implementados e avaliados do ponto de vista jurídico podem ser vistos como condição de efetividade dos direitos que procuram realizar ou materializar.

16.4 Normas programáticas e a crescente judicialização da política (e das políticas públicas)

A Constituição Federal de 1988 é progressista, generosa e transformativa. Apelidada de "Constituição-cidadã", por ter sido promulgada após um período no qual o Estado Democrático de Direito foi suprimido no País e por conter um respeitável rol de direitos e garantias contra o arbítrio, ela enuncia, ainda, um longo e detalhado capítulo de direitos econômicos e sociais. Além disso, ela contém normas ditas "programáticas" – isto é, normas que preveem objetivos a serem alcançados por meio de políticas públicas (como a erradicação da pobreza e a redução das desigualdades regionais e sociais, constantes do art. 3º) – e comandos que explicitam valores a serem perseguidos pelo legislador infraconstitucional, juízes e administradores públicos. Diante disso, as questões da eficácia, da efetividade e da vinculação dos direitos sociais e das normas programáticas em relação a legisladores, juízes e autoridades públicas vêm mobilizando os constitucionalistas brasileiros há algumas décadas.[32]

Mas as abordagens de direito constitucional brasileiras não almejam – a não ser incidentalmente – enfrentar as políticas públicas desde

---

31. Bucci [2008:258] refere-se à figura do analista jurídico de políticas públicas como profissional que opera uma "caixa de ferramentas" jurídicas. A ele caberia, entre outras tarefas, sistematizar as análises, segundo determinadas categorias, que permitirão identificar repetições históricas, semelhanças e dessemelhanças nos arranjos observados, extraindo conclusões a respeito dos processos decisórios e suas componentes jurídicas".

32. Cf. Silva [2012].

uma perspectiva interna, isto é, preocupada com os processos de mediação jurídica que sua gestão demanda. Dito de outra forma: embora os principais autores brasileiros reconheçam sua importância na efetivação de direitos econômicos,[33] sociais e culturais, não tem sido objetivo de sua agenda acadêmica fazer estudos voltados à compreensão e ao aperfeiçoamento de engrenagens jurídicas dessas políticas públicas como um capítulo do tema da efetividade dos direitos.[34]

Ao mesmo tempo em que avançava, no campo jurídico, o debate doutrinário sobre as normas programáticas, seu *status* e eficácia, como resultado do aumento progressivo da judicialização das relações sociais e políticas,[35] desde a década de 1980 uma larga gama de assuntos e conflitos passou a ser levada aos tribunais,[36] sendo a discussão sobre a judicialização de políticas públicas – isto é, sobre os limites da intervenção (ou da "correção"), pelo Judiciário, em políticas públicas – um dos assuntos que mais atenção vem recebendo dos juristas.

33. V., por exemplo, Lopes **[2006]** e os trabalhos da coletânea organizada por Souza Neto e Sarmento **[2010]**.
34. A discussão sobre estarem as políticas públicas incrustadas no próprio texto da Constituição de 1988 foi tematizada pela ciência política. Para Couto e Arantes **[2002:2]** a existência de direitos econômicos, sociais e culturais faz com que a Carta de 1988 tenha "consagrado formalmente como norma constitucional diversos dispositivos que apresentam, na verdade, características de políticas governamentais com fortes implicações para o *modus operandi* do sistema político brasileiro". Bucci **[2008:254]**, de outro lado, lembra que não se pode confundir políticas públicas com direitos. As primeiras, que não devem ser reduzidas às disposições jurídicas com que se relacionam, a rigor, não são direitos.
35. Sobre a judicialização da política, v., entre outros, Werneck Vianna e outros **[1999]** e Maciel e Koerner **[2002]**.
36. No diagnóstico de José Eduardo Faria, que aqui vale citar mais longamente, a judicialização da política é "um fenômeno complexo, que envolve diferentes atores. Um deles é a incapacidade do Estado de controlar, disciplinar, regular, com os instrumentos normativos de um ordenamento jurídico resultante de um sistema romano idealista, rígido e sem vínculos com a realidade contemporânea, mercados cada vez mais integrados, em escala planetária. Pressionado por fatores conjunturais, desafiado por contingências que desafiam sua autoridade, condicionado por correlações circunstanciais de forças, obrigado a exercer funções muitas vezes incongruentes entre si e levado a tomar decisões em contradição com os interesses sociais vertidos em normas constitucionais, o Estado tende a legislar desenfreadamente com o objetivo de coordenar, limitar e induzir o comportamento dos agentes produtivos. (...). Como a ordem jurídica assim produzida não oferece aos operadores do Direito as condições para que possam extrair de suas normas critérios constantes e precisos de interpretação, ela exige um trabalho interpretativo contínuo. E, como seu sentido definitivo só pode ser estabelecido quando de sua aplicação num caso concreto, na prática os juízes são obrigados a assumir um poder legislativo" **[Faria, 2003:12-15]**.

No caso brasileiro esse debate tem como principal parâmetro jurídico a norma contida no art. 5º, XXXV, da CF de 1988: "a lei não excluirá da apreciação do Poder Judiciário lesão ou ameaça a direito". Essa norma impede o Judiciário de recusar a análise de qualquer política pública – ou de qualquer ato administrativo por ela editado – que lese ou ameace lesar direitos. Em termos práticos, significa que nenhuma política pública está imune ao questionamento e revisão judiciais. Isso está longe de significar, porém, que se trata de uma questão trivial: as formas como os juízes podem enfrentar políticas públicas que chegam ao seu crivo por meio de ações individuais e coletivas são muito diferentes.

Há magistrados tipicamente "ativistas", isto é, que consideram parte de seus papéis institucionais a possibilidade de alterar, remodelar, interromper ou, mesmo, criar uma política pública. Esses juízes tendem a decidir de modo voluntarista e, explícita ou implicitamente, atribuir ao Judiciário a responsabilidade ativa de pôr em curso políticas públicas em relação às quais o Governo se revele eventualmente omisso, além de corrigir os rumos de programas que, em sua implementação, supostamente fogem ao objetivo da lei ou da Constituição.

Há, de outro lado, juízes que contêm a si mesmos, entendendo que a análise judicial de políticas públicas deve se ater, no máximo, ao controle formal (e não substantivo) dos atos praticados pelos gestores no Executivo. Nesse segundo caso, ao invés de rever o mérito da política pública, o juiz atribui a si o papel de assegurar que os procedimentos que direta ou indiretamente a regulam sejam respeitados – por exemplo, que certo número de interessados seja ouvido, que prazos e cronogramas nela previstos sejam cumpridos, que os recursos financeiros com que conta sejam gastos corretamente e que os atos administrativos que a põem em curso sejam devidamente motivados e praticados por quem tem competência para tanto.

No Brasil o Judiciário vem exercendo um papel cada vez mais ativo – ou ativista – na implementação de certos direitos sociais e normas programáticas,[37] por meio da revisão de políticas públicas em ações de diferentes tipos. Os juízes o fazem ordenando ao Estado, por exemplo, o fornecimento de medicamentos e procedimentos médicos

---

37. Esta parte reproduz os argumentos de Coutinho e Ferraz **[2008]**.

não disponíveis no SUS, a garantia de acesso a vagas em escolas e creches superlotadas, a remoção de moradores em áreas urbanas e rurais, a inclusão de pessoas que têm deficiências, a determinação de que obras sejam realizadas, o reajuste de preços e tarifas, o gasto ou contenção orçamentária – entre muitos outros exemplos de decisões que, direta ou indiretamente, afetam políticas públicas implementadas nos níveis federal, estadual e municipal.

Se o que está em jogo são direitos constitucionais – dizem os defensores do ativismo judicial –, é função do Judiciário interferir para garantir seu cumprimento sempre que o Executivo e o Legislativo deixarem de cumprir suas obrigações, isto é, quando eles se abstiverem ou se omitirem. Para os defensores do protagonismo dos juízes nas políticas públicas, uma atitude passiva dos tribunais poderia equivaler, enfim, a uma verdadeira abdicação de sua principal missão constitucional.

Já, os críticos do ativismo judicial – os que defendem uma postura mais contida dos juízes em políticas públicas – ressaltam o fato de que o Judiciário tem características estruturais e institucionais que restringem significativamente sua capacidade de promover mudanças sociais abrangentes e de corrigir adequadamente o rumo de políticas públicas desde uma ótica substantiva ou distributiva.[38] Políticas públicas requerem medidas legislativas e complexas ações administrativas que dependem, em última instância, da combinação de ações políticas e *expertise* técnica para as quais o Judiciário não é capacitado, vocacionado ou legitimado. Além disso, medidas como essas dependem diretamente da arrecadação e da alocação de volumes de recursos significativos e de decisões alocativas baseadas numa visão alargada do universo das políticas públicas, que o Judiciário não possui.

Por isso, o papel de juízes e tribunais ativos e bem-intencionados no campo dos direitos sociais ficaria, na melhor das hipóteses, restrito a medidas bem-intencionadas e pontuais, nas margens do sistema, como a concessão de um medicamento ou tratamento no Exterior aqui, uma vaga em creche ali, etc. E essas medidas pontuais poderiam, em última análise, minar a racionalidade de políticas públicas que, não fosse a interferência judicial, poderiam funcionar melhor.

---

38. Como exemplo disso, v., quanto à judicialização de políticas públicas na área da saúde no Brasil, Silva **[2010]**.

Os críticos do ativismo judicial alertam para o risco de que a interferência dos juízes nas políticas públicas sociais não é mera inocuidade. Há a possibilidade real de o Judiciário modificar, para pior, programas que, embora imperfeitos, foram concebidos e implementados por especialistas. Pior que isso: como as demandas que chegam ao Judiciário são na sua grande maioria individuais, argumentam que o ativismo judicial pode causar um efeito ainda mais perverso: sem conseguir medir ou antecipar os impactos distributivos de suas decisões, juízes voluntaristas podem estar privilegiando aqueles que, por terem recursos para pagar um advogado, "furam a fila" das políticas públicas geridas pelo Executivo.[39]

Não é minha intenção aprofundar, aqui, o debate sobre a judicialização das políticas públicas. A despeito de sua importância evidente, ele não abrange aspectos que gostaria de discutir neste trabalho, e tem sido, como mencionado, objeto de cada vez mais atenção dos juristas. Além disso, ele não se centra na dimensão jurídica interna das políticas públicas, e sim nas distintas opiniões sobre os papéis institucionais dos juízes e tribunais quando levados a analisá-las e sobre elas decidir – por exemplo, sobre se são constitucionais, ou não.

Por isso, opto por abordar o que seriam os possíveis papéis do Direito na concepção, implementação e gestão de políticas públicas desde o ponto de vista da Administração Pública (direta e indireta), partindo da premissa de que, ao compreender melhor tais papéis, os juristas possam colaborar para que tais políticas sejam aperfeiçoadas e, com isso, capazes de tornar mais efetivos e eficazes os direitos.

16.5 Fins, arranjos, meios e participação: Direito como tecnologia de políticas públicas

Como já afirmado, o campo do Direito, observado em sua interação com as políticas públicas, abrange uma extensa gama de normas e processos. São leis em sentido formal (isto é, promulgadas pelo Legislativo) e em sentido material (atos normativos regulamentares produzidos pelo Executivo, como decretos, regulamentos, portarias, circulares, instruções normativas, instruções operacionais – entre outros). Por

---

39. Nesse sentido: Silva e Terrazas **[2011]**.

conta disso, seja de forma instrumental, como *medium*, seja para definir os "pontos de chegada" ou objetivos das políticas e situá-las no ordenamento, seja para prover arranjos institucionais ou para construir canais de *accountability* e participação, o Direito permeia intensamente as políticas públicas em todas as suas fases ou ciclos: na identificação do problema (que pode ser ele próprio um gargalo jurídico), na definição da agenda para enfrentá-lo, na concepção de propostas, na implementação das ações e na análise e avaliação dos programas.[40]

Entretanto, do ponto de vista de uma agenda relevante (a despeito de incipiente) de pesquisas no Brasil, tão ou mais importante que traduzir políticas públicas para a linguagem técnica ou para o jargão jurídico é compreender os diferentes modos pelos quais ele nelas se manifesta, identificando e compreendendo seus papéis. Dito de forma sintética: tão importante quanto dizer o que o Direito *é* é compreender o que ele *faz* – o que requer um método de investigação[41] minimamente adaptado à complexidade dessa empreitada empírica. Em outras palavras: refiro-me à importância de enxergar o Direito, entre tantas outras formas possíveis, como uma tecnologia de construção e operação de políticas públicas.

Confrontado com o intrincado desafio de observar e descrever as políticas públicas desde um ponto de vista jurídico, proponho e descrevo, a seguir, alguns papéis e tarefas para o Direito e seus operadores em políticas públicas. Esses papéis consistem em apontar fins e situar as políticas no ordenamento (Direito como objetivo), criar condições de participação (Direito como vocalizador de demandas), oferecer meios (Direito como ferramenta) e estruturar arranjos complexos que tornem eficazes essas políticas (Direito como arranjo institucional).

---

40. As fases das políticas públicas aqui mencionadas são as apresentadas por Theodoulou **[1995:86]**.
41. Maria Paula Dallari Bucci crê que é preciso que haja um método jurídico para analisar o conjunto de tarefas jurídicas nas políticas públicas. A esse método caberia "descrever, compreender e analisar as políticas públicas, de modo a conceber as formas e processos jurídicos correspondentes" **[Bucci, 2008:47]**. Bucci desenvolveu, em seguida, a ideia: "O desafio reside em estabelecer uma metodologia apropriada para o trabalho jurídico, que permita descrever e compreender, segundo as categorias do Direito, uma ação governamental determinada e analisar juridicamente o seu processo de formação e implementação" **[Bucci, 2008:228]**.

16.5.1 Direito como objetivo

Os fins das políticas públicas podem ser enxergados desde pelo menos dois ângulos. O primeiro ângulo toma-os como dados, isto é, como produtos de escolhas políticas em relação às quais o Direito ou o jurista têm pouca ou nenhuma ingerência. Os objetivos e metas das políticas públicas seriam, portanto, definidos extrajuridicamente, no campo da política, cabendo ao arcabouço jurídico a função eminentemente instrumental de realizá-los. Outro ponto de vista enxerga o Direito como, ele próprio, uma fonte definidora dos próprios objetivos aos quais serve como meio **[Daintith, 1987:22]**.[42] Essas duas descrições não precisam ser vistas como antagônicas ou excludentes, pois o Direito em relação às políticas públicas pode ser visto tanto como seu elemento constitutivo quanto como instrumento, a depender do ponto de vista e do critério de análise escolhido.

Assim, enxergar o Direito como objetivo de políticas públicas sugere, em primeiro lugar, que se reconheça que o arcabouço jurídico tenha a característica de formalizar metas e indicar os "pontos de chegada" de tais políticas. O Direito, nesse sentido, pode ser entendido como uma diretriz normativa (prescritiva) que delimita, ainda que de forma geral e sem determinação prévia de meios, o que *deve ser* perseguido em termos de ação governamental. Ele é, nessa acepção, uma bússola cujo norte são os objetivos dados politicamente, de acordo com os limites de uma ordem jurídica.[43] Exemplos disso seriam, no caso brasileiro, as normas contidas na Constituição de 1988 que determinam que o pobreza e a marginalização devem ser erradicadas, as desigualdades sociais e regionais reduzidas (art. 3º, III), a autonomia tecnológica incentivada (art. 219) e o meio ambiente preservado (art. 225).

Ao formalizar uma decisão política e/ou técnica sob a forma de um programa de ação governamental, o Direito agrega-lhe traços co-

---

42. Uma descrição semelhante é feita por Reich **[1985]**, que afirma que o Direito pós-liberal tem dupla instrumentalidade: ele organiza e faz fluir processos econômicos, mas também promove a transformação desses mesmos processos tendo em vista fins de política pública.

43. "A decisão [*política*], expressada em geral por meio de uma formulação jurídica, representa a cristalização de um momento no estado da relação de forças entre os distintos atores que intervêm no processo de definição das regras do jogo" da regulação estatal **[Roth, 2007:19]**.

gentes (isto é, vinculantes, não facultativos), distinguindo-a de uma mera intenção, recomendação ou proposta de ação cuja adoção seja facultativa. Dito de outra forma: o Direito dá à política pública seu caráter oficial, revestindo-a de formalidade e cristalizando objetivos que traduzem embates de interesses por meio de uma solenidade que lhe é própria. E, ao serem juridicamente moldadas, as políticas públicas passam, *a priori* e/ou *a posteriori*, pelos crivos de constitucionalidade e de legalidade, que as situam como válidas ou não em relação ao conjunto normativo mais amplo.

16.5.2 Direito como arranjo institucional

"As instituições definitivamente importam" – é o que dizem, de forma unânime, os estudiosos dedicados ao tema do desenvolvimento. Por conta disso, cada vez mais os debates e controvérsias sobre reforma, evolução e aperfeiçoamento institucional têm sido projetados para o campo dos meios, isto é, para o estudo das formas e mecanismos pelos quais arranjos institucionais funcionais podem ser produzidos ou reproduzidos.

Nesse cenário, os estudos realizados quase sempre por economistas procuram, com frequência, descrever casos de sucesso e de fracasso, e, com isso, buscam identificar e analisar padrões, regularidades, inovações e variáveis institucionais. Esses estudos também têm se esforçado para criar *frameworks* e métodos de análise que possam ser replicados, dentro de certos limites, em outros contextos e circunstâncias.

A maior parte desses estudos, contudo, não chega a aprofundar na análise das estruturas, processos e normas jurídicas que moldam e conformam as instituições e influenciam, não raro de forma decisiva, seu desempenho. Como resultado disso, são raros – pelo menos no Brasil – os estudos de caso voltados à compreensão dos meios pelos quais o Direito pode (direta e indiretamente) tanto fortalecer e catalisar quanto debilitar e paralisar instituições e, por consequência, políticas públicas a elas associadas ou por elas implementadas.

Tendo isso em vista, Neil Komesar nos lembra que a ênfase na dimensão finalística é importante, mas insuficiente para compreender o papel do Direito nas políticas públicas. Dito de outra forma: haveria, segundo ele, uma lacuna no raciocínio segundo o qual dado resultado de política pública se origina, automaticamente, da definição de certo objetivo social. Isso porque a escolha de objetivos e o que define como "escolha institucional" são, ambas, essenciais para o direito das políticas públicas e estão intrinsecamente relacionadas [**Komesar, 1994:5**].[44]

Entender o Direito como parte da dimensão institucional de políticas públicas é supor que normas jurídicas estruturam seu funcionamento, regulam seus procedimentos e se encarregam de viabilizar a articulação entre atores direta e indiretamente ligados a tais políticas. Atributos do desenho institucional de políticas públicas – como seu grau de descentralização, autonomia e coordenação intersetorial e os tipos de relações públicas e público-privadas que suscitam, bem como sua integração com outros programas[45] – de alguma forma dependem, em síntese, da consistência do arcabouço jurídico que as "vertebra". O Direito visto como componente de um arranjo institucional, ao partilhar responsabilidades, pode, por exemplo, colaborar para evitar sobreposições,[46] lacunas[47] ou rivalidades e disputas[48] em políticas públicas. Nesse sentido, o Direito pode ser visto como uma espécie de "mapa" de responsabilidades e tarefas nas políticas públicas.[49]

44. Para Komesar, cujo cenário é o Direito Norte-Americano, é a escolha institucional que conecta objetivos a seus resultados jurídicos e de política pública. Para ele, se é verdade que instituições somente podem ser avaliadas tendo como referência certo objetivo ou conjunto de objetivos sociais, também é verdade, de outro lado, que, como dado objetivo pode ser consistente com diferentes políticas públicas, a decisão sobre "quem decide" determina como um objetivo molda a política pública [**Komesar, 1994:5**].
45. Descentralização, intersetorialidade, articulação e orquestração de tarefas, conjugação de esforços, integração e o aproveitamento de sinergias públicas e público-privadas são descritos como atributos e desafios contemporâneos de políticas públicas sociais no Brasil por Draibe [**1997**]. V. também, no caso das políticas sociais brasileiras, Arretche [**2004**].
46. Casos em que, desnecessariamente, mais de um ator, ente ou órgão público desempenha uma função que apenas um deles poderia ou deveria realizar adequadamente.
47. Situações em que nenhum agente ou órgão público desempenha uma tarefa ou ação de política pública necessária.
48. Casos em que, em face da inexistência da política pública, dois ou mais atores, órgãos ou entes públicos disputam competência formal e *expertise* técnica para implementá-la.
49. Para Bucci [**2008:250**], políticas públicas são, elas próprias, "arranjos institucionais complexos, expressos em estratégias ou programas de ação governamental, que resultam de processos juridicamente regulados, visando a adequar fins e meios".

16.5.3 Direito como caixa de ferramentas

Praticamente falando, cabe aos juristas envolvidos na gestão de políticas públicas realizar os fins almejados por meio de decisões cotidianas, no nível executivo. Descrever o Direito como caixa de ferramentas de políticas públicas como categoria de análise serve para enfatizar que a seleção e a formatação dos meios a serem empregados para perseguir os objetivos predefinidos é trabalho jurídico. O estudo das diferentes possibilidades de modelagem jurídica de políticas públicas, a escolha dos instrumentos de direito administrativo mais adequados (dados os fins a serem perseguidos), o desenho de mecanismos de indução ou recompensa para certos comportamentos, o desenho de sanções, a seleção do tipo de norma a ser utilizada (mais ou menos flexível, mais ou menos estável, mais ou menos genérica), são exemplos de tópicos que surgem quando o Direito é instrumentalizado para pôr dada estratégia de ação em marcha. Desde este ponto de vista, o Direito poderia ser metaforicamente descrito como uma caixa de ferramentas, que executa tarefas-meio conectadas a certos fins de forma mais ou menos eficaz, sendo o grau de eficácia, em parte, dependente da adequação do meio escolhido.

Também têm relação com a perspectiva do Direito como ferramenta a intensidade com que os atributos de flexibilidade (a possibilidade de o arcabouço jurídico que estrutura a política pública servir a mais de uma finalidade) e revisibilidade (a característica de a política pública conter em seu próprio corpo jurídico mecanismos de ajuste e adaptação) estejam presentes, assim como a existência de certa manobra para experimentação e sedimentação de aprendizados, dados certos limites que a própria exigência de estabilidade e segurança jurídica impõem. Em outras palavras: pode-se dizer que o Direito não apenas pode ser entendido como conjunto de meios pelos quais os objetivos últimos das políticas públicas são alcançados, mas também como regras internas que permitem a calibragem e a autocorreção operacional dessas mesmas políticas.

16.5.4 Direito como vocalizador de demandas

Descrever o Direito como vocalizador de demandas em políticas públicas significa supor que decisões em políticas públicas devam ser tomadas não apenas do modo mais bem fundamentado possível, por meio de uma argumentação coerente e documentada em meio aberto ao escrutínio do público, mas também de forma a assegurar a participação de todos os interessados na conformação, implementação ou avaliação da política. Para isso, o Direito pode prover (ou desprover) as políticas de mecanismos de deliberação, participação, consulta, colaboração e decisão conjunta, assegurando, com isso, que elas sejam permeáveis à participação, e não insuladas em anéis burocráticos.

O Direito nas políticas públicas, então, pode ser visto, assim, como tendo a função não trivial de assegurar que elas não escapem aos mecanismos de participação e *accountability*. Isto é: normas jurídicas podem levar políticas públicas a serem mais democráticas, uma vez que, por meio de regras procedimentais que disciplinem consultas e audiências públicas e a publicidade dos atos administrativos, as obriguem a estar abertas aos *inputs* de uma pluralidade de atores.[50] O arcabouço jurídico pode, adicionalmente, ser mais ou menos capaz de estimular a mobilização de atores que, de outra forma, não se engajariam no acompanhamento e na avaliação de programas de ação públicos. Assim visto, o Direito seria comparável a uma espécie de correia de transmissão pela qual agendas, ideias e propostas gestadas na esfera pública circulam e disputam espaço nos círculos tecnocráticos.

A tabela abaixo sintetiza os papéis do Direito acima descritos:

	Direito como objetivo	Direito como arranjo institucional	Direito como caixa de ferramentas	Direito como vocalizador de demandas
Ideia--chave	Direito positivo cristaliza opções políticas e as formaliza como normas cogentes, determinando o que *deve ser*	Direito define tarefas, divide competências, articula, orquestra e coordena relações intersetoriais no setor público e entre este e o setor privado	Como "caixa de ferramentas", Direito oferece distintos instrumentos e veículos para implementação dos fins da política	Direito assegura participação, *accountability* e mobilização

(continua)

50. V., quanto ao debate sobre Direito, democracia, legitimidade e *accountability* da política pública de telecomunicações no início dos anos 2000 no Brasil, a investigação de Mattos **[2006]**.

	Direito como objetivo	Direito como arranjo institucional	Direito como caixa de ferramentas	Direito como vocalizador de demandas
Perguntas--chave	Quais os objetivos a serem perseguidos por políticas públicas? Que ordem de prioridades há entre eles?	Quem faz o quê? Com que competências? Como articular a política pública em questão com outras em curso?	Quais são os meios jurídicos adequados, considerando os objetivos?	Quem são os atores potencialmente interessados? Como assegurar-lhes voz e garantir o controle social da política pública?
Dimensão	Substantiva	Estruturante	Instrumental	Legitimadora

16.6 A importância das análises aplicadas

Como já afirmado, os papéis acima descritos não constituem um método acabado de análise, tampouco uma teoria das relações do Direito com as políticas públicas. Não somente porque são categorias de análise embrionárias que podem, no limite, se sobrepor,[51] mas também porque um verdadeiro método voltado a essa finalidade não pode deixar de lado a incontornável dimensão empírica das políticas públicas. Um estudo "por dentro" dos papéis do Direito não pode nem deve, por isso, esgotar-se em formulações genéricas, taxonomias ou, mesmo, em ferramentas de análise abstratamente descritas, sob pena de incorrer nos mesmos problemas e limitações práticas apontados no início deste texto.

Por isso, cada política pública – social, econômica, regulatória, descentralizada ou não em termos federativos – deve ser compreendida em sua especificidade, de modo que sua estruturação e sua modelagem jurídicas sejam concebidas e estudadas em função de seus traços próprios, não como aplicação apriorística de modelos pretensamente

---

51. É possível, por exemplo, questionar tal classificação apontando o fato de que a tarefa de vocalizar demandas é produto de um arranjo institucional ou que arranjos institucionais são instrumentos ou ferramentas juridicamente construídos. Desde logo reconheço a pertinência dessas observações, mas ainda assim creio que os papeis do Direito aqui descritos são potencialmente capazes de agregar maior objetividade e clareza nos estudos sobre o Direito nas políticas públicas.

universais. Dito de outra forma: são as peculiaridades – o setor a que se referem, sua configuração administrativa, institucional e política, os atores, grupos de interesse, sua história na Administração Pública, entre outras variáveis – que permitem a discussão sobre o direito das políticas públicas, não uma teoria jurídica autocentrada e distanciada da realidade.

Assim, para estudar e aperfeiçoar as políticas públicas será preciso que o jurista "suje as mãos",[52] isto é, se debruce sobre elas e se enfronhe em seus meandros e minúcias, observando-as, descrevendo-as e compreendendo-as. Tal esforço requererá do ensino do Direito e dos juristas, sem dúvida, a construção de abordagens e ferramentas de pesquisa empírica mais robustas, tal como vêm há muito desenvolvendo os sociólogos, cientistas políticos, antropólogos, economistas e administradores públicos [**Epstein e King, 2002**]. Será necessário, enfim, que os juristas brasileiros aprendam a estruturar estudos de casos, *surveys*, entrevistas, abordagens quantitativas e qualitativas com lastro e consistência metodológica. Será preciso também que aprendam a lidar com argumentos envolvendo causalidades, lastrear inferências,[53] bem como distinguir argumentos normativos (prescritivos) de análises descritivas, que não almejam construir uma interpretação válida das normas em questão, e sim observar e descrever políticas públicas para nelas encontrar gargalos e soluções.

16.7 Conclusões: o caminho adiante

Para usar uma expressão ilustrativa de Bucci, neste trabalho procurei meios para poder observar, desde a ótica do Direito, as políticas públicas "por dentro" – isto é, como arranjos complexos que requerem uma gestão jurídica estruturante e também cotidiana (uma vez

---

52. Essa expressiva metáfora da dificuldade dos juristas de se engajarem em pesquisas aplicadas é de Fernando Herren Aguilar [**2006**].
53. V., sobre a ideia de "inferências defensáveis" no campo dos papéis do Direito em políticas de desenvolvimento, Ohnesorge [**2007:226**]. Ohnesorge afirma que uma boa forma de produzir uma contribuição teórica para o debate de Direito e desenvolvimento é, indutivamente, estudar exemplos históricos recentes de sucessos e fracassos econômicos, deles extraindo "inferências defensáveis" lastreadas no que pode ser observado do funcionamento do Direito nesses episódios. Tal abordagem se oporia à construção de modelo baseado em hipóteses abstratas voltadas para explicar teoricamente o processo de desenvolvimento ou a construção das políticas a ele associadas.

que o Direito não apenas é elemento constitutivo das políticas públicas, mas também componente chave na sua implementação). Para isso, procurei descrever alguns desafios que se apresentam aos juristas, práticos e acadêmicos que se queiram debruçar sobre o campo das relações entre Direito e políticas públicas no caso brasileiro. Certos papéis do Direito em políticas públicas, vistas desde uma perspectiva jurídica interna, foram apresentados, e, por fim, a dimensão empírica das políticas públicas vistas desde a ótica do Direito foi enfatizada. Nenhuma aplicação desses tipos foi aqui feita, contudo.[54]

Por isso, parece-me que não há como escapar da conclusão de que as políticas públicas são, efetivamente, um campo aberto para os juristas brasileiros, que para desbravá-lo terão que utilizar novos referenciais de análise, dando continuidade ao desafio de construir um referencial metodológico cuja lacuna se faz sentir. Um verdadeiro filão, uma miríade de temas e programas a serem potencialmente explorados se desvela a partir das hipóteses de que elas, as políticas públicas, podem ser juridicamente compreendidas, melhoradas e, sendo o caso, eventualmente replicadas em outros contextos. Resta, agora, semear e colher nesse campo fértil: que venham as pesquisas, suas lições aplicações. Com elas, as políticas públicas só têm a ganhar, assim como os juristas.

Bibliografia

ABRUCIO, Luiz Fernando, e DURAND, Maria Rita Loureiro (orgs.). **[2002]**. *O Estado numa Era de Reformas: os Anos FHC*. Brasília, ENAP.

AGUILLAR, Fernando Herren **[2006]**. *Direito Econômico – Do Direito Nacional ao Direito Supranacional*. São Paulo, Atlas.

ANITUA, Gabriel Ignácio **[2006]**. "Notas sobre la metodología de investigaciones empíricas en Derecho". In: COURTIS, Christian (org.). *Observar la Ley – Ensayos sobre Metodología de la Investigación Jurídica*. Madri, Trotta.

ARANTES, Rogério Bastos, e COUTO, Cláudio Gonçalves **[2002]**. "Constituição ou políticas públicas? Uma avaliação dos anos FHC". In: ABRUCIO, Luiz Fernando, e DURAND, Maria Rita Loureiro (orgs.). *O Estado numa Era de Reformas: os Anos FHC*. Brasília, ENAP.

---

54. Para uma aplicação experimental no caso do "Programa Bolsa-Família", v. Coutinho **[2010]**. Para uma aplicação no campo das políticas de habitação na Região Metropolitana de São Paulo, v. Coutinho e outros **[2010]**.

ARBIX, Glauco, e MARTIN, Scott B. **[2010]**. *Beyond Developmentalism and Market Fundamentalism in Brazil: Inclusionary State Activism without Statism*. Paper apresentado no Workshop *States, Development, and Global Governance*, organizado pelo Global Legal Studies Center and the Center for World Affairs and the Global Economy/WAGE, da University of Wisconsin--Madison/EUA.

ARRETCHE, Marta **[2004]**. "Federalismo e políticas públicas sociais no Brasil: problemas de coordenação e autonomia". *São Paulo em Perspectiva* 18(2)/17-26.

AURELIANO, L., e DRAIBE, S. **[1989]**. "A especificidade do *Welfare State* brasileiro". In: MPAS/CEPAL. *Economia e Desenvolvimento – Vol. I: Reflexões sobre a Natureza do Bem-Estar*. Brasília.

BANDEIRA DE MELLO, Celso Antônio **[2014]**. *Curso de Direito Administrativo*. 31ª ed. São Paulo, Malheiros Editores.

BINENBOJM, Gustavo **[2006]**. *Uma Teoria do Direito Administrativo – Direitos Fundamentais, Democracia e Constitucionalização*. Rio de Janeiro/São Paulo/Recife, Renovar.

BOBBIO, Norberto **[2007]**. *Da Estrutura à Função – Novos Estudos de Teoria do Direito*. Barueri/SP, Manole.

BOSCHI, Renato **[2010]**. "Estado desenvolvimentista no Brasil: continuidades e *incertidumbres*". *Ponto de Vista* (Núcleo de Estudos do Empresariado, Instituições e Capitalismo da IUPERJ-UCAN) 2/1-34.

BUCCI, Maria Paula Dallari **[2002]**. *Direito Administrativo e Políticas Públicas*. São Paulo, Saraiva.

────────── **[2008]**. "Notas para uma metodologia jurídica de análise de políticas públicas". In: DIAS, Maria Teresa Fonseca, ESTEVES, Júlio César dos Santos, e FORTINI, Cristiana (orgs.). *Políticas Públicas: Possibilidades e Limites*. Belo Horizonte, Fórum.

CAHN, Matthew, e THEODOULOU, Stella (eds.) **[1995]**. *Public Policy – The Essential Readings*. New Jersey, Prentice Hall.

CEPAL/MPAS **[1989]**. *Economia e Desenvolvimento – Vol. I: Reflexões sobre a Natureza do Bem-Estar*. Brasília.

CHANG, Ha-Joon **[2006]**. *Understanding the Relationship between Institutions and Economic Development – Some Key Theoretical Issues*. UNU-WIDER Discussion Paper 2006/05, 93/1-14. Helsinki.

COURTIS, Christian **[2007]**. "Los derechos sociales en perspectiva: la cara jurídica de la política social". *Revista da Faculdade de Direito da Fundação Escola Superior do Ministério Público/FMP* 1/73-101.

────────── (org.) **[2006]**. *Observar la Ley – Ensayos sobre Metodología de la Investigación Jurídica*. Madri, Trotta.

COUTINHO, Diogo R. **[2010]**. "Linking promises to policies: law and development in an unequal Brazil". 3 *The Law and Development Review*: 2. DOI: 10.2202/1943-3867.1055 (acesso em 17.12.2010).

COUTINHO, Diogo R., e FERRAZ, Octávio L. M. **[2008]**. "Direitos sociais e ativismo judicial". *Valor Econômico* (jornal) 27.10.2008. "Caderno Legislação" (p. E2).

COUTINHO, Diogo R., MARQUES, Juliana Nogueira, MORETTI, Júlia Azevedo, PACHECO, Marcelo Golfetti, e ROZO, Fernanda F. G. **[2010]**. "O Direito nas políticas públicas de habitação: usos de instrumentos urbanísticos no Município de Santo André, Brasil". Relatório final de pesquisa realizada na Faculdade de Direito da USP, no âmbito de investigação coletiva realizada em 2010 com apoio do Lincoln Institute of Land Policy (*no prelo*).

COUTO, Cláudio Gonçalves, e ARANTES, Rogério Bastos **[2002]**. "Constituição ou políticas públicas? Uma avaliação dos anos FHC". In: ABRUCIO, Luiz Fernando, e DURAND, Maria Rita Loureiro (orgs.). *O Estado numa Era de Reformas: os Anos FHC*. Brasília, ENAP.

DAINTITH, Terence **[1987]**. "Law as policy instrument: a comparative perspective". In: DAINTITH, Terence (ed.). *Law as an Instrument of Economic Policies: Comparative and Critical Approaches*. Berlim/Nova York, Walter de Gruyter.

DANTAS, Francisco Clementino de San Tiago **[1955]**. "A educação jurídica e a crise brasileira". *RF* 159/449-459. Rio de Janeiro, Forense.

DIAS, Maria Teresa Fonseca, ESTEVES, Júlio César dos Santos, e FORTINI, Cristiana (orgs.) **[2008]**. *Políticas Públicas: Possibilidades e Limites*. Belo Horizonte, Fórum.

DRAIBE, Sônia **[1993]**. "*Welfare State* no Brasil: características e perspectivas". *Caderno de Pesquisas do Núcleo de Estudos de Políticas Públicas/NEPP* 8/1-26.

────── **[1997]**. "Uma nova institucionalidade das políticas públicas? Reflexões a propósito da experiência latino-americana recente de reformas dos programas sociais". *São Paulo em Perspectiva* 4/3-15.

──────, e AURELIANO, L. **[1989]**. "A especificidade do *Welfare State* brasileiro". In: MPAS/CEPAL. *Economia e Desenvolvimento – Vol. I: Reflexões sobre a Natureza do Bem-Estar*. Brasília.

DURAND, Maria Rita Loureiro, e ABRUCIO, Luiz Fernando (orgs.) **[2002]**. *O Estado numa Era de Reformas: os Anos FHC*. Brasília, ENAP.

EBERHARD, Christoph **[1997]**. *Brief Reflections on what "Efficacy" of a Whole Legal Order Could Mean – In Contrast to the Efficacy of a Single Law*. Disponível em *http://www.dhdi.free.fr/recherches/etatdroitjustice/articles/eberefficacy.htm*.

ENCARNAÇÃO, João Bosco da, e MACIEL, Getulino do Espírito Santo (orgs.) **[1995]**. *Seis Temas sobre o Ensino Jurídico*. São Paulo, Cabral Editora.

ENGELEN, E. R., e HO, M. Sie Dhian (eds.) **[2004]**. *De Staat Van De Democratie. Democratie Voorbij De Staat. WRR Verkenning* 3. Amsterdã, Amsterdam University Press.

EPSTEIN, Lee, e KING, Gary **[2002]**. "The rules of inference". 69 *The University f Chicago Law Review* 1/1-133.

ESTEVES, Júlio César dos Santos, DIAS, Maria Teresa Fonseca, e FORTINI, Cristiana (orgs.) **[2008]**. *Políticas Públicas: Possibilidades e Limites*. Belo Horizonte, Fórum.

FARIA, José Eduardo **[1993]**. *Direito e Economia na Democratização Brasileira*. São Paulo, Malheiros Editores.

─────── **[1995]**. "O ensino jurídico". In: ENCARNAÇÃO, João Bosco da, e MACIEL, Getulino do Espírito Santo (orgs.). *Seis Temas sobre o Ensino Jurídico*. São Paulo, Cabral Editora.

─────── **[2003]**. "Direito e Justiça no século XXI: a crise da Justiça no Brasil". Artigo apresentado no seminário *Direito e Justiça no Século XXI*. Coimbra, Centro de Estudos Sociais (disponível em *http://opj.ces.uc.pt/portugues/novidds/comunica/JoseEduarFaria.pdf*, acesso em 17.12.2010).

─────── **[2007]**. *O Direito na Economia Globalizada*. 1ª ed., 4ª tir. (cont.). São Paulo, Malheiros Editores.

FERRAZ, Octávio L. M., e COUTINHO, Diogo R. **[2008]**. "Direitos sociais e ativismo judicial". *Valor Econômico* (jornal) 27.10.2008. Caderno Legislação (p. E2).

FERRAZ, Tércio Sampaio **[1995]**. *A Ciência do Direito*. São Paulo, Atlas.

FERRAZERI, E., e SARAVIA, Enrique (eds.) **[2007]**. *Políticas Públicas – Coletânea*. vol. 1. Brasília, Escola Nacional de Administração Pública/ENAP.

FORTINI, Cristiana, DIAS, Maria Teresa Fonseca, e ESTEVES, Júlio César dos Santos (orgs.) **[2008]**. *Políticas Públicas: Possibilidades e Limites*. Belo Horizonte, Fórum.

GRAU, Eros Roberto **[2011]**. *O Direito Posto e o Direito Pressuposto*. 8ª ed. São Paulo, Malheiros Editores.

HO, M. Sie Dhian, e ENGELEN, E. R. (eds.) **[2004]**. *De Staat Van De Democratie. Democratie Voorbij De Staat. WRR Verkenning* 3. Amsterdã, Amsterdam University Press.

KING, Gary, e EPSTEIN, Lee **[2002]**. "The rules of inference". 69 *The University f Chicago Law Review* 1/1-133.

KOERNER, A., e MACIEL, D. A. **[2002]**. "Sentidos da judicialização da política: Duas análises". *Lua Nova* 57/113-133.

KOMESAR, Neil **[1994]**. *Imperfect Alternatives – Choosing Institutions in Law, Economics and Public Policy*. Chicago, University of Chicago Press.

LINDERT, Peter H. **[2004]**. *Growing Public – Social Spending and Economic Growth since the Eighteen Century*. Cambridge, Cambridge University Press.

LOBEL, Oly **[2004]**. "The Renew Deal: the fall of regulation and the rise of governance in contemporary legal tought". 89 *Minnesota Law Review* 262-390.

LOPES, José Reinaldo de Lima **[2006]**. *Direitos Sociais: Teoria e Prática*. São Paulo, Método.

MACIEL, D. A., e KOERNER, A. **[2002]**. "Sentidos da judicialização da política: Duas análises". *Lua Nova* 57/113-133.

MACIEL, Getulino do Espírito Santo, e ENCARNAÇÃO, João Bosco da (orgs.) **[1995]**. *Seis Temas sobre o Ensino Jurídico*. São Paulo, Cabral Editora.

MARQUES, Juliana Nogueira, COUTINHO, Diogo R., MORETTI, Júlia Azevedo, PACHECO, Marcelo Golfetti, e ROZO, Fernanda F. G. **[2010]**. "O Direito nas políticas públicas de habitação: usos de instrumentos urbanísticos no Município de Santo André, Brasil". Relatório final de pesquisa realizada na Faculdade de Direito da USP, no âmbito de investigação coletiva realizada em 2010 com apoio do *Lincoln Institute of Land Policy* (no prelo).

MARQUES NETO, Floriano de Azevedo **[2005]**. "A nova regulamentação dos serviços públicos". *Revista Eletrônica de Direito Administrativo e Econômico* 1/1-18.

MARTIN, Scott B., e ARBIX, Glauco **[2010]**. *Beyond Developmentalism and Market Fundamentalism in Brazil: Inclusionary State Activism without Statism*. *Paper* apresentado no Workshop *States, Development, and Global Governance*, organizado pelo Global Legal Studies Center and the Center for World Affairs and the Global Economy/WAGE, da University of Wisconsin-Madison/EUA.

MATTOS, Paulo Todescan Lessa **[2006]**. *O Novo Estado Regulador – Eficiência e Legitimidade*. São Paulo, Singular/FAPESP.

MENDES, Conrado Hübner **[2008]**. "La Escuela de Derecho de São Paulo de la Fundación Getulio Vargas". *Cadernos Unimetanos* 15/16-32.

MINISTÉRIO DO PLANEJAMENTO, ORÇAMENTO E GESTÃO **[2008]**. *Documento de Referência para a Gestão da Carreira de EPPGG (Especialista em Políticas Públicas e Gestão Governamental)*. Disponível em *http://www.planejamento.gov.br/secretarias/upload/Arquivos/seges/EPPGG/seges/gestao_da_carreira.pdf* (acesso em 7.7.2010).

MORETTI, Júlia Azevedo, COUTINHO, Diogo R., MARQUES, Juliana Nogueira, PACHECO, Marcelo Golfetti, e ROZO, Fernanda F. G. **[2010]**. "O

Direito nas políticas públicas de habitação: usos de instrumentos urbanísticos no Município de Santo André, Brasil". Relatório final de pesquisa realizada na Faculdade de Direito da USP, no âmbito de investigação coletiva realizada em 2010 com apoio do *Lincoln Institute of Land Policy* (*no prelo*).

MPAS/CEPAL **[1989]**. *Economia e Desenvolvimento – Vol. I: Reflexões sobre a Natureza do Bem-Estar*. Brasília.

NEE, Victor, e SWEDBERG, Richard (eds.) **[2007]**. *On Capitalism*. Stanford, Stanford University Press.

NOBRE, Marcos **[2004]**. "Apontamentos sobre a pesquisa em Direito no Brasil". *Cadernos Direito GV* 1/145-154.

OHNESORGE, John K. **[2007]**. "Developing development theory: law and development ortodoxies and the Northeast Asian experience". 28 *University of Pennsylvania Journal of International Law* 2 (pp. 219-208).

PACHECO, Marcelo Golfetti, COUTINHO, Diogo R., MARQUES, Juliana Nogueira, MORETTI, Júlia Azevedo, e ROZO, Fernanda F. G. **[2010]**. "O Direito nas políticas públicas de habitação: usos de instrumentos urbanísticos no Município de Santo André, Brasil". Relatório final de pesquisa realizada na Faculdade de Direito da USP, no âmbito de investigação coletiva realizada em 2010 com apoio do *Lincoln Institute of Land Policy* (*no prelo*).

PIRES, Roberto Rocha C. **[2010]**. "Beyond the fear of discretion: flexibility, performance, and accountability in the management of regulatory bureaucracies". *Regulation and Governance*. DOI: 10.1111/j.1748-5991.2010.01083.x.

REDDY, S., e SABEL, Charles **[2003]**. *Learning to Learn: Undoing the Gordian Knot of Development Today*. 308 *Columbia Law and Economics Working Paper* 1-14.

REICH, Norbert **[1985]**. *Derecho y Mercado*. Barcelona, Ariel Derecho.

RODRIK, Dani, e SUBRAMANIAN, Arvind **[2003]**. "The primacy of institutions (and what this does and does not mean)". *Finance and Development* (IMF) 40/31-34.

ROTH, André-Nöel **[2007]**. *Políticas Públicas – Formulación, Implementación y Evaluación*. Bogotá, Ediciones Aurora.

ROZO, Fernanda F. G., COUTINHO, Diogo R., MARQUES, Juliana Nogueira, MORETTI, Júlia Azevedo, e PACHECO, Marcelo Golfetti **[2010]**. "O Direito nas políticas públicas de habitação: usos de instrumentos urbanísticos no Município de Santo André, Brasil". Relatório final de pesquisa realizada na Faculdade de Direito da USP, no âmbito de investigação coletiva realizada em 2010 com apoio do *Lincoln Institute of Land Policy* (*no prelo*).

SABEL, Charles **[2004]**. "Beyond principal-agent governance: experimentalist organizations, learning and accountability". In: ENGELEN, E. R., e HO, M. Sie Dhian (eds.). *De Staat Van De Democratie. Democratie Voorbij De Staat*. *WRR Verkenning* 3. Amsterdã, Amsterdam University Press (pp. 173-195).

SABEL, Charles [2007]. "Bootstrapping development: rethinking the role of public intervention in promoting growth". In: NEE, Victor, e SWEDBERG, Richard (eds.). *On Capitalism*. Stanford, Stanford University Press.

——————, e REDDY, S. [2003]. *Learning to Learn: Undoing the Gordian Knot of Development Today*. 308 *Columbia Law and Economics Working Paper* 1-14.

SARAVIA, Enrique [2007]. "Introdução à teoria da política pública". In: FERRAZERI, E., e SARAVIA, Enrique (eds.). *Políticas Públicas – Coletânea*. vol. 1. Brasília, Escola Nacional de Administração Pública/ENAP (pp. 21-42).

SARMENTO, Daniel, e SOUZA NETO, Cláudio Pereira de [2010]. *Direitos Sociais: Fundamentos, Judicialização e Direitos Sociais em Espécie*. Rio de Janeiro, Lumen Juris.

SCHAPIRO, Mario G. [2010]. "Development bank, law and innovation financing in a new Brazilian economy". 3 *The Law and Development Review* 2. DOI: 10.2202/1943-3867.104.

SILVA, José Afonso da [2012]. *Aplicabilidade das Normas Constitucionais*. São Paulo, Malheiros Editores.

SILVA, Virgílio Afonso da [2010]. "O Judiciário e as políticas públicas: entre transformação social e obstáculo à realização dos direitos sociais". In: SARMENTO, Daniel, e SOUZA NETO, Cláudio Pereira de (orgs.). *Direitos Sociais: Fundamentação, Judicialização e Direitos Sociais em Espécie*. Rio de Janeiro, Lumen Júris (pp. 587-599).

——————, e TERRAZAS, Fernanda Vargas [2011]. "Claiming the right to health in Brazilian Courts: the exclusion of the already excluded?". *Law & Social Inquiry* 36.

SOUZA NETO, Cláudio Pereira de, e SARMENTO, Daniel [2010]. *Direitos Sociais: Fundamentos, Judicialização e Direitos Sociais em Espécie*. Rio de Janeiro, Lumen Juris.

SUBRAMANIAN, Arvind, e RODRIK, Dani [2003]. "The primacy of institutions (and what this does and does not mean)". *Finance and Development* (IMF) 40/31-34.

SUNDFELD, Carlos Ari [2006]. "Apresentação". In: SUNDFELD, Carlos Ari (org.). *Direito Administrativo Econômico*. 1ª ed., 3ª tir. São Paulo, Malheiros Editores.

SWEDBERG, Richard, e NEE, Victor (eds.) [2007]. *On Capitalism*. Stanford, Stanford University Press.

TERRAZAS, Fernanda Vargas, e SILVA, Virgílio Afonso da [2011]. "Claiming the right to health in Brazilian Courts: the exclusion of the already excluded?". *Law & Social Inquiry* 36.

TEUBNER, Gunther **[1987]**. "Juridification: concepts, limits, aspects, solutions". In: *Jurification of Social Spheres – A Comparative Analysis in the Areas of Labor, Corporate, Antitrust and Social Welfare Law*. Berlim/Nova York, Walter de Gruyter.

THEODOULOU, Stella **[1995]**. "The contemporary language of public policy: a starting point". In: CAHN, Matthew, e THEODOULOU, Stella (eds.). *Public Policy – The Essential Readings*. New Jersey, Prentice Hall (pp. 1-9).

——————, e CAHN, Matthew (eds.) **[1995]**. *Public Policy – The Essential Readings*. New Jersey, Prentice Hall.

TRUBEK, David M. **[1971]**. "Law, planning and the development of the Brazilian capital market – A study of Law in economic change". *Yale Law School Studies in Law and Modernization* 3. *Bulletin* ns. 72 e 73.

—————— **[2008]**. *Developmental States and the Legal Order: Towards a New Political Economy of Development and Law*. University of Wisconsin Legal Studies Research Paper 1.075/1-34.

UNGER, Roberto Mangabeira **[2005]**. "Uma nova faculdade de Direito no Brasil". *Cadernos FGV Direito Rio 1*. "Texto Para Discussão" n. 1-29.

VIANNA, L. W., e outros **[1999]**. *A Judicialização da Política e das Relações Sociais no Brasil*. Rio de Janeiro, Renavan.

* * *